CCPIT
中国国际贸易促进委员会

企业合规师专业水平
培训辅导用书

Specific Subjects of Corporate Compliance

THE GUIDANCE BOOK
FOR CORPORATE
COMPLIANCE
PRACTITIONER
PROFESSIONAL TRAINING

企业合规
分论

中国国际贸易促进委员会商事法律服务中心
主编

中国法治出版社
CHINA LEGAL PUBLISHING HOUSE

《企业合规师专业水平培训辅导用书》
编委会名单

主　任：蔡晨风

副主任：陈正荣　张　顺

主　编：王志乐

副主编：张　顺　胡国辉　樊光中

编写人员（按章节顺序）

上　册

第一章：蒋　妲、李福胜

第二、三、四章：樊光中

第五、七、八章：郭凌晨

第六章：胡国辉

第九章：张　顺

第十章：丁继华

中　册

第一章：周　磊、李阿吉、李嘉杰、王克友、陈筝妮、吴剑雄

第二章：孙南翔

第三章：王　伟、杨　峰、张恩典、姜　川、张夕夜、
　　　　胡　晗、萧　鑫、欧阳捷、王天蔚、李文宇

第四章：李　艳、王　伟、郜　庆、王　或、杨慧鑫

第五章：叶　研

第六章：单蔼然、张　俊、李善嘉、孙　瑜

第七章：华忆昕

第八章：金克胜、丁文严、张蕾蕾

第九章：任　清、霍凝馨、程　爽

下　册

张　顺、张智超、蒋方舟、张婧婧、王岱凌、周　全、韩　瑞

前　言

2021 年 3 月 18 日，人力资源和社会保障部、国家市场监督管理总局、国家统计局三部门联合发布了企业合规师国家新职业。企业合规师成为国家正式职业，是新时代企业高质量发展的需要。2018 年以来，我国政府有关部门陆续出台了一系列强化企业合规管理的政策指引，有力推动了企业合规管理工作的发展，这不仅对企业合规经营和强化合规管理进行了规制规范，也对合规管理人员的专业知识、业务素质、技术能力、操作水平提出更高的要求。企业合规管理正在向着专业化、职业化、规范化方向发展，需要大批掌握合规专业知识并具备实务专业技术能力的企业合规师。

企业合规师是从企业生产经营活动中孕育而生的职业，其工作的核心与本质是企业管理。《中华人民共和国职业分类大典》（以下简称《大典》）按专业和职业属性对我国社会现有职业进行了科学分类。2022 年 9 月 28 日发布的最新版《大典》中，企业合规师新职业被归类为第二大类（专业技术人员）、第 6 中类（经济和金融专业人员）、第 7 小类（商务专业人员），明确了企业合规师职业的职业属性和专业分类。同时，从《大典》（2022 年版）对于企业合规师的职业定义和工作内容可以看出，虽然企业合规师的工作属于经济、商务范畴，但与管理、法律、审计、风控等专业密不可分。企业合规管理体现出明显的交叉学科特征，而企业合规师也应当是以掌握企业合规管理专业知识为基础，同时具备跨学科、复合型知识结构的实务型专业技术人才。在当前企业合规实践方兴未艾、相关理论研究百家争鸣之际，厘清企业合规师的专业范围，推动形成该职业独立的知识和技术技能框架体系，显得尤为重要，这不仅是确保企业合规师这个职业持续健康发展的基础，更是科学开展企业合规管理专业人才培养，更好地服务于企业合规建设的重要前提。

为此，作为企业合规师国家新职业的申报单位，中国国际贸易促进委员会商事法律服务中心着眼于加快培养企业合规师专业人才，在有关政府部门和行业商协会组织的支持下，组织编写了这套企业合规师专业水平培训辅导用书。本书分为《企业合规通论》、《企业合规分论》和《企业合规制度规范选编》三册，从基本概念、基础理论、重点领域、实务操作等方面对企业合规管理所涉及的知识内容进行梳理，明确企业合规管理专有的知识领域和从业人员所需的技术技能，同时将企业合规管理常用的法律法规、标准规范等进行分类选编，便于读者加深对于所合之"规"的理解并在实际工作中参考使用。本书力求在以下三个方面进行探索，取得成效：

一是明确企业合规管理工作的内容和实质，探索企业合规师职责范围和专业边界。企业合规管理工作的内容和流程，具有内在逻辑联系。全面有效的企业合规管理，首先要树立正确的企业核心价值观，在此指导下确立企业合规义务，识别评估合规风险，将合规理念和合规管理的具体工作融入企业生产经营全过程。为保障合规要求得到遵循和落实，企业要设立专门合规岗位，明确职责，建立合规管理组织体系。为确保管理体系有效运行，企业要建立相应的管理制度和实施机制。为实现持续合规发展，企业要定期对合规管理体系运行的有效性进行评估和改进，并最终形成企业合规文化。上册《企业合规通论》结合国内外理论研究成果和企业实践经验，以"合规体系策划—体系建设—体系运行—有效性评价—持续改进"的合规管理工作流程为逻辑主线，对于企业合规管理的工作内容及其内在联系进行梳理总结，厘清企业合规有关基本概念，提炼出企业合规管理体系的构成要件和实务工作内容，分章论述，并在此基础上，建立起企业合规管理的整体框架。同时从企业合规管理的工作内容和职责要求出发，对企业合规师专业定位进行了探索。

二是关注企业合规管理重点领域，体现企业合规师职业的复合知识结构和综合能力要求。企业合规管理具有显著行业性特点，不同行业企业的合规风险及合规重点领域差异巨大，企业合规师需具备一定跨学科、跨专业知识技术和良好的沟通协调能力，了解本行业本企业相关的商业模式、业务流程、发展趋势及公司治理、企业管理相关实践，才能与企业各部门协同合作，将适用的法律法规、行业规章、内部规章制度、政策要求等融入合规管理工作，有效处理相关事务。中册《企业合规分论》聚焦企业合规管理中较普遍涉及的反商业贿赂、网络安全、数据保护、反垄断、反不正当竞争、税务管理、海外投资并购、知识产权、生态环保、出口管制等重点领域，结合企业合规管理工作内容和职责，拓展企业合规师知识外延，同时注意厘清与法律、财务、税务、信息技术等交叉学科和相关职业的专业边界。在坚持企业合规师专有知识技术要求基础上，充分考虑合规管理工作的专业性特点，体现企业合规师职业的复合知识结构和综合能力要求。

三是衔接融合现有权威的企业合规管理规范规定和标准，突出企业合规师职业实务性特点。合规管理源于企业实践，由于在提升企业治理水平中展现出的显著效果而得到广泛重视。但针对企业合规管理的系统化理论研究相对滞后，普遍适用的合规理论还比较欠缺。监管机构、标准化组织、行业协会等依据自身职能制定了不同的规定标准，指导规范企业的合规管理工作。此外，法律法规和国际条约、规则等也对企业经营活动产生规制作用。本书介绍的企业合规管理的概念、结构、方法和工具充分借鉴吸收公认合规理论的原则和观点，努力做到同现行权威规范、规定和标准衔接一致，能够在实际工作中落地实施。在下册《企业合规制度规范选编》中，将与企业合规管理相关之规进行了分类选编，便于工作中查阅检索并理解"法"与"规"在企业合规管理工作中的区别。

希望读者能够从我们这套教材中了解企业合规管理的来源与发展、现状与趋势，了解社会经济法治环境变化、企业发展形态变化、国际监管环境变化、合规管理标准变化对企业合规管理实践的影响，以及科技带来的数字化及合规管理工具对企业合规管理发展趋势的影响，从而明白为什么要强化企业合规管理体系建设。希望读者通过这套教材，掌握合规管理体系的基本构成、各模块之间以及各自与体系之间的关系、如何搭建合规管理体系等方法论，更好地服务企业高质量发展。总之，我们希望这套教材能够有助于企业合规师专业人才培养，同时对于企业合规师职业的健康持续发展有所贡献。

本书共100余万字，在本书编写过程中，各位参加编写的专家以高度的责任心，对三本教材的内容，逐字逐句进行研读、斟酌、修改，力求做到内容准确、逻辑严密、体例统一、通俗易懂，在此对他们的敬业精神和辛勤劳动，表示敬意和感谢！

同时，鉴于当前有关企业合规的基本理论、基本概念、基础知识、实务操作和企业合规师所应具备的职业素养等问题，尚在研究探讨和发展变化中，缺乏权威的统一定论，更由于本书编写时间仓促，工作浩繁，书中难免有疏漏和不足之处，敬请读者提出宝贵意见和建议，以便我们今后对本书进行修订完善。

中国国际贸易促进委员会

商事法律服务中心

2022 年 11 月 15 日

目 录

参编人员简介

第一章

反腐败与反商业贿赂合规

第一节　反腐败与反商业贿赂合规概述

一、腐败与商业贿赂的定义和主要表现

（一）腐败与商业贿赂的定义

1. 腐败的定义

腐败一词无论在官方还是民间，都为人所知，为人所恨。那么什么是腐败呢？梳理国内外法律、准则、官方文件可以发现，对腐败有狭义和广义两种认识。

狭义的腐败仅涉及公权力腐败，即政府官员的腐败。例如，我国《刑法》① 第三百八十五条第一款规定："国家工作人员利用职务上的便利，索取他人财物的，或者非法收受他人财物，为他人谋取利益的，是受贿罪。"此处的国家工作人员（包含了政府官员）的受贿行为，就是一种狭义的腐败行为，即涉及公权力腐败的行为。

广义的腐败不仅指公权力腐败，还涵盖了私权腐败。《联合国反腐败公约》中，腐败既包括"公职人员"的腐败，也包括"私营部门"的腐败，既涵盖贿赂行为，也涵盖侵占财产、滥用职权等行为。《世界银行反腐败使用者指南》也采用了广义的腐败概念。

在我国的反腐败话语体系下，腐败既包括国家工作人员的腐败，也包括私主体中的职务便利，例如商业贿赂里可能涉及的私主体受贿行为。国务院新闻办发布的《中国的反腐败和廉政建设》白皮书在回顾我国"依法依纪查处腐败案件"的历程时，指出要"严肃查处党员干部和国家工作人员中的腐败行为"，"着重查处贪污贿赂、挪用公款、失职渎职、贪赃枉法、腐

---

① 为阅读便捷，本书涉及的法律名称省略"中华人民共和国"表述文字。

化堕落等方面的案件"，并"集中开展治理商业贿赂专项工作"。中共中央印发的《建立健全惩治和预防腐败体系 2013—2017 年工作规划》列举了予以重点打击的腐败行为，主要包括"领导干部贪污贿赂、权钱交易、腐化堕落、失职渎职""执法、司法人员徇私舞弊、枉法裁判、以案谋私""严重违反政治纪律""群体性事件、重大责任事故背后的腐败"以及"商业贿赂"。

从上述关于"腐败"的表述中，我们可以看出，在各种定义下，都可以将"腐败"看作一种不正当地利用本人或他人的权力/职权以获取利益的行为，不同定义的主要区别在于：一是该被利用的权力/职权的属性是公权还是私权；二是此等利用行为涉及的类型，是仅包含贿赂，还是也涵盖其他形式。

由于本章重点关注企业反腐败合规，而企业在经营过程中，既可能存在贿赂公职人员的腐败行为，也可能存在利用私主体职务便利的腐败行为，因此，本书采纳了广义的腐败概念，以期对企业可能涉及的腐败行为作出全面分析。需要注意的是，部分行为虽然属于广义的腐败范畴，但由于篇幅有限，不在本书所讨论的腐败范围之内，例如，国家工作人员利用职务上的便利非法占有公共财物，或者国家工作人员滥用职权致使公共财产遭受损失等行为（对应我国刑法中贪污、挪用公款、滥用职权、玩忽职守等行为）。因此，本章讨论的腐败定义为：企业人员在内部管理、与其他企业进行商业往来以及与政府交往过程中，不正当地利用本人或他人权力/职权，以获取利益的行为。其中，我们尤其关注商业贿赂行为。

2. 商业贿赂的定义

商业贿赂是腐败的一部分，也是本章关注的重点。显然，"商业贿赂"由"商业"和"贿赂"组成，意指商业领域的贿赂行为。

国际上对商业贿赂的定义，既包括行贿也包括受贿。如经济合作与发展组织（Organization for Economic Cooperation and Development，以下简称经合组织）在其《对 2000 年经济合作与发展组织关于跨国公司的指导方针的回顾》中，从禁止行为的角度对商业贿赂作出了间接定义，即直接或间接地提供、允诺、给予或者要求贿赂或者其他不正当的利益，以获得或保持商业或其他非正当利益。

我国对"商业贿赂"的认识经历了一个变化过程。1993 年，我国《反不正当竞争法》第八条第一款对商业贿赂的描述是"经营者不得采用财物或者其他手段进行贿赂以销售或者购买商品。在帐外暗中给予对方单位或者个人回扣的，以行贿论处；对方单位或者个人在帐外暗中收受回扣的，以受贿论处"。1996 年，原国家工商行政管理局《关于禁止商业贿赂行为的暂行规定》第二条将商业贿赂定义为"经营者为销售或者购买商品而采用财物或者其他手段贿赂对方单位或者个人的行为"。2007 年，《中央治理商业贿赂领导小组关于在治理商业贿赂专项工作中正确把握政策界限的意见》中，将商业贿赂定义为"在商业活动中违反公平竞争原则，采用给予、收受财物或者其他利益等手段，以提供或者获取交易机会或者其他经济利益的行为"。

在《反不正当竞争法》2017年修订时，商业贿赂条款将违法性本质从"利益引诱"转变为"权钱交易"[1]，受贿主体从"对方单位或者个人"转变为"交易相对方的工作人员""受交易相对方委托办理相关事务的单位或者个人"以及"利用职权或者影响力影响交易的单位或者个人"，排除了"交易相对方"，并且只规定了行贿者的法律责任。当然，在《刑法》层面，商业贿赂所涉的十一个罪名涵盖了不同主体之间的行贿、受贿行为。

（二）腐败与商业贿赂的主要表现

1. 腐败的主要表现

由于本章只关注商业领域的腐败，因此仅介绍根据企业所有权形式的不同，商业领域的腐败的主要表现。国有企业往往从事关系国计民生的行业，所占市场份额一般高于平均水平，通常居于优势的地位，在很大程度上拥有支配稀缺资源的权力，并与政府联系密切，因此商业领域的腐败多表现为侵占国有资产、受贿或支配稀缺资源在计划外流转。就私企或外企而言，一般与政府关系较弱，面临着来自传统国企的强大竞争力，同时，部分行业可能面临着严格的政府监管，所以商业领域的腐败主要表现为借助对政府官员的私人支付以换取政府公共产品的供应增加。[2]在私企或外企中，由于上市公司或外企通常有严格的内部控制，相对好于未上市的内资企业。此外，由于不同的公司情况各异，上述分类只是通常的情形，需要具体情况具体分析，如有的与政府关系紧密的私企或外企，一定程度上也存在上述国企的特点。十九届中央纪委六次全会公报提到，着力查处资本无序扩张、平台垄断等背后腐败行为，斩断权力与资本勾连的纽带。由此可见，不同所有制的企业都存在腐败的风险，只是侧重不同，很难得出哪种所有制企业腐败更多的结论。[3]

2. 商业贿赂的主要表现

商业贿赂是腐败的一种表现形式，商业活动行为和模式愈加复杂，随之伴生的商业贿赂行为也因社会经济活动的发展而呈现出形式多样、更加隐蔽的特点。根据《最高人民法院、最高人民检察院关于办理贪污贿赂刑事案件适用法律若干问题的解释》第十二条，贿赂犯罪中的

---

① 2016年3月8日，原国家工商总局在《对政协十二届全国委员会第三次会议关于在我国传统产业领域开展商业贿赂专项治理的提案的答复》明确表示："商业贿赂的实质都是'权钱交易'，查处的重点应该放在对交易有决定权、执行权及影响力的环节和主体上。认定是否构成商业贿赂应当考虑行贿方获得竞争优势的手段是否合法，还应当考虑受贿方市场的主体地位及市场竞争状况，以及给消费者的选择权是否充分，应当根据行业特点以及收受财物方对交易的影响程度进行分析和研判。"

② 参见杨力：《商业反腐的结构性治理和模式》，载《中国法学》2016年第5期，第116页。

③ 褚红丽、魏建、梁超：《中国企业腐败水平的决定因素》，载《世界经济文汇》2015年第6期，第93页。

"财物"，包括货币、物品和财产性利益。财产性利益包括可以折算为货币的物质利益如房屋装修、债务免除等，以及需要支付货币的其他利益如会员服务、旅游等。结合现行法律法规的类型化表述和实践案例，商业贿赂的表现类型主要有以下两种：（1）通过支付财物行贿。"财物"指现金和实物，包括以现金等价物、礼品、股权，假借促销费、宣传、赞助费、科研费、劳务费、咨询费、佣金、吃空饷等名义，或者以报销各种费用等方式，给付财物。（2）通过其他手段行贿。"其他手段"指提供国内外各种名义的旅游、考察、培训机会、升职、性贿赂（权色交易）① 等给付财物以外的其他利益的手段。

二、腐败与商业贿赂的危害后果

《联合国反腐败公约》强调了"腐败对社会稳定与安全所造成的问题和构成的威胁的严重性，它破坏民主体制和价值观、道德观和正义并危害着可持续发展和法治"。腐败对国家、社会以及企业自身都会造成极大危害。

（一）对国家的危害

腐败对国家和政治具有巨大危害，主要体现在对执政党、政府的腐化，其结果是污染政治环境、政策无法实施、财政无法有效利用，侵害广大群众根本利益，甚至亡党亡国，人亡政息。2021 年 9 月 8 日，中央纪委国家监委会同有关单位联合印发《关于进一步推进受贿行贿一起查的意见》（以下简称《受贿行贿一起查的意见》），指出"要清醒认识行贿人不择手段'围猎'党员干部是当前腐败增量仍有发生的重要原因，深刻把握行贿问题的政治危害"。对国家而言，一旦形成贪腐风气，将严重污染政治环境，导致政策无法有效落实、财政无法有效利用，与广大群众的根本利益相悖。

（二）对社会的危害

腐败与商业贿赂会扭曲市场、增加交易成本、降低市场透明度，最终由消费者承担贿赂的成本。《ISO 37001 反贿赂管理体系——要求和使用指南》指出，"贿赂可能会引发严重的社会、道德、经济和政治问题，破坏良好治理，阻碍经济发展，扭曲公平竞争。贿赂还会使得商品和服务的成本提高，降低产品和服务质量"。对社会发展而言，腐败和商业贿赂破坏了市场秩序，并对投资环境造成不利影响。在某些行业和领域，腐败和商业贿赂成为企业运营的"潜规则"，在恶性竞争的环境中，守法经营的企业反而处于劣势地位，使得诚实信用等公序良俗

----

① 性贿赂指支付钱款雇用他人提供性服务，而权色交易的情形是否构成性贿赂存在争议。参见王延祥、谢杰：《性贿赂的刑法学思考》，载《政治与法律》2009 年第 4 期，第 116 页。

受到严重破坏。同时，腐败使得商品和服务无法按照质量水平、服务品质进行交易，导致假冒伪劣产品在市场中活跃流通，严重妨碍了公平竞争的资源合理配置以及产业结构的提升，直接损害广大消费者的合法权益，影响了我国社会经济的可持续发展。[①]

（三）对企业自身的危害

腐败对企业自身而言也是有害的。首先，企业实施腐败和商业贿赂行为将面临严峻的行政和刑事处罚，如进出口资质降级、无法参与政府采购、融资受阻、取消行政审批和营业执照等严重后果，甚至直接导致企业核心人员锒铛入狱，还影响公司声誉，对企业的发展经营造成不利影响。其次，如果公司内部腐败之风盛行，将导致公司资源被挖空，损害公司股东、投资人以及普通员工的利益，员工监守自盗、中饱私囊，"家贼""内鬼"掏空公司、搞垮企业的例子比比皆是。再次，腐败也会使得企业寄希望于通过贿赂来谋求利益，产生路径依赖，不再注重产品的技术研发及质量、服务水平的提高，最终将导致企业核心竞争力的降低，腐蚀公司的自主创新能力和可持续发展的根基。最后，通过贿赂推进业务发展、获得职位晋升也会破坏企业内部的信任感，使得投机者获得好处，踏实做事的员工则晋升无望，产生逆向淘汰，破坏企业内部竞争秩序，最终损害企业竞争力。

三、反腐败与反商业贿赂合规的发展

反腐败与反商业贿赂合规指企业建立反腐败与反商业贿赂管理体系以预防、发现和处置腐败及商业贿赂，是企业合规管理的重要内容之一。企业合规管理主要经历了如下几个发展阶段。

（一）境外反腐败与反商业贿赂合规的发展历程

1. 自我监管阶段

合规管理最早出现在美国的商业监管之中。20 世纪 60 年代，不少美国企业试图通过规范员工行为加强内部控制以获取社会信任，部分行业协会也通过制定合规指南以督促企业依法依规经营。在这一阶段，企业合规理念已经开始出现，但尚未正式成形，呈现出政府介入较少、企业自发进行合规管理的特点，属于企业"自我监管阶段"。[②]

2. 政府监管阶段

20 世纪 60 年代后，随着部分公司垄断丑闻的出现，合规风险对于企业和企业家的毁灭性打击震惊了美国社会各界。监管部门开始加强对企业合规管理的监管，主要体现为：如果企业

[①] 参见陈立彤：《商业贿赂风险管理》，中国经济出版社 2014 年版，第 25 页。

[②] See Todd Haugh, The Criminalization of Compliance, Notre Dame Law Review, 2017, Volume 92, 1215-1270.

建立有效的合规管理体系并贯彻落实，监管部门可以据此认定违法企业或个人无主观过错，作出免责或从轻、减轻处罚的决定。在这一阶段，政府介入企业合规管理增多，并对企业合规管理的发展起到了较大的推动作用。

3. 成熟完善阶段

1977 年，美国颁布了《反海外腐败法》，率先在治理海外贿赂犯罪实践中提出了反腐败合规的概念，强调通过企业内部控制机制实现对腐败行为的预防、发现及制止，被公认为是正式意义的企业合规起源。此外，为激励企业构建、实施合规计划，1991 年美国联邦量刑委员会将合规计划引入《联邦量刑指南》，规定如果企业因自身及其代理人违法被起诉定罪，有效的合规计划可以帮助企业减轻刑罚，被视为美国企业合规制度发展的"分水岭"。在此背景下，美国企业普遍开始按照该项指南的标准，在组织架构中设立合规部门，并着手建立合规管理体系。在这一阶段，企业合规管理已经相对成熟，并在反腐败和反商业贿赂领域得到高度重视。

4. 国际化阶段

在美国企业合规制度的影响下，一些国际组织及西方国家相继出台了相关规定，以促使企业建立合规体系。例如，2010 年，经合组织发布《内部控制、企业道德及合规最佳实践指南》，要求成员国预防腐败行为，并设立了十二项有效合规的准则。2010 年《英国反腐败法案》（UK Bribery Act）规定，充足的合规体系可以作为法定抗辩理由，若企业能够证明在发生违法行为时企业已建立并充分执行了控制程序，则企业有可能在一些偶发性的案件中提出积极抗辩（Affirmative Defense），尽可能地降低企业法律责任。2016 年法国《萨宾第二法案》① （《关于提高透明度、反腐败以及促进经济生活现代化的 2016-1691 号法案》，Law No. 2016-1691 on Transparency, Fighting Corruption and Modernising Economic Life）中，首次明确建立合规制度是相关企业及其高管人员应当履行的一项积极法定义务。如果企业没有主动建立合规管理制度，企业可能面临巨额罚金，企业高管也可能面临相应处罚。在这一阶段，企业合规管理日趋完善，企业合规管理在西方国家得到普遍实施。

（二）我国反腐败与反商业贿赂合规的发展历程

1. 21 世纪之前的制度草创

根据 2010 年国务院新闻办公室发布的《中国的反腐败和廉政建设》白皮书，新中国成立之初，我国先后设立国家检察机关、政府监察机关和中国共产党的纪律检查机关，颁布了《宪法》《惩治贪污条例》等法律法规，反腐败和廉政建设体制机制初步建立。为保持新生人民政权的纯洁性，我国开展了反贪污、反浪费、反官僚主义的"三反"运动和反对行贿、反对偷

---

① https：//www.legifrance.gouv.fr/eli/loi/2016/12/9/ECFM1605542L/jo/texte.

税漏税、反对盗骗国家财产、反对偷工减料和反对盗窃经济情报的"五反"运动，形成了风清气正、蓬勃向上的良好局面。20世纪70年代末，我国开始实行改革开放政策，极大地解放了生产力，激发了社会活力，同时，也出现了一些消极腐败现象。我国坚持一手抓发展经济，一手抓惩治腐败，开展以打击走私、套汇、贪污受贿等严重经济犯罪活动为重点的专项斗争，设立审计机关，制定《刑法》《刑事诉讼法》等一批法律法规，进一步完善反腐败和廉政建设制度，探索在改革开放新形势下依法有序开展反腐败的途径和办法。20世纪90年代，我国开始建立社会主义市场经济体制。面对新旧体制转换过程中腐败现象滋生蔓延的情况，我国作出加大反腐败斗争力度的决策，确立领导干部廉洁自律、查办违法违纪案件、纠正部门和行业不正之风的反腐败三项工作格局。制定了一系列加强反腐败和廉政建设的法律法规，1993年制定《反不正当竞争法》，1996年出台《关于禁止商业贿赂行为的暂行规定》，不断完善反腐败制度体系。在检察机关设立反贪污贿赂部门、反渎职侵权部门和职务犯罪预防部门。反腐败和廉政建设走上标本兼治、综合治理、逐步加大治本力度的轨道。

2. 实体法律法规的完善

21世纪以来，我国《刑法》进行了多次修改，2006年《刑法修正案（六）》将商业贿赂犯罪的主体从公司、企业工作人员扩大到公司、企业以外的其他单位的工作人员。2009年《刑法修正案（七）》新增了利用影响力受贿罪，即向国家机关工作人员的近亲属或者其他与该国家工作人员关系密切的人，或者向离职的国家工作人员或者其近亲属以及其他与其关系密切的人行贿的，也将被依法追究刑事责任。2011年《刑法修正案（八）》增加了对外国公职人员、国际公共组织官员行贿罪。2015年《刑法修正案（九）》进一步完善了受贿犯罪的定罪量刑标准，将以前规定的单纯的"数额"标准，修改完善为"数额+情节"标准，即无论受贿数额多少，只要情节严重，就要追究相应的刑事责任。此外，对重特大受贿犯罪被判处死刑缓期二年执行的，人民法院根据犯罪情节等情况可以同时决定在其死刑缓期执行二年期满依法减为无期徒刑后，终身监禁，不得减刑、假释。《刑法修正案（九）》还对行贿犯罪增加了财产刑，在每一档量刑中新增"并处罚金"。2021年《刑法修正案（十一）》调整了非国家工作人员受贿罪的法定刑档数，将原来的两档变为三档，并将最高刑提高至无期徒刑。

2018年1月1日，《反不正当竞争法》关于商业贿赂的规定的修订生效，对商业贿赂行为的处罚额度进行了大幅调整，从原来的"一万元以上二十万元以下的罚款，有违法所得的，予以没收"调整为"没收违法所得，处十万元以上三百万元以下的罚款。情节严重的，吊销营业执照"，并将"交易相对方"从受贿主体中排除，标志着商业贿赂行政执法进入了新的时代。

3. 纪检监察机关深度参与商业领域反腐败反商业贿赂

2018年3月，随着我国《宪法》的修正和《监察法》的实施，我国正式建立了新的监察体制。监察委员会负责对于涉嫌贪污贿赂等职务违法和职务犯罪的调查。监察委员会不仅可以对公职人员进行调查和处理，对于涉嫌行贿或共同犯罪的企业人员，也有权调查。我们注意到近年来私营企业甚至是上市公司的负责人因涉嫌行贿被监察机关留置的案例。留置是《监察法》新设定的强制措施，与《刑事诉讼法》中的拘留、逮捕相比，留置期限为 3 个月，并可再延长 3 个月，而拘留之后如未批准逮捕，最长不得超过 37 天。

4. 加强信用监管，增加腐败、商业贿赂违法成本

完善的社会信用体系是供需有效衔接的重要保障，是资源优化配置的坚实基础，是良好营商环境的重要组成部分，对促进国民经济循环高效畅通、构建新发展格局具有重要意义①。中共中央、国务院多次发文，强调社会信用体系建设的重要性，我国也一直在探索通过信用监管、联合惩戒等方式治理腐败和商业贿赂问题。

在刑事层面。2002 年初，宁波市北仑区人民检察院将 1998 年以来查处的 90 多名行贿人的相关资料收集、整理成册，并选择出情节恶劣的 17 人组成行贿人"黑名单"，在全国率先推出建筑行业行贿人资料库，以此向有关单位提供以行贿记录查询为主的诚信咨询服务。2004 年 4 月，最高人民检察院等四部门联合下发《关于在工程建设领域开展行贿犯罪档案查询试点工作的通知》，在江苏、浙江、重庆、四川、广西五地试点行贿犯罪档案查询，以遏制和减少工程建设领域的腐败行为。2006 年 1 月，涉及建设、金融、教育、医药卫生系统和政府采购部门五个领域的行贿犯罪档案查询系统正式对外受理查询。2012 年，全国行贿犯罪档案查询系统实现了全国联网。

在行政层面。《反不正当竞争法》第二十六条规定，"经营者违反本法规定从事不正当竞争，受到行政处罚的，由监督检查部门记入信用记录，并依照有关法律、行政法规的规定予以公示"，这也进一步为行贿"黑名单"制度提供了依据。2021 年，国家市场监管总局公布《市场监督管理严重违法失信名单管理办法》《市场监督管理行政处罚信息公示规定》《市场监督管理信用修复管理办法》等 3 个部门规章和规范性文件。

在纪检监察层面。2021 年 9 月，中央纪委国家监委会同有关单位联合印发《受贿行贿一起查的意见》，将行贿人定为腐败的重要原因，特别提出要组织开展对行贿人作出市场准入、资质资格限制等问题进行研究，探索推行行贿人"黑名单"制度。

2020 年 10 月 27 日，《上海市反不正当竞争条例》经修订通过，自 2021 年 1 月 1 日起施行，其中第二十四条、第二十五条、第二十七条都提到了企业需加强内部反商业贿赂管理制度，并提到监督检查部门在查处商业贿赂案件中，应当对经营者落实反商业贿赂管理制度情况开展检查。

---

① 中共中央办公厅、国务院办公厅印发的《关于推进社会信用体系建设高质量发展促进形成新发展格局的意见》。

第二节　反腐败与反商业贿赂主要合规要求

一、国内反腐败与反商业贿赂法律监管要求

（一）刑事法律监管要求

刑事责任是最为严厉的责任，可能导致相关责任人员面临刑罚，甚至丧失人身自由，因此需要企业重点关注。我国反腐败与反商业贿赂领域刑事法规主要包括《刑法》及十二个修正案、相关的司法解释等。

1. 商业贿赂类犯罪

我国《刑法》根据行贿主体和受贿主体的不同，规定了十一个商业贿赂相关罪名，行贿和受贿行为均可能构成犯罪，织就了一张严密的法网，现就主要情况列举如表 1-1 所示。

表 1-1　我国商业贿赂类犯罪罪名及法律后果

受贿方	罪名	条文	法律后果①	单位犯罪
国家工作人员	行贿罪/单位行贿罪	第 389 条/第 393 条	一般情形：3 年以下有期徒刑或拘役；因行贿谋取不正当利益，情节严重的，或使国家利益遭受重大损失：3-10 年有期徒刑；情节特别严重或使国家利益遭受特别重大损失：10 年以上有期徒刑或者无期徒刑，最高可没收财产。	对单位判处罚金；并对相关责任人员，处 3 年以下有期徒刑或者拘役，并处罚金；情节特别严重的，处 3 年以上 10 年以下有期徒刑，并处罚金。
	受贿罪	第 385 条、第 386 条	数额较大或有其他较重情节：3 年以下有期徒刑或者拘役；数额巨大或有其他严重情节：3-10 年有期徒刑，最高可没收财产；数额特别巨大或有其他特别严重情节：10 年以上有期徒刑或无期徒刑，最高可没收财产；数额特别巨大，并使国家和人民利益遭受特别重大损失：无期徒刑或死刑，并处没收财产。	无。
	介绍贿赂罪	第 392 条	情节严重：3 年以下有期徒刑或者拘役。	无。

---

① 除另有说明外，均包含"并处罚金"。

受贿方	罪名	条文	法律后果	单位犯罪
非国家工作人员	对非国家人员行贿罪	第 164 条	数额较大：3 年以下有期徒刑或拘役； 数额巨大：3–10 年有期徒刑。	对单位判处罚金，对相关责任人员按左列处罚。
	非国家工作人员受贿罪	第 163 条	数额较大：3 年以下有期徒刑或者拘役； 数额巨大或有其他严重情节：3–10 年有期徒刑； 数额特别巨大或有其他特别严重情节：10 年以上有期徒刑或无期徒刑。	无。
国家机关、国有公司、企业、事业单位、人民团体	对单位行贿罪	第 391 条	一般情形：3 年以下有期徒刑或者拘役； 情节严重的，处 3–7 年有期徒刑	对单位判处罚金，对相关责任人员按左列处罚。
	单位受贿罪	第 387 条	对单位判处罚金，并对其直接负责的主管人员和其他直接责任人员，处 3 年以下有期徒刑或者拘役；情节特别严重的，处 3–10 年有期徒刑。	
有影响力的人，例如国家工作人员的近亲属或者其他与该国家工作人员关系密切的人、离职的国家工作人员	对有影响力的人行贿罪	第 390 条之一	一般情形：3 年以下有期徒刑或者拘役； 情节严重，或使国家利益遭受重大损失，处 3–10 年有期徒刑； 情节特别严重，或使国家利益遭受特别重大损失，处 10 年以上有期徒刑或者无期徒刑，并处罚金或者没收财产。	
	利用影响力受贿罪	第 388 条之一	数额较大或有其他较重情节：3 年以下有期徒刑或拘役； 数额巨大或有其他严重情节：3–7 年有期徒刑； 数额特别巨大或有其他特别严重情节的：7 年以上有期徒刑，最高可没收财产。	无。
外国公职人员、国际公共组织官员	对外国公职人员、国际公共组织官员行贿罪	第 164 条	数额较大：3 年以下有期徒刑或拘役； 数额巨大：3–10 年有期徒刑。	对单位判处罚金，对相关责任人员按左列处罚。

有下列情形之一的，从重处罚：

（一）多次行贿或者向多人行贿的；

（二）国家工作人员行贿的；

（三）在国家重点工程、重大项目中行贿的；

（四）为谋取职务、职级晋升、调整行贿的；

（五）对监察、行政执法、司法工作人员行贿的；

（六）在生态环境、财政金融、安全生产、食品药品、防灾救灾、社会保障、教育、医疗等领域行贿，实施违法犯罪活动的；

（七）将违法所得用于行贿的。

单位犯罪问题是反商业贿赂合规的重点，可能构成单位犯罪的罪名有对非国家工作人员行贿罪，对外国公职人员、国际公共组织官员行贿罪，单位受贿罪，对有影响力的人行贿罪，单位行贿罪，对单位行贿罪等六个罪名。如贿赂行为以单位的名义实施，体现单位的意志，犯罪所得主要归单位所有，就可能构成单位犯罪。我国对单位犯罪采取双罚制，即对单位判处罚金，并对其直接负责的主管人员和其他直接责任人员判处刑罚。直接负责的主管人员，是在单位实施的犯罪中起决定、批准、授意、纵容、指挥等作用的人员，一般是单位的主管负责人，包括法定代表人。其他直接责任人员，是在单位犯罪中具体实施犯罪并起较大作用的人员，既可以是单位的经营管理人员，也可以是单位的职工，包括聘任、雇用的人员。应当注意的是，在单位犯罪中，对于受单位领导指派或奉命而参与实施了一定犯罪行为的人员，一般不宜作为直接责任人员追究刑事责任。在一些个人实施的贿赂案件中，员工会以其行为属于单位行为进行抗辩，以减轻自己的罪责，此时，单位先前是否建立了完备的合规管理措施成为法院判断当事人行为是否构成单位犯罪的重要依据。

2. 其他商业领域腐败类犯罪

在商事活动中，除了商业贿赂类犯罪以外，企业还有可能触犯的商业腐败类犯罪以职务侵占罪、挪用资金罪、侵犯商业秘密罪为主。

（1）职务侵占罪

职务侵占罪，是指公司、企业或者其他单位的人员，利用职务上的便利，将本单位财物非法据为己有的行为。企业内常见的职务侵占行为包括提供伪造材料虚假报销等。有一种较为特别的"迂回型职务侵占"，即利用职务便利，先将财物通过优惠政策、返利等方式给付给公司合作伙伴，再由合作伙伴将财物返还给行为人。例如，在卢某某非国家工作人员受贿、职务侵占案[①]中，被告人卢某某利用其管理某机械销售公司机械产品销售、货款回笼、代理商返利政策等职务便利，向该机械销售公司产品经销商何某提出以多给其政策照顾为条件，要求何某在事后将政策照顾所获取资金返还给被告人卢某某，法院认为卢某某"与他人内外勾结，利用其给予经销商返利政策的决定权，将本单位财产以合法形式转给他人，再迂回取回，据为己有"，该等行为也属于职务侵占。

----

① （2017）闽 08 刑终 30 号。

（2）挪用资金罪

挪用资金罪，是指公司、企业或者其他单位的人员，利用职务上的便利，挪用本单位资金归个人使用或者借贷给他人，数额较大、超过三个月未还，或者虽未超过三个月，但数额较大、进行营利活动的，或者进行非法活动的行为。

（3）侵犯商业秘密罪

侵犯商业秘密罪，是指以盗窃、贿赂、欺诈、胁迫、电子侵入、披露、使用、允许他人使用等不正当手段，侵犯商业秘密，给商业秘密的权利人造成重大损失的行为。实践中也存在利用职务便利，将公司的业务机会交由自己的关系单位或个人并从中谋利，如"飞单"行为也是一种广义的腐败行为。例如，在徐某侵犯商业秘密罪案[①]中，被告人徐某与同事及前同事本为甲公司员工，在职期间及离职后分别设立两家公司，将甲公司的外贸订单提供给该两家公司经营获利，累计获利 120 余万元。法院认为订单信息、客户名单系经营信息的一部分，属于商业秘密的范畴，因此，被告人徐某的行为构成侵犯商业秘密罪。

（二）行政法律监管要求

1. 主要行政监管法律法规

市场监督管理部门是最主要的商业贿赂监管部门，《反不正当竞争法》是市场监督管理部门处罚商业贿赂行为最主要的执法依据。在《反不正当竞争法》中，商业贿赂被定义为经营者为谋取交易机会或者竞争优势，通过财物或者其他手段贿赂交易相对方的工作人员、受交易相对方委托办理相关事务的单位或者个人、利用职权或者影响力影响交易的单位或者个人。

此外，《种子法》《人口与计划生育法》《兵役法》《监察官法》《海关法》《广告法》《道路交通安全法》《医师法》《律师法》《资产评估法》《药品管理法》《价格法》《政府采购法》《税收征收管理办法》等法律法规中的部分条款也对商业贿赂行为作出了界定和规制。

地方性立法对商业受贿的行为模式有部分规定。例如，《四川省反不正当竞争条例》《上海市反不正当竞争条例》均规定了"任何单位和个人不得收受、承诺收受或者通过他人收受贿赂，为经营者谋取交易机会或者竞争优势"，但并未设置单独的罚则，而是参照《反不正当竞争法》规定的罚则执行。

2. 商业贿赂类行政违法行为重点问题分析

（1）侧重行贿责任，允许向直接交易相对方提供折扣或向中间人提供佣金

《反不正当竞争法》仅规定了行贿的法律责任，未规定受贿责任。根据该法，经营者在交易活动中，可以以明示方式向交易相对方支付折扣，或者向中间人支付佣金。经营者向交易相

---

① （2013）浙台知刑终字第 4 号。

对方支付折扣、向中间人支付佣金的，应当如实入账。接受折扣、佣金的经营者也应当如实入账。

（2）员工的贿赂行为将推定为公司的行为

根据《反不正当竞争法》，经营者的工作人员进行贿赂的，应当认定为经营者的行为，但是，经营者有证据证明该工作人员的行为与为经营者谋取交易机会或者竞争优势无关的除外。这也意味着员工贿赂行为可能导致企业承担法律后果，企业必须建立并有效执行反腐败反商业贿赂制度与合规体系，对员工进行充分培训，强化员工的反腐败合规意识，才能提出员工行贿属于"个人行为"的抗辩。时任国家工商总局反垄断与反不正当竞争执法局局长曾指出，"对员工商业贿赂行为作出特别规定，有利于经营者规范自身行为和行政机关开展执法工作。'有证据证明工作人员的行为与为经营者谋取交易机会或者竞争优势无关'是指，经营者已经制定合法合规合理的措施，采取有效措施进行监管，不应放纵或变相放纵工作人员实行贿赂行为"[1]。

（3）对交易有影响力的第三方的范围可能较宽

由于《反不正当竞争法》规定的商业贿赂受贿主体中，第三类受贿主体"利用职权或者影响力影响交易的单位或者个人"的外延较为丰富，根据文义解释，此处"影响力"是指"非职权影响力"，因社会关系和人情往来的复杂性，任何能促成、撮合交易的第三方都可以被认定具有对交易的"影响力"。各地执法机关和执法人员因此对"影响力"的理解出现不同，使得执法实践中哪些个人或单位可能被认定为对交易具有"影响力"具有较大的不确定性，受贿主体容易被扩大化。此外，"交易相对方应当分析实际交易的双方。例如学校受全体学生委托与校服供应商签订校服购买合同，此时交易的双方应当是供应商和学生，交易的法律后果实际由学生承担。如果供应商给予学校财物或者其他经济利益，则涉嫌构成商业贿赂"[2]。即，执法机关在认定交易相对方时，可能穿透表面的交易关系，分析实际交易的双方，找出名义上参与交易一方所代表或者代理的实际交易者。

二、国家/地方标准和行业规范监管要求

（一）国家/地方标准主要监管要求

2017 年 12 月 29 日，国家质量监督检验检疫总局、国家标准化管理委员会发布《GB/T

---

[1] 《国家工商总局反垄断与反不正当竞争执法局局长就新〈反不正当竞争法〉接受记者专访》，载上海市市场监督管理局官网，访问地址：http://scjgj.sh.gov.cn/162/20200423/02e481ac65ec2a3f0166282d2d21032a.html，最后访问时间：2022 年 4 月 21 日。

[2] 《总局反垄断与反不正当竞争执法局局长就新〈反不正当竞争法〉接受记者专访》，访问地址：http://www.dt.gov.cn/dtzww/zxgb/201711/824175d1d296407997864f578e36b131.shtml，最后访问时间：2022 年 3 月 23 日。

35770-2017 合规管理体系指南》国家标准，并于 2018 年 8 月 1 日起实施。国家标准以 ISO 19600 标准为蓝本，意在对企业开展合规管理体系建设和运行提供普适性的指导意见。

2018 年 11 月 2 日，国资委发布《中央企业合规管理指引（试行）》，明确要求中央企业要加快建立健全合规管理体系，全面加强合规管理，其中的一个重点就是加强反商业贿赂管理。

2018 年 12 月 26 日，为推动企业增强境外经营合规管理意识，提升境外经营合规管理水平，国家发改委、外交部、商务部等七部委在参考国际规则和国家标准的基础上，联合印发了《企业境外经营合规管理指引》，为进行境外投资与运营的中资企业的合规管理提供了指导。

各地市也在积极建立适应反腐败和反商业贿赂国际标准及国内状况的地方标准。以深圳为例，2017 年 6 月，深圳市纪委和深圳市标准技术研究院以国际标准《ISO 37001 反贿赂管理体系——要求和使用指南》为基础，建立了国内首个反贿赂领域地方标准——《SZDB/Z 245—2017 反贿赂管理体系》，标准主要适用于商业组织，重点在于规范社会领域的预防腐败工作，其他如党政机关、事业单位、社会团体等可以参照适用。

（二）行业规范主要监管要求

行业规范是指行业协会制定的相关规范，虽然不具有强制法律效力，但通常在行业中受到广泛的认可，目前存在行业规范的行业主要包括医药行业、金融行业等。

1999 年，境内多家外资制药公司成立了"中国外商投资企业协会药品研制和开发行业委员会"（以下简称 RDPAC)[1]，对外资制药企业实行合规风险自律管理。其同年制定了《RD-PAC 行业行为准则》，指引会员企业对药物疗效和副作用信息进行合法、正确的推广及宣传[2]。

全球最大的医疗器械行业协会美国先进医疗技术协会（AdvaMed）与中国医疗器械行业协会共同制定了《与中国医疗卫生专业人士互动交流的道德规范》（以下简称《道德规范》），最新版本于 2017 年 1 月 1 日起生效。《道德规范》对医疗机构的教育和推广活动、咨询费用的支付等方面作出规定。

中国化学制药工业协会于 2021 年 3 月 25 日公布了医药行业合规领域的第一个团体标准《医药行业合规管理规范》，从反商业贿赂、反垄断、产品推广等领域对药品企业和医疗器械企业进行全面规范，对企业合规管理提出了更加严格的要求。

2012 年，中国证券投资基金业协会发布《中国证券投资基金业协会会员反商业贿赂公

---

① "关于我们"，载 RDPAC 官网，访问地址：https：//baike. baidu. com/reference/59696996/eb00jOIXD8Olj7uqg48 l32 TissyabdNsAsAopxmfTRRbVlhehUU5ecCTAY72V8z_ioEnqJqxVvK7aH_Kj5ibpHR2lbbGizzqm1KI，最后访问时间：2022 年 3 月 23 日。

② 《RDPAC 康韦：建立以患者为中心的医药行业伦理准则》，载 RDPAC 官网，访问地址：http：//www. rdpac. org/ index. php？r＝site%2Fnews&id＝19，最后访问时间：2022 年 3 月 23 日。

约》，明确其将对会员商业贿赂行为实行自律监察，并依据其《章程》和《会员管理办法》对违反自律规则的给予书面批评、通报批评、公开谴责等纪律处分，并在行业诚信数据库中予以记录。

三、域外反腐败与反商业贿赂法律监管要求

我国是世界第二大经济体，改革开放以来，随着我国企业走出去步伐逐渐加快，跨境合规的重要性越来越凸显。中国企业要在走出去的过程中不断成长以至卓越，必须重视跨境合规问题，因此对于企业来说，境外法律法规的监管同样值得关注。

（一）境外反腐败主要监管概览

境外国家及国际组织主要的反腐败相关文件如表 1-2 所示。

表 1-2　境外国家及国际组织主要的反腐败相关文件

国际组织	反腐败相关规定
联合国	《联合国反腐败公约》
世界银行	《反腐败指导方针》《采购指导方针》《咨询顾问指导方针》
亚太经合组织	《圣地亚哥反腐败和确保透明度承诺》《APEC 圣地亚哥反腐败与提高透明度行动计划》《新加坡反腐败宣言》《APEC 关于提高政府执行力和反腐力度的指导意见》《北京反腐败宣言》
经合组织	《关于打击国际商业交易中行贿外国公职人员行为的公约》
欧盟	《反腐败民法公约》《反腐败刑法公约》
美洲国家组织	《美洲反腐败公约》
国家	**反腐败相关法律**
美国	《反海外腐败法》（FCPA）
英国	《2010 年反腐败法案》（UKBA）
法国	《萨宾第二法案》（SAPIN Ⅱ）
澳大利亚	《联邦刑法典》《犯罪收益法》
比利时	《比利时刑法典》
加拿大	《外国公职人员腐败法》《刑法典》
丹麦	《刑法典》
印度	《反腐败法》《反洗钱法》《禁止 Benami 财产交易法》
意大利	《刑法典》、《民法典》、第 231 号立法令
以色列	第 5737-1977 号《刑法》、第 5760-2000 号《反洗钱法》
日本	《刑法典》《惩治公职人员利用影响力获利法》（APPOPEI）

（二）重要国际组织反腐败主要规定介绍

随着反腐败成为国际社会共同关注的焦点问题，国际组织在反腐败国际合作方面发挥越来越重要的作用。在发布了反腐败相关公约的国际组织中，对我国企业影响较大的当数联合国、世界银行、亚太经合组织。

1. 联合国

《联合国反腐败公约》是联合国首个用于打击国际腐败犯罪的法律文件，是联合国为世界各国加强反腐工作、提高反腐成效、促进反腐领域的国际合作而通过的一项指导国际反腐败斗争的法律文件。该公约在腐败的预防性措施、刑事定罪、执法合作、国际追赃、引渡合作等方面形成了一套完整的制度，将贿赂外国公职人员与贿赂本国公职人员同等视为腐败犯罪，为缔约方打击海外腐败提供了清晰指南。2005 年 10 月 27 日，我国全国人大常委会批准加入《联合国反腐败公约》。2007 年 9 月 6 日，为履行《联合国反腐败公约》，中国国家预防腐败局正式成立，成为我国首个预防腐败机构。

2. 世界银行

世界银行作为目前世界上最重要的多边开发银行组织，是主要的国际反腐败执法与推动力量之一。自 1996 年起，世界银行颁布《采购指导方针》和《咨询顾问指导方针》，为世界银行制裁被查实在货物或服务的采购、咨询顾问的选择或任何相关合同的执行中有欺诈或腐败行为的公司和个人提供了依据，这两个指导方针对应制裁的欺诈、腐败、共谋、胁迫和妨碍行为作出了具体的定义。[①] 2006 年，世界银行相继发布了《反腐败指导方针》和《制裁程序》，《反腐败指导方针》进一步明确了腐败行为的定义以及受到规制的主体——所有世界银行贷款资金的接受者（recipients of loan proceeds），《制裁程序》则规定了世界银行可对这些贷款资金的接受者采取包括赔偿、除名在内的严厉制裁。近 20 年来，我国企业一直是世界银行贷款和赠款资助项目的重要对象，近年来，腐败相关的合规风险已经成为我国企业参与世界银行项目的主要风险之一。

3. 亚太经合组织

亚太经合组织作为亚太地区最有影响力的区域性合作组织，在反海外腐败方面同样发挥着重要作用。自 2004 年至今，亚太经合组织基于每次领导人会议，发布了一系列反腐败宣言和行动计划，包括《圣地亚哥反腐败和确保透明度承诺》《APEC 圣地亚哥反腐败与提高透明度行动计划》《新加坡反腐败宣言》《APEC 关于提高政府执行力和反腐力度的指导意见》《北京

------

① 参见《世界银行反腐败使用者指南》。

反腐败宣言》，并成立了 APEC 反腐执法合作网络。其中，《北京反腐败宣言》是由我国主导的反腐败宣言，在亚太地区产生了重要影响力，这份宣言明确提出"根据各自法律，加强与腐败官员及其非法所得跨境活动相关的信息共享，以最大限度地打击腐败、贿赂与非法资金流动"，这为亚太地区共同打击跨境腐败提供了指南。①

(三) 部分国家反腐败制度介绍

随着越来越多的中国企业走出去，海外投资项目数量不断增长，各国政府对跨国企业日渐加强的监管应当引起我们的重视。在反腐败和反商业贿赂领域，美国的执法态势值得关注，但除了美国外，中国企业还需留意以英国、法国等为代表的欧洲国家的反腐败情况。

1. 美国

20 世纪 70 年代，"水门事件"及后续的调查活动揭露出许多美国企业在海外通过行贿获取订单的腐败行为。基于遏制企业海外贿赂，重塑美国企业廉洁形象的目的，1977 年美国国会通过了《反海外腐败法》，规定了反贿赂条款与会计条款，专门规制企业海外行贿行为。为引导企业遵守监管要求，培育预防和制止贿赂行为的企业文化，合规计划被引入并广泛应用于《反海外腐败法》的法律实践。为激励企业构建、实施合规计划，1991 年美国联邦量刑委员会将合规计划引入《联邦量刑指南》，并规定如果企业因自身及其代理人违法被起诉定罪，有效的合规计划可以帮助企业减轻刑罚。1999 年，美国司法部发布了《联邦起诉商业组织原则》（又称为《霍尔德备忘录》），规定了联邦在起诉企业时应考虑的八项因素，其中有三项关于合规计划，使得合规计划成为检察官进行诉讼裁量时的重要考量因素。实践中，有效的反腐败合规在违反《反海外腐败法》案件的调查阶段，极有可能影响检察官决定是否对企业提起刑事诉讼。②

2. 英国

2010 年，英国出台了《2010 年反腐败法案》，这部法律融合了英国其他法律中关于腐败的条款，遵循了英国加入的各类国际性反腐败公约，贯彻了预防性打击的刑法立法理念，通过源头治理与内部治理相结合的模式加强了对商业贿赂的刑法立法治理，构建了更为严密的预防性贿赂犯罪刑事规制体系，被称为目前全世界最严厉的反腐败法律。该法第六条规定了"行贿外国公职人员罪"，并指出这不仅包括外国公职人员本身，还包括其要求、同意或默许的其他人，即向外国非公职人员行贿的，仍可触犯该法，这无疑进一步加大了打击海外腐败的力度。该法第七条规定了"商业组织预防贿赂失职罪"，商业组织疏于建立预防贿赂机制导致行贿行为发生时，需要承担刑事责任，除非该商业组织能证明已制定了"充分程序"预防关联人员行贿

---

① 参见宋伟、周磊：《反海外腐败的法律与制度：国际比较与中国方案》，载《行政管理改革》2020 年第 1 期。
② 参见万方：《反腐败合规法律实践的规范演进与实践展开——以美国〈反海外腐败法〉为切入》，载《法治研究》2021 年第 4 期，第 96-109 页。

行为。2011年颁布的《2010年贿赂法案指南》提出构建"充分程序"的六项原则，即程序比例原则、最高层责任原则、风险评估原则、尽职调查原则、沟通原则、监督和复查原则。《2010年反腐败法案》的另一个特点是适用对象十分广泛，对于非注册在英国的企业，如在英国设立了分支机构，或在英国经营业务，或在英国证券交易所上市，或聘用了英国居民，都有可能受该法约束。

3. 法国

2016年12月，法国宪法委员会批准通过了《萨宾第二法案》，进一步加大了打击腐败、贿赂行为的执法力度。与美国、英国反腐败反贿赂法律法规类似，《萨宾第二法案》也确立了法国的暂缓起诉协议制度。此外，《萨宾第二法案》确立了合规制度的基本内容，中国企业要在法国进行投资，也应完善自身反贿赂合规体系，既满足国内的反腐规定，也遵守当地的相关法律法规。

第三节　反腐败与反商业贿赂主要合规风险识别

一、业务环节中的主要风险点

权力授予过程中的信息不对称和利益冲突往往是腐败和商业贿赂的主要来源之一，岗位职责所对应的权力是腐败和商业贿赂等不廉洁高风险的主要诱发因素之一，因此通过业务环节和岗位职责来识别所对应的腐败和商业贿赂风险是一个常用的手段。

关于企业内部岗位具体对应哪几种权力，不同行业以及不同资本构成、管理结构的企业内部情形都不尽相同。有学者提出"八项权力模型"，即行使"八项权力"的岗位人员很可能由于利益的驱使产生腐败行为，导致企业在生产经营过程中产生合规风险。"八项权力"具体包括审核权、市场客服与销售权、人事权、采购权、放行权、计量权、财务资金权、拥有关键信息权。[1]

篇幅所限，本书只着重介绍企业采购、销售和推广、人力资源、合作伙伴管理环节的商业贿赂行为。

（一）采购环节的主要风险点

供应链管理和采购是企业的核心职能之一。构建良好的供应链采购体系，制定切实有效的战略，落地执行具体的制度和规则，将实质性地积极影响企业的运营效率，降低企业成本，为

---

[1]　参见华东师范大学企业合规研究中心：《企业合规讲义》，中国法制出版社2018年版。

企业更好地实现盈利。如果没有良好且有效的供应链采购合规制度，容易出现积压浪费或者无法满足运营需求的情况，亦容易滋生暗箱操作、利益冲突等不合规甚至违法犯罪的行为。企业采购环节是商业贿赂的高发区。在采购环节中，可能存在供应商向企业采购人员赠送礼品、礼物卡，提供宴请或以其他形式输送利益的情况，以谋取交易机会。

采购环节受贿是指采购人员，违背对雇主的忠实义务，收受利益并做出违背法律、道德的行为。在履行工作职责的过程当中，接受他人基于该项工作给付的好处和利益，罔顾雇主利益，违背了最基本的商业道德。

由于采购人员通常具有较高的收受礼品或接受宴请的风险，有的公司会要求，在员工接受合作伙伴礼品或宴请未能当场拒绝时，应当在一定时间内向公司上交或报告，由公司直接或折现归还业务伙伴。

（二）销售和推广环节的主要风险点

企业在进行业务推广活动时，可能因缺乏风险防范机制而滋生商业贿赂等不合规行为，比如以赠送礼品，提供免费产品、赞助、旅游，宴请娱乐，支付"返利费""陈列费""地堆费"等形式向交易相对方的员工或者对交易有影响力的第三方输送不当利益。下文将介绍销售和推广领域主要的商业贿赂表现类型。

1. 赠送礼品

在产品销售过程中，向合作伙伴的员工赠送礼品的情形时有发生。《国家工商行政管理局关于禁止商业贿赂行为的暂行规定》第八条第一款规定，"经营者在商品交易中不得向对方单位或者其个人附赠现金或者物品。但按照商业惯例赠送小额广告礼品的除外"。实践中，小额广告礼品通常指印有公司品牌或产品商标的办公用品，如印有商标的日历、记事本、U盘等。"小额"在法律上并无明确界限，在实践中通常会限制在100元到300元以下。因此，提供的礼品如果超过一定金额，将具有较高的商业贿赂风险。

行政执法案例中涉及的礼品包括高级电子产品、购物卡、乳胶枕头、金银首饰、茶叶、咖啡礼盒、名贵食材（大闸蟹）、高档烟酒、手表、名牌保温杯、箱包等，礼品价值通常上千元。部分公司可能会允许传统节日、婚丧生日等时期赠送月饼、茶叶等风俗纪念品，但实际上该等行为也存在风险，需要严格把控，有案例中当事人为获得交易机会在春节和国庆向交易相对方的业务经理赠送大闸蟹、购物卡，被罚款30万元并没收违法所得[1]。《国家行政机关及其工作人员在国内公务活动中不得赠送和接受礼品的规定》中，禁止以祝贺节假日、祝寿、婚丧嫁娶、试用、借用、品尝、鉴定等名义赠送和接受礼品，可见，即使是符合风俗习惯的送礼，也

---

[1] 沪市监虹处字〔2019〕第092019001012号。

可能被认为是"假借名义"赠送礼品。

2. 提供免费产品

业务活动中有较多需要提供免费产品或变相提供免费产品（如出租产品，但只收取远低于市场公允价格的租金等）的场合，如免费试用、赠送小样，用于产品使用相关的教学培训等，由于该等免费产品可能被认定为财产性利益，如赠送频率过高，数量不合理，或存在其他非法情形（如不如实入账等），同样具有一定的商业贿赂的风险。

在食品、酒类行业中，还可能存在向终端零售店提供货架、酒柜等物料（通常带有厂家商标）的情形，厂家可能会主张自己是为了终端零售店用专用的货架、酒柜陈列自己的产品，以提升消费者品牌认知，但执法机关可能认为该等行为实际上承担了终端零售店的物料成本，一定程度上排挤了其他厂家，可能有商业贿赂的风险，因此需要严格审批把控，签订恰当的协议，控制风险。

上海某医疗器械有限公司不正当竞争案[①]中，当事人为获取交易机会，在向上海市某医院销售尿十项检测条和尿液分析试纸条的过程中，以补偿的名义按照一定比例向该院赠送相关产品。当事人共向该医院销售尿十项检测条 2385 筒，按比例补偿赠送了 164 筒；销售尿液分析试纸条（干化学法）1358 盒，按比例补偿赠送了 87 盒。赠送的检测条（具体金额未明确）不开具销售发票，也不计入当事人的财务账。当事人实际获取利润 479214.13 元。该案中，上海市徐汇区市场监督管理局对当事人作出了没收违法所得 479214.13 元并罚款 12 万元的行政处罚。

3. 提供赞助

赞助是企业常见的商业活动，通常可以分为公益赞助（公益事业捐赠）和商业赞助。

根据《公益事业捐赠法》，公益事业捐赠指的是自愿无偿向依法成立的公益性社会团体和公益性非营利的事业单位捐赠财产，用于公益事业的活动。建议公司制定明确的公益事业捐赠流程，签订捐赠协议，保留完整的记录和凭证。实践中可能存在向某一行贿对象担任领导职务的学会或协会提供赞助或捐赠的情况，这实际也是一种变相的行贿行为。有的企业会设立专门的基金，通过公开透明的方式接受申请，避免捐赠被用于不正当目的。有的企业会限定捐赠的目的，禁止指定具体的个人作为捐赠的受益人，禁止公司从捐赠中获得任何直接或间接利益（获得致谢、留名等除外）。如捐赠用于科学研究，公司宜避免参与研究方案的制定或其他研究细节。建议禁止销售部、市场部等直接承担销售任务的部门参与捐赠。对于被捐赠对象，建议做好尽职调查，选择名声良好的公益组织，避免利益冲突等。特别在医药行业，对医学学会、协会、公立医疗机构提供捐赠的情况较为常见，应严格遵循《公益事业捐赠法》及《卫

---

① 徐市监案处字〔2017〕第 040201710493 号。

生计生单位接受公益事业捐赠管理办法（试行）》等规定，不得涉及商业营利性活动，不得与采购物品挂钩，不得直接向公立医院的具体科室提供捐赠。公益事业捐赠应当避免直接与医生个人产生差旅费报销、补贴等经济往来。

商业赞助指的是为获取直接的商业利益而通过金钱、物料、公司产品等形式赞助第三方或其举办的活动，可以获得的商业利益如获取冠名授权、会员权利、广告权利等，赞助的活动包括比赛、会议、晚会、公司年会等。为控制风险，这种赞助通常应当基于公开的商业邀请函/招商函，签订书面协议，明确赞助的金额和回报，如实入账，赞助的支持与所获取的回报应当与市场公允价值相符。部分公司会要求对被赞助的对象进行尽职调查，对被赞助对象的性质有限定条件（例如必须是一定级别的公益法人），要求赞助必须公开披露，相关活动不得涉及奢侈性娱乐活动，禁止公司提名活动参加者，严格限制独家赞助的情形，对于被赞助的活动的目的作出限制，要求被赞助方提供相关费用的真实凭证等。

4. 提供旅游

在邀请跨地区的业务伙伴参加会议、展会、经销商大会等合理的商务活动过程中，企业往往会报销业务伙伴的往返路费并提供住宿，甚至带领参会者于参会期间在周边游览，这也通常被认为是"人之常情""地主之谊"，然而这种行为一旦超越合理界限就会具有较高的商业贿赂风险。此外，邀请业务伙伴参观工厂（酒类行业可能涉及邀请合作伙伴参观境内外酒庄）也是商业活动中常见的场景，但是如果该等参观机会的提供与销量挂钩，属于私下邀请而非"公对公"商务活动，或行程中商务参观、会议交流居少，景点参观、娱乐活动居多，则很可能被认定为商业贿赂。

5. 宴请招待

商务活动中，邀请合作伙伴相关人员共用便饭是常见的情况，但是如果用餐金额、菜品或场地过于奢侈，则可能存在商业贿赂风险。此外，有的公司会通过午餐会、产品品鉴会等形式进行品牌推广，该等活动也涉及用餐，同样存在商业贿赂风险。即使餐饮招待费用不高，但如果目的不当、时机敏感，仍具有商业贿赂的风险。例如，在上海某医疗器械销售中心不正当竞争案[1]中，当事人为了继续向宁波某医院销售医疗器械产品，宴请了新任该院负责采购业务的某医生，费用支出604.80元，即被认定为构成商业贿赂，被处罚款2万元。

为控制风险，有的公司会对人均用餐金额作出严格限制，甚至会明确限制酒水金额占比、禁止出现名贵菜品等。在流程上，有的公司会要求所有的宴请招待必须经过公司或领导批准，并要求事后提交完整的发票、刷卡单、水单等报销凭证，并如实入账。实际操作中，员工可能存在通过虚报人数、与商家串通修改水单内容等情况规避上述限制的情形，可以通过抽样现场

---

[1] 青市监案处字〔2018〕第290201610081号。

走访等方式查实。有的公司还会将现场走访发现可疑的商家纳入黑名单管理。

6. 支付"返利费"

企业为争取销售渠道资源而按照销售额的一定比例向经销商（或零售商）支付"返利费"的情形时有发生，如未能如实入账、具有不当目的，则很可能被认定为商业贿赂。

在上海某健康食品股份有限公司商业贿赂案[1]中，2013年1月至2014年4月，当事人与部分超市门店的部门主管约定：在元旦春节、中秋国庆两个节假日超市促销活动期间，部门主管通过超市门店采购当事人一定金额的产品，并在其管理区域内堆放产品。2014年5月至2015年11月，当事人依超市门店采购的当事人产品金额，按照双方约定的比例向部分超市门店部门主管支付返利费。返利费系当事人以"个人借款"名义计入"个人借款"科目下，以食品、日用品、办公用品等发票予以核销平账。当事人共计支付上述费用189020.19元。上海市奉贤区市场监督管理局对当事人作出了罚款2万元的行政处罚。该案中，当事人通过返利的方式向交易相对方工作人员支付费用，且未能明示入账，构成商业贿赂。

7. 支付"陈列费""地堆费"

与"返利费"不同，"陈列费""地堆费"等一般不与销售额相关联，为企业向经销商（或零售商）支付的固定费用。"陈列费""地堆费"等费用的支付也存在被执法机关认定为变相行贿的风险。

在某（上海）商贸有限公司涉嫌不正当竞争案[2]中，当事人主要从事进口食品的销售业务，当事人在向某商超门店销售商品时，为了提高销量、赚取更多利润，给予商超门店相关人员"好处费"，其具体表现形式如下：自2015年10月起，当事人为了获取商超门店食品销售区域更好的地堆位置及产品陈列位置，吸引顾客消费，提升产品销量，以支付"地堆费""排面费"的名义，每月向商超门店的食品销售主管（其因受贿已被上海市公安局立案处理）支付"好处费"。经查实，自2015年10月至案发，当事人以上述方式共支付"好处费"11000元给商超门店主管人员。因当事人以"地堆费""排面费"名义给付的"好处费"与实际销量不挂钩，且当事人直接供货给商超门店总部，无法提供单店销售产品的进货成本，违法所得无法计算。该案中，上海市浦东新区市场监督管理局对当事人作出了罚款10万元的行政处罚。

综上所述，企业在进行销售和推广活动时应注意合法性、真实性、合理性，对以各种形式支付的推广费严格把关，做到明示入账。不得通过直接或间接给予、许诺给予交易相对方的工作人员、受交易相对方委托办理相关事务的单位或者个人，以及利用职权或者影响力影响交易

---

[1] 奉市监案处字〔2018〕第260201627137号。
[2] 浦市监案处字〔2018〕第150201630532号。

的单位或者个人财物或其他任何不当利益等方式，以谋取交易机会或竞争优势。

（三）人力资源环节的主要风险点

企业人力资源部门主要负责人员聘用、培训与发展、职称评定、薪酬福利、公司构架及岗位设置等事项。在该等业务环节中，可能涉及的商业贿赂风险主要包括企业通过雇用利益相关方人员实施行贿行为，人力资源部门相关负责人员在招聘、提拔等环节收受贿赂等。

1. 通过雇用利益相关方人员实施行贿行为

在企业人力资源领域，存在通过雇用利益相关方人员的子女和亲属实施行贿行为的现象。在一个案例中，被告人樊某某看中新疆维吾尔自治区某厅厅长王某某的职位和手中的权力，明知王某是王某某的哥哥，为谋取不正当利益，故意聘用其参与工程招标活动，以发工资、报销费用和提成的名义给予王某好处费，最终工程中标，获取非法利益，樊某某构成行贿罪①。

因此，企业应注意加强招聘流程管理，不得以换取任何不正当好处或利益为目的，"因人设岗"，聘用他人或相关人士并支付工资进行利益输送，应当客观评价候选人情况与岗位要求之间的契合度，并完善对招聘、晋升过程的合规性审查机制。企业聘用行为应当具有合法的商业目的的，并至少符合下列条件：（1）拟聘用对象在教育、背景和经验方面符合其将从事的职责要求；（2）拟聘用对象不存在任职限制或利益冲突；（3）企业聘用敏感人士，应当经过企业内部合规部门的事前批准。

2. 在招聘、提拔等环节实施受贿行为

实践中，由于人力资源部门掌握着人事任免、提拔的权力，因此，存在接受求职者、公司员工贿赂，从而为其入职、晋升提供便利的可能性。根据某公司公布的情况，其员工存在与外部求职中介合作，由外部求职中介招募实习生，该员工利用自己员工身份安排实习生进行虚假的远程实习，并从中分得费用的行为。企业人力资源领域存在的商业贿赂行为会破坏企业内部的人力资源管理秩序，对员工整体的士气和业绩考核机制造成不利影响。因此，建议企业加强利益冲突申报管理，在人力资源管理中充分利用不相容岗位分离、四眼原则等制约监督措施，确保招聘晋升流程公开透明，对于重要的人事调整决定可以设置公示投诉环节。

3. 候选人审查不严导致贿赂风险增加

人员招聘是人力资源管理的重要环节，如对候选人审查不严，可能导致反贿赂合规意识较差甚至有行贿历史的员工进入公司，从而提高公司贿赂风险。公司可以在面试时，与候选人讨论公司的反贿赂方针，考察候选人对反贿赂合规的理解和意识，通过背景调查等合理的措施验证候选人的资质、在前雇主的表现、是否曾涉及贿赂等。

----

① （2018）新 0104 刑初 456 号。

（四）合作伙伴管理环节的主要风险点

合作伙伴是指与公司存在业务或潜在业务、工作往来的外部法人、其他组织或自然人，通常包括供应商、客户、投资伙伴，以及咨询机构、代理机构、中介机构等其他第三方。《ISO 37001 反贿赂管理体系——要求和使用指南》认为合作伙伴可能带来的腐败或商业贿赂风险包括：合资企业或合资伙伴为了公司所加入的合资企业能够赢得竞争机会而行贿；客户或顾客的采购经理向公司索取贿赂以换取合同签订机会；公司的客户要求公司委派特定的分包商或供应商，而客户的经理或公务人员在这种情况下可能会从该委派活动中获得个人利益；公司的经理代表公司向公司客户的经理行贿；公司的供应商或分包商向公司的采购经理行贿以换取合同签订机会；等等。实践中，部分公司可能通过广告公司、咨询公司等"白手套"实施商业贿赂行为，然而这种做法往往并不能起到"防火墙"的作用。又或者，合作伙伴为了公司的业务向第三方行贿，公司虽然并未明示授意合作伙伴行贿，但由于疏于对合作伙伴尽到合理的合规管理注意义务，可能被认为放任腐败行为的发生，也可能需要承担不利后果。例如，当事人浙江某医药有限公司与金华市某广告有限公司签订了市场咨询服务合同，金华市某广告有限公司为当事人提供市场推广、专业培训、市场调研、售后服务、组织学术科研会议等服务工作，为业务的开拓提供资源支持，当事人按照合同约定，支付相应市场服务费给金华市某广告有限公司。2017 年 9 月至 11 月，金华市某广告有限公司根据当事人委托要求，共完成三次产品推广会。三次推广费近 80 万元，会议期间除了支出用餐费、住宿费、礼品等费用以外，还对每位与会医生发放每次 1000 元的拜访费（劳务费），共计 26.6 万元。执法机关认为当事人构成商业贿赂，罚款 12 万元[①]。

二、商业贿赂高风险行业的主要风险点

由于不同行业的业务模式和外部监管环境有所差异，因此，腐败和商业贿赂呈现出较为鲜明的行业特征。下文将对医药行业、金融行业、互联网行业、建设工程行业、能源行业以及通信行业等商业贿赂风险较高的行业进行分析，总结相关行业主要风险点。

（一）医药行业反腐败与反商业贿赂主要风险点

1. 行业内部特点

医药行业的产业链主要由医药原料、医药研发与制造、医药流通三部分构成。[②] 在各环节涉及的主体主要有：医院、医生及医院相关人员、药品和医疗器械的上市许可持有人（注册

---

① （杭富）市管罚处字〔2018〕067 号。

② 《我国医药行业产业链分析》，载中国产业经济信息网，访问地址：http://www.cinic.org.cn/xw/cjfx/578310.html，最后访问时间：2022 年 3 月 23 日。

人)、生产、经营企业等。以医院渠道为例，医药行业的产品生命周期包括产品研发、临床试验或研究、产品生产、产品经销、纳入医保目录、集中采购目录、纳入医院采购、医生处方、患者购药等。医药行业的主要特点包括：（1）信息不对称。医药产品专业性较高，真正的终端消费者即患者对产品性质了解有限。（2）支付方、决策者和终端消费者不一致。医药产品通常部分金额由医保报销，而由医生作出用药决定，最终使用产品的终端消费者是患者。（3）从产业格局上来看，我国医药行业因监管力度提高、生产难度加大等壁垒因素，行业集中度持续上升。

2. 外部监管环境

医药行业一直是商业贿赂监管的重点领域，除市场监督管理局外，国家卫健委、医保局、药监局等监管机关分别从加强公立医院医风和内控管理，加重医药企业行贿后果和明确打击重点，规范行业行为等不同角度出台了大量打击医药购销领域商业贿赂的文件，其监管力度可见一斑：

《药品管理法》规定愈加严格，对于药品行业商业贿赂行为设置了更加严厉的处罚。与《反不正当竞争法》相比，《药品管理法》第八十八条第一款规定"禁止药品上市许可持有人、药品生产企业、药品经营企业和医疗机构在药品购销中给予、收受回扣或者其他不正当利益"。可见，在药品购销活动中，医疗机构作为"交易相对方"仍可能被认定为受贿人。《药品管理法》第一百四十一条、第一百四十二条明确规定了对行贿人和受贿人（包括单位及个人）的处罚，处罚机制既包括资格罚（如吊销营业执照、吊销药品生产许可证、终身禁止从事药品生产经营活动），也包括财产罚（罚款、没收违法所得）。对比可知，《药品管理法》除了明确对受贿人的处罚机制，对行贿人的处罚力度也明显大于《反不正当竞争法》。

加强公立医院医风和内控管理：例如，2020年12月31日，卫生健康委、中医药局发布《关于公立医院内部控制管理办法的通知》，加强医院医疗设备、低值耗材采购内控管理；2021年8月6日，卫生健康委、中医药局发布《全国医疗机构及其工作人员廉洁从业行动计划（2021-2024年）》，要求集中开展整治"红包"、回扣专项行动，对违反行业纪律的医务人员、涉嫌利益输送的各类机构，严肃惩处，持续保持高压打击态势，明确了医商交往中的不当利益输送方式。2021年11月12日，卫生健康委、医保局、中医药局联合发布《医疗机构工作人员廉洁从业九项准则》，根据医疗腐败新问题与新表现，全面细致地明确了医疗机构工作人员与医药企业关系来往的禁止性规定。

加重医药企业行贿后果：2020年8月28日，《国家医疗保障局关于建立医药价格和招采信用评价制度的指导意见》发布，建立医药价格和招采信用评价制度包括医药企业主动承诺、医药企业信息评级、失信行为分级处置等机制，对于公司自身、员工、代理人存在商业贿赂行为或失信等级被评定为"严重"的可能导致全部产品无法挂网销售。

明确打击重点，规范行业行为：2020年9月22日，国家药监局发布《医药代表备案管理办法（试行）》，2020年12月1日生效，旨在加强对医药代表的管理，规范学术推广行为，其中，第十三条对医药代表提出了一系列禁止性要求，包括不得"承担药品销售任务，实施收款和处理购销票据等销售行为"，"参与统计医生个人开具的药品处方数量"，"对医疗机构内设部门和个人直接提供捐赠、资助、赞助"等。此外，卫生健康委等九部委每年发布的《纠正医药购销领域和医疗服务中不正之风工作要点》几乎每年点名查处商业贿赂，2021年的十条要点中三条与商业贿赂有关，第七条更是明确提出要全面构建"亲清"型廉洁规范的医商关系，严禁借助任何名义进行利益输送。2021年，《国家市监总局关于加强反不正当竞争执法推动高质量发展的通知》发布，明确将大力查处医药购销企业以及疫情防控物资领域的不正当营销行为列入整治重点。

从历年公布的商业贿赂相关刑事、行政案件数量来看，医疗系统和医药行业被执法的频率居高不下。据国家医保局对司法判决的统计，2016年至2019年，全国百强制药企业中有超过半数被查实存在直接或间接给予回扣的行为，其中频率最高的企业三年涉案二十多起，单起案件回扣金额超过2000万元①。根据国家市监总局公布的数据，2020年7月至12月25日，在全国范围针对医药购销和医疗服务领域商业贿赂行为立案73件，案值3660.66万元，罚没款1362.03万元②。可以说，对于医药行业，打击商业贿赂一直是监管部门的执法重点。

3. 主要风险点

医药行业常见的商业贿赂行为集中在产品推广环节与医疗卫生专业人士的交往、会议、赞助等活动中。主要表现如下：

（1）带金销售

带金销售，即医药企业根据医疗卫生专业人士对其药品的直接处方或影响处方的销量，向医疗卫生专业人士支付一定比例的回扣，是最直接的商业贿赂违法乃至犯罪行为。

在谢某某行贿案③中，2009年至2017年，谢某某作为湖南某新特药有限公司的医药商品销售员，向某县中医院、某县人民医院销售药品，为顺利收取药款、维系药品销售渠道，谋取不正当利益，按发票金额的一定比例向院长田某支付回扣款，共计行贿139.75万元。谢某某构成行贿罪，被判处有期徒刑五年，并处罚金10万元。

----

① 《观察 | 严查权钱交易建立失信名单集中带量采购斩断医疗贿赂利益链》，载中央纪委国家监委网，访问地址：https://www.ccdi.gov.cn/toutiaon/202010/t20201017_98253.html，最后访问时间：2022年3月25日。
② 国家市场监督管理总局价格监督检查和反不正当竞争局：《反不正当竞争执法年度报告（2020）》，中国工商出版社2021年版，第12页。
③ （2020）湘3127刑初64号。

（2）虚构学术会议或假借会议资助不当输送利益

学术会议是医药公司进行学术推广的重要形式，《医药代表备案管理办法（试行）》明确医药代表可以通过举办学术会议、讲座的形式开展学术推广。在医院或者第三方学术机构组织、举办的学术会议中，如医药企业以"讲课费"等名义向医生个人给付财物，但实际上相关会议为虚构、医生并未开展讲课等劳务，将面临较高的商业贿赂风险。

广州某医药有限公司商业贿赂案[①]中，当事人在经营医疗器械的过程中编造会议《邀请函》，假借"讲课费"的名义向客户医院的两位医生支付现金，促使当事人向医院销售导管产品。对上述"讲课费"，当事人以餐费及住宿费的发票来冲销记账。当事人假借"讲课费"的名义向两位医生支付现金合计 6000 元，涉及销售总金额 62740 元，违法所得 8353.36 元。执法机关对当事人作出没收违法所得 8353.36 元，罚款 11 万元的行政处罚。

（3）设备投放、捆绑销售

在医疗器械企业中，如通过设备免费赠送和设备免费租赁等形式提供设备，以达到捆绑销售耗材的目的，具有较高的商业贿赂风险。①设备免费赠送：在约定设备投放期间，医院如果向医药企业购买该设备配套试剂、耗材达到一定的采购量，则可以不支付设备费用；如果采购量未能达标，则需按照约定部分支付或全部支付设备费用。②设备免费租赁：在约定设备投放期间，医院如果向医药企业采购设备配套试剂或耗材数量达标，则无须支付设备租金；如果未能达标，则需支付设备租金。2017 年，国家工商总局竞争执法局发布《关于进一步加强医药领域不正当竞争案件查处工作的通知》，明确要求"严肃查处假借租赁、捐赠、投放设备等形式，捆绑耗材和配套设备销售等涉嫌商业贿赂不正当竞争行为"。

此外，还存在医药企业向医疗卫生专业人士提供养生、温泉、旅游景点、高档食宿等休闲、度假、奢侈活动等商业贿赂的高风险行为。

（二）金融行业反腐败与反商业贿赂主要风险点

1. 行业内部特点

金融行业是指经营金融商品的特殊行业，包括银行业、保险业、信托业、证券业和租赁业。金融行业是国民经济活动的重要枢纽，在国民经济的宏观调控中掌握着贷款权、结算权、开设账户权、外汇管理权、拨审基建工程款权、保险理赔权等实权。[②] 一方面，金融企业存在通过"寻租"获取信贷资金等利益的动机；另一方面，权力的高度集中性为金融机构的管理人员"创租"提供了可能性。

---

① 穗工商处字〔2018〕137 号。
② 参见宋立平、陈兰芳：《从金融系统的行业特点看廉政建设的重要性》，载《江苏农村金融》1992 年第 10 期。

2. 外部监管环境

金融行业腐败有巨大的危害性，事关国家金融安全。十九届中央纪委二次全会将"审批监管""金融信贷"等列为反腐败重点领域和关键环节；三次全会明确提出"加大金融领域反腐力度"；四次全会强调"深化金融领域反腐败工作"；五次全会上强调"做好金融反腐和处置金融风险统筹衔接"，体现了以习近平同志为核心的党中央对金融领域全面从严治党一以贯之的高度重视。

《商业银行法》对商业贿赂行为的规制体现在两方面，一方面限制因贿赂行为被判处刑罚的人员担任高管[①]，另一方面规定了商业银行工作人员实施受贿行为的一般性行政责任、民事责任及刑事责任。《证券投资基金法》对商业贿赂行为的规制则主要体现为对基金从业人员的资格限制。《证券投资基金法》第十五条规定，"有下列情形之一的，不得担任公开募集基金的基金管理人的董事、监事、高级管理人员和其他从业人员：（一）因犯有贪污贿赂、渎职、侵犯财产罪或者破坏社会主义市场经济秩序罪，被判处刑罚的……"

近年来，金融行业反腐败的文件众多。2020年2月20日，《中国银保监会办公厅关于预防银行业保险业从业人员金融违法犯罪的指导意见》提出"加大金融领域反腐败力度，积极维护金融秩序和社会稳定"。2020年6月23日，《中国银保监会关于开展银行业保险业市场乱象整治"回头看"工作的通知》，提出"对因金融腐败和违法犯罪破坏市场秩序、造成重大损失甚至诱发风险事件的一律严惩不贷"。2020年8月17日，中国银保监会印发《健全银行业保险业公司治理三年行动方案（2020-2022年）》，提出"推动相关机构党组织严格实行民主集中制，坚决惩治和预防腐败"。

2019年，全国纪检监察机关共立案审查调查金融系统违纪违法案件6900余件，涉腐案件数量相对较多。很多金融腐败出现在新兴业务、创新或"伪创新"业务领域。[②]

3. 主要风险点

金融行业资本流动高度频繁，是腐败和商业贿赂的高发领域。以银行业为例，商业贿赂行为经常会发生在"贷款业务"中，表现为借款人为了取得贷款资格而向商业银行的工作人员（特别是信贷业务的审查人员、调查人员、评估人员）或者第三方调查评估机构及其工作人员行贿，以使得该等人员在进行相关调查、审查时弄虚作假，向借款人违法发放贷款。

例如，赵某担任某银行股份有限公司某支行行长期间，先后接受姜某某、范某某利益输送，未按照规定审核借款人借款资质、贷款用途以及提供资料的真实性，向姜某某、范某某介绍的十几位关系人共计发放贷款595万元。贷款发放后，赵某又不按相关规定对借贷人借贷的

---

① 《商业银行法》第二十七条。

② 《将查办案件与防范风险、完善制度结合起来 金融领域反腐败工作持续深化》，访问地址：https：//www.ccdi. gov.cn/yaowen/202004/t20200413_215188.html，最后访问时间：2022年4月26日。

资金按照合同约定进行检查、监督，对借款人资金使用情况也不追踪落实。截至 2018 年 3 月 30 日，仍有 11 人尚未偿还贷款，给银行造成经济损失 3315081.49 元。2014 年 7 月底，赵某在向姜某某关系人发放贷款前，收受姜某某长城哈弗 H5 普通客车一辆。2014 年 10 月，赵某又授意姜某某对该车进行燃气改装，加装 80 型普通气罐一个。2015 年 6 月，因担心收受贿赂及违法发放贷款事情败露，赵某将该车归还给姜某某。经鉴定，上述哈弗 H5 普通客车案发时价值 5 万元。该案中，赵某构成受贿罪及违法发放贷款罪。①

(三) 互联网行业反腐败与反商业贿赂主要风险点

1. 行业内部特点

随着以网络技术为核心的经济时代来临，互联网企业一直处于高速增长的阶段，导致公司发展往往快于企业管理体制的完善。与此同时，互联网行业的开放性和高利润特征，为互联网企业员工提供了大量"寻租"的空间。②

2. 外部监管环境

根据南都数据发布的《2020 上半年互联网企业反腐报告》，2019 年至 2020 年上半年，有 28 家中国互联网企业曝出约 250 起腐败舞弊案件，超过 500 名员工被开除或移送司法机关调查，互联网领域反腐败力度不断加大。除互联网公司高管收受礼品、回扣等传统互联网领域的腐败问题外，执法机关还关注到一些新型腐败现象，如互联网领域网络平台工作人员受贿、网络平台供应商或平台内经营者对平台工作人员进行不当利益输送等。2021 年 8 月 17 日，国家市监总局发布《禁止网络不正当竞争行为暂行规定（公开征求意见稿）》，对网络领域的各类不正当竞争行为进行了专门规定。其中，第十条对互联网领域的商业贿赂行为进行了规定，明确"经营者不得采用财物或其他手段，贿赂网络平台工作人员、对网络交易有影响的单位或者个人，以谋取交易机会或者竞争优势"。

3. 主要风险点

近年来，互联网公司相关的商业贿赂案件急剧增加。一方面，大部分互联网公司的事业部权力大、资源多，受监督制约不够，是腐败的高发区域。互联网企业在对外投资、采购等业务环节中，不可避免地存在收受供应商或代理商贿赂、送礼、宴请等传统商业贿赂风险。另一方面，随着平台型企业、外卖类企业、视频网站类企业的飞速发展，互联网行业的商业贿赂还呈现出各种新兴的表现形式。以互联网平台型企业为例，存在商业贿赂风险的主要环节有：平台准入审核、视频推广与置顶、违规或投诉摆平等。从行贿方角度而言，由于商家有获取平台补

---

① (2018) 兵 08 刑终 108 号。
② 《清明节李永忠谈互联网行业反腐关键是引入异体监》，载新闻快讯网，访问地址：https://www.xwkx.net/xw/171835.html，最后访问时间：2022 年 4 月 24 日。

贴、增加曝光度和流量的需求，往往会为了获得更多优先曝光而向平台员工行贿；从受贿方角度而言，平台员工具有较大的可操作空间和权限，很容易导致员工在利益的诱惑下，利用职务便利，实施腐败、受贿行为。

在互联网行业受贿现象频发的情形下，互联网行业掀起"反腐"风暴。根据某互联网巨头 2022 年初发布的反舞弊通报，2021 年全年，该公司反舞弊调查部共发现并查处触犯"高压线"案件 50 余起，近 70 人因触犯"高压线"被辞退，十余人因涉嫌犯罪被移送公安机关处理。其中，多起案件涉及员工利用职务便利，收取外部人员"好处费"的行为。另一互联网巨头也早在 2009 年就成立了反腐部门，负责腐败调查、预防及合规管理，并始终保持反腐高压态势，严厉打击员工索取、收受贿赂，违规收受礼品或款待等行为。

（四）建设工程行业反腐败与反商业贿赂主要风险点

1. 行业内部特点

一直以来，建设工程行业都是商业贿赂的重要滋生地之一。从市场格局上来看，存在"供过于求"的现实情形，许多建设工程企业面临着生产任务不足而被迫放空施工能力的情况。加之在招投标活动中存在不按照法定程序开标、评标、定标的灰色地带，很容易导致建设工程企业为承接工程项目向招标方行贿。同时，由于建设工程项目具有耗时久、人员流动性大、占用资金量大的特征，还容易引发贪污等犯罪情形。

建设工程行业涉及主体较多，包括建设单位（"业主"）、建筑施工企业、勘察单位、设计单位、图纸审查机构、工程监理单位等。近年来，设计采购与施工管理（EPCM，Engineering，Procurement，Construction and Management 的缩写）模式等代替业主对相关单位进行全面管理的项目管理企业也越来越常见。其中，业主可以看作"委托人"，其他主体均可看作"代理人"。建设工程有着很强的专业性，"代理人"与"委托人"之间存在较大的信息不对称，因此具有腐败贿赂的风险。

此外，根据相关规定，建设工程中可能包含造价咨询、招投标、施工图设计文件审查、竣工验收等环节，需要有资质的机构出具意见，其中难免存在"寻租"空间。

2. 外部监管环境

从监管文件的角度，对建设工程行业商业贿赂的监管主要集中于发包、招投标环节。在法律层面，《建筑法》明确规定发包单位及其工作人员在建筑工程发包中不得收受贿赂、回扣或者索取其他好处。在工程发包与承包中索贿、受贿、行贿，不构成犯罪的，分别处以罚款，没收贿赂的财物，对直接负责的主管人员和其他直接责任人员给予处分。《招标投标法》第三十二条和第五十三条禁止投标人与招标人串通投标，禁止投标人以向招标人或者评标委员会成员行贿的手段谋取中标。如有违反，可能导致中标无效，对单位和相关责任人员进行罚款、没收违法所得；情节严重的，取消其一年至二年内参加依法必须进行招标的项目的投标资格并予以公告，直至吊销营业执照；构成犯罪的，追究刑事责任。给他人造成损失的，依法承担赔偿责任。此外，《国家工商行政管理局关于以贿赂手段承包建筑工程项目定性处理问题的答复》中规定，建筑施工企业为承包建筑工程项目，直接或假借其他名义给付建设单位财务的行为，不正当地排挤了其他竞争对手，扰乱了建筑市场的竞争秩序，可能构成商业贿赂。

3. 主要风险点

建设工程行业的贿赂行为多发于工程发包、招投标环节，表现为建筑企业为争夺工程，往往会在招投标环节向招标方、评标委员会或招标代理机构行贿，以谋取中标机会。此外，在工程款结算环节，也存在施工企业或材料设备供应商为了尽快结算工程款和材料设备款，向欠款业主或总承包单位负责人和主管会计行贿的情形。①

（五）能源行业反腐败与反商业贿赂主要风险点

1. 行业内部特点

能源行业包括煤炭、石油、电力等多个领域，是国家重点投资领域，属于资本密集型行业。目前，我国能源领域由国家高度集中管理，能源企业不仅资本雄厚，而且掌握着市场稀缺资源，很容易滋生权力寻租和以权谋私的腐败行为。因此，民间资本往往通过行贿换取进驻能源领域的机会。能源企业的领导、关键岗位负责人等高管，由于掌握着企业资源、资产、资金的管理处置权，自然而然会成为实施腐败行为的高危人群。

2. 外部监管环境

能源行业大多为国有企业。一直以来，中央对国有企业的监督高度重视。十九届中央纪委五次全会强调，"持续惩治国有企业腐败问题，强化廉洁风险防控"，为国企坚定不移深化反腐败斗争，一体推进不敢腐、不能腐、不想腐明确了努力方向。同时，就行业监管而言，国家能源局发布了《能源行业信用体系建设实施意见（2016-2020年）》，明确要求企业在合同履行、公平交易、价格管理等方面加强诚信自律，并强调将加大对商业贿赂等市场交易失信行为的惩戒力度，以促进诚信交易和公平竞争。据统计，2019年，包括煤炭、石油、电力在内的能源领域至少有22人接受审查调查②。

3. 主要风险点

从腐败发生的岗位而言，腐败人员多担任重要岗位，能够为他人在职务晋升、采购、项目承揽与转让、贸易合作、劳务承包等方面谋取利益。从腐败发生的环节而言，采购、项目承

---

① 参见李军：《工程建设领域商业贿赂的成因及治理对策》，载《中国城市经济》2011年第20期。

② 《观察丨从通报看能源领域如何标本兼治惩治腐败》，访问地址：https://www.ccdi.gov.cn/toutiaon/201912/t20191203_96411.html，最后访问时间：2022年4月28日。

揽、贸易合作、劳务承包等环节易发生问题。例如，在准入审批环节，能源市场准入权的高度集中、审批流程的不透明，为手握审批大权的官员"寻租"提供了广阔空间，是腐败易滋生的土壤。在公共采购环节，我国的国有能源企业每年都要进行大量的招投标，涉及工程、物资、服务等多个领域。虽然招投标多采用公开的形式进行，但其中的许多关键环节并不透明。同时，我国当前的招投标模式为"招标人主导型"，国企高管在其中具有较大的话语权，为暗箱操作埋下了隐患。

（六）通信行业反腐败与反商业贿赂主要风险点

1. 行业内部特点

与很多传统行业不同，我国通信行业从接近于零的起步，到发展成为高度市场化行业，只用了不到 20 年。因此，通信业的早期发展都是极为粗放的野蛮生长，虽然已经全力加强管理，但仍然不可避免地留下了不少漏洞和隐患。近年来，通信业从过去的垄断体制向市场化方向转型。例如，通信行业的大型国有企业在提供增值业务时，往往依赖于大量的合作伙伴，并采取收入分成的合作模式。在实际操作中，与谁合作、分成比例为多少具有较大的随意性，这就产生了巨大的灰色空间和监管空白地带。[①]

2. 外部监管环境

2019 年 3 月 28 日至 6 月 15 日，中央第六巡视组对中国电信集团有限公司党组开展了常规巡视，指出要"防范化解工程建设领域廉洁风险，将从严治党、狠抓腐败问题向基层延伸"。除对传统腐败问题予以打击外，近年来监管机构还关注到商务办公楼的通信宽带接入服务中商业贿赂频发的现象，并对此开展了专项整治行动。2020 年 9 月 30 日，工业和信息化部、公安部、住建部、国资委、国家市监总局五部门联合发布《关于开展商务楼宇宽带接入市场联合整治行动的通告》，督促"市场监管部门依法对相关市场主体存在的商业贿赂不正当竞争等行为进行查处"。2021 年 2 月 20 日，《上海市市场监督管理局关于开展商务楼宇宽带接入市场专项检查的通知》指出"为进一步规范本市商务楼宇、办公建筑、园区等场所（以下统称商务楼宇）宽带接入市场，打通提速降费梗阻，优化营商环境，……开展……专项检查……"其中，检查重点之一为"宽带接入服务提供者为了获取交易机会或者竞争优势，向利用管理物业便利的物业服务单位及个人给付财物或其他不当利益的商业贿赂"行为。

3. 主要风险点

对于大型国有企业而言，由于其具备资源的权力，因此腐败风险主要体现为以半官方名义"寻租"。对于提供宽带接入等服务的私企而言，其风险主要表现为获取交易机会，通过利益

---

① 参见舒文琼：《通信业深入反腐》，载《通信世界》2011 年第 46 期。

分成的方式向具有网络接入服务决定权的物业公司行贿。

通信工程（宽带接入服务）是2021年上海市反商业贿赂执法重点关注行业领域，相关处罚案例近40起。该等案件的案情基本相似，主要涉及商务办公楼的通信宽带接入服务，表现为：宽带公司向物业公司行贿，以获得与园区内商户、住户的宽带业务交易机会；而物业公司则利用其对整个园区选择互联网服务商的决定权，与宽带公司签署排他服务协议，并收取一定的好处费或费用分成。对于发生在宽带公司与楼宇内企业、商家之间的网络接入服务，物业公司具有决定性作用，属于"利用职权或者影响力影响交易的单位"。宽带公司对物业公司进行利益输送，属于商业贿赂行为。

综上所述，企业应根据自身行业特色，建立相应反腐败与反商业贿赂合规体系，并严格执行合规体系管理要求，从而有效防控腐败与商业贿赂风险。

第四节　反腐败与反商业贿赂主要合规内控措施

一、反腐败和反商业贿赂的组织保障

（一）设立专门的反腐败机构

根据寻租理论和成本收益理论，腐败和商业贿赂实质上是一种对不正当利益的追求，因此，反腐败和反商业贿赂往往会触动部分人的利益，如果没有来自公司最高层级的支持和授权，往往会受到重重阻力。例如，2012年，阿里巴巴设立了集团一级部门——廉正合规部，专门负责腐败调查、预防及合规管理，与各业务线以及内审、内控部门都保持充分的独立，其职能不受任何业务部门的干预，只向集团首席人力资源官（CPO）汇报。此外，由廉正合规部牵头，联合所有业务线的风险管理团队成立内部虚拟组织——阿里巴巴风险管理联盟，及时了解各业务线最新的业务发展趋势及廉正风险状况，实现各业务线间风险预警信息共享和反腐协作。阿里巴巴为廉政合规部设置了"上不封顶"的调查权限，这一高度独立的职能部门为阿里巴巴的反腐成就奠定了坚实的基础①。

（二）"三道防线"机制

关于腐败和商业贿赂风险的识别、防范和应对，公司内部组织架构通常会建立三道防线。第一道防线：各个业务/职能部门；第二道防线：专门的合规部门（如合规事务部/法律事务

---

① 《阿里巴巴：坚持公司诚信文化 打造廉正合规体系》，载浙江省纪委省监委网站，访问地址：https：//www.gysjw.gov.cn/index/news/detalis/id/1462/ids/20.html，最后访问时间：2022年3月29日。

部）；第三道防线：合规稽查/审计部门。各业务部门和职能部门作为反腐败与反商业贿赂的第一道防线，应当提升反腐败与反商业贿赂意识和能力，将反腐败与反商业贿赂嵌入日常工作流程，在业务过程中及时报告腐败和商业贿赂风险，并提升腐败和商业贿赂应对能力；专业合规部门作为反腐败与反商业贿赂的第二道防线，应当通过风险评估制定腐败和商业贿赂风险应对规则和制度，通过培训及宣传提高公司整体反腐败与反商业贿赂意识，依据持续的报告和沟通对公司反腐败与反商业贿赂机制运作进行监督和整改；合规稽查/审计部门是反腐败与反商业贿赂的第三道防线，应当通过合规审计降低腐败和商业贿赂风险，并通过合规调查对已发现的腐败和商业贿赂违规事件进行处理。

（三）高级管理人员合规义务的设立

企业高级管理人员必须认识到其自身在企业合规体系建设中的重要领导作用以及对企业员工所具有的影响力，应当利用并借助该等领导作用及影响力以自身为表率为企业合规体系建设创造良好的氛围，向员工强调企业合规体系对于企业日常经营、存续及发展的重要意义，同时为企业合规体系的建设提供强有力的支持。企业应尽其所能将合规为重的企业价值观与其日常的人事管理等制度相结合，并在企业的以下关键事项中得以体现：计划制订、目标设定、寻求发展机遇、资源配置、信息收集和传播、业绩评估以及人员晋升，以使企业员工重视企业合规体系的建设，确保员工在日常工作中能履行其合规义务。

二、员工腐败和商业贿赂预防机制的建立

（一）防范利益冲突

利益冲突导致的委托代理失灵是产生腐败和商业贿赂的重要根源，因此企业需要建立利益冲突预防和控制制度。《ISO 37001 反贿赂管理体系——要求和使用指南》将利益冲突定义为因商业、财务、家庭、政治或个人利益而干扰人们在行使公司职责时的判断的情况。例如：当公司的销售经理与客户的采购经理有关系，或当公司的部门经理在竞争对手的业务上有个人财务利益。企业通常会在制度中明确利益冲突的情形，利益冲突通常包括员工本人、近亲属、特殊关系人在公司竞争对手、业务伙伴存在直接或间接的持股、任职，员工本人在公司以外兼职等情况。

有的公司会要求员工入职时提交其近亲属的任职信息，并可以通过公开渠道检索、举报等途径识别潜在的利益冲突，当然，公司应遵守个人信息保护相关法规要求。有的公司会要求员工在入职时或出现利益冲突后向公司报告相关情形，公司可以决定是否接受利益冲突或要求员工整改，通常隐瞒利益冲突的情形会被公司规定为严重违纪，严重的甚至可以解除劳动合同，实践中法院通常也会支持公司的利益冲突管理工作。

（二）避免岗位设置风险

委托代理失灵的另一个原因是信息不对称和缺少制约监督，因此公司可以从岗位设置上着手，从根源上杜绝腐败和商业贿赂风险，具体做法包括：

①不相容岗位分离：不相容岗位指的是如果由一个人担任，既可能发生错误和舞弊行为，又可能掩盖其错误和弊端行为的职务。企业应确保不相容岗位相互分离、制约和监督。例如，财政部于 2002 年 12 月 23 日在《内部会计控制规范——采购与付款（试行）》中指出，单位不得由同一部门或个人办理采购与付款业务全过程，其中请购与审批、询价与确定供应商、采购合同的订立与审计、采购与验收等岗位均属于不相容岗位。

②四眼原则：源于西门子的管理制度，是指所有的重大业务决策都必须由技术主管和商务主管共同作出决策，以保证运营战略能平衡商业、技术和销售等各方面的风险，也引申为任何重大的决策都应当至少有两人参与。

③岗位轮换：岗位轮换是企业管理的重要手段，既可以用于培养锻炼骨干员工，也可以避免员工长期从事某一重要岗位工作，形成攻守同盟、"铁板一块"，产生"地盘"观念，滋长贪腐思想，监守自盗。

（三）完善激励机制

根据成本收益理论，如员工的行贿行为能够提升员工业绩进而增加其奖金和激励，则员工可能更倾向于参与贿赂。例如，如果一个经理基于为公司签订合同而收到奖金，该经理可能会被诱惑去行贿，或对他人行贿睁一只眼闭一只眼，以获得合同的签订。如果给经理过多的压力（例如业绩不达标而导致解雇或参加绩效改进计划），也会产生同样的结果。因此，公司应当设置合理的业绩目标和奖金标准，不仅关注销售业绩，还应当全面、多维度、复合地评价员工的工作绩效。有的企业会设立反腐败奖励基金，对举报腐败贿赂问题、拒绝受贿或者合规记录良好的员工进行奖励。

三、员工违纪惩处相关制度体系的建立

（一）违纪处分

可以从以下角度着手员工违纪惩处相关制度体系的建立：第一，应在制度层面明确违纪行为具体范围，并通过公示、培训、考核等方式让员工了解相关制度。例如，很多企业都会制定专门的《反腐败和反商业贿赂政策》《合规政策和商业道德准则》等，明确责任追究范围，并要求员工在入职时签字确认。按照企业各业务、各岗位对商业贿赂风险进行梳理，在相应的制

度依据、考核标准、管控措施及处罚规定中明确风险要素，以便相应岗位的员工及时有效地识别风险，同时也督促其合法合规开展日常业务。第二，需要将违纪惩处的具体办法写入员工手册，并履行法定的民主公示程序，以确保违纪惩处办法的合法性，明确责任追究措施。如可根据问题性质及损失严重程度，对相关责任人处以纪律处分、薪资扣减、终止劳动关系或者移送司法机关处理等处罚措施。第三，可以探索适合本企业情况的管理者追责制度，有的公司采用合规绩效评分、团队违规积分等制度，有的公司规定直线领导对下属违规行为监督不力的，需承担纪律处分后果等。

（二）"黑名单"制度

近年来，部分企业通过加入反腐败自治联盟的方式对存在腐败行为的员工进行联合惩戒，如"阳光诚信联盟""企业反舞弊联盟"等。成员单位之间通过共享腐败人员"黑名单"的方式，加大对腐败行为的打击力度。当然，该等"黑名单"共享需要遵守个人信息保护、隐私保护等合规要求。

四、业务合规控制及审批制度体系的建立

（一）业务活动的风险评估

《ISO 37001 反贿赂管理体系——要求和使用指南》指出，"风险评估的意图是为了使组织为其反贿赂管理体系建立坚实的基础。评价识别业务活动中的贿赂风险，也就是组织认为是减轻贿赂风险、控制实施以及分配反贿赂合规人员、资源和活动的优先项的贿赂风险"。"企业应建立科学、系统的贿赂风险评估程序，以识别、分析、评价和处置风险，并定期评审风险评估程序及评估结果的适宜性和有效性。"

总体来说，如何进行贿赂风险评价，如何衡量和为贿赂风险排列优先顺序，以及可接受（风险偏好）或容忍的贿赂风险水平，都是企业自己决定的，尤其是建立贿赂风险评价准则（如：风险是"低""中"或"高"）。此外，风险评估时还应考虑企业的反贿赂方针和目标。

具体而言，风险评估程序应至少包括：（1）确定评估范围；（2）评估频率；（3）风险优先级划分的标准；（4）风险处置策略和管控措施；（5）形成文件并留档保存。

1. 风险识别

风险识别是认知和记录贿赂风险的过程，企业在识别其活动过程中的贿赂风险时，应检查：（1）可适用的法律法规及规范性文件的要求；（2）经营活动及业务获得的方式；（3）组织机构及岗位职责；（4）新增项目、交易、活动或供应商；（5）商业伙伴的透明程度；（6）利益相关方；（7）已往案例；（8）行业或商业惯例等。

识别出的风险，应包含以下要素：（1）涉及人员；（2）诱因；（3）发生时间；（4）发生地点；（5）如何发生。

2. 风险分析和评价

企业应分析已识别的风险，以确定风险高低。企业进行风险分析时，可考虑以下因素：（1）风险性质；（2）风险发生的可能性；（3）风险的影响程度。企业应确定适宜的风险评价标准，以划分所识别风险的等级。需要注意的是，在风险分析和评价的过程中，通常需要合规部门与业务部门共同对评价结果进行讨论，并基于本公司所在行业情况、风险偏好、业务情况等多重因素进行调整。

3. 风险处置

确定风险等级后，企业应为每种类别或等级的风险制定适用的风险管控措施，并评估此类风险现有管控措施的有效性。企业应根据组织环境、法律法规的变化，对风险管控措施进行定期评审和修改。

（二）业务活动的监督流程

1. 事前审批

企业应当建立合理的审批制度和流程对业务活动开展事前审批，必要时需要得到企业法务、合规部门甚至最高管理层的审批，以确保业务活动符合法律法规的规定。关于业务活动的批准，应当结合相关业务活动中涉及的利益定性以及风险评估结果，对活动本身是否涉及腐败和商业贿赂风险进行判定，并对审批材料的真实性、客观性、合法性进行评估，以完成对活动能否开展以及如何开展的审批。审批流程的设置需要考虑业务活动的风险、涉及金额、开展数量等因素，一般而言，对于风险较高的活动应当提高审批的层级，甚至要求最高负责人进行审批；但对于数量较大的活动，仅仅提高审批层级可能造成审批资源不足，审批走形式，无法起到控制风险的作用，此时可能需要对活动内容形式进行调整以降低风险。

2. 事中检查

在业务活动实际开展期间，企业可以采取不同形式对活动现场进行实时检查，避免已通过审批的业务流程并未得到切实执行，以对业务活动中是否实际具有腐败和商业贿赂风险进行监督。例如，有的企业可能会派遣合规人员或聘请第三方在活动开展期间，前往业务活动地点开展飞行检查，核实业务活动的真实性。企业可以尝试将数据化引入反腐败与反商业贿赂风险防控，追踪业务数据，通过大数据分析发现潜在风险，形成基于业务模式和业务系统的违规预警分析机制，将技术融入制度，推动反腐败与反商业贿赂内部控制制度的数据化、自动化、智能化。

3. 事后审计

一般而言，为确保所制定的合规风险管理体系得以实现，企业会对于其所制定的合规规范以及合规程序的有效性进行监督及审计，对企业的各个层级、各个部门及环节采取适当措施保证企业合规规范及程序得以遵守，降低影响企业合规目的实现而可能面临的风险，以确保能够达到企业预期的合规目标。故而，除具体的合规规范及程序外，企业亦应就合规规范以及相关程序的配套监督管理体系制定持续性的合规监督及审计制度，就监督审计事项及/或对象、原因、方法及时间等细节内容予以规范。在确定企业的合规监督及审计制度后，企业应根据其所制定的合规监督及审计制度对企业日常的合规行为进行检测。[①]

（三）支持性文件的保存

实践中，部分企业会要求提供业务活动较为细致的支持材料，如所有的报销均必须包括真实的发票、小票、刷卡单等，活动结束需提供签到表、活动录像、照片等，并且所有的材料不得互相冲突。这种严格的支持材料审查有助于降低发生虚假活动的风险。业务活动相关文件应当体现业务活动的"公对公"性质，包括加盖公章的"公对公"邀请函、物料签收单等。活动产生的费用应当如实入账。良好的文件留存也有助于在接受政府调查时证明公司已经进行了适当的合规管理。

五、内部报告及举报制度体系的建立

举报机制和程序的设立是企业合规管理体系中不可或缺的要素，目的是通过企业内部（包括管理者、员工等）及外部相关组织和个人（包括合作伙伴、供应商、消费者等）之间的相互监督来最大化地降低组织内部及与外部交互过程中可能存在的合规风险。一个好的举报制度是公司合规文化的重要组成部分，公司可以根据自身实际情况，设计符合公司要求的举报流程。

企业应为其内部和外部利益相关者提供安全可靠的举报渠道，并应为内部举报者提供有效的保护使其免受打击报复，确保可能的不合规行为能够得到及时举报、彻底的调查和处理。因此，除企业合规事宜负责人有权就相关合规情况向企业最高权力机关进行报告外，企业还应建立普通员工的举报制度并应确保其内部举报途径之保密性，得以从上至下对企业合规规范的执行做到全面、完整地监督。例如，企业可搭建第三方匿名举报渠道，在举报者通过第三方平台提交举报信息后，关于该举报的举报信息报告将会被立即送至企业合规部，且不允许在违背举报者意愿的前提下对信息来源进行追踪。有公司将举报信箱设在监控摄像头下，显然将导致员工因害怕被打击报复而不敢举报违法违规行为的消极后果，以致企业的内部报告和举报制度浮于表面，难以发挥实际效用。此外，企业在内部制度中应当强调对于诬告行为的惩处，禁止通

[①] 《特载：跨国公司法律与合规风险管理体制及运作机制研究》，载北京仲裁委员会编：《北京仲裁（第78辑）》，中国法制出版社2011年版。

过举报威胁他人的现象存在。

六、合作伙伴管理制度体系的建立

（一）对合作伙伴的尽职调查

企业主动对合作伙伴进行尽职调查能够帮助其在合作的过程中与腐败行为进行切割。通过调查，企业可以及时发现第三方可能从事的腐败行为，及早制止，以避免在事后因第三方的腐败行为而承担相应的责任。一般需要考虑业务所在国的外部反腐败与反商业贿赂法律监管风险、合作伙伴的类型、业务范围与本企业的业务关系、之前的诚信记录、政府关系等，由此来确定商业伙伴的风险等级以及之后的尽职调查、批准和监督流程。

（二）对合作伙伴的监督管理

公司与合作伙伴之间是平等的民事关系，因此，可以通过合同等手段加强对合作伙伴的风险管控。首先，公司应当建立严格的采购管理制度、供应商管理制度或合作伙伴管理制度，加强前期尽职调查和准入管理，对合作伙伴进行动态调整、黑名单管理等。其次，公司应当加强合同管理，将签订《廉洁协议》或《阳光协议》作为必需条款列入合作协议当中，也可以制定专门的《合作伙伴商业行为准则》，严格禁止合作伙伴为了履行合同义务向第三方行贿，或者为了获得业务向公司相关负责人行贿，并设置恰当的违约条款，在合作伙伴违约时确保公司有权解除合同并获得赔偿。最后，公司应充分利用审计、举报等途径及时发现隐患，相关合作协议中还应当设置恰当的审计条款，允许公司定期或临时对合作伙伴业务相关的财务、业务文件、记录、数据进行审计。

（三）合作伙伴管理制度体系的示范

某公司存在一套经销商管理的流程，主要内容包括经销商准入（经销商录用）流程、考核标准、退出机制与流程，同时还有协议签署与正式授权、授权变更、续约、保证金退还等附属流程。但随着公司组织架构的变化，经销商管理部门日益分散，流程的统一性、透明度和有效性均遭遇挑战。例如，即便是经历过准入流程考核的经销商依然会出现资质、指标完成、利益冲突等问题。此外，惩罚机制得不到业务部门的支持，合规部门没有执行手段，经销商管理流程的执行情况也缺乏统一监督。

针对以上问题，该公司合规部门开始重新完善合作伙伴管理制度体系。首先，合规部门对经销商进行了分类。分类的主要维度包括销售额、销售产品、销售模式以及风险等级；分类之后进行风险管理等级的区分，锁定一级管理、二级管理和三级管理的经销商。同时，通过业绩考核，不断淘汰质量差的经销商，缩小管理规模，集中管理资源以加强风险管理的针对性。其次，在管理过程中，合规部门集中精力将原来停留在纸面的工作落到实处。以尽职调查为例，之前的尽调趋于模板化，并未针对不同风险等级的经销商尽调内容进行区分，也未就合规或业务部门关心的问题进行特别调查，导致尽调结果对于是否录用该经销商未起到应有的作用，反而会耽搁审批流程的时间。在新流程中，合规与业务部门充分沟通，针对不同级别的经销商重新确定尽调内容，增加重要和风险高的经销商的尽调事项，将有限的公司资源汇聚使用，结果是公司不仅没有增加尽调成本，还提高了尽调的有效性和针对性。最后，公司重新搭建了透明化的审批平台。在平台上，合规部门可上传尽调报告，接受举报与投诉，查看经销商的资质信息，实现了经销商相关信息共享，多部门审批统一平台，提高了审批效率。平台上存储的经销商信息和审批流程也为经销商后续管理奠定了良好基础。

第五节　反腐败与反商业贿赂合规调查

一、反腐败反商业贿赂合规调查的类型

（一）从合规调查缘起区分

如果从内因和外因的角度来分析引发企业合规调查的类型，大致可以分成"主要由内因触发的合规调查"和"主要由外因触发的合规调查"这两大类。

1. 主要由内因触发的合规调查

（1）内因一：被动收集（举报）

根据《2022 年 ACFE 全球舞弊调查报告》，[1] 美国注册舞弊审查师协会在对全球 133 个国家的 2110 个企业舞弊案件的调研中发现，42% 的案件是因内部举报而被发现的，举报是实践中最为常见的一种触发企业合规调查的原因。

对于不同类型的举报，公司应当根据实际情况，建立一整套完善的处理机制，要能全面涵盖收案（举报信息收集）、立案（对举报信息进行甄别、去伪存真）、调查（按照举报内容开展）、结案（包括调查结果、处理结果等）、归档的对合规举报信息的全生命周期的管理。

既不能忽视甚至掩盖举报线索而放纵了违规行为，也不能被发泄型举报，甚至恶意举报"牵着鼻子走"，让公司合规调查部门疲于奔命，或者沦为员工间打击报复的工具。这需要负责合规调查的合规或法务人员，结合公司的实际情况，结合举报信息的来源、真实性以及其他内

---

[1] Association of Certified Fraud Examiners, Occupational Fraud 2022: A Report to the Nations.

外部信息等，进行综合判断。在符合法律以及公司合规政策要求的同时，如何平衡企业合规问题及企业的长远利益，同时把握合规调查的整体节奏与尺度，需要时时事事进行判断，做出取舍。

（2）内因二：主动收集（企业内部合规管理活动识别风险点）

如前所述，公司内部通常会建立一套完整的合规风险识别制度和流程，以识别合规风险并发现违规事件，比如常见的审计（例如内外部审计、合规审阅）、合规监控等环节。在这个过程中，公司发现的日常业务中的潜在异常和违规风险也可以作为开展调查的原因。在上文提及的ACFE的调研数据可以看到，来自"主动收集"的案件虽然每一种占比不高，但是加起来达到45%。因此，举报和"主动收集"基本上各占半壁江山。实践中，根据不同企业内部信息化程度的不同，各个业务单元（BU）数据打通、整合的程度不同，有不同的合规监控手段、工具和系统，比如"讲者管理系统""会议飞检系统""财务报销系统"。借助不断升级的算法和人工智能学习，企业可以从这些合规数据中，更精准、更高效地筛选出潜在的合规风险点。

2. 主要由外因触发的合规调查

（1）外因一：政府或执法部门的询问

源于政府或执法部门的询问包括：政府部门对潜在的违规事项或者舆论传言对公司进行询问，但暂不涉及具体的调查，比如"约谈""关注函""问询函"；政府机构对一些行业高发性的违法违规问题举行的调研、座谈会、研讨会、行政指导，可能面对的是行业内的多家企业；在调查其他主体（例如员工、供应商、客户等）时，要求公司或员工作为证人配合提供情况说明、材料等。

（2）外因二：政府或执法部门的调查

源于监管或执法部门发起的行政或刑事调查（此外还可能包括来自境外执法部门发起的域外调查）对象可能包括企业及其员工或者第三方。同时，相关监管部门在特定情形下也可能要求企业对相关问题进行自查，并就自查中发现的问题及时上报。

另外，上述两种外因在实践中经常会发生相互联系和转化，比如A行政机关的询问，可能会引发A行政机关或B行政机关的行政调查。

（二）从案涉法域管辖数量区分

1. 主要涉及单一法域管辖的合规调查

涉及单一法域管辖的合规调查较为常见，不再赘述。

2. 主要涉及多国法域管辖的合规调查

实践中，跨国企业在一地发生的违法犯罪行为可能同时违反多国法律，从而引发多法域执法部门的关注。例如，某境外上市跨国药企在中国境内开展业务的过程中，向医院、医疗机构人员行贿以牟取非法利益。一方面，中国执法机关可以依据《刑法》《反不正当竞争法》等法律规定对该企业予以处罚；另一方面，其他国家的执法机关也会依据《反海外腐败法》等法律，使用长臂管辖。在此情形下，该跨国药企实施的某一违法行为，会同时引发境内和境外执法部门的调查追责，引发多国法律适用问题。

（三）从被调查对象区分

被调查对象可能是单一对象，也可能是多对象。根据《2022 年 ACFE 全球舞弊调查报告》，美国注册舞弊审查师协会在对全球 133 个国家的 2110 个企业舞弊案件的调研中发现，42% 的案件由一人作案，20% 的案件由两人参与作案，38% 的案件由三人及三人以上参与作案。

1. 被调查对象是一人的合规调查

对单一对象的调查可能包括如员工、供应商、企业的合作方等主体，通常舞弊行为构成较为单一，在过程中通过不同渠道调查取证后较容易发现突破点，进而开展进一步工作。

2. 被调查对象是多人的合规调查

如果调查对象是多人、多团队，甚至涉及企业内外主体，情况就会比较复杂，主要的特点包括：第一，损失金额增加。该等违规行为可能存在多部门参与，内外勾结，中饱私囊的情况，此外，可能需要开展多地调查，调查成本较高。第二，隐蔽性强。违规团体"知己知彼"，分工明确，明面上的材料都做得以假乱真，不容易发现。这种案子往往因为利益团体内部分赃不均，有人举报，才得以水落石出。第三，调查难度大。可能存在员工之间"铁板一块"，达成攻守同盟，通风报信，甚至有高管、外部干预调查进展的情况。

二、反腐败与反商业贿赂合规调查的流程与方法

（一）调查发起阶段

1. 调查的原则、目标、范围、策略

（1）调查的基本原则

合法性原则（Legality）：合规调查行为本身必须合法进行，不能对员工或者其他涉案人员的人身、财产权利造成损害。（将在下文"调查手段本身的合法性问题"中展开论述。）

正当性原则（Integrity）：合规调查工作必须基于公司合规管理的正当性需求，而不能令合规调查沦为基于各种原因对公司员工打击报复、排除异己的工具。

完整性原则（Comprehensiveness）体现在：一是对于调查涉及的举报案件线索等，要做到全生命周期管理，不能有选择性遗漏，从而错过公司发现问题并进行合规整改的机会窗口；二是对于具体开展的合规调查工作内容，也要完整全面，不能因为各种原因虎头蛇尾或半途而废；三是对于合规调查的结论，要全面、完整、忠实地反映实际情况，不能"报喜不报忧"，

蒙蔽或者误导公司的管理层。

适当性原则（Appropriateness）体现在：一是要跟公司的具体情况相适当，不能脱离公司的实际情况，成为公司日常运营的"不可承受之轻"；二是要跟案件的具体情况相适当，对小案子，没必要"劳民伤财"，对于大案子，不能随便应付，走走过场。

效率性原则（Efficiency）体现在：一是调查时间上，不追求快速结案，但是要与时间赛跑，因为随着时间的推移，部分调查证据会逐渐灭失或者难以获得，涉案人员包括证人的记忆也会逐渐模糊；二是调查顺序上，合规部门有时候会收到很多线索，要整合好手上的合规资源，进行优先等级的划分，追求一定时间之内合规资源的投入和产出效率较大化。

（2）调查的基本目的、目标与动机

本书中，合规调查的目的（Purpose）范围更广，可能包含查明案件事实、回应政府要求、开展合规管理、提高合规文化等多重目的。而合规调查的目标（Target）则更为具体，主要指在具体调查案件中，需要获得的各项调查发现和其他成果，这些发现或成果往往用来回应公司管理层的一些具体问询，比如各项举报内容是否属实，是否应当对某员工进行纪律处分，是否可以收购标的公司（在合规尽职调查的情境下）等。

除了合规调查的"目的""目标"外，合规调查人员有时还要考量一些隐藏的"动机"（Hidden Agenda/Incentive），这些动机无所谓好坏，调查人员应当理性对待。其往往跟合规调查被发起的大背景相关，比如公司正在配合应对政府调查、公司正在进行组织结构调整和人员优化等，都会对调查工作整体产生很大的影响。

无论是基于何种调查目的、目标与动机而开展的合规调查工作，调查人员都需要遵循合法、正当、完整、适当、效率的原则，开展相关调查工作。

（3）调查范围与策略

谋定而后动，调查范围的划定与调查策略的制定，对于调查工作的有效开展至关重要。

首先，对于调查范围的划定，调查人通常需要考虑和评估的问题包括：查谁（对象）？查到什么层级（级别）？查哪个事业部（业务范围）？查哪个省份（地域范围）？查几年之内的交易（时间范围）？先查谁后查谁（顺序）？在确定合规调查范围时，尤其需要关注案件突破口及系统性的合规风险，并且在制定过程中应当以调查的终局思维为导向。

其次，对于调查策略的选择，既有 SOP 的标准化动作，也有调查人员根据客观情况和自身经验开展的创造性的内容。在遵循上述调查基本原则的情况下（如合法性、正当性、适当性等），调查人员可以结合案情，有创造性地制定调查策略。

需要提醒的是，合规调查策略与范围的确定，会受到各种客观条件的限制。这些客观条件包括企业整体的合规环境、企业文化、合规制度（包括合规调查相关的 SOP 等）、内外部压力、领导或管理层重视程度、法律合规部门的话语权等，需要调查人员灵活机动、实时调整。

2. 调查团队的选择与确定

（1）调查团队的组成

调查人员可能包括企业的法律部门/合规部门、外部律师、法证专家、调查公司等多方主体。

（2）组成调查团队的考量因素

组成调查团队时，通常应当通盘考量内部管理因素（如人力、成本等）、专业能力、保密特权、独立性、保密性、利益冲突及刑事调查的法律风险等多种因素，举例而言：

①独立性及利益冲突考量

内部调查通常涉及相关部门或员工的利益，因此，在选择调查团队的组成时需要充分考虑独立性问题，保障调查团队的行动和运作不受到任何其他部门或个人的不适当的干涉。同时，也应当确保调查团队的组成人员与被调查的事件、对象等不存在任何利益交织，从而引发利益冲突的情况。

实践中，由于公司内部门间或多或少存在一些业务上的往来，在处理较为敏感的内部调查或外部调查事件时，企业通常会选择第三方调查人员（如外部律师）来主导调查的进行、线索证据的发现以及后续处理的建议。

②保密性

调查团队应当对调查相关的信息进行严格保密，仅在必须知晓（Need-to-Know）范围内进行信息的传递。对于公司内部的调查人员而言，保密性的要求通常会涵盖在公司内部的政策、流程和要求中。对于外部律师而言，一方面，保密性是律师与客户之间的约定；另一方面，作为律师执业准则的一部分，法律法规也对律师的保密性要求进行了细化的规定。

③律师保密特权（Attorney-Client Privilege）

在英美法域，律师职业伦理中的保密原则除了上述保密义务外，还包含"保密特权"。这是英美法中一个古老的概念，指的是律师和客户之间，为取得法律意见而进行的沟通与通信必须保密，在未经客户同意的情况下不得公开。以美国法为例，关于保密特权的规则可见于《联邦证据规则》（Federal Rules of Evidence）及各州的立法和判例中。律师保密特权鼓励客户向律师尽可能透露事实情况，不用担心在未经其同意的情况下，其所披露的事实在诉讼或调查流程中被使用或公开。

3. 其他调查准备工作

（1）工作流程（合规调查团队的工作流程、工作机制）

做调查要有章法。很多公司都有日常合规调查的流程。但是，如果遇到案情复杂、牵涉面广、涉及外部政府调查的案件，需要协调公司内部外部很多团队和资源，同时面临来自不同渠道的大量信息，此外还有危机公关、后勤保障、士气管理等大量的事务需要处理，需要充分评估相关案件的复杂性、敏感性、范围大小等因素，制定专门的调查工作流程和工作机制。

具体而言，有以下几个角度可供参考：首先，获取高层的支持。可以设立一个临时的高级别的专门机构，涵盖公司最高领导层，下设办公室作为日常执行机构。这样做的好处在于：其一，在政府调查中最高负责人亲自挂帅，体现公司高度重视，积极配合；其二，可以确保协调资源，克服调查阻力。其次，加强跨部门协作，专人专项、权责明晰。具体工作时，在上述办公室之下，设不同的工作小组，如合规调查小组（由外部律师、内部法务合规团队等参与）、协调保障小组（由内部业务、人力团队等参与）、对外关系小组（由内部法务团队、政府公关团队、公关团队等参与）。此外，相关的机制还包括定期例会机制、违规线索收集和上报机制、信息数据共享机制、工作日志或简报等。

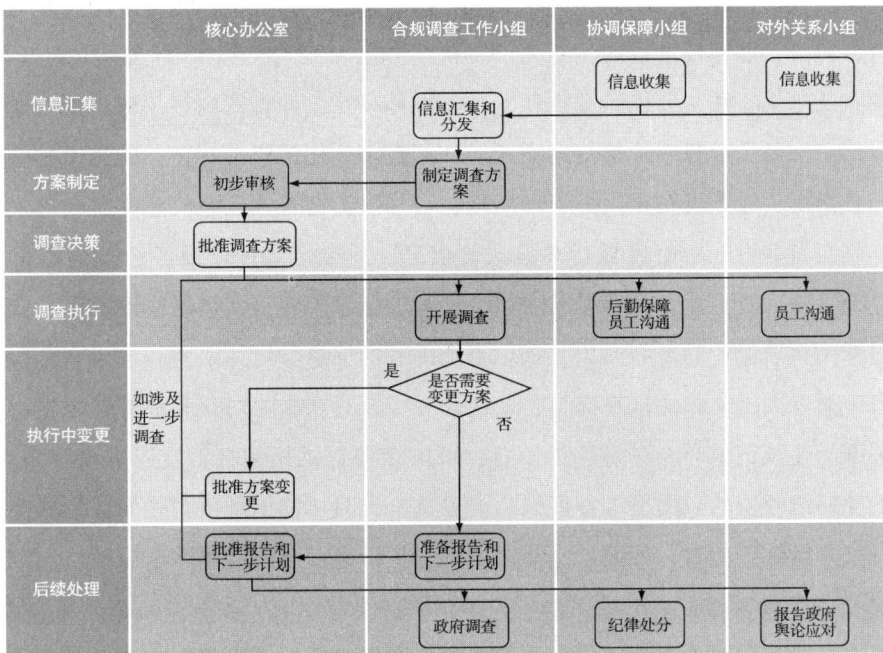

图 1-1　工作流程、工作机制参考模板

（2）后勤保障

后勤保障工作对于合规调查的有效开展也是至关重要的。

在调查场所方面，对于特定敏感的调查，可能需要限制数据的接触人员及范围，一般通过设立专门的数据审阅室（Data Room）或者虚拟数据审阅室（Virtual Data Room）来完成，其原理为在最大范围内降低数据的外流以确保合规调查的保密性。对于员工访谈工作，通常也需要安排单独的会议室（会议室的选择要求请见下文"合规访谈"的介绍部分）。

"工欲善其事，必先利其器"，调查设备是调查工作的物质基础。举例而言，如要开展大规模的电子数据审阅，则需要专业的司法审查设备（Forensic Review Equipment，具体请见下文调查手段的介绍部分）。又如，在一些实地调查取证的过程中，需要录音录像设备来支持取证工作的进行。需要的工具通常包括录音录像设备、充电宝、待现场指认核实的文件等。需要注意的是，在我国的相关仲裁诉讼中，需要出示录音录像等证据的原始载体，因此建议准备专门调查取证的手机，避免因为设备丢失、人员离职等原因导致证据毁损灭失。

（二）调查执行阶段

1. 方法一：背景调查

背景调查是合规调查手段中最基础、最前置的调查手段之一。做好背景调查工作，能够让调查工作"赢在起跑线上"。通过各种公开或收费的数据库、媒体、网络等，对涉案的人员或公司开展背景调查，能够帮助合规调查人员尽快"知己知彼"，厘清各种关系，打开调查局面。

背景调查的基本方法主要依赖数据库、公开媒体。背景调查的内容一般包括企业以及关键人物的背景信息。就企业基本背景信息而言，在调查中往往需要了解企业的工商登记信息、股权结构及历史沿革、业务类型、内部管理架构、对外投资情况、政府关联度、合规文化或治理相关信息、是否有涉诉、失信或被行政执法等信息。此类信息可以通过企业信用信息公示系统、商业查询平台以及企业官网等渠道获取。公开的信息可能存在延迟或不准确，此时视情况还可以通过律师调取企业的工商内档，获取更加准确的信息。

就调查中所涉关键人物的信息而言，往往需要了解其在企业内部和在外任职情况、关联人物、政府关系、违规记录等。对于此类信息，可由企业提供相关材料，还可以利用媒体报道、各类公开的免费或收费的数据库等查询渠道。人物查询时可能出现重名的问题，需要结合多个渠道的信息来进行综合比对，如通过经常居所地、生日等信息进行排除。

2. 方法二：文件审查

文件审查与背景调查类似，也是合规调查手段中基础性、前置性的调查手段之一，即对收集到的各种案件相关信息、证据和材料，进行整理、分析、归纳、总结等。有效的文件审查有时候能够成为找到案件关键突破口的重要手段，有时候能够为其他调查手段，如员工访谈、现场调查等，提供重要的指引和方向。

（1）文件审查的数据来源

只要跟案件相关的信息、证据和材料，都是文件审查这一合规调查手段的数据来源，包括：①企业总体情况相关的文件，包括企业基本介绍资料（如组织架构图、组织规模、经营范围、产品介绍等）、人力资源管理相关材料（如劳动合同、员工简历和工作描述、员工手册、薪酬管理及销售激励等）以及企业的流程政策（如内部授权政策、财务政策、合规政策等）；②涉案具体交易相关文件，包括涉案相关合同、财务信息（包含账目和原始凭证）及其他业务、管理相关数据；③举报信，举报人提供的相关文件、材料；等等。

（2）文件审查的基本方法

不同性质的案件中，不同类别的文件所需要的审查方法和审查要求不尽相同。以员工涉嫌商业贿赂、虚假报销等常见调查案件为例：

①结合公司各类数据库，进行数据对照分析（Data Cross-reference Analysis）

在员工涉嫌商业贿赂的内部调查中，通常会调取员工的销售数据，并对销售数据进行横向、纵向、区域、市场、渠道等对比分析，识别出潜在异常情况（某段时间的突然增长或变化）。同时，结合其他数据，如员工的基本人事信息（负责产品线、入职年限、过往合规绩效等）、费用数据（报销类型及明细）以及外部环境风险等数据进行相互参照及核查，以此对相关风险点和风险因素进行赋值，以确定被调查对象的风险级别及后续调查手段。

②针对文件本身真实性与合理性等，进行核实与分析（Verification and Analysis）

在员工涉嫌虚假报销的内部调查中，我们常常需要对签到表、活动照片、餐饮水单、发票等文件本身的真实性与合理性开展核实与分析工作。比如：

·签到表上的字迹是否属于参会嘉宾本人（主要关注同一场活动的签到表是否有相似字迹、同一位参会嘉宾在不同活动的签到表上字迹是否相似等）

·活动照片是否真实（人数、地点、时间等是否符合会议申请中的信息）

·餐饮水单是否真实（餐厅是否存在、水单上菜品价格是否真实、消费金额是否符合公司政策、是否有高价海鲜/酒类等不合理消费等）

·发票是否真实（发票系统核查是否真实、开票日期是否为或晚于消费日期、开票金额是否符合水单金额、发票章是否真实等）

3. 方法三：合规访谈

合规访谈，是通过问答的方式，直接从相关人员口中了解事实的调查方法，是合规调查中最为常用也最具挑战的调查手段。其挑战性在于以下几个主要特点和难点：

首先，压力的有限性。调查人员没有司法机关强有力的刑事审讯、询问的公权力依托，被访谈人是基于公司合规管理要求的自愿配合。虽然很多公司的《员工手册》中有员工应当服从公司的工作指令，配合调查的规定，但这种配合义务以及由此对被访谈人造成的心理压力与司法机关的刑事审讯不可同日而语。

其次，形式的实时性。与上文提到的背景调查、文件审查等调查方法所面对的是文件、材料等"死物"不同，合规访谈是直接与"活生生"的人展开的正面交锋，需要见招拆招，实时碰撞。

最后，结果和过程的不可预测性。根据被访谈人的配合程度、回答的内容等，访谈的进程和结论方向会发生实时变化。因此，访谈的过程和结果都具有很大的不可预测性。当然，可以通过在访谈前做足功课以尽量降低不可预测性。

（1）访谈准备

访谈的对象不仅包括企业员工（包括可能知情的人员），还可能包括供应商、合作方等相关人员。在正式访谈前，应当做好周全的准备。在访谈过程中也存在诸多注意事项以及可以运用的技巧。

①访谈形式

在访谈人员方面，可依据具体情况灵活安排，原则上应由两名访谈人进行访谈。外部律师比企业内部同事通常更有威慑力，并且相对客观中立。访谈时，企业人员在场可以减轻被访谈人的抵触心理或者恐惧感，拉近距离。是否需要业务部门的人员参与，各有利弊，优点是其更了解实际业务开展的情况，不容易被员工轻易欺骗，缺点是其可能庇护下属，甚至通风报信。

一般情况下，线下面对面的访谈效果是最好的。通过面对面的交流，可以从被访谈人员的微表情、姿势、下意识动作获取更多信息，在现场也更容易给对方施加压力。线上访谈有利于突破空间的界限，但是效果一般会有所降低，并且被访谈人很可能私下录音、截图后对外传播。因此，可以采用线上线下相结合的方式，线下由当地的同事配合维持访谈秩序，线上由外部律师或合规官进行提问。

在线下环境方面，有公司、律所、酒店等多种选择。在律所访谈的好处是保密性更强，员工也不需要担心同事知道自己在接受调查。如果当地没有办公室，可能需要借用酒店会议室，为避免泄密，需要准备便携式打印机。此外，在装修风格、面积大小、环境幽静、坐姿朝向、光线强弱方面也应当作出妥善的安排。

②访谈策略

制定访谈策略需要考虑很多因素。需要对前期背景调查、文件审查、现场调查、电子数据审查的结果进行分析。如果前期调查获得的线索、证据较为充足，可以通过揭示证据法使被访谈人心理动摇，承认相关情况；如前期调查获得的线索较少，则可能需要更多通过言语施压、陈述利弊，政策攻心等方法，使被访谈人主动供述。

在访谈日程安排方面，如果调查涉及多个员工，确定访谈人的顺序有两种思路：一是优先访谈易于突破的被访谈人，但这类被访谈人通常是基层员工，了解的情况可能有限；二是优先访谈高管、违规事件的核心人员，最好能够直接攻破。

访谈前应当拟定好访谈提纲，准备好需要出示的文件。问题设计上，通常先问职位信息、工作流程等开放型、一般性问题，再围绕被调查事项展开具体问题。如此，有利于访谈人对被访谈人有整体的认识，并有机会从被访谈人的叙述中发现前后矛盾之处。

③访谈通知

在通知时机上，一般不建议给被访谈人太多的准备时间，避免串供、毁灭证据、提前准备说辞等。若有必要，可以采取突击访谈、同步访谈、"囚徒困境"等形式。有公司会专门举办一场会议，让被访谈人参加会议，参会人员事先不知情，在会议期间逐个对参会人员进行访谈。

在通知方式上，访谈通知可以通过工作邮箱、电话等方式，一般书面邮件通知更为严肃。访谈通知可以发给被访谈人本人，或者被访谈人的直线领导。

在通知内容上，应当明确具体的时间、地点、携带身份证明等，通常不需要告知对方访谈的具体原因。同时，要明确告知被访谈人严格保密、配合调查，如果公司规章制度中有相关的具体条文，可以摘录在通知里。

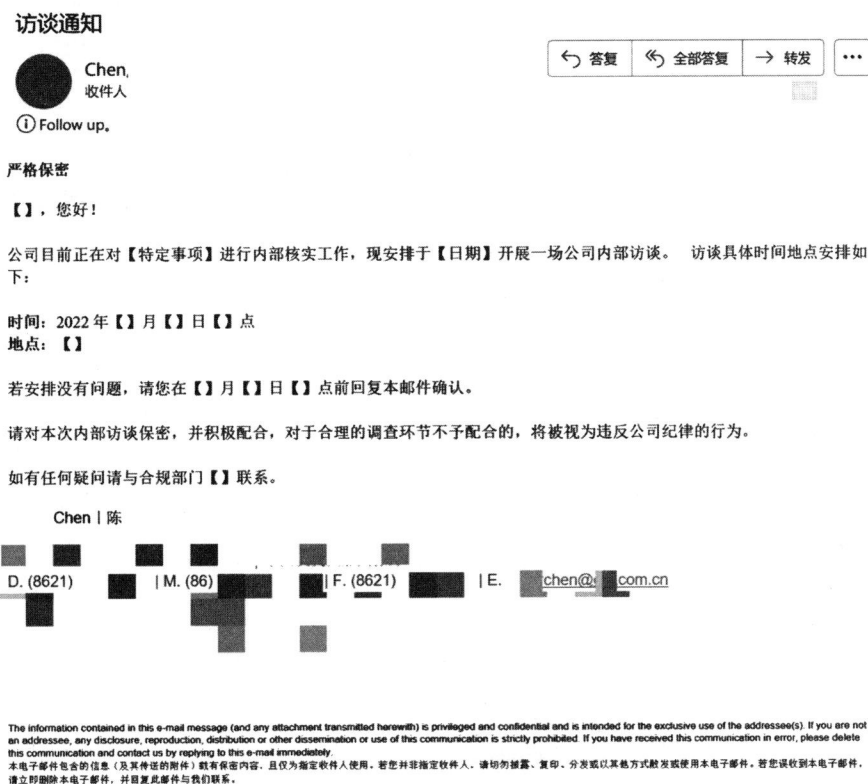

图 1-2　访谈通知样本

④访谈笔录

访谈笔录是对访谈内容的记录，一般直接记录在准备好的访谈提纲里，要力图记录被访谈人的真实意思表示。访谈笔录一般需要包含访谈信息（访谈参与人、时间、地点）、访谈背景介绍、访谈纪律、基本情况介绍、具体问题以及其他例行问题等模块，并根据每个案件的情况进行调整。

对仅涉及中国单法域的案件，建议在访谈过程中记录详细的笔录，并要求被访谈人在确认笔录后签字，主要目的是为之后潜在的诉讼或仲裁做好准备。但若涉及其他法域的法律问题，则需要同时考虑如英美法下的律师特权保护、律师工作成果（Attorney Work Product）等问题，可以采取对访谈内容进行概要的方式来记录。

2022年×月×日合规面谈公司内部资料／严格保密

合规面谈记录

时间：2022年×月×日××点××分至××点××分
地点：×上海办公室

访谈人：ANDY(合规部同事，后简称“A”)，BEN(公司律师，后简称“B”)，CINDY(公司律师，后简称“C”)
记录人：DAVID(公司律师，后简称“D”)
被访谈人：王明(职务：MR，后简称“王”)

一、访谈背景介绍

B问：感谢您今天来参加访谈，首先向你介绍一下背景，今年1月12日，×××，现在公司希望您提供信息和协助进一步的调查。那我们就正式开始了，请关闭所有通信设备。
王答：好的。

二、访谈纪律

[宣读访谈纪律]
B问：以上访谈纪律，您清楚了吗？
王答：清楚了。

三、被访谈人及团队基本情况

B问：请介绍一下您入职前的经历。
王答：我毕业后就加入了×。

B问：您何时加入×？请介绍一下您入职以后的岗位变动，包括职位、工作内容、负责的医院和产品、所属团队。
王答：2021年加入的。入职到现在一直是医药代表。主要负责向HCP进行学术推广，属于××地区团队。

四、具体问题

B问：您是否听说××？您在报销招待费用时候是否有伪造单据的情况？
王答：没听说过。没有。

五、例行问题
B问：您是否完成了公司每年的合规培训并理解相关的内容？
王答：是的。

第1页 / 共1页　本人确认上述记录内容属实，并承诺遵守公司纪律，对访谈内容严格保密

签字：

日期：

图 1-3　访谈笔录样本

（2）访谈技巧

合规人员或律师在尽职调查或合规调查中的访谈，与公权力机关的询问、审讯相比，在目的、手段、策略、结果等维度各有侧重。但有一点是共通的，即都是为了查明案件事实而进行的一种人与人之间的，在一定时间和空间范围内的语言上的交锋与碰撞。因此，在谈话技巧、节奏掌握方面有相通的地方，可以相互借鉴。下文将简要介绍刑事案件审讯中的主要步骤和方法（参考"美国九步审讯法"）：

步骤一：正面对质：开门见山地告诉犯罪嫌疑人，他实施了被控的犯罪。运用到访谈中就是直接告知现在公司正在对于一个举报开展内部调查，而他就是举报中所涉及的人员之一。对于那些事先已经被通知过了的，有所防备的被访谈人也可以强调调查的专业性、中立性。

步骤二：主题发展（感情认同）：重点是表现出理解和同情的态度，以取得犯罪嫌疑人的信任。缩小被指控的犯罪的道德含义给犯罪嫌疑人道德上的出路。在降低其犯罪严重性或减轻犯罪嫌疑人自责的同时，犯罪嫌疑人会逐渐接受犯罪的责任，这对于易动感情的犯罪嫌疑人特别有效。

步骤三：对待否定（心理攻坚）：面对对质，没有人会说，"好吧，是我做的"。而持续不断的否认对于审讯工作非常不利，应当立即阻止。所以不要给犯罪嫌疑人否认的机会，而是及时打断，换成审讯员告诉他应该说什么。此时，可以用红白脸策略，对于非常激进的犯罪嫌疑人要能够做到咄咄逼人，让他不舒服，打断他的话语。

步骤四：克服异议（摧毁抵抗）：这个步骤是指审讯人员对犯罪嫌疑人可能提出的各种说明无辜或反对指控的借口进行逐一驳斥。

步骤五：拉近距离（重建关系，获得和保持犯罪嫌疑人的注意）：晓之以理、动之以情。一旦审讯员发现犯罪嫌疑人有退出的消极迹象，就要设法缩小自己与犯罪嫌疑人之间的心理距离并重新获得犯罪嫌疑人的全部注意。

步骤六：趁热打铁（应对犯罪嫌疑人的消极情绪）：当犯罪嫌疑人表现出即将放弃抵抗的迹象时，审讯员应当使犯罪嫌疑人的注意力集中在一个关于犯罪动机的明确和重要的主题上。表现出理解和同情，利用犯罪嫌疑人潜在的弱点，击溃剩余的抵抗，促使其说出真相。

步骤七：两难陷阱（提出一个选择性问题）：给犯罪嫌疑人两种都是有罪的表述，但是一种较为体面（冠冕堂皇的理由，意识的检阅作用），给其心理上的出路，另一种则较为直白，令人难以接受。

步骤八：巩固战果（使犯罪嫌疑人口头供述各种犯罪细节）：一旦打开了缺口，利用抓住犯罪嫌疑人的心理，让其源源不断开口说话，从而发展成为一份完整详细的供述。

步骤九：提取书面供词。

（3）访谈常见语言技巧和合法逻辑陷阱

除了上述的整体节奏外，善于运用一些语言技巧，也往往可以建立奇功，事半功倍。

· 改变节奏法

· 隐含前提法

· 囚徒困境法

· 设身处地法

· 总结重复法

· 强制命令法

· 催眠暗示法

· 挑起争端法

4. 方法四：现场调查

"纸上得来终觉浅，绝知此事要躬行"，有时候要想发现真相，必须前往实地考察，也就是合规调查中的现场调查。

（1）现场调查的类型

现场调查的类型主要包括飞行检查、场所踩点、现场取证等。

①飞行检查：指在不事先通知被检查对象的情形下，对其正在举办的活动实施现场检查。飞行检查最开始是用于食品药品等领域的日常质量监管①。飞行检查的好处在于其突然性，被调查的员工无法提前准备。

②场所踩点：大公司通常对于活动支持性文件要求很严格，比如学术会议需要现场照片、视频、消费三单等，但不能排除伪造票据的可能性。因此，场所踩点是非常有效的调查方式。即针对特定的场所进行现场观察，核实信息的一致性。例如，走访餐厅、酒店，核实商务招待、学术会议的环境、价格、会议记录等信息，或者与被调查员工去现场核实，让被调查员工自证清白等。

③现场取证：合规调查要有终局思维，需要提前为后续的诉讼或仲裁做打算。所以，专业的外部律师介入调查越早越好，特别是在证据收集方面。根据《律师法》，律师有法定的调查取证权。② 现场取证过程中，可以通过拍照、录音、录像、收集现场文件等方式进行取证，形成具有司法效力的法律证据。

（2）现场调查的准备

①人员准备：现场调查通常应至少有两人在场，一是互为见证，确保调查的客观中立；二

---

① 例如，《药品医疗器械飞行检查办法》规定，监管部门针对药品和医疗器械研制、生产、经营、使用等环节开展不预先告知的监督检查。根据飞行检查结果，监管部门将依法采取风险控制措施。

② 参见《律师法》第三十五条。

是可以互相提醒，避免遗漏；三是遇到危险也可以互相照应。两个人可以打配合，比如一个人吸引对方注意，另一个人趁机观察周围情况，收集证据。

②调查计划：调查前，调查人员应当明确调查目的和范围，熟悉相关材料和信息，通常应当准备详细的调查任务清单，如涉及较多调查地点，应当提前安排好行程规划，必要时应提前确认撤离路线。调查前可以通过网络、匿名电话等方式提前了解被调查地点的营业时间、预约要求、疫情防控要求等。

③调查工具：调查前应确保调查工具准备齐全并且处于良好状态。为防止意外，应确保足够的备用设备。

④法律文书：调查前可以由公司出具加盖公章的授权委托书，如被调查地点与公司存在合作关系，可以提前准备好相关的合作协议复印件（最好有相关的审计条款），便于调查人员直接和对方负责人员接洽。

⑤内部支援：如被调查地点为公司合作方，最好可以获得公司内部负责与该合作方对接的高管的支持，在现场调查受阻时可以由该高管出面要求被访谈人配合，但需要注意调查的保密性。

（3）现场调查的技巧和注意事项

调查过程中，与被调查地点相关人员的沟通是重要的调查手段，需要尽量争取对方的配合，此外，由于沟通过程主要是以录音的形式保存，信息相对有限，沟通过程中需要注意语言技巧：

①注意语言：为保证录音证据可以适用于不同地区的司法仲裁机构，沟通时应尽量使用普通话。虽然使用当地的方言可以很好地打开局面，但是涉及关键的信息时最好使用普通话。

②明确身份：为避免被质疑沟通的对象是"演员"，应尽量与被调查地点的可以确认身份的人员进行沟通，如工商登记信息上被调查地点的人员，被调查地点出具的发票上、被调查地点获取的名片上记载的人员等。此外，在沟通过程中，应当设计问题让对方明确自己的身份，至少应当表明沟通对象与被调查地点的关系。

③指代明确：日常口语中常用"这个"或"那个"等代词，在录音中可能造成所指不明，因此沟通过程中应当尽量用完整的语句指代相关内容。

④语言描述：沟通过程中，在不方便拍照的时候，应当尽量将重要的视觉信息用语言描述出来。例如，可以将不便拍照的文件内容读出来，让被调查地点人员确认；在对方有敌对性的肢体动作或表情时，将对方的动作或表情用语言描述出来，以便于固定证据。

⑤争取配合：在设计沟通内容时，可以根据具体情况设计不同的情境，避免直接告知对方正在进行调查，使相关人员放松警惕。例如，在现场核实消费单据时，可以表明自己是在协助同事找回丢失的票据，而非针对该同事进行调查等。

5. 方法五：电子数据审查

（1）电子数据审查的常用工具

通过 Relativity，EnCase 等工具（以下简称法证分析工具），可以实现电子数据的云端处理。待进行审查的电子数据被上传至法证分析工具后，法证分析工具可以基于关键词对电子数据进行分析筛选，并供调查团队对电子数据进行在线审阅。调查团队可以利用法证分析工具组织人员进行审阅，审阅人员通过登录法证分析工具对筛选出的数据进行相关性、重要性以及敏感性等情况的标记，并筛选出与调查案件相关的高价值文件。

（2）电子数据审查的特点

专业的电子数据审阅体现出以下优势：第一，证据固定，可确保原始数据不被篡改；第二，合规调查中通常会涉及大量的电子数据，传统的审阅方式无法完成高效、精准的审阅目标，使用专业工具有助于有针对性地收集信息，能够实现快速检索，迅速排除不相关信息；第三，电子数据审阅通常会涉及多方参与，使用专业的电子数据审阅工具有助于项目管理的标准化及流程化。

（3）电子数据审查的步骤

利用专业软件工具审阅电子数据时，一般会对电子数据采取以下处理措施：

第一步是数据映射（Data Mapping），确定所有相关的数据源（服务器、邮箱、公盘、电子设备等）。

第二步是数据保全与镜像（Preservation and Imaging），即固定电子证据，保证电子数据"原始形态"。在这一步骤中，通常采用哈希算法来进行数据一致性校验。

第三步是数据处理（Processing），对镜像后的备份数据进行处理，整合元数据以便后续的分析、审阅工作。对于设置了数据加密保护的电脑设备，如使用了 BitLocker 保护的 PC 设备以及使用了 FileVault 保护的 Mac 设备等，还应当从移动设备管理（MDM）系统或其他渠道获得数据的解密密钥以对数据进行解密。

第四步是数据审阅和分析（Review and Analysis），通过关键词并结合表达式搜索识别潜在相关的数据（如利用常见的布尔表达式中 AND/OR 等操作符来搜索匹配文件），对数据的相关性、重要性以及敏感性等进一步审阅和分析，并对数据进行标记（Coding）。在这一步骤中，调查团队可以使用多种技术手段提高数据审阅和分析的质量和效率，如技术辅助审阅、文件删除分析及恢复等。

第五步是数据导出（Production），对审阅后的相关数据进行后续处理，用于报告撰写、证据准备等。

（4）电子数据保全、镜像、处理的注意事项

①数据保全与镜像

通过数据保全与镜像及数据处理流程，调查团队可以将被调查对象设备中的电子数据进行

固定，同时对电子数据进行读取分析以进一步推进案件的调查。但在此过程中，调查团队应当注意镜像的处理流程，使相关镜像同时满足证据固定和电子数据审阅的需要。

为了保证相关电子数据作为证据的效力，数据保全与镜像的流程可以由具备资质的司法鉴定机构进行，也可以由专业的数据分析机构进行。同时，若存在后续涉及诉讼的可能性，还应当由公证机构对整个流程进行公证，确保后续封存的数据镜像与元数据的一致性。

②一致性校验

通过哈希算法可将任何数据文件转换成固定位数的数值，这一数值被称为哈希值。同一数据文件经过哈希算法转换得到的哈希值始终相同，而一旦数据文件被修改，即使仅修改了数据文件的一个字节，都会使得转换得到的哈希值产生巨大变化，因此哈希算法常被用来判定数据文件的一致性。具体而言，在证据保全期间制作固定电子证据时应计算源数据及目标数据（克隆盘或镜像文件）的哈希值。在数据处理及数据审阅和分析的各个环节都应校验数据的哈希值以确保数据的原始性和完整性。因此，在数据保全与镜像及数据处理流程中，应当对相关电子数据进行哈希运算并将哈希值进行比对、记录，以避免因数据不一致对调查过程甚至证据效力产生影响。

（5）电子数据审查关键词的设置

关键词包括通用关键词（General Terms）和项目特定关键词（Specific Terms）两类。通用关键词是某一合规领域（如商业贿赂、职务侵占、违反公司政策等）通用的关键词。一般情况下，专业的合规人员会准备关键词库，遇到某个领域的项目时，对关键词库进行基本修改便可使用。项目特定关键词是为了某个特定的调查项目量身定造的，一般可以根据举报信、背景调查结果、文件审阅结果、项目背景等进行设置，再分成若干组关键词。关键词通常由关键字与逻辑连接符组成，常用的逻辑连接符包括 AND、OR、NOT、W/n 等。

6. 其他方法（重点关注合法性）

（1）陌生电话（Cold call）调查

陌生电话指调查人员在受访者事先不知情的情况下，隐藏真实身份与受访者进行电话的咨询或沟通。通过陌生电话的方式，调查人员更有可能了解到较为真实、客观的信息，如产品/服务的市面价格、企业是否真实存在、企业的经营范围、合作方、业务流程、实践操作等背景信息。在陌生电话调查过程中，应当注意把握沟通时长、语言表述、采集信息的限度等，避免被认定为假借订立合同而恶意磋商甚至诈骗的行为。

（2）跟踪调查

跟踪调查通常被用于调查员工违反竞业限制、利益冲突等事项。若跟踪调查方式超过合法限度，则有可能因侵犯他人权益进而引发严重的法律责任。例如，在某非法获取公民个人信息案中，被告人成立了以"调查取证"和"寻人查址"为业务的咨询公司，对多个被害人进行跟踪调查并利用非法手段进行手机定位、拍照、摄影，出售收集来的信息进行非法牟利，法院认为被告人采用跟踪、手机定位等方式非法获取公民个人信息，情节严重，构成非法获取公民个人信息罪，最终对被告人判处有期徒刑、罚金、没收违法所得等刑罚。[①]

（3）蹲点调查

公司可以选择具有代表性的样本地点进行实地定点考察，通过样本信息反映整体情况。这类蹲点调查手段在商业案件中常为投资机构所采取。例如某投资公司对其所选定的咖啡门店调查的过程中采用了蹲点调查的方式，对订单量、门店流水等运营情况进行了实地考察，根据蹲点采集的数据进一步推算出其毛利率、收支平衡点等关键信息。值得注意的是，蹲点调查的过程中时常需要通过录像摄影来记录实际情况，此时应当注意对他人隐私权、肖像权的保护。

（4）"私家侦探"调查

"私家侦探"通常指政府机关以外从事民商事务调查服务的调查公司。"私家侦探"的业务范围往往涉及包括公民行踪轨迹、财产状况等在内的个人信息，有时还会涉及计算机信息系统中的关键数据，因此其调查活动具有一定的法律风险。企业可以雇用这类调查公司展开调查以收集必要信息，但是需要特别注意调查公司所采取的调查方式的合法性。实践中，除了非法获取公民个人信息罪，"私家侦探"还可能涉嫌非法获取计算机信息系统数据罪以及妨害作证罪等罪名。因此，企业应当警惕聘用调查公司引起的刑事风险。

（三）调查收尾阶段

经过了精心筹划和设计的准备阶段，又经过了各种手段齐上阵的执行阶段，内部调查就来到了最后的收尾阶段。在这一阶段，要对调查执行进行梳理和呈现，并提出调查结论和下一步工作建议。此处收尾阶段可以是某项调查工作的阶段性收尾，也可以是整个调查工作的全部收尾。

1. 调查结果的表现形式——调查报告

（1）调查结果的基础（工作底稿）

调查工作底稿的形成和完善不仅出现在背景调查、文件审查等调查过程中，还往往贯穿于调查工作的全部流程（包括背景调查发现、文件审查和分析发现、访谈重要发现、现场调查发现等），因此将工作底稿相关内容置于调查收尾阶段进行讨论。

工作底稿主要是帮助调查人员执行调查工作，为内部调查发现及最终的意见提供重要的记录与支持。从内容上看，它是一系列调查流程和发现的记录，即将不同调查阶段，通过不同调查手段收集的信息、证据、结论等进行的梳理和汇总。从形式上看，工作底稿会根据调查手段和流程区分不同的模块，比如访谈工作底稿、文件审阅工作底稿、现场调查工作底稿等。从载

---

① （2014）并刑终字第 494 号。

体上看，较为常见的有 Word、Excel 等为载体的工作底稿，其中 Excel 版本的底稿多用于需要进行数据录入和比对的场合（比如 Excel 可以做数据透视、vlookup 函数等），Word 版本的底稿多用于需要逻辑推理和分析描述的场合，二者可以结合使用。

以初级合规官需要掌握的一种较为基础和简单的虚假报销调查为例，工作底稿示例如表1-3 和表 1-4 所示。

表 1-3　会议/招待真实性文件核查工作底稿模板

会议基本信息						用餐信息核实						会议信息核实			审阅意见	
参考编号	员工姓名	直线主管	活动日期	费用类型	活动名称/申请描述	收款单位全称（发票）	发票金额	用餐人数	人均用餐费用	点评/饿了么查询信息是否一致	水单分析	活动地点与用餐点距离	会议人数	活动照片核实	主要问题	后续措施

表 1-4　餐厅踩点清单工作底稿模板

餐厅名称	城市	联系方式	踩点问题	报销信息			发票信息							
				员工姓名	员工手机号	参考编号	收款单位全称	发票专用章名称	发票代码	发票号码	税务登记号	校验码	发票金额	发票日期

（2）调查结果的呈现（调查报告）

在工作底稿的基础上，调查人员需要进行提炼和分析，形成调查结论，并最终以调查报告的形式呈现给公司的合规负责人、管理层甚至政府监管机构等。可以说，调查报告是调查人员最主要的工作成果展现工具。

根据不同的汇报对象和使用用途，调查报告的整体结构、行文口吻、详略程度、表现形式等不尽相同。比如向管理层呈现的内部调查报告，和向某政府机构提交的自查自纠整改报告等，虽然同属调查报告，但内容上有很大区别。

关于对外调查报告的制作，除了合规/法务人员之外，公司的其他部门如政府事务、总经理办公室等往往也会参与。以常见的向公司管理层提交的报告举例，其一般包括调查摘要、调查范围、调查方式、调查发现、法律分析及建议等章节。

严格保密

内部调查报告样例

公司就【　】业务中的合规风险开展内部调查。涉及【　】等多个合规领域。本报告将概述本次调查的步骤、主要发现、法律风险及处理建议。

1.0　内部调查

1.1　调查步骤

1.2 范围

1.2.1 合规访谈

序号	姓名	职位	访谈时间	访谈地点
1				

1.2.2 电子数据审阅

a. 数据统计

邮箱	
相关人员	审阅期间
	08/2017-09/2022

1.2.3 财务数据审阅

1.3 内部调查限制条件

1.3.1 合规访谈

1.3.2 电子数据审阅

1.3.3 财务审阅

2.0 **概要总结**

2.1 ×××项目

3.0 **内部调查发现**

3.1 ×××项目

3.1.1 举报事实

3.1.2 主要发现

重要文件	
元数据	文件概要
文件类型：	
日期：12/03/2020	
涉及人员：	

4.0 **法律分析**

5.0 **处理建议**

图 1-4 调查报告样例

2. 调查结果的实质内容——内外部评价

调查结果的实质内容即对于调查结果的内外部评价。内外部评价，是指公司内部的管理层或外部的政府执法机构对于一个企业内部调查的方法、结论、整改措施等方面的综合性评价。

（1）内部评价

内部评价是指企业内部对调查结论的评价。此时，合规调查人员和公司相应层级的管理层需要在合规调查查明的案件事实、情况的基础上，结合公司的各项规章制度、劳动纪律以及国家的相关法律、法规，进行事实判断和价值判断（两种判断），开展风险评估（多个维度），从而就该案形成针对局部个案以及针对公司整体的处置建议（两类建议）。

两种判断包括事实判断和价值判断。事实判断，即合规调查的发现能否证明某员工或某供应商存在或不存在某行为；价值判断，即判断该行为是公司的合规文化、合规制度所禁止、允许还是鼓励的行为。

就事实判断而言，对于案情较复杂或者涉及员工较多的案件，往往需要设计一套统一的事实判断标准，以确保内部评价的合理性。具体操作层面上，通常的做法包括：

①根据调查发现和理论推演，提炼出可疑情形（疑点）

②对疑点进行分类、分级（一级疑点、二级疑点……）

③根据不同疑点的数量、相互关系、权重等因素，综合判断，确定风险评级的标准

④根据实际情况进行调整，并对评级的标准不断进行优化

多个维度是指评价的维度因人而异，因公司而异，包括单位责任、业务影响、媒体曝光、披露义务、次生风险、法域冲突、员工处置。

对公司提供的两类建议包括以下内容：其一，针对局部个案，如调查发现了不合规行为，应当就个案采取何种整改措施，对相关责任人员应当进行何种纪律处分，企业是否需要进行自报，是否需要针对犯罪员工进行报案（如员工职务侵占）等。其二，针对公司整体，鉴于个案的发生，是否需要以及如何改进合规制度，优化业务流程。该个案，是体系外的偶发事件，还是体系内可以通过弥补制度漏洞来进行较大程度避免的多发事件等。

（2）外部评价

外部评价是指公司外部的政府执法机构对调查结论的评价。这常见于公司因涉嫌违法犯罪，被政府问询或者调查并要求公司限期开展合规自查或者内部整改之后，公司就调查结论或者合规整改的效果向政府进行汇报的情景。比如，行政执法经常会存在要求企业进行自查整改并限期提交报告的情形。

此外，也可以参考美国的外部评价情形。根据美国司法部《企业合规程序评估》中的判断标准，当公司涉嫌犯罪时，企业的合规情况将会成为公诉部门判断是否起诉、处罚手段、罚金金额等事项的重要因素。企业的合规情况判断具体包含事件根源、薄弱点识别、财务系统运

作情况、供应商管理情况、早前迹象、补救措施、相关人员的责任。美国司法部会在审查企业合规情况的基础上，提出整改建议，与企业达成行政监管方面的和解协议，也可能达成暂缓起诉或不起诉协议。[①]

三、反腐败与反商业贿赂合规调查的其他注意事项

（一）调查手段本身的合法性问题

1. 合法性边界

合规调查的首要原则是"合法性原则"，即在运用各类调查手段开展合规调查时，应当注意调查手段本身的合法性问题。

第一，法律边界。不能触碰法律的"红线"，比如调查手段不能构成民事侵权（如隐私权），不能构成行政违法（如非法限制人身自由），不能构成刑事犯罪（如侵犯公民个人信息罪）。例如，隐私是自然人的私人生活安宁和不愿为他人知晓的私密空间、私密活动、私密信息。[②] 即使是在公共办公场合，也不排除员工有其私密空间、活动和信息。又如，"个人信息"涵盖很广，企业的管理行为有时也构成个人信息处理活动。

第二，与员工的约定边界。公司的合规调查从本质上来说是一种公司管理行为。因此，劳动合同是公司针对员工开展合规调查的权力基础之一，其本质也是公司基于与员工签订的劳动合同项下的对员工管理权的体现。而这种管理的权限是有边界的，换言之，在没有双方另行约定的情况下，公司对于员工的合规调查的权力止步于员工通过劳动合同和其他协议让渡出的一部分私权力。

2. 高风险行为

实践中，部分调查手段的使用将导致逾越上述两道调查边界，举例及具体分析如下：

（1）镜像拷贝并审查工作及私人电脑、手机、平板电脑等电子设备

在民事责任方面，该行为可能违反《民法典》及《个人信息保护法》的相关规定，侵犯隐私权和个人信息权益，应当承担侵权责任；在行政责任方面，可能因违反《个人信息保护法》而承担行政处罚[③]；在刑事风险方面，可能涉嫌违反《刑法》，构成侵犯公民个人信息罪。

实践中，公司应当在规章制度中，明确工作电脑、工作手机等设备属于公司财产，事先规定员工不得使用公司设备处理和存储与私人事务相关的信息。公司可以在发放相关设备时，告知员工公司可能对设备中的信息进行镜像、审查，用于合规调查或审计，取得员工知情同意，

---

① 参见陈瑞华：《企业合规基本理论（第二版）》，法律出版社 2021 年版，第 403 页。
② 参见《民法典》第一千零三十二条第二款。
③ 参见《个人信息保护法》第六十六条。

此时，员工的配合度一般较高。在实施检查措施前，公司最好再次获取员工知情同意。就具体调查范围而言，审阅的内容应当与调查目的相关并且必要（例如，采用关键词筛选审查的内容；工作底稿中，不出现个人隐私内容），审查结果不得用于无关用途。

对于私人设备，除非获得员工知情同意，公司不得进行审阅。公司可以考虑聘请第三方专业机构对员工电子设备信息制作镜像，并要求第三方专业机构签署保密协议。一方面，专业机构在处理个人信息方面更符合合规要求，具备更专业的检索方法；另一方面，可以减轻员工对于泄露个人信息或隐私的顾虑。此外，公司也可以考虑通过报警，在公安机关陪同下进行设备检查，或由公安机关直接处理。

（2）后台监控员工的实时通信软件（QQ、微信、Skype 等）

在民事责任方面，该行为可能违反《民法典》及《个人信息保护法》的相关规定，侵犯隐私权和个人信息权益，应当承担侵权责任；在行政责任方面，可能违反《个人信息保护法》而承担行政处罚；在刑事风险方面，可能涉嫌违反《刑法》，构成侵犯公民个人信息罪。

实践中，企业在内部调查过程中往往涉及员工个人信息的处理活动，例如背景调查、查阅电子设备等。对此类情形，企业宜通过规章制度等方式向员工履行告知义务，包括获取的信息类型（如办公邮件、办公通信软件聊天记录等）、获取的目的（用于合规调查）等，并由员工签字确认，从而获得处理个人信息的合法性基础，同时企业也应确保其对员工个人信息的处理活动以必要性为限，合法正当，避免引发争议和法律责任。

（3）搜查有门的办公室、储物柜、公共办公区域"格子间"

在民事责任方面，该行为可能违反《民法典》及《个人信息保护法》的相关规定，侵犯隐私权，应当承担侵权责任；情节严重的情况下，可能涉嫌违反《刑法》，构成非法搜查罪。

实践中，公司基于对办公空间的管控权，一定程度上可以对相关场所进行搜查，但需要把握隐私权的界限。其中，搜查储物柜（很可能有私人物品）和有门的办公室（员工可能在休息）的风险较高，搜查开放办公区域的风险较低，但也有当众散播隐私的风险（搜查时周围有大量员工）。为控制风险，应当在员工手册等规章制度中明确公司对办公区域拥有的管理权限和员工的配合义务。当企业通过搜查办公室等方式行使管理权限时，必须确保目的具备正当性，行为也不得超出必要限制，最好事先通知，由员工本人在场见证，如员工不在场则应当由多人见证搜查过程。

（4）安装隐蔽式摄像头进行监控

在民事责任方面，该行为可能违反《民法典》的相关规定，侵犯隐私权，应当承担侵权责任；在行政责任方面，可能违反《治安管理处罚法》，构成偷窥、偷拍他人隐私的，需承担行政处罚；在刑事风险方面，可能涉嫌违反《刑法》，构成非法使用窃听、窃照专用器材罪。

隐蔽式摄像头显然超出了合理合法的界限，不得使用。实践中，公司可以使用摄像头等监控设备，但应当在安装和使用过程中向员工履行告知义务，告知使用摄像头的目的和监控范围，保证员工知情权。同时，使用摄像头进行监控的内容仅限于与企业相关的经营活动，不得在更衣室等明显涉及私人空间的场所设置摄像头。

（5）雇佣咨询公司获取被调查对象与客户的通话记录

在民事责任方面，该行为可能违反《民法典》及《个人信息保护法》的相关规定，侵犯隐私权和个人信息权益，应当承担侵权责任；在行政责任方面，可能违反《个人信息保护法》，并可能因偷拍、窃听而承担相应的行政处罚①；在刑事风险方面，一方面该行为可能构成非法使用窃听、窃照专用器材罪②；另一方面，由于通话记录属于个人信息，该行为可能构成非法获取公民个人信息罪。根据《最高人民法院、最高人民检察院关于办理侵犯公民个人信息刑事案件适用法律若干问题的解释》第五条规定，若非法获取、出售或提供的公民个人信息中包含通信内容（50条）或通信记录（500条），且达到一定数量的，相关行为将被认定为"情节严重"。这种行为甚至可能违反《宪法》，侵犯了公民的通信自由和通信秘密。③

实践中，如果企业基于调查等目的试图获取员工的通话记录，应当警惕获取手段的合法性。确有需要对员工的工作手机进行监控或导出通话录音的，应当明确取得员工的同意。

（6）禁闭式"访谈"

在民事责任方面，该行为侵犯身体权，需承担相应侵权责任④，员工也可能借此主张自己作出的相关意思表示（访谈中自认、签署离职信等）是在胁迫下作出的；在行政责任方面，该行为因构成非法限制他人人身自由，将面临治安管理处罚⑤，情节严重的，可能构成《刑法》中的非法拘禁罪⑥。

实践中，调查人员进行访谈时，不得限制被访谈人人身自由。可以充分利用录音、访谈笔录、监控录像等证明没有采取人身限制措施。在访谈过程中，可以和被访谈人说"如果中途你要去洗手间什么的，都没问题的"。如果访谈时间较长，可以给被访谈人准备食物和水。如果被访谈人是孕妇的话，需要经常询问其身体状况，确保其获得充分的休息等。

（7）雇用"黑客"获取非公开资料

在民事责任方面，该行为违反《民法典》及《个人信息保护法》的相关规定，侵犯隐私权和个人信息权益，应当承担侵权责任；在行政责任方面，因属于侵入、破坏计算机系统的行

---

① 参见《治安管理处罚法》第四十二条。
② 参见《刑法》第二百八十四条。
③ 参见《宪法》第四十条。
④ 参见《民法典》第一千零一十一条。
⑤ 参见《治安管理处罚法》第四十条。
⑥ 参见《刑法》第二百三十八条。

为而应承担治安管理处罚①；在刑事风险方面，依据具体采取的措施类型，可能构成非法侵入计算机信息系统罪，非法获取计算机信息系统数据、非法控制计算机信息系统罪以及提供侵入、非法控制计算机信息系统程序、工具罪②等相关罪行。

实践中，"黑客"可能采取安装具有破坏性的客户端程序③、使用移动硬盘下载信息④、安装无线路由器⑤等非法手段。如果通过此类手段获取的非公开资料属于客户资料等个人信息，那么还将构成侵犯公民个人信息罪。例如，在一起刑事案件中，被告人在离职后雇用"黑客"编辑计算机程序，通过远程操控非法侵入公司内部系统以获取客户信息，最终被判有期徒刑并处罚金。⑥ 因此，不能使用"黑客技术"或者雇用"黑客"获取调查对象计算机系统中非公开资料。

（二）调查所获证据的有效性问题

在确保调查手段本身合法的基础之上，调查人员下一个需要重点考虑的问题，就是如何确保调查所获得证据在法律上的有效性，即该证据无论在后续与违纪员工的劳动纠纷，还是刑事控告中，都能被法院判定为真实有效。

1. 区分调查"线索"与"证据"

调查人员需要区分哪些是案件"线索"，哪些是"证据"，以及其中哪些证据可以由公司合法获取，哪些需要公司提供相关线索给到律师或者司法机关（如刑事控告中的公安机关或者民事案件中申请法院调取证据）进行收集。

线索主要为查证事实提供信息和方向，而证据是用于证明违法违规客观事实的资料。举例来说，公司得知其员工 A 向当地政府人员行贿，这仅构成线索，如公司在财务审查发现公司有50 万元的销售费用被员工 A 用于购买面值为 2000 元的购物卡，并且发现内部通过表格对给予购物卡进行了记录，则可作为证据。又如，公司接到举报"他们为了提高自己的业绩每年可以拿巨额奖金，就会给客户的采购人员很多钱"，这仅构成线索，如公司在电子证据审查发现一条微信记录，关于员工 A 与客户就回扣的数额问题进行讨论，最终确定为 20 万元，并安排了见面，则可构成证据。

2. 收集证据的"外援"

①公司可以考虑请律师介入调查。

---

① 参见《治安管理处罚法》第二十九条。
② 参见《刑法》第二百八十五条。
③ （2021）粤 19 刑终 578 号。
④ （2021）赣 01 刑终 104 号。
⑤ （2015）豫法知刑终字第 00010 号。
⑥ （2019）湘 0105 刑初 468 号。

就律师权限的法定基础而言，《律师法》《民事诉讼法》《刑事诉讼法》赋予了律师调查取证权①。在具体操作上，包括两种情形。一是律师自行调查取证，凭律师执业证书和律师事务所证明，可以向有关单位或者个人调查与承办法律事务有关的情况，但有关单位或个人没有配合的义务。二是律师根据调查令取证。调查令是指当事人在民事诉讼中因客观原因无法取得自己需要的证据，经申请并获人民法院批准，由法院签发给当事人的诉讼代理律师向有关单位和个人收集所需证据的法律文件。被调查人有义务配合②。

②公司可以请求公安展开调查。

公安进行调查的依据以及优势在于《刑事诉讼法》赋予了公安调查取证权③，以及强有力的调查手段和权限，包括采取刑事强制措施、讯问犯罪嫌疑人、询问证人、勘验或检查、搜查、查封、扣押、鉴定、采取技术侦查措施等。公司可以向公安机关提出控告、报案、举报，公安机关立案后即可对相关线索开展调查。公安机关会进行笔录，并出具受案回执。

③公司可以请求法院进行调查。

法院不仅具有裁判职能，也有进行调查的权限。根据《民事诉讼法》和《刑事诉讼法》，法院有权向有关单位和个人调查取证，有关单位和个人不得拒绝，法院有权责令其配合调查取证，对不配合的作出罚款、拘留等处罚。④ 以民事诉讼为例，当事人或代理人在举证期限届满前可以申请法院调查收集证据。申请书应当载明被调查人的姓名或者单位名称、住所地等基本情况，所要调查收集的证据名称或者内容，需要由人民法院调查收集证据的原因及其要证明的事实以及明确的线索⑤等。

3. 证据的强化与固定：公证

公司应当充分利用公证制度。根据《最高人民法院关于民事诉讼证据的若干规定》，被公证文书证明的事实无须举证证明。特别是对于电子数据，内容经过公证的，除非有相反证据足以反驳的，法院应当确认其真实性⑥。具体操作上，公司可以选择进行网页公证。由于网页信息不确定性较高，可能出现网页故障、网页被删除等，因此应当及早对能够证明相关违规事项的网页进行公证。公司也可以对取证过程进行公证。例如，电子数据审查中，对于电脑收集、镜像复制、数据分析的全过程进行公证。

4. 满足证据的三性原则：真实性、合法性、关联性

我国民事诉讼及刑事诉讼程序均对证据的基本要求和规则有所要求，刑事案件对于证据的

---

① 参见《律师法》第三十五条，《民事诉讼法》第六十四条，《刑事诉讼法》第四十三条。
② 例如《上海法院调查令实施规则》第二条第一款、第八条。
③ 参见《刑事诉讼法》第五十四条。
④ 参见《民事诉讼法》第七十条、第一百一十七条，《刑事诉讼法》第五十四条。
⑤ 参见《最高人民法院关于民事诉讼证据的若干规定》第二十条。
⑥ 参见《最高人民法院关于民事诉讼证据的若干规定》第十条、第九十四条。

要求较高。除上述依靠外援获取证据外，合规人员在日常工作中也会涉及自行取证的情况，为了避免污染证据或者取到无效证据，需要熟悉证据的基本要求。

真实性是证据运用的关键环节，指证据事实必须是伴随着案件的发生、发展的过程而遗留下来的，不以人的主观意志为转移而存在的事实。[①] 根据证据的真实性要求，证据应当真实存在而不得伪造，当事人可以通过查看、鉴定、核对原件等方式来判断证据的真实性。

合法性证据是证据具有法律效力的前提条件，指证据主体、证据形式、取证程序必须符合法律规定。证据主体的合法性既包括取证主体的合法性也包括提供证据的主体具有合法性，法律根据不同证据的特点，对相应证据主体的举证能力和举证资格进行了不同规定。证据形式的合法性要求证据的形式应当符合法定要件。取证程序的合法性要求证据的取得方式应当合法合规，不得使他人合法权益因证据的违法取得而受到侵害。[②]

关联性是证据证明力的基础属性，是指证据必须与需要证明的案件事实或其他争议事实具有一定的联系。[③] 无论一项证据材料的真实性、合法性如何，只要与待证事实无关，就应直接予以排除。[④]

5. 特定类型证据三性示例

企业举证时常会涉及多种类型的证据，在裁判审查实践中的使用可能存在若干难点。

（1）微信证据

微信证据是劳动争议案件中经常使用的证据，属于电子数据[⑤]。根据微信记录形成的方式，微信证据分为文字、图片、语音、视频微信记录，网络链接和转账支付信息。

确保微信证据的真实性存在难度。以微信聊天记录为例，由于微信证据为生活化的片段式记录，如果信息不完整则无法反映当事人完整的真实意思。因此，在提供微信聊天记录作为证明材料时，应当保证微信证据的完整性，如完整的文字、图片、语音等。微信记录作为电子数据，将其作为证据使用须符合特定的法律要求。依据《最高人民法院关于民事诉讼证据的若干规定》第十五条第二款，以电子数据作为证据的，应当提供原件。电子数据的制作者制作的与原件一致的副本，或者直接来源于电子数据的打印件或其他可以显示、识别的输出介质，视为电子数据的原件。对此要求，当事人应保存好微信记录的原始载体，如手机、计算机或其他电

---

① 参见樊崇义：《证据法学》，法律出版社 2017 年版，第 126 页。

② 参见《最高人民检察院关于印发最高人民检察院第七批指导性案例的通知》（高检发研字〔2016〕7 号）。例如在检例第 27 号——王某雷不批准逮捕案中，检察院认为犯罪嫌疑人有罪供述系采用非法手段取得，属于非法言词证据，依法应当予以排除。非法证据排除后，其他在案证据不能证明犯罪嫌疑人实施犯罪行为的，应当依法对不批准逮捕犯罪嫌疑人作出不批准逮捕的决定。

③ 参见何家弘、刘品新：《证据法学》，法律出版社 2013 年版，第 114 页。

④ 参见陈伶俐：《证据相关性的判断与规则构建》，载《法律适用（司法案例）》2017 年第 24 期，第 66 页。

⑤ 参见《最高人民法院关于民事诉讼证据的若干规定》第十四条。

子设备等，以便在裁判审理程序中出示。此外，实践中也可以采用录像等方式展示，但需确保反映了电子数据的原貌并未经删改。为此，可以在取证时通过公证机关公证，若有必要可以咨询联系电子取证鉴定机构或专业取证人员。

此外，当事人在提交微信相关证据时，还应当提供使用终端设备登录本方微信账户的过程演示以及聊天双方的个人信息界面，由此不仅确保证据的合法性，也确保具有关联性。由于微信中可能使用"表情包""网络语言""黑话"等，因此还需要综合判断，确定微信记录中的内容是否与证明事项相关。

（2）录音证据（主要关注合法性）

依据使用介质的不同，录音证据属于视听资料或电子数据。传统的录音证据借助录音带作为载体，属于视听资料；而现代的录音证据多以手机等电子设备制作并存储于电子介质中，属于电子数据。录音材料在现实运用中是比较理想的证据类型，可借助他人的陈述反映事实情况。

为了确保证据的真实性，录音内容应当完整，不可掐头去尾，尽可能进行全过程录音。录音内容还需是清晰可辨的，实践中把手机放在裤子里，边走路边录音，可能产生较大的杂音。另外，民事诉讼中，通常需要提交录音证据的文字版，文字应当与录音内容一致。

在司法实践中，录音证据的质证重点在于其取得方式及内容的合法性。根据《最高人民法院关于适用〈中华人民共和国民事诉讼法〉的解释》第一百零六条，录音证据的取得，不得（严重）侵害他人合法权益，不得违反法律禁止性规定或严重违背公序良俗。根据合法性要求，一方面，以窃听、偷录等方式获取录音材料无法作为证据使用。同时，非法获取录音还可能导致取证者承担相应法律责任。例如，私自在他人住宅安装窃听设备，便侵犯了他人的住宅权和隐私权，行为人需要承担侵权责任。另一方面，录音内容必须反映被录音对象的真实意思表示，若是通过对录音对象采取限制人身自由、威胁等措施以获取录音内容的，非法取证方式直接影响到被录音对象的真实意思表示，也将不会被法官采信。

为了满足录音证据的关联性，可以在访谈交流的过程中采用一些技巧。例如，为便于确认录音中的人物身份，在访谈交流时应尽量使用全名而非昵称。还应避免使用方言、行话、"黑话"等。此外，还应确保录音完整地反映证明目的。

（3）笔迹/公章司法鉴定

笔迹/公章司法鉴定，是指对人通过书写活动形成的字迹或者公章印迹进行鉴认、识别，从而进行人身同一认定，证实文件的真伪。鉴定意见是一种特定的证据类型，应当由法院依申请或依职权委托鉴定人作出，而不是单方委托鉴定机构出具的"鉴定意见"。"单方委托形成的'鉴定意见'其证明力显然不能等同于民事诉讼法意义上的鉴定意见。"①

---

① （2021）最高法民申 4579 号。

就如何确保此类证据的真实性而言，因鉴定意见由专业机构作出，其本身的真实性通常不存在问题。但应确保检材的真实性，检材本身需要经过质证。根据《笔迹鉴定技术规范 GB/T37239-2018》的规定，如检材不是原件或状态存疑，鉴定机构需要综合判断，可能作出无法判断的鉴定意见或作退案处理。

为满足证据的合法性要件，若在诉讼程序中涉及笔迹鉴定事项，当事人应当及时在司法程序中提出鉴定申请，并应及时预交鉴定费用，提供相关材料①；且应谨慎选择有资质的鉴定机构。② 检验材料（有笔迹的文件）应当经过质证③；鉴定应当符合《笔迹鉴定技术规范 GB/T37239-2018》。

此类证据的关联性涉及样本字迹的提取要求。样本字迹应当是由委托人当场提取的样本字迹，或由鉴定人当场提取的样本字迹，或由经过侦查、法庭质证等合法程序确认的样本字迹，或经比较检验能与以上三种样本合并的其他样本字迹。检材和样本必须完整、充分、清晰，且具有可比对性，即两者中的笔迹最好是在同一时期和同一书写环境下所书写的。对于公章，需关注鉴定样本的选取。最具公信力的样本印文一般是从行政部门调取的印章材料，如从市场监督管理局调取的公司内档中留存的公章等。此外，也可以选择其他第三方机构留存的公章样本或当事方认可的样本。

（三）调查引发的员工处置问题

如果在调查中，发现员工存在违法违规违纪行为，那么就需要对员工进行处理。

1. 员工纪律处分

一般而言，处分的类型包括口头警告、严重警告、解除劳动合同，具体操作如下。首先，按照员工行为的严重性，公司在《员工手册》中设置不同级别的违纪情形，包括轻微违纪、一般违纪、重大违纪和严重违纪。其次，结合调查发现的可靠性，一般从低到高分为"无法判断""存有疑点""高度怀疑""证据确凿"四种判断。我们倾向于达到"高度怀疑"以上，才能作出解除劳动合同这种最严重的处理。将上述两个层面结合来看，最终得出对员工的处理意见。例如，行为严重性可以解除劳动合同，但是调查发现的可靠性仅是存有疑点，那么可能就要降级处理。此外，员工的直线经理或再上一级经理有没有责任，有没有管理上的疏忽，也是需要考虑的问题。

解除劳动合同通常是企业内部最严厉的处分形式，因此需要特别注意。解除劳动合同可以分为法定解除和协商解除。我们主要关注法定解除，根据《劳动合同法》第三十九条，员工

---

① 《最高人民法院关于民事诉讼证据的若干规定》第三十一条、第三十二条。
② 《最高人民法院关于适用〈中华人民共和国民事诉讼法〉的解释》第一百二十一条第二款。
③ 《最高人民法院关于民事诉讼证据的若干规定》第三十四条。

存在严重违反用人单位的规章制度，或被依法追究刑事责任①等情形，企业可以解除劳动合同并不支付补偿金。实践中，应当确保解除依据合法。《员工手册》作为公司内部规章，必须经过民主程序，并且向员工公示②。对于解除劳动合同的情形，应当在《员工手册》中尽量明确，并且不违反强制性法律法规。同时，解除程序要合法，包括听取工会意见③，通知员工本人，保障员工发表意见的权利等。此外，解除劳动合同还要考虑如何恰当保护公司权益，确保员工交还工作电脑、门卡等公司财物，不得留存公司的商业秘密，做好工作交接，避免员工继续和客户、供应商接触。对潜在的员工应激反应也要做好准备。

2. 劳动争议准备

除了上述解除依据合法、程序合法之外，还要妥善保存相关证据。根据《最高人民法院关于审理劳动争议案件适用法律问题的解释（一）》第四十四条，"因用人单位作出的开除、除名、辞退、解除劳动合同……等决定而发生的劳动争议，用人单位负举证责任"。需要注意的是，在劳动争议中，仲裁庭和法院通常出于对劳动者的保护，对于用人单位的举证要求比较高。这里我们主要介绍劳动争议需要证明的事项：首先，解除依据合法的证据，包括《员工手册》、公示的记录等。有的公司在向员工公示规章制度的时候，是发送到员工的群组邮箱里，这时候可能无法证明发给了某个具体的员工。其次，解除程序合法的证据，包括解除劳动合同通知书、征求工会意见的证明、与员工沟通的记录等。最后，违规事实存在的证据，包括举报信、和员工之间的访谈笔录、第三方调查报告、现场调查的录音录像等。

（四）合规调查的内外部衔接问题

很多情况下，企业的内部调查与政府调查可能存在同时进行或企业先行开展内部调查后，又因为各种原因而触发政府调查的情形。在这种情况下，企业需要关注以下问题，以更好地进行内部调查与外部调查的衔接工作。

1. 内部调查不得阻碍外部调查

无论是面临行政调查，还是刑事调查，公司都不得妨碍、阻挠外部调查④，具体包括不得毁灭、伪造证据，串供、威胁引诱证人作伪证等。否则，情节严重的可能构成犯罪。例如，《刑法》规定，在刑事诉讼中，证人等特定身份的人对与案件有重要关系的情节故意作虚假证

---

① 如果企业决定以员工被依法追究刑事责任为依据予以开除，应当注意，若员工仅被采取刑事拘留等强制措施，不属于被追究刑事责任的情形。

② 参见《最高人民法院关于审理劳动争议案件适用法律问题的解释（一）》第五十条，《劳动合同法》第四条。

③ 参见《劳动合同法》第四十三条。

④ 参见《行政处罚法》第五十五条，《反不正当竞争法》第二十八条，《反垄断法》第四十二条，《刑事诉讼法》第四十四条。

明，意图陷害他人或隐匿罪证的行为，以及律师等其他身份的人（帮助）毁灭证据、伪造证据、妨害作证等行为，可能构成伪证罪、妨害作证罪。

当然，绝大多数的管理层、合规官、律师都不会直接去毁灭证据。但需要注意，内部合规调查中，处理不慎可能会有风险。例如，执法机关可能怀疑公司的合规访谈涉嫌串供或刺探调查秘密，公司未及时处理或上报违规线索可能被怀疑为窝藏、包庇，公司误删文件可能被怀疑毁灭证据等。虽然，通常这些风险尚不足以达到犯罪的标准，但可能对公司造成一定影响。所以做调查一定要有章法，有良好的工作习惯，应当注意以下事项：一是做好义务告知。在所有访谈中，应明确告诉员工不得阻碍、影响外部调查以及相应的法律责任。必要时，邮件通知全体员工不得删除任何相关证据。二是做到工作留痕。做好会议纪要、访谈纪律、录音、工作日志、文件存档等，证明公司的清白。三是加强沟通。公司可以指定高级管理人员，在外部律师的陪同下，与执法机关保持沟通，及时了解执法机关的需求、顾虑，予以配合和解释。

2. 企业可以主动自报争取主动

目前法律并未明确规定企业主动报告自身违法事实的强制性义务，但实践中企业可以在相关部门查明违法犯罪事实前主动报告，争取宽大处理。对于行政案件，《行政处罚法》第三十二条规定，当事人主动供述行政机关尚未掌握的违法行为，配合行政机关查处违法行为有立功表现的，可以从轻或者减轻行政处罚。对于刑事案件，《刑法》第六十七条规定犯罪以后自动投案，如实供述自己的罪行的，可以从轻或者减轻处罚，确立了主动报告从轻或减轻处罚的一般性原则。此外，一些特定罪名中也规定了主动交代犯罪行为可以减轻或免除处罚。例如，《刑法》第一百六十四条规定，行贿人在被追诉前主动坦白的，可以减轻处罚或者免除处罚。

3. 企业应当及时纠正以减轻责任

企业若能通过内部调查，及时识别风险来源，纠正违法犯罪的行为，则也将有利于减轻相关的行政或刑事责任。对于行政案件，《行政处罚法》第三十二条规定，当事人主动消除或者减轻违法行为危害后果的，应当从轻或者减轻行政处罚。对于刑事案件，《刑法》一些特定罪名中也规定了及时纠正违法犯罪行为能够减轻相关处罚。例如，《刑法》第一百七十六条非法吸收公众存款罪规定，在提起公诉前积极退赃退赔，减少损害结果发生的，可以从轻或者减轻处罚。

第二章

贸易合规

第一节　贸易合规概述

一、贸易合规的概念

企业合规一般是为确保政府法规得到遵守，而由企业制定的系统性的步骤或做法。企业合规体现在贸易、出口管制、知识产权等诸多领域。贸易合规是企业在贸易（特别是进出口）领域的合规意识、行为及法律规范。《中央企业合规管理指引（试行）》第三章第十三条规定，中央企业加强对市场交易、产品质量等重点领域的合规管理。①

"贸易合规"（trade compliance）是海关对进出口贸易和进口货物后续监管的法律要求，也是企业开展进出口贸易合法经营的基本目标。有观点认为，海关相关的法律法规要求进出口贸易主体和个人对货物、物品的进出境情况要如实向海关申报，加工贸易、保税仓储和特定减免税等货物入境后应当依法接受海关监管，上述如实申报和依法接受海关监管的行为统称为"贸易合规"。②

综合而言，本章的"贸易合规"是指，企业及相关行为人的贸易行为符合可适用于货物、服务的国际、国内相关法律规范。近年来，贸易合规逐渐成为我国外向型企业重点关注的事项，其主要包括三个层面：第一，我国法的规定。包括但不限于《对外贸易法》《海关法》《出口管制法》等法律法规。第二，国际规则的规定。主要包括世贸组织协定以及自由贸易协定等相关规则。第三，外国法的规定。特殊情况下包括外国法的规定，特别是涉及对外制裁等领域。

----

① 《国资委关于印发〈中央企业合规管理指引（试行）〉的通知》，访问地址：http://www.sasac.gov.cn/n2588035/c9804413/content.html，最后访问时间：2022 年 2 月 18 日。
② 林倩：《老林说法：贸易合规和争议解决》，中国海关出版社 2021 年版，第 4 页。

二、贸易合规的主体

贸易合规的主体为：遵守合规义务的人，包括自然人和法人。主要存在三类义务主体。第一类是企业，企业本身是主要的合规义务主体。第二类是直接控制或参与决策、经营和管理的股东、董事、监事和高级管理人员、普通员工等。第三类是与企业发生业务往来的关联人，包括客户、供应商、经销商、承包商、中间商等。例如，《海关行政处罚实施条例》第十六条规定，"进出口货物收发货人未按照规定向报关企业提供所委托报关事项的真实情况，致使发生本实施条例第十五条规定情形的，对委托人依照本实施条例第十五条的规定予以处罚"。由此可见，与企业发生业务往来的主体也受到贸易合规的约束。

三、贸易合规的客体

海关法律事务的处理主要包括的内容有四个方面：商品归类编码、货物价格、原产地、许可证。[①]《企业境外经营合规管理指引》第六条"对外贸易中的合规要求"指出，"企业开展对外货物和服务贸易，应确保经营活动全流程、全方位合规，全面掌握关于贸易管制、质量安全与技术标准、知识产权保护等方面的具体要求，关注业务所涉国家（地区）开展的贸易救济调查，包括反倾销、反补贴、保障措施调查等"。总体上，贸易合规的客体是企业在贸易领域从事的商事行为，包括但不限于海关申报、检验检疫、出口退税等行为。

四、贸易合规的目标

合规风险是企业面临的外部风险。本质上，合规是企业"走出去"行稳致远的前提，合规管理能力是企业国际竞争力的重要方面。一般而言，外向型企业在贸易安全领域一般应建立完整的风险管理体系，包括质量安全、生产安全、税务风险方面。实际上，自2018年中美贸易摩擦启动以来，我国的出口企业越来越受到美国政府的"遏制"。例如，美国加大对中国产品的贸易救济调查，加重对中国出口企业的惩罚。[②] 当前，国内外贸易环境更加复杂多变，企业应加强贸易合规建设，在地缘政治加剧的背景下，依法最大限度地维护自身利益。

---

① 杨杰主编：《进出口贸易合规法律实务》，人民法院出版社2020年版，第17页。
② 张莉：《国际贸易结构变化合规成为进入国际市场的入场券》，载《中国对外贸易》2020年第6期，第52页。

第二节　贸易合规的内容

一、对外贸易相关规则

（一）与不实申报相关的贸易合规行为

进口货物的收货人、出口货物的发货人应当向海关如实申报进出口货物的基本情况。[1]《海关法》《进出口关税条例》等规定，货物申报价格应当以真实成交价格为基础确定，企业应当如实向海关申报。

《海关法》第二十四条第一款规定："进口货物的收货人、出口货物的发货人应当向海关如实申报，交验进出口许可证件和有关单证。国家限制进出口的货物，没有进出口许可证件的，不予放行，具体处理办法由国务院规定。"

《海关行政处罚实施条例》第十五条规定："进出口货物的品名、税则号列、数量、规格、价格、贸易方式、原产地、启运地、运抵地、最终目的地或者其他应当申报的项目未申报或者申报不实的，分别依照下列规定予以处罚，有违法所得的，没收违法所得：（一）影响海关统计准确性的，予以警告或者处 1000 元以上 1 万元以下罚款；（二）影响海关监管秩序的，予以警告或者处 1000 元以上 3 万元以下罚款；（三）影响国家许可证件管理的，处货物价值 5% 以上 30% 以下罚款；（四）影响国家税款征收的，处漏缴税款 30% 以上 2 倍以下罚款；（五）影响国家外汇、出口退税管理的，处申报价格 10% 以上 50% 以下罚款。"

企业在进出口货物申报中，可能存在申报错误、未申报、申报不实、伪报等不合规行为。[2] 申报错误一般是指进出口货物收发货人的申报行为存在技术性瑕疵，由于企业不具有主观过错，海关通常可采取撤销或修改报关单的方式处理。未申报、申报不实和伪报三种情况为企业的过错，三者区别在于是否存在逃避海关监管和偷逃关税的主观动机。"未申报"或"申报不实"虽然在客观上造成错误的结果，并影响到海关监管、税收征管或国家许可证管理等行政管理秩序，但在主观方面，企业不存在以实施欺骗的手段获取非法利益的故意，因此，通常被海关认定为"违反海关监管规定的行为"并进行行政处罚。"伪报"行为具有欺骗海关、逃避海关监管或偷逃进出口关税等主观故意，将视社会危害程度（如逃税金额多少）被认定为走私行为而施以行政处罚，或经法院审判认定为走私罪或其他相关罪名被追究刑事责任。

----

① 林倩：《老林说法：贸易合规和争议解决》，中国海关出版社 2021 年版，第 73 页。
② 查贵勇：《进出口贸易合规案例集》，复旦大学出版社 2018 年版，第 117 页。

在进出口贸易中，与海关打交道的国内企业包括：实际收发货人（报关单上的生产销售单位和消费使用单位）、收发货人（境内收货人、境外收货人）、报关企业。上述三类主体都是海关行政法律关系的相对人，各种主体向海关申报进出口货物或者在经营海关监管货物的过程中，分别履行各自相应的法律义务，承担相应的法律责任。《海关法》第二十四条规定："进口货物的收货人、出口货物的发货人应当向海关如实申报，交验进出口许可证件和有关单证。国家限制进出口的货物，没有进出口许可证件的，不予放行，具体处理办法由国务院规定。进口货物的收货人应当自运输工具申报进境之日起十四日内，出口货物的发货人除海关特准的外应当在货物运抵海关监管区后、装货的二十四小时以前，向海关申报。进口货物的收货人超过前款规定期限向海关申报的，由海关征收滞报金。"第五十四条规定："进口货物的收货人、出口货物的发货人、进出境物品的所有人，是关税的纳税义务人。"实践中，海关一般将收发货人作为申报不实违规案件的当事人，即作为申报不实违规案件处罚对象（行政处罚责任主体）。[1]

进出口货物收发货人及其代理人在需要时，应如实向海关申报货物品牌等知识产权状况，并提交相关的知识产权权属证明或授权文件。海关可扣留进出口侵权的货物。若侵权货物的金额达到刑法对销售假冒注册商品等罪名规定的数额，海关会将案件移送给公安机关，侵权人可能面临刑事处罚。具体而言，《海关法》第四十四条规定："海关依照法律、行政法规的规定，对与进出境货物有关的知识产权实施保护。需要向海关申报知识产权状况的，进出口货物收发货人及其代理人应当按照国家规定向海关如实申报有关知识产权状况，并提交合法使用有关知识产权的证明文件。"《海关行政处罚实施条例》第二十五条规定："进出口侵犯中华人民共和国法律、行政法规保护的知识产权的货物的，没收侵权货物，并处货物价值30%以下罚款；构成犯罪的，依法追究刑事责任。需要向海关申报知识产权状况，进出口货物收发货人及其代理人未按照规定向海关如实申报有关知识产权状况，或者未提交合法使用有关知识产权的证明文件的，可以处5万元以下罚款。"

出口申报还与出口退税[2]密切相关。伪报或瞒报出口商品名称，出口商品的税号申报错误，均可能直接影响到出口退税，甚至可能构成出口骗退税犯罪、出口骗退税行政违法行为。《税收征收管理法》第六十六条规定："以假报出口或者其他欺骗手段，骗取国家出口退税款的，由税务机关追缴其骗取的退税款，并处骗取税款一倍以上五倍以下的罚款；构成犯罪的，依法追究刑事责任。对骗取国家出口退税款的，税务机关可以在规定期间内停止为其办理出口退税。"

----

① 查贵勇：《进出口贸易合规案例集》，复旦大学出版社2018年版，第130页。
② 林倩：《老林说法：贸易合规和争议解决》，中国海关出版社2021年版，第125页。

（二）与加工贸易相关的贸易合规行为

作为国际贸易的大国，我国加工贸易规模庞大，特别是在机械电子、仪器仪表、轻工纺织、交通设备等领域。近年来，云计算、大数据、移动互联网、物联网、人工智能等新兴信息技术与加工贸易不断融合，智能化为加工贸易企业发展带来了更加切实的利益。加工贸易领域的合规事项也值得重视。目前，加工贸易违规行为多发生于加工贸易货物加工环节，包括擅自调换保税料件（串料）、保税料件短少无正当理由、单耗申报不实、加工贸易"先销后税"等。[①] 具体而言，海关对加工贸易进口货物实施保税监管的政策，无论是进料加工还是来料加工的料件，均暂不征收进口关税及其环节税。但不允许加工贸易项下进口的保税料件，在未办理海关手续的条件下，擅自内销、调换、结转、外发加工，以一般贸易方式出口或者擅自做其他处置。[②]

《海关法》第三十三条规定："企业从事加工贸易，应当按照海关总署的规定向海关备案。加工贸易制成品单位耗料量由海关按照有关规定核定。加工贸易制成品应当在规定的期限内复出口。其中使用的进口料件，属于国家规定准予保税的，应当向海关办理核销手续；属于先征收税款的，依法向海关办理退税手续。加工贸易保税进口料件或者制成品内销的，海关对保税的进口料件依法征税；属于国家对进口有限制性规定的，还应当向海关提交进口许可证件。"

根据《海关法》的规定，加工贸易企业出现申报不实等问题，不仅将被没收违法所得，可能还会面临货物价值5%-30%的罚款。若加工贸易企业故意违反海关监管规定，逃避海关监管，偷逃国家税款并达到一定数额，还可能构成走私普通货物、物品罪，甚至被追究刑事责任。报关企业也需要具备相应的资格，否则也可能导致企业出现违规行为。[③]

（三）与走私相关的贸易合规行为

走私行为是指违法主体为了偷逃进出口关税及其环节税，或者为了将国家禁止、限制进出口的货物、物品偷运进出境，故意采取伪报、瞒报、伪装、藏匿等逃避海关监管手段的行为。一般而言，走私行为受行政处罚法律的规范。若情节严重，依法应当追究刑事法律责任，则构成走私犯罪行为。

总体上，走私行为具有违法性、隐蔽性和危害性的特征。违法性是违反海关法及有关法律法规；隐蔽性是实施了伪报、瞒报、伪装、藏匿等逃避海关监督的行为；危害性是造成偷逃税款或逃避国家贸易管制的后果。走私可分为普通货物、物品的走私（涉税走私）和贸易管制

① 林倩等：《跨境贸易的合规与救济案例剖析》，中国海关出版社2021年版，第150页。
② 林倩：《老林说法：贸易合规和争议解决》，中国海关出版社2021年版，第14页。
③ 林倩：《老林说法：贸易合规和争议解决》，中国海关出版社2021年版，第21页。

货物、物品的走私（非涉税走私）。

针对征收关税而言，《关税法》第二十条第一款规定："进出口货物、进境物品，应当适用纳税人、扣缴义务人完成申报之日实施的税率。"第四十三条第一款规定："进出口货物的纳税人、扣缴义务人应当自完成申报之日起十五日内缴纳税款；符合海关规定条件并提供担保的，可以于次月第五个工作日结束前汇总缴纳税款。因不可抗力或者国家税收政策调整，不能按期缴纳的，经向海关申请并提供担保，可以延期缴纳，但最长不得超过六个月。"第四十八条规定："海关发现海关监管货物因纳税人、扣缴义务人违反规定造成少征或者漏征税款的，应当自纳税人、扣缴义务人应缴纳税款之日起三年内追征税款，并自应缴纳税款之日起按日加收少征或者漏征税款万分之五的滞纳金。"

在货物贸易管制方面，《海关法》等赋予海关对进出口货物的监管职能。我国对进口货物实施分类管理，其中绝大多数货物为自由进口类别。出于保护国家安全、维护人身健康、扶持特定产业等目的，禁止或限制特定货物的进口。禁止进口的货物，国家通过发布《禁止进口货物目录》的方式进行管理，列入清单的商品一律不允许进口；对限制进口的货物，国家使用配额、许可证等方式进行管理，进口主体需在进口前取得国务院对外管理主管部门出具的进口许可证书后，方可进口。许可管理包括自动进口许可和非自动进口许可，后者包括旧机电产品、两用物项和技术、野生动植物、药品、固体废物等。

依据《对外贸易法》第十八条的规定，国务院对外贸易主管部门会同国务院其他有关部门，制定、调整并公布限制或者禁止进出口的货物、技术目录。国务院对外贸易主管部门或者由其会同国务院其他有关部门，经国务院批准，可临时决定限制或者禁止前款规定目录以外的特定货物、技术的进口或者出口。

我国共公布六批《禁止进口货物目录》。不允许进口的货物，包括对人身健康、生态环境可能造成损害的货物，如旧机电产品、医疗垃圾、旧机电车、生活垃圾和工业垃圾等；限制进口货物，包括 ODS 物质（消耗臭氧层物质）、军民两用物项、黄金白银、精神类药品、民用爆炸物、可利用的固体废物、棉花、食糖和大米等，其通过进口许可证进行管理。

我国对出口贸易采取支持的态度，但对于涉及国家利益、技术发展、履行国际责任等因素，会对部分出口行为，包括货物贸易、服务贸易、技术贸易采取禁止和限制措施。我国出口管制制度包括资格管理、物项清单管理、许可证管理、最终用户和最终用途证明制度四个层面，并实施全面管控原则。《出口管制法》等对出口贸易产品规定管控义务。

实践中，违反国家进出口管理规定，进出口国家禁止进出口的货物的，海关责令退运，对当事人处人民币 100 万元以下的罚款。若当事人采取逃避海关监管的措施，故意以伪报、偷报、藏匿等方式进出口国家禁止进出口货物的，构成走私且情节严重的，将被追究刑事法律责任。实践中，《刑法》明确规定了相关的罪名，包括走私、贩卖、运输、制造毒品罪、走私武器、弹药罪、走私核材料罪、走私假币罪、走私淫秽物品罪、走私文物罪和走私废物罪等。[1]

具体而言，《海关行政处罚实施条例》第七条规定："违反海关法及其他有关法律、行政法规，逃避海关监管，偷逃应纳税款、逃避国家有关进出境的禁止性或者限制性管理，有下列情形之一的，是走私行为：（一）未经国务院或者国务院授权的机关批准，从未设立海关的地点运输、携带国家禁止或者限制进出境的货物、物品或者依法应当缴纳税款的货物、物品进出境的；（二）经过设立海关的地点，以藏匿、伪装、瞒报、伪报或者其他方式逃避海关监管，运输、携带、邮寄国家禁止或者限制进出境的货物、物品或者依法应当缴纳税款的货物、物品进出境的；（三）使用伪造、变造的手册、单证、印章、账册、电子数据或者以其他方式逃避海关监管，擅自将海关监管货物、物品、进境的境外运输工具，在境内销售的；（四）使用伪造、变造的手册、单证、印章、账册、电子数据或以伪报加工贸易制成品单位耗料量等方式，致使海关监管货物、物品脱离监管的；（五）以藏匿、伪装、瞒报、伪报或者其他方式逃避海关监管，擅自将保税区、出口加工区等海关特殊监管区域内的海关监管货物、物品，运出区外的；（六）有逃避海关监管，构成走私的其他行为的。"第八条规定："有下列行为之一的，按走私行为论处：（一）明知是走私进口的货物、物品，直接向走私人非法收购的；（二）在内海、领海、界河、界湖，船舶及所载人员运输、收购、贩卖国家禁止或者限制进出境的货物、物品，或者运输、收购、贩卖依法应当缴纳税款的货物，没有合法证明的。"

同时，若违反海关法及其他有关法律、行政法规和规章但不构成走私行为的，是违反海关监管规定的行为。为此，《海关行政处罚实施条例》第十三条规定："违反国家进出口管理规定，进出口国家禁止进出口的货物的，责令退运，处100万元以下罚款。"第十四条规定："违反国家进出口管理规定，进出口国家限制进出口的货物，进出口货物的收发货人向海关申报时不能提交许可证件的，进出口货物不予放行，处货物价值30%以下罚款。违反国家进出口管理规定，进出口属于自动进出口许可管理的货物，进出口货物的收发货人向海关申报时不能提交自动许可证明的，进出口货物不予放行。"

走私行为时常也与进出境运输工具的违规行为密切相关。[2]

（四）与检验检疫相关的贸易合规行为

商品检验、动植物检疫、国境卫生检疫、进出口食品化妆品卫生安全和海关传统职能监管、关税、统计、缉私等共同形成监管和海关执法体系。其中，出入境检验检疫是指海关检验检疫部门或机构按照法律、行政法规和国际规则等要求，对出入境的货物、运输工具、人员等

---

[1] 林倩等：《跨境贸易的合规与救济案例剖析》，中国海关出版社2021年版，第140页。
[2] 林倩：《老林说法：贸易合规和争议解决》，中国海关出版社2021年版，第22页。

进行检验检疫、认证和签发官方检验检疫证明等监督管理工作。在进出口检验检疫监管体系中，① 一般而言，进口货物根据监管条件分为非法检货物、法检货物。进口货物的检验分为两类：商品检验和法定检验。商品检验一般包括：质量检验、动植物检疫和国境卫生检疫，即，"三检"。② 实践中，法定检验是指海关监管条件含特定事项的货物，该类货物在报关时须向海关报检。如监管条件不含有特定事项，就无须法定检验货物，报关时无须报检。一般而言，凡涉及安全、卫生、健康、环保和反欺诈的商品，都在法定检验的目录内。由此，任何进出境货物都需经过商检，但并非都需要经过法定检验。法定检验之外的商品，海关按规定实施抽检。

上述贸易合规行为涉及的法律法规包括《海关法》《国境卫生检疫法》《进出口商品检验法》《进出境动植物检疫法》《食品安全法》《进出口关税条例》《国境卫生检疫法实施细则》《进出口商品检验法实施条例》《进出境动植物检疫法实施条例》《食品安全法实施条例》等。

《进出口商品检验法》第五条规定："列入目录的进出口商品，由商检机构实施检验。前款规定的进口商品未经检验的，不准销售、使用；前款规定的出口商品未经检验合格的，不准出口。本条第一款规定的进出口商品，其中符合国家规定的免予检验条件的，由收货人或者发货人申请，经国家商检部门审查批准，可以免予检验。"第三十三条规定："进口或者出口属于掺杂掺假、以假充真、以次充好的商品或者以不合格进出口商品冒充合格进出口商品的，由商检机构责令停止进口或者出口，没收违法所得，并处货值金额百分之五十以上三倍以下的罚款；构成犯罪的，依法追究刑事责任。"

针对商品检验而言，《进出口商品检验法》第七条规定："列入目录的进出口商品，按照国家技术规范的强制性要求进行检验；尚未制定国家技术规范的强制性要求的，应当依法及时制定，未制定之前，可以参照国家商检部门指定的国外有关标准进行检验。"第十一条规定："本法规定必须经商检机构检验的进口商品的收货人或者其代理人，应当向报关地的商检机构报检。"第二十四条规定："认证机构可以根据国务院认证认可监督管理部门同外国有关机构签订的协议或者接受外国有关机构的委托进行进出口商品质量认证工作，准许在认证合格的进出口商品上使用质量认证标志。"

针对我国《认证认可条例》和《强制性产品认证管理规定》，列入强制性产品认证目录内的产品，必须经国家指定认证机构认证，颁发认证证书和认证标志后，方可出厂销售、进口和在经营性活动中使用。例如，激光打印机是我国强制性产品认证目录内商品，从入境前应加贴3C标志。

---

① 参见杨杰主编：《进出口贸易合规法律实务》，人民法院出版社 2020 年版，第 72 页；林倩等：《跨境贸易的合规与救济案例剖析》，中国海关出版社 2021 年版，第 70 页。
② 查贵勇：《进出口贸易合规案例集》，复旦大学出版社 2018 年版，第 69 页。

针对动植物检疫而言,《进出境动植物检疫法》第三条第一款规定:"国务院设立动植物检疫机关(以下简称国家动植物检疫机关),统一管理全国进出境动植物检疫工作。国家动植物检疫机关在对外开放的口岸和进出境动植物检疫业务集中的地点设立的口岸动植物检疫机关,依照本法规定实施进出境动植物检疫。"第十条规定:"输入动物、动物产品、植物种子、种苗及其他繁殖材料的,必须事先提出申请,办理检疫审批手续。"第十四条第一款规定:"输入动植物、动植物产品和其他检疫物,应当在进境口岸实施检疫。未经口岸动植物检疫机关同意,不得卸离运输工具。"

针对食品安全而言,《食品安全法》第九十二条第一款、第二款规定:"进口的食品、食品添加剂、食品相关产品应当符合我国食品安全国家标准。进口的食品、食品添加剂应当经出入境检验检疫机构依照进出口商品检验相关法律、行政法规的规定检验合格。"第九十三条第二款规定:"出入境检验检疫机构按照国务院卫生行政部门的要求,对前款规定的食品、食品添加剂、食品相关产品进行检验。检验结果应当公开。"第九十四条第一款规定:"境外出口商、境外生产企业应当保证向我国出口的食品、食品添加剂、食品相关产品符合本法以及我国其他有关法律、行政法规的规定和食品安全国家标准的要求,并对标签、说明书的内容负责。"第九十六条第一款规定:"向我国境内出口食品的境外出口商或者代理商、进口食品的进口商应当向国家出入境检验检疫部门备案。向我国境内出口食品的境外食品生产企业应当经国家出入境检验检疫部门注册。……"第九十七条规定:"进口的预包装食品、食品添加剂应当有中文标签;依法应当有说明书的,还应当有中文说明书。标签、说明书应当符合本法以及我国其他有关法律、行政法规的规定和食品安全国家标准的要求,并载明食品的原产地以及境内代理商的名称、地址、联系方式。预包装食品没有中文标签、中文说明书或者标签、说明书不符合本条规定的,不得进口。"

试图以各种方式逃避海关检验的行为,均属于违法行为,将面临海关的行政处罚。如果使用伪造、变造、买卖、盗窃商检单证、标志、封识、质量认证标志的,由于伪造、变造、买卖、盗窃具有明显的主观故意,将可能被追究刑事责任。

值得注意的是,自2018年5月1日起,我国将海关和检验检疫两个机构合二为一,为实现进出口贸易"单一窗口"监管,创造了条件。

(五)与原产地相关的贸易合规行为

我国与一些国家和地区实施诸多自由贸易协定及优惠贸易安排。其中,推动双边贸易、投资发展的关键在于凭借原产地证书享受双边协定的优惠税率。原产地证书是出口商应进口商要求而提供的、由公证机构或政府或出口商出具的证明货物原产地或制造地的一种证明文件。实践中,原产地标准包括:完全原产地标准、实质性改变标准。其中,实质性改变标准分为:税则归类改变标准、从价百分比标准、制造与加工工序标准。

为实施关税差别待遇、数量限制或其他与贸易有关的措施，海关需根据原产地规则的标准确定进口货物的原产国或地区，并给予相应的优惠待遇。原产地认定成为一国采取的关税待遇、贸易措施等得到有效实施的重要依据和前提。

贸易商应依法合规地获取并提交原产地的证明，不应逃避海关监管。原产地申报不实，将可能受《海关行政处罚实施条例》第十五条规定的相应处罚。

（六）与服务贸易相关的贸易合规行为

服务贸易是国际贸易的重要组成部分。当前，根据世贸组织（WTO）《服务贸易总协定》规定，服务贸易包括跨境交付、境外消费、商业存在、自然人流动共四种服务提供方式。具体而言，第一，跨境交付，是指服务的提供者在一成员方的领土内，向另一成员方领土内的消费者提供服务的方式，如在中国境内通过电信、邮政、计算机网络等手段实现对境外的外国消费者的服务；第二，境外消费，是指服务提供者在一成员方的领土内，向来自另一成员方的消费者提供服务的方式，如中国公民在其他国家短期居留期间，享受国外的医疗服务；第三，商业存在，是指一成员方的服务提供者在另一成员方领土内设立商业机构，在后者领土内为消费者提供服务的方式，如外国服务类企业在中国设立公司为中国企业或个人提供服务；第四，自然人流动，是指一成员方的服务提供者以自然人的身份进入另一成员方的领土内提供服务的方式，如某外国律师作为外国律师事务所的驻华代表到中国境内为消费者提供服务。

服务贸易的开展应满足外汇管理的要求。《服务贸易外汇管理指引》（汇发〔2013〕30号2013年7月18日发布）规定，服务贸易外汇收支应当具有真实、合法的交易基础。境内机构和境内个人不得以虚构交易骗取资金收付，不得以分拆等方式逃避外汇监管。《外汇管理条例》第三十九条规定："有违反规定将境内外汇转移境外，或者以欺骗手段将境内资本转移境外等逃汇行为的，由外汇管理机关责令限期调回外汇，处逃汇金额30%以下的罚款；情节严重的，处逃汇金额30%以上等值以下的罚款；构成犯罪的，依法追究刑事责任。"

二、贸易救济相关规则

据海关统计，2023年我国进出口总值41.76万亿元人民币，其中，出口23.77万亿元，进口17.99万亿元。[①] 中国出口国际市场份额14.2%、进口国际市场份额10.6%。[②] 2023年，我

---

① 2023年我国进出口总值41.76万亿元 "新三样" 出口首破万亿元大关，http://finance.people.com.cn/n1/2024/0112/c1004-40157759.html，最后访问时间：2024年9月25日。

② 商务部外贸司负责人介绍2023年中国货物贸易国际市场份额情况，http://www.mofcom.gov.cn/xwfb/sjfzrfb/art/2024/art_ dac2c93a64364030a70dd2fa0f6195ff.html，最后访问时间：2024年9月25日。

国有进出口记录的外贸经营主体首次突破 60 万家。其中，民营企业 55.6 万家，合计进出口 22.36 万亿元，增长 6.3%，占进出口总值的 53.5%，提升 3.1 个百分点。同期，外商投资企业进出口 12.61 万亿元，占 30.2%；国有企业进出口 6.68 万亿元，占 16%。[①]

世贸组织法授权缔约方可进行合法的贸易救济措施。[②] 贸易救济措施，是指进口国政府为使本国国内产业免受或补救进口产品的不利影响而采取的限制进口的保护性措施。贸易救济措施主要包括反倾销措施、反补贴措施和保障措施。反过来，若出口产品产生倾销、补贴等损害进口行业的合法利益，其极有可能面临进口国征收的反倾销、反补贴等措施。从此层面，反倾销措施、反补贴措施也成为贸易合规的风险因素。

值得说明的是，从经济学的角度分析，并非所有的倾销行为、补贴行为都是非正常贸易行为，保障措施更是对企业产品出口行为是否违背市场公正公平秩序并不关注。实际上，贸易救济措施本身是为维护进口国国内的正常商业秩序，而并非意味着出口企业或出口缔约方政府从事"违规"的行为。但由于世贸组织授予缔约方实施贸易救济措施的权利，这可能会对企业的正常贸易行为产生不利影响。

（一）反倾销措施

倾销是指一进口产品的价格低于正常价值，该产品被称为倾销产品。出口价格低于正常价值的差额被称为倾销幅度。GATT 1994（1994 年关税与贸易总协定）第 6.1 条对"倾销"作出定义，其指出，缔约方产品以低于其正常价值的办法进入另一缔约方的商业，并因此对某一缔约方领土内工业造成实质损害或实质性损害威胁，或对某一缔约方领土内工业的新建造成实质性损害，该倾销应该受到谴责。其中，对于低于正常价值，GATT 1994 规定如下情形：（甲）低于相同产品在出口缔约方用于国内消费时在正常情况下的可比价格，或（乙）如果没有这种国内价格，低于：（1）相同产品在正常贸易情况下向第三方出口的最高可比价格；或（2）产品在原产国的生产成本加合理的推销费用和利润。但对每一具体事例的销售条件的差异、赋税的差异以及影响价格可比性的其他差异，必须予以适当考虑。

GATT 1994 赋予缔约方征收反倾销税的权力。GATT 1994 第 6.2 条规定，缔约方为了抵销或防止倾销，可以对倾销的产品征收数量不超过这一产品的倾销差额的反倾销税。

确定倾销必须经过三个步骤：第一，确定该产品的出口价格。第二，确定该产品的正常价格。正常价格通常是指在一般贸易条件下出口缔约方国内同类产品的可比销售价格。第三，确

---

① 国务院新闻办就 2023 年全年进出口情况举行发布会，https://www.gov.cn/zhengce/202401/content_ 6925703. htm#: ~: text，最后访问时间：2024 年 9 月 25 日。

② 林倩等：《跨境贸易的合规与救济案例剖析》，中国海关出版社 2021 年版，第 217 页。

定该产品的出口价格低于正常价值。[①]

关于反倾销的实施条件及程序等规定在 WTO《关于实施 1994 年关税与贸易总协定第 6 条的协议》中。实践中，若企业获得低于市场价值销售产品，对其他 WTO 缔约方的同类生产者造成严重损害或严重损害威胁，此类企业或出口缔约方的相关行业可能被实施反倾销措施。

（二）反补贴措施

政府的补贴和企业的倾销的产品都可能对进口国的同类工业造成实质性的损害。作为保护公平贸易的安全阀，进口国可以对补贴和倾销进口的产品征收反补贴税和反倾销税。很多国家都公布了反倾销和反补贴法规，还设立了反倾销反补贴调查机构，接受国内企业的申诉。如果调查补贴成立并且对国内同类工业造成了实质性的损害，进口国对该补贴产品征收反补贴税。

关于反补贴的实施条件及程序等规定在 WTO（世界贸易组织）《补贴与反补贴措施协议》中。实践中，若企业获得不公正的政府或公共机构的利益授予，对其他 WTO 缔约方的同类生产者造成严重损害或严重损害威胁，此类企业或出口缔约方的相关行业可能被实施反补贴措施。

WTO 协定对补贴具有严格的纪律要求。《补贴与反补贴措施协定》将补贴分为三种：禁止性补贴、可诉性补贴和不可诉补贴。其中，禁止性补贴包括出口补贴和进口替代补贴，不可诉性补贴包括科技研发补贴、落后地区补贴和环保补贴。[②] 当前，各国产业政策最频繁使用的是可诉性补贴。

表 2-1　补贴的分类与特征

补贴分类	特征	具体类别
禁止性补贴	形式上具有贸易扭曲的效果，推定其存在贸易损害后果	出口补贴、进口替代补贴
可诉性补贴	形式上不严格要求，仅以效果上的损害后果为认定标准	产生损害后果的专向性补贴
不可诉补贴	形式上不具有贸易扭曲的效果，推定其不存在贸易损害后果	非专向性补贴
已过有效期的补贴	具有一定的贸易扭曲性，但具有合法性目的	科技研发补贴、落后地区补贴、环保补贴

----

① 张月姣：《亲历世界贸易组织上诉机构》，社会科学文献出版社 2017 年版，第 433 页。
② 《补贴与反补贴措施协定》第 8 条。

可诉性补贴,是指存在专向性且对其他成员利益造成不利影响的补贴。其有三个要件:第一,授予主体是政府或公共机构,向被补贴对象提供了财政资助及其他任何形式的收入或价格上的支持;第二,授予对象是一项利益;第三,可诉性补贴的授予效果具有专向性。只有同时满足上述三个要件,争议的补贴才具有可诉性。同时,可诉性补贴还需要产生损害其他成员利益的不利影响。

(三)保障措施

GATT 1994 的保障措施体现在 GATT 第 19 条,主要针对如下情形:由于进口缔约方实行关税减让或履行其他 GATT 义务,使某特定产品的进口意外增加到一定的数量,对"相似或直接竞争产品"的国内生产者造成严重损害或严重损害威胁。但这种情况发生时,以其他减让作为补偿,进口方可以修改或撤销关税减让或其他 GATT 义务。如不提供补偿,则受影响缔约方可以通过撤销相当的减让作为报复。[①]

具体而言,GATT 1994 第 19 条规定,如因意外情况的发展或因一缔约方承担本协定义务(包括关税减让在内)而产生的影响,使某一产品输入这一缔约国领土的数量激增,对这一领土内相同产品或与它直接竞争产品的国内生产者造成严重损害或产生严重的威胁时,这一缔约方在防止或纠正这种损害所必需的程度和时间内,可以对上述产品全部或部分地暂停实施其所承担的义务,或者撤销或修改减让。WTO《保障措施协定》进一步细化保障措施的实施期限、救济方式及补偿等内容。

实践中,若企业的产品出口数量激增,对其他 WTO 缔约方的同类生产者造成严重损害或严重损害威胁,此类企业或出口缔约方的相关行业可能被实施保障措施。

三、第三国贸易制裁法律

以美国制裁法为例。美国制裁法律制度是由美国国会的一般性立法与专门制裁法案、行政法规,以及美国总统命令构成的法律法规体系总称。其至少包括《美国国际紧急状态经济权力法》《美国国家紧急状态法》《美国与敌国贸易法》等。由于出口管制与制裁密切相关,在广义层面,美国制裁法律还包括《美国出口管制法》《海外反腐败法》《美国爱国者法》《多德-弗兰克华尔街改革与消费者保护法》《美国外国账户税收合规法》《外国人侵权索赔法》等出口管制领域的法律法规。具体如表 2-2 至表 2-3 所示。

---

① 黄东黎、杨国华:《世界贸易组织法:理论·条约·中国案例》,社会科学文献出版社 2013 年版,第 421 页。

表 2-2 美国制裁的法律法规

分类	法律名称	主要规定
核心法律	《美国国际紧急状态经济权力法》	根据该法，在美国管辖范围内，美国总统可宣布进入国家紧急状态。违反该法，相应企业或个人可面临高达 100 万美元罚金以及 20 年的监禁。
一般性法律	《美国国家紧急状态法》	美国总统可以根据该法，对于与外国或外国人有利害关系的外汇管制、国际支付以及货币、证券和财产的转让或转移等行使特别权力。
一般性法律	《美国反恐怖主义和有效死刑法》	指定外国恐怖组织为制裁对象，并禁止向其提供资助；驱逐外来恐怖分子并修改庇护程序等。
一般性法律	《美国与敌国贸易法》	限制与美国敌对的国家开展贸易安排。
特别法律规范	《古巴自由民主团结法》	不得与古巴或其指定的人开展商业活动或商业交易。
特别法律规范	《全面制裁、问责、撤资伊朗法》	美国银行可终止任何一家非美国银行参与的涉及受制裁的伊朗人和实体的交易。
特别法律规范	《全球马格尼茨基法》	对俄罗斯等违反人权及国外显著腐败人士实施制裁，例如禁止入境、冻结并禁止官员在美国的财产交易。
特别法律规范	《美国敌对国家制裁法》	对伊朗、朝鲜和俄罗斯及相关的商业交易人员实施制裁。
其他与长臂管辖相关的法律	《美国出口管制法》	对美国产品出口施加长臂管辖。
其他与长臂管辖相关的法律	《反海外腐败法》	对海外商业贿赂行为施加长臂管辖。
其他与长臂管辖相关的法律	《美国爱国者法》	对国外反洗钱等施加长臂管辖。
其他与长臂管辖相关的法律	《多德-弗兰克华尔街改革与消费者保护法》	对金融交易施加长臂管辖。
其他与长臂管辖相关的法律	《美国外国账户税收合规法》	对纳税行为施加长臂管辖。
其他与长臂管辖相关的法律	《外国人侵权索赔法》	对外国人侵权行为施加长臂管辖。

表 2-3 制裁重点法律主要内容与责任

法律名称	针对事项	主要制裁内容	民事责任	刑事责任
《美国国际紧急状态经济权力法》	应对任何不寻常和特别的威胁，主要在国家安全、外交政策或经济领域	调查、规制或禁止任何外汇交易、银行机构间的资金转移，以及货币或证券的流入与流出；调查、指令、强制或禁止任何外国及其公民兼并、使用、转让或交易在美资产；若发生武装敌对活动或攻击行为时，可没收相关个人、组织或国家在美国管辖范围内的财产	最高 25 万美元或交易额两倍的民事罚款	最高达 100 万美元和/或长达 20 年的监禁

法律名称	针对事项	主要制裁内容	民事责任	刑事责任
《美国国家紧急状态法》	认定国家处于国家紧急状态，主要针对国内事项	禁止与外国或外国人有利害关系的外汇管制、国际支付以及货币、证券和财产的转让或转移等	参照《美国国际紧急状态经济权力法》	参照《美国国际紧急状态经济权力法》
《美国反恐怖主义和有效死刑法》	为恐怖主义受害者提供赔偿/援助，指定外国恐怖组织并禁止向其提供资助，驱逐或排除外来恐怖分子并修改庇护程序，对核、生物或化学武器的贸易进行限制，对与恐怖主义威胁有关的执法资金和管辖权进行规定	冻结、扣押指定人员所拥有或控制的财产或财产权益	最高5万美元或交易额两倍的民事罚款	参照《美国国际紧急状态经济权力法》
《美国与敌国贸易法》	限制与美国敌对的国家开展贸易安排。总统在战争时期监督或限制美国与其敌国之间所有贸易的权力	暂停与敌对国家的经贸关系；监管黄金或白银外汇交易；限制财产和财产权益转让	不超过5万美元的民事罚款	最高达100万美元和/或长达10年的监禁
《古巴自由民主团结法》	促进和保护古巴的人权和基本自由，避免出现人道主义危机	对古巴实施经济禁运；禁止对古巴的直接和间接融资；禁止从古巴进口产品	不超过5万美元的民事罚款	最高达100万美元和/或长达10年的监禁
《全面制裁、问责、撤资伊朗法》	阻止伊朗政府非法的核活动以及依法保障伊朗地区的人权和基本权利	冻结、扣押指定人员所拥有或控制的财产或财产权益；惩罚伊朗违反人权的行为；禁止对伊朗的直接或间接融资	参照《美国国际经济紧急情况权力法》	参照《美国国际紧急状态经济权力法》
《全球马格尼茨基法》	制裁违反人权及国外显著腐败的实体和人员，主要包括实施酷杀戮、性等违反国际人权行为，对宗教、言论、结社和集会自由、公正审判和民主选举等，实施重大腐败，或为上述行为提供财务、物质和技术支持的实体和人员	禁止与指定人员的财产和财产权益的交易；冻结相关的财产和财产权益；禁止入境美国	参照《美国国际经济紧急情况权力法》	参照《美国国际紧急状态经济权力法》
《美国敌对国家制裁法》	从事国际恐怖主义等行为，主要针对俄罗斯、伊朗、朝鲜	对伊朗反弹道导弹计划等进行制裁；禁止与指定人员的财产和财产权益进行交易；冻结相关的财产或财产性权益	参照《美国国际经济紧急情况权力法》	参照《美国国际紧急状态经济权力法》

（一）核心法律：《美国国际紧急状态经济权力法》

《美国国际紧急状态经济权力法》于 1977 年 10 月 28 日颁布，其授权美国总统宣布国家进入紧急状态并规范经贸活动的经济权力，以应对来自境外的非同寻常且极端的威胁。该法与《美国国家紧急状态法》共同构成美国总统发布国家紧急状态的法律渊源。《美国国家紧急状态法》主要针对国内紧急事件，而《美国国际紧急状态经济权力法》侧重于解决国际紧急问题。具体而言，《美国国际紧急状态经济权力法》主要规定如下：

第一，对"国际紧急状态"进行说明。该法指出，为解决对美国国家安全、外交政策或经济造成非同寻常与极端的境外威胁，美国总统可宣布进入国家紧急状态。然而，美国法律并未对"国际紧急状态"进行界定。换言之，美国总统享有"国际紧急状态"的认定权与决定权。历史上，美国总统经常将境外发生大规模动乱事件、恐怖主义威胁和人道主义危机等视为"国际紧急状态"。

第二，对美国总统经济权力的界定。根据该法，在美国管辖范围内，美国总统能够调查、规制或禁止任何外汇交易、银行机构间的资金转移，以及货币或证券的流入与流出，并可调查、指令、强制或禁止任何外国及其公民兼并、使用、转让或交易在美资产。进一步，若发生武装敌对活动或攻击行为时，美国还可没收相关个人、组织或国家在美国管辖范围内的财产。同时，该法也规定，总统不应直接或间接限制或禁止私人通信以及新闻传播，不应禁止用于人道主义的物品捐赠，也不应阻止以个人使用为目的的货物或服务交易。

第三，关于发布国际紧急状态的程序性规定。在宣布国家紧急状态时，美国总统应与美国国会进行磋商，并向国会提交包括使用经济权力及采取特定行为理由等内容的报告。同时，该法规定，美国总统可宣布解除国家紧急状态，美国国会也可通过并行使决议终止国家紧急状态。在实践中，美国总统宣布的国家紧急状态大多持续长达 10 年以上的时间。

第四，关于违反该法的民事与刑事惩罚措施。根据该法，若违背《美国国际紧急状态经济权力法》，相应企业或个人可面临高达 100 万美元罚金以及 20 年的监禁。[①] 毫无疑问，美国推行的此类次级制裁对第三国及其公民具有强烈的威慑力。

总体上，《美国国际紧急状态经济权力法》在实践中已形成一套相对完善的程序机制。该法授予美国总统近乎不受监督的国际紧急状态经济权力。虽然美国是三权分立的国家，但是历史上，美国国会和司法机构鲜少质疑美国总统宣布国家紧急状态的合法性。除非美国总统所使

[①] 根据不同的制裁项目，美国对故意违反制裁法规行为，规定了单次违规最多 200 万美元和最高 30 年监禁的刑事惩罚。在民事领域，《美国与敌国贸易法》对每次违反行动可处以最多 6.5 万美元的罚金。《国际经济紧急情况法》规定了最多 25 万美元或两倍违规交易金额的罚金。访问地址，www. treasury. gov/resource-center/faqs/Sanctions/Pages/faq_general. aspx#licenses，最后访问时间：2020 年 3 月 1 日。

用的国际紧急状态经济权力严重损害美国本国公民的利益，否则美国国会无意愿介入美国总统的外交权力领域。自颁布以来，《国际紧急状态经济权力法》主要被用于打击恐怖主义、毒品交易、跨国犯罪等严重罪行，或是通过实施经济制裁以改变被制裁国的政策。截至 2020 年 7 月 1 日，历任美国总统通过援引《国际紧急状态经济权力法》一共宣布国家进入国家紧急状态 59 次。①

美国前总统特朗普频繁使用以及威胁使用《美国国际紧急状态经济权力法》，以实现政治目的。截至目前，他共发布了五次国家紧急状态，用以解决外国政府严重违反人权义务、外国机构干涉美国互联网行为、美国边境难民潮、电信设备安全威胁等事件。与历任美国总统不同，特朗普将国际紧急状态经济权力用于解决纯粹的经济问题。例如，2019 年 3 月 15 日，由于电信设备可能产生国家安全风险，特朗普宣布进入国家紧急状态。随后，美国商务部工业和安全局宣布将华为及其 70 个关联企业列入实体清单。在此层面上，《美国国际紧急状态经济权力法》已然成为特朗普政府解决国内外经济问题的重要工具。拜登政府上台以后进一步强化了特朗普政府对华投资限制的政策路线，首次根据《国际紧急状态经济权力法》限制美国企业在关键技术领域的对华投资，力图全面排除美国硬件或技术被用于助推中国在高新技术领域取得进步的可能性。如 2023 年 8 月 9 日，美国总统拜登签署发布对外投资审查行政命令，要求美国主体主动申报甚至不得从事涉及位于"受关注国家"或受其管辖的某些主体的特定交易，即涉及半导体和微电子、量子信息技术、人工智能等领域的国家安全技术和产品的交易。②

（二）一般性法律规范

1. 《美国国家紧急状态法》

《美国国家紧急状态法》是美国国会于 1976 年颁布的法律。该法主要应对国内紧急事件，其对国家紧急状态的颁布程序、颁布方式、终止方式、紧急状态的期限以及紧急状态期间的权力作了规定。

该法规定，当出现美国联邦法规规定的可宣布紧急状态的情况，美国总统有权宣布全国紧急状态。在紧急状态期间，美国总统可为行使其特别权力颁布一些法规。一旦紧急状态终止，相关法规将随之失效。同时，该法还规定，当美国总统因国家安全、社会经济生活以及外交政策的执行受到外国威胁而宣布紧急状态时，美国总统可以根据该法，对于与外国或外国人有利害关系的外汇管制、国际支付以及货币、证券和财产的转让或转移等行使特别权力。

---

① 赵炳昊：《特朗普禁 TikTok：美国总统的权力法源分析》，载财新网，https://opinion.caixin.com/2020-08-03/101588157.html，最后访问时间：2024 年 9 月 25 日。

② 杜涛、胡洋铭：《美国国际紧急权力扩张的国际法限度》，载《美国研究》2024 年第 2 期，第 89 页。

2. 《美国与敌国贸易法》

究其本源，美国的制裁法体系由 1917 年《美国与敌国贸易法》（Trading with the Enemy Act，TWEA）发展而来。该法赋予美国总统宣布国家进入紧急状态的权力，但未规定紧急情况的范围或期限，也未明确监督机构。该法赋予总统在战争时期监督或限制美国与其敌国之间所有贸易的权力，其目的在于限制与美国敌对的国家开展贸易安排。

在《美国国际紧急状态经济权力法》颁布后，《美国国际紧急状态经济权力法》取代了《美国与敌国贸易法》的大部分内容。目前，在美国财政部的制裁行动中，只有美国对古巴的制裁是依据《美国与敌国贸易法》而实施的。

3. 《美国反恐怖主义和有效死刑法》

《美国反恐怖主义和有效死刑法》于 1996 年 4 月 24 日成为美国的制裁法律制度。其产生的直接原因是 1993 年世界贸易中心爆炸案和 1995 年俄克拉荷马城爆炸案。该法的核心内容是对恐怖主义进行严厉的制裁，包括如下内容：为恐怖主义受害者提供赔偿/援助，指定外国恐怖组织并禁止向其提供资助，驱逐或排除外来恐怖分子并修改庇护程序，对核、生物或化学武器的贸易进行限制，对与恐怖主义威胁有关的执法资金和管辖权进行规定。

（三）特别法律规范

1. 《古巴自由民主团结法》

1996 年，美国国会根据《美国与敌国贸易法》和《美国国际紧急状态经济权力法》通过了包括二级制裁的《古巴自由民主团结法》（又称《赫尔姆斯–伯顿法》）。1996 年 3 月 12 日，时任美国总统克林顿签署了《古巴自由和民主团结法》。该法的目的是对自 1959 年 1 月 1 日以来被古巴没收的财产主张权利的任何美国国民，创设在美国法院的诉权，以对任何"交易"（trafficking）此等财产的人提起诉讼。任何"交易"曾属于美国国民财产的人都将在美国面临被诉的可能。其中"交易"不仅包括"销售、转移、购买或者租赁"所涉财产，而且包括"从事适用被没收财产的商业活动或者是从被没收的财产中获益"①。

该法第 3 条和第 4 条涉及二级制裁。其中，第 3 条允许古巴革命后财产被没收的美国公民向美国联邦法院起诉那些从事与这些财产有关的交易活动的外国人；第 4 条禁止与上述交易活动有关联的外国人进入美国。这两条规定不仅针对那些参与被古巴征收的财产交易的外国公司的所有人和高管，还连带扩大至这些人的配偶和未成年子女。

举例来说，若一家英国公司从一家古巴国有公司购买食糖，且该英国公司也在美国做生意，其就必须服从美国法院的管辖；如果某个美国国民能证明这家英国公司购买的食糖部分产

---

① See Cuban Liberty and Democratic Solidarity（Libertad）Act of 1996，Section 4（13）．

自原告曾经拥有的古巴农场，那么该英国公司就将对该美国国民承担赔偿责任。进一步，该法第 401 条规定，对该法颁布实行后任何持有被没收财产的人，或者任何交易美国国民主张所有权之财产的人，均不得进入美国。如上，这一规定也扩大适用到公司执行官、负责人或股东及其配偶和未成年子女。①

2. 《全面制裁、问责、撤资伊朗法》

1996 年，美国国会通过《伊朗、利比亚制裁法》（又称《达马托法》），要求对第三国的公司及其子公司实施制裁，禁止它们在伊朗和利比亚的石油领域进行投资，以及与利比亚的特定领域进行投资和交易。《伊朗、利比亚制裁法》被认为赋予了美国"世界警察"的职责，令美国可以在世界范围内要求任何第三国的国民遵守美国的制裁法律。随着美国终止对利比亚的制裁，2006 年《伊朗、利比亚制裁法》更名为《伊朗制裁法》。

2010 年 6 月，美国通过《全面制裁、问责、撤资伊朗法》，采取了更为严厉的制裁措施。这项法律使美国财政部可以迫使美国银行终止任何一家非美国银行参与的涉及受制裁的伊朗人和实体的交易。2011 年美国通过《减少伊朗威胁和叙利亚人权法案》，扩大了《全面制裁、问责、撤资伊朗法》制裁的范围和程度。随后，美国国会又通过《2012 财政年度国防授权法案》和 2013 年《伊朗自由与反扩散法案》等规定了更广泛的二级制裁，并将二级制裁的范围从石油领域扩大到与能源相关的其他经济领域，从实体经济行业扩大到金融行业。

根据上述法案和行政命令的规定，在外国银行为与伊朗的贸易提供其位于美国境内的代理银行账户或转递账户并进行结算时，美国有权对该外国银行进行制裁。事实上，由于国际贸易往来以及与贸易往来相关的金融服务、运输和保险等主要以美元进行交易，因此，《全面制裁、问责、撤资伊朗法》等规定实际上导致美国可以对绝大部分的贸易往来和相关交易拥有管辖权，外国银行为伊朗相关国民和实体提供的任何美元服务都将面临美国的巨额罚款。

3. 《全球马格尼茨基法》

美国国会于 2012 年通过了旨在制裁违反人权、腐败的俄罗斯官员的《全球马格尼茨基法》。该法授权美国政府对违反人权及国外显著腐败人士实施制裁，如禁止入境、冻结并禁止官员在美国的财产交易。此法案命名是为了纪念俄罗斯税务会计舍尔盖·马格尼茨基。

2017 年 9 月 11 日，时任美国总统特朗普授权美国国务院和财政部依据《全球马格尼茨基法》对相关人权行为进行制裁。其中，低优先级的金融制裁政策作为首先精简整合的制裁项目，其涉及多项人权行为的制裁，并将腐败行为纳入其中，以降低单独建立和维持制裁项目的必要行政负担。②

---

① 巴里·E. 卡特、艾伦·S. 韦纳：《国际法（下）》，冯洁菡译，商务印书馆 2015 年版，第 927 页。
② 马雪：《美国对俄罗斯金融制裁的效力、困境及趋势》，载《现代国际关系》2018 年第 4 期，第 38 页。

4. 《美国敌对国家制裁法》

《美国敌对国家制裁法》（Countering America's Adversaries Through Sanctions Act）是对伊朗、朝鲜和俄罗斯实施制裁的美国法律。2017 年 8 月 2 日，时任美国总统特朗普签署了上述法律。随后，特朗普授权美国财政部实施《美国敌对国家制裁法》中的部分条例，对 33 个俄罗斯情报、军事个人和实体进行制裁。此举意味着任何与这些个人和机构有业务往来的组织或个人，都将面临《美国敌对国家制裁法》的强制性制裁。

第三节　主要的贸易合规风险

一、违反海关及检验检疫制度的风险

依据《海关法》的规定，海关是中国的进出境监督管理机关。海关依照《海关法》等相关法律规范监管进出境运输工具、货物、物品，征收关税和其他税、费，查缉走私并办理其他海关业务。以《海关法》为主体，与其配套、进一步完善海关职责的两部行政法规分别是《海关行政处罚实施条例》（以下简称《海关条例》）和《海关稽查条例》（以下简称《稽查条例》）。前者主要规定依法不追究刑事责任的走私行为和违反海关监管规定的行为，以及法律、行政法规规定由海关实施行政处罚的行为的处理；而后者主要规定海关在进出口货物放行后的一段时间内，对与进出口货物直接有关的企业、单位的会计账簿、会计凭证、报关单证以及其他有关资料和有关进出口货物进行核查，监督其进出口活动的真实性和合法性，以维护正常的进出口秩序、促进贸易发展。这两部行政法规一方面细化了海关的监管职责，对违反海关监管的法律责任作了全面具体的规定，完善了海关监督管理体系；另一方面给海关直接进入企业对贸易合规情况进行事后核查、稽查提供执法依据，加大监管力度、避免出现漏洞。因此与中国相关的进出口贸易受到中国海关的强力监管，海关监管涉及领域广泛，包括商品归类、估价、原产地申报等，且其技术性很强，企业若触及贸易管制、关税征收等规则，很容易导致法律风险。[1] 根据《海关条例》相关规定，进出口相关主体若违反法律法规，不仅会面临数额高昂的罚款、没收处罚和从业限制，而且可能受到走私罪等刑事处罚，企业一旦牵涉海关监管范围内的违法违规事项便会付出沉重的代价。

（一）税收方面

征收税款是海关的主要职责，2023 年，我国海关征收税款 2.21 万亿元。海关征收税款的

---

[1] 参见杨杰等：《进出口贸易合规法律实务》，人民法院出版社 2020 年版，第 16 页。

多少与企业申报出口货物的名称与税号直接相关，国税出口退税的多少也与企业申报出口货物的名称与税号直接相关，因此进出口货物的税号、价格申报及其定性处罚问题是海关业务的核心问题。[1]《进出口关税条例》具体规定了进出口货物的税率设置和适用、进出口货物完税价格的确定以及海关如何征收进出口关税。法律虽然提供了关于进出口关税征收的具体规定，但在实务中，对于企业来说，影响关税的关键因素——税号申报仍是其贸易合规管理的重点和难点。进口税率报高会多缴税，增加了企业的运营成本；税率报低有偷税漏税风险，可能导致海关处罚甚至企业信用降级，对企业打击沉重。[2] 海关同样也是出口退税管理的重要部门，依据《海关条例》第十五条，企业出口货物应当申报的项目为申报或申报不实，影响出口退税管理的，处申报价格 10% 以上 50% 以下罚款。企业在出口退税申报方面，需提高警惕，一旦出现违规、违法行为，将面临严重处罚。《税收征收管理法》第六十六条第一款规定："以假报出口或者其他欺骗手段，骗取国家出口退税款的，由税务机关追缴其骗取的退税款，并处骗取税款一倍以上五倍以下的罚款；构成犯罪的，依法追究刑事责任。"

（二）检验检疫

作为货物通关的重要环节，货物进出口检验检疫是贸易合规的重点。以《进出口商品检验法》、《进出境动植物检疫法》、《国境卫生检疫法》和《食品安全法》四部法律为主体，我国构建了严密的检验检疫制度，涉及安全、卫生、健康、环保和反欺诈，保障贸易健康和安全。我国进出口货物根据监管条件分为非法检货物和法检货物，进出口货物的检验亦分为商品检验和法定检验两类。商品检验作为海关检验检疫部门工作的一部分，对所有进出口货物都进行检验检疫，具体包括质量检验、动植物检疫和国境卫生检疫，即"三检"；法定检验是指海关监管条件含 A（进口）或 B（出口）的货物[3]，该类货物在报关时必须向海关报检（以进口商品为例，具体检验检疫流程可参见图 2-1）。

---

①　参见林倩等：《老林说法：贸易合规和争议解决》，中国海关出版社 2021 年版，第 71 页。

②　参见林倩等：《老林说法：贸易合规和争议解决》，中国海关出版社 2021 年版，第 73 页。

③　法定检验进出口商品目录参见中华人民共和国海关总署网站，http://www.customs.gov.cn/customs/302249/2480148/3695642/index.html。

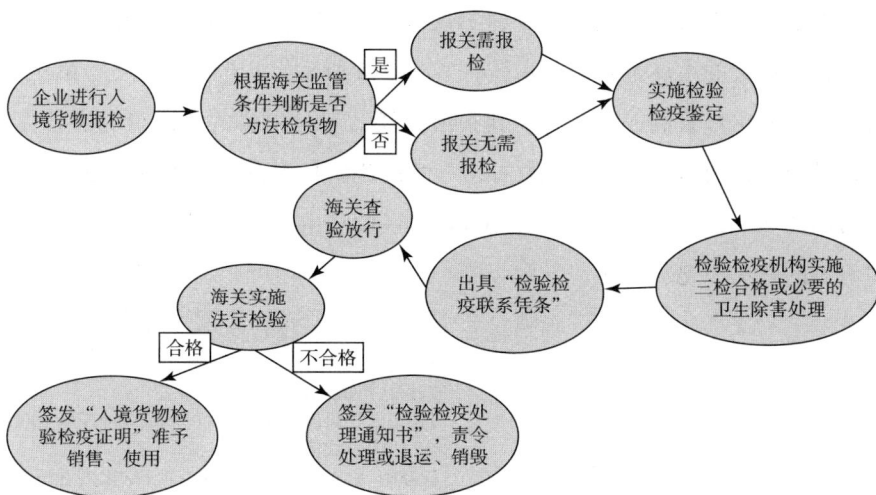

图 2-1 进口货物检验检疫流程

值得注意的是，在传统的货物进出口贸易中，企业面临进出境检验检疫和海关双重监管，而自 2018 年 4 月 20 日起，出入境检验检疫管理职责和队伍划入海关总署，旨在提高通关效率、节约成本并实现更严密的监管。[①] 海关检验检疫是保证进出口安全的重要关口，未经检验检疫合格的产品进入国境，可能威胁国家环境安全和公共安全。因此，我国对违反检验检疫要求的行为处罚较为严重，企业在从事进出口贸易时必须审慎对待。以《进出口商品检验法》为例，必须经商检机构检验的进出口商品未报经检验而擅自销售、使用或出口的，将没收所得并处货值金额 5% 以上 20% 以下的罚款，构成犯罪的，依法追究刑事责任。

（三）货物进出口管理

《对外贸易法》和《货物进出口管理条例》形成了我国货物进出口管理制度的基本框架。我国准许货物和技术的自由进出口，也在一定限度内实施禁止性和限制性的贸易管制措施。国家规定禁止进出口的货物，不得进出口；国家规定有数量限制的限制进出口货物，实行配额管理；其他限制进出口货物，实行许可证管理。相关进出口主体若违反国家禁止、限制货物管理的规定，重则触及非法经营罪、走私罪等刑事处罚，轻则面临罚款、撤销许可等行政处罚。而对于专门的出口管制，《出口管制法》基本实现了全面管控，包括资格管理、物项清单管理、许可证管理、最终用户和最终用途证明四个方面的管控，以保证在支持和鼓励出口贸易的同时，维护国家利益、履行国际责任、促进技术发展。[②] 于 2020 年 12 月正式实施的《出口管制

---

① 参见海关总署：《出入境检验检疫正式划入海关》，载中华人民共和国海关总署网站，访问地址：http://www.customs.gov.cn/customs/xwfb34/mtjj35/1704754/index.html。

② 参见林倩等：《跨境贸易的合规与救济案例剖析》，中国海关出版社 2021 年版，第 61-62 页。

法》对出口管制有了更全面更严格的规定,不仅增加了管控名单、临时禁令等新制度,而且增加了违反出口管制规定的主体及其法律责任。如图 2-2 所示,《出口管制法》第三十三条至第三十八条规定了九种出口管制违法行为,其中出口经营者是主要的违法行为责任主体,此外,在行政处罚的措施上,罚款适用于全部九种出口管制违法行为,且罚款金额较高,最高甚至可达到违法经营额的 20 倍,并可吊销相关管制物项出口经营资格①,因此企业一定要采取措施防范有关出口管制的违法、违规风险。

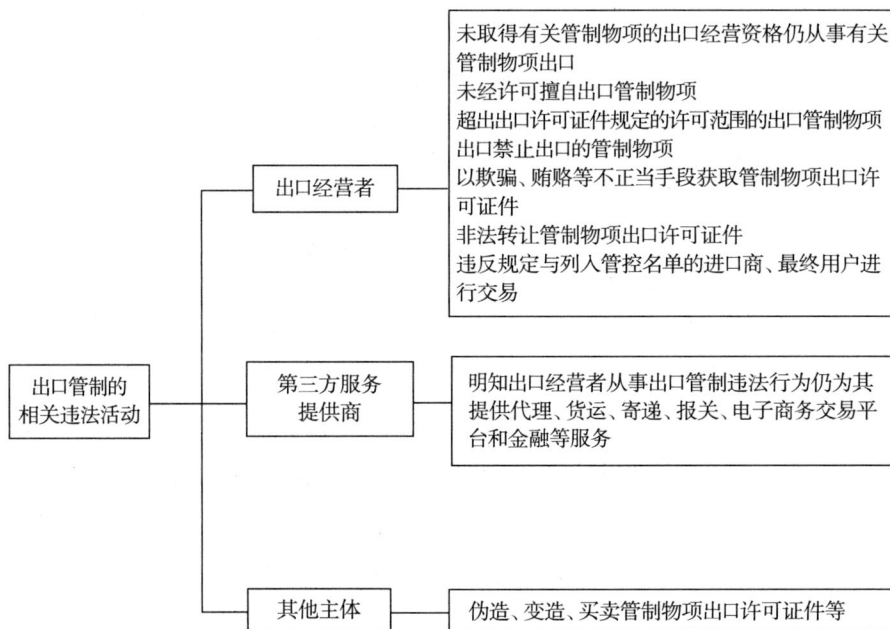

图 2-2　出口管制违法行为

（四）外汇有关风险

进出口贸易必然涉及外汇管理问题,这也是容易涉及合规风险领域之一。《外汇管理条例》是我国实施外汇管理的主要法律依据。国家外汇管理局于 2023 年 8 月通报了 10 例外汇违规典型案件,案例中的被处罚对象涵盖企业和个人,其中,单家企业最高被处罚 394.6 万元,个人最高被处罚 365.7 万元。根据国家外汇管理局近年来通报的外汇违规典型案例,被通报的外汇违规案件涉及虚假贸易、内保外贷、利润汇出、分拆资金及非法买卖外汇等多类,这些案例的共性多体现为通过虚构合法合规的交易形式,来掩盖跨境套利或非法转移资金的真实目

---

① 参见刘新宇、景云峰:《〈出口管制法〉——解读、评论与展望》,载中国人民大学海关与外汇法律研究所主编:《跨境贸易与行政监管法律实务》,法律出版社 2021 年版,第 213-226 页。

的，也突出显示了外汇管理部门重点打击虚假欺骗性交易的监管动向。① 相关贸易主体若违反《外汇管理条例》及其他有关外汇管理的规定，不仅会面临违法金额 30% 以下的高额罚款、影响征信，而且若违规情节严重，将会面临刑事处罚。

二、违反贸易救济制度的风险

约束关税，并将其平等适用于所有贸易伙伴（最惠国待遇）是国际货物贸易顺利流通的重要因素。WTO 协议坚持自由贸易原则，但是也同样允许在特定情形下的例外，即贸易救济，包括反倾销、反补贴和保障措施。② 此三种贸易救济措施都旨在当外国产品以低价进口从而对国内企业造成损害，冲击本国产业时，采取额外征税等措施以保护本国产业。在三种贸易救济措施中，适用频率最高的是反倾销，其次是反补贴，相比之下，保障措施则较少出现。

根据 WTO 的统计数据，1995-2021 年，所有成员发起的反倾销调查一共有 6422 起，其中中国遭受反倾销调查的案件有 1507 起，相当于每年会受到 54 起反倾销调查，约占世界反倾销调查总数的 23%，中国连续二十多年来都是世界上受到反倾销调查最多的国家，且从涉案数量变化情况来看，总体呈上升趋势（见下图）。③ 而从 20 世纪 90 年代起，外国涉华反倾销普通案件的涉案金额达千万美元，进入 21 世纪，尤其是 2008 年全球经济危机爆发以来，涉案金额动辄上亿美元。④ 在如此庞大的涉案规模和高昂的涉案金额双重作用下，反倾销调查对我国企业的负面经济影响巨大，因此我国政府和企业必须积极应对外国反倾销调查。此外，对中国发起反倾销调查最多的国家（地区）为印度，1995-2021 年一共对中国发起了 269 起反倾销调查，美国和欧盟次之，分别为 184 起、150 起（见图 2-3）。印度和我国同为发展中国家，而显然其运用反倾销措施保护本国经济的能力并不低于发达国家。此外，印度对我国反倾销案件不仅涉案金额呈高速增长趋势，而且涉案范围愈加广泛，重复反倾销调查较为频繁，严重阻碍中印两国双边贸易的发展。⑤ 全球对我国反倾销案中，排名前三的行业分别为化学原料和制品工业（283 起），金属制品工业（268 起），钢铁工业（176 起）（见图 2-4）。⑥ 从遭受反倾销调查的行业来看，涉案行业众多，金属和化学行业涉案比重很大，约占总案件数量的 39%。

① 参见丁婕、郭欢：《从外汇违规案例的通报看资金跨境收付的风险与防范》，载中国人民大学海关与外汇法律研究所主编：《跨境贸易与行政监管法律实务》，法律出版社 2021 年版，第 203-210 页。

② 参见 WTO 官网，https://www.wto.org/english/thewto_e/whatis_e/tif_e/agrm8_e.htm。

③ 参见 WTO 官网，https://www.wto.org/english/tratop_e/adp_e/adp_e.htm。

④ 林倩等：《跨境贸易的合规与救济案例剖析》，中国海关出版社 2021 年版，第 219 页。

⑤ 参见孙蕊：《印度对华反倾销的现状、成因及对策》，载《对外经贸实务》2017 年第 8 期，第 40-43 页。

⑥ 参见中国贸易救济信息网案件统计信息整理，访问地址：https://cacs.mofcom.gov.cn/cacscms/view/statistics/ckajtj。

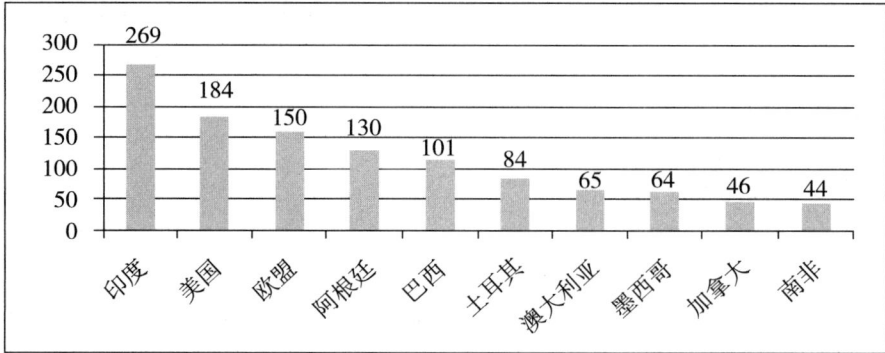

图 2-3　1995-2021 年对中国发起反倾销调查最多的 10 个国家（地区）立案数量

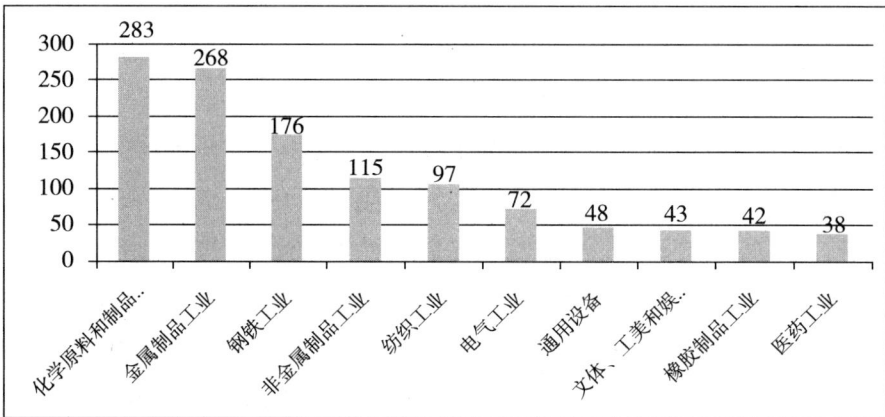

图 2-4　1995-2021 年对中国发起反倾销调查涉及最多的 10 个行业

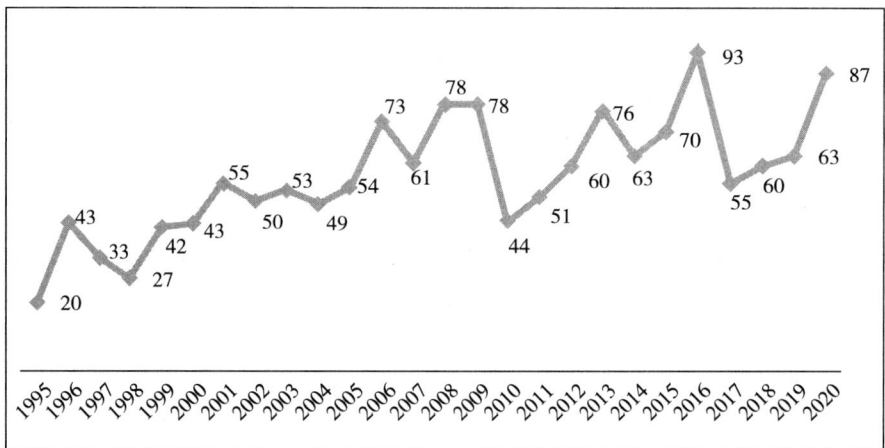

图 2-5　1995-2020 年中国受到反倾销调查的数量变化

据 WTO 统计数据，1995-2021 年，全球共发起 644 起反补贴调查，其中对中国的反补贴调查共计 193 起①，因此中国同样是世界上受到反补贴调查最多的国家。遭受反倾销与反补贴双重贸易限制，可见我国企业因贸易救济措施所受经济损害之大。1995-2021 年，对中国发起反补贴调查的国家（地区）共计 12 个，其中对中国发起反补贴调查最多的 5 个国家中除印度外均为发达国家（见图 2-6）。② 发达国家熟悉国际贸易救济规则，有更完善的调查机制和调查能力。以美国为例，首先其反补贴调查主要由调查机构主动发起或由申请方代表国内产业提交申请，收到申请后商务部审查立案，接着由国际贸易委员会（ITC）对于国内产业是否受到了损害、商务部就补贴存在与否进行调查和初步认定，之后商务部作出终裁，国际贸易委员会做出终裁，最后商务部公布制裁结果，对于受到生产国奖励和补助的进口货物征收正常关税之外的反补贴税。③ 加之美国以维护国际贸易秩序、救济国内产业之名，行贸易保护之实，利用其完备的贸易救济制度打压中国出口产业，使中国出口产品遭受了巨大的损失。④ 反补贴调查涉及最多的行业排在前三位的分别是金属制品工业（57 起），钢铁工业（32 起），化学原料和制品工业（20 起），⑤ 与反倾销调查的行业分布大致趋同。

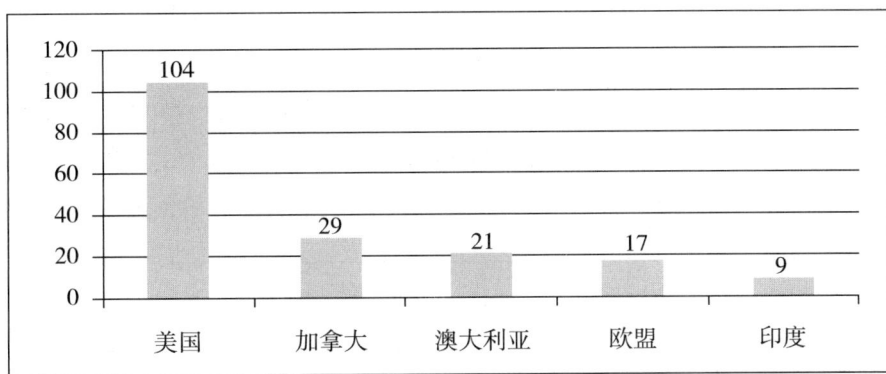

图 2-6　1995-2021 年对中国发起反补贴调查最多的 5 个国家（地区）立案数量

在如今保护主义兴起的全球背景下，各国运用 WTO 授权的贸易救济措施以保护本国产业的现象愈加严重。因此，这不仅要求国家要构建合理高效的贸易救济制度，还要求企业在进出口业务中熟悉本国及目标国的贸易救济制度，维护自身利益。我国贸易救济制度的建立主要由两部行政法规来完成，分别是《反倾销条例》和《反补贴条例》。根据以上两部条例，我国对外国进口产品的反倾销、反补贴调查一般由国内产业或者代表国内产业的自然人、法人或者有

---

① 参见 WTO 官方网站：https：//www.wto.org/english/tratop_e/scm_e/scm_e.htm。
② 参见中国贸易救济信息网：https：//cacs.mofcom.gov.cn/cacscms/view/statistics/ckajtj。
③ 参见石晓婧、杨荣珍：《美国反补贴调查对中国企业出口影响的实证研究》，载《世界经济研究》2020 年第 2 期，第 33-46 页。
④ 参见林倩等：《跨境贸易的合规与救济案例剖析》，中国海关出版社 2021 年版，第 222 页。
⑤ 参见中国贸易救济信息网，https：//cacs.mofcom.gov.cn/cacscms/view/statistics/ckajtj。

关组织（申请人）向商务部提出申请，在特殊情况下由商务部主动发起调查。商务部收到申请后，在60天内进行审查决定是否立案并公告。立案后，商务部对是否造成损害，以及倾销、补贴和损害间是否存在因果关系进行调查，并根据调查结果作出初裁决定；初裁认定相关事实存在且因果关系成立的，商务部继续对倾销及倾销幅度、损害及损害程度或补贴及补贴金额、损害及损害程度继续进行调查，并根据调查结果作出终裁决定。至于反倾销、反补贴措施，首先倾销或补贴进口产品的出口经营者在反倾销或反补贴调查期间，可以向商务部作出价格承诺；其次在初裁决定确定倾销或补贴成立并对国内产业造成损害时，商务部可采取临时反倾销或反补贴措施；最后终裁决定倾销或补贴成立，并由此对国内产业造成损害的，可以征收反倾销税或反补贴税。

近年来我国出口企业不断面临来自美国、欧盟、澳大利亚以及加拿大等重要经济体反补贴调查的挑战。2019年至2021年，美欧澳加对中国企业的反补贴调查记录如下：美国发布31份对华反补贴裁决，欧盟发布3份对华反补贴裁决，澳大利亚发布2份对华反补贴裁决，加拿大发布5份对华反补贴裁决。该41份裁决均涉及公共机构相关补贴调查，仅有加拿大对华装饰和其他非结构胶合板反补贴案①和澳大利亚对华精密钢管反补贴终裁裁决②对公共机构相关补贴项目没有裁出最终税率。

具体来看，公共机构相关的补贴项目主要有"贷款相关补贴"和"原材料相关补贴"。"贷款相关补贴"包括国有银行贷款、国有银行贷款担保、出口融资、进出口信用担保/保险、国有银行贷款的债务和利息减免等。"原材料相关补贴"包括水电煤等系列原材料采购。

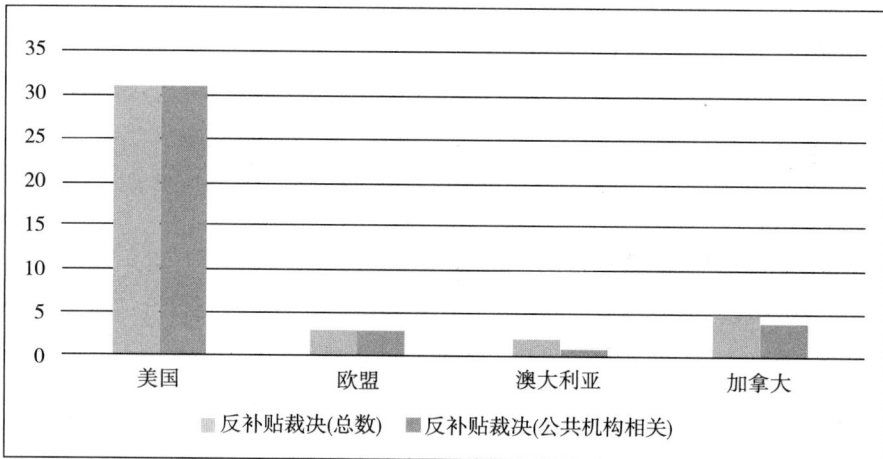

图 2-7　美欧澳加对华反补贴调查概况

----

① 本案公共机构相关补贴项目为 Program 22：acquisition of government inputs/utilities at less than fair market value，最终调查机关认定出口商并未从此项目中获益。

② 本案中机构相关补贴项目为 Hot rolled steel provided by government at less than fair market value，最终调查机关认定出口商并未从此项目中获益。

上述重要经济体裁决书中公共机构补贴的税率占比情况：

1. 美国

美国是近年来对我国进行反补贴调查最积极的国家，从其发布的对华反补贴调查裁决来看，尽管公共机构导致的补贴率因个案而表现出区别，但总体而言，公共机构相关补贴项目的补贴税率裁定均高于 2%，有半数以上的裁决中公共机构相关的税率占到了总反补贴税率的 50% 以上。如果被调查企业没有参与调查，那么由公共机构导致的补贴率占比将变得更高。

2. 欧盟

从欧盟近年来发布的 3 份对华反补贴调查裁决来看，均涉及公共机构。在这些案件中，公共机构相关补贴项目的补贴税率裁定均高于 2%，有半数以上的裁决中公共机构相关的税率占到了总反补贴税率的 50% 以上。以此来看，虽然欧盟的对华补贴调查数量不多，但一旦开启调查，因公共机构产生的补贴税率占比会很高。

3. 澳大利亚

从澳大利亚发布的对华反补贴调查裁决来看，有 2 份与公共机构相关。尽管其中 1 个案件（案号 550）决定不对涉公共机构的补贴项目征收反补贴税，但另外 1 个案件（案号 469）则以公共机构的原材料补贴为由，向受调查公司征收了反补贴税，占比高达 100%。

4. 加拿大

从加拿大发布的对华反补贴调查裁决来看，5 起反补贴调查均涉及公共机构相关补贴调查，1 个案件终裁认定出口商没有从公共机构相关补贴中获益，其他 4 个案件均涉及公共机构相关补贴。因为加拿大的反补贴终裁公开版并不披露因公共机构导致的具体税率，因此我们主要关注涉公共机构项目数量与所有补贴项目之间的比例。这 4 个裁决书总计有 196 个补贴项目被视作应当采取反补贴措施，其中涉公共机构的补贴项目有 21 个，占比在 10% 左右。

三、违反第三国贸易制裁法律的风险

（一）限制外国企业与美国企业的经贸往来

《美国国际紧急状态经济权力法》能够阻拦美国企业的跨国交易，进而改变产品的供应链。根据该法规定，美国总统可限制或禁止本国企业与外国企业或外国分支机构进行商业交易，并阻止企业间的资本流动。例如，在 2018 年对干预美国选举的外国机构进行制裁中，美国总统要求限制对特定国家的产品出口，阻止相关机构在美国的外汇等金融交易，并禁止美国人及美国企业对相关机构的投资。

（二）阻断外国企业利用美国支付结算系统

根据该法，美国总统可以要求美国金融机构阻断外国机构使用美元或进行国际支付结算业务。当前，众多的商业贸易依托环球同业银行金融电讯协会（SWIFT）这一全球性的金融信息服务体系。该协会为 206 个不同国家或地区的 8000 多家金融机构处理转移资金的指令，并向它们提供标准化信息服务和界面软件。由于该协会在美国纽约设立了交换中心，美国能够阻止其他国家企业使用该系统。美国控制了 SWIFT，就能够控制资本的流动信息并对资本流动进行限制。在美国跨国反洗钱行动中，美国财政部均将 SWIFT 作为情报和制裁工具。

（三）冻结外国企业与个人的在美资产

美国总统能够利用《美国国际紧急状态经济权力法》，对外国企业或个人的资产进行扣押与冻结，并限制外国的人员流动。在历次制裁中，美国对他国政府官员、军事人员、企业高管等施加了严格的个人制裁措施。例如，在 2018 年针对尼加拉瓜的制裁中，美国冻结了尼加拉瓜政府官员以及为尼加拉瓜政府提供金融、物资或技术支持的机构和人员的在美资产。同时，美国还能通过旅游禁令等方式禁止外国公民的自由流动。

（四）没收敌国政府、组织和个人的在美资产

若美国与外国处于武装敌对状态，或外国及其公民对美国实施攻击行为，那么美国政府可没收、管理、清算与售卖任何从事敌对行为或攻击行为的个人、组织或国家的在美资产。在敌对状态下，外国金融机构将成为美国制裁的首要目标。例如，美国长期对伊朗中央银行在美资产进行冻结。当然，敌对行为或攻击行为仅限于美国与其他国家发生武装冲突或处于交战状态。

（五）发挥第三国的联动制裁效应

由于《美国国际紧急状态经济权力法》约束第三国及其公民，因此该法具有域外效力与次级制裁功能。若第三国企业与受美国制裁的企业进行商业交易，那么该第三国企业及高管将受到美国民事和刑事处罚。进一步，美国还致力于在其盟友中推行共同的制裁措施。例如，2014 年，针对克里米亚事件，美国与欧盟联合对俄罗斯进行制裁。

除此之外，美国总统的国际紧急状态经济权力还可与其他总统权力相结合，进而产生更强的威胁力。例如，在武装敌对状态下，美国总统能够要求监听、拦截通信信息，甚至还可要求关闭对敌对国的根服务器及域名服务，进而使敌对国网络瘫痪。

第四节　贸易合规管控要点

通过上述分析，我们知道，贸易合规中很多行为和程序都存在一定的风险。防范和化解贸易合规风险，需要各方面的努力。本章从企业内部风险的控制、企业外部风险的控制、涉外人员的合规培训与指引以及第三方机构的评估四个方面来看贸易合规的管控要点。

一、企业内部风险控制：健全企业内部的体制机制

只有企业自身清楚贸易合规的意义，才能够重视贸易合规，才会使得企业从应对外部监管压力而被动地接受合规，上升到自觉主动地推进合规，即从"要我合规"到"我要合规"。为了建立有效的贸易合规管理体系，企业需要善于识别企业面临的贸易合规风险，然后根据风险的导向作用建立和健全完善相关合规制度体系以防范风险。为了使合规管理体系运行有效，企业不仅需要建立相关的组织架构，还需要建立合规的运行机制。本章在企业内部风险控制上，从贸易合规的风险评估、贸易合规制度的建立、贸易合规组织架构的完善以及贸易合规的运行机制四个方面来进行阐述。

（一）重视合规风险识别与评估制度

贸易合规的风险评估是合规评估的重要组成部分，因此首先要重视合规风险识别和评估制度。合规风险识别分析评估是有效的合规管理体系（Compliance Management System, CMS）的重要一环。当企业跨国经营时，其面对的风险不仅是本国的风险，同时还要面对贸易对象国的风险。对这些风险评估可能会相对比较困难。比如，语言上的困难导致交通不流畅，对所在国的法律、人文和政治环境不熟悉造成信息不对称等。基于合规风险识别分析评估的结果，企业将采取必要的措施管控合规风险，或者在内部有效地展开预防性的工作，使得企业能在贸易所在国合规地展开业务、诚信经营，从而实现企业的合规目标。

1. 风险识别和评估的主体

风险识别主要是由公司合规官或者业务职能部门牵头，如贸易合规应当由进口国或者出口国的贸易合规官和贸易职能部门牵头。由合规部组织，对应业务部门配合实施，共同建立合规风险管理小组，向公司总部的全球合规办公室报告。合规管理员联合贸易部门主管，依据本单位建立和维护的合规义务清单、公司贸易制度、他国和本国法律法规，以各种形式（如会议、专家咨询、内部小组讨论等）进行合规风险评审。贸易合规风险管理小组由法律和贸易人员组成。贸易人员的加入，能够提高对非法律合规（如海关、税收等层面）风险的识别与管理能力。

2. 贸易合规风险评估的范围

贸易合规风险评估的范围是多变的，主要包括是否违反海关制度、是否违反贸易救济制度、是否违反贸易对象国的法律制度、是否违反第三国制裁法。另外，各国的法律制度以及各部门规定都是多变的、动态的，因此要对这些风险进行监控。换言之，对这些风险的监控应该是一个连续的、动态的过程，会因为时间的变化而变化。评估风险的变化，既要考虑到企业外部的法律及政策的变化，也要考虑到公司内部具体情况的变化，做到知己知彼。

3. 贸易合规风险识别

合规风险对应合规义务，合规义务的变化对应合规风险的变化。合规义务的变化包括企业外部的合规要求和企业内部的合规承诺变化。合规承诺变化是企业自身对市场和客户、监管机构等相关部门的承诺变化，随时都为企业所掌握，但是企业外部合规要求变化是企业外部对企业组织的要求的变化，并不为企业及时掌握，特别是所在国的法律法规、规则、行业政策、政治要求等，随着时间与空间的变化而变化。因此在识别风险的时候，要看到合规要求的变化，合规管理人员必须认真、及时地学习所在国法律法规和相关行业政策，建立足够的信息沟通渠道，紧盯行业动向和走势，才能做到合规风险的及时识别。

4. 贸易风险识别评估流程

第一步：确定需要加强合规风险管理的相关贸易业务范围。

进行企业合规的风险形势评审，关注贸易合规风险分布，形成《公司贸易合规风险形势评审表》。贸易合规主要是围绕海关商品分类、企业 AEO（Authorized Economic Operator，"经认证的经营者"）认证、原产地、检查检疫检测、进出口管理、票据、保险、贸易救济制度、对象国法律制度、第三国制裁法等方向。

第二步：明确贸易合规的目标，制订贸易合规风险识别评估的工作方案。

企业只有依据明确的贸易合规目标，才能确定与企业实际情况、生存发展需求相对应的确切贸易风险环境，并据此制订方案。工作方案包括贸易合规风险识别评估管理、工作机构与分工、贸易合规风险评估方法、需要完成的工作事项与时间要求等方面的内容。

第三步：权责分工，查找合规风险点。

给贸易风险管理小组分工，分别对应查找哪个方面的贸易风险，并列出风险清单。在所列出的风险清单中，以小组讨论、头脑风暴、案例分析、座谈会等方式，查找对应的可能触发的风险类型。

第四步：不合规后果与分析。

根据可能触发的风险类型，推理贸易不合规风险发生可能产生的后果，查找不合规原因、来源，并根据以往业务执行情况判断该业务发生频率，以评估不合规风险发生的机会。

第五步：评估风险等级，进行风险排序。

根据发生可能性和潜在的消极后果、法律后果来评估企业风险，确定合规风险等级，从而形成风险排序。对高风险的予以更多重视。

第六步：贸易合规风险应对措施制定。

根据贸易合规所在的业务的不同步骤、岗位和合规风险等级，依据公司制定的工作目标、贸易业务流程、工作责任的主体、工作标准等，结合贸易合规的要求、贸易合规承诺等，有针对性地制定合规的风险管理措施。对不同等级的合规风险的应对措施应区别制定，重点加强对高合规风险点的防控。比如，以贸易合规中可能出现的刑事风险优先，行政风险次之。

（二）建立健全贸易合规管理制度

合规管理制度是指对企业合规管理活动的制度性安排的总称，一般包含企业合规经营的目标和理念以及各业务职能领域活动的制度性规定和要求。

1. 建立贸易合规管理制度需要考虑的因素

企业合规管理制度的内容与范围应与企业的经营活动密切相关，即与企业所处的行业、经营的范围都有很大关系，而且许多国际组织（如联合国、OCED）等出台的企业行为准则也通常是企业制定政策的范本。因此，在设计和制定合规管理制度的时候，应全面考虑企业所在国、行业、企业自身三个层面上的风险特征、要求和现实情况。

（1）要充分了解企业所在国或者地区的社会、政治、经济、文化、法律监管环境及发展趋势，这一点对于在不同国家开展业务的企业（如跨国公司）尤为重要。

（2）除了政府颁布的行业政策规定，也要重视行业协会或者自身行业的企业规范。在许多国家包括我国，行业协会对企业都有着广泛的影响力，其制定的行业规则得到全行业的认可、遵守。

（3）微观企业自身要从长远利益出发，合规管理制度的建设要立足于企业的目标、规模、发展战略、业务模式和面临的风险。通常而言，小型企业很少有能力和动力去建立合规管理制度，这类企业发展变化很快，有很强的不确定性，大多敢于冒险，风险越大收益越大，即使有违规行为，对企业自身的影响似乎也很有限。但是，从发展的角度，小微型企业同样要树立相关的合规意识，将合规意识融入公司管理章程中。

2. 建立合规管理制度的基本框架

在明确了合规管理制度要考虑的因素之后，下一个重要环节就是设计企业的合规管理制度基本框架。通常来说，可以从三个层次搭建合规管理制度的框架：合规基本准则、合规管理规范、合规管理工具和程序。

合规基本准则主要是指公司的行为准则，其中规定了公司合规经营的大致方针，规定了企业每一个员工都必须遵循合规的基本原则，是最重要、最具纲领性的合规制度，是其他合规制度的基础和依据。合规管理规范一般不仅体现在强制性法律法规的要求，而且体现在非强制性的国际相关的准则、行业标准及商业道德准则。内容包括但不限于：竞争与反垄断、贸易管理、知识产权、商业合作伙伴管理等各个方面。合规管理工具和程序是对前两种制度的补充，针对合规风险评估必须在流程中设立合理的管控，合规管理工具也是合规风险管理必不可少的因素，如合规风险清单、风险识别分析矩阵图等。

（三）协调合规管理组织架构

1. 合规管理部门角色及其职能

合规管理部门包括董事会、监事会以及最高管理层。董事会对公司经营活动的合规性负最终责任，对公司合规治理和合规管理负责，对公司违规或者员工违规给股东造成的损失承担管理责任。董事会应当确定合规的总体方向，提高全体员工的合规意识，促进公司自身合规与外部监管的有效结合。监事会的合规管理职能，就是监督董事会和高级管理层合规管理职责的履行情况。而最高管理层应全面推进公司合规管理，有效管控合规风险，对合规各个具体项目进行执行。

2. 建立贸易合规委员会

对于跨国企业来说，跨国业务在所有业务中占最核心的地位。公司可在董事会中设立合规委员会，在合规委员会下设立贸易合规委员会分委会，由具备法律、财务、人事管理、对外贸易背景的董事组成。一般情况下，贸易合规委员会主要履行的职责包括：

（1）建立公司的基本贸易管理政策，确定贸易合规的审查方向；

（2）听取贸易合规的工作汇报，指导、监督合规管理工作；

（3）研究解决公司贸易合规工作中的重大或者突出问题，指导、监督、检查贸易合规违规问题整改。

（四）完善合规管理的实施机制

1. 贸易合规的考核机制

绩效考核是贸易合规风险管理的重要组成部分，特别是对一些贸易合规机制不完善的跨国企业，通过贸易合规考核就尤为重要。考核的内容可以包括但不限于：按时完成或者参加贸易合规培训，是否严格执行贸易合规的政策和流程，是否积极协调贸易合规工作，是否积极识别贸易合规风险以避免或者减少因合规风险给企业带来的损失和负面影响。

2. 贸易合规监督机制

为了保障贸易合规管理有效的运行，企业应当建立完善的监督体系。企业通过严格的合规管理流程识别合规风险，能最大限度地识别合规管理的漏洞。但也正因如此，仍然有企业的员工将不合规工作做得更隐秘，披上合规的外衣。因此，贸易合规监督机制就显得尤为必要，应对违规行为进行举报。

3. 贸易合规调查机制

一旦发现企业贸易中存在不合规的行为，就应当立即对该行为进行调查。要制订贸易合规的调查方案，每一个与合规有关的问题应当有一个相应的调查方案。对于调查人员，最应该了解相关的法律法规、内部规定、政策、条例以及相关的贸易业务流程。调查人员需要熟悉以上规定和流程，以便于明确地看出哪里存在漏洞，要查清哪些事实，清楚哪些是违规行为。

4. 贸易合规处理机制

任何企业都会遇到由员工失误造成的违规违纪，除了在绩效考核让其承担一定的责任以外，还要在合规处理上让其承担一定的责任。员工的违规行为多种多样，有疏忽大意的过失，也有过于自信的过失，甚至有故意而为之。因此，员工的违规行为一旦被证实，企业需要立即处理。

二、企业外部风险控制：全面了解所在国及相关第三国的法律制度

在企业内部有一套完善的合规体系后，还需要了解企业之外的法律制度，就本章而言，主要对本国的相关法律制度和第三国的法律制度进行探析。

（一）积极应对各部门的法律法规修改，进行动态跟踪

首先，以中国海关新发布的《进出口货物商品归类管理规定》为例。2021 年 9 月 18 日，海关总署第 252 号令通过，公布《进出口货物商品归类管理规定》，自 2021 年 11 月 1 日起施行，自此取代了由海关总署第 158 号令发布的同名归类规定。新归类规定，明确了（1）企业确定进出口货物归类的义务；（2）海关审定归类这一行政行为的法律依据。简言之，商品归类，俗称关税税号归类，需要有法律依据，属于专业性很强而又复杂的法律问题。因此，如果企业没有及时追踪到海关部门的动态变化，贸易不合规风险的概率将会大幅度提升。

其次，以中国海关新发布的《海关注册登记和备案企业信用管理办法》（以下简称新管理办法）为例。新管理办法自 2021 年 11 月 1 日起施行。《海关企业信用管理办法》（2018 年 3 月 3 日海关总署令第 237 号，以下简称旧管理办法）同时废止。新管理办法在取消一般认证企业的信用级别的同时，还强调在 AEO 企业信用异常的情况下海关可以随时复核 AEO 地位的制度，以及严重失信主体名单制度以及联合惩戒制度，释放了要求企业必须加强贸易合规的强烈信号。新管理规定使企业增加了新的行政、刑事责任风险。如：

"第二十三条 失信企业存在下列情形的，海关依照法律、行政法规等有关规定实施联合惩戒，将其列入严重失信主体名单：

（一）违反进出口食品安全管理规定、进出口化妆品监督管理规定或者走私固体废物被依法追究刑事责任的；

（二）非法进口固体废物被海关行政处罚金额超过250万元的。

第三十四条　高级认证企业涉嫌违反与海关管理职能相关的法律法规被刑事立案的，海关应当暂停适用高级认证企业管理措施。"

因此，企业应当随时关注海关总署的法律法规变动，及时发现可能新增的行政风险和刑事风险，这是贸易合规不可或缺的重要环节。

（二）及时学习本国相关部门新出台法律

《中华人民共和国出口管制法》于2020年10月17日通过，自2020年12月1日起施行。该法颁布出台后，对很多进出口企业或进出口业务相关方都会产生影响。首先，出口经营者需要严格自查出口物项、业务性质等；其次，为出口经营者提供代理、货运、报关、第三方电子平台交易、金融等服务的企业也要对客户进行审查，以免承担法律责任；再次，中国企业即便不开展出口业务，也要警惕己方业务中是否存在"视同出口"的行为；最后，因为黑名单管控、再出口等规定的存在，不直接从中国进口货物的外国企业也需要对其日常业务进行审查，以免被纳入黑名单或者违反中国再出口的规定而违反中国法律。及时学习所在国新出台的法律，也是贸易合规的风向指引。

三、涉外人员的合规培训与指引

如果说合规管理制度是对企业内部外部人员的约束，那么合规培训和指引就是对企业内部人员合规意识的深度强化，根本目的是提高合规意识，进而对个体进行指引。也就是说，合规培训就是在没有明确的合规制度，或者合规流程不够完善时，也能根据最高的诚信道德标准做出合规决定。对于贸易合规而言，开展对涉外人员特别是法律人员的合规培训尤为重要，主要可以从以下几个方面着手：

（一）邀请知名涉外律师进行贸易合规专家讲座

涉外法律人才是贸易合规中最重要的角色，近乎是贸易合规审查的核心。而在企业内部，贸易人才和法律人才难以融合，因此需要邀请知名涉外律师对内部的法律人才进行培训，学习如何评估贸易合规风险、如何积极采取措施纠正贸易不合规等。邀请知名涉外律师进行贸易合规专家讲座，可以培养既了解对外贸易、又熟知国内外法律的复合型人才。

（二）组织学习贸易合规经典案例

积极选择典型案例，借助案例讨论、分组对抗、探究式案例研讨等教学方式，将国家贸易实务、关税制度、海关法等课程与实际案例相结合，以提高实务人员进出口贸易合规理论知识的运用能力、进出口贸易合规理论的筹划能力，为从事贸易合规工作奠定良好的基础。

（三）开展贸易合规法律实务培训班

企业内部举办有关贸易合规方面的培训、研讨和讲座，推广企业贸易合规标准，解读企业贸易合规政策，传播企业贸易合规知识理念，弘扬企业贸易合规文化，提升企业贸易合规管理方面的能力。

四、发挥第三方机构的作用

对于建立健全贸易合规制度，企业自身是重点。同时，第三方机构对贸易合规的重视，也能顺应当前企业合规的发展潮流和企业国际化经营的需求，从而推进企业合规管理体系建设，完善合规法律实务，加强人才培养，促进国际合作，为推进"一带一路"建设，助力中国企业"走出去"和跨国经营发挥作用。

（一）贸促会积极引导与融合

中国贸促会积极开展企业合规促进工作，一是开展企业合规培训，二是开展企业境外经营合规风险排查，三是加强企业合规人才职业化建设，四是加强企业合规国际交流。

此外，贸促会还积极与其他行业商协会组织合作，制定有关企业合规的行业规范。同时，基于每个行业的特殊性，与各个行业共同制定新的合规标准，在已有的中国电力企业联合会、中国新能源商会等商协会合作上，不断促进行业企业整体合规。

（二）商会、协会积极参与贸易合规

国际商会、进出口协会、报关协会以及各大具体的行业协会，都在贸易合规建设中承担着引导性角色，引领其协会内部的会员企业提升在进出口贸易环节中的法律意识，提高贸易合规水准。首先，要积极关注会员协会的贸易合规情况，对于合规行为给予肯定，对于不合规行为在企业内部也应当有一定的体现，如多次贸易不合规后将会失去协会会员资格等。其次，要积极走访会员单位，了解会员单位在贸易中可能存在的问题以及可能存在的需求。

（三）公益组织协助微小型企业树立合规意识

在企业合规的大环境下，可以成立相关的贸易合规公益组织。针对没有能力建设合规制度与合规体系的小型企业，积极帮助其树立合规意识，共同营造企业合规氛围和完善企业合规的细节。

第五节　贸易合规监督重点

一、贸易合规监督机构及其职责

贸易监管是贸易合规的重要前提，对于推动和实现贸易便利化，促进国家间的贸易互利具有重要意义。贸易监管的主体是政府及其他有关部门，行政监管是落实贸易合规监督工作的主要途径。如今，对外贸易对国家经济发展愈加重要，因此各国都设立了专门的贸易监管机构，以保障贸易合规，进而促进贸易安全和便利。以美国为例，美国海关与边境保护局（以下简称CBP）和国土安全部是主管美国进出口货物流通的主要机构，其职能主要是监督、管理和促进货物进出口。CBP的政策制定主要出于三个方面的考量：确保通过进口港入境的货物顺利流通；保障贸易和海关法的实施以保护美国消费者和企业并征收关税；实施《进口安全法》以防止大规模杀伤性武器和非法毒品以及其他走私货物进入美国。[1] 为发展对外贸易，我国在与国际接轨的基础上，对贸易活动的整个流程建立了全面的行政监管体系，涉及的监管机构包括商务部、财政部、国家税务总局、海关总署、国家出入境检验检疫局（现划入海关）、国家外汇管理局等国家机构。以下对主要的监管机构及其职责进行说明。

在我国，商务部是负责国内外经贸事务的主管机构，主要从维护国家安全、促进经济发展、保障国家利益的根本点出发，负责拟定进出口贸易发展战略、政策，推进国际合作，实施贸易保护、预测预警、贸易救济、境外风险防范等方面的工作。财政部和国家税务总局是对进出口商品关税税率进行管理的机构。

海关是我国的进出境监督管理机关，是捍卫国家对外经贸往来合法权益的国家行政机构。监管、征税、缉私、统计被称为海关的传统职能或基本职能。其中，监管是海关最基本的任务；征收关税和其他税费是当前海关的重要任务之一，是保证对外贸易活动中国家财政收入的重要关口；海关统计是国家制定对外经济贸易政策、进行宏观经济调控、实施海关严密高效管理的重要依据；海关在对出入境货物进行执法监管的过程中要严厉打击走私犯罪行为，保护国

---

① See U. S. Customs and Border Protection: Trade Facilitation, Enforcement, and Security, 2015, p. 2.

家的政治经济利益不受损害。此外，自 2018 年我国检验检疫系统归入海关后，检验检疫成为我国海关的重要职责，对出入境货物、交通运输工具、人员及事项进行检验检疫、管理及认证，提供官方检验检疫证明、居间公证和鉴定证明，并通过查处重要动物疫病和有害生物，保证进口食品安全，负责出入境交通运输工具和容器的卫生除害处理等，以保障国民人身安全、生态环境安全，维护稳定的社会秩序和国家安全。[①]

根据《出口管制法》第五条第一款的规定，国务院、中央军事委员会（以下简称中央军委）承担出口管制职能的部门（统称国家出口管制管理部门）按照职责分工负责出口管制工作。可理解为，目前负责出口管制工作的商务部、国家国防科技工业局（以下简称国防科工局）、中央军委装备发展部等部门即为规定中的"国家出口管制管理部门"，将继续依法履行各自职责。按照物项的不同类型进行划分，现行的出口管制体系如表 2-4 所示。另外，涉及外交政策的管制物项出口，由前述主管部门会同外交部进行审查；海关总署负责上述物项和技术的出口监管工作，并参与相关违法出口案件的处理。[②]

表 2-4　现行出口管制体系

物项类型	监管机构
两用物项（如核两用、生物两用、化学两用、导弹相关两用物项等）	商务部分别会同国防科工局（国家原子能机构）、工业和信息化部等部门管理
军品出口	国防科工局、中央军委装备发展部管理
核出口	国防科工局会同商务部等部门管理

依据《外汇管理条例》，外汇管理局是我国外汇管理的主要职能机构，国家外汇管理局承担着全国外汇市场的监督管理工作，负责依法实施外汇监督检查，对违反外汇管理的行为进行处罚。近年来，国家外汇管理局适应国家治理体系和治理能力不断完善外汇市场"宏观审慎+微观监管"两位一体管理框架。宏观层面上，健全外汇市场基础设施建设，防范系统性金融风险；微观层面上，注重加强对外汇市场各类主体包括企业、个人、银行、支付机构等的监管，对市场主体的交易行为加强真实性审核，打击外汇领域违法违规活动，维护外汇市场秩序。[③]

[①]　商务部与海关监管职责参见石良平等：《经济大国的贸易安全与贸易监管》，上海交通大学出版社 2015 年版，第 159-155 页。

[②]　参见刘新宇、景云峰：《〈出口管制法〉——解读、评论与展望》，载中国人民大学海关与外汇法律研究所主编：《跨境贸易与行政监管法律实务》，法律出版社 2021 年版，第 213-226 页。

[③]　参见丁佳、谢臻：《银行外汇业务监管趋势分析与合规经营研究》，载《开发性金融研究》2020 年第 4 期，第 34-41 页。

二、合规监督重点事项实例

（一）海关：AEO 制度

为缓解促进贸易便利化和加强贸易安全之间的矛盾，世界海关组织（WCO）2005 年 6 月签署了《全球贸易安全与便利标准框架》（以下简称《标准框架》），其目的和内容主要是制定确保贸易便利与安全的标准与原则，其中 AEO 制度是其核心内容，通过实施 AEO 制度，海关能够提升对风险的防控，保障货物供应链的安全，促进监管资源的有效配置，AEO 企业能够享受简化单证、缩短通关时间等优惠措施，因此，AEO 制度对海关和商界都具有十分重要的价值。[①] 作为 WCO 成员国，我国近年来积极实施 AEO 制度，打造信用管理体系，截至 2020 年 5 月，全国海关共认定 3236 家高级认证企业、25624 家一般认证企业、142.44 万家一般信用企业和 6788 家失信企业。[②]

在海关组织的推动下，我国 AEO 制度的实施已经取得一系列的成效，但目前全面有效地推进 AEO 制度的实施仍然面临诸多问题，需要采取措施进行完善。第一，在全国海关全面推进 AEO 制度的实施存在认证标准不统一的问题，因为除了我国海关总署制定的认证标准和程序外，各地海关还根据各地企业的具体情况制定相关的执行标准和配套措施，而且这些地方标准和措施极不稳定，朝令夕改、认证成本高、程序复杂、审批烦琐等问题严重影响了 AEO 制度在我国的进一步实施；第二，海关与企业之间尚未建立伙伴关系，目前我国海关和企业之间的关系更倾向于管理与被管理者间的关系，而显然这种被动式的管理关系不利于 AEO 制度的推进；第三，海关与相关部门合作不紧密，信息互认不畅通，无论是海关内部或海关与政府相关部门之间都没有真正落实"三互"原则，不利于海关内部及政府各部门的协调与合作；第四，海关检验风险后置，后续监管缺失，留有合规监管空白。[③] 因此，作为货物贸易通关过程中最重要的监管机构，我国海关需在解决上述问题的基础上进一步推动 AEO 制度的实施，在保证贸易安全的同时促进贸易便利化。

（二）外汇：虚假贸易融资问题

2016 年至 2018 年，外汇管理局共查处企业虚假贸易融资案件 179 起，涉及违规金额合计 17.4 亿美元，共处罚款人民币 2.36 亿元。其中，转口贸易业务（含离岸转手买卖）属风险高发领域，涉及虚假贸易融资案件共 82 起，涉案金额 10.5 亿美元，占比分别达 45.8% 和

[①③] 参见杜玉琼：《我国海关 AEO 制度实施的困境与路径》，载《四川大学学报（哲学社会科学版）》2018 年第 6 期，第 183—189 页。

[②] 参见新华网《信用就是金钱！海关力推 AEO 信用体系稳外贸》。

60.3%；出口项下虚假贸易融资案件为85起，涉案金额4.7亿美元；进口项下虚假贸易融资案件12起，涉案金额2.2亿美元。从外汇检查情况看，虚假贸易融资在具体操作上主要存在以下类型：一是企业利用伪造、变造或涂改等"虚假"的贸易单证，虚构贸易背景，向银行申请融资。二是企业利用已经完成进出口业务或收付款等的"无效"贸易单证，或者借用他人的真实有效单证，向银行申请融资。三是"重复"使用报关单、合同、发票等同一单证，在多家银行，特别是异地银行申请融资。四是在真实贸易基础上，通过"高报"进出口商品的价格、数量、质量，向银行申请远超真实贸易规模的融资。五是通过构造贸易背景和借用银行信用，达到套取境内与境外汇差利差的目的，而非出于真实的贸易目的和交易需要。①

虚假贸易融资操作手法专业、影响广、蔓延快、隐蔽性强，对现有监管手段形成了挑战，影响外汇管理的有效性。具体来说，目前存在六个方面的监管难点。一是背景"逼真化"，考验监管法规适应性。现行货物贸易外汇管理的基础，就是交易单证真实且与外汇收支一致。但针对"真单证、真交易"的构造贸易，表象真实而内在与之不符，现行外汇法规对虚假交易的判定存在取证难、定性难、处罚难等问题。二是手法"升级化"，挑战监管前瞻性。虚假套融活动围绕外汇检查关注点不断"推陈出新"，从最初虚造单证，到借用或重复使用单证、再演变成供单公司直接参与单证流转以及大宗商品交易商介入提供专业套融服务，手段日趋对外汇监管的前瞻性提出挑战。三是模式"扩散化"，提升监管紧迫性。虚假套融活动在货权单证制造、境内外资金摆布、套融手法等方面，均呈现出"一致性"和"标准化"特征，其带来的结果就是易迅速复制，造成虚假套融活动蔓延，对外汇监管效率、范围和强度提出了更高要求，提升了监管的紧迫性。四是业务"异地化"，挑战监管的外延性。采取异地业务办理模式，业务办理地外汇局仅能调取业务办理材料，但无法对企业实地检查；凭借境外单据交易，境外仓单和提单真实性以及境外单证衍生的交易链，目前外汇监管也无有效手段加以核实。五是企业"正规化"，考验监管敏感性。一些涉案企业在开展虚假套融前是正规企业，合规经营数年，在银行取得较大规模授信，便开始从事虚假套融活动。由于对套融流程熟悉且已取得银行信任，银行和外汇局对其审核和监管敏感度不高，虚假操作不易被发现。六是银行"逐利化"，加剧监管复杂性。在利益机制驱使下，有的银行为企业设计高息揽储的组合融资产品，通过不断循环，放大存贷款规模，甚至为企业出谋划策，提供虚假套融指导，成为违规活动的主推手，与监管目标背道而驰。

为有效解决贸易融资监管的难点问题，需要探索建立"以立法为基础、理念转变为根本、部门协作为保障、信息共享为支撑、银行风控为主线"的全方位、多渠道纵深监管模式，从根本上防范和减少虚假套融风险。具体可从以下几个方面入手：第一，从立法角度对形式真实但

---

① 肖胜：《关注虚假贸易融资风险》，载《中国外汇》2019年第16期，第44—46页。

实质违规的"真单证、真交易"行为进行监管，明确对构造型交易的违规定性问题，为检查和打击虚假套融提供法规依据。第二，由合规性、表面真实性监管转变到合理性监管。第三，加强公安、海关、海事等部门的协作，利用各部门优势在企业调查、报关信息比对、船只轨迹查询、境内外仓单核验等方面进行联合调查和检查，形成多层次、多部门的监管合力。第四，拓宽尽职调查渠道，如引入第三方调查机制、建立和完善征信及黑名单制度，拓宽信用记录采集范围、加强信息共享，为银行尽职调查和识别违规行为提供可靠依据。第五，牢筑银行风险防控体系。首先，以风险为本开展检查；其次，通过风险提示函、案例通报、约谈等形式及时提示风险；最后，要对银行未能有效落实展业三原则，甚至助推违规业务开展的行为，加大检查和处罚力度，以维护外汇市场的秩序。①

(三) 中国贸促会：促进企业合规建设

我国主要的贸易促进机构是中国国际贸易促进委员会（以下简称中国贸促会），根据其章程规定，中国贸促会是由中国经济贸易界有代表性的人士、企业和团体组成的全国民间对外经济贸易组织，是中国共产党和中国政府联系经贸界人士、企业、团体的重要纽带，是境内外工商界开展经贸交流合作的重要桥梁，是促进开放型经济发展和服务对外工作大局的重要力量。中国贸促会的宗旨是，根据中华人民共和国宪法、法律、法规，参照国际惯例，促进中国与世界各国、各地区之间的贸易、投资和经济技术合作，增进中国人民同世界各国、各地区人民和经济贸易界的相互了解与友谊，维护中国公民、法人在海外的正当权益。② 可见，促进贸易是贸促会的主要宗旨之一，贸易合规需要贸促会发挥支持和引导功能。而在中国企业"走出去"的背景下，合规问题面临诸多挑战。部分企业在"走出去"的过程中，不了解国际规则，缺乏科学的论证，盲目发展，有的压价竞争，相互拆台，有的片面追求业绩，不顾成本代价，有的不注重保护环境，不注意安全风险防范等。③ 因此，我国的贸易促进机构要进一步给企业提供合规指引，促进企业合规建设。具体可从以下几个方面入手：倡导传播企业合规文化；推进企业合规管理体系建设，强化依法合规制度；完善企业合规法律服务，有效防范经营风险和管理风险；加强企业合规人才培养，提升合规保障能力；加强合规国际规则相关法律的研究，以及与世界各国和国际组织的交流。④

----

① 参见张朝晖、徐潇：《管窥虚假贸易融资模式及监管实践》，载《中国外汇》2019年第16期，第38-40页。
② 中国国际贸易促进委员会官网：中国国际贸易促进委员会章程，访问地址：https://www.ccpit.org/a/20210104/20210104jm4s.html。
③④ 郭艳：《严守合规"生命线"，出海才能"立足稳"》，载《中国对外贸易》2018年第5期。

第三章

网络安全与数据合规

大数据时代，数据已然成为重要的生产要素，蕴藏着巨大的价值，在企业生产经营活动中发挥着日益重要的作用。"在数据经济时代，数据是推动新一轮技术创新、制度创新和管理创新的关键生产要素，是资本、物质、技术、人员等其他生产要素高效组合的纽带与核心，数据的开放、流动和共享将颠覆传统工业时代的商业形态和产业边界，一个以数据资源的开放利用为核心动力的数据经济时代全面来临。"[①] 同时，数据合规是企业合规的重要组成部分。数据利用的背后潜藏着巨大风险，数据的不当处理将会对个人人格、财产权益、社会利益乃至国家安全产生威胁。近年来，随着数字经济的发展，我国进入了数据立法的春天，《网络安全法》《数据安全法》《个人信息保护法》对企业数据合规工作提出了更高要求。从这个意义上，数据合规成为大数据时代企业合规工作的重中之重，推动企业开展数据合规建设具有现实的紧迫性与必要性。

第一节　网络安全与数据合规概述

一、网络安全合规概述

（一）网络安全合规概述

理解网络安全合规的基本内涵，对明确网络安全合规基本目标具有基础性作用。关于网络安全合规的基本内涵，可以从网络安全和网络安全合规两个角度进行理解。

对网络安全合规进行系统阐述的前提即是回答"什么是网络安全？"这一基本问题。网络安全主要由两部分构成，即网络自身系统的安全和网络信息的安全，这意味着一方面要保证网

-----

① 惠志斌：《数据经济时代企业跨境数据流动风险管理》，社会科学文献出版社 2021 年版，第 57 页。

络设备的硬件、操作系统和应用软件的安全，另一方面要注重各种信息的存储、传输安全。由此，可将网络安全定义为：网络系统及网络信息的硬软件被安全保护，不因故意或意外而导致系统与信息遭到破坏、泄露，保证网络的正常运行。因此，网络安全的目的在于保障计算机网络系统不被非法侵占或破坏，保障信息在网络传输中的保密性、完整性、可用性及可控性不受损害。

网络安全合规即是在互联网蓬勃发展和网络社会面临全新挑战的情况之下产生的，可将其定义为：企业在从事网络安全活动，保障网络系统及网络信息的软硬件安全时应当遵守国家法律，国际公约、条约，市场惯例、规则和准则，以及行业规范、公司章程、职业道德等。

（二）网络安全合规管理的基本目标

根据上述对网络安全合规基本概念的分析，结合我国当前网络安全领域的政策和法律法规等提出的要求，可以将网络安全合规的基本目标确定为以下几个方面。

1. 防范企业网络安全合规风险

企业网络安全合规的风险主要分为以下两个方面：其一，企业本身并未遵守相关法律法规、市场规则等规范，导致企业在网络安全方面的合规出现漏洞，企业自身的合法权益受到侵害。如企业未遵守《网络安全法》第二十五条、第三十四条对于建立网络安全事件应急预案的相关规定，可能会导致企业应对网络安全事件的应急处置能力下降，无法迅速根据应急处置操作手册修复网络故障，造成企业信息泄露，财产损失等严重后果。其二，企业本身虽根据相关法律法规、市场规则等规范构建了相应的网络安全管理制度，但在进行网络安全合规管理的过程中未把握好尺度，导致对于他人的合法权益造成损害。如在现实生活中，个人信息及隐私保护是近几年网络安全立法与执法的重中之重，也是企业网络安全合规风险的高发地，企业应当关注新规定的出台，以随时调整与完善个人信息保护制度，及时进行合规自查。总之，企业加强网络安全合规管理以防范企业网络安全合规风险为直接目标，进而保护企业自身及其他主体的合法权益，维护社会公共利益和国家整体利益。

2. 提高网络安全治理效能

网络的迅速发展在促进时代进步的同时，也催生了新的网络安全问题，企业的网络安全合规，有助于提高网络安全治理效能，引领网络健康有序地发展。在网络安全治理的内容方面，网络的发展不但加速了信息的流动，也使得信息的内容更加庞杂，由此催生的新媒体行业，也带来了多元的传播渠道与庞大的用户规模[①]，在此基础上，企业积极推进网络安全合规工作能够加强政府对于网络不良信息的监管，识别因互联网发展而催生的各种各样的网络安全问题，

---

① 参见宋瑞娟：《大数据时代我国网络安全治理：特征、挑战及应对》，载《中州学刊》2021年第11期。

如网络诈骗、网络病毒以及不断衍生的新型网络攻击方式。在网络安全治理的主体方面，随着网络技术被广泛应用到日常生活中，网络的普及率也随之增高，截至 2021 年 12 月，我国网民规模达 10.32 亿人，互联网普及率达 73.0%。① 网络安全合规管理有助于促进政府、网民等多元主体参与到网络空间治理的体系中，不仅为快速应对安全威胁提供基础支撑，也能够根据出现的网络安全问题提出具有针对性的解决办法，提高以企业为主导，政府与个人共同参与保障网络安全的效能。

3. 保障个人合法权益

随着信息时代的到来，公民个人信息的利用和处理规模呈扩大化趋势，为经济发展提供了极大的动力。但与此同时，互联网技术的发展与应用的深化也导致公民信息被非法收集、处理及使用的现象越发严重，由此引发的安全问题日益凸显。各种骚扰电话、短信及邮件打破了人们安宁的生活，更有甚者，引发了刑事犯罪，人民的生命财产安全受到威胁，严重损害了社会的安定和谐②。企业开展网络安全合规管理，有助于从源头处防范网络安全风险，维护健康稳定的网络环境，保障公民个人合法权益。

二、网络安全合规的主要依据

加强网络安全合规管理，构建网络安全合规管理体系，首先要求企业利用网络开展相关活动时必须严格以网络安全相关法律、法规、规章等法律规范为依据，同时也要遵守有关国家标准及行业协会管理规定等，从而确保企业的网络活动在法治的轨道内运行，提升网络活动的规范化水平，防止对网络的稳定、安全运行状态造成破坏。

（一）《网络安全法》

《网络安全法》是我国维护网络安全的基本法律制度，是企业网络安全合规管理的基本依据。《网络安全法》于 2017 年 6 月 1 日起正式施行，是我国网络安全领域的基础性法律，也是国家安全领域的重要法律之一。《网络安全法》全文共 79 条，包括总则、网络安全支持与促进、网络运行安全、网络信息安全、监测预警与应急处置、法律责任、附则等 7 章内容，其制定和实施为国家加强网络安全治理提供了重要的法治保障。整体上说，《网络安全法》的制定贯彻了总体国家安全观的要求，对国家网络安全治理的总体目标、国家网络安全保护和监督管理体制、网络运营者的基本义务、网络活动参与者的权利和义务等网络安全保护的各方面内容作出了具体规定，为我国网络安全治理提供了基础性的法律框架和法治引领。企业在建设、运

---

① 中国互联网信息中心（CNNIC）第 49 次《中国互联网络发展状况统计报告》（2022 年 2 月 25 日）。
② 参见胡启平、陈震：《试析社交网络环境中个人隐私保护》，载《信息网络安全》2010 年第 8 期。

营、维护和使用网络的各个环节均需加强合规管理，在构建网络安全合规管理体系的过程中，必须兼顾各类涉网活动，针对不同环节、不同类型涉网活动中可能存在的合规问题建立应对和处理机制。

（二）网络安全领域其他重要规定

以下就涉及网络安全的部分重点规定和制度进行简要介绍。

1. 全国人大的相关决定和法律

我国目前涉及网络安全的法律性文件主要包括《全国人民代表大会常务委员会关于维护互联网安全的决定》（以下简称《关于维护互联网安全的决定》）、《全国人民代表大会常务委员会关于加强网络信息保护的决定》（以下简称《关于加强网络信息保护的决定》）、《刑法》、《个人信息保护法》等。

《关于维护互联网安全的决定》于2000年12月28日由第九届全国人民代表大会常务委员会第十九次会议通过，是我国较早的涉及网络安全的规定，为企业开展网络安全合规管理提供了重要依据。其主要规定了具体危害网络安全行为的主要类型及所应承担的相关责任，确定了单位和个人在利用互联网的过程中所应履行的相应义务，如发现互联网上出现违法犯罪行为和有害信息时，要采取措施，停止传输有害信息，并及时向有关机关报告等。

《关于加强网络信息保护的决定》和《个人信息保护法》等决定、法律主要从保护公民个人网络信息安全的角度出发，以规范个人信息处理行为为切入点，为网络服务提供者等相关主体设定了具体的网络安全合规管理义务。

《刑法》通过规定危害网络安全的刑事犯罪行为，对企业加强网络安全合规管理提出了严厉要求。如第二百五十三条之一规定了侵犯公民个人信息罪，第二百八十五条规定了非法侵入计算机信息系统罪，非法获取计算机信息系统数据、非法控制计算机信息系统罪，提供侵入、非法控制计算机信息系统程序、工具罪等。

2. 行政法规

我国目前涉及网络安全的行政法规主要包括《计算机信息系统安全保护条例》《电信条例》《互联网上网服务营业场所管理条例》《商用密码管理条例》《信息网络传播权保护条例》等。

《计算机信息系统安全保护条例》是我国颁布的第一部有关计算机安全的法规，主要规定了计算机安全系统建设和应用过程中的安全保护制度。

《电信条例》从规范电信市场秩序，保障电信网络和信息的安全等角度出发，规定了电信业务许可制度、电信网间互联制度等，为维护电信用户和电信业务经营者的合法权益提供了重要保障。

《互联网上网服务营业场所管理条例》从规范互联网上网服务经营活动的角度规定了相关网络安全制度，涉及互联网上网服务营业场所经营单位从事互联网上网服务经营活动的条件、互联网上网服务营业场所经营单位和上网消费者不得利用互联网上网服务营业场所处理的信息类型和不得进行的危害信息网络安全的活动等。

3. 部门规章及规范性文件

我国目前涉及网络安全的部门规章和规范性文件主要包括《电信和互联网用户个人信息保护规定》《互联网直播服务管理规定》《App 违法违规收集使用个人信息行为认定方法》等。

《电信和互联网用户个人信息保护规定》是工业和信息化部颁行的一部重要规章，对维护网络信息安全，保护电信和互联网用户的合法权益发挥了重要作用。

《互联网直播服务管理规定》由国家互联网信息办公室于 2016 年颁布施行，为促进互联网直播行业健康有序发展，维护国家利益和公共利益提供了法治基础。其中规定了互联网直播服务提供者应当落实的主体责任，互联网直播服务提供者应当具备的技术条件、技术能力等内容。

《App 违法违规收集使用个人信息行为认定方法》是由国家互联网信息办公室、工业和信息化部、公安部、市场监管总局联合制定的法律参考文件，对"未公开收集使用规则""未明示收集使用个人信息的目的、方式和范围"等行为进行了规定，对落实《网络安全法》等法律法规具有重要意义。

4. 相关国家标准

为了强化网络安全保护，我国制定了一系列相关的国家标准，主要包括《计算机信息系统安全保护等级划分准则》（GB 17859-1999）、《信息安全技术　网络安全等级保护定级指南》（GBT 22240-2020）、《信息安全技术　网络安全等级保护基本要求》（GBT 22239-2019）等。

《计算机信息系统安全保护等级划分准则》（GB 17859-1999）界定了计算机信息系统的基本概念，并将计算机信息系统的安全保护能力划分为第一级用户自主保护级、第二级系统审计保护级、第三级安全标记保护级、第四级结构化保护级、第五级访问验证保护级五个等级，从自主访问控制、强制访问控制、标记、身份鉴别、客体重用、审计、数据完整性、隐蔽信道分析、可信路径、可信恢复等十个方面明确了计算机信息系统的安全保护技术要求。

《信息安全技术　网络安全等级保护定级指南》（GBT 22240-2020）规定了定级原理及流程、定级对象、定级方法及等级变更等内容，主要提出了确定网络的安全保护等级的方法。根据该标准规定，定级对象的安全主要包括业务信息安全和系统服务安全。由于与这两类定级对象安全相关的受侵害客体和对客体的侵害程度可能不同，因此，安全保护等级也由业务信息安全和系统服务安全两方面确定。

《信息安全技术　网络安全等级保护基本要求》（GBT 22239-2019）是为适应云计算、移动互联、物联网、工业控制和大数据等新技术、新应用情况下网络安全等级保护工作的开展而制定，共规定了五级安全要求，包括安全通用要求、云计算安全扩展要求、移动互联安全扩展要求、物联网安全扩展要求、工业控制系统安全扩展要求等。

三、数据合规的概念

（一）数据的概念界定

意欲对数据合规加以界定，首先必须对数据这一概念加以界定。从目前的研究来看，学者更多是在对比信息与数据的区别中，来对数据的概念加以界定。总体上有三种观点，第一种观点认为，数据的外延窄于信息。持这种观点的学者认为，数据是一种"在计算机及网络上流通的在二进制的基础上以 0 和 1 的组合而表现出来的比特形式"。"信息的外延大于数据。数据只是信息表达的一种方式，除电子数据外，信息还可以通过传统媒体来表达（如纸张、音像等）"。① 第二种观点认为，数据与信息实际上没有区别，并主张将两者混同使用。第三种观点认为，数据的外延大于信息的外延，数据是信息的载体和形式，信息是数据的内容和实质。有学者便认为，"信息是数据的内容，数据是信息的形式，在大数据时代，无法将数据与信息加以分离而抽象地讨论数据上的权利。"② 比较而言，本书认为，第三种观点合理区分了信息和数据的两者差别，更具合理性。从我国的立法实践观之，我国在立法上倾向于第三种观点，即在立法上区分数据和信息两个概念，并分别制定《数据安全法》和《个人信息保护法》，前者调整"数据处理行为"的安全，后者侧重个人信息利用中的保护。并且，在《数据安全法》中第三条对数据这一概念做出界定："本法所称数据，是指任何以电子或者其他方式对信息的记录。"应该说，这个概念较为清晰客观地揭示了数据与信息之间形式与内容的关系。鉴于此，本书认为，数据是指任何以电子或者其他形式对信息的记录。

（二）数据合规的概念界定

数据合规，又称数据保护合规，是指企业及其员工在开展数据收集、存储、使用、处理、共享、转让、跨境或非跨境传输、流动等一系列数据处理行为和活动过程中需符合国际条约、国内法律法规规章、其他规范性文件、行业准则、商业惯例、社会道德以及企业章程、规章制度的要求。企业数据可分为个人数据与非个人数据。个人数据，是指以电子或者其他方式记录的与已识别或者可识别的自然人有关的任何信息，如员工数据与客户（用户）数据。非个人

---

① 梅夏英：《数据的法律属性及其民法定位》，载《中国社会科学》2016 年第 9 期。
② 程啸：《论大数据时代的个人数据权利》，载《中国社会科学》2018 年第 3 期。

数据，是指与个人无关的数据，如企业经营记录、日常管理记录、财务会计记录。本书更多关注的是企业在处理个人数据活动中的合规问题。

四、数据合规的法律属性

数据合规的法律属性，可以从多个维度进行透视。具体而言，包括以下三个维度。

（一）作为公司治理方式的数据合规

合规首先是一个公司治理问题。[①] 企业合规体系是现代公司治理体系中的重要组成部分。根据公司治理理论，现代公司治理体系由业务管理、财务管理和合规管理三大部分组成，合规管理在整个公司治理体系中占据重要地位。在数字经济时代背景下，数据合规作为企业合规的重要组成部分，在现代公司治理实践中的重要性逐渐凸显，开展企业数据治理已然成为公司治理的重要方式和基本内容。企业对数据治理和数据合规工作的重视程度和成效业已成为判断整个公司治理绩效的一项重要指标。

（二）作为企业承担社会责任方式的数据合规

企业社会责任是企业合规的重要理论渊源之一。新的企业社会责任要求企业在追求利润实现发展的同时兼顾社会效益。现代企业之所以走向合规之路，正是其选择承担社会责任之目的使然，数据合规是数字时代企业承担企业社会责任的重要体现。在大数据时代背景下，数据成为除土地、劳动、资本、技术、知识、管理之外一项重要的生产要素，是经济社会转型发展的重要驱动力。与此同时，数据实现数据保护与数据安全需要企业的力量，企业在获取数据红利的同时应当将数据合规作为承担社会责任的重要内容，提升企业数据合规意识，切实将数据合规贯穿于企业相关业务活动的各个环节。将企业数据合规作为企业社会责任的新内涵，是大数据时代企业社会责任的题中之义，是回应数字社会民众个人数据保护诉求的重要方式，能够实现企业良好发展与有关数据保护方面的社会问题。[②]

（三）作为政府监管方式创新的数据合规

从政府监管角度而言，企业合规作为区别于行政许可、行政处罚等传统监管方式的重要监管方式创新，旨在通过向企业提供合规激励，促使其加强企业内部合规管理，进而减少政府的监管压力和成本，体现了元规制理念。"元规制一定意义上的优势在于，它在明确且有意地施

---

① 陈瑞华：《企业合规的基本问题》，载《中国法律评论》2020年第1期。
② 李玉华、冯泳琦：《数据合规的基本问题》，载《青少年犯罪研究》2021年第3期。

加外部影响或监督。如果施加元规制的外部力量，来自一个使命或利益同整体公共利益更为一致的主体，那么将使得自我规制的结果更趋于接近整体公共利益。"[1] 西方国家为督促和吸引企业建立合规管理体系，通过对那些实施有效合规计划的企业给予宽大的行政处理，来推行一种针对合规的行政监管激励机制。其中，在行政监管环节，通过与企业达成行政和解协议或者给予宽大行政处罚等方式，来推动企业建立有效的合规计划，这是西方国家普遍采取的行政监管激励机制之一。[2] 在大数据时代，数据治理成为国家治理的重要组成部分。同时，数据治理呈现出高度的技术性、复杂性和动态性特征，单纯依靠传统的行政许可、行政罚款，不仅成本高昂，而且效果不甚理想，难以实现数据治理的"善治"。而数据合规则是政府开展数据监管治理实践的重要制度创新。从国家角度而言，数据合规为那些掌握着海量数据资源的企业主体施加了一种自我规制的义务和责任，减少了国家数据治理的成本。与此同时，为调动企业开展合规活动，健全企业合规管理体系，为其提供了开展数据合规活动的制度激励，具体包括行政和解、刑事和解等，使其有动力加大对数据合规的投入，有效开展数据合规工作，并最终实现公共利益和私人利益的协调。

五、数据合规的功能

如同数据合规的多重法律属性一样，基于不同的主体和立场，数据合规在功能定位方面，同样具有多重性。

首先，从企业的角度而言，最大限度地避免或者减少数据合规风险，是企业开展数据合规管理的基本目标。我国的企业合规国家标准 ISO 37301：2021《合规管理体系要求及使用指南》在引言中便指出"合规是组织可持续发展的基石，能为组织创造新的机遇"，是实现"良好治理原则"的保障。从短期来看，数据合规管理体系的建立和完善需要企业大量的投入，可能导致企业利润和收益的下降。然而，从长远来看，一个合法合规经营的企业，可以成功地规避各种法律风险，避免因违法违规所带来的法律制裁和监管处罚，避免受到重大财产损失和声誉损失。[3]

近年来，依托丰富的数据要素资源，我国数字经济不断发展壮大。但与此同时，数字产业，特别是一些大型互联网巨头在经营活动中也存在诸如"强制二选一"等不正当竞争行为、利用算法技术进行大数据杀熟等侵犯消费者合法权益的不法行为等。在这一背景之下，近年来，国家在鼓励数字经济健康发展的同时，持续加大了平台反垄断的力度。一方面，

---

① ［英］罗伯特·鲍德温、马丁·凯夫、马丁·洛奇：《牛津规制手册》，宋华琳等译，上海三联书店 2017 年版，第 181 页。

② 陈瑞华：《行政执法和解与企业合规》，载《中国律师》2020 年第 6 期。

③ 陈瑞华：《论企业合规的基本价值》，载《法学论坛》2021 年第 6 期。

国家密集出台了数据领域立法；另一方面，加大了对平台垄断、不正当竞争违法行为的打击力度。此时，市场主体特别是互联网平台类企业经营活动面临的合规风险陡增，一旦在开展业务中对数据处理不合法不合规，很有可能会受到行政处罚、刑事责任追究，进而有可能导致其失去参与特许经营、上市、参与招投标等市场准入资格，甚至被吊销营业执照，从而承受灾难性的后果。

数据合规管理体系的建立和完善，虽然从短期来看需要耗费企业的大量成本，但是从长远来看，却有助于企业防范和化解数据合规风险，减少或者避免遭受行政处罚乃至刑事追诉。一方面，一套科学合理的数据合规体系能够帮助企业及时有效地发现企业在数据采集、存储和利用中存在的合规风险点，进而降低数据滥用行为，防范数据安全风险，减少违法行为的发生。另一方面，只要企业建立起一套科学合理的数据合规体系并严格加以落实，即使企业经营过程中因个别员工的原因发生数据不当使用或数据安全泄露等违法行为，企业自身也可以因建立了数据合规制度而免予承担行政责任或刑事责任。换言之，企业建立科学有效的合规管理体系，能够发挥"隔离带"和"防火墙"的作用，成功地将企业责任与员工责任、客户责任、第三方商业伙伴的责任以及被并购企业的责任，加以切割和分离，成为企业免除行政责任和刑事责任的依据。①

其次，从政府的角度而言，企业数据合规能够分担政府数据治理责任，缓解政府数据治理的压力，提高数据治理的效能。如前所述，数字经济发展的同时滋生了大量的数据滥用行为，数据安全风险也进一步加剧，政府承担的个人数据保护义务也随之增加。然而，政府在数据治理中的功能和作用空间却相对有限。一方面，数据治理是一项专业性强、复杂程度高、技术手段要求高的系统工程。政府囿于自身专业能力和技术手段等条件因素，难以有效地直接开展数据治理实践。另一方面，强调事后威慑的传统政府监管方式在数据治理实践中难以有效发挥作用。数据处理活动包括数据采集、归集、存储、传输、共享、开放、利用和销毁等一系列行为。其中任何一个处理环节出现问题，都有可能造成数据安全风险。因此，仅仅依靠以事前许可和事后处罚为代表的传统"命令—控制"型政府规制，将使得数据治理陷入规制过度和规制不足的困境。诚如学者所言，对于涉嫌行政违法的企业而言，仅仅依靠"严刑峻罚"，根本不足以遏制那些以获取不正当利益为目的的违法违规行为。第一，长期以来，监管部门普遍存在的"选择性执法"现象使得大量违法违规的企业没有受到及时的处罚，这使得部分受到处罚的相对人产生"运气不好"的认识，并在采取非法经营活动方面存在一定的侥幸心理。这种执法方式对于通过违法可以获取巨额非法利益的企业而言，要纠正其违法经营方式，几乎普遍是不成功的。第二，在某些存在普遍违法违规现象的领域，企业基于"理性人"的基本考

---

① 陈瑞华：《论企业合规的基本价值》，载《法学论坛》2021 年第 6 期。

量，会作出"遵守规则即失去竞争优势"的判断，在采取违法经营行为之前，已经将罚款作为一种必要的"经营成本"，而采取"理性违法"的经营策略。这使得传统行政监管手段在数据治理领域容易出现治理失灵现象。[①] 另外，在数据监管体制上，当前数据治理仍面临着"九龙治水""多头监管"的现实困境，难以形成监管合力，也在很大程度上制约了政府的数据治理能力的发挥。

数据合规"是监管主体与企业参与社会治理的新型互动方式，是符合社会治理需要的新型监管模式"[②]。数据合规通过强调作为数据控制者和数据处理者的企业在数据治理中的责任，并通过行政和解、刑事和解等方式激励企业建立健全数据合规管理体系，充分调动企业开展数据合规活动的积极性，使其有动力参与到数据治理活动中来，为传统的、僵化的"命令—控制"式政府监管注入了协商对话的因子，使得数据治理更具柔性、灵活性和回应性，进而达到降低政府数据治理成本，缓解政府数据治理压力之目的。

最后，从个人角度而言，企业数据合规能够减少数据滥用行为，降低数据安全风险，保障个人合法权益，维护个人人格尊严。诚如学者所言："个人数据的不当使用不仅可能侵害个人基本权利或精神利益，而且还可能危害个人的人身安全和财产安全，侵害个人的安全利益。"[③] 大数据犹如一把"双刃剑"，在给个人带来极大便利的同时，也使得个人财产和隐私等权利处于风险之中。近年来，随着我国数字经济的迅猛发展，企业非法获取、兜售和利用个人信息的违法行为层出不穷，严重侵犯了个人合法权益。在国家强势推行平台反垄断形势倒逼之下，平台企业为避免受到行政处罚和刑事处罚，越来越重视数据合规。就个人而言，企业建立科学合理的数据合规管理体系，提高企业内部员工的个人数据保护意识，强化对数据收集、数据存储和数据利用等全生命周期的数据合规管理，能够有效减少个人数据泄露和数据滥用行为的发生，减少乃至避免受到数字霸权的侵害，进而强化对个人数据的保护，达到保护个人隐私，捍卫个人自治，维护和实现个人尊严之目的。

第二节 网络安全领域主要合规风险

随着信息化时代的到来和大数据技术的迅猛发展，企业利用互联网开展业务活动的规模持续扩张，相关行为类型也越来越多样化。可以说，互联网技术的运用为相关企业获取商业利益、实现商业目标提供了巨大动力，大大畅通了企业参与市场活动的渠道，也从整体上带动了

---

① 陈瑞华：《论企业合规在行政监管机制中的地位》，载《上海政法学院学报（法治论丛）》2021年第6期。
② 李玉华、冯泳琦：《数据合规的基本问题》，载《青少年犯罪研究》2021年第3期。
③ 高富平：《论个人信息保护的目的——以个人信息保护法益区分为核心》，载《法商研究》2019年第1期。

社会经济的发展。但对互联网的利用在带来巨大效益的同时，也日益凸显出企业的网络安全合规风险问题。一些企业在利用互联网开展相关业务活动时，存在过度追求经济利益的行为，从而导致对网络安全法律法规等相关规范的违反，出现种种不合规的现象。下面从涉网业务活动的不同类型出发，针对相应的企业主体分别分析其可能面临的主要合规风险。

一、网络产品、服务提供的合规风险

网络产品、服务指的是"作为网络组成部分以及维持网络功能的设备、软件和服务"[①]。提供网络产品、服务是一些互联网企业的重要业务活动。当前，网络产品和服务的种类越来越丰富，如果网络产品、服务提供者违反法律规定的相关义务，将会导致不合规问题，从而需要承担相应的责任。具体而言，其可能面临的网络安全合规风险包括以下三个方面。

（一）违反基本安全义务风险

违反《网络安全法》关于网络产品、服务提供者安全义务的规定，将导致企业主体的相关业务行为不合规。《网络安全法》第二十二条第一款规定，"网络产品、服务应当符合相关国家标准的强制性要求。网络产品、服务的提供者不得设置恶意程序；发现其网络产品、服务存在安全缺陷、漏洞等风险时，应当立即采取补救措施，按照规定及时告知用户并向有关主管部门报告"。可见，网络产品、服务提供者的安全义务包括以下三个方面。

首先，网络产品、服务提供者所提供的网络产品和服务必须符合相关国家标准的强制性要求。强制性标准指的是"旨在实现正当目标，为相关活动的结果规定可证实的要求或为活动的过程规定可追溯的程序，由行政机关制定的强制实施的标准"[②]，是我国标准体系中的重要层级。《标准化法》第二条规定，"本法所称标准（含标准样品），是指农业、工业、服务业以及社会事业等领域需要统一的技术要求。标准包括国家标准、行业标准、地方标准和团体标准、企业标准。国家标准分为强制性标准、推荐性标准，行业标准、地方标准是推荐性标准。强制性标准必须执行。国家鼓励采用推荐性标准"。第二十五条规定，"不符合强制性标准的产品、服务，不得生产、销售、进口或者提供"。第三十六条规定，"生产、销售、进口产品或者提供服务不符合强制性标准，或者企业生产的产品、提供的服务不符合其公开标准的技术要求的，依法承担民事责任"。第三十七条规定，"生产、销售、进口产品或者提供服务不符合强制性标准的，依照《中华人民共和国产品质量法》、《中华人民共和国进出口商品检验法》、《中华人民共和国消费者权益保护法》等法律、行政法规的规定查处，记入信用记录，并依照有关法

---

① 万方、余凯：《网络安全法合规操作指引》，武汉大学出版社 2019 年版，第 52 页。
② 白殿一、王益谊等：《标准化基础》，清华大学出版社 2020 年版，第 26-27 页。

律、行政法规的规定予以公示；构成犯罪的，依法追究刑事责任"。为了提升网络产品和服务的标准化水平，满足网络安全领域标准化建设的实际需要，国务院有关部门将持续推进网络产品和服务领域强制性标准的制定工作。网络产品、服务提供者应当严格执行强制性国家标准，从而规避合规风险。

其次，网络产品、服务提供者不得设置恶意程序。恶意程序通常是指为了对目标网络进行恶意攻击所专门编写的程序。典型的恶意程序包括侵害用户对软件安装、使用和卸载的知情权和选择权的恶意软件，导致对方网络瘫痪的计算机病毒等。实践中，一些网络产品、服务提供者在其提供给用户的网络产品、服务中植入恶意程序，对用户的网络实施攻击行为，以干扰用户网络的正常使用、窃取相关网络数据等。恶意程序的设置有可能给相关主体的合法权益、社会公共利益乃至国家安全利益造成严重损害。网络产品、服务提供者设置恶意程序违反《网络安全法》相关规定，将导致企业不合规的问题，需要承担相应的法律责任。

最后，网络产品、服务提供者在发现其网络产品、服务存在安全缺陷、漏洞等风险时，应当立即采取补救措施，按照规定及时告知用户并向有关主管部门报告。由于受客观的技术条件限制，网络产品、服务提供者在提供网络产品和服务的过程中，有时无法完全避免产品或服务存在安全缺陷和漏洞，从而产生网络安全风险。网络产品、服务提供者一旦发现相关产品、服务有导致网络安全受到损害的可能，不能抱有侥幸心理坐视不管，而应当立即采取相应的补救措施，并按照规定向用户履行告知义务，同时向有关主管部门履行报告义务。如果企业发现其提供的网络产品或服务存在网络安全风险而没有立即采取补救措施，并依法履行相应的告知义务和报告义务，可能加大企业网络安全合规风险。

（二）违反安全维护义务风险

违反《网络安全法》关于网络产品、服务提供者安全维护义务的规定，将导致企业主体的相关业务行为不合规。《网络安全法》第二十二条第二款规定，"网络产品、服务的提供者应当为其产品、服务持续提供安全维护；在规定或者当事人约定的期限内，不得终止提供安全维护"。相关企业主体违反该款规定，将导致网络安全合规风险。

从《网络安全法》第二十二条第二款的内容可知，网络产品、服务提供者的安全维护义务不是一次性的，而是经常性的，不是暂时性的，而是持续性的。实践中，一些企业为了减少运营成本，随意中断对网络安全维护义务的履行，导致对网络安全，特别是对相关主体的合法权益造成损害。《网络安全法》专门规定网络产品、服务提供者持续提供安全维护的义务，正是为了治理网络产品、服务市场的相关乱象。

《网络安全法》对网络产品、服务提供者安全维护义务的设定与《消费者权益保护法》的相关规定存在密切联系。《消费者权益保护法》第二十三条第一款中规定，"经营者应当保证在正常使用商品或者接受服务的情况下其提供的商品或者服务应当具有的质量、性能、用途和有效期限"。网络产品、服务作为具有一定特殊性的产品或服务，其提供也不能违反《消费者权益保护法》的规定。因此，网络产品、服务提供者向用户提供了产品或服务之后，对用户能否正常使用商品或接受服务应当负有责任，同时，对用户所使用的商品或接受的服务的质量、性能也理当负有责任。总之，网络产品、服务提供者只有坚持对其产品、服务进行安全维护，才能确保其始终不发生网络安全合规风险。

（三）违反用户信息保护义务风险

违反《网络安全法》关于网络产品、服务提供者用户信息保护义务的规定，将导致企业主体的相关业务行为不合规。《网络安全法》第二十二条第三款规定，"网络产品、服务具有收集用户信息功能的，其提供者应当向用户明示并取得同意；涉及用户个人信息的，还应当遵守本法和有关法律、行政法规关于个人信息保护的规定"。由此可知，网络产品、服务提供者的用户信息保护义务包括以下两个方面。

首先，相关企业主体所提供的网络产品、服务如果具备收集用户信息的功能，应当向用户明示并取得用户的同意。也即，用户的知情同意是相关企业主体提供具有收集用户信息功能的网络产品、服务的合法性基础。随着信息化时代的发展，信息利用的规模化程度越来越高。当前，越来越多的网络产品、服务提供者在其产品、服务中植入了收集用户信息的功能。正是为了防止对用户信息的滥用，《网络安全法》专门制定了知情同意的法律规则。

其次，相关企业主体的收集用户信息功能如果涉及对用户个人信息的收集，还应当遵守相关法律、法规关于个人信息保护的规定。《民法典》在人格权编规定了个人信息保护制度。为了促进对个人信息的合理利用、维护个人信息相关权益，我国还于2021年专门制定了《个人信息保护法》。《个人信息保护法》第四条规定，"个人信息是以电子或者其他方式记录的与已识别或者可识别的自然人有关的各种信息，不包括匿名化处理后的信息。个人信息的处理包括个人信息的收集、存储、使用、加工、传输、提供、公开、删除等"。《个人信息保护法》就个人信息处理者在处理个人信息过程中所需遵循的基本原则、具体义务等作了细致规定。除了《民法典》《个人信息保护法》等法律，还有一些行政法规也涉及对个人信息的保护。网络产品、服务提供者在处理个人信息时应当严格遵守有关个人信息保护的规定。

二、关键信息基础设施运行的合规风险

《网络安全法》第三十一条第一款规定，"国家对公共通信和信息服务、能源、交通、水利、金融、公共服务、电子政务等重要行业和领域，以及其他一旦遭到破坏、丧失功能或者数据泄露，可能严重危害国家安全、国计民生、公共利益的关键信息基础设施，在网络安全等级保护制度的基础上，实行重点保护。关键信息基础设施的具体范围和安全保护办法由国务院制定"。据此，关键信息基础设施指的是一旦遭到破坏、丧失功能或者数据泄露，可能严重危害国家安全、国计民生、公共利益的网络设施，主要涉及但不限于公共通信和信息服务、能源、交通、水利、金融、公共服务、电子政务等重要领域。根据《网络安全法》相关规定，关键信息基础设施运行的合规风险主要包括以下五个方面。

（一）违反关键信息基础设施建设安全要求的风险

违反关键信息基础设施建设的安全要求将导致相关企业主体网络安全合规风险。《网络安全法》第三十三条规定，"建设关键信息基础设施应当确保其具有支持业务稳定、持续运行的性能，并保证安全技术措施同步规划、同步建设、同步使用"。可见，关键信息基础设施建设者应当遵守的安全要求包括确保设施具有支持业务稳定、持续运行的性能以及保证安全技术措施同步规划、同步建设、同步使用。

首先，关键信息基础设施建设者应当确保设施具有必要的性能，从而为设施的业务稳定和持续运行提供必要支撑。关键信息基础设施的建设和运营关乎重大的社会公共利益和国家利益，如果必要功能缺失，有严重危害国家安全、国计民生、公共利益的可能。对此，关键信息基础设施建设者必须积极作为，慎之又慎，确保设施性能足以支持其业务稳定和持续运行。为确保其性能，应当根据不同行业领域的特点，以本行业领域相关规定为依据，以能够实际、有效地适用于本行业领域为标准来确定具体措施。如《证券期货业信息安全保障管理办法》第十二条规定，"核心机构和经营机构应当设置合理的网络结构，划分安全区域，各安全区域之间应当进行有效隔离，并具有防范、监控和阻断来自内外部网络攻击破坏的能力"。《电信网络运行监督管理办法》第十二条规定，"基础电信业务经营者应当掌握电信网络的技术特性，按照相关技术标准和维护手册操作，采取有效的防护措施，做好机房等电信设施的防火、防雷、防水、防潮、防鼠、防虫、防尘、防盗、防静电和防电磁干扰等工作"。

其次，关键信息基础设施建设者应当确保设施建设过程中安全技术措施实现同步规划、同步建设、同步使用。《网络安全法》规定"三同步"要求的目的是提示关键信息基础设施建设者要注意在建设阶段就做好相应的安全保障，而不是等到关键信息基础设施建成之后的运营阶段再采取安全措施。实践中，一些网络设施在运营阶段发生安全事件，正是源于在设施建设过程中忽视了对安全性能的要求，导致设施建成之后存在安全隐患。而这些安全隐患在设施运营阶段又往往难以消除，即使能够消除也会付出不可估量的代价。因此，《网络安全法》要求，关键信息基础设施在建设阶段就要注重安全技术措施规划、建设、使用的"三同步"，为设施的安全运营打好基础。

（二）违反安全保护义务风险

违反关键信息基础设施运营的安全保护义务将导致相关企业主体的网络安全合规风险。《网络安全法》第三十四条规定，"除本法第二十一条的规定外，关键信息基础设施的运营者还应当履行下列安全保护义务：（一）设置专门安全管理机构和安全管理负责人，并对该负责人和关键岗位的人员进行安全背景审查；（二）定期对从业人员进行网络安全教育、技术培训和技能考核；（三）对重要系统和数据库进行容灾备份；（四）制定网络安全事件应急预案，并定期进行演练；（五）法律、行政法规规定的其他义务"。因此，关键信息基础设施运营者的安全保护义务主要包括四个方面。

第一，关键信息基础设施的运营者应当设置专门安全管理机构和安全管理负责人，并对该负责人和关键岗位的人员进行安全背景审查。设置专门安全管理机构和安全管理负责人目的是对企业的网络安全工作进行统一的组织、协调和管理，从而确保各项安全措施的高效执行。此外，由于安全管理负责人职责重大，且一些关键岗位的人员可能接触到敏感信息，因此需要对相关人员的背景进行安全审查。

第二，关键信息基础设施的运营者应当定期对从业人员进行网络安全教育、技术培训和技能考核。加强从业人员的安全意识，提升相关人员的安全技能素养，是企业加强自律的重要举措，对强化企业网络安全保障具有重要意义。关键信息基础设施的运营者应当充分认识到对从业人员开展安全教育和相关技能培训、考核的必要性，要制订具体的教育、培训和考核计划，定期组织实施相关计划，确保各项工作落实到位。

第三，关键信息基础设施的运营者应当对重要系统和数据库进行容灾备份。对重要系统和数据库进行容灾备份的目的是保证关键信息基础设施因网络攻击等原因受到影响或者停止运行时，能通过容灾备份系统确保数据不会丢失，尽量降低网络破坏所带来的不利后果。容灾备份系统应当能够在关键时候替代主系统运行，保证业务在任何时候都能照常运行。

第四，关键信息基础设施的运营者应当制定网络安全事件应急预案，并定期进行演练。网络安全事件应急预案是在网络设施受到恶意攻击或者自然灾害等因素的破坏时，能够尽量将网络安全事件的不良影响降到最低的重要机制。关键信息基础设施的运营者应当根据法律规定，结合本行业领域和自身所经营业务的特点，制定合理的网络安全事件应急预案。同时，为了检验应急预案的可行性，提升应急预案的实施效率，关键信息基础设施的运营者需要定期组织相关人员进行演练。

（三）网络产品和服务采购风险

违反《网络安全法》针对关键信息基础设施的运营者所规定的采购网络产品和服务的义

务，将使相关企业主体出现不合规问题。《网络安全法》第三十五条规定，"关键信息基础设施的运营者采购网络产品和服务，可能影响国家安全的，应当通过国家网信部门会同国务院有关部门组织的国家安全审查"。第三十六条规定，"关键信息基础设施的运营者采购网络产品和服务，应当按照规定与提供者签订安全保密协议，明确安全和保密义务与责任"。由此，关键信息基础设施的运营者在采购网络产品和服务时应当遵守国家安全审查义务和安全保密义务。

关键信息基础设施运营者在采购网络产品和服务时，如果存在影响国家安全的可能，必须通过国家网信部门会同国务院有关部门组织的国家安全审查。国家安全审查机制的规定与《国家安全法》的相关规定存在衔接关系。《国家安全法》第五十九条规定，"国家建立国家安全审查和监管的制度和机制，对影响或者可能影响国家安全的外商投资、特定物项和关键技术、网络信息技术产品和服务、涉及国家安全事项的建设项目，以及其他重大事项和活动，进行国家安全审查，有效预防和化解国家安全风险"。需要注意的是，如果所采购的网络产品和服务与国家安全无关，则无须启动国家安全审查机制。

（四）个人信息和重要数据境外提供风险

《网络安全法》第三十七条针对关键信息基础设施有关个人信息和重要数据的境内存储和境外提供作出了规定。该条规定，"关键信息基础设施的运营者在中华人民共和国境内运营中收集和产生的个人信息和重要数据应当在境内存储。因业务需要，确需向境外提供的，应当按照国家网信部门会同国务院有关部门制定的办法进行安全评估；法律、行政法规另有规定的，依照其规定"。

首先，对在境内收集和产生的个人信息和重要数据，关键信息基础设施运营者应当将其存储在境内，而不能随便向境外提供。随着经济全球化的不断深入，个人信息和数据的跨境流动规模也在不断扩大。关键信息基础设施涉及国计民生、公共利益和国家安全，因此对个人信息和涉及国家安全的重要数据应当加强保护。如果运营者将这些信息或数据泄露至境外，有可能对国家安全造成重大威胁。而且，对流向境外的信息、数据，国家公权力机关的控制能力也必然减弱，相关安全风险进一步增加。

其次，对于确需向境外提供个人信息和重要数据的关键信息基础设施运营者，其应当按照国家网信部门会同国务院有关部门制定的办法进行安全评估。基于关键信息设施运营者的业务活动特点，为了满足关键信息基础设施运营的现实需要，在特定条件下，关键信息基础设施运营者也可以向境外提供相关个人信息和重要数据。但为了防止对国家安全造成危害，在向境外提供个人信息和重要数据之前，必须严格根据公权力部门制定的相关办法进行安全评估。

（五）网络安全检测评估风险

《网络安全法》针对关键信息基础设施运营者规定了网络安全监测评估义务，违反该义务将使相关企业主体面临合规风险。《网络安全法》第三十八条规定，"关键信息基础设施的运营者应当自行或者委托网络安全服务机构对其网络的安全性和可能存在的风险每年至少进行一次检测评估，并将检测评估情况和改进措施报送相关负责关键信息基础设施安全保护工作的部门"。

首先，对网络的安全性和可能存在的风险，关键信息基础设施运营者应当自行或者委托网络安全服务机构进行检测评估，频率是每年至少进行一次。网络安全风险检测评估是防止关键信息基础设施运营过程中对网络安全造成危害的重要保障机制。关键信息基础设施运营者既要履行上述一系列的网络安全义务，同时也要定期对其网络设施的安全情况进行检测评估。如果运营者自身不具备这样的能力，则需要委托专门的网络安全服务机构代为进行检测评估。同时，也要注意每年至少一次的检测评估频率。

其次，对于检测评估中遇到的问题，运营者要及时制定有效的改进措施，避免网络安全事件的发生。对于检测评估情况和改进措施，运营者应当向有关部门及时报送，以接受有关部门的指导和监督。

三、网络运营者用户信息处理的合规风险

当前，越来越多的网络业务活动涉及对用户信息的利用和处理，与此同时，用户的相关信息权益也面临着越来越多的被侵犯的风险。《网络安全法》第四章规定了网络信息安全相关制度。网络运营者必须严格遵守相关规定，履行相应的安全义务，保护用户的合法权益和社会公共利益。具体而言，网络运营者在用户信息处理方面的合规风险主要包括以下四个方面。

（一）用户信息保护制度缺失或不健全风险

《网络安全法》第四十条规定，"网络运营者应当对其收集的用户信息严格保密，并建立健全用户信息保护制度"。实践中，一些网络运营者对收集到的用户信息进行公开、泄露乃至非法使用等操作，给用户的合法权益造成了严重损害。因此，需要从法律上为网络运营者设定用户信息保护的原则、规则，以确保对用户信息的严格保密，防止用户的信息权益遭到侵害。当前，为了加强对个人信息的保护，我国已出台了一系列法律法规等，为个人信息保护提供了重要的法治保障。网络运营者在收集用户个人信息时需要严格遵守相关规定。但需要注意的是，个人信息的主体只能是自然人，而《网络安全法》第四十条规定涉及的用户信息主体既可能是自然人，也可能是法人和非法人组织。用户信息的具体类型包括自然人的个人信息、隐私以及法人和其他组织的商业秘密等。

（二）违反个人信息收集使用原则风险

《网络安全法》第四十一条规定，"网络运营者收集、使用个人信息，应当遵循合法、正当、必要的原则，公开收集、使用规则，明示收集、使用信息的目的、方式和范围，并经被收集者同意。网络运营者不得收集与其提供的服务无关的个人信息，不得违反法律、行政法规的规定和双方的约定收集、使用个人信息，并应当依照法律、行政法规的规定和与用户的约定，处理其保存的个人信息"。该条规定了网络运营者收集、使用个人信息的基本原则、要求以及禁止行为，是网络运营者处理个人信息的重要根据。其中，合法原则指的是网络运营者在收集、利用个人信息时要有明确的法律依据，且需要满足信息主体的知情同意；正当原则主要是指处理个人信息要做到目的正当和手段正当；必要原则指的是个人信息的处理应当在必要限度内，对个人信息的处理不得与处理目的无关。

为了加强个人信息保护，我国有多部法律法规及其他相关制度对个人信息保护相关问题进行了规定。《关于加强网络信息保护的决定》规定，"国家保护能够识别公民个人身份和涉及公民个人隐私的电子信息"。《个人信息保护法》第五条规定，"处理个人信息应当遵循合法、正当、必要和诚信原则，不得通过误导、欺诈、胁迫等方式处理个人信息"。第六条第一款规定，"处理个人信息应当具有明确、合理的目的，并应当与处理目的直接相关，采取对个人权益影响最小的方式"。第七条规定，"处理个人信息应当遵循公开、透明原则，公开个人信息处理规则，明示处理的目的、方式和范围"。第十三条第一款第一项规定个人信息处理者处理个人信息应当"取得个人的同意"。

（三）违反个人信息安全保护义务风险

《网络安全法》第四十二条规定，"网络运营者不得泄露、篡改、毁损其收集的个人信息；未经被收集者同意，不得向他人提供个人信息。但是，经过处理无法识别特定个人且不能复原的除外。网络运营者应当采取技术措施和其他必要措施，确保其收集的个人信息安全，防止信息泄露、毁损、丢失。在发生或者可能发生个人信息泄露、毁损、丢失的情况时，应当立即采取补救措施，按照规定及时告知用户并向有关主管部门报告"。该条主要就网络运营者向他人提供个人信息的条件、个人信息匿名化处理要求、个人信息保护的安全原则和个人信息安全风险的补救和通知义务作出了规定。

首先，网络运营者在向他人提供个人信息时必须取得个人信息主体的同意。其原因在于向他人提供个人信息对个人信息权益可能产生较大的影响。以取得个人的同意为必要前提，强化了对个人信息权益的保护，能有效防止或减少相关侵权事件的发生。

其次，个人信息匿名化处理要求指的是对个人信息进行无法识别特定个人且不能复原的处理。对个人信息进行匿名化处理可以促进个人信息的利用，同时，是平衡个人信息利用与保护的重要措施。匿名化处理后的个人信息具有高度的保密性，网络运营者在利用匿名化的个人信息时不必再担心其可能对个人的合法权益和社会公共利益等造成的影响。

再次，安全原则要求网络运营者在收集个人信息时，为确保个人信息安全，应当采取相应的技术措施和其他必要措施。网络运营者应当根据个人信息保护的实际需要，从技术上为应对、处理个人信息安全风险提供支持和保障。随着互联网的迅速发展，运用信息技术侵害个人信息安全的问题也日益突出。网络运营者应当加快技术研发，防止黑客等恶意软件或程序的入侵，为个人信息安全提供硬件支撑。

最后，一旦发生或者可能发生个人信息安全风险，网络运营者应当及时处置并及时向用户及主管部门履行通知义务。当网络运营者发现个人信息安全问题时，不应放任不管，任其发展，而应当及时采取必要的技术措施和其他应对措施，尽一切可能将损害或风险降到最低，防止安全事件的发生。在向用户履行告知义务并向主管部门履行报告义务时，应当根据具体情况具体确定告知和报告的内容、形式和时间。

（四）非法获取、买卖、提供个人信息风险

《网络安全法》第四十四条规定，"任何个人和组织不得窃取或者以其他非法方式获取个人信息，不得非法出售或者非法向他人提供个人信息"。该条规定禁止任何组织和个人非法获取、出售、提供个人信息。网络运营者当然需要遵守该项禁止性规定。

首先，网络运营者不得窃取或者以其非法方式获取个人信息。也即，网络运营者获取个人信息的途径和方式必须合法、正当，这是进行个人信息利用和处理的基本前提。比如，网络运营者不得通过技术措施从他人计算机里窃取个人信息。

其次，网络运营者不得非法出售、提供个人信息。《网络安全法》第四十二条规定，"未经被收集者同意，不得向他人提供个人信息"。向他人出售个人信息也是向他人提供个人信息的一种方式。因此，在向他人出售个人信息时，应当征得个人信息主体的同意。此外，在未经个人信息主体同意的情形下，向他人共享、公开个人信息等其他提供个人信息的行为也是为法律所禁止的。

第三节　个人数据保护的合规风险

数据合规管理主要是针对数据的收集、存储、传输、处理、使用等进行管理的活动。数据密集型企业在进行以上的数据处理活动之时，将面临各种各样的合规问题。下面，本书以数据全生命周期管理视角出发，重点分析数据收集、数据存储和数据利用等环节的数据合规风险。

一、数据收集的合规风险

根据 GB/T 35273-2020《信息安全技术个人信息安全规范》（以下简称《个人信息安全规范》）第 3.5 条，个人信息收集系指获得个人信息的控制权的行为，包括直接收集个人信息和间接收集个人信息两种方式，其中直接收集个人信息是指由个人信息主体主动提供、通过与个人信息主体交互或记录个人信息主体行为等自动采集行为，而间接收集个人信息是指通过共享、转让、收集公开信息等间接获取个人信息等行为。个人数据收集是个人数据处理活动的基础，也是个人数据全生命周期保护的开端。[1] 个人数据采集合规是确保整个数据处理活动合法合规的基础性环节。在数据合规实践中，我国企业面临的首要合规风险便来自数据收集环节。近年来，我国移动应用程序软件普及应用程度高，各种应用程序软件层出不穷，但软件质量却参差不齐。其中，存在的一个较为严重的合规问题即收集个人数据问题。具体而言，表现为（1）未经同意擅自收集个人信息。如未经用户同意自动开启程序收集用户的地理位置信息等。《数据安全法》和《个人信息保护法》均明确规定了处理个人信息应当取得个人同意。（2）超范围过度收集用户数据信息。例如，不合理索取用户权限、要求读取手机通信录、使用摄像头、启用录音等功能以及与应用程序提供服务无关的功能。《个人信息保护法》第六条第二款规定，收集个人信息，应当限于实现处理目的的最小范围，不得过度收集个人信息。（3）违规收集指纹、人脸等个人生物特征信息。根据《数据安全法》和《个人信息保护法》的规定，人脸、指纹等表征个人生物特征的信息属于个人敏感信息，在数据收集上适用更加严格的要求。然而，实践中，一些应用程序软件仍在违规收集人脸等个人敏感信息。根据 App 违法违规收集使用个人信息治理工作组 2020 年 11 月 13 日发布的《关于 35 款 App 存在个人信息收集使用问题的通告》，包括"鄂汇办""市民云全国版"等多个 App 存在违规收集个人人脸特征信息的非法收集个人数据行为。[2] 针对实践中存在的移动应用软件违规收集个人信息乱象，2019年 1 月，中央网信办、工业和信息化部、公安部、市场监管总局四部委联合开展 App 违法违规收集使用个人信息专项治理行动，这从侧面反映出我国企业违规收集个人数据问题的严重程度，企业在个人数据收集方面面临巨大的数据合规风险。

二、数据存储的合规风险

个人数据存储中的数据合规风险主要表现为以下几个方面。

第一，个人数据的泄露。其中，导致个人数据泄露的主要有以下几个原因：一是企业自身

---

[1] 刘新宇：《数据保护：合规指引与规则解析（第二版）》，中国法制出版社 2021 年版，第 233 页。

[2]《这 35 款 App 可能正在违规收集你的个人信息》，访问地址：https://baijiahao.baidu.com/s? id = 16835896 31065294927&wfr=spider&for=pc，最后访问时间：2022 年 2 月 3 日。

数据安全保护系统存在漏洞，企业关键信息基础设施容易被攻击、侵入、干扰和破坏，数据处于暴露在阳光下的风险当中；二是企业员工故意或过失泄露用户数据，或逐利，或泄愤，或报复，或竞争；三是外部力量或人员利用木马、病毒、爬虫等计算机网络技术措施对目标企业的数据系统发起攻击，窃取用户数据。① 近年来，国内外大规模数据泄露事件频繁，据安全情报提供商 Risk Based Security（RBS）的一份报告显示，2018 年公开披露的超过 6500 起数据泄露事件中，有三分之二来自商业部门，有 12 起数据泄露事件涉及人数超过 1 亿或更多。与此同时，超过 5000 起数据泄露的根源来自内部安全漏洞，这一数据远远超过了黑客攻击，成为数据泄露的主要原因。用户数据泄露问题已经成为数据合规工作中的重点防控领域。

第二，未按照数据分类分级原则存储个人数据。个人数据分类分级是指依据数据的价值和安全风险，对数据进行分类，在此基础上，再根据数据的价值和安全风险进行分级，并基于不同程度的保护，对网络运营者提出不同的行为要求。② 数据分类分级原则是数据处理活动的一项重要原则，贯穿于数据处理活动全生命周期。在数据合规实践中，企业在数据存储过程中的一个较为突出的合规问题，就在于对收集来的个人数据并未按照数据的价值和安全风险程度进行分类分级。例如，一些企业将个人信息与个人敏感信息混合存储，未对个人敏感信息采取更为严格的存储方式，这势必会加剧个人敏感信息的泄露风险。

第三，超期限存储个人数据。"大数据现在代表一种核心经济资产，它能够为企业带来显著竞争优势并驱动创新和增长。"③ 现实中，鉴于大数据蕴藏着巨大的经济价值，企业通常将数据视为企业的资产。受这一观念影响，企业更倾向于长时间存储数据，并希望个人数据储存期限越长越好，甚至希望永久保存个人数据。然而，这种做法与数据存储期限最小化的要求是相背离的。根据《个人信息安全规范》第 6.1 条规定，存储期限最小化包含两项具体要求：一是个人信息存储期限应为实现个人信息主体授权使用目的所必需的最短时间，法律法规另有规定或者个人信息主体另行授权同意的除外；二是超出个人信息的存储期限后，个人信息控制者应当对个人信息进行删除或匿名化处理。然而，实践中，一方面，企业超期存储数据的情形较为普遍；另一方面，企业对超期存储的数据并未按照规定进行匿名化处理。这就使得数据存储环节存在较为严重的合规风险。

第四，数据存储方式不当。《个人信息安全规范》第 4 条明确个人信息安全基本原则，并要求数据处理者具备与面临的安全风险相匹配的安全能力，并采取足够的管理措施和技术手段，保护个人信息的保密性、完整性和可用性。然而，实践中，一些企业在数据存储过程中，

---

① 颜新华：《网络安全视阈下的数据合规：基本理论、问题审视与中国方案》，载《上海法学研究》2021 年第 1 卷。
② 刘新宇：《数据保护：合规指引与规则解析（第二版）》，中国法制出版社 2021 年版，第 233 页。
③ Joshua Brustein, "RadioShack's Bankruptcy Could Give Your Customer Data to the Highest Bidder", Bloomberg Business, 24 March 2015.

基于自身技术条件和节约成本等目的，对收集来的数据并未采取与其安全风险相匹配的安全措施，导致在储存过程中发生数据失真和数据泄露。

三、数据利用的合规风险

数据收集、存储和传输都是为了数据的利用，由此可见，数据利用在整个数据处理活动中占据着重要地位。数据利用行为将对企业的利益产生直接而重大的影响。"在数字经济中，大规模数据（所谓大数据）的价值日益提升，因为它们揭示的信息模式能够帮助企业理解用户行为和偏好，并相应改进（或定向）自己的产品和服务。这导致活跃在某些服务和软件产品领域的公司，例如定向在线广告，在线搜索、社交网络，将获取'大数据'作为一项重要的竞争优势"。[①]《网络数据安全管理条例》第八条第一款规定任何个人、组织不得利用网络数据从事非法活动，不得从事窃取或者以其他非法方式获取网络数据、非法出售或者非法向他人提供网络数据等非法网络数据处理活动。实践中，很多企业基于追求自身利益最大化之考量，往往会选择非法使用甚至滥用个人数据，进而严重侵害个人的合法权益。具体而言，数据利用环节的合规风险表现为：

第一，强制用户使用定向推送功能。一些企业开发的 App 在未履行告知义务，或未以显著方式标示，将收集到的用户搜索、浏览记录、使用习惯等个人信息，用于定向推送或精准营销，且未提供关闭该功能的选项。

第二，对消费者进行"大数据杀熟"。《网络数据安全管理条例》第四十六条规定，大型网络平台服务提供者不得利用网络数据、算法以及平台规则等对用户实施不合理的差别待遇，损害用户合法权益。"企业通过合作获取更多的个人信息，进而利用信息不对称的优势打造了营销活动中的价格歧视。"换言之，企业利用从个人那里获取的各种信息，转而借助算法模型来对个人的行为和偏好进行分析，并据此来收割消费者剩余。这是大数据时代一些企业正在使用的营销策略。客观而言，这显然与企业所宣称的个性化服务相去甚远，更谈不上是一种促进消费者福祉的经营活动，相反，是一种典型的"剥削性"数据滥用行为。"当各大公司的定价算法得以'心照不宣'地在一个透明市场环境中公然共谋，开展价格歧视时，当大数据可以做到尽可能地获取我们的个人信息并为了攫取我们的财富开展竞争时，在这个竞争市场的假象中，又何谈这种技术进步是为了造福民众"。[②] 在大数据时代，数据滥用行为弥散于企业经营活动的各个角落，甚至已经成为一种广泛存在的营销策略。在日益强化数据保护的今天，数据

---

① ［美］莫里斯·E. 斯图克、艾伦·P. 格鲁内斯：《大数据与竞争政策》，兰磊译，法律出版社 2019 年版，第 45 页。

② ［英］阿里尔·扎拉奇、莫里斯·E. 斯图克：《算法的陷阱：超级平台、算法垄断与场景欺骗》，余潇译，中信出版社 2018 年版，第 44—45 页。

滥用行为已经成为一种典型的企业数据合规风险。

第四节　跨境数据流动的合规风险

1980 年，经济合作与发展组织（OECD）发布的《关于保护隐私与个人数据跨境流动的指南》成为国际上第一份关于隐私保护和跨境数据流动的法律文件，该指南将个人数据跨境流动解释为"个人数据跨越国境的流动"。

一、跨境数据流动规制路径

《出境入境管理法》规定了地理上的边境，网络意义上的边境却难以确定，要将主权意义上的"境"映射到互联网上则只能从数据接收方的国籍、所在地、设备所在地、实质性重于形式等角度进行具体判断，例如数据物理存储介质（电脑、手机、硬盘、服务器等设备）的地理位置、雇员的国籍、境外法律实体的国籍、境内相关数据是否能被境外用户访问以及访问的权限如何等。通常将其理解为"数据从一法域被转移至另一法域的行为"或"跨越国界对存储在计算机中的机器可读数据进行处理"。2024 年 3 月 22 日国家互联网信息办公室发布的《数据出境安全评估申报指南（第二版）》和《个人信息出境标准合同备案指南（第二版）》对数据出境情形作了明确规定：第一类：数据处理者将在境内运营中收集和产生的数据传输至境外；第二类：数据处理者收集和产生的数据存储在境内，境外的机构、组织或者个人可以查询、调取、下载、导出；第三类：符合《个人信息保护法》第三条第二款情形，在境外处理境内自然人个人信息等其他数据处理活动。[①]

数据本地化是数据跨境管理的一种措施，通常理解为"政府要求对在境内收集的个人数据存储和处理必须在境内进行，不允许将个人数据向境外自由转移"[②]，是对数据出境进行限制的做法之一。数据本地化要求数据服务器位于本法域境内，在境内存储或处理数据。目前，全球多个国家/地区提出了本地化要求，宽严程度有所不同，几种模式交织并行，对数据出境的判定需要企业和组织综合出境方式、数据数量、数据属性（重要数据）三大要素并结合相关法规进行综合判断。

---

① 《数据出境安全评估申报指南（第二版）》和《个人信息出境标准合同备案指南（第二版）》第一条，访问地址：https://www.cac.gov.cn/2024-03/22/c_ 1712783131692707.htm。

② 姜伟、龙卫球等主编：《数字法学原理》，人民法院出版社 2023 年版。

表 3-1　数据本地化模式①

模式	具体情况	代表国家	涉及数据类型
无本地化要求，但有出境限制	原则上允许数据合规流动，出发点在于保障个人数据主体的数据权利，不强制要求本地化，但对数据接收方的数据保护水平或保障措施等作出要求。	欧盟、日本	一般个人信息
境内存储关键个人数据，对转移或出境无限制	政府在对必要的因素进行评估后，可以通知数据受托人按照规定的条款和条件向境外的国家或地区转移个人数据，其通常的目的是确保监管需求。	印度	一般个人信息
境内存储，可境外处理	重视国内数据安全，对数据跨境流动实行严格管控，提出了数据本地化的监管策略。数据必须首次存储在国内，满足出境合规条件的情况下可以向境外传输，在境外处理数据。	俄罗斯	一般个人信息
境内存储、处理	奉行宽松的数据跨境流通政策，就美国而言，联邦层面并未立法禁止或限制数据跨境，但针对重点行业或领域的数据实行专门管控，通过立法赋予国内执法机构对境外数据进行长臂管辖的权力。数据只能在境内存储、处理，仅在特定的条件下（如国家安全需求）的情况下，经审批出境。	美国、土耳其、澳大利亚	特殊类别非个人信息/重要数据

二、跨境数据流动合规的风险

（一）数据跨境典型场景

企业评估自身活动是否涉及数据出境，是准确评估自身合规义务的第一步。《数据出境安全评估申报指南（第二版）》（以下简称《申报指南》）第一条规定了数据出境三大情形：数据处理者将在境内运营中收集和产生的数据传输至境外；数据处理者收集和产生的数据存储在境内，境外的机构、组织或者个人可以查询、调取、下载、导出；符合《个人信息保护法》第三条第二款情形，在境外处理境内自然人个人信息等其他数据处理活动。企业通常能够识别第一种数据出境的场景，需要重点盘查是否存在第二种数据出境。

---

① 普华永道：《数据跨境合规白皮书》，访问地址：https://www.pwccn.com/zh/issues-based/data-cross-border-compliance-white-paper-may2023.pdf。

第一种情形：数据处理者将在境内运营中收集和产生的数据传输至境外

1. 通过软硬件介质将数据传输至境外

境内数据处理者将在境内收集和产生的数据，通过软硬件介质传输至境外，是最容易识别和最直观的数据出境方式。常见的软件介质如即时通信软件、电子邮件等，硬件介质如刻录数据的光盘、硬盘、优盘、存储条、笔记本电脑等。此类数据出境比较常规和容易识别，但跨国企业的员工携带笔记本电脑，将存储的数据带到境外总部的情形，经常被企业所忽略。

【典型场景一】 境外资本活动

境内企业在境外直接或间接上市过程中，向境外上市服务机构如证券公司、律师事务所及会计师事务所披露的数据；上市过程中或完成后向境外监管机构披露的数据；其他资本活动如并购境外目标公司，向境外并购服务机构及监管机构披露的数据。跨境资本活动是典型的数据出境场景，我国监管要求建立完善的跨境信息提供机制与规范的流程管理，报有审批权的主管部门批准或备案。

【典型场景二】 外资企业日常经营管理

境外企业在境内设立子公司，子公司向境外总部通过邮件/网盘系统/存储介质等，将子公司在经营过程中收集到的境内经营数据传输给总部，也是常见的数据出境情形。同时，外资企业一般还会涉及员工个人信息出境，因为境外总部基于管理的需要，通常需要将员工的数据传输到总部。

2. 使用部署在境外的服务器

为了满足日常管理需要或者方便业务开展，有的企业需要使用外部供应商的信息平台、软件平台或存储服务，如供应商的信息平台、软件平台或数据库的服务器或云端部署在境外，即使供应商本身位于境内，也属于数据出境。

【典型场景三】 使用的软件服务器在境外

比如，苹果公司在云上贵州建成以前，iCloud 的服务器位于境外；微软 onedrive 不同类型的账号、数据存储于不同的国家；特斯拉在上海建成数据中心以前，其数据也存储在境外，因特斯拉引发的数据安全问题也一度受到高度关注。企业使用服务器在境外的软件时，也可能涉及数据出境。

【典型场景四】 使用境外 SDK 服务

如果企业开发的 App 运用到了境外 SDK 服务，也构成数据出境。软件开发工具包（SDK）被广泛地运用到各类移动互联网应用程序（App）开发中，常见的 SDK 如第三方账号登录、支付、导航等服务功能，SDK 具备收集和使用个人信息的能力。一些企业如使用到境外 SDK 服务，在共同处理和委托处理的情况下，企业对第三方 SDK 的数据出境安全评估同样负有责任和义务。

第二种情形：数据处理者收集和产生的数据存储在境内，境外的机构、组织或者个人可以查询、调取、下载、导出。数据处理者收集和产生的数据存储在境内，没有采取任何主动措施将数据提供给境外的行为，但境外的机构、组织或者个人可以查询、调取、下载、导出的，也构成数据出境。

1. 公开信息

企业因宣传、开展业务的需要，可能在网页、App 上公开信息及数据。发布到互联网的信息，境外通常是可以自由访问的。虽然此前提出境外获取境内已经公开的信息和数据不属于数据出境，但目前实务仍然认为此种情形应属于数据出境。

2. 特殊访问权限

企业因某些特殊原因，比如，应因境外总公司要求，使用境外软件服务商，可能会给予境外软件服务商查询、调取、下载和导出存储在境内的数据的权限，也属于数据出境。

【典型场景五】境外技术服务商访问权限

企业使用境外技术服务商提供的服务。境外技术服务商为境内企业本地化部署软件，软件数据均存储在境内。境外技术服务商在维护该系统时，具有特殊的访问权限，可以调取、下载和导出存储在境内服务器的数据，也属于数据出境的场景。

第三种情形：符合《个人信息保护法》第三条第二款情形，在境外处理境内自然人个人信息等其他数据处理活动

《申报指南》还规定了一个兜底条款，即符合《个人信息保护法》第三条第二款情形，在境外处理境内自然人个人信息等其他数据处理活动。企业可以跟进最新监管动态，根据监管要求及时履行数据出境合规义务。跨境经营的企业一般都需要考虑数据出境合规问题，外资企业与境外总部的人力资源管理、业务合作、技术研究、跨境供应链管理、服务外包等场景，均需要按照法律法规的规定完成数据出境合规流程。

（二）跨境数据合规的难点

第一，数据多样，跨境数据的法律属性识别与分类困难。1. 数据体量大，大数据背景下，企业生产经营过程中产生的数据呈爆炸式增长，且涉及数据类型丰富多变。从数据主体角度，包括客户数据、用户数据、合作方数据、供应商数据、内部员工数据等；从业务经营角度，包括产品数据、日常经营数据、研究/研发数据、内务管理数据等，极大增加了企业数据管理的难度和成本。2. 属性识别难，个人信息、重要数据等在监管定义上通常采用"概括式"的表达形式，虽为企业提供了一定灵活度，也为企业对数据的法律属性类型识别带来了模糊性和不确定性，不同法域对个人信息、重要数据等概念定义存在差异甚至冲突，对企业跨境数据的属性识别和应用管控造成困难。3. 载体拆分难，多种类型的非结构化数据可能同时集合在同一载体或分散在不同载体中，难以拆分、合并和精准识别，如何按照数据来源、内容、用途等进

行数据分类梳理，成为企业数据跨境合规管控的实务难题。

第二，场景复杂，数据跨境的路径、角色及责任识别困难。1. 企业业务场景多样，随着企业成长与发展，业务版图和业务领域不断扩展或变化，配套的内部支撑流程也随之细化，各业务场景交互融合，业务数据随之交互融合，加大了数据跨境路径梳理和相关责任方识别的难度。2. 数据流转路径复杂，数字化转型背景下，企业的业务数据往往通过线上系统进行流转处理，业务系统间数据存在交叉传输的情况；同时，出于成本、效率等多因素考虑，企业的系统服务器通常集中部署、统一管理，导致在全球化业务开展过程中涉及频繁、复杂的数据跨境流转。3. 角色法定含义不同，不同的数据处理角色承担相应的责任和义务，准确识别企业在数据跨境场景下承担的角色、清晰界定双方责任和义务，对数据跨境合规管控非常重要；不同法域对数据处理角色的定义、相应责任与义务的规定不尽相同，复杂的数据流转链条下，企业难以准确判断自身角色，明确责任和义务，为企业数据跨境合规管控的力度决策带来障碍。

第三，规则变动，规则要求多层次、多类型并不断演进。1. 全球规则层次多样，全球尚未形成统一的数据跨境治理框架，各国家/地区受国家安全、数据主权、人权保护、地缘政治、贸易模式等因素影响，制定了侧重点不同、各个层次的数据跨境规则，数据治理和数据跨境流动政策具有很大差异，并积极寻求扩大各自数据生态系统，企业数据跨境规则研究和遵从难度显著增加。2. 不同法域规则冲突，企业在开展数据跨境流动活动时，需要同时考虑数据输出地和输入地的数据跨境规则，但不同法域数据跨境规则的不同，对企业"双向合规"带来困难。由于长臂管辖等因素，同一法域的数据处理行为也可能需要满足多法域规则，存在法律冲突隐患，对企业数据跨境合规应对和治理能力提出考验。3. 规则动态发展变化，自欧洲通用数据保护条例（General Data Protection Regulation，GDPR）正式发布以来，隐私和数据保护的立法和更新浪潮在全球范围内迅速蔓延；各国家/地区对数据保护的重要性形成了普遍认知，基于公民权益、国家安全、数据主权等多重考量的数据跨境规则呈现明确化、具体化的特征，使企业数据跨境合规体系的设计、执行和维护成本进一步加大。

第四，具体合规实践中所存在的具体难点。1. 用户授权与隐私政策难以保证：在收集用户数据前，企业需确保以明示、清晰的方式获取用户的合法有效授权同意。然而，在实际操作中，隐私政策内容可能不够翔实，或未以醒目、显著的方式呈现给用户，导致用户难以了解并同意数据收集处理规则。2. 数据共享与第三方管理的权利义务不明确：跨境电商企业可能与物流供应商、支付服务提供商、第三方平台供应商等第三方进行数据共享。然而，在数据共享过程中，企业需识别角色并明确义务、明确数据使用的目的、确保授权和知情权、采取数据安全保护措施以及建立监管和审计机制等，以管控大量隐私合规风险。

（三）我国数据入境的合规风险

数据入境部分的法律规制从逻辑上看应包含两类，一是对应当入境而受到限制或禁止而无法入境的数据，要求强制其入境；二是对有意愿入境也能够入境的数据进行筛选、禁止或限制某些数据入境。从现行的法律体系来看，并未建立起强制数据必须入境的机制，而对入境数据的禁止或限制则主要体现在对出版、新闻等内容进口的传统管理机制上。我国加入的《国际电信联盟组织法》第三十四条规定"各成员国根据其国家法律，对于可能危及其国家安全或违反其国家法律、妨碍公共秩序或有伤风化的私务电报，保留停止传递的权利……亦保留予以截断的权利"。确认了中国有权对入境信息进行管制；文化部《互联网文化管理暂行规定》要求"进口互联网文化产品应当报文化部进行内容审查"，规定了入境文化产品的审核制。

《网络信息内容生态治理规定》第六条网络信息内容生产者不得制作、复制、发布违反宪法法律、国家安全、英烈名誉，宣扬暴恐民族仇恨、封建迷信、谣言、淫秽色情、诽谤等内容的违法信息；第七条规定网络信息内容生产者应当采取措施，防范和抵制制作、复制、发布含有夸张、丑闻、性暗示、血腥暴力、庸俗等内容的不良影响信息。按照这些信息内容入境规定的限制，我国现行法律对于数据入境的合规风险主要在于入境数据信息可能存在国家安全、文化安全等方面违法以及与民族认同、意识形态等主流文化相抵触，值得关注的是对于此类存在潜在合规风险的入境数据，其合规问题并不是在单纯的数据入境过程中，而是在数据的制作、复制、发布等流通环节。

（四）我国数据出境的合规风险

表3-2　我国数据跨境相关法律规定

法律法规名称	相关条款	核心规定	时间	性质	废存情况
《网络安全法》	第37条	框架性规定，主体限于关键信息基础设施运营者在境内收集的个人信息需境内存储，若有需要境外提供，需经安全评估	2017年生效	法律	现行有效
《数据安全法》	第5条 第33条	1. 数据指各种形式的信息记录，未作其他区分、未有细致的规定，仅规定了促进数据有效利用，促进数字经济发展的基本立场 2. 境外调取需经批准	2021年生效	法律	现行有效

法律法规名称	相关条款	核心规定	时间	性质	废存情况
《个人信息保护法》	第36条 第38条 第39条 第40条 第41条 第42条 第43条	1. 国家机关处理的个人信息应在中国境内存储；确需向境外提供应进行安全评估 2. 境外提供的合法基础：安全评估、认证、标准合同、其他 3. 告知义务 4. 关键信息基础设施运营者和处理个人信息达到规定数量的个人信息处理者需境内存储，出境需评估 5. 司法协助需经批准，并遵从国际条约规定 6. 可对境外组织采取的行动 7. 对境外组织的反制	2021年生效	法律	现行有效
《网络安全审查办法》	第6条	掌握超过100万用户个人信息的运营者赴国外上市，必须向网络安全审查办公室申报网络安全审查	2022年生效	部委规章	现行有效
《网络安全标准实践指南—个人信息跨境处理活动安全认证规范V2.0》	第2条 第5条 第6条	从认证依据与申请条件、个人信息处理者与境外接收方的责任以及个人信息主体权益保障等方面进行了详细规定，旨在加强个人信息跨境处理活动的安全性和规范性	2022年生效	技术文件	现行有效
《申报指南》	第1条 第2条 第3条	明确了数据出境安全评估的适用范围、申报方式及流程、申报材料以及其他相关规定，为数据处理者规范有序申报数据出境安全评估提供了指导和帮助	2024年生效	指导文件	现行有效
《个人信息出境标准合同备案指南（第二版）》	第1条 第2条 第3条	规范个人信息出境行为，确保个人信息的安全和合规跨境流动	2024年生效	指导文件	现行有效
《促进和规范数据跨境流动规定》	第2条 第3条 第4条 第5条 第6条 第7条 第9条	1. 明确规定免予申报数据出境安全评估的情形 2. 自由贸易试验区经批准后，可以自行制定区内需要纳入数据出境安全评估、个人信息出境标准合同、个人信息保护认证管理范围的数据清单 3. 应当通过所在地省级网信部门向国家网信部门申报数据出境安全评估的情形 4. 数据安全评估的结果有效期	2024年生效	部门规章	现行有效

法律法规 名称	相关条款	核心规定	时间	性质	废存 情况
《网络数据安全管理条例》	第34条 第35条 第36条 第37条 第38条 第39条	1. 明确国家网信部门统筹协调数据跨境安全管理工作 2. 对于个人信息出境，应满足八种情形之一 3. 对于重要数据出境，应通过国家网信部门组织的数据出境安全评估 4. 通过安全评估的数据出境活动不应超出原评估范围	2025年生效	行政法规	现行有效

三、我国企业数据合规的重点

（一）数据入境的合规重点

境外企业数据入境交易，需要满足下述合规要求。

1. 主体合规。境外企业应当是依据其所属国家/地区适用的法律法规及其相关规定依法成立并有效存续的市场主体。其中，若选择场内交易的，还应当满足对应交易场所对于主体的要求。

2. 资质合规。境外企业经营数据业务应当符合其所属国家/地区适用的法律法规及其相关规定的要求（含依法应当取得行政许可、审批、备案等资质的情形），依法持续经营并拥有或者控制相关数据。

同时，若依照境内法律法规与监管要求，境外主体在境内开展相关数据业务前需要取得行政许可、审批、备案等资质的，其应当在开展业务前取得。例如，境外主体拟在境内开展境外临床试验数据业务的，则需要遵循《接受药品境外临床试验数据的技术指导原则》相关规定。

3. 业务合规。境外企业数据入境，需要首先遵守本国关于数据出境的规定，在取得数据主体的同意或具备其他合规性依据后方可从本国/本地区出境。

数据入境交易的，境外企业还需要遵守中国境内法律，确保数据来源合规、数据产品可交易、数据产品流通风险可控，且不得提供法律法规禁止的数据产品/服务，如不得提供包含法律和行政法规禁止发布或者传输的信息，或是《中国禁止进口限制进口技术目录（2021）》中构成禁止进口技术的相关业务（如相似度大于70%的深度伪造技术、安全强度高于256位加密算法的数据加密技术等）。

我国关于数据入境的要求。对于入境数据，企业应当对数据进行审查，对于违反我国法律的数据要阻断其制作、复制、发布，对于有违我国核心价值观的数据也应当限制其发布。尤其是涉及恐怖主义的数据，更需要严格管控，按照《反恐怖主义法》的要求在"应当立即停止传输，保存相关记录，删除相关信息"之外，还有义务"向公安机关或者有关部门报告"。

（二）数据出境的合规流程重点

第一，识别数据出境行为。企业应对内部数据处理情况进行调研与盘点，并结合实际情况，识别所涉的数据出境行为。根据《申报指南》，以下情形属于数据出境行为：1. 数据处理者将在境内运营中收集和产生的数据传输至境外；2. 数据处理者收集和产生的数据存储在境内，境外的机构、组织或者个人可以查询、调取、下载、导出；3. 符合《个人信息保护法》第三条第二款情形，在境外处理境内自然人个人信息等其他数据处理活动。

第二，明确合规路径。在识别出数据出境行为后，企业需要结合数据类型、规模、敏感程度以及企业自身属性等因素，判断应采取何种合规路径，并确认是否涉及细分领域的特别监管要求。数据出境的合规路径主要包括：1. 数据出境安全评估，对于关键信息基础设施运营者、处理大量个人信息或重要数据的企业，以及涉及敏感数据出境的企业，可能需要进行数据出境安全评估，评估流程包括提交申报材料、接受审查、获得评估结果等步骤；2. 个人信息出境标准合同，对于处理个人信息的企业，如果数据出境符合一定的条件（如不涉及敏感数据、数据接收方有良好的数据保护能力等），可以选择与境外接收方签订个人信息出境标准合同，并进行备案。

第三，落实合规义务。在明确了合规路径后，企业需要落实相应的合规义务，包括但不限于：1. 数据出境风险自评估，企业需要自行评估数据出境的风险，包括数据出境的目的、范围、方式、期限等是否合法、正当、必要，以及出境数据的安全性和可控性等；2. 制定数据出境安全策略，企业需要制定详细的数据出境安全策略，包括数据加密、访问控制、数据脱敏等措施，以确保数据在出境过程中的安全性；3. 与境外接收方签订法律文件，企业需要与境外接收方签订具有法律效力的文件，明确双方的数据安全保护责任和义务，以及数据出境后的管理和监督措施；4. 提交申报材料并接受审查，企业需要按照相关要求提交数据出境安全评估申报材料或个人信息出境标准合同备案材料，并接受相关部门的审查。

第四，持续监控与改进。数据出境合规不是一次性的任务，而是需要企业持续关注和改进的过程。企业需要建立数据出境合规的监控机制，定期对数据出境活动进行审查和评估，及时发现和纠正问题。同时，企业还需要根据法律法规的变化和监管要求的变化，及时调整和优化数据出境合规策略。

第五，注意豁免情形。根据《促进和规范数据跨境流动规定》，存在以下情形之一的，可免予申报数据出境安全评估、订立个人信息出境标准合同和通过个人信息保护认证：1. 国际贸易、跨境运输、学术合作、跨国生产制造和市场营销等活动中收集和产生的数据向境外提供，不包含个人信息或者重要数据的；2. 在境外收集和产生的个人信息传输至境内处理后向境外提供，处理过程中没有引入境内个人信息或者重要数据的；3. 为订立、履行个人作为一方当事人的合同（如跨境购物、跨境寄递等），确需向境外提供个人信息的；4. 按照依法制定的劳动规章制度和依法签订的集体合同实施跨境人力资源管理，确需向境外提供员工个人信息的；5. 紧急情况下为保护自然人的生命健康和财产安全，确需向境外提供个人信息的；6. 关键信息基础设施运营者以外的数据处理者自当年 1 月 1 日起累计向境外提供不满 10 万人个人信息（不含敏感个人信息）的。

表 3-3　《促进和规范数据跨境流动规定》对于不同种类信息的豁免以及评估要求

		非敏感个人信息	敏感个人信息	重要数据
豁免场景	所有实体	处理境外收集的个人信息		未被相关部门、地区告知或者公开发布为重要数据的
		数据主体是国际合同的一方		
		跨境 HR 处理		
		生命或财产的紧急救助		
	非 CIIO	从当年 1 月 1 日起累计跨境传输少于 10 万		
	自贸区企业	负面清单外的数据		
安全评估	CIIO	任何非豁免场景（通过线下方式申报）		
	非 CIIO	自当年 1 月 1 日起跨境传输超过 100 万	自当年 1 月 1 日起跨境传输超过 1 万	任何重要数据
	自贸区企业	负面清单内需要安全评估的场景		
标准合同/安全认证	CIIO	不适用		
	非 CIIO	自当年 1 月 1 日起跨境传输大于 10 万并小于 100 万	自当年 1 月 1 日起跨境传输小于 1 万	不适用
	自贸区企业	负面清单内需要订立标准合同或通过安全认证的场景		

（三）特殊行业数据出境的合规重点

法律法规对某类数据的出境作出了限制性规定，在不满足条件的情况下，该等数据只能进行本地化存储。目前，我国法律对一些特殊行业的数据或一些特殊类型的数据作出了明确的本地化存储的规定，详见表3-4。金融、医疗健康、地图、出版、汽车等重要行业的专门规定都明确要求数据在中国境内存储。从宏观层面看，数据本地化存储是各国维护国家安全、保护国家数据资产的重要措施。对企业合规而言，实施本地化存储更符合未来的监管趋势。

表3-4 我国特殊行业数据跨境要求

行业	法律法规名称	发布机构	具体要求
金融	《关于银行业金融机构做好个人金融信息保护工作的通知》	中国人民银行	在中国境内收集的个人金融信息的储存、处理和分析应当在中国境内进行。
	《个人金融信息（数据）保护试行办法》	中国人民银行	在中国境内收集的个人金融信息的存储、处理和分析应当在中国境内进行。除法律、法规、规章及有关主管部门另行规定外，不得向境外提供境内个人金融信息。境内金融机构未处理跨境业务时，应当事先取得信息主体的明示同意，并依法开展出境安全评估。个人金融信息出境后，境内金融机构应当建立个人金融信息出境记录并且至少保存5年。
	《JR/T0171-2020 个人金融信息保护技术规范》	中国人民银行	因业务需要，确需向境外机构提供个人金融信息的，具体要求如下：应符合国家法律法规及行业主管部门有关规定；应获得个人金融信息主体明示同意；应依据国家、行业有关部门制定的办法与标准开展个人金融信息出境安全评估，确保境外机构数据安全保护能力达到国家、行业有关部门与金融业机构的安全要求；应与境外机构通过签订协议、现场核查等方式，明确并监督境外机构有效履行个人金融信息保密、数据删除、案件协查等职责义务。
	《中国人民银行金融消费者权益保护实施办法》	中国人民银行	在中国境内收集的消费者金融信息的存储、处理和分析应当在中国境内进行。因业务需要，确需向境外提供消费者金融信息的，应当同时符合以下条件：为处理跨境业务所必需；经金融消费者书面授权；信息接收方为完成该业务所必需的关联机构（含总公司、母公司或者分公司、子公司等）；通过签订协议、现场核查等有效措施，要求境外机构为所获得的消费者金融信息保密；符合法律法规和其他相关监管部门的规定。
	《保险公司开业验收指引》	中国保险监督管理委员会	业务数据、财务数据等重要数据应存放在中国境内，具有独立的数据存储设备以及相应的安全防护和异地备份措施。

行业	法律法规名称	发布机构	具体要求
金融	《征信业管理条例》	国务院	征信机构在中国境内采集的信息的整理、保存和加工，应当在中国境内进行。
	《网络借贷业务活动管理暂行办法》	银监会、工信部、公安部、网信办	由不同的机构分别监管，国家互联网信息办公室负责监管金融信息服务、互联网信息内容和其他业务，必须在中国境内进行。境内贷款人和借款人的信息只有在国家其他法律法规规定的情况下才能转移到海外。借款人的贷款信息、交换信息的内容等数据，自贷款合同到期之日起保留 5 年。此外，贷款合同必须在到期后保留 5 年。
交通	《网约车业务经营和服务管理暂行办法总则》	交通部、工信部等七部委	网约车平台公司应当遵守国家网络和信息安全有关规定，所采集的个人信息和生成的业务数据，应当在中国内地存储和使用，保存期限不少于 2 年，除法律法规另有规定外，上述信息和数据不得外流。
	《关于鼓励和规范互联网租赁自行车发展的指导意见》	交通部、工信部等十部门	要求互联网租赁自行车经营企业在境内经营过程中收集个人信息等相关数据的，必须存储在中国内地境内。
	《汽车数据安全管理办法》	交通部、工信部等五部门	汽车行业经营者和保险公司应当在中国境内存储个人数据和重要数据。需要向境外转移个人数据和重要数据的，经营者必须经过国家网信办组织的出境数据安全评估。
医疗	《人口健康信息管理办法（试行）》	卫计委	不得将人口健康信息在境外的服务器中存储，不得托管、租赁在境外的服务器。
	《人类遗传资源管理条例》	国务院	利用我国人类遗传资源开展国际合作科学研究，或者因其他特殊情况确需将我国人类遗传资源材料运送、邮寄、携带出境的，应当符合条件，并取得国务院卫生健康主管部门出具的人类遗传资源材料出境证明。将人类遗传资源信息向外国组织、个人及其设立或者实际控制的机构提供或者开放使用，不得危害我国公众健康、国家安全和社会公共利益；可能影响我国公众健康、国家安全和社会公共利益的，应当通过国务院卫生健康主管部门组织的安全审查。
出版	《网络出版服务管理规定》	国家新闻出版、广电总局、工业和信息化部	图书、音像、电子、报纸、期刊出版单位从事网络出版服务，应当有从事网络出版服务所需的必要的技术设备，相关服务器和存储设备必须存放在中华人民共和国境内。
测绘	《地图管理条例》	国务院	互联网地图服务单位应当将存放地图数据的服务器设在中华人民共和国境内，并制定互联网地图数据安全管理制度和保障措施。

（四）境外国家数据合规的要求

在合规运行的前提下，充分利用数据跨境流动的国际规则，将极大降低企业的跨境运维成本。通过对全球 50 多个国家和地区的跨境规则进行研究，可以将全球数据跨境规则的主要逻辑结构区分如下①：1. 跨境模式：数据跨境模式通常分为不允许出境、满足条件出境、自由出境三类，其中"满足条件出境"为多数模式，也是监管应对的重点和前提。2. 跨境核心要求：数据保护法令往往在跨境章节的首段列明数据跨境的核心要求，包括同意、同等/充分性保护和批准/评估。各法域的核心要求为其中的一项或者两项的组合。3. 充分性保障措施：保障条件是针对同等保护作为核心条件的国家而言的，部分国家规定了具体的条件，如标准协议、集团内部规则等；部分国家未规定具体条件，企业可以采用最佳实践做法，以自证满足充分性保障要求。4. 克减条件：在满足某些条件的情况下，可以不履行同等的保障条件，即对保障条件的克减。但包括中国在内的有些国家并未规定克减条件。

不同国家/地区的数据跨境合规管控强度不同，致使企业面临的执行难度、合规风险存在差异。以欧盟和亚太经济合作组织为代表的地区性立法以保护个人数据为出发点，推动地区间数据流通，同时在监管和执法程序上更加标准化和透明化；以美国为代表的国家在合规立法中更看重数据自由流动带来的经济效益，在奉行整体宽松政策的同时，为特殊行业提供不同的法律依据，如金融、医疗、电子通信、基础设施等行业；以俄罗斯为代表的国家在合规立法方面受政治因素影响较大，更关注以安全为核心的国内治理，对数据跨境流动施行严格管控，形成"内外双严"的数据安全发展态势。②

企业需要立足自身管理实践，制定重点国家/地区的数据跨境合规策略。企业可根据国别数据跨境风险矩阵，基于自身业务场景、风险偏好等，对不同风险等级的国家/地区制定数据跨境合规管控策略和控制点，包括风险等级、跨境传输路径指引、相关示例/工具、相关责任方和审核方等，并结合各国家/地区的执法力度最终确定数据跨境合规管控策略和控制点，为全球跨境传输提供路径指引。

第五节　网络安全合规管理机制

为了应对网络安全合规风险，企业需要构建相应的网络安全合规管理机制，确保企业的涉

---

① 德勤：《数据跨境合规治理实践白皮书 2021》，访问地址：https://www2.deloitte.com/content/dam/Deloitte/cn/Documents/risk/deloitte-cn-risk-data-cross-border-white-paper-211202.pdf。

② 普华永道、亚马逊云科技：《合规及跨境数据传输联合白皮书 2024》，访问地址：https://d1.awsstatic.com/whitepapers/pwc-cbdt-2024.pdf。

网业务活动在法治的轨道内开展，从而促进企业更好地承担起社会责任，维护好相关主体的合法权益、社会公共利益以及国家安全。

一、网络安全合规风险的预防

为了防止网络安全合规风险的发生，企业应当防患未然，在日常运营过程中即重视强化对网络安全合规风险的预防措施，不为网络安全合规风险创造土壤。

（一）构建完善的合规管理体系

习近平总书记强调，"网络安全和信息化是事关国家安全和国家发展、事关广大人民群众工作生活的重大战略问题"。网信办的成立，显示了国家对"维护网络安全"的重视及国家围绕网络安全开展顶层设计的决心。《网络安全法》的出台，明确了网络空间主权、重要数据跨境传输的规则等内容，标志着我国在网络治理领域迈出了重要一步，在此基础上，企业应当以网络安全领域法律法规和其他相关制度为依据，做好网络安全合规工作的内部制度设计，构建完善的网络安全合规管理体系。

在宏观层面，企业应当积极响应政府宣传、引导、预警等工作，及时跟踪网络安全立法动态，尽快配合普及网络安全合规管理的相关知识，提供经常性的案例警示和风险提示，努力构建安全的网络环境，为个人网络安全提供足够的保护；在微观层面，企业各职能部门应根据分工，精准发力，逐步配合完成法律、技术、制度等方面的衔接与优化，立足现有条件，为网络安全合规提供充分的预防方案。此外，虽然安全补救措施在网络安全的保障中相对存在一定的滞后性，但相应的技术手段能够有效遏制众多衍生危害的产生，因此是网络安全合规管理的重要内容。特别是在受客观条件限制，企业的网络安全保障能力尚不十分完备的情况下，企业应重视信息技术的创新开发，充分发挥企业家精神，发扬"责任系于心，勇当生力军"理念，不断开拓创新，彰显企业作为社会责任主体的积极性、主动性和创造性。

（二）完善内部合规培训及奖惩机制

企业应当加强对员工网络安全合规意识的培养，建立网络安全知识定期培训制度，促使员工强化学习，拓展认识，经常性地组织学习网络安全事件，引导员工如何正确规避可能存在危险因素的操作点。例如，不打开来源不明的邮件，不登录不安全网址等。同时，要加强运维工作人员网络管控能力，提高对网络运维的重视程度，构建相应的网络管理机制，加强对网络环境的监控。鼓励企业员工自主学习网络安全合规知识，研读《网络安全法》等法律、法规及其他重要制度规定，注重发挥企业员工参与网络安全合规培训的积极性和主动性。鼓励员工合作并支持企业的网络安全合规机制，自觉履行相应的网络安全合规义务。对认真履行义务，能够较好地满足合规要求的员工建立奖励机制；对故意不遵守合规要求的员工根据具体情节建立惩罚机制；对自身素质、能力满足不了合规要求的员工应当建立再培训、调岗、处罚等机制。

（三）建立内部监督管理体系

《网络安全法》《互联网新闻信息服务管理规定》《互联网新闻信息服务许可管理实施细则》等法律法规的出台为企业推进网络安全合规管理，尤其是为企业加强对个人信息处理各个环节的保护提供了法律依据。这要求各类企业主动作为，加强对企业内部的监督管理，积极自查自纠，探索保护网络安全的有效机制。具体而言，要筑牢"源头"防火墙，对掌握个人重要信息的部门加强内部监督，实现查看、下载等环节的全程监测，做到全程留痕，便于倒查①。

大数据时代，企业应当认识到网络安全合规面临的严峻风险，积极采取相应的保护措施，并意识到机遇与挑战并存的现实状况，抓住机遇，持续完善网络安全合规管理。网络安全管理人员需要加大管理力度，将不安全因素遏制在摇篮里。定期对企业内部员工进行抽查，检查其在网络安全方面的职业修养与实操能力，确保企业内员工能够掌握必要的计算机系统安全操作技巧，从根本上保证企业内信息的安全。此外，企业应当确定网络安全合规管理的关键岗位并定期进行网络安全合规风险测评，建立独立的检察部门或监督部门，时常走访调查以防微杜渐。

二、网络安全合规风险的应对

由于自身技术条件等客观因素的限制，企业有时难免会发生网络安全合规风险。当网络安全风险发生或者可能发生时，企业应当积极采取应对和补救措施，防止损害结果的扩大。为此，企业在合规管理过程中，应当根据风险起因的不同，从不同的维度做好对网络安全合规风险的应对工作。

（一）完善合规风险应急处理机制

如果企业做出了不合规的涉网业务决策，这就意味着企业自身违反了网络安全相关规定。此时会引发网络安全主管部门的约谈、调查，或者权益受侵害主体的举报或起诉。对此，企业的应对应当及时、真诚和全面，体现对网络安全合规的高度重视，以及对不合规问题坚决处理的态度。

首先，面对监管部门的调查和相关权益主体的举报或起诉，企业应当及时回应，并进行全

---

① 参见范晓明、陈晨：《大数据视角下个人信息安全风险及对策浅析》，载《北京警察学院学报》2018 年第 1 期。

面的自查与自证，充分准备相关证据。准备工作应当包括对自身涉网业务活动是否构成网络安全不合规的核实、对自身活动不构成网络安全不合规的自证、自身涉网业务活动引发的网络秩序损害程度以及相关权益主体因此遭受的实际损失和可能损失等。

其次，企业应当积极寻求协商或调解。在无法查明自身业务活动是否构成网络安全不合规，或者查明自身行为确实构成违反网络安全相关规定的，应当与调查发起部门或举报、诉讼的提起主体进行协调、沟通。一方面，表明自身对网络安全合规的重视态度和一旦发现问题后的整改决心，进一步了解自身可能存在的不合规活动所违反的具体规定，以及目前造成的影响或未来可能造成的影响，为及时制订具体、有效的应对方案创造条件。另一方面，了解相关权益主体的诉求，并寻求协商解决的机会。

最后，企业如发现自身涉网业务活动确实违反了网络安全相关规定，应当及时进行整改以避免损害的进一步扩大，同时使企业行为尽快回归合规轨道。企业可以尝试通过向监管部门签署合规承诺书、及时整改、积极赔偿等方式，获得调查机关的谅解；或者与提起诉讼的主体充分协商，积极赔偿，减少相关主体的利益损失，从而获得谅解，缓和矛盾，尽最大可能保护企业声誉，以更加符合双方利益需要的方式促进纠纷的最终解决。

（二）形成合规风险应对长效机制

网络安全合规风险发生后，企业应当及时采取应对措施。同时，要细致分析合规风险的发生原因，认真吸取教训，总结合规风险的应对经验，进而改进自身的网络安全合规管理制度，形成网络安全合规风险应对的长效机制。

首先，企业应注重网络安全技术的更新迭代。加密技术、访问控制技术、防火墙技术、入侵检测技术、认证技术构成了传统网络安全技术的基础，但在大数据时代下，信息技术更新迭代速度加快，企业需要加强技术创新，确保内部机房环境、视频监控系统、防火墙、入侵防御系统、数据库审计系统、应用交付系统等的安全[1]。具体而言，企业自身应充分发挥认证技术的优势，设置安全认证系统，只有经过网络安全授权的内部员工才有资格访问企业内部数据，以防止外部人员攻击企业内部系统，损害企业网络安全。此外，网络安全技术的迭代还体现在访问控制方面，通过使用访问控制技术防止外部人员非法获取企业内部的网络信息数据，从而保证企业内部的数据安全。

其次，企业应合理划分网络安全区域。企业网络在不同区域层次的关注点有所不同，这要求企业在对网络安全区域进行实际划分的过程中，应充分考虑到网络业务需求与管理要求，通过合理划分安全区域来保证安全防护的针对性，从而提升网络安全保障措施的有效性。具体而

---

[1] 参见戴明禹：《大数据时代企业管理中信息安全研究的现状与展望》，载《情报科学》2017年第12期。

言，企业应当以业务需要为标准，把企业网络分成外网与内网，将两者区分以隔离可能存在的安全威胁；同时，企业可以划分内网与外网的安全区域，确定内外网安全区域的边界，从而明确判定维护网络安全的对象与范围。① 此外，企业可以依照安全防护等级与系统行为将子网区域精细化、具体化，并明确不同子网所对应的不同等级保护要求，利用分级分层防护方法维护网络安全。

最后，企业应当着重增强内部相关责任人的网络安全合规风险意识。构建日益完善的网络安全合规风险的应对机制，是现代企业发展的必然趋势，更是现代信息技术手段在企业管理体系当中应用的必要选择。因此，企业自身需要加强对网络安全防护工作的重视程度，推动更高水平的防护体系建设。企业需要加大对网络安全防护体系建设重要性的宣传力度，确保全员都能够正确认识网络安全价值，并为安全防护体系建设贡献力量。除此以外，企业还要加强对员工的教育培训，为网络安全防护体系的构建培育人才。企业应对全体工作人员进行专业技能与安全防护意识方面的培训，培训方法要尽可能地实现多样化，将在岗培训和对外委培结合，激励企业员工主动参与到网络安全防护体系建设当中，加强对网站使用人员的网络安全教育，普及网络安全知识，培养网络安全技能，增强网络安全意识。要使员工具备识别日常工作中潜在网络安全风险的能力，做到来源不明的链接、程序或邮件不访问、不运行、不查看②，网站运维人员应当提高对网络运维的重视程度，加强对网络环境的监控，严格按照安全操作规程进行运维操作，切忌贪图方便绕过安全防护策略，避免不安全的操作或配置给网络安全带来危害。企业还应注重引进高素质的网络安全合规人才，通过发挥他们的专业能力来保证防护体系的建设效果，用好专业人才，达到"术业有专攻"的效果。

第六节　应对数据合规风险的机制建构

一、建立科学合理的数据安全风险评估机制

数据合规管理是以有效防控数据合规风险为目的，以互联网企业为代表的数据密集型企业及其员工的数据活动为对象，开展包括数据合规制度制定、数据合规风险识别、数据合规审查、数据合规风险应对、责任追究、考核评价、合规培训等在内的有组织、有计划的管理活动。数据合规管理是数据密集型企业开展风险管理的一项重要内容，也是企业实施有效风险控制的一项基础性工作。③ 数据合规管理旨在预防和减少数据合规风险，而要实现该目标，首先

① 参见李学龙、龚海刚：《大数据系统综述》，载《中国科学：信息科学》2015 年第 1 期。
② 参见赵弘洋、李丹：《"互联网+政务服务"背景下政府网站安全风险研究》，载《电子质量》2017 年第 6 期。
③ 颜新华：《网络安全视阈下的数据合规：基本理论、问题审视与中国方案》，载《上海法学研究》2021 年第 1 期。

需要认识和评估风险。《数据安全法》《个人信息保护法》《个人信息安全规范》等均对企业数据风险评估作出了规定。数据合规发挥着责任切割的作用，企业建立了科学合理的数据安全风险评估机制，并按照要求开展数据安全风险评估采取相应措施后，即使是后期出现了相应法律风险，也可提供报告证明已采取规避风险的措施而达到减轻甚至免除企业法律责任。[①] 因此，企业应当建立健全面向数据处理活动的风险评估机制，明确开展数据风险评估的主体、评估对象、评估时机和评估方式等。

二、建立数据分类分级保护机制

因不同类型的数据开展数据处理活动，往往带来不同程度的风险和影响。目前，实践中对于分类分级的参考文件有《数据安全技术 数据分类分级规则》《信息技术大数据数据分类指南》《信息安全技术大数据安全管理指南》《金融数据安全数据安全分级指南》《工业数据分级分类指南（试行）》《基础电信企业数据分类分级方法》《个人金融信息保护技术规范》等实操性较强的文件。因此，在制定企业数据合规策略时，首先要做的就是根据个人数据来源、方式、类型的不同对数据进行划分，并据此建立差异化的数据合规流程。以数据收集为例。我国《网络安全法》《个人信息保护法》《个人信息安全规范》和《App违法违规收集使用个人信息行为认定方法》等法律和规范性文件均规定企业采集个人数据必须事先履行告知义务，征得当事人同意，并且要求企业明确告知所收集的数据使用的具体方式、使用范围。据此，对于用户主动提供的数据，企业应当采取"明示同意授权"的方式进行数据采集，要主动明确告知收集数据的目的、范围及用途。同时应当恪守"必要性与目的性"原则，对于产品或服务无关的用户个人信息不进行采集。当重要事项发生变更时，应当重新获得个人同意，同时不得以个人不同意为由拒绝提供产品和服务。

对于采集的个人敏感信息，企业应及时对采集而来的个人敏感数据进行脱敏化或匿名化处理，以避免信息数据泄露。按照《个人信息安全规范》规定，企业还可以"采用假名、加密、哈希函数等技术手段替代对个人信息的标识"，以减少个人敏感信息泄露引发的风险。

三、建立健全企业内部数据合规制度

"徒法不足以自行"，根据元规制理论，企业数据合规体系的构建最终落地端赖于企业内部数据合规机制的建立。企业宜结合自身业务特征，依据《网络安全法》《数据安全法》《个人信息保护法》的规定，以及国家相关部委发布的政策建议及行业规范，循序渐进，有针对性地制定企业内部的数据合规制度。企业数据合规制度包括数据合规管理的一般性规定，即数据

---

① 赵洁琼、茆昕怡：《大数据视角下企业数据合规体系搭建与应对策略》，载《上海法学研究》2021年第4期。

合规管理办法、数据合规实施细则等，还包括为推动数据合规运行的专项规定，如数据合规风险评估办法、数据合规审查办法等，以及落实数据合规管控的专项制度，如数据保护合规管理办法、网络安全合规管理办法等。[①]

第七节　网络安全与数据合规管理实务要点

一、数据采集环节的合规要点

数据收集是数据全生命周期管理的起点。在数据采集环节规范数据采集行为，保证数据来源的合法合规是企业开展后续数据处理活动的前提条件。通常企业收集用户数据的来源主要包括直接面向用户收集、从其他网络平台间接获取用户数据。针对不同的数据来源，企业不仅应当采取不同的合规措施和应对方案，确保数据来源的合法性，还应该形成数据处理记录或其他必要的自证合规的记录材料。

（一）面向用户直接收集数据：以取得授权同意为核心

在法律规范层面，近年来国家先后出台了《网络安全法》《数据安全法》《个人信息保护法》等法律规范。虽然，《网络安全法》将取得用户"授权同意"确立为收集个人信息的合法性基础，《民法典》第一千零三十五条将自然人或者其监护人的同意作为个人信息收集的主要合法性基础，并规定"法律、行政法规另有规定的除外"。而《个人信息保护法》则进一步扩展了个人信息处理的其他合法性基础。但是，不容否认，对于从事商业活动的企业而言，其对个人信息的处理仍然是以"授权同意"为核心。为了保证数据的质量，在数据收集环节，企业应当结合自身商业模式和业务特征，依据数据领域的法律法规、技术标准和其他规范性文件的要求，遵循合法性、必要性，以隐私政策为抓手，切实做好用户数据采集工作，为数据采集以及后续的数据处理活动奠定合规基础。

首先，以企业隐私政策为合规审查重点，对企业数据收集环节是否履行明确的"告知—同意"合规做出评估。在数据收集的现实操作中，隐私政策是贯彻落实告知同意原则的一个核心载体，是判断企业数据采集行为是否合法合规的重要指标。"隐私政策对外是沟通消费者信任与达成协议的桥梁，对内则是公司治理的重要规范。"[②] 隐私政策在企业数据合规中发挥桥梁与载体的重要功能。一方面，隐私政策能够向个人信息主体说明网络运营者收集处理个人信息

---

① 赵洁琼、茚昕怡：《大数据视角下企业数据合规体系搭建与应对策略》，载《上海法学研究》2021 年第 4 期。

② 李延舜：《隐私政策在企业数据合规实践中的功能定位》，载《江汉论坛》2020 年第 10 期。

的相关规则，保证个人信息主体知情权的有效实现，并形成对网络运营者自身行为的约束；另一方面，隐私政策是网络运营者获得个人信息主体授权的重要依据，个人信息主体同意后，隐私政策可以作为网络运营者配合监管的重要机制，并用以证明获得授权进而减轻或豁免责任的重要凭证。[①] 因此，为落实个人数据收集行为的合法性合规性要求，企业应当根据自身数据处理情况和现实需求，将企业运营的 App 的隐私政策的合规和依据《App 违法违规收集使用个人信息行为认定方法》《个人信息安全规范》等相关规定重新审查和评估企业现有的隐私政策和其他用户告知授权文本的合规性，并按照最新监管要求和执法监督案例对各产品业务线的隐私政策和其他用户告知授权文本进行有针对性的完善。值得注意的是，《信息安全技术移动互联网应用程序（App）收集个人信息基本规范》列出了地图导航、网约车、网上购物等 21 种常用服务类型收集的最小必要信息，服务类型最小必要信息涉及的最小必要权限范围。按照当前的监管要求，企业应当在隐私政策和其他授权文本中，根据收集使用个人信息目的，逐一列出收集使用个人信息的方式、范围，否则存在被认定为"未明示收集使用个人信息的目的、方式和范围"的风险。[②] 其次，企业要根据最新的监管政策对隐私政策做好调整优化。为了进一步规范隐私政策等个人信息授权文本的内容和设置，《个人信息安全规范》第 5.5 条、《App 违法违规收集使用个人信息自评估指南》以及《App 违法违规收集使用个人信息行为认定方法》第一条、第二条均对企业隐私政策的内容、设置和发布作出了具体要求，并将过去惯常使用的"隐私政策"变更为"个人信息保护政策"。根据以上标准和规范性文件要求，企业在制定和设置个人信息保护政策时，应符合以下要求：1. 应符合独立性、易读性要求。2. 应清晰说明各项业务功能及所收集个人信息的类型。在说明各项业务功能时，要力求详尽，逐一列举，不能采取"例如""等"的概括列举方式表述。3. 应清晰说明个人信息处理规则及用户权益保障。4. 不应在个人信息保护政策中设置免责的不合理条款。[③]

（二）从公开网络平台采集用户数据

为获取更多个人数据，一些企业会使用爬虫技术从公开网络平台或半公开网络平台抓取数据，以做商业化使用。爬虫技术是互联网企业广泛使用的网络信息收集技术，为企业采集数据提供了便利。然而，爬虫技术的不当使用会对其他网络运营者的正常经营造成不利影响，如侵犯他人知识产权等合法权益，从而可能引发民事乃至刑事责任。

近年来，公安机关加大了对未经授权使用爬虫技术等非法获取个人信息的行为的查处力度。为免予被刑事追究，企业应评估自身数据获取手段和方法的合规性，合规使用爬虫工具，

[①] 刘新宇：《数据保护：合规指引与规则解析（第二版）》，中国法制出版社 2021 年版，第 241 页。

[②] 宁宣凤等：《企业上市关注的重点数据合规问题》，载《上海法学研究》2020 年第 13 卷。

[③] 刘新宇：《数据保护：合规指引与规则解析（第二版）》，中国法制出版社 2021 年版，第 242-246 页。

严格规范数据爬取行为，避免采取可能破坏目标网络平台信息系统的技术进行数据采集。在使用爬虫工具爬取数据之前，一是要重点审查目标网站是否具有 Robots 协议，遵守目标网站 Robots 协议的要求；二是要以不破坏目标网站的信息系统安全为前提，避免破坏目标网站的防护措施；三是要合理控制数据爬取的频次，避免因数据爬取行为而给目标网站造成过度负担。另外，利用爬虫技术进行个人数据爬取时，应当避免未经用户事先授权同意而直接爬取。① 因为尽管现行的法律法规并未对个人信息等相关的数据财产权益作出明确的规定，但国内多个典型判决均支持网络平台对其数据资产享有权益，行业、法律实务界和学术界也逐步认可了网络平台之间共享用户数据的"三重授权"原则，即"用户授权平台方+平台方/第三方授权+用户授权第三方"。② 根据用户数据共享的"三重授权"原则，企业在未取得上述三重授权的前提下，通过爬虫技术从第三方网络平台不当采集数据，有可能构成不正当竞争行为。

（三）通过数据交易间接获取用户数据

数据交易是企业获取用户数据的重要渠道。目前理论界和实务界对于数据权属仍存在很大争议，数据的权属不清也在很大程度上限制了数据交易行为。在数据交易实践中，仍面临诸多合规问题，例如：1. 交易数据来源合法性问题；2. 交易数据的用户授权问题；3. 交易数据来源合法性核查方式问题。围绕以上数据交易的合规性问题，根据当前数据交易监管要求，企业在开展数据交易时有必要从以下几个方面来确保合法合规性：首先，核实引入第三方数据源的必要性和可行性；其次，要求第三方数据源就用户授权提供有效、充足的承诺与证明；最后，确保第三方数据的用户授权范围覆盖企业处理数据的业务需求。③

二、个人数据利用的合规要点

（一）数据汇聚融合的合规要点

数据汇聚融合是挖掘数据潜在价值的重要手段，有助于丰富数据的维度，促进数据多元化、多场景应用。数据汇聚融合的合规要点在于：首先，企业在进行数据汇聚融合时要受到数据使用目的限制，要审查数据汇聚融合是否具有直接或合理关联的目的范围。其次，要对数据汇聚融合行为开展数据安全风险评估。海量数据汇聚融合在产生积极效果的同时，也潜藏着风险。因此，企业在汇聚融合数据时要适时开展数据安全风险评估。

---

① 刘新宇：《数据保护：合规指引与规则解析（第二版）》，中国法制出版社 2021 年版，第 252-253 页。
② 宁宣凤等：《企业上市关注的重点数据合规问题》，载《上海法学研究》2020 年第 13 卷。
③ 同上。

（二）数据使用目的之限制

按照《个人信息保护法》第六条第一款，处理个人信息应当具有明确、合理的目的，并应当与处理目的直接相关，采取对个人权益影响最小的方式。《个人信息安全规范》第7.3a条，使用个人信息，不应超出与收集个人信息时所声称的目的具有直接或合理关联的范围，如因业务需要，确需超出上述范围使用个人信息的，应再次征得个人信息主体明示同意。据此，企业在利用个人数据时需要受到数据使用目的之限制，并且在合理关联的判断上，应该是基于真实业务关系，能够加以合理解释的关联，强行关联难以被认可。[①] 此时，企业使用个人数据，需要再次征得个人信息主体的明示同意。

（三）用户画像的合规要点

根据《个人信息安全规范》第3.8条的规定，所谓用户画像，是指通过收集、汇聚、分析个人信息，对某特定自然人个人特征，如职业、经济、健康、教育、个人喜好、信用、行为等方面做出分析或预测，形成其个人特征模型的过程。用户画像是算法推荐技术的前提，所谓算法推荐技术，《互联网信息服务算法推荐管理规定》定义为利用生成合成类、个性化推送类、排序精选类、检索过滤类、调度决策类等算法技术向用户提供信息。

基于合规之要求，企业在收集个人数据基础上对个人进行用户画像以及使用用户画像时，需要将以下事项作为重点审查：1. 进行用户画像特征描述时，不得包含违法违规的内容，尤其是不能对个人进行歧视。2. 在使用用户画像时，应遵纪守法，在使用用户画像对个人做出负面评价时，应当做到全面、客观、准确，并提供解释。3. 在具体场景中使用用户画像时，需要在个人信息保护政策中说明其应用场景，以及可能对用户产生的影响。[②]

（四）个性化展示的合规要点

根据《个人信息安全规范》第7.5条的规定，所谓个性化展示，是指基于特定个人信息主体的网络浏览历史、兴趣爱好、消费记录和习惯等个人信息，向该个人信息主体展示信息内容，提供商品或服务的搜索结果等活动。企业在开展个性化展示的行为时，需要将以下内容作为合规审查重点：1. 是否对个性化展示和非个性化展示内容加以显著区分。企业采取显著区分的方式包括标注"定推"字样等。2. 是否在个性化展示的同时提供了非定向推送的选项。

（五）利用个人数据进行算法自动化决策的合规要点

随着机器学习算法技术的不断发展，越来越多的企业利用算法技术对个人数据进行挖掘分

---

①② 刘新宇：《数据保护：合规指引与规则解析（第二版）》，中国法制出版社2021年版，第271页。

154

析，目前，算法自动化决策广泛应用于市场营销、金融信贷等诸多商业领域。目前，一些企业在借助算法技术对个人数据挖掘分析的基础上，对消费者进行"大数据杀熟"，严重侵害了消费者的合法权益。我国出台的《个人信息保护法》、《互联网信息服务算法推荐管理规定》和《网络数据安全管理条例》对算法自动化决策的应用作出了规定。具体而言，包括：一是要求算法自动化决策开展个人信息保护影响评估；二是要求算法推荐服务提供者不得根据消费者的偏好、交易习惯等特征，利用算法在交易价格等交易条件上实施不合理的差别待遇等违法行为；三是应当同时提供不针对其个人特征的选项，或者向个人提供便捷的拒绝方式；四是对具有舆论属性或者社会动员能力的算法推荐服务提供者科以备案义务。因此，企业利用个人数据进行自动化决策时，应当做好以下合规工作：一是企业在事前对算法自动化决策开展个人信息保护影响评估，在评估方式上要定期与不定期评估、自我评估与第三方评估相结合，并对处理情况做好记录；二是禁止利用算法对消费者进行"大数据杀熟"；三是企业要为自动化决策提供救济途径；四是企业所运用的算法推荐服务如果"具有舆论属性或者社会动员能力"，则应该按照规定做好算法备案工作。

三、配合开展数据分级并保障不同级别数据安全

在地区、部门的组织下，企业配合识别重要数据和核心数据，识别其处理的数据是否含有重要数据及核心数据。如果仅处理了一般数据，则采取一般式数据安全保障措施；如果还处理了重要数据和核心数据，需在一般式保障措施的基础上采取增强式数据安全保障措施。

（一）保障一般数据安全

1. 数据收集合法正当

企业收集数据应当采取合法、正当的方式，不得窃取或采用其他非法方式，并区分以下三种情形：

第一，直接面向用户收集时，按照个人信息保护的规定，遵守知情同意的原则，保护用户个人信息权益；

第二，从公开/半公开网络平台收集时，综合数据的类型、网络平台是否采取反数据抓取的技术措施、对网络运行的影响等要素判断可否收集及收集的范围和程度，一旦违反法律、行政法规或者行业自律公约，影响网络服务正常功能，或者侵犯他人知识产权等合法权益，企业应当停止访问、收集数据行为并采取相应补救措施；

第三，从数据提供方处间接获取数据时，可通过签署相关协议、承诺书等方式，要求数据提供方做出数据源合法性的书面承诺，并承担相应的法律责任。

2. 采取必要技术措施

企业需要采取保障其处理数据安全的必要技术措施，包括但不限于备份、加密、访问控制等：

从行为上看，企业至少需要采取备份、加密、访问控制等现行法律法规中明确列举的技术措施；

从结果上看，企业应保障数据免遭泄露、窃取、篡改、毁损、丢失、非法使用，维护数据的完整性、保密性、可用性，为此，企业需要综合考虑自身所处行业领域、数据类型、数据量级等因素，在明确列举的技术措施的基础上，增加相应的安全技术措施。

3. 遵照网络安全等级保护要求

企业应当按照网络安全等级保护的要求，加强数据处理系统、数据传输网络、数据存储环境等安全防护。

4. 建立数据安全应急响应机制

对于数据安全风险，企业要加强监测，发现使用或者提供的网络产品和服务存在安全缺陷、漏洞，或者威胁国家安全、危害公共利益等风险时，需要立即采取补救措施；

对于数据安全事件，企业一是立即采取处置措施；二是通知利害关系人，通知的时限是事件发生后的三个工作日，通知的内容是安全事件的情况和已经采取的补救措施，通知的方式可以是电话、短信、即时通信工具、电子邮件或公告（无法使用其他方式通知时），通知的对象是利害关系人，包括个人和组织；三是涉嫌犯罪的，向公安机关报案。

5. 健全全流程数据安全管理制度

企业要建立制度体系，明确工作职责，规范工作流程，实现对数据采集、传输、存储、使用、删除、销毁等全流程的管理。

传输数据时，使用加密通道或数据加密的方式传输，采用密码技术、入侵检测等防止数据传输中断、篡改、伪造、窃取；存储数据时，采取加密措施确保数据存储的保密性，采用磁盘、磁带、云存储服务、网络存储设备等载体存储数据，采取逻辑隔离的方式存储匿名化数据与个人金融信息；使用数据时，后台系统应对数据进行屏蔽处理，不应具备开放式查询能力，严格限制批量查询；删除数据时，彻底去除产品和服务所涉及系统及设备中的数据，使其不可被检索、不可被访问；销毁数据时，对数据库、服务器和终端中的剩余数据以及硬件存储介质等采取数据擦除或者物理销毁的方式，确保数据无法复原。

6. 组织开展数据安全教育培训

企业要制订数据安全相关岗位的安全专项培训计划，定期开展数据安全意识、能力的教育与培训，确保全面准确掌握最新政策和相关规程。

培训方式上，可以是内部培训，也可以由外部专家进行培训；培训周期上，相关法律未明确教育培训周期，结合教育培训的目的，建议培训周期为每年至少一次，或在政策发生重大变化时开展培训；培训记录上，相关培训要做好记录及归档，确保有据可查。

7. 建立数据安全投诉举报渠道

企业需要建立便捷的数据安全投诉举报渠道：一是公布接受投诉、举报的联系方式、责任人信息；二是每年公开披露受理和收到的个人信息安全投诉数量、投诉处理情况、平均处理时间情况。

企业应避免以保护"商业秘密"为名，掩饰对企业不利的信息，承担起应有的社会责任。若遇恶意投诉举报，如频繁接受到来自竞争对手的投诉，企业可在公开披露时对有关情况如实说明。

8. 企业主体资格发生变化时的一般数据安全义务

企业发生合并、重组、分立等内部活动时，要确保数据接收方继续履行数据安全保护义务。如果企业处理的数据涉及重要数据和一百万人以上个人信息，还需履行上述特定情形下的特别义务。

企业遇到解散、破产等主体资格灭失的情况时，数据不能作为无主物被随意处置，而应向设区的市级主管部门或者市级网信部门（主管部门不明时）报告，按照法律法规及相关部门的意见，对数据进行移交或者删除。

（二）保障重要数据安全

1. 备案重要数据

备案期限：企业应当在识别其重要数据后的十五个工作日内备案重要数据。

备案部门：向设区的市级网信部门备案重要数据。

备案内容：企业基本信息，数据安全管理机构信息、数据安全负责人姓名和联系方式等，处理数据的目的、规模、方式、范围、类型、存储期限、存储地点等，不包括数据内容本身。

2. 采取备份和加密等技术措施

企业对于重要数据，一是要采取备份措施；二是应当使用密码对其进行保护。此外，备份和加密只是法律法规中明确提及的技术措施，企业需要在此基础上，根据其处理的重要数据的数量、技术能力的现状等，采取可确保重要数据安全的多种技术措施，包括但不限于身份鉴别、访问控制、安全审计、安全隔离、可信验证等关键技术措施。

3. 网络安全等级保护三级和关键信息基础设施保护

企业处理重要数据的系统，要满足两个方面的要求，一是三级以上网络安全等级保护，具体要求参照网络安全章节，《网络安全法》及相关法律、标准；二是关键信息基础设施安全保护要求，具体要求参照网络安全章节，《关键信息基础设施安全保护条例》及相关法规、标准。

4. 优先采购安全可信网络产品和服务

如果企业是重要数据处理者，那么，优先采购安全可信的网络产品和服务是一项必须履行的强制性义务。如若企业未能履行上述义务，其处理重要数据的系统及 App 等应用将面临责令暂停或者终止提供服务的处罚，情节严重的，可吊销相关业务许可证或者营业执照。

安全可信的参考要素如下：

一是产品和服务本身的开放性、透明性，来源的多样性，供应渠道的可靠性，不会因为战争、政治、外交、贸易等因素导致供应中断；

二是产品和服务使用后不会使系统和设备被非法控制、遭受干扰或者破坏；

三是产品或服务提供者不应利用提供产品或服务的便利条件非法获取用户数据，非法控制和操纵用户设备，损害用户对其数据的支配权、对其设备的控制权；

四是产品和服务的提供者不应利用用户对产品和服务的依赖牟取不正当利益，实施垄断经营，包括停止提供合理的技术支持，迫使用户更新换代，侵犯消费者权益。

5. 设立组织机构

企业一旦识别出其处理的数据含有重要数据，则应当成立数据安全管理机构，指定数据安全负责人，数据安全负责人需满足三个方面的条件，一是具备数据安全专业知识，二是具备相关管理工作经历，三是同属于企业决策层。数据安全负责人领导数据安全管理机构，其权利和义务如下：

权利方面，有权直接向网信部门和主管、监管部门反映数据安全情况；

义务方面，主要有六个方面的职责，包括研究提出数据安全相关重大决策建议；制订实施数据安全保护计划和数据安全事件应急预案；开展数据安全风险监测，及时处置数据安全风险和事件；定期组织开展数据安全宣传教育培训、风险评估、应急演练等活动；受理、处置数据安全投诉、举报；按照要求及时向网信部门和主管、监管部门报告数据安全情况。

6. 开展教育培训

若企业处理了重要数据，应在制订数据安全培训计划的基础上，由数据安全负责人和数据安全管理机构，组织开展教育培训：

一是对企业全员开展数据安全教育培训，覆盖业务、后勤、财务、人事、行政等全体部门人员；

二是对于数据安全相关的技术和管理人员，每年的教育培训时间不少于二十小时；

三是注重培训效果，通过考核等方式检验培训实效，并保存有关培训、考核记录。

7. 数据安全评估

（1）一般情形下的评估

评估主体：处理重要数据的企业自行评估或者委托数据安全服务机构评估。

评估周期：每年一次。

评估报告：每年 1 月 31 日前将上一年度数据安全评估报告报设区的市级网信部门，并保留至少三年。

数据安全评估报告内容：处理重要数据的情况；发现的数据安全风险及处置措施；数据安全管理制度，数据备份、加密、访问控制等安全防护措施，以及管理制度实施情况和防护措施的有效性；落实国家数据安全法律、行政法规和标准情况；发生的数据安全事件及其处置情况；共享、交易、委托处理、向境外提供重要数据的安全评估情况；数据安全相关的投诉及处理情况；国家网信部门和主管、监管部门明确的其他数据安全情况。

（2）涉及共享/委托处理重要数据时的评估

共享/委托处理重要数据存在多个合规要点，安全评估作为其中一个，其要点详见下述共享/委托处理重要数据时的合规要点。

8. 共享/委托处理重要数据

（1）数据安全评估

评估主体同重要数据处理者一般情形下的数据安全评估，即处理重要数据的企业自行评估或者委托数据安全服务机构评估。但在评估周期、评估内容、评估结果等方面与一般情形下的数据安全评估有所区别。

评估周期上，除了一般情形下的每年一次安全评估外，在与第三方共享或委托第三方处理重要数据之前，还应该开展共享/委托前的数据安全评估。

评估内容上，应当重点评估以下内容：共享、委托处理数据，以及数据接收方处理数据的目的、方式、范围等是否合法、正当、必要；共享、委托处理数据被泄露、毁损、篡改、滥用的风险，以及给国家安全、经济发展、公共利益带来的风险；数据接收方的诚信状况、守法情况、境外政府机构合作关系、是否被我国政府制裁等背景情况，承诺承担的责任以及履行责任的能力等能否有效保障数据安全；与数据接收方订立的相关合同中关于数据安全的要求能否有效约束数据接收方履行数据安全保护义务；在数据处理过程中的管理和技术措施等能否有效防范数据泄露、毁损等风险。

评估结果上：评估认为可能危害国家安全、经济发展和公共利益，数据处理者不得共享、委托处理数据。

（2）征得主管部门同意

数据处理者共享、委托处理重要数据的，应当征得设区的市级及以上主管部门同意，主管部门不明确的，应当征得设区的市级及以上网信部门同意。

（3）监督数据接收方

与数据接收方约定处理数据的目的、范围、处理方式，数据安全保护措施等，通过合同等形式明确双方的数据安全责任义务，并对数据接收方的数据处理活动进行监督。

（4）记录保存五年

共享、委托处理重要数据的审批记录、日志记录应保留至少五年。

9. 数据安全事件应急预案及报告

一是数据安全事件应急预案的制定与启动。企业需要根据自身实际情况对重要数据安全事件进行事件分级（如分为特别重大、重大、较大、一般等四级），制定预警方案及响应流程，明确相应处置措施。应急预案制定后，具体由数据安全管理机构和数据安全负责人开展重要数据安全监测工作，发现数据安全风险时要及时预警，开展预警响应；发生安全事件后，应立即启动应急预案，实施处置。

二是数据安全事件的报告。如果发生泄露、毁损、丢失等数据安全事件并涉及重要数据，企业需在一般数据的基础上，报告事件并提交调查评估报告。报告事件的时限是发生安全事件的八小时内，报告的对象是设区的市级网信部门和有关主管部门，报告的内容是事件的基本信息（涉及的数据数量、类型、可能的影响）和已经或拟采取的处置措施等；提交调查评估报告的时限是事件处置完毕后的五个工作日，提交的对象是设区的市级网信部门和有关主管部门，调查评估报告的内容包括事件原因、危害后果、责任处理、改进措施等情况。

10. 企业主体资格发生变化时的报告义务

企业发生合并、重组、分立等活动时，涉及重要数据的，除确保数据接收方继续履行数据安全保护义务外，还要向设区的市级主管部门或者市级网信部门（主管部门不明时）报告上述合并、重组、分立等情况。

（三）保障核心数据安全

对于核心数据，法律法规未在重要数据之外提出具体明确的规定，仅作出原则性的要求，即在重要数据的基础上对核心数据实行更严格的保护。

于企业而言，一旦识别出确实处理了核心数据，应向相关部门寻求具体指导。

四、数据出境合规

（一）企业境外上市

赴境外上市的数据处理者，需要自主进行每年一次的数据安全评估，具体内容和流程同重要数据处理者一般情形下的数据安全评估，详见重要数据安全评估相关内容。

（二）企业向境外提供数据

1. 向境外提供一般数据

前置性条件：通过国家网信部门组织的数据出境安全评估或与数据接收方订立标准合同。对于向境外提供一般数据的企业，可在数据出境安全评估与订立标准合同两个条件中任选其一。选择数据出境安全评估的企业，参照向境外提供重要数据时的数据出境安全评估进行。选择与数据接收方订立标准合同的企业，需与数据接收方签订国家网信部门制定的标准合同。

持续性义务：不得超出网信部门安全评估时明确的出境目的、范围、方式和数据类型、规模等向境外提供个人信息和重要数据；采取合同等有效措施监督数据接收方按照双方约定的目的、范围、方式使用数据，履行数据安全保护义务，保证数据安全；接受和处理数据出境所涉及的用户投诉；数据出境对个人、组织合法权益或者公共利益造成损害的，数据处理者应当依法承担责任；存留相关日志记录和数据出境审批记录三年以上；国家网信部门会同国务院有关部门核验向境外提供个人信息和重要数据的类型、范围时，数据处理者应当以明文、可读方式予以展示；国家网信部门认定不得出境的，数据处理者应当停止数据出境，并采取有效措施对已出境数据的安全予以补救。

2. 向境外提供重要数据

除参照共享/委托处理重要数据进行数据安全评估外，还应通过数据出境安全评估，并每年编制数据出境安全报告。

数据安全评估。向境外提供重要数据的数据安全评估，同共享/委托处理重要数据时的安全评估，详见重要数据共享/委托处理时的安全评估。

数据出境安全评估。此处的数据出境安全评估，由国家网信部门组织，因而区别于企业自主开展的数据安全评估。安全评估的基本流程及具体规则如下。首先是自评估。自评估是安全评估中的前置性条件。自评估的重点评估事项包括出境数据的数量、范围、种类、敏感程度等，具体事项有六，《数据出境安全评估办法》第五条已明确列举。企业要形成自评估报告。其次是申报安全评估。在完成自评估后，数据处理者可申报安全评估。在评估事项方面，网信部门安全评估的评估范围与事项略大于自评估。在材料要求方面，申请安全评估应当提交的材料包括申报书、自评估报告、与境外接收方拟订立的合同或者其他具有法律效力的文件等。最后是收到评估结果。安全评估的期限一般情况下是自出具书面受理通知书之日起四十五个工作日。

数据出境安全报告。若企业向境外提供重要数据，需要编制数据出境安全报告。数据出境安全报告，应在每年 1 月 31 日前编制并报送设区的市级网信部门，内容包括：全部数据接收方名称、联系方式出境数据的类型、数量及目的；数据在境外的存放地点、存储期限、使用范围和方式；涉及向境外提供数据的用户投诉及处理情况；发生的数据安全事件及其处置情况；数据出境后再转移的情况等。

（三）企业对于数据跨境安全网关的消极不作为义务

数据跨境安全网关是指阻断访问境外反动网站和有害信息、防止来自境外的网络攻击、管控跨境网络数据传输、防范侦查打击跨境网络犯罪的重要安全基础设施。

对于企业而言，一是不得提供用于穿透、绕过数据跨境安全网关的程序、工具、线路等，二是不得为穿透、绕过数据跨境安全网关提供互联网接入、服务器托管、技术支持、传播推广、支付结算、应用下载等服务。

五、数据交易合规

《数据安全法》与数据交易相关的条款有两条，分别是第十九条和第三十三条。其中，第十九条从国家战略的角度，整体上提出了国家要建立健全数据交易管理制度，规范数据交易行为，培育数据交易市场；第三十三条从数据交易中介服务机构的角度，提出了三项义务。可以看到，上述条款并不能回应社会对产权、质量、运营、收益等数据交易管理制度基本内容的关切。《个人信息保护法》第十条规定任何组织、个人不得非法买卖他人个人信息。《信息安全技术 数据交易服务安全要求》（征求意见稿）、《信息技术 数据交易服务平台 通用功能要求》等标准为建立健全数据交易制度提供了很好的标准支撑。企业在数据交易时，需要践行以下两个方面的合规义务。

（一）数据交易中介机构提供服务

如果企业作为数据中介机构，提供数据交易相关服务，需要：一是要求数据提供方说明数据来源，二是要审核交易双方的身份，三是要留存审核、交易记录。

（二）交易重要数据

如果企业交易重要数据，需要满足以下四点合规要求，分别是数据安全评估、征得主管部门同意、监督数据接收方、记录保存五年，具体内容同共享/委托处理重要数据，详见重要数据共享/委托处理时的合规要点。

六、作为互联网平台运营者的数据合规

(一) 实施合并、重组、分立时申报网络安全审查

如果企业是汇聚掌握大量关系国家安全、经济发展、公共利益的数据资源的互联网平台运营者，其实施合并、重组、分立时，应当申报网络安全审查。

影响或可能影响国家安全的互联网平台运营者实施合并、重组、分立时，需要申报网络安全审查。该规定源自《网络数据安全管理条例》第十三条：网络数据处理者开展网络数据处理活动，影响或者可能影响国家安全的，应当按照国家有关规定进行国家安全审查。

当前，《网络安全审查办法》规定的审查对象范围尚未覆盖互联网平台运营者实施合并、重组、分立的情况。企业可参照《网络安全审查办法》对关键信息基础设施运营者采购产品和服务影响或可能影响国家安全、掌握超过 100 万用户个人信息的网络平台运营者赴国外上市所规定的网络安全审查流程。

(二) 大型互联网平台运营者年度审计

审计方式：委托第三方审计。

审计范围：平台数据安全情况、平台规则和自身承诺的执行情况、个人信息保护情况、数据开发利用情况。

审计周期：年度。

审计结果：披露。

(三) 建立与数据相关的平台规则、隐私政策和算法披露制度

互联网平台运营者要履行制定、披露、公开征求意见、评估、同意等与平台规则、政策、算法相关的制度。

制定：建立与数据相关的平台规则、隐私政策和算法披露制度；

披露：及时披露制定程序、裁决程序，包括相关的平台规则、隐私政策和算法；

公开征求意见：对用户有重大影响的修订，应当通过其官方网站、个人信息保护相关行业协会互联网平台面向社会公开征求意见，征求意见的时长不得少于三十个工作日，并公布意见采纳情况；

经评估并获同意：日活超过一亿的大型互联网平台运营者制定或修订平台规则、隐私政策，应当经国家网信部门认定的第三方机构评估，并报省级及以上网信部门和电信主管部门同意。

典型案例

【案例3-1】支付宝推出用户年度账单涉及违反个人信息保护相关规定①

基本案情： 2018年初，支付宝利用大数据技术推出用户年度账单。在查看支付宝年度账单的时候，系统自动勾选"我同意《芝麻服务协议》"。由于该行字体较小，很多用户在查询账单时均未注意到。而《芝麻服务协议》的内容包括用户授权芝麻信用收集用户个人信息并向第三方提供等。2018年1月6日，国家互联网信息办公室网络安全协调局约谈了支付宝（中国）网络技术有限公司、芝麻信用管理有限公司的有关负责人。网络安全协调局负责人指出，支付宝、芝麻信用收集使用个人信息的方式，不符合《个人信息安全规范》国家标准的精神，应严格按照网络安全法的要求，加强对支付宝平台的全面排查，进行专项整顿，切实采取有效措施，防止类似事件再次发生。

案例评析： 《网络安全法》第二十二条第三款规定，"网络产品、服务具有收集用户信息功能的，其提供者应当向用户明示并取得同意；涉及用户个人信息的，还应当遵守本法和有关法律、行政法规关于个人信息保护的规定"。支付宝企图以默认勾选方式征得用户同意对其个人信息进行处理，实则并未认真履行该条规定的义务，违背了知情同意的基本原则。网络产品、服务提供者在处理个人信息时必须严格遵守相关法律规定，避免出现不合规问题。

【案例3-2】凤凰网、凤凰新闻客户端因传播低俗庸俗信息等违规行为被约谈②

基本案情： 2020年2月14日，国家互联网信息办公室指导北京市互联网信息办公室，针对凤凰网存在刊发非规范稿源新闻信息、凤凰新闻客户端持续传播低俗庸俗信息等问题，严肃约谈凤凰网负责人，责令企业立即停止违规行为。北京市互联网信息办公室有关负责人指出，凤凰网持续违反国家有关互联网法律法规和管理要求，刊发非规范稿源新闻信息，扰乱网络传播秩序。凤凰新闻客户端传播低俗庸俗信息，对网络生态造成不良影响。北京市互联网信息办公室责令凤凰网深入开展自查自纠，全面清理网上违规内容，杜绝类似情况再次发生。

案例评析： 《网络安全法》第九条规定，"网络运营者开展经营和服务活动，必须遵守法律、行政法规，尊重社会公德，遵守商业道德，诚实信用，履行网络安全保护义务，接受

---

① 载中国网信网，访问地址：http://www.cac.gov.cn/2018-01/10/c_1122234687.htm，最后访问时间：2022年3月20日。

② 载中国网信网，访问地址：http://www.cac.gov.cn/2020-02/15/c_1583303419227448.htm，最后访问时间：2022年3月20日。

政府和社会的监督，承担社会责任"。凤凰网、凤凰新闻客户端作为网络运营者，传播低俗庸俗信息，违反了社会公德，对维护健康有序的互联网环境存在不利影响，应当针对相关问题加强网络安全合规管理。

【案例 3-3】"大庆云资讯"微信公众号因未经许可违规发布和转载新闻报道等行为被约谈①

基本案情：2019 年 12 月，大庆市互联网信息办公室依法约谈"大庆云资讯"微信公众号负责人。"大庆云资讯"微信公众号未经许可违规发布和转载新闻报道，未经授权擅自转发"百湖民声大庆市网络问政平台"信息，多次对转载内容进行"标题党"设置，严重违反《互联网新闻信息服务管理规定》《互联网用户公众账号信息服务管理规定》等法律法规，扰乱了网络信息传播秩序，造成了不良社会影响。为此，大庆市互联网信息办公室对"大庆云资讯"微信公众号作出暂停更新 1 个月的处理，责令其立即删除相关违规信息，全面彻底进行整改。

案例评析：《互联网新闻信息服务管理规定》第十五条规定，"互联网新闻信息服务提供者转载新闻信息，应当转载中央新闻单位或省、自治区、直辖市直属新闻单位等国家规定范围内的单位发布的新闻信息，注明新闻信息来源、原作者、原标题、编辑真实姓名等，不得歪曲、篡改标题原意和新闻信息内容，并保证新闻信息来源可追溯。互联网新闻信息服务提供者转载新闻信息，应当遵守著作权相关法律法规的规定，保护著作权人的合法权益"。《互联网用户公众账号信息服务管理规定》第十七条规定，"公众账号生产运营者转载信息内容的，应当遵守著作权保护相关法律法规，依法标注著作权人和可追溯信息来源，尊重和保护著作权人的合法权益"。当下，微信公众号生产运营者转载信息的现象较为普遍，如果转载过程中忽视对信息主体权益的保护，将可能导致合规风险。

【案例 3-4】动某计算机科技有限公司因提供网络产品服务不符合法定要求被依法查处②

基本案情：2017 年 9 月，广东省通信管理局查实广州市动某计算机科技有限公司提供的 UC 浏览器智能云加速产品服务存在安全缺陷和漏洞风险，未能及时全面检测和修补，已被用于传播违法有害信息，造成不良影响，依据《网络安全法》第二十二条第一款，责令该公司立即整改，采取补救措施，并要求其开展通信网络安全防护风险评估，建立新业务上线

---

① 载中国网信网，访问地址：http://www.cac.gov.cn/2019-12/24/c_1578723649388447.htm，最后访问时间：2022 年 3 月 20 日。

② 载广东省通信管理局官网，访问地址：https://gdca.miit.gov.cn/xwdt/gzdt/art/2020/art_010b84d32be444f29de5d942d585fc26.html，最后访问时间：2022 年 3 月 20 日。

前安全评估机制和已上线业务定期核查机制，对已上线网络产品服务进行全面检查，排除安全风险隐患，避免类似事件再次发生。

案例评析：《网络安全法》第二十二条第一款规定，"网络产品、服务应当符合相关国家标准的强制性要求。网络产品、服务的提供者不得设置恶意程序；发现其网络产品、服务存在安全缺陷、漏洞等风险时，应当立即采取补救措施，按照规定及时告知用户并向有关主管部门报告"。本案中，动某计算机科技有限公司未对其提供的 UC 浏览器智能云加速产品服务进行全面检测，未及时发现安全风险，并采取补救措施，违反了《网络安全法》第二十二条第一款关于网络产品、服务提供者基本安全义务的规定。

【案例 3-5】河南某公司因违反网络安全保护义务受到处罚①

基本案情：2018 年 4 月 10 日，河南某公司存在 Weblogic 反序列漏洞，可致大量公民个人信息泄露，并且该公司未经用户同意违法违规收集、留存大量公民个人信息，未采取技术措施和其他必要措施确保相关公民个人信息安全，未按规定留存相关的网络日志不少于 6 个月。根据《网络安全法》之规定，依法对该公司罚款 5 万元、对直接责任人董某罚款 1 万元。

案例评析：《网络安全法》第二十一条第三项规定，"采取监测、记录网络运行状态、网络安全事件的技术措施，并按照规定留存相关的网络日志不少于六个月"。本案中的河南某公司违反了该款规定。之所以要求留存相关的网络日志不少于六个月，是因为网络日志记录了网络信息系统运行和维护的重要情况，对事后针对网络安全违规活动展开调查具有重要价值。网络运营者如果没有按规定期限留存相关日志，将导致网络安全合规风险，面临相关处罚。

---

① 载河南日报网，访问地址：https：//www.henandaily.cn/content/szheng/fzzx/2018/0920/123276.html，最后访问时间：2022 年 3 月 20 日。

第四章

反垄断与反不正当竞争合规

第一节　反垄断合规

一、反垄断合规的基本原理

（一）反垄断合规的概念

根据国务院反垄断委员会于 2020 年 9 月印发的《经营者反垄断合规指南》，反垄断合规，是指经营者及其员工的经营管理行为符合《反垄断法》等法律、法规、规章及其他规范性文件（以下统称反垄断法相关规定）的要求。

（二）反垄断合规的意义

市场经济体制下的市场竞争有着优化资源配置、促进技术发展、合理分配社会收入、提高消费者社会福利、推动经济民主、促进社会就业等积极功能，但实践表明，市场本身并不具备维护自由和公平竞争的机制。相反，处于竞争中的企业为了减少竞争压力和逃避风险，总想通过某种手段谋求垄断地位。[①] 在此背景下，各国和地区立法对垄断进行规制，这些法律被统称为反垄断法。

反垄断法是市场经济国家调控经济的重要政策工具，制定并实施反垄断法是世界上大多数国家或者地区（以下简称司法辖区）保护市场公平竞争、维护市场竞争秩序的普遍做法。但不同司法辖区对反垄断法的表述有所不同，如在美国一般被称为反托拉斯法，在德国一般被称为反对限制竞争法或卡特尔法，在日本一般被称为禁止垄断法。

----

① 王晓晔：《反垄断法》，法律出版社 2011 年版，第 23 页。

在立法基础上，反垄断法主要依靠反垄断法的遵守、反垄断法的执行和反垄断法的司法适用这三种方式进行实施。① 其中，执法和司法由于有国家的介入和强制力的保障，是最高效和最常用的实施方式。在国家执法和司法资源有限的情况下，引导市场主体自觉遵守反垄断法将能实现效益最大化。因此，自20世纪中后期以来，各国反垄断执法机构更加注重反垄断法的宣传普及和竞争倡导，引导市场主体自觉按照反垄断法的要求行事，其中最为关键的举措即是通过发布竞争合规指引，推动企业制定兼具预防和抑制违法行为功能的竞争合规制度，进而使企业将合规规则内化为守法自觉。从国际实践经验看，竞争合规已成为现代企业守法和防范反垄断法律风险的重要制度，并构成反垄断法实施的重要组成部分和新趋势，对反垄断发展具有重要意义。②

对于企业而言，经营应始终坚持诚信守法、公平竞争的原则。如果违反反垄断法，企业可能面临高额罚款、罚金、损害赔偿诉讼和其他法律责任，企业相关负责人也可能面临罚款、罚金甚至刑事责任等严重后果。因此，企业建立和加强境内外反垄断合规管理制度将增强企业境外经营反垄断合规管理意识，提升境外经营反垄断合规管理水平，防范境外反垄断法律风险，保障企业持续健康发展。

此外，随着我国反垄断法的实施与发展，竞争合规也凸显出其重要作用。党的十九届四中全会明确指出，"强化竞争政策基础地位"应当成为加快完善社会主义市场经济体制的一项重要内容；《国民经济和社会发展第十四个五年规划和2035年远景目标纲要》再次强调了"强化竞争政策基础地位"的重要性，并在第二十章"建设高标准市场体系"中，以单独的一节内容论述。而推进落实"强化竞争政策的基础地位"有两个重要抓手，一是以"他治"为中心，强调制度实施的外部性监督，聚焦于"事前公平竞争审查"及"事中事后反垄断和反不正当竞争监管"相结合的全周期竞争评估机制，营造公平自由的市场竞争环境；二是以"自治"为基点的"竞争倡导"与"竞争守法"，针对市场经济中的各类主体，包括监管者、经营者以及消费者，通过自律自治，引导和鼓励各类主体自觉守法，积极护法，将竞争文化的培育与认同融入各类主体的日常行为之中，通过"文化自觉"促进"主动守法"。③ 因此，运用竞争合规制度引导企业增强守法自觉，引导其提升反垄断合规意识、建立反垄断合规制度，对于强化竞争政策基础性地位、营造公平竞争的市场环境和营商环境，具有重要意义。

---

① 王先林：《我国反垄断法实施的基本机制及其效果——兼论以垄断行业作为我国反垄断法实施的突破口》，载《法学评论》2012年第5期。

② 方翔：《竞争合规的理论阐释与中国方案》，载《安徽师范大学学报（人文社会科学版）》2020年第4期。

③ 陈兵：《倡导竞争合规，提升竞争守法》，载第一财经，访问地址：https://www.yicai.com/news/100811537.html，最后访问时间：2022年2月22日。

（三）反垄断合规领域的实体制度

各司法辖区反垄断法调整的行为类型类似，主要包括规制垄断协议，滥用市场支配地位，具有或者可能具有排除、限制竞争影响的经营者集中以及与滥用行政权力有关的排除、限制竞争行为。各司法辖区对于相关行为的定义、具体类型和评估方法不尽相同，本书对此作简要阐释，具体合规要求应以各司法辖区反垄断法相关规定为准。此外，企业应当根据相关司法辖区的情况，关注本章未涉及的特殊规制情形，例如有的司法辖区规定禁止滥用相对优势地位、禁止在竞争者中兼任董事等。

1. 规制垄断协议

（1）垄断协议的概念和特征[①]

垄断协议行为是经营者想通过联合达到市场支配地位，从而获得某种经济优势并进行滥用，因此，垄断协议行为就成为反垄断法必须规制的行为。垄断协议一般是指企业间订立的排除、限制竞争的协议或者采取的协同行为，也被称为"卡特尔""限制竞争协议""不正当交易限制"等。

根据协议的签订者是否处于同一经济环节，垄断协议可以分为横向垄断协议和纵向垄断协议，这也是垄断协议最常用的分类。横向垄断协议，又称水平垄断协议或卡特尔，是指在生产或销售中，处于同一经济环节的、具有相互竞争关系的经营者之间签订的共同控制价格、产量、技术、产品、设备、交易对象、交易地区等内容的协议，或虽没有协议但采取协同一致的行为。根据协议限制内容的不同，横向垄断协议可以分为限制价格协议、限制产量协议、技术标准协议、限定或划分市场协议、共同购买协议、联合抵制协议等。纵向垄断协议，又称为垂直垄断协议，是指处于不同的经济环节、相互不具有直接竞争关系的经营者之间为了限制竞争而订立的协议。根据是否以价格为中心，纵向限制竞争协议又分为纵向价格限制协议和纵向非价格限制协议。

垄断协议具有以下特征：第一，实施主体是两个或两个以上的独立经营者。垄断协议的主体必须是独立的经营者，包括一切从事商品经营或者营利性服务的法人、其他经济组织和个人。所谓"独立"，不仅仅指上述财产和责任，更重要的是指事实上决策能力的独立。那些在民事法律上虽然属于独立的法律主体，但事实上不具有独立决策能力的主体，不属于独立经营者。例如，母公司与子公司之间就商品价格、销售地域等经"协商"确定的协议或决定，不属于反垄断法上的垄断协议。此外，实施垄断协议行为的主体必须是两个或两个以上的独立行为人，且行为人共同采取措施，而不是单个经营者自己的行为。

[①] 刘继峰：《竞争法学（第三版）》，北京大学出版社 2018 年版，第 83—88 页。

第二，行为的结果是限制竞争。对于竞争者之间签订的垄断协议，如限制价格、产品数量、分割市场这类协议实际是协议各方之间的不竞争协议。联合抵制是部分竞争者联合起来对抗个别未参加协议的竞争者。联合起来的竞争者之间不但不展开竞争，还胁迫未参与联合体的竞争者就范。对于经营者和交易相对人签订的纵向垄断协议，虽然各方并不具有直接的竞争关系，但是通过垄断协议，限制了交易相对人的价格自主权，影响了不同品牌产品之间的竞争，也直接限制不同交易相对人之间的竞争。所以，垄断协议会损害竞争机制，使市场配置资源的基本功能难以发挥作用。

第三，存在三种形式。一是协议，即企业间的约定，但协议并不等于合同；二是决定，包括行业协会制定的章程、规则、决定、通知、标准、决议、纪要、备忘录等，并不要求成员企业全部协商一致；三是协同行为，这是一种特殊的垄断协议形式，是指没有协议和决定，但企业间基于意思联络而一致行动。根据《禁止垄断协议暂行规定》，认定协同行为时将考虑以下因素：①经营者的市场行为是否具有一致性；②经营者之间是否进行过意思联络或者信息交流；③经营者能否对行为的一致性作出合理解释；④相关市场的市场结构、竞争状况、市场变化等情况。

（2）横向垄断协议

横向垄断协议是指具有竞争关系的经营者，通过协议、决定或协同方式共同实施的限制竞争行为。以我国为例，主要包括固定或变更价格、限制数量、划分市场、限制创新、联合抵制等行为类型。

（3）纵向垄断协议①

纵向垄断协议是指同一产业中处于不同经济层次的经营者之间达成的限制竞争行为，又称纵向限制。主要包括纵向价格限制协议和纵向非价格限制协议。

2. 规制滥用市场支配地位

（1）市场支配地位的概念

市场支配地位一般是指企业能够控制某个相关市场，而在该市场内不再受到有效竞争约束的地位。具体而言，根据《禁止滥用市场支配地位行为暂行规定》第五条第一款的规定，市场支配地位是指经营者在相关市场内具有能够控制商品或者服务（以下统称商品）价格、数量或者其他交易条件，或者能够阻碍、影响其他经营者进入相关市场能力的市场地位。

（2）相关市场的界定

相关市场是指经营者在一定时期内就特定商品或者服务（以下统称商品）进行竞争的商品范围和地域范围。相关商品市场，是根据商品的特性、用途及价格等因素，由需求者认为具

---

① 刘继峰：《竞争法学（第三版）》，北京大学出版社 2018 年版，第 123-126 页。

有较为紧密替代关系的一组或一类商品所构成的市场。这些商品表现出较强的竞争关系，在反垄断执法中可以作为经营者进行竞争的商品范围。相关地域市场，是指需求者获取具有较为紧密替代关系的商品的地理区域。这些地域表现出较强的竞争关系，在反垄断执法中可以作为经营者进行竞争的地域范围。

（3）市场支配地位的确定

在确定相关市场后，需要判断企业是否具有市场支配地位。一般来说，判断是否具有市场支配地位需要综合考虑业务规模、市场份额和其他相关因素，比如来自竞争者的竞争约束、客户的谈判能力、市场进入壁垒等。

（4）滥用市场支配地位的行为

企业具有市场支配地位本身并不违法，只有滥用市场支配地位才构成违法。滥用市场支配地位，是指具有市场支配地位的企业没有正当理由，凭借该地位实施排除、限制竞争的行为，一般包括销售或采购活动中的不公平高价或者低价、低于成本价销售、拒绝交易、限定交易、搭售或附加其他不合理交易条件、差别待遇等行为。在判断企业是否存在滥用市场支配地位时，可以根据有关司法辖区的规定，提出可能存在的正当理由及相关证据。

3. 规制经营者集中

我国反垄断法将美国、欧盟等反垄断法中的企业合并称为"经营者集中"，以区别于企业法（公司法）意义上的企业公司合并。也以此表明，该制度对企业组织行为变更的认识视角、监管原则、手段等有自己的特殊性。

（1）经营者集中的概念

"经营者集中"是反垄断法上特有的一个概念，是指经营者通过合并，取得其他经营者的股份、资产以及通过合同等方式取得对其他经营者的控制权，或者能够对其他经营者施加决定性影响的情形。经营者过度集中可能导致垄断，产生排除或限制竞争的后果，因此成为各国反垄断法规制的对象。[①]

（2）经营者集中的申报

对经营者集中进行审查的中心环节就是申报和审查。在申报制度下，监管机构一般不事先介入审查，而是由被监管者主动向监管机构申报，监管机构再对其申报事项进行审查并作出决定；只有当被监管者不履行申报义务，监管机构才会主动启动审查和制裁程序。从一些国家的立法及司法实践来看，大多数国家都采用申报制度，我国《反垄断法》也实行经营者集中事先申报制度。[②]

---

① 刘继峰：《竞争法学（第三版）》，北京大学出版社 2018 年版，第 197 页。
② 刘继峰：《竞争法学（第三版）》，北京大学出版社 2018 年版，第 207 页。

以我国为例，经营者集中达到下列标准之一的，经营者应当事先向国务院反垄断执法机构申报，未申报的不得实施集中：一是参与集中的所有经营者上一会计年度在全球范围内的营业额合计超过人民币 100 亿元，并且其中至少两个经营者上一会计年度在中国境内的营业额均超过人民币 4 亿元；二是参与集中的所有经营者上一会计年度在中国境内的营业额合计超过人民币 20 亿元，并且其中至少两个经营者上一会计年度在中国境内的营业额均超过人民币 4 亿元。而经营者集中未达到法律规定的申报标准，但按照规定程序收集的事实和证据表明该经营者集中具有或者可能具有排除、限制竞争效果的，国务院反垄断执法机构应当依法进行调查。

（3）经营者集中的审查①

反垄断执法机构收到经营者的申报材料后，就进入审查程序。对经营者集中的审查一般分为两个阶段：初步审查和深度审查。初步审查主要是对经营者集中是否影响市场竞争进行初步判断，以排除那些对市场竞争没有影响的经营者集中。对于那些可能影响市场竞争的经营者集中，则要进一步审查，即深度审查。

对申报的经营者集中经过初步审查和深度审查后，反垄断机构会作出最后决定。以我国为例，决定结论有以下几种：一是经营者集中具有或者可能具有排除、限制竞争效果的，国务院反垄断执法机构应当作出禁止经营者集中的决定。二是经营者能够证明该集中对竞争产生的有利影响明显大于不利影响，或者符合社会公共利益的，国务院反垄断执法机构应当作出允许经营者集中的决定。三是对于具有或者可能具有排除、限制竞争效果的经营者集中，如果参与集中的经营者作出相关承诺消除具有排除、限制竞争效果的要素的，反垄断执法机构可以附条件地允许经营者集中。四是对于附条件的经营者集中，所附的条件有两种，即结构上的限制和行为上的限制，从反垄断执法机构的角度而言，也可以分别称之为结构控制模式和行为控制模式。在同一个案件中，两种控制方法均可能适用。

4. 规制与滥用行政权力有关的排除、限制竞争行为

行政垄断，是指行政机关和法律、法规授权的具有管理公共事务职能的组织滥用行政权力，限制或者排除竞争的行为，主要包括强制买卖、地区壁垒、排斥或者限制招投标、限制市场准入、强迫垄断等具体行政行为性质的行政垄断类型和抽象行政行为性质的行政垄断类型。

虽然规制行政垄断主要在于规范行政机关和法律、法规授权的具有管理公共事务职能的组织的行为，限制行政权力，但企业在此过程中也可能出现因接受行政命令而达成实施垄断协议或者滥用市场支配地位，或为达成实施垄断协议或者滥用市场支配地位而采取游说、利诱等非法手段使行政机关和法律、法规授权的具有管理公共事务职能的组织对其违法行为予以帮助、放纵、包庇等，应受到规制。

----

① 刘继峰：《竞争法学（第三版）》，北京大学出版社 2018 年版，第 213-220 页。

二、反垄断合规领域的主要合规风险

反垄断合规风险，是指经营者及其员工因垄断等不合规行为，引发包括行政责任、民事责任和刑事责任在内的法律责任，造成经济或者声誉损失以及其他负面影响的可能性。

（一）因垄断行为引发的民事法律风险[①]

经营者实施垄断行为，给他人造成损失的，应当依法承担民事责任。民事责任主要有确认垄断协议无效和损害赔偿两种。有的司法辖区规定应当充分赔偿因垄断行为造成的损失，包括实际损失和利润损失，加上从损害发生之日起至支付赔偿金期间的利息；有的司法辖区规定企业最高承担三倍损害赔偿责任以及相关诉讼费用。

首先，就请求损害赔偿的主体而言，限制竞争行为造成损害的范围非常广泛，它既可能给违法者的竞争对手带来损害，也可能给其交易对手带来损害，还可能给一般消费者带来损害。从理论上说，一个限制竞争行为一旦被认定为违法，因这个限制竞争而受到经济损失之人都有权要求损害赔偿。然而，由于不同司法辖区对此规定不一致，有的司法辖区的反垄断法在请求损害赔偿的原告资格方面作了限制性规定，如主要适用于个别经营者。我国《反垄断法》第六十条第一款规定："经营者实施垄断行为，给他人造成损失的，依法承担民事责任。"按照此规定，我国对请求损害赔偿的原告资格并没有限制，因此企业需了解这一法律风险和不同国家的法律规定。

其次，从请求赔偿的条件来看，因限制竞争行为而受到损害的原告到法院请求损害赔偿时，一般应提供以下证据：一是受到了损害的事实；二是被告违反反垄断法的行为是其所受损害的直接原因；三是能够对其所受的损害提出一个公平和合理的估计。有些法律规定还要求其他条件，如损害赔偿是以违法行为人存在故意或者过失为前提，或是以行政执法机关关于违法行为的认定为前提等。其中，企业应当格外注意的是，大多数反垄断法的民事损害赔偿并不以违法者的故意或者过失为条件，如我国《反垄断法》第五十条。这就使得反垄断法的威慑力大大提高，企业应考虑损害赔偿的可能性，从而力求避免或减少违法行为。

最后，从世界范围来看，损害赔偿的金额并不都是等额赔偿，美国反托拉斯法中有关于三倍赔偿的规定。这对于企业而言将是非常高昂的成本。

（二）因垄断行为引发的行政法律风险

在行政执法模式的反垄断法中，反垄断行政执法机关是执行反垄断法的主要机构。在这种

---

① 王晓晔：《反垄断法》，法律出版社 2011 年版，第 368-374 页。

情况下，违反反垄断法的法律责任主要为行政责任。[①] 这些行政责任主要包括被处以禁止令、没收违法所得、罚款、拆分企业等。多数司法辖区对垄断行为规定大额罚款，有的司法辖区规定最高可以对企业处以集团上一年度全球总营业额 10% 的罚款。

1. 禁止令

禁止令通常禁止继续实施垄断行为，也包括要求采取整改措施、定期报告、建立和实施有效的合规制度等。我国《反垄断法》第四十六条至第四十八条都规定，在经营者违反法律规定的情况下，反垄断执法机关应责令停止违法行为。同时，为了督促违法者尽快履行其义务，执法机关还可能对拒不执行或者拖延执行其规定或禁令的违法者处以延迟罚金。[②]

2. 没收违法所得

没收违法所得是行政处罚中的重要规定，理由是不能让不法分子不当获利。例如，我国《反垄断法》第四十六条和第四十七条规定了反垄断执法机构可按法律规定没收违法所得。但应注意，世界上很多反垄断法并没有没收违法所得的规定。其理由，一是执法机关一般难以计算出违法者的违法所得；二是因为各国反垄断法一般对违法者都有行政罚款，而行政罚款的金额往往远超违法者的违法所得，具有足够大的威慑力，因此无须再规定没收违法所得。[③] 据此，企业应根据不同国家反垄断法的规定进行判断。

3. 罚款

反垄断行政执法机关对违法者处行政罚款是反垄断法为预防和制止违法行为所采取的最重要的法律手段，也是最常用的法律手段。

（三）因垄断行为引发的刑事法律风险

部分司法辖区对垄断行为规定了刑事责任。例如，美国的反垄断立法对垄断行为的刑事责任、刑罚设置都有非常明确的规定，包括明确规定了经济性垄断行为的刑事责任，同时还设立了罚金以及监禁两种刑罚方式，为其他国家的反垄断立法提供了参考。

我国《反垄断法》虽然规定了妨碍反垄断执法机构依法实施的审查和调查的刑事责任，但未实质规定对垄断行为的刑事责任。不过，在最新出台的修正草案中，已专门新增第六十七条的规定，即"违反本法规定，构成犯罪的，依法追究刑事责任"，弥补了现有法律的空白。各国对于垄断行为的管理越来越严格，垄断行为所面临的刑事法律风险也在逐渐增大。

[①] 王晓晔：《反垄断法》，法律出版社 2011 年版，第 356 页。
[②] 王晓晔：《反垄断法》，法律出版社 2011 年版，第 357 页。
[③] 王晓晔：《反垄断法》，法律出版社 2011 年版，第 358 页。

（四）境外风险

经营者在境外开展业务时，应当了解并遵守业务所在国家或者地区的反垄断相关法律规定，可以咨询反垄断专业律师的意见。经营者在境外遇到反垄断调查或者诉讼时，可以向反垄断执法机构报告有关情况。

（五）其他风险

有的司法辖区的反垄断法规定，如果母公司对子公司能够施加"决定性影响"，境外子公司违反反垄断法，母公司可能承担连带责任。同时，计算相关罚款的基础调整为整个集团营业额。因此，企业应根据自身结构，预防此类风险发生，或设立应对预案。

除法律责任外，企业受到反垄断调查或者诉讼还可能产生其他重大不利影响，对企业境外经营活动造成极大风险。反垄断执法机构的调查或者反垄断诉讼可能耗费公司大量的时间，产生高额法律费用，分散对核心业务活动的关注，影响企业正常经营。如果调查或者诉讼产生不利后果，企业财务状况和声誉也会受到极大损害。

三、反垄断合规管理

反垄断合规管理，是指以预防和降低反垄断合规风险为目的，以经营者及其员工经营管理行为为对象，开展包括制度制定、风险识别、风险应对、考核评价、合规培训等管理活动。

就反垄断合规管理的总体要求而言，鼓励经营者自主进行合规管理设计，识别、分析与评价合规风险，不断创新合规管理的措施，不断提高管理水平，预防和降低违法行为风险，树立良好形象。鼓励经营者、行业协会建立健全合规审查机制，将合规审查作为规章制度制定、重大事项决策、重要合同签订、重大项目运营等经营管理行为的必经程序，及时对不合规的内容提出修改建议，未经合规审查不得实施。鼓励经营者建立专业化、高素质的合规管理队伍，根据业务规模、合规风险水平等因素配备合规管理人员，持续加强业务培训，提升队伍能力水平。重视合规培训，结合法治宣传教育，建立制度化、常态化培训机制，确保员工理解、遵循合规目标和要求。积极培育合规文化，通过制定发放合规手册、签订合规承诺书等方式，强化合规意识，树立依法合规、守法诚信的价值观，筑牢合规经营的思想基础。鼓励经营者的高级管理人员作出并履行明确、公开的反垄断合规承诺。鼓励其他员工作出并履行相应的反垄断合规承诺。经营者可以在相关管理制度中明确有关人员违反承诺的责任。

（一）反垄断合规风险识别

企业开展反垄断合规管理首先应当准确识别风险内容。企业可以根据境内外业务规模、所处行业特点、市场情况、相关司法辖区反垄断法律法规以及执法环境等因素识别企业面临的主要境内外反垄断风险。企业应当根据自身实际情况建立必要制度，通过持续跟踪反垄断立法、执法、司法的最新进展等方式准确识别反垄断法律风险，以评估相关经营管理和业务行为是否合规，对经营者及其员工可能从事违规行为的风险予以提示。经营者应注意识别包括但不限于以下行为风险：

1. 垄断协议行为风险

禁止具有竞争关系的经营者达成下列垄断协议：a. 固定或者变更商品或者服务（以下统称商品）；价格水平、价格变动幅度和区间、利润水平或者约定折扣、手续费返佣、信贷条款等其他价格因素；约定采用据以计算价格的标准公式；限制参与协议的经营者的自主定价权。b. 以限制产量、固定产量、停止生产等方式限制商品的生产数量，或者限制特定品种、型号商品的生产数量；以限制商品投放量等方式限制商品的销售数量，或者限制特定品种、型号商品的销售数量。c. 划分商品销售地域、市场份额、销售对象、销售收入、销售利润或者销售商品的种类、数量、时间，划分原料、半成品、零部件、相关设备等原材料的采购区域、种类、数量、时间或者供应商。d. 限制购买、使用新技术、新工艺，限制购买、租赁、使用新设备、新产品，限制投资、研发新技术、新工艺、新产品；拒绝使用新技术、新工艺、新设备、新产品。e. 联合拒绝向特定经营者供应或者销售商品，联合拒绝采购或者销售特定经营者的商品，联合限定特定经营者不得与其具有竞争关系的经营者进行交易。

禁止经营者与交易相对人就商品价格达成下列垄断协议：a. 固定向第三人转售商品的价格水平、价格变动幅度和区间、利润率、计算公式或者折扣、手续费、返佣、信贷条款等其他价格因素；b. 限定向第三人转售商品的最低价格，或者通过限定价格变动幅度和区间、利润率、计算公式或者折扣、手续费、返佣、信贷条款等其他价格因素限定向第三人转售商品的最低价格。生产类经营者对批发类经营者，或者批发类经营者对零售类经营者的商贸协议中，应特别注意规避上述行为。

不属于上述所列情形的其他协议、决定或者协同行为，若有证据证明排除、限制竞争的，也可能被认定为垄断协议并予以禁止。

行业协会会员多为同业竞争者，实践中容易出现行业协会组织会员活动时违反《反垄断法》的情况。鼓励行业协会在协会章程中载明不得召集、组织或者推动会员（经营者）达成含有排除、限制竞争内容的协议、决议、纪要、备忘录等。在协会章程、规则、决定、通知以及制定的标准中，应避免出现以自律或其他名义固定或者变更商品价格、限制商品销售数量、分割销售市场、联合抵制交易对象等排除、限制竞争的内容。

企业在境外开展业务时应当高度关注以下行为，该类行为可能产生与垄断协议有关的风险：a. 与竞争者接触相关的风险。比如，企业员工与竞争者员工之间在行业协会、会议以及其他场合的接触；竞争企业之间频繁的人员流动；通过同一个供应商或者客户交换敏感信息等。b. 与竞争者之间合同、股权或其他合作相关的风险。比如，与竞争者达成合伙或者合作协议等可能排除、限制竞争的。c. 在日常商业行为中与某些类型的协议或行为相关的风险。比如，与客户或供应商签订包含排他性条款的协议；对客户转售价格的限制等。

在上述基础上，为有效识别垄断协议的潜在风险并避免从事垄断协议行为，经营者应当做到包括但不限于：a）与具有竞争关系的经营者（以下统称"竞争者"）签订协议前，或者参与行业协会或竞争者发起的会议前，应要求主办方提供相关议程及内容，事先咨询竞争合规专业人员该行为是否具有违法风险，会议发起方应安排反垄断法律专业人员参会监督。b）在与竞争者直接沟通或在参加行业组织会议时，当竞争者有意讨论价格、成本、数量、库存量、交易条件、交易对象、销售市场、限制新技术新产品等与竞争有关的竞争性敏感信息①时，应保持高度警惕，明确拒绝或者离开，及时向企业竞争合规管理部门和反垄断执法机构报告；做好拒绝与避席的相关证据记录，如果其他经营者最后达成并实施了垄断行为，这些证据将有可能帮助经营者证明自身未参与该垄断行为。c）如必需，应从公开合法渠道获取竞争者价格信息，应审慎对外公开商品调价、成本等敏感信息。d）避免与竞争者以公告、发布新闻，或者以行业协会的名义召开会议的形式，创造竞争者讨论竞争敏感信息的机会，或让竞争对手配合一起调整价格、产能。e）避免要求竞争者一起对特定经营者进行拒绝供货、拒绝购买等联合抵制。f）避免限制经销商的转售价格或者设定最低销售价格，对于控制经销商销售渠道特别是划分经销商销售区域的行为应保持高度警惕。g）避免以折让、回馈、固定利润率或者成本分摊等方式要求，或者以胁迫、利诱、延迟或取消供货等方式迫使经销商从事转售价格维持的行为。h）对签订具有长期排他性条款的协议、包含排他性条款的知识产权许可协议、涉及标准的协议和涉及联合销售或购买的协议应当保持警惕。

典型案例

【案例 4-1】某集团纵向垄断协议案

基本案情：浙江省市场监管局根据群众举报和市场监管总局交办，对某集团涉嫌与交易相对人达成并实施垄断协议行为立案调查。经查，2014 年至 2020 年，某集团制定含有固定产品转售价格、限定最低转售价格内容的《市场运营规范》《经销商管理规则》《线上市场管理规范》《承诺书》等文件，并通过发布价格政策，与经销商签订经销合同、承诺书等方式，实现对产品价格的管控。某集团固定和限定价格的行为在线上和线下经销商均得到了实

---

① 竞争性敏感信息为涉及经营者及其竞争对手的可能导致竞争者之间协调彼此生产经营行为的信息，但已公开披露或者通过公开渠道可获得的信息除外。

际执行，其还通过强化考核监督、委托中介机构维价、惩罚经销商等措施，进一步强化固定和限定价格协议的实施。

经查，2019 年、2020 年，某集团的 A 产品、B 产品在天猫市场线上销售排名均为第一，A 产品天猫市场占有率分别为 65.27% 和 62.4%，B 产品天猫市场占有率分别为 28.06% 和 30.7%。鉴于某集团产品的市场优势地位，经销商对其重点产品具有一定依赖性，某集团固定和限定价格的行为，排除、限制了相关产品在经销商之间的竞争和在零售终端的竞争，损害了消费者合法权益和社会公共利益。浙江省市场监管局认为，某集团的上述行为违反了《反垄断法》第十四条的规定，构成与交易相对人达成并实施垄断协议的行为。根据《反垄断法》第四十六条第一款的规定，浙江省市场监管局责令某集团停止违法行为，并对某集团处 2020 年度中国境内销售额 98.27 亿元 3% 的罚款，计 2.9481 亿元。

案例评析：实践中，采用经销模式的企业应避免固定经销商转售商品的价格或者限定其转售商品最低价格。具体来说，应避免固定经销商向第三人转售商品的价格水平、价格变动幅度、利润水平或者折扣、手续费等其他费用；避免限定经销商向第三人转售商品的最低价格，或者通过限定价格变动幅度、利润水平或者折扣、手续费等其他费用限定向第三人转售商品的最低价格。不具有强制性的"建议零售价"尚属合规，但不能变相要求经销商必须遵守。此外，单纯的价格监测本身虽不构成垄断行为，但若与针对经销商的价格管控政策相结合，则可能被执法机关视为实施纵向垄断协议的手段。

2. 滥用市场支配地位风险

企业应当对从事经营活动的市场、主要竞争者和自身市场力量做出评估和判断，并以此为基础评估和规范业务经营活动。当企业在某一市场中具有较高市场份额时，应当注意其市场行为的商业目的是否为限制竞争、行为是否对竞争造成不利影响，避免出现滥用市场支配地位的风险。

具有市场支配地位的经营者不能从事下列滥用市场支配地位行为：a. 以不公平的高价销售商品或者以不公平的低价购买商品；b. 没有正当理由，以低于成本的价格销售商品；c. 没有正当理由，拒绝与交易相对人进行交易；d. 没有正当理由，限定交易相对人只能与其进行交易、只能与其指定的经营者进行交易或者不得与特定经营者进行交易；e. 没有正当理由搭售商品，或者在交易时附加其他不合理的交易条件；f. 没有正当理由，对条件相同的交易相对人在交易价格等交易条件上实行差别待遇。

典型案例

【案例 4-2】三家原料药经销企业滥用市场支配地位案

基本案情： 2019 年 5 月，市场监督管理总局依据《反垄断法》对三家葡萄糖酸钙原料药经销企业涉嫌实施垄断行为展开调查。经查，2015 年 8 月至 2017 年 12 月，上述三家企业滥用在中国注射用葡萄糖酸钙原料药销售市场上的支配地位，实施以不公平的高价销售商品、没有正当理由附加不合理交易条件的行为，排除、限制了市场竞争，损害了消费者利益，违反了《反垄断法》第十七条第一项、第五项的规定，构成滥用市场支配地位行为。最终，反垄断执法部门于 2020 年 4 月对三家企业作出罚没 3.255 亿元的行政处罚决定。此外，在调查期间，有两家企业拒绝向执法机关提供有关材料、信息，隐匿、销毁、转移证据，阻碍调查工作开展，执法机关业已依法对其作出行政处罚。

具体而言，首先，执法机关通过需求替代和供给替代分析认为，由于产品特性、用途、生产质量标准、生产技术等因素，本案相关商品市场为注射用葡萄糖酸钙原料药销售市场。而由于本案垄断行为实施期间，中国原料药市场存在严格的管制措施，在中国生产注射用葡萄糖酸钙原料药必须获得原料药批文、GMP 证书等资质，需满足注册检验、专家评审、临床测试、定期检查等监管要求，申请获得相关资质并满足监管要求需要较长的时间。国外生产的原料药在中国市场上销售需获得进口批文，我国没有颁发过葡萄糖酸钙原料药进口批文。中国葡萄糖酸钙注射液生产企业采购注射用葡萄糖酸钙原料药的实际地域范围为中国。因此本案相关地域市场为中国。

其次，基于三家企业占有较高的市场份额，市场竞争不充分；三家企业具有控制销售市场的能力；下游制剂生产企业对三家企业依赖程度较高；其他经营者进入相关市场的难度较大等理由，执法机关认为此三家企业在本案相关市场具有市场支配地位。

再次，三家企业在具有市场支配地位的情况下，实施了滥用市场支配地位的行为，包括：a. 控制中国注射用葡萄糖酸钙原料药销售市场后，以不公平的高价对外销售注射用葡萄糖酸钙原料药，获得了高额垄断利润；b. 控制中国注射用葡萄糖酸钙原料药销售市场后，附加不合理条件，强制要求制剂生产企业将生产出的葡萄糖酸钙注射液回购三企业，或者作为其代工厂，按其指令销售葡萄糖酸钙注射液，否则不供应注射用葡萄糖酸钙原料药。

最后，执法机关认为三家企业的行为排除、限制了市场的竞争，不仅损害了葡萄糖酸钙注射液生产企业的利益，而且推高了葡萄糖酸钙注射液的市场价格，增加了国家医保支出，损害了患者的利益，应受《反垄断法》规制。

案例评析： 随着我国医药行业的发展，以及《关于原料药领域的反垄断指南》等文件的发布，我国医药领域反垄断执法力度不断加大。在这样的背景下，医药行业，尤其是原料药领域经营者应加快反垄断合规体系的建设，警惕在生产销售等经营活动中触碰反垄断红线。此外，从本案中可以看出，企业如果阻碍执法机关的调查等执法过程，将可能面临行政处罚等，因此企业如果出现竞争合规风险，应尽早与企业合规师等沟通，商量应对措施；如果企业遭到执法机关的调查，应当积极配合，以免承担其他法律责任。

3. 未依法履行经营者集中申报程序实施经营者集中行为的风险

《反垄断法》禁止经营者实施具有或者可能具有排除、限制竞争效果的集中。对于符合《关于经营者集中简易案件适用标准的暂行规定》的经营者集中，经营者可以申请作为简易案件申报。经营者集中具有下列情况之一的，可以不向国家市场监管总局反垄断局申报：参与集中的一个经营者拥有其他每个经营者50%以上有表决权的股份或者资产的；参与集中的每个经营者50%以上有表决权的股份或者资产被同一个未参与集中的经营者拥有的。国家市场监管总局依据《反垄断法》《国务院关于经营者集中申报标准的规定》《经营者集中审查暂行规定》，对经营者集中进行审查，并对违法实施的经营者集中进行调查处理。经营者应当遵守反垄断执法机构依法作出的经营者集中审查决定。

企业在开展境外业务时亦需注意经营者集中风险。大多数司法辖区设有集中申报制度，企业在全球范围内开展合并、收购、设立合营企业等交易时，同一项交易（包括在中国境内发生的交易）可能需要在多个司法辖区进行申报。企业在开展相关交易前，应当全面了解各相关司法辖区的申报要求，充分利用境外反垄断执法机构的事前商谈机制，评估申报义务并依法及时申报。企业收购境外目标公司还应当特别注意目标公司是否涉及反垄断法律责任或者正在接受反垄断调查，评估该法律责任在收购后是否可能被附加至母公司或者买方。

典型案例

【案例4-3】三起未依法申报违法实施经营者集中案

基本案情： 一是A公司收购B公司股权案。A公司的母公司主要从事中国网络销售平台业务、全球和中国批发贸易平台业务以及全球零售市场业务等，B公司主要在中国从事百货店及购物中心的经营和管理业务等。2014年3月至2017年6月，A公司先后三次合计收购B公司73.79%股权，并成为其控股股东。2018年2月，A公司持股比例进一步提高。

二是C公司收购D公司股权案。C公司主要从事阅读服务、版权商业化、作家培养及经纪等业务，D公司则主要从事电视剧制作、电影制作、网络剧制作、全球节目发行、娱乐营销和艺人经纪等业务。2018年8月，C公司与D公司等签署协议，收购D公司100%股权，并于当年 10 月完成交割。

三是 E 公司收购 F 公司股权案。2020 年 5 月，E 公司以换股方式取得 F 公司 100% 股权，并于当月完成交割。

经查，以上三起案件的违法事实都较为清楚，即三项交易都是股权收购，且 A、C、E 三公司在收购完成后均分别取得了控制权，属于《反垄断法》第二十条规定的经营者集中。同时，参与集中的经营者营业额达到了《国务院关于经营者集中申报标准的规定》第三条规定的申报标准。在集中实施前，均未依法进行经营者集中申报。但调查显示，上述三起案件都不具有排除、限制竞争效果。因此，执法机关对三公司因有申报义务却没有依法申报分别作出 50 万元人民币罚款的行政处罚。

案例评析： 经营者应当认识到，各国反垄断法适用的主体可能存在差别，但我国《反垄断法》适用于所有主体，对内资外资、国有企业和民营企业、大企业和中小企业、互联网企业和传统企业一视同仁、平等对待，且近年来查处力度不断加大，目的是要保障各类市场主体公平参与市场竞争，营造公平竞争的营商环境。因此，各行业经营者，尤其是近年发展较快的平台企业均应做到以下几点：

1）虽然平台经济领域竞争呈现出多边市场、动态竞争、跨界竞争、网络效应等一些新的特点，但传统的反垄断法律规则仍然适用。因此，各行业经营者都不得从事反垄断法所禁止的行为。

2）依法进行经营者集中申报。各企业要严格遵守《反垄断法》规定，对达到申报标准的经营者集中，必须依法申报。此外，对互联网平台企业而言，涉及协议控制架构的经营者集中，无论收购方还是被收购方涉及协议控制架构，均属于经营者集中反垄断审查范畴，在实施前应当依法申报，未经申报批准，不得实施集中。

3）全面配合执法机构的调查和审查工作。被调查的经营者、利害关系人或者其他有关单位或者个人应当配合反垄断执法机构依法履行职责，不得拒绝、阻碍反垄断执法机构的调查。因此，各企业要积极配合执法机关的执法工作，全面、准确、如实地说明情况、提供文件资料。对拒绝、阻碍执法机构调查和审查的，执法机关将依法作出处理，并向社会公开曝光。

4. 行政垄断相关风险

经营者不得接受行政命令而达成垄断协议或者滥用市场支配地位。对于行政机关和法律、法规授权的具有管理公共事务职能的组织提出的达成垄断协议或者滥用市场支配地位的要求，应当予以拒绝，并有权举报。经营者不得为达成垄断协议或者滥用市场支配地位而采取游说、利诱等非法手段使行政机关和法律、法规授权的具有管理公共事务职能的组织对其违法行为予以帮助、放纵、包庇等。

（二）反垄断合规风险评估

企业可以依据反垄断法相关规定，分析和评估合规风险的来源、发生的可能性以及后果的严重性等，并对合规风险进行分级。同时根据实际情况，建立符合自身需要的合规风险评估程序和标准。企业应定期进行竞争风险评估，形成评估报告，必要时可引入第三方评估机制，难以辨别定性时，可向市场监督管理部门咨询，也可向专业人士寻求帮助。

特殊市场领域经营者特别提示。在供水、供电、供气、通信、交通运输等公共事业领域，由于市场领域的自然垄断属性，经营者及其行业协会更加应当注意防范滥用市场支配地位的违法风险。建筑建材市场领域（特别是混凝土、砂石、水泥市场）的经营者及其行业协会，由于商品特性、运输成本等原因，本地化销售特征较为明显，销售市场相对固定，应当注意防范达成垄断协议的违法风险。依法实行特许经营和专营专卖的行业经营者，应当依法经营，诚实守信，严格自律，接受社会公众的监督，注意防范滥用市场支配地位的违法风险。互联网经营者（包括互联网平台经营者）应重视潜在的反垄断违法风险。互联网平台经营者应当注意防范强制平台内经营者"二选一"等滥用市场支配地位的违法风险，亦应当注意防范组织或者协调平台内经营者达成垄断协议的违法风险。

企业可以根据实际情况，建立境外反垄断法律风险评估程序和标准，定期分析和评估境外反垄断法律风险的来源、发生的可能性以及后果的严重性等，明确风险等级，并按照不同风险等级设计和实施相应的风险防控制度。评估可以由企业反垄断合规管理部门组织实施或者委托外部专业机构协助实施。企业对以下情形可开展专项评估：对业务收购、公司合并、新设合营企业等事项作出投资决策之前；实施重大营销计划、签订重大供销协议之前；受到境外反垄断调查或者诉讼之后。

（三）反垄断合规风险提醒

企业可以根据不同职位、级别和工作范围的员工面临的不同合规风险对员工开展风险测评和风险提醒工作，提高风险防控的针对性和有效性，降低员工的违法风险。例如，企业可以根据员工面临境内外反垄断法律风险的不同程度开展风险评级，进行更有效的风险防控。对高级管理人员，业务部门的管理人员，经常与同行竞争者交往的人员，销售、市场及采购部门的人员，知晓企业商业计划、价格等敏感信息的人员，曾在具有竞争关系的企业工作并知晓敏感信息的人员，负责企业并购项目的人员等，企业可以优先进行风险管理，采取措施强化其反垄断合规意识。对其他人员，企业可以根据风险管理的优先级采取反垄断风险管理的适当措施。

（四）竞争合规风险处置

企业应建立健全风险处置机制，对识别、提示和评估的各类合规风险采取恰当的控制和应对措施。对评估中发现的竞争合规风险事项，应采取有效措施及时降低该风险，必要时停止该风险行为；发生合规风险时，企业内部合规管理机构和其他业务部门应积极配合执法调查，依法及时采取补救措施，充分运用《反垄断法》规定的宽大制度和承诺制度，最大限度降低风险和损失。需要注意，承诺制度不适用于固定或者变更商品价格、限制商品生产或者销售数量、分割销售市场或者原材料采购市场的垄断协议案件。

如企业通过自查等内部机制发现自身的违规风险，应及时寻求外部专家顾问获取合规意见与指导，并采取相应措施消除违规风险。经营者在日常运营过程中应对违法垄断行为保持警惕性，对市场中正在发生的有违法嫌疑的垄断行为，可以通过多种形式的存储介质将违法事实予以记录和留存，并及时向反垄断执法机构举报。

企业应当在发现合规风险已经发生或者反垄断执法机构已经立案并启动调查程序时，立即停止实施相关行为，主动向反垄断执法机构报告并与反垄断执法机构合作。被调查的利害关系人、有关单位或者个人不配合反垄断执法机构调查，拒绝、阻碍执法人员进入经营场所，拒绝提供或超出规定时限提供相关文件资料信息，隐匿、销毁、转移证据，提供误导性信息或虚假信息的，将存在极高的法律风险。经营者主动向反垄断执法机构报告达成垄断协议的经营者名单、涉及的商品范围、协议内容、具体实施有关情况并提供重要证据的，前3名申请报告人按时间顺序、提供证据的重要程度等因素，被反垄断执法机构减轻甚至免除处罚的可能性较大。经营者可在被反垄断执法机构调查的过程中，在反垄断执法机构掌握足够认定违法行为的证据之前，通过书面承诺在反垄断执法部门认可的期限内采取具体措施消除行为影响的方式，提出中止调查书面申请。

就境内外反垄断调查而言，多数司法辖区反垄断执法机构都拥有强力而广泛的调查权。一般来说，反垄断执法机构可根据举报、投诉、违法公司的宽大申请或者依职权开展调查。调查手段包括收集有关信息、复制文件资料、询问当事人及其他关系人（比如竞争对手和客户）、现场调查、采取强制措施等。部分司法辖区还可以开展"黎明突袭"，即在不事先通知企业的情况下，突然对与实施涉嫌垄断行为相关或者与调查相关的必要场所进行现场搜查。在"黎明突袭"期间，企业不得拒绝持有搜查证、搜查授权或者决定的调查人员进入。调查人员可以检查搜查证、搜查授权或者决定范围内的一切物品，可以查阅、复制文件，根据检查需要可以暂时查封有关场所，询问员工等。此外，在有的司法辖区，反垄断执法机构可以与边境管理部门合作，扣留和调查入境的被调查企业员工。

企业应积极配合反垄断执法机构的调查。各司法辖区对于配合反垄断调查和诉讼以及证据保存均有相关规定，一般要求相关方不得拒绝提供有关材料或信息，提供虚假或者误导性信息、隐匿或者销毁证据，开展其他阻挠调查和诉讼程序并带来不利后果的行为，对于不配合调查的行为规定了相应的法律责任。有的司法辖区规定，提供错误或者误导性信息等情形可面临最高为集团上一财年全球总营业额1%的罚款，还可以要求每日缴纳最高为集团上一财年全球日均营业额5%的滞纳金；如果最终判定存在违法行为，则拒绝合作可能成为加重罚款的因素。有的司法辖区规定，拒绝配合调查可能被判藐视法庭或者妨碍司法公正，并处以罚金，情节严重的甚至可能被追究刑事责任，比如通过向调查人员提供重大不实陈述的方式故意阻碍调查等情形。通常情况下，企业对反垄断调查的配合程度是执法机构作出处罚以及宽大处理决定时的重要考量因素之一。

企业可以根据需要，由合规部门、信息技术部门事先制订应对现场检查的方案和配合调查的计划。在面临反垄断调查和诉讼时，企业可以制定员工出行指南，确保员工在出行期间发生海关盘问、搜查等突发情况时能够遵守企业合规政策，同时保护其合法权利。

多数司法辖区对反垄断执法机构开展调查的程序等作出明确要求，以保障被调查企业的合法权利。反垄断执法机构开展调查时应当遵循法定程序并出具相关证明文件，比如执法机构的身份证明或者法院批准的搜查令等。被调查的企业依法享有陈述、说明和申辩的权利，反垄断执法机构对调查过程中获取的信息应当依法予以保密。在境外反垄断调查中，企业可以依照相关司法辖区的规定维护自身合法权益，比如就有关事项进行陈述和申辩，要求调查人员出示证件，向执法机构询问企业享有的合法权利，在保密的基础上查阅执法机构的部分调查文件；聘请律师到场，在有的司法辖区，被调查对象有权在律师到达前保持缄默。部分司法辖区对受律师客户特权保护的文件另有规定的，企业在提交文件时可以对相关文件主张律师客户特权，防止执法人员拿走他们无权调阅的特权资料。有的司法辖区规定，应当听取被调查企业或行业协会的意见，并使其享有就异议事项提出答辩的机会。无论是法律或者事实情况，如果被调查对象没有机会表达自己的观点，就不能作为案件裁决的依据。

此外，如果企业面临反垄断诉讼，应该积极作出应对。反垄断诉讼既可以由执法机构提起，也可以由民事主体提起。比如，在有的司法辖区，执法机构可以向法院提起刑事诉讼和民事诉讼；直接购买者、间接购买者也可以向法院提起诉讼，这些诉讼也有可能以集团诉讼的方式提起。在有的司法辖区，反垄断诉讼包括对反垄断执法机构决定的上诉，以及受损害主体提起的损害赔偿诉讼、停止垄断行为的禁令申请或者以合同包含违反竞争法律的限制性条款为由对该合同提起的合同无效之诉。不同司法辖区的反垄断诉讼涉及程序复杂、耗时较长，有的司法辖区可能涉及范围极为宽泛的证据开示。企业在境外反垄断诉讼中一旦败诉，将面临巨额罚款或者赔偿、责令改变商业模式甚至承担刑事责任等严重不利后果。

（五）反垄断合规管理组织及制度构建

企业可以根据业务规模、业务涉及的主要司法辖区、所处行业特性及市场状况、业务经营面临的法律风险等制定反垄断合规风险管理体系及管理制度，或者将反垄断合规管理要求嵌入现有整体合规制度中。企业建立并实施良好的合规管理制度不仅有利于更好地防范和规避竞争法律风险，也可以在部分司法辖区作为减轻处罚责任的依据。

具体而言，经营者应根据反垄断法相关规定、司法执法等实务动态以及自身业务状况、规模大小、行业特性等，建立相适应的反垄断合规管理体系，并贯穿决策、执行、监督全过程，包括但不限于开展以下工作：建立覆盖经营者各业务领域、部门、分支机构的反垄断合规管理制度、行为规范以及重点领域专项反垄断合规管理制度；建立反垄断合规风险识别机制和审核机制，全面系统梳理经营管理活动中存在的合规风险，规章制度制定、重大事项决策、重要合同签订、重大项目运营等经营管理行为必须通过反垄断合规审核，及时防范典型性、普遍性和可能产生较严重后果的风险；建立反垄断合规的职责分工和违规问责制度，明确部门、人员责任范围以及责任承担标准；开展反垄断合规管理体系评估，定期对反垄断合规管理体系的有效性进行分析，对重大或反复出现的合规风险和违规问题，深入查找根源，完善相关制度，堵塞管理漏洞，强化过程管控，持续改进提升；推动合规管理与法律风险防范、监察、审计、内控、风险管理等工作相统筹、相衔接，确保合规管理体系有效运行。

1. 合规风险管理组织构建

组织化和机构化是反垄断合规在企业内部落地的重要基础。在构建反垄断合规管理体系时，企业可以参考以下要求。

第一，决策层的反垄断合规管理职责主要包括：（1）批准企业反垄断合规管理战略规划和基本制度；（2）推动建立完善反垄断合规管理体系；（3）决定反垄断合规管理负责人或负责部门；（4）决定反垄断合规管理负责人或负责部门的职能；（5）研究决定反垄断合规管理有关重大事项。

第二，经理层的反垄断合规管理职责主要包括：（1）根据决策层决定，建立健全合规管理组织架构；（2）批准合规管理具体制度规定；（3）批准合规管理计划，采取措施确保合规制度得到有效执行；（4）明确合规管理流程，确保合规要求融入业务领域；（5）及时制止并纠正不合规的经营行为，按照权限对违规人员进行责任追究或提出处理建议。

第三，监督层的反垄断合规管理职责主要包括：（1）监督决策层的决策与流程是否符合反垄断法相关规定；（2）监督决策层和经理层人员合规管理职责履行情况；（3）对引发重大合规风险负有主要责任的高级管理人员提出罢免建议；（4）向决策层提出撤换公司反垄断合规管理负责人的建议。

第四，反垄断合规管理部门/负责人职责主要包括：（1）经营者宜设立反垄断合规管理委员会，承担合规管理的组织领导和统筹协调工作，研究决定合规管理重大事项或提出意见建议，指导、监督和评价竞争合规管理工作。（2）经营者可指定专人担任竞争管理负责人，其主要职责包括组织制订竞争合规管理战略规划；参与经营者重大决策并提出合规意见；领导合规管理牵头部门开展工作；向高级别管理层汇报合规管理重大事项。（3）经营者可指定法律事务部门或其他相关部门为反垄断合规管理牵头部门，组织、协调和监督合规管理工作，为其他部门提供合规支持。其主要职责包括研究起草反垄断合规管理计划、基本制度和具体制度规定；持续关注反垄断法相关规定等规则变化，组织开展合规风险识别和预警，参与重大事项合规审查和风险应对；组织开展合规检查与考核，对制度和流程进行合规性评价，督促违规整改和持续改进；指导业务相关部门合规管理工作；受理职责范围内的违规举报，组织或参与对违规事件的调查，并提出处理建议；组织或协助开展合规培训。（4）业务部门负责本领域的日常反垄断合规管理工作，主要职责包括按照合规要求完善业务管理制度和流程；主动开展合规风险识别和隐患排查，发布合规预警；组织合规审查，及时向反垄断合规管理牵头部门通报风险事项；妥善应对合规风险事件，做好本领域合规培训和商业伙伴合规调查等工作；组织或配合进行违规问题调查并及时整改。（5）监察、审计、法律、内控、风险管理、安全生产、质量、环保等相关部门在职权范围内履行反垄断合规管理职责。

2. 反垄断合规风险管理制度构建

经营者建立并有效执行反垄断合规管理制度，将有助于提高经营管理水平，避免引发合规风险，树立依法经营的良好形象。在构建反垄断合规风险管理制度时，企业应注意以下要点。

首先，经营者应建立确保反垄断合规的实施机制，包括但不限于建立：

（1）竞争文化培育机制。这一机制有利于践行诚实守信、合规经营、公平竞争的价值观，增强员工竞争合规意识。

（2）汇报机制。汇报机制包括对内汇报和对外汇报两部分，对内汇报是指企业在日常经营中要及时向内部决策层和管理层汇报企业反垄断合规的运行情况和遇到的问题，并给出建议；对外汇报为经营者可以向反垄断执法机构等书面报告企业竞争合规制度和实施效果，这使得企业在遭受反垄断调查时，能够以自身合规建设情况争取减轻处罚。

（3）审核机制。这一机制要求经营者对重大决策、重要协议等要进行内部审核，对反垄断合规风险应听取内部法律顾问、合规部门或者外部专业机构意见。例如，企业在与竞争对手或潜在竞争对手之间签署协议或进行商业合作时，需要进行严格的反垄断审查。

（4）风险识别与评估机制。此机制在于建立能够准确识别和评估经营管理和业务行为与反垄断法律的符合性的机制。

（5）反垄断合规咨询机制，指建立内部咨询、外部专家咨询及反垄断执法机构咨询等机制。内部咨询是指企业员工在业务过程中可以就相关问题咨询企业内部合规管理机构或负责人。例如，具有竞争关系的经营者在签订协议或参加会议时可以就相关行为是否违法咨询合规专业人员。外部专家咨询是指向外部律师等进行咨询。例如，开展境外业务的企业在必要时可以咨询反垄断专业律师的意见。向反垄断执法机构进行咨询较多表现为企业面临复杂或专业性强且存在重大反垄断法律风险的事项时，向反垄断执法机构申请商谈，以求获得对其问题的官方权威指导。

（6）承诺机制。指企业决策人员、从事经营的高级管理人员和业务人员等作出反垄断合规承诺，以提高相关人员对合规风险的认识和重视程度，确保其对企业履行合规承诺负责。通常情况下，企业决策人员和相关高级管理人员对合规的承诺和参与是提升合规制度有效性的关键。

（7）内部发现机制。指鼓励经营者建立内部自查管理系统，员工可通过该系统以秘密或匿名等方式向企业合规管理部门反映企业可能存在的合规问题。

（8）培训机制。指对职员进行持续且定期的相关培训，包括但不限于企业内部组织的合规管理及培训，通过专业机构等第三方开展的合规管理及培训，确保其知悉不可为的事项以及正确的应对处置方式。

（9）合规考核机制。合规考核结果作为企业绩效考核的重要依据，与员工的评优评先、职务任免、职务晋升以及薪酬待遇等挂钩，提高员工的合规意识。

其次，经营者应建立反垄断合规的重点管理实施机制，在全面推进合规管理的基础上，突出重点领域、重点环节和重点人员，切实防范反垄断合规风险。这要求企业注意以下四点：

（1）经营者应加强对以下重点领域的合规管理：a）与其他竞争者或组织其他竞争者就商业安排、市场信息等进行直接或间接的接触、沟通；b）参与行业协会或其他有关机构组织的同行业会议；c）与交易相对人就转售价格进行沟通或者安排；d）在经营者市场份额较高情况下，与交易相对人作出有关交易对象、交易条件、销售与经销渠道等方面的安排；e）在收购兼并、设立合营企业、资产收购等交易中涉及的经营者集中申报以及其他反垄断合规问题；f）经由行政机关以及其他具有管理公共事务职能的组织可能涉及滥用行政权力的授权、安排下，经营者实施的经营行为。

（2）经营者应加强对以下重点环节的合规管理：a）强化对各项规章制度、战略、方案等重要文件的竞争合规审查，并根据反垄断法相关规定的变化和监管动态，及时将外部有关合规要求转化为内部规章制度；b）注重经营决策过程的竞争合规审查，细化各层级与竞争有关的决策事项和权限，加强对决策事项的合规论证；c）严格执行竞争合规制度，加强对生产经营活动重点流程的合规监督检查。

（3）经营者应加强对管理人员、重要风险岗位人员、合规专业人员和其他需要重点关注的人员开展反垄断合规管理。

（4）对于有境外经营业务的企业，应强化海外经营行为的反垄断合规管理：a）确保海外投资经营活动全流程、全方位合规，深入研究所在国法律法规及相关国际规则，全面掌握禁止性规定，明确海外投资经营反垄断合规行为的法律要求；b）完善交易管理制度，严格履行决策批准程序，深入研究所在国经营者集中审查法律法规，明确反垄断具体要求，规范并购交易、招投标等经营活动。

第二节　反不正当竞争合规

一、反不正当竞争合规的基本目标

（一）反不正当竞争合规概述

不正当竞争行为是指特定的行为人或经营者，进行的扰乱社会经济秩序、危害正当竞争秩序、危害其他经营者商业形象、有损社会伦理道德风尚的违法侵权行为。[①]

反不正当竞争合规，是指经营者及其员工的经营管理行为符合《反不正当竞争法》相关法律、法规、规章及其他规范性文件（以下统称"竞争法"）的相关要求；反不正当竞争合规风险，是指经营者及其员工在其经营管理活动中，因违反竞争法的相关规定而引发法律责任、经济损失、声誉损失及其他负面影响的可能性。反不正当竞争合规管理，则是指以有效预防和降低竞争合规风险为目的，经营者以自身及其员工的经营管理行为为对象，开展的包括竞争合规承诺、合规管理、反不正当竞争合规风险识别、风险预防和应对等一系列管理活动。

反不正当竞争合规对市场秩序的维护具有重要意义。反不正当竞争法是国家调控市场经济秩序、维护市场公平竞争环境的重要法律工具，大多数国家和地区都制定了专门的反不正当竞争相关的法律或政策，用以制止市场的不正当竞争行为，维护市场的竞争活力，以避免出现"劣币驱逐良币"的不良市场。对于经营者而言，应当以提高自身商品或服务的质量、提升售后服务水平、增强自身声誉为目标，赢得市场竞争优势和更多的交易机会，因此应当加强反不正当竞争的合规管理制度，强化合规竞争的意识和风险应对能力，保障经营者的健康、可持续发展。

[①]　世界知识产权组织《关于反不正当竞争保护的示范规定》第1条（1a）：凡在商业活动中违反诚实惯例的行为或做法均构成不正当竞争。

（二）反不正当竞争合规的基本目标

党的十九大报告提出要实现"竞争公平有序"的市场环境，为落实这一要求，加强经营者合规竞争的意识，防范竞争合规风险，引导经营者加强竞争合规管理，促进社会公平竞争环境和良好营商环境的塑造，加大对知识产权保护的力度，更好地维护消费者利益和社会公共利益。

合规管理是为了让经营者在合法合规经营与获取利润二元化思维下，企业内部治理结构与外部结构并行的合规。因此，反不正当竞争视野下的合规管理，应当是以提高企业核心竞争力为总目标，构建企业文化价值观建设，以员工管理、反不正当竞争管理为主线的组织合规与销售合规风险化管理。

总体来讲，反不正当竞争合规的目标有三：一是促进社会主义市场经济的健康发展，维护公平竞争的市场环境，优化营商环境；二是保护经营者和消费者的合法权益，维护社会公共利益；三是保护经营者自身和其他市场主体的良好竞争力，制止不正当竞争行为，提高企业公平竞争的法治意识。

二、反不正当竞争合规的主要依据

反不正当竞争语境下的合规管理依据主要是 2019 年修正的《反不正当竞争法》。《反不正当竞争法》是竞争行为合规与否的重要规范准则，其中，第二章重点规定了七种禁止经营者进行的不正当竞争行为，主要包括：混淆行为、商业贿赂行为、虚假或引人误解的商业宣传行为、侵犯商业秘密行为、不正当有奖销售行为、商业诋毁行为、网络领域的不正当竞争行为以及其他法律法规规定的不正当竞争行为。世界知识产权组织《关于反不正当竞争保护的示范条款》（以下简称《示范条款》）在第二条至第六条分别规定了混淆、商业诋毁、误导公众、损害他人信用以及侵犯商业秘密五项不正当竞争行为。

2020 年《最高人民法院关于审理不正当竞争民事案件应用法律若干问题的解释》（以下简称法释〔2020〕19 号文）结合审判实践对个别不正当竞争行为的适用作了进一步解释。

《最高人民法院关于适用〈中华人民共和国反不正当竞争法〉若干问题的解释》（以下简称法释〔2022〕9 号文），自 2022 年 3 月 20 日起施行。法释〔2022〕9 号文根据修正后的反不正当竞争法，重点对仿冒混淆、虚假宣传、网络不正当竞争行为等作出了细化规定，对企业竞争合规的工作起到了指引作用。

涉及反不正当竞争相关规定的，除了《反不正当竞争法》及其司法解释外，还有《招标投标法》《价格法》《广告法》以及知识产权保护法等相关规定①。

三、反不正当竞争领域的主要合规风险

《反不正当竞争法》及相关司法解释中规定的七种禁止经营者进行的不正当竞争行为及其引发的相关法律责任，是反不正当竞争合规应当关注的主要风险所在。

（一）混淆行为

《反不正当竞争法》第六条规定：经营者不得实施下列混淆行为，引人误认为是他人商品或者与他人存在特定联系：（一）擅自使用与他人有一定影响的商品名称、包装、装潢等相同或者近似的标识；（二）擅自使用他人有一定影响的企业名称（包括简称、字号等）、社会组织名称（包括简称等）、姓名（包括笔名、艺名、译名等）；（三）擅自使用他人有一定影响的域名主体部分、网站名称、网页等；（四）其他足以引人误认为是他人商品或者与他人存在特定联系的混淆行为。②

仿冒混淆行为是不正当竞争规制中最典型、最多发的行为之一。在经营活动中，经营者企图通过搭便车、傍名牌等方式不劳而获，通过仿冒他人具有一定影响力的商品标识、企业主体标识、生产经营活动标识、网站网址等，"借用"他人商品的名誉和影响力，从而使得消费者将该经营者的商品误认为是他人的商品或误认为与他人的商品存在特定联系，以此提高自己商品的市场竞争力。混淆行为不但损害了被混淆对象的合法权益，误导、欺骗了消费者，还扰乱了市场秩序，通常伴随着以次充好，是国际公约和国内法律重点规制的对象。

仿冒混淆行为中被混淆的对象是"有一定影响的标识"，而标识与有一定影响的判断，则可以通过相关司法解释进行判定。③ 值得注意的是，混淆行为的构成并不要求经营者获得了不正当利益或引起了必然的混淆结果；其规定的"引人误认为是他人商品或者与他人存在特定联系"是一种可能性。即，只要存在这种可能性，便会涉嫌构成不正当竞争。

---

① 知识产权法属于广义的反不正当竞争法的范畴。《巴黎公约》规定，制止不正当竞争为工业产权的保护对象。就我国而言，在专利法与反不正当竞争法的适用上，一般先适用专利法，专利法未作规定的，考虑适用反不正当竞争法。此外，冒用他人书目、刊名等行为，可认定为与著作权有关的不正当竞争行为。

② 《示范条款》第2条对他人企业或其活动造成混淆进行了规定。凡在工商业活动中对他人企业或其活动、尤其对此种企业所提供的产品或服务造成或可能造成混淆的行为或做法，应构成不正当竞争的行为。下列内容尤其可能被造成混淆：i. 商标，无论注册与否；ii. 厂商名称；iii. 除商标或厂商名称以外的企业名称；iv. 产品外观；v. 产品或服务介绍；vi. 名人或著名虚构人物。

③ 法释〔2022〕9号文第四条规定：具有一定的市场知名度并具有区别商品来源的显著特征的标识，人民法院可以认定为反不正当竞争法第六条规定的"有一定影响的"标识。人民法院认定反不正当竞争法第六条规定的标识是否具有一定的市场知名度，应当综合考虑中国境内相关公众的知悉程度，商品销售的时间、区域、数额和对象，宣传的持续时间、程度和地域范围，标识受保护的情况等因素。

（二）商业贿赂行为

《反不正当竞争法》第七条第一款、第二款规定：经营者不得采用财物或者其他手段贿赂下列单位或者个人，以谋取交易机会或者竞争优势：（一）交易相对方的工作人员；（二）受交易相对方委托办理相关事务的单位或者个人；（三）利用职权或者影响力影响交易的单位或者个人。

经营者在交易活动中，可以以明示方式向交易相对方支付折扣，或者向中间人支付佣金。经营者向交易相对方支付折扣、向中间人支付佣金的，应当如实入账；接受折扣、佣金的经营者也应当如实入账。

经营者应当通过降低商品成本、提高商品质量、提高劳动生产率、改进售后服务等方式取得交易相对方的认可，赢得相对竞争优势或者更好的交易机会。有些经营者则通过商业贿赂的方式谋求交易机会或竞争优势，排挤其他经营者的交易机会，扰乱了竞争秩序，是典型的不正当竞争行为。商业贿赂高发于以下行业或领域：工程建设、土地转让、产权交易、医药购销、政府采购以及资源开发等，相关行业的经营者应当对此予以高度重视。

该类不正当竞争行为的识别应注意以下几点：

1. 进行商业贿赂的主体必须是经营者。即商业贿赂的一般规则为：经营者及其工作人员为获得竞争优势而进行贿赂的，应当认定为经营者的行为；但是法律给予经营者自证清白的机会，即经营者有证据证明该工作人员的行为与为经营者谋取交易机会或者竞争优势无关的除外。一般而言，当有证据证明经营者制定了严格的反商业贿赂规章制度，并对工作人员进行了必要的管理培训，且工作人员知晓并同意遵守经营者的相关规定时，可以免除经营者的责任而只追究行为人。

2. 合理区分商业贿赂和合法的折扣、佣金。即法律允许在交易活动中以明示方式向交易相对方支付折扣或向中间人支付佣金，该类行为属于合法的"让利行为"或"中介佣金"。合法与否的判断标准一般为折让款是否如实入账，以及中间人是否为经营者提供了符合商业惯例的劳务或服务。此外，商业贿赂的手段包括"财物"和"其他手段"，即包括财产性利益和非财产利益。

（三）虚假或引人误解的商业宣传

《反不正当竞争法》第八条规定：经营者不得对其商品的性能、功能、质量、销售状况、用户评价、曾获荣誉等作虚假或者引人误解的商业宣传，欺骗、误导消费者。经营者不得通过组织虚假交易等方式，帮助其他经营者进行虚假或者引人误解的商业宣传。[①]

[①] 《示范条款》第4条规定：（1）凡在工商业活动中对企业或其活动、尤其对由此种企业所提供的产品或服务误导或可能误导公众的行为或做法，均构成不正当竞争的行为。（2）误导可因广告或促销引起，并尤其可对下列情况发生：i. 产品的制造方法；ii. 产品或服务用于特定目的之用途；iii. 产品或服务的质量或数量或其他特点；iv. 产品或服务的地理来源；v. 提供或供给产品或服务的条件；vi. 产品或服务的价格或其他计算的方式。

虚假宣传是我国查处的不正当竞争案例中占比最高的一种类型。经营者进行的商业宣传实则是在对公众提供商品、服务信息，是消费者选择商品或服务的重要参考，也是消费者愿意支付相应对价的重要价值判断。经营者为提高自身竞争力，对其自身企业情况、商品性能质量或服务内容夸大价值，做虚假或引人误解的宣传时，以欺骗、诱导消费者的方式获取市场份额，违反了诚实守信原则，严重扰乱了市场竞争秩序，形成"劣币驱逐良币"的现象，应当严格禁止。

虚假宣传行为的风险识别主要应注意以下几点：

1. 行为的表现形式上，虚假宣传的内容是虚假或引人误解两种情形。即一般包括内容不真实、与实际情况不符；内容含混不清，使用有多重语义的表述，或仅陈述部分事实引发人的错误联想等。例如，宣传食品中含有珍贵成分，但隐瞒了含量极低这一事实。关于商业宣传中"虚假信息和引人误解"的定义，还可以参考法释〔2020〕19号文、法释〔2022〕9号文中的相关规定。①

2. 虚假宣传的效果上，表现为两种方式，即有欺骗、误导消费者、一般公众的可能性；已经造成了欺骗、误导消费者的客观后果。

3. 刷单行为。鉴于目前电子商务的繁荣，"刷单"提升商家形象的操作屡见不鲜。平台经营者通过虚假交易为自己虚构成交量、交易额以及用户好评等，提高自己的市场地位和商家信用。甚至有专门的刷单公司和团队，为平台经营者提供刷单炒信服务，进行虚假宣传，并形成了黑色产业链。该类情形是电子商务视野下的典型不正当竞争行为，扰乱市场秩序、致使假货劣货横流的罪魁祸首，已被明令禁止。

4. 虚假宣传和虚假广告的关系。广告是商业宣传的一种手段和方式。因此，在虚假宣传

---

① 法释〔2020〕19号文第八条规定：经营者具有下列行为之一，足以造成相关公众误解的，可以认定为反不正当竞争法第九条第一款规定的引人误解的虚假宣传行为：

（一）对商品作片面的宣传或者对比的；

（二）将科学上未定论的观点、现象等当作定论的事实用于商品宣传的；

（三）以歧义性语言或者其他引人误解的方式进行商品宣传的。

以明显的夸张方式宣传商品，不足以造成相关公众误解的，不属于引人误解的虚假宣传行为。

人民法院应当根据日常生活经验、相关公众一般注意力、发生误解的事实和被宣传对象的实际情况等因素，对引人误解的虚假宣传行为进行认定。

法释〔2022〕9号文第十六条规定：经营者在商业宣传过程中，提供不真实的商品相关信息，欺骗、误导相关公众的，人民法院应当认定为反不正当竞争法第八条第一款规定的虚假的商业宣传。第十七条第一款规定，经营者具有下列行为之一，欺骗、误导相关公众的，人民法院可以认定为反不正当竞争法第八条第一款规定的"引人误解的商业宣传"：

（一）对商品作片面的宣传或者对比；

（二）将科学上未定论的观点、现象等当作定论的事实用于商品宣传；

（三）使用歧义性语言进行商业宣传；

（四）其他足以引人误解的商业宣传行为。

中使用虚假广告的方式的，必然是不正当竞争行为，但鉴于《广告法》已作出相关规定，因此对于此类违法行为，应当按照《广告法》对发布虚假广告的主体进行处罚。

（四）侵犯商业秘密行为

《反不正当竞争法》第九条第一款至第三款规定：经营者不得实施下列侵犯商业秘密的行为：（一）以盗窃、贿赂、欺诈、胁迫、电子侵入或者其他不正当手段获取权利人的商业秘密；（二）披露、使用或者允许他人使用以前项手段获取的权利人的商业秘密；（三）违反保密义务或者违反权利人有关保守商业秘密的要求，披露、使用或者允许他人使用其所掌握的商业秘密；（四）教唆、引诱、帮助他人违反保密义务或者违反权利人有关保守商业秘密的要求，获取、披露、使用或者允许他人使用权利人的商业秘密。经营者以外的其他自然人、法人和非法人组织实施前款所列违法行为的，视为侵犯商业秘密。第三人明知或者应知商业秘密权利人的员工、前员工或者其他单位、个人实施本条第一款所列违法行为，仍获取、披露、使用或者允许他人使用该商业秘密的，视为侵犯商业秘密。①

我国对商业秘密的保护是与保护经营者知识产权齐头并进的，并高度重视。《反不正当竞争法》明确规定将"电子入侵"类的手段视为侵犯手段，并强化了侵犯商业秘密行为的行为责任，加大了对相关行为的处罚力度。本书所称的商业秘密，是指不为公众所知悉、具有商业价值并经权利人采取相应保密措施的技术信息、经营信息等商业信息。该类不正当竞争行为的识别，主要注意以下几点：

1. 商业秘密的认定。作为一种无形财产，商业秘密具有四个特征：秘密性，具有商业价值，权利人采取了相应的保密措施，以及该信息是技术信息、经营信息等商业信息。具体的判定标准还可以参考法释〔2020〕19号文的相关规定。②以"采取保密措施"为例，经营者需要证明采取了一定的保密措施，一般方式可以表现为：与员工签署保密协议，向员工支付保密费，对保密信息进行加密、限定知悉范围、控制接触人员范围等，并要求保密措施与商业秘密信息的商业价值及获得难易程度有一定的相关性，比如，对重大商业秘密仅适用口头通知，则很难证明其采取了保密措施。

2. 侵犯商业秘密的行为主体。反不正当竞争法规定的各种不正当竞争行为的实施者一般

---

① 《示范条款》第6条规定：（1）凡在工商业活动中导致他人未经合法控制秘密信息人员（"合法持有人"）许可并以违背诚实商业做法的方式泄露、获得或使用该信息的行为或做法，应构成不正当竞争的行为。（2）他人未经合法持有人许可泄露、获得或使用秘密信息可尤其因下列情况而产生：i. 工业或商业间谍行为；ii. 违约；iii. 泄密；iv. 诱使他人从事本款（i）至（iii）提及的行为；v. 由在获得信息时已知或因疏忽大意而不知涉及了本条（i）至（iv）提及的行为的第三方获得秘密信息。

② 法释〔2020〕19号文第九条规定的"不为公众所知悉"的标准；第十条关于"能为权利人带来经济利益、具有实用性"的规定；第十一条关于"保密措施"的规定等。

都要求其具有经营者的身份，但侵犯商业秘密的行为主体则不受该要求限制。在行为构成要件方面，要求行为人具有主观过错并且实施了违法的行为，即明知该信息属于他人的商业秘密仍以违法的形式进行获取。此外，经营者的外部主体和内部主体都可以构成侵犯商业秘密的主体。

（五）不正当有奖销售行为

《反不正当竞争法》第十条规定：经营者进行有奖销售不得存在下列情形：（一）所设奖的种类、兑奖条件、奖金金额或者奖品等有奖销售信息不明确，影响兑奖；（二）采用谎称有奖或者故意让内定人员中奖的欺骗方式进行有奖销售；（三）抽奖式的有奖销售，最高奖的金额超过五万元。

《反不正当竞争法》对不正当有奖销售规定了三种行为，旨在规范经营者参与市场竞争的手段方式。有奖销售一般指经营者销售商品或提供服务时，附带向消费者提供物品、金钱或其他有价值的服务行为。但是在现实中，为了打开市场、活跃市场竞争、增加市场交易，个别经营者会在有奖销售中欺骗、误导、不正当诱惑消费者，损害消费者和其他经营者的合法权益。例如，经营者故意给兑奖制造困难，使消费者无法实际获得合理期待的奖励，这会大大影响经营者的商业信誉，影响兑奖类的不正当竞争行为。又如商家的"买一赠一"，赠品并非原商品而是其他无价值物品。再如王某吉的有奖销售案，促销活动中没有规定中奖概率和开奖时间，构成具有欺骗性的有奖销售。

（六）商业诋毁行为

《反不正当竞争法》第十一条规定：经营者不得编造、传播虚假信息或者误导性信息，损害竞争对手的商业信誉、商品声誉。①

商业诋毁行为又称商业诽谤，是指从事生产经营活动的市场主体为了占领市场，故意捏造和散布不实言论或恶意信息，损害他人商誉、侵犯他人商誉权的行为。

良性的市场竞争中，经营者应当通过提高商品质量、提升服务水平来增强自己的商业信誉、商品声誉，以获得交易对手和消费者的信任，赢得交易机会和竞争优势。但有的经营者会

---

① 《示范条款》第3条规定：（1）凡在工商业活动中损害或可能损害他人企业的商誉或名声的行为或做法，无论此种行为或做法是否造成混淆，均应构成不正当竞争的行为。（2）事例：弱化商标、厂商名称、产品等标识内容带有的商誉或名声，尤其可引起损害他人的商誉或名声。

第5条规定：（1）凡在商业活动中损害或可能损害他人企业或其活动，尤其是此种企业提供的产品或服务的信用的虚假或不当说法，应构成不正当竞争的行为。（2）损害信用的事例：损害信用可因广告或促销引起，并尤其可对下列情况发生：i. 产品的制造方法；ii. 产品或服务用于特定目的之用途；iii. 产品或服务的质量、数量或其他特点；iv. 提供或供给产品或服务的条件；v. 产品或服务的价格或其计算的方式。

通过诋毁竞争对手的形象，损害竞争对手的商业信誉和商品声誉，从而破坏竞争对手的交易机会和降低其竞争优势。商业诋毁行为损害了竞争对手商业信誉的同时，还向市场释放了不实信息，干扰了消费者的政策交易选择，扰乱了市场竞争秩序。

1. 商业诋毁的对象是竞争对手，而这里的竞争对手则应取广义理解，即（1）生产、销售相同或相似产品或服务的经营者为竞争对手；（2）经营者生产、销售的产品或服务虽然不相同、不相似，但具备相似功能、可以互相替代的，也构成竞争对手；（3）经营者之间存在争夺消费者注意力、购买力等商业利益冲突的，也可能成为竞争对手。

2. 商业诋毁行为的主体：通常认为，诋毁行为的主体应当是有竞争关系存在的经营者。但在自媒体发达的当下，自媒体贬损性商业评论也可能构成商业诋毁。例如，知名自媒体使用贬损性、侮辱性词语评价食品、餐饮的，具有一定的煽动性和影响力，会对相关消费者形成一定的误导，降低被评价主体的声誉，该类不正当地贬损经营主体积累的商业信誉和商品声誉的行为，已经超出了正当商业评价的范畴，构成商业诋毁行为。[①]

3. 商业诋毁的行为表现：根据世界知识产权组织《关于反不正当竞争保护的示范规定》所作的概括，侵犯商誉权的行为分为两种：一是采取虚假说法的行为，即捏造或散布有关他人商誉的，与其商业信誉、商品声誉真实情况不相符的事情，包括无中生有的编造和对真实情况的恶意歪曲。二是采取不正当说法的行为，包括不公正、不准确、不全面地陈述客观事实，意在贬低、诋毁竞争对手的商誉。例如，对竞争对手进行缺乏事实依据的公开指责，情节严重造成竞争对手商誉受损的，有可能构成商业诋毁。

4. 商业诋毁损害的是竞争对手的商业信誉、商品声誉。这里的损害，包括某一个经营者或某个商品的商业信誉和声誉，也包括损害某种类型、某个行业的商业信誉或某类别商品的声誉；既包括造成了实际损害，也包括造成损害的可能性。如利用专家不实研究和言论而诋毁某类食品具有不利健康的成分，从而造成该类食品及其相关食品的声誉受损。

5. 商业诋毁与侵犯他人名誉权的区分。根据前述商业诋毁的界定及相关侵害法人名誉权案件[②]的对比，两者区分主要在以下两点：是否发生在参与市场竞争的经营者之间；是否直接侵害了商业信誉、商品声誉。名誉权与商业诋毁虽然被规定在不同法律中，但作为民事主体的各类企业主要是从事市场经营活动的，民法上的名誉权和因经营行为产生的商业信誉、商品声誉，存在千丝万缕的联系，实践当中如何认定，还需要结合具体案件事实，并根据当事人选择的救济路径予以个案判断。

---

① 公众号"朝阳法苑"：《商业言论有界限——说说商业诋毁有关的那些事儿》，访问地址：https：//mp. weixin. qq. com/s/UjsT6iSvsYX91V23mT-KJA?，最后访问时间：2022 年 3 月 23 日。

② 科某讯飞股份有限公司与深圳市某媒体科技有限公司名誉权纠纷案，（2019）皖 0191 民初 1740 号、（2019）皖 01 民终 8464 号。

（七）网络领域的不正当竞争行为

《反不正当竞争法》第十二条规定：经营者利用网络从事生产经营活动，应当遵守本法的各项规定。经营者不得利用技术手段，通过影响用户选择或者其他方式，实施下列妨碍、破坏其他经营者合法提供的网络产品或者服务正常运行的行为：（一）未经其他经营者同意，在其合法提供的网络产品或者服务中，插入链接、强制进行目标跳转；（二）误导、欺骗、强迫用户修改、关闭、卸载其他经营者合法提供的网络产品或者服务；（三）恶意对其他经营者合法提供的网络产品或者服务实施不兼容；（四）其他妨碍、破坏其他经营者合法提供的网络产品或者服务正常运行的行为。

随着互联网技术、互联网商业模式和互联网经济的发展，互联网领域涉及的不正当竞争层出不穷，手段多样。目前看来主要分为两类：一是传统不正当竞争行为在互联网领域的延伸；二是互联网领域特有的、利用技术手段的不正当竞争行为。

第一类不正当竞争行为在互联网领域可以表现为：（1）利用互联网中的数据技术进行竞价排名，可以被视为误导消费者。例如莆田系医院事件。（2）恶意差评、恶意退货等可被视为商业诋毁行为。（3）刷单炒信、数据造假、虚假好评、图文不符等可被视为虚假宣传。

第二类不正当竞争行为则更多表现在技术层面，如 2010 年的奇虎 360 与腾讯 QQ 不正当竞争案、2016 年大众点评网诉百度地图不正当竞争案等。该类行为中，利用技术手段妨碍、破坏其他经营者合法提供的网络产品或者服务正常运行的，又称"自我优待问题"，适用互联网专条。互联网专条采取了"列举+兜底"条款的形式，旨在规范利用网络技术手段进行的不正当竞争行为，维护互联网经济和商业模式的公平竞争。如果平台实施的自我优待中存在诸如预先装备应用软件或通过默认设置阻止用户安装竞争对手开发的应用软件、操作系统故意不与竞争对手开发的应用软件相兼容等都可能涉嫌违反《反不正当竞争法》，如 2013 年优酷视频与猎豹浏览器不正当竞争案。

在互联网商业模式中，平台经营者更容易利用平台地位和数据科技涉嫌竞争违法行为。[①]如收集商品交易价格、客户个人信息、利用算法大数据杀熟等行为都属于互联网专条中规定的利用技术进行不正当竞争。

[①] 浙江省市场监督管理局出台《浙江省平台企业竞争合规指引》，该指引中对平台企业的不正当竞争行为进行了详细的规定。例如：第十条规定的禁止不正当竞争行为；第十一条规定的具有平台企业特性的竞争违法行为；第十二条规定的具有平台企业特性的高风险敏感行为。

（八）不正当竞争行为的合规风险

1. 民事法律责任

（1）损害赔偿①

第一，凡是给其他经营者造成损害的不正当竞争行为人，都应当承担民事责任，其责任方式一般为损害赔偿。

第二，损害赔偿的范围包括被侵权人因侵权所遭受的损失，以及因调查侵害其合法权益的不正当竞争行为所支付的合理费用。

第三，损害赔偿额为被侵害的经营者所受到的损失；或者是侵权人在其侵权期间因侵权行为所获得的利润。

（2）停止侵害

侵权行为人应当立即停止相关的不正当竞争行为，停止侵权，从而避免给受害者带来更大损失。

（3）消除影响、恢复名誉

在商业诋毁等不正当竞争行为中，侵权行为人除了立即停止侵害外，还应当采取必要的措施恢复受害者被贬损的声誉影响，采取道歉信、澄清事实等方式消除其违法行为带来的不良社会影响。

2. 行政法律责任

我国《反不正当竞争法》第四条规定了两类执法机构：第一类是一般执法机构，即各级市场监督管理机构；第二类是特殊监管机构，如银行法、保险法、证券法等规定的银保监会等监督管理机构。

在行政责任承担方面，依侵害行为造成的损害后果，监督检查部门会相应地处以罚款、责令停止违法行为、没收违法所得、吊销营业执照等。②

3. 刑事法律责任

《刑法》第二百一十三条、第二百一十九条、第二百二十一条、第二百二十二条、第二百二十三条，分别规定了假冒注册商标罪，侵犯商业秘密罪，损害商业信誉、商品声誉罪，虚假广告罪，串通投标罪，刑事责任涉及罚金、拘役、有期徒刑、无期徒刑、死刑。

----

① 《反不正当竞争法》第十七条规定，经营者违反本法规定，给被侵害人造成损害的，应当承担损害赔偿责任，被侵害的经营者的损失难以计算的，赔偿额为侵权人在侵权期间所获得的利润；并应当承担被侵害的经营者调查该经营者侵害其合法权益的不正当竞争行为所支付的合理费用。经营者违反本法第六条、第九条规定，权利人因被侵权所受到的实际损失、侵权人因侵权所获得的利益难以确定的，由人民法院根据侵权行为的情节判决给予权利人五百万元以下的赔偿。

② 《反不正当竞争法》第十八条至第二十四条，分别规定了相应的行政责任。

（1）假冒注册商标

《刑法》第二百一十三条规定，未经注册商标所有人许可，在同一种商品、服务上使用与其注册商标相同的商标，情节严重的，处三年以下有期徒刑，并处或者单处罚金；情节特别严重的，处三年以上十年以下有期徒刑，并处罚金。

（2）侵犯他人商业秘密

根据《刑法》第二百一十九条规定：给商业秘密的权利人造成了重大损失的，处三年以下有期徒刑，并处或者单处罚金；造成特殊严重后果的，处三年以上十年以下有期徒刑，并处罚金。

第二百二十条规定：单位犯有严重侵犯他人商业秘密罪，给权利人造成重大损失的，对单位判处罚金，并对其直接负责人的主管人员和其他直接责任人员依照第二百一十九条的规定处罚。

（3）商业诋毁行为

捏造并散布虚伪事实，损害他人商业信誉、商品声誉，给他人造成重大损失或者有其他严重情节的行为，依据我国《刑法》第二百二十一条、第二百三十一条的规定进行处罚。刑事责任如下：自然人的，处二年以下有期徒刑或者拘役，并处或者单处罚金；单位犯罪的，对单位处以罚金，并对单位的直接负责的主管人员和其他直接责任人员依法进行处罚。

（4）虚假宣传

《刑法》第二百二十二条规定，广告主、广告经营者、广告发布者违反国家规定，利用广告对商品或者服务作虚假宣传、情节严重的，处二年以下有期徒刑或者拘役，并处或者单处罚金。

（5）串通投标

《刑法》第二百二十三条规定，投标人相互串通投标报价，损害招标人或者其他投标人利益，情节严重的，处三年以下有期徒刑或者拘役，并处或者单处罚金。

投标人与招标人串通投标，损害国家、集体、公民的合法利益的，依照前款的规定处罚。

4. 其他风险

员工管理方面的违规行为，在行政执法实践中极易被处罚。从反不正当竞争角度，为竞争优势违规雇用员工，被认定为企业行贿行为而被查获案例并不鲜见。

单位与员工责任划分不清。员工个人行为被认定为单位行为从而单位被查处的更是不鲜见。经营单位一旦被行政机关查实有违反不正当竞争行为，由行政监管部门没收违法所得，处以 10 万元以上 300 万元以下的罚款，甚至吊销营业执照，或者被提起刑事追诉。

四、竞争合规管理机制

在反不正当竞争视野下的合规管理，应当以提高企业核心竞争力为总目标，以员工管理、反不正当竞争管理为主线对组织合规与销售合规进行风险化管理，信用法治建设与商业道德建设并重，合法机制与合规机制并行，内部风险防控与外部风险预防兼顾，建设有序健康竞争的企业文化价值观。

（一）风险识别

结合经营者自身现状，为避免行政监管部门的行政处罚、公安司法机关追诉，反不正当竞争合规应依"合规调查、危机应对"逐渐展开，而风险的识别则是合规风险管理的源头。

1. 内外部风险识别

根据竞争合规风险的来源，可以分为内部风险和外部风险。经营者应当加强关于不正当竞争风险的管理，针对可能涉嫌不正当竞争的行为和领域，分别从内外部风险上进行识别、分析和评估。

内部风险的识别方面主要包括几大部分：（1）组织管理体系的合规。应从经营管理的决策开始，开展自我审查，注重自身行为是否符合竞争法的相关规定，避免自身决策违规。（2）员工行为的合规。通常，员工个人的不正当竞争行为，如商业贿赂合作伙伴、侵犯潜在客户的个人信息等行为，会推定为经营者责任。但经营者有证据证明其内部有严格的合规准则并对其员工进行了相应的合规培训的，经营者可以免责，员工的不正当竞争行为视为个人行为。因此，员工行为的不合法、不合规是经营者涉嫌违反竞争法的重要内部风险，其中商业贿赂、过度推销等行为尤其高发。

外部风险的识别方面主要包括：（1）对市场环境的即时监测。留意市场环境中对自身经营范围内的商品或服务是否有针对性的攻击，留意自身商品、服务的声誉波动和市场反响、舆论走向，以便能够及时对自身商品、服务的市场占有和质量反馈有准确的定位。在互联网商业模式中，平台经营者为网络商户提供了线上市场环境，因此对平台经营者政策的分析与评估也是十分重要且必要的。（2）对竞争对手动向的监测与预警。根据企业经营者、经营伙伴以及竞争对手的经营情况，获取最易被行政机关处罚、最可能衍生刑事犯罪的企业经营"危机"，加以调查、应对。

2. 确立相关方要求

为了优化营商环境，建设公平竞争的市场环境，市场监督管理部门、行业协会等社会组织都对经营者的市场行为提出了相关的要求，以规范市场竞争行为，制止不正当竞争，维护消费者和其他经营者的合法权益。因此，在该背景下，应当重视合规监管政策，关注反不正当竞争立法、执法的最近进展，重视合规第三方监督评估机制等具体要求，以提高识别反不正当竞争法律风险的能力。

根据我国相关法律规定，相关市场执法机构拥有权限范围内的立法权，因此针对不正当竞争行为的规范，在《反不正当竞争法》的基础上还有一系列配套的相关规定，如《关于禁止仿冒知名商品特有的名称、包装、装潢的不正当竞争行为的若干规定》《关于禁止侵犯商业秘密行为的若干规定》等。经营者在进行合规管理时，应当充分重视行政法规及相关规范性文件的出台，随时注意相关执法机构的立法动态。

同时，针对特定类型的不正当竞争行为，我国市场监督管理部门会联合其他相关部门开展相应的专项执法行动，用于规范市场竞争秩序。专项执法行动旨在对特定类型的不正当竞争行为进行集中整治，加大打击力度和治理深度，大力推动专项行为的规范化，对于快速规范市场竞争、维护市场秩序有立竿见影的效果。因此，经营者应当时刻关注执法机构的专项执法行动，不断规范自身经营行为以应对高标准、新标准、严要求。

（二）风险预防

经营者合规化管理的整体思路，应当是根据企业经营性质、经营方向未雨绸缪，预防为主、应对为辅；组织企业进行合规咨询、合规培训，培育企业的合规文化、合规价值观，最终建立企业内部规章制度和相应的合规管理体系。

1. 竞争合规承诺制度

鼓励经营者的主要决策人员、高级管理人员等带头作出公开的反不正当竞争合规承诺，并鼓励经营者的其他员工作出并履行相应的反不正当竞争合规承诺。在互联网进行相关经营的，鼓励平台企业督促平台内经营者知悉并承诺遵守反不正当竞争合规政策；平台企业可以在内部管理制度中明确平台经营者违反相关合规承诺的后果和责任等。

2. 设置竞争合规管理机构和负责人

经营者可以依据自身体量，酌情设置专门的竞争合规管理机构，或由法务、风控等部门履行相关的竞争合规管理职责，并设置专门的竞争合规专员/竞争合规负责人，用以专管负责经营者的竞争合规相关问题。

而属于平台企业的，可以通过平台规则、技术手段等，督促平台内经营者不得实施不正当竞争行为。例如可以设置专门的合规管理机构处理平台内经营者的相关投诉，通过技术手段对不正当竞争行为人的虚假广告、盗图广告宣传、刷单等行为，进行平台上的技术屏蔽等。

3. 员工合规培训和测评

鼓励员工积极参与企业内部的合规培训，指导、监督、辅导员工履行与岗位、职位相关的合规义务；鼓励员工合作并支持企业的合规机制，自觉履行合规行为，对员工危害合规的行为零容忍；对不能适应和遵守合规要求的员工应当采取再培训、调岗或者处罚甚至开除等措施。

确定关键岗位并进行定期风险测评，或者实行适度轮岗制度；建立独立的检察部门或监督部门，时常走访调查以防微杜渐。在企业内部还可以设置有奖举报机制，针对不正当竞争行为的危害大小、风险可能性等设置相应的反馈渠道。

4. 通过合约预防违规

除了让员工签署合规承诺书外，经营者在经营管理活动中还可以通过签署相关合同或在商业合同中嵌入相关合规条款的方式对不正当竞争风险进行防控。禁止交易相对方进行不正当竞争行为，有违反的则应当给予受害方相应的赔偿；鼓励交易相对方在发现双方员工在具体交易中实施不正当竞争行为的，及时通知双方经营者主体，当事人应承担相应的责任。

以反商业贿赂为例。可以在商业合同中增加反商业贿赂条款将商业贿赂作为严重违约情形追究违约责任，提高商业贿赂的合同风险。在劳动合同中增加反商业贿赂条款或完善反商业贿赂的公司内部制度，提高员工的腐败成本。建立经营者交易行为监控与检查制以及信用政策，对有行贿受贿的企业减低信用等级、减少或停止合作。建立有效的商业贿赂举报途径、第三方商业贿赂风险预警与控制、内外部的动态管理和监督机制、计划并实施员工反商业贿赂合规培训等。

（三）风险应对

反不正当竞争合规的风险应对分为应对自身涉嫌的不正当竞争风险和应对来自外部不正当竞争而遭受的侵害。

1. 内部风险应对

来自内部的风险主要分为经营者自身竞争决策不当以及员工不正当竞争行为的责任连带。

（1）经营者自身竞争决策不当引发的风险

经营者内部已设立相关合规制度和流程，而仍然做出了不正当竞争决策时，即经营者自身涉嫌不正当竞争，此时会引发有权管理机关的问询调查或其他受害经营者举报诉讼。此时，经营者的应对应当及时、真诚。

首先，经营者应当及时回应，并进行全面的自查与自证，充分准备相关证据，切勿置之不理或"拖延"。准备工作应当包括对自身经营行为是否构成不正当竞争的核实、对行为不构成不正当竞争的自证、自身不正当竞争行为引发的市场秩序损害程度以及竞争对手或交易相对方因此遭受的实际损失和可能损失等。

其次，寻求协商或调解。在无法查明自身行为是否构成不正当竞争行为，或者查明自身行为确实构成违法违规的，应当与调查发起机构或诉讼提起主体进行协商。一方面为自身的整改争取时间，另一方面了解对方的诉求，并寻求合作的机会。主动和解与协商可以达到减轻罚款、更快结案的效果。

再次，及时整改以避免损害扩大。当被控行为确已证实构成不正当竞争的，经营者应当及时整改或停止该不正当竞争行为，采取相应的措施消除或减轻不良影响。一方面可以避免对市场秩序和其他经营者造成扩大损害；另一方面为从轻或减轻行政责任争取机会。[①]

最后，达成解决方案。可以通过向有权管理的机关或部门签署合规承诺书，及时整改，积极赔偿等方式，获得调查机关的谅解。或者与提起诉讼的主体充分协商，积极赔偿，从竞争走向合作等方式，减少双方的利益损失。

（2）员工不正当竞争行为引发的责任连带

依据《反不正当竞争法》第七条第三款规定，经营者的工作人员进行贿赂的，应当认定为经营者的行为；但是，经营者有证据证明该工作人员的行为与经营者谋取交易机会或者竞争优势无关的除外。

因此，经营者可以根据不同职位、级别和工作范围的员工面临的不同竞争合规的风险，进行不同的培训、风险测评和风险提醒等工作，提高员工方面风险防控的针对性和有效性。企业内部应当完善内部的反不正当竞争合规制度，并形成书面的制度规范；还应当保留员工竞争合规培训的相关资料、员工的反不正当竞争合规承诺书等证明材料，以证明经营者自身尽到了足够的谨慎和培训义务。一方面降低员工的违法、违规风险；另一方面避免经营者自身被员工行为连带。

2. 外部风险应对

针对来自市场环境、经营伙伴或者竞争对手的风险，经营者可以针对不同的违规行为采取不同的策略。

（1）对于市场环境或平台企业的不正当竞争行为

在已建立市场环境竞争风险预警的机制下，经营者应当在监测到不正当竞争风险侵害时，及时收集相关违法行为、整理自身已客观受到的损害或可能遭受的损害，联合同类经营者一并向有管理权限的行政机关举报，要求启动行政执法程序，整顿并优化市场竞争环境。

（2）针对竞争对手的不正当竞争行为

经营者在受到竞争对手的不正当竞争行为带来的侵害时，应及时收集侵害者违法行为的相关证据，整理自身遭受或可能遭受的侵害和损失，向不法行为人采取书面警告、要求整改或停止侵害行为并赔偿损害、提起诉讼等方式，进行风险应对。

----

① 《反不正当竞争法》第二十五条规定：经营者违反本法规定从事不正当竞争，有主动消除或者减轻违法行为危害后果等法定情形的，依法从轻或者减轻行政处罚；违法行为轻微并及时纠正，没有造成危害后果的，不予行政处罚。

典型案例

【案例 4-4】数某公司、谭某不正当竞争纠纷案①

基本案情： 数某（重庆）网络科技有限公司（以下简称数某公司）为自然人独资有限公司，谭某系数某公司执行董事兼总经理，是该公司的唯一股东。数某公司、谭某自 2017 年 12 月至 2019 年 7 月开设了"企某代商网""金某代刷网"等 6 个网站接受客户订单，利用网络技术手段，虚假提高深圳市腾某计算机系统有限公司、腾某科技（深圳）有限公司（以下简称两原告）的网站和产品服务内容信息的点击量、浏览量、阅读量，并予以宣传，获取订单与转托刷量之间的差价。重庆市第五中级人民法院经审理认为，数某公司、谭某有偿提供虚假点击量服务的行为构成不正当竞争，判决数某公司与谭某连带赔偿两原告经济损失及合理开支共计 120 万元。

案例评析： 本案入选了最高人民法院 2021 年反不正当竞争典型案例，在打击网络黑灰产业方面有指导意义。本案明确了互联网经营者有偿提供虚假刷量服务的行为违反诚实信用原则和商业道德，损害合法经营者、用户和消费者的权益，扰乱正常竞争秩序，应纳入反不正当竞争法予以规制。本案对反不正当竞争法第十二条规定的"其他"不正当竞争行为进行了有益探索，为审理涉及互联网黑灰产业的类似案件提供了裁判指引。

【案例 4-5】雀某员工非法获取公民个人信息案②

基本案情： 被告人郑某、杨某分别担任雀某（中国）有限公司西北区婴儿营养部市务经理、兰州分公司婴儿营养部甘肃区域经理。检察院指控被告人自 2011 年至 2013 年 9 月，为了抢占市场份额、推销雀某奶粉，授意该公司兰州分公司营养部员工多人，通过拉拢关系、支付好处费等手段，多次从兰州大学第一附属医院、兰州军区总医院、兰州兰石医院等多家医院医务人员手中非法获取公民个人信息。其中，被告人郑某非法获取公民个人信息 40507 条，被告人杨某非法获取公民个人信息 45659 条，被告人王某利用其担任兰州大学第一附属医院妇产科护士的便利，将其收集到的 2074 条公民个人信息非法提供给被告人杨某等，收取好处费 13610 元。其余多名被告均利用其在医院工作的便利，非法收集公民个人信息并提供给他人，从中收取好处费。终审判决认为雀某公司的政策、员工行为规范等证据证实，雀某公司对禁止不正当竞争、规范员工行为等理念进行过相应的培训，并证实雀某公司从不允许员工以非法方式收集消费者个人信息，并且从不为此向员工、医务人员提供资金。因此，各位被告为提升自己的个人业绩而实施犯罪系个人行为，应当自行承担后果。

----

① （2019）渝 05 民初 3618 号，网络刷单行为。
② （2017）甘 01 刑终 89 号，企业合规第一案。

案例评析：该案件中，法院充分认可雀某公司所制定和实施的含有个人信息保护规定内容的《员工行为规范》等公司政策，审查和证实了雀某公司要求所有营养专员接受培训并签署承诺函。因雀某公司已建立了有效的合规制度，已尽到合规管理的义务，具有规避、防范合规风险的意识，并进行了合规培训，由此认定多被告人的行为违反了公司的合规管理规定，系个人行为，而非单位行为。该案件中，雀某公司通过其建立起的有效合规制度，将单位责任和员工的个人责任进行切割，并援引公司合规作为其无罪抗辩的充足证据，成功地规避了相应的刑事责任，避免公司陷入"单位犯罪"的不利境地，该案表明，一套行之有效的合规制度对于企业避免和降低"单位犯罪"的风险具有重要实践意义。

第五章

海外投资并购合规

第一节　海外投资并购合规概述

一、海外投资并购概述

海外投资，是指投资主体直接或通过其控制的境外企业，以投入资产、权益或提供融资、担保等方式，获得境外所有权、控制权、经营管理权及其他相关权益的投资活动。[①] 海外并购是海外投资的一种，指投资主体通过一定的渠道和支付手段，收购另一国企业一定份额的股权或者资产的行为。

中国企业的海外投资始于改革开放之初，随着我国经济的崛起，2000 年以后中国的海外投资并购开始呈现快速发展的态势。2020 年，中国海外直接投资占全球当年投资流量的20.2%，投资存量的 6.6%，分别位居全球第一位和第三位。尽管受到新冠肺炎疫情的影响，中国 2021 年全行业对外直接投资仍达到人民币 9366.9 亿元，同比增长 2.2%（折合 1451.9 亿美元，同比增长 9.2%）。[②]

---

①　2017 年 12 月 26 日，中华人民共和国国家发展和改革委员会令第 11 号发布《企业境外投资管理办法》，2018年 3 月 1 日起施行。

②　数据来源：http://www.gov.cn/shuju/2022-01/20/content_5669524.htm。

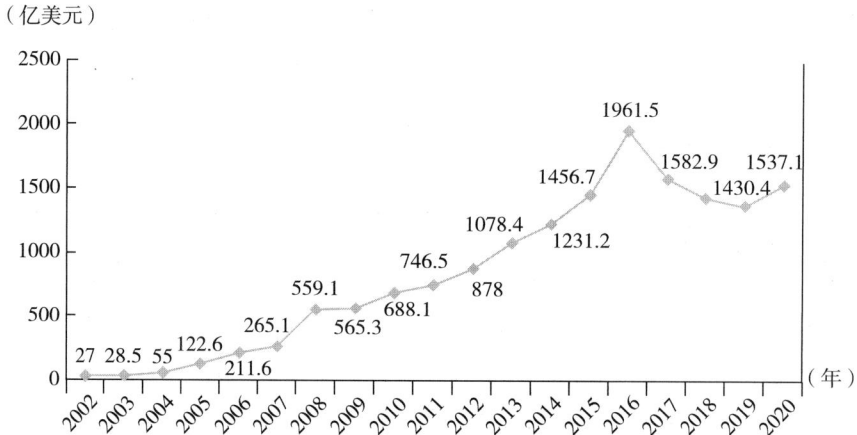

图 5-1　2002-2020 年中国对外直接投资流量情况①

　　截至 2020 年末，中国对外直接投资覆盖了国民经济所有行业类别，主要流向租赁和商务服务业、批发和零售业、信息传输/软件和信息技术服务业、制造业、金融业和采矿业，业存量合计 21986.8 亿美元，占中国对外直接投资存量的 85.2%。中国对外直接投资存量的近九成分布在发展中经济体，2020 年末，中国在发展中经济体的投资存量为 22998.3 亿美元，占投资总量的 89.1%，在发达经济体的直接投资存量 2539 亿美元，占投资总量的 9.8%。当前中国的对外投资表现出如下几个特点：首先，对"一带一路"共建国家投资增长较快。2021 年，中国对"一带一路"共建国家非金融类直接投资 203 亿美元，同比增长 14.1%，为促进东道国经济发展做出了积极贡献。其次，对外承包工程大项目增多。2021 年中国新签对外工程承包合同额上亿美元项目 560 个，主要集中在交通运输等基础设施领域。最后，境外经贸合作区建设成效显著。截至 2021 年末，纳入商务部统计的境外经贸合作区分布在 46 个国家，累计投资507 亿美元，② 尤其是中国于 2021 年加入了《区域全面经济伙伴关系协定》（RCEP），这被认为将会有效助力中国在该区域范围内的投资活动。

二、海外投资并购合规的概念

　　企业合规，是指企业经营管理行为和员工履职行为符合国家法律法规、监管规定、行业准则和国际条约、规则，以及公司章程、相关规章制度等要求。③ 企业的海外投资并购合规，是指企业在海外投资并购活动中，企业及其员工的经营管理行为应符合有关法律法规、国际条约、监管规定、行业准则、商业惯例、道德规范和企业依法制定的章程及规章制度等要求。海

---

① 来自商务部等《2020 年度中国对外直接投资统计公报》。
② 数据来源：https：//www.ndrc.gov.cn/fggz/lywzjw/jwtz/202201/t20220129_1313886.html？code=&state=123。
③ 《中央企业合规管理办法》第三条，务院国有资产监督管理委员会令第 42 号，2022 年 10 月 1 日起施行。

外投资并购合规由于涉及多法域和多层次合规，因此相比于国内合规，具有更大的复杂性和更强的国际性，对于企业海外投并购和国际化经营提出了更高的要求。

三、海外投资并购合规的主体

海外投资并购合规的主体，是指在海外投资并购活动中负有合规职能并应当履行合规义务的主体，主要包括两类。第一类是外部合规主体，即企业自身。企业是海外投资并购的主体，是海外投资并购活动的主要参与者和执行者，也是主要合规义务的履行者和承担者，是首要合规主体。例如，企业在投资并购过程中，需要遵守中国政府的监管合规要求和东道国关于投资并购的一系列法律合规要求。第二类是内部合规主体，即企业内部直接控制或参与企业决策、经营和管理的股东、董事、监事和高级管理人员、普通员工等。这些人员有义务确保企业在海外投资并购过程中履行其合规义务，甚至在企业未履行其外部合规义务的情况下将被直接施加相应的处罚。

四、海外投资并购合规的客体

海外投资并购合规的客体，是指企业在海外投资并购过程中应履行的合规义务。一方面，由于企业海外投资并购所涉行业领域不同，因此各国对于不同行业企业的海外投资并购合规要求就存在多样性。另一方面，由于海外投资并购涉及两个或两个以上国家的企业、市场和法律制度，因此海外投资并购合规具有多法域性和复杂性。中国企业的海外投资并购合规的客体原则上可以分为两部分。

第一部分，是中国企业海外投资并购的境内合规。我国政府多年来颁布了《境外投资管理办法》《关于进一步引导和规范境外投资方向的指导意见》《企业境外投资管理办法》和《中央企业境外投资监督管理办法》等一系列规范性文件，对于中国企业境外投资活动进行引导和监管。2020年开始，中国政府加强了对外经济制裁和反制裁的立法工作，这对于中国企业海外投资并购也提出了相应的禁止性要求。

第二部分，是中国企业海外投资并购的境外合规。中国国家发展改革委等七部门于2018年12月共同发布《企业境外经营合规管理指引》，要求"企业开展境外投资，应确保经营活动全流程、全方位合规，全面掌握关于市场准入、贸易管制、国家安全审查、行业监管、外汇管理、反垄断、反洗钱、反恐怖融资等方面的具体要求"。2021年市场监管总局印发了《企业境外反垄断合规指引》，引导企业建立和加强境外反垄断合规管理制度。

境外合规是中国企业海外投资并购合规的核心内容，本章将主要讨论对于中国企业在海外投资并购影响较大的东道国政府经济制裁合规和国家安全审查合规，东道国政府的反垄断合规、跨境数据监管合规、反腐败合规、环境保护合规等将在本书其他章节论述。

五、海外投资并购合规的目标

企业海外投资并购中的合规风险，是指企业及其员工因在海外投资并购过程中，因为不合规行为，出现引发法律责任、受到相关处罚、造成经济或声誉损失以及其他负面影响的可能性。[①] 海外投资并购合规的直接目标，是对于此类风险进行有效管理，建立以企业和员工经营管理行为为对象，开展包括制度制定、风险识别、合规审查、风险应对、责任追究、考核评价、合规培训等有组织、有计划的管理活动。[②]海外投资并购合规的商业目标，是通过直接目标的实现，在确保企业在海外投资并购过程合法的基础上，在企业内部形成科学的管理和决策体系，对于出现的问题能够及时有效地应对处理，提升企业的国际化程度和管理水平，以有效参与国际竞争。

第二节　海外投资并购的中国政府监管合规

一、中国政府的审批监管合规

（一）概述

随着中国企业海外投资并购活动的增多，为确保中国企业的海外投资并购符合国家的外交政策、宏观经济需求、国有资产管理要求和外汇管理政策，我国近年来逐渐形成了一套对中国企业的海外投资并购活动进行审批和监管的法律体系。2017 年 8 月国务院转发《关于进一步引导和规范境外投资方向的指导意见》（以下简称《意见》），将中国企业海外投资分为鼓励、限制和禁止三类，以对外投资的产业指导目录的形式，较为详细地给出了中国企业对外投资的方向。

中国目前支持境内有能力、有条件的企业积极稳妥开展境外投资活动，推进"一带一路"建设，深化国际产能合作，带动国内优势产能、优质装备、适用技术输出，提升我国技术研发和生产制造能力，弥补我国能源资源短缺，推动我国相关产业提质升级。中国当前鼓励开展的境外投资包括：1. 重点推进有利于"一带一路"建设和周边基础设施互联互通的基础设施境外投资；2. 稳步开展带动优势产能、优质装备和技术标准输出的境外投资；3. 加强与境外高新技术和先进制造业企业的投资合作，鼓励在境外设立研发中心；4. 在审慎评估经济效益的基础上稳妥参与境外油气、矿产等能源资源勘探和开发；5. 着力扩大农业对外合作，开展农林牧副渔等领域互利共赢的投资合作；6. 有序推进商贸、文化、物流等服务领域境外投资，

---

①② 见 2018 年 11 月 9 日国资委印发《中央企业合规管理指引（试行）》。

支持符合条件的金融机构在境外建立分支机构和服务网络，依法合规开展业务。

中国当前原则上限制境内企业开展与国家和平发展外交方针、互利共赢开放战略以及宏观调控政策不符的境外投资，包括：1. 赴与我国未建交、发生战乱或者我国缔结的双多边条约或协议规定需要限制的敏感国家和地区开展境外投资；2. 房地产、酒店、影城、娱乐业、体育俱乐部等境外投资；3. 在境外设立无具体实业项目的股权投资基金或投资平台；4. 使用不符合投资目的国技术标准要求的落后生产设备开展境外投资；5. 不符合投资目的国环保、能耗、安全标准的境外投资。其中前三类须经境外投资主管部门核准。

中国当前禁止境内企业参与危害或可能危害国家利益和国家安全等的境外投资，包括：1. 涉及未经国家批准的军事工业核心技术和产品输出的境外投资；2. 运用我国禁止出口的技术、工艺、产品的境外投资；3. 赌博业、色情业等境外投资；4. 我国缔结或参加的国际条约规定禁止的境外投资；5. 其他危害或可能危害国家利益和国家安全的境外投资。

为实现对上述不同类型的境外投资予以有效的监管控制，中国企业的海外投资并购的关键环节，需要按照中国政府规定的审批流程完成监管审批程序。企业内部在对海外投资并购进行商业决策后，如果需要就项目向境外支付一定的前期费用，则需要向国家发改委和外管局提出前期费用汇出申请。在签署相关法律文件后和交易生效前，需要报国家发改委、商务部和外汇管理机构进行审查，完成资金出境手续和项目交割。其中，仅国有企业需要履行国资委审核程序，国家发改委和商务部的审核程序在实践中也可以同时申请。

图 5-2　中国政府对于海外投资并购的监管流程

这一过程主要涉及国资委、国家发改委、商务部和外汇管理机构四个部门，其中国资委负责从出资人角度对国有企业的海外投资行为进行全方位监管，国家发改委则侧重于从投资角度对项目本身进行审核，商务部侧重于对投资目标公司的审核，侧重于对海外投资过程中外汇的使用情况进行监管。

（二）国资委监管合规

如果中国企业海外投资并购时涉及国有企业或国有资产，则该交易应当得到国有资产主管部门的审批备案或核准。国务院国有资产监督管理委员会就中央企业的监管问题，先后颁布了大量的指导性文件，包括《中央企业境外国有产权管理暂行办法》《中央企业境外国有资产监督管理暂行办法》《关于进一步加强中央企业境外国有产权管理有关事项的通知》《关于实施中央企业境外投资监督管理暂行办法的通知》《中央企业投资监督管理办法》《中央企业境外投资监督管理办法》《中央企业违规经营投资责任追究实施办法（试行）》《国务院办公厅关于建立国有企业违规经营投资责任追究制度的意见》《关于优化中央企业资产评估管理有关事项的通知》等，其中的核心文件是《中央企业境外投资监督管理办法》，该办法要求中央企业进行。

境外投资应遵循"战略引领、依法合规、能力匹配、合理回报"这四大原则，并且在监管方式上建立了负面清单、主业投资、风险管控三项核心制度。

首先，国资委为中央企业境外投资设立了负面清单制度。设定禁止类和特别监管类境外投资项目，实行分类监管：列入负面清单禁止类的境外投资项目，中央企业一律不得投资；列入负面清单特别监管类的境外投资项目，中央企业应当报送国资委履行出资人审核把关程序；负面清单之外的境外投资项目，由中央企业按照企业发展战略和规划自主决策。中央企业境外投资项目负面清单的内容保持相对稳定，并适时动态调整。

表 5-1　国资委的审批监管要求（《中央企业境外投资项目负面清单（2017 年版）》

（国资发规划〔2017〕14 号））

项目类型	项目描述	审批要求
负面清单禁止类	未按规定履行完成必要的审批程序的境外投资项目 不符合经国资委审核的企业发展战略和规划的境外投资项目 不符合企业投资决策程序和管理制度的境外投资项目 投资预期收益率低于投资所在国 10 年期国债利率的商业性境外投资项目 项目资本金低于国家相关规定的境外投资项目 单项投资额大于中央企业上年度合并报表净资产 50%的境外投资项目 未明确融资、投资、管理退出方式和相关责任人的境外投资项目 国资委债务风险管控企业推高企业负债率的境外投资项目 国资委债务风险管控"特别监管企业"的境外投资项目	中央企业不得投资
负面清单特别监管类	投资额在 20 亿美元（含）以上的境外特别重大投资项目（"境外重大投资项目"是指中央企业按照本企业章程及投资管理制度规定，由董事会研究决定的境外投资项目）	国资委履行出资人把关程序
非负面清单类	不涉及上述情况的项目	中央企业自主决策

其次，国资委要求中央企业应当坚持主业投资。《中央企业境外投资监督管理办法》第 14 条规定，中央企业原则上不得在境外从事非主业投资。有特殊原因确需开展非主业投资的，应

当报送国资委审核把关，并通过与具有相关主业优势的中央企业合作的方式开展。

最后，国资委对于中央企业在投资过程中的风险管控提出了要求。《中央企业境外投资监督管理办法》规定，中央企业应当将境外投资风险管理作为投资风险管理体系的重要内容。对于境外特别重大投资项目，中央企业应建立投资决策前风险评估制度，委托独立第三方有资质咨询机构对投资所在国（地区）政治、经济、社会、文化、市场、法律、政策等风险做全面评估。对于境外新投资项目，应当充分借助国内外中介机构的专业服务，深入进行技术、市场、财务和法律等方面的可行性研究与论证，提高境外投资决策质量，其中股权类投资项目应开展必要的尽职调查，并按要求履行资产评估或估值程序。

在投资监管程序上，国资委要求中央企业应当根据境外投资规划编制年度境外投资计划，并按时报送国资委；列入中央企业年度境外投资计划的主业重点投资项目，国资委实行备案，未列入中央企业年度境外投资计划，需要追加的主业重点投资项目，中央企业应在履行企业内部投资决策程序后报送国资委备案；在重点投资项目实施过程中，出现项目内容发生实质改变、投资额重大调整和投资对象股权结构重大变化等重要情况时，中央企业应当及时报告国资委；中央企业原则上不得在境外从事非主业投资。列入中央企业境外投资项目负面清单特别监管类的境外投资项目，中央企业应当在履行企业内部决策程序后、在向国家有关部门首次报送文件前，报国资委履行出资人审核把关程序，应当报送以下材料：开展项目投资的报告；企业有关决策文件；项目可研报告（尽职调查）等相关文件；项目融资方案；项目风险防控报告；其他必要的材料。

对于地方国有企业，各地方政府除参照国务院国资委对中央国有企业的监管规定外，还会根据当地的具体情况颁布有针对性的政策措施。各地方国资委会按照各省的情况，颁布相应的国有资产管理办法。例如，北京市国资委 2017 年颁布实施的《北京市国有企业境外投资监督管理办法》规定，北京市国有企业的境外重大投资项目包括：市属企业承担的由市政府决定的重点投资项目及国家战略性投资项目；投资额在 5000 万美元及以上的项目；市国资委认为有必要关注的涉及重点领域、重点区域的境外投资项目，对于此类项目规定了特别的监管程序和要求。

（三）国家发改委立项监管合规

中国企业在进行海外投资并购前，应向国家发展改革委提交项目申请，报送项目信息，待发改部门核准或备案，发放核准文件或备案通知书。这里的投资活动，主要包括但不限于下列情形：获得境外土地所有权、使用权等权益；获得境外自然资源勘探、开发特许权等权益；获得境外基础设施所有权、经营管理权等权益；获得境外企业或资产所有权、经营管理权等权益；新建或改扩建境外固定资产；新建境外企业或向既有境外企业增加投资；新设或参股境外股权投资基金；通过协议、信托等方式控制境外企业或资产。

在投资监管对象上，2017年12月26日，国家发展改革委公布《企业境外投资管理办法》，对中国企业境外投资涉及的敏感国家和地区、敏感行业以及其他事项等做出了明确规范，其第四条规定，"投资主体开展境外投资，应当履行项目核准、备案等手续，报告有关信息，配合监督检查"。目前，海外投资项目实行核准的管理方式仅限于投资主体直接或通过其控制的境外企业开展的涉及敏感国家和地区或涉及敏感行业的敏感类项目，核准机关是国家发展改革委，此外的其他项目均实行备案管理。实行备案管理的项目中，投资主体是中央管理企业的，备案机关是国家发展改革委；投资主体是地方企业，且中方投资额3亿美元及以上的，备案机关是国家发展改革委；投资主体是地方企业，且中方投资额3亿美元以下的，备案机关是投资主体注册地的省级政府发展改革部门。具体监管审批要求如下表：

表5-2　国家发改委的审批监管要求

监管方式	投资方式	项目性质	投资金额
核准	直接投资或通过其控制的境外企业投资	敏感国家/地区，或者是敏感行业	无限制
备案	直接投资	非敏感国家/地区，以及非敏感行业	无限制
告知	通过其控制的境外企业投资		3亿美元及以上
无要求			3亿美元以下

这里的敏感国家和地区包括：与我国未建交的国家和地区；发生战争、内乱的国家和地区；根据我国缔结或参加的国际条约、协定等需要限制企业对其投资的国家和地区；其他敏感国家和地区。敏感行业包括：武器装备的研制生产维修；跨境水资源开发利用；新闻传媒；根据我国法律法规和有关调控政策，需要限制企业境外投资的行业，按照《境外投资敏感行业目录（2018年版）》，这些行业包括房地产、酒店、影城、娱乐业、体育俱乐部和在境外设立无具体实业项目的股权投资基金或投资平台。核准机关对项目予以核准的条件为：不违反我国法律法规；不违反我国有关发展规划、宏观调控政策、产业政策和对外开放政策；不违反我国缔结或参加的国际条约、协定；不威胁、不损害我国国家利益和国家安全。

在投资监管程序上，属于核准、备案管理范围的项目，投资主体应当在项目实施前取得项目核准文件或备案通知书。国家发展改革委应当在受理项目申请报告后20个工作日内作出是否予以核准的决定。项目情况复杂或需要征求有关单位意见的，经负责人批准可以延长核准时限，但延长的核准时限不得超过10个工作日。符合核准条件的，应出具书面核准文件。符合备案条件的，国家发改委在受理项目备案表之日起7个工作日内向投资主体出具备案通知书。属于核准、备案管理范围的项目，投资主体应当在项目完成之日起20个工作日内通过网络系统提交项目完成情况报告表。对于已核准、备案的项目，发生下列情形之一的，投资主体应当在有关情形发生前向出具该项目核准文件或备案通知书的机关提出变更申请：投资主体增加或减少；投资地点发生重大变化；主要内容和规模发生重大变化；中方投资额变化幅度达到或超过原核准、备案金额的 20%，或中方投资额变化 1 亿美元及以上；需要对项目核准文件或备案通知书有关内容进行重大调整的其他情形。

投资主体应当对境外投资项目申请报告或项目备案申请表及附件的真实性、合法性负责。投资主体在境外投资项目申报过程中违反法律法规，隐瞒有关情况或提供虚假材料的，将不予受理或不予核准、备案或撤销核准文件或备案通知书，并给予警告。对于未依法办理核准或备案的项目，或未按照核准文件或备案通知书内容实施的项目，将责令国内企业停止项目实施，并提请或者移交有关机关依法追究有关责任人的法律责任。对于投资主体应报送项目信息报告但未获得信息报告确认函而对外开展实质性工作的，将予以通报批评，责令其纠正。对于性质严重、给国家利益造成严重损害的，国家发改委将会同有关部门依法进行处罚，并提请或者移交有关机关依法追究有关责任人的法律责任。

（四）商务部审批监管合规

中国企业直接或通过其控制的境外企业，以投入资产、权益或提供融资、担保等方式，获得境外所有权、控制权、经营管理权及其他相关权益的投资，需要获得中国商务部门的审批。2014 年 10 月 6 日起施行的商务部《境外投资管理办法》减少了行政审批，确立了"备案为主、核准为辅"的管理模式，提升了境外投资的便利化，并进一步提升了中国企业海外投资并购的自主权。

根据《境外投资管理办法》，商务部和省级商务主管部门按照企业境外投资的不同情形，分别实行备案和核准管理。企业境外投资涉及敏感国家和地区、敏感行业的，实行核准管理。企业其他情形的境外投资，实行备案管理。实行核准管理的国家是指与中华人民共和国未建交的国家、受联合国制裁的国家，商务部在必要时可另行公布其他实行核准管理的国家和地区的名单。实行核准管理的行业是指涉及出口中华人民共和国限制出口的产品和技术的行业、影响一国（地区）以上利益的行业。企业境外投资不得有以下四种情形：危害中华人民共和国国家主权、安全和社会公共利益，或违反中华人民共和国法律法规；损害中华人民共和国与有关国家（地区）关系；违反中华人民共和国缔结或者参加的国际条约、协定；出口中华人民共和国禁止出口的产品和技术。具体监管审批要求如下表：

表5-3 商务部门的审批监管要求

监管方式	投资方式	项目性质
核准	直接投资	敏感国家/地区、敏感行业
备案	直接投资	非敏感国家/地区、非敏感行业
报告	投资企业设立的境外企业开展境外再投资	非敏感国家/地区、非敏感行业
禁止	所有投资	四种被禁止的情况

商务部和省级商务主管部门通过"境外投资管理系统"对企业境外投资进行管理,① 并向获得备案或核准的企业颁发《企业境外投资证书》。自领取证书之日起2年内,企业未在境外开展投资的,证书自动失效。企业投资的境外企业开展境外再投资,在完成境外法律手续后,企业应当向商务主管部门报告。

对属于核准情形的境外投资,中央企业向商务部提出申请,地方企业通过所在地省级商务主管部门向商务部提出申请,申请境外投资核准需提交以下材料:申请书,主要包括投资主体情况、境外企业名称、股权结构、投资金额、经营范围、经营期限、投资资金来源、投资具体内容等;《境外投资申请表》;境外投资相关合同或协议;有关部门对境外投资所涉的属于中华人民共和国限制出口的产品或技术准予出口的材料;企业营业执照复印件等。

对于备案管理的项目,投资主体通过商务部"境外投资管理系统"进行信息填报,网上生成《境外投资备案表》,商务部或省商务厅应当自收到《境外投资备案表》后3个工作日内予以备案并向获得备案的企业颁发《企业境外投资证书》。需要注意的是,根据《境外投资管理办法》的相关规定,如项目信息发生变更,包括投资主体、投资总额、出资情况、经营范围等,变更手续与新办手续一致。

(五)外汇使用监管合规

出于外汇管理的需要,我国曾在很长的一段时间里对海外投资中外汇的使用情况,实行在国家外汇管理局的监督管理制度。2015年2月13日,《国家外汇管理局关于进一步简化和改进直接投资外汇管理政策的通知》取消了境外直接投资项下外汇登记核准行政审批,改由银行按照《直接投资外汇业务操作指引》直接审核办理境外直接投资项下外汇登记。国家外汇管理局及其分支机构通过银行对直接投资外汇登记实施间接监管。同时还取消了境外再投资外汇备案,境内投资主体设立或控制的境外企业在境外再投资设立或控制新的境外企业无须办理外汇备案手续。银行在海外投资中对于外汇使用的监管,一般情况下需要审核《境外直接投资外机

---

① 境外投资管理系统的网址:http://egov.mofcom.gov.cn/xzxksx/18006/。

会登记业务申请表》、外汇资金来源情况说明、境内投资主体的基本资料（营业执照和公司章程等）、商务部核发的《境外企业投资证书》等文件，外管局对于大额资金出境情况也可能进行复核与约谈。

海外投资并购过程中可能会出现需要支付保证金等前期费用的情况，《境内机构境外直接投资外汇管理规定》对此规定，中国企业在获得正式外汇登记证之前，可向境外支付与境外投资项目相关的前期费用。前期费用包括但不限：收购境外企业股权或境外资产权益，按项目所在地法律规定或出让方要求需缴纳的保证金；在国外项目招投标过程中，需支付的投标保证金；进行境外直接投资前，进行市场调查、租用办公场地和设备、聘用人员，以及聘请境外中介机构提供服务所需的费用。该前期费用在不超过 300 万美元且不超过企业该投资总额的 15% 的情况下，由银行向境内企业办理前期费用登记手续，如超过上述数额和比例的，则需向外汇管理局办理登记手续。

（六）特殊类型公司的监管程序

上市公司是海外投资并购的一类特殊主体。由于海外投资并购往往规模较大，出于对证券投资人保护的需要，上市公司在进行海外投资并购时，应当对重大交易事项信息及时披露，并根据证监会和证券交易所的监管要求履行审核程序。根据 2023 年 2 月颁布实施的《上市公司重大资产重组管理办法》第 12 条的规定，上市公司及其控股或者控制的公司购买、出售资产，达到下列标准之一的，构成重大资产重组：1. 购买、出售的资产总额占上市公司最近一个会计年度经审计的合并财务会计报告期末资产总额的比例达到百分之五十以上；2. 购买、出售的资产在最近一个会计年度所产生的营业收入占上市公司同期经审计的合并财务会计报告营业收入的比例达到百分之五十以上，且超过五千万元人民币；3. 购买、出售的资产净额占上市公司最近一个会计年度经审计的合并财务会计报告期末净资产额的比例达到百分之五十以上，且超过五千万元人民币。对于虽然在海外投资并购中购买、出售资产未达到前款规定标准，但中国证监会发现涉嫌违反国家产业政策、违反法律和行政法规、违反中国证监会的规定、可能损害上市公司或者投资者合法权益等重大问题的，可以根据审慎监管原则，责令上市公司暂停交易。

由于当前中国企业对外承包工程数量大、外部环境日益复杂，因此商务部制定了《对外承包工程项目备案和立项管理办法》并于 2024 年 7 月 1 日生效。按照该管理办法，企业承包一般项目应当在商务主管部门办理备案，并对备案信息的真实性、准确性和完整性负责，企业承包特定项目应当经商务部会同有关部门立项批准。

二、中国政府经济制裁及其阻断的监管合规

（一）概述

经济制裁，是指"蓄意的、政府鼓励的撤出或威胁撤出习惯贸易或金融关系"的行为，[①]其主要作用是将被制裁国家同制裁发起国甚至是第三国的经济予以隔离，以限制被制裁国经济发展，制造社会矛盾，甚至引发政治动荡。中国政府"主张慎用制裁，反对没有国际法依据的单边制裁和长臂管辖"。[②] 一方面，中国并不反对联合国体系下的经济制裁。中国先后参与了多次联合国主导的多边制裁，如联合国对伊拉克入侵科威特实施的制裁、对朝鲜和伊朗核问题实施的制裁。另一方面，在外国侵害到中国国家主权的情况下，中国会采取国际法所允许的经济制裁手段予以报复，例如 2021 年，立陶宛悍然在台湾问题上挑战中国的主权，中国就迅速对立陶宛采取了一系列的经济制裁措施予以反制。中国企业在海外投资并购过程中，需要遵守中国对外经济制裁的相关规定。

与此同时，当前国际社会"反全球化"的趋势正在进一步加强，以美国为首的西方国家正在日益频繁滥用单边经济制裁推行其对外政策，中国也深受其害。近年来我国启动了阻断立法，要求中国企业在经营活动中不得遵守美西方的特定法律，这也对中国企业提出新的合规要求。

（二）中国的对外经济制裁监管合规

在中国的综合性制裁措施方面，目前主要是全国人大常委会于 2021 年 6 月颁布的《反外国制裁法》，规定在外国首先对中国进行经济制裁的情况下，中国可以对外国相关实体也实施经济制裁。该法属于国际法上反措施的一种，开启了中国对外经济制裁法治化的进程。《反外国制裁法》第三条第二款规定，该法的适用前提是"外国国家违反国际法和国际关系基本准则，以各种借口或者依据其本国法律对我国进行遏制、打压，对我国公民、组织采取歧视性限制措施，干涉我国内政"，我国对此有权采取相应的反制措施。对于被按照该法列入"反制清单"的实体，国务院有关部门可以"禁止或者限制我国境内的组织、个人与其进行有关交易、合作等活动"，并明确要求"我国境内的组织和个人应当执行国务院有关部门采取的反制措施。对违反前款规定的组织和个人，国务院有关部门依法予以处理，限制或者禁止其从事相关活动"。

在进出口管制方面，2020 年 12 月 1 日起开始施行的《出口管制法》规定，国家出口管制

---

① Gary Clyde Hufbauer and ect. , Economic Sanctions Reconsidered, 3ed edition, Peterson Institute for international Economics, 2008, p. 3.

② 王毅："王毅同法国外长勒德里昂举行视频会晤"，外交部，2022 年 3 月 10 日，访问地址：https：//www. mfa. gov. cn/web/wjbzhd/202203/t20220310_10650611. shtml。

管理部门建立管制物项最终用户和最终用途风险管理制度，对管制物项的最终用户和最终用途进行评估、核查。建立"管控名单"，对列入"管控名单"的进口商和最终用户，国家出口管制管理部门可以采取禁止、限制有关管制物项交易，责令中止有关管制物项出口等必要的措施，出口经营者不得违反规定与列入管控名单的进口商、最终用户进行交易。2024 年 12 月 1 日起实施的《中华人民共和国两用物项出口管制条例》尤其对军民两用物项的监管做出了具体的严格规定。商务部于 2020 年 9 月颁布的《不可靠实体清单规定》规定，会对于外国实体在国际经贸及相关活动中"危害中国国家主权、安全、发展利益"的行为予以处罚并将其列入"不可靠实体清单"，其处罚措施包括限制或者禁止其从事与中国有关的进出口活动。

可见，中国企业在海外投资并购过程中，如果同被中国政府列入"反制清单""关注名单""管控名单"和"不可靠实体清单"的外国实体发生被禁止的交易行为，会受到中国政府的处罚。

典型案例

2024 年 09 月 24 日，中国商务部发布《不可靠实体清单工作机制关于对美国 PVH 集团启动不可靠实体清单调查的公告》，依据《不可靠实体清单规定》第 2 条、第 5 条和第 6 条等有关规定，决定对美国知名服装品牌 PVH 集团"针对涉疆产品涉嫌违反正常的市场交易原则，中断与中国企业、其他组织或者个人的正常交易、采取歧视性措施等问题"启动调查，要求该集团在 30 天内向不可靠实体清单工作机制办公室提供说明近 3 年内是否存在对涉疆产品采取歧视性措施等问题的书面材料、证明资料以及调查机关需要的其他资料，该集团有权进行陈述、申辩，不可靠实体清单工作机制办公室可以主动调查，任何单位和个人也可向不可靠实体清单工作机制办公室反映情况。中国商务部表示，中国"一贯审慎处理不可靠实体清单问题，仅针对极少数破坏市场规则并违反中国法律的外国实体，诚信守法的外国实体完全无需担心"。

（三）中国的经济制裁阻断监管合规

阻断法是冲突法的一种，是禁止适用外国相关法律并消除其影响的一类国内法的统称，广泛存在于证券交易、反垄断、经济制裁和限制性贸易措施、反腐败、个人所得税和劳动法等领域，当前各国阻断立法主要聚焦于经济制裁问题。[①] 与经济制裁要求相关实体不得与制裁目标从事交易的目的相反，阻断法要求相关实体不得遵守该经济制裁或对其遵守行为施加处罚，以达到恢复这些实体与制裁目标之间正常交往的目的。

---

① 叶研：《美国经济制裁背景下的中国阻断法体系建构》，载《国际经济评论》2022 年第 2 期。

中国商务部于 2021 年 1 月颁布《阻断外国法律与措施不当域外适用办法》（以下简称《阻断办法》），是中国第一部真正意义上的阻断法，其适用于外国法律"不当禁止或者限制中国实体与第三国（地区）实体进行正常经贸及相关活动的情形"。例如，美国对伊朗实施的经济制裁具有域外效果，中国企业同伊朗从事经济往来也可能会被美国制裁，《阻断办法》就是要求中国企业在这种情况下，不得遵守美国对特定国家的制裁。《阻断办法》明确了按照该法被禁止遵守的"外国法律与措施"的判断标准，包括：是否违反国际法和国际关系基本准则；对中国国家主权、安全、发展利益可能产生的影响；对中国公民、法人或者其他组织合法权益可能产生的影响；其他应当考虑的因素。《阻断办法》规定，中国商务部可以通过颁布"禁令"的方式，要求中国企业"不得承认、不得执行、不得遵守"被列入"禁令"的外国制裁措施。《阻断办法》同时要求，中国企业"遇到外国法律与措施禁止或者限制其与第三国（地区）及其公民、法人或者其他组织正常的经贸及相关活动情形的，应当在 30 日内向国务院商务主管部门如实报告有关情况"。《阻断办法》对于中国企业违反"禁令"的行为可采取包括警告、责令限期改正和罚款在内的一系列处罚措施，但同时又规定中国企业可以向国务院商务主管部门申请豁免遵守"禁令"，对于遵守"禁令"并因此受到重大损失的中国企业，中国政府有关部门可以根据具体情况给予必要的支持。截至 2024 年 10 月，中国商务部尚未发布"禁令"，目前中国企业在《阻断办法》下仅负有报告义务，但在海外投资和并购活动中也要始终注意《阻断办法》的实施，尤其是"禁令"的相关进展。

《反外国制裁法》适用于阻断"外国对中国直接制裁"的情况，该法第十二条也属于能够适用于中国企业海外投资并购的阻断法规定。该条规定，"任何组织和个人均不得执行或者协助执行外国国家对我国公民、组织采取的歧视性限制措施"，并且规定可以对这些组织和个人向人民法院提起诉讼，要求其停止侵害、赔偿损失。理论上而言，如果中国企业在海外投资并购中涉及其他被外国制裁的中国企业及其海外资产，并对其采取歧视性对待的话，原则上都会受到该法的约束，可能会面临来自中国政府的处罚或来自中国法院的诉讼。

三、中国政府监管的合规风险识别及应对

在中国企业的海外投资并购过程中，中国政府监管合规存在于海外投资并购交易的所有环节。在海外投资并购交易过程中，中国企业需要完成项目投资的监管申报；在投资后的项目运营期间，需要遵守中国政府关于经济制裁和反制裁的相关要求。整体而言，由于中国政府对中国企业海外投资并购活动进行监管，中国企业面临的合规风险及其应对主要包括如下五个方面。

（一）投资并购不被批准的风险及其应对

21 世纪以来，随着中国政府对外投资监管的逐步放开，中国企业海外投资并购迅猛发展，

但中国企业的海外投资并购也随之出现了"过热"甚至违规的现象。该现象在 2016 年达到了顶峰，这导致了中国外汇储备在短期内出现了大幅流失。于是在 2016 年底，国家发改委、商务部、人民银行、外管局和国资委出台了大量的监管措施，强化了对境外投资真实性和合理性的审查。在 2016 年 12 月 6 日外管局公布的答记者问中，国家发改委等四部委负责人明确提出监管部门将密切关注在房地产、酒店、影城、娱乐业、体育俱乐部等领域出现的一些非理性对外投资的倾向，以及大额非主业投资、有限合伙企业对外投资、"母小子大"及"快设快出"等类型对外投资中存在的风险隐患，并建议有关企业审慎决策。因此，目前中国企业的海外投资并购行为，如不符合中国的相关监管政策要求，则存在着被中国政府相关部门否决的风险。

中国企业在应对此种风险的问题上，应及时了解国家对于海外投资并购的最新政策导向，谨慎选择境外投资方向。企业海外投资的合规管理首要工作是在国家划定的"红线"内选择项目，本节前述中国政府对海外投资的审批和监管，就是中国企业海外投资并购合规的基本要求之一。在选择投资方向时，企业应尽量向鼓励开展的类别靠拢，避免向敏感地区与行业投资，顺应"一带一路"政策，加强与境外高新、先进制造业企业的投资合作，从而提高境内审批成功率。国内审批重视境外投资的真实性与合理性，企业应避免出现恶意规避项目审查，如分拆项目、出具不实申报文件等情形。提供真实的申报文件不仅有助于审批程序的顺利完成，同时也有利于投资过程中获得本国政府的支持与保护。

典型案例

【案例 5-1】2012 年，中国的万某达集团以 26 亿美元的价格收购美国第二大院线 AMC，使万某达一跃成为全球规模最大的电影院线营运商。此后的 2016 年 7 月，AMC 以 9.21 亿英镑并购欧洲 Odeon & UCI 院线，12 月以 12 亿美元收购美国卡迈克（Carmike）电影院线公司，2017 年 1 月斥资 9.3 亿美元收购北欧最大院线 Nordic。在此期间，万某达集团还分别在英国、美国和澳大利亚收购了 5 个项目，包括位于英国伦敦的 One Nine Elms 摩天大楼、芝加哥的 Vista Tower、洛杉矶的 One Beverly Hills，悉尼的 Circular Quay 公寓和酒店项目和黄金海岸（Gold Coast）的 Jewel 度假村项目。

2016 年底，中国政府加强了对中国企业海外投资并购的监管工作，房地产、酒店、娱乐业等境外投资尤其受到了管控限制。2017 年 2 月，据路透社援引美国媒体 The wrap 的报道称，大连万某达集团拟斥资 10 亿美元收购 Dick Clark Productions, Inc.（简称 DCP 集团，是美国一家为好莱坞制作颁奖典礼的电视制作公司）全部股权的交易破裂，原因是收购资金以及来自中国监管层的审批问题。

（二）违规投资并购受到中国政府处罚的风险及其应对

在海外投资并购中，对于未按照规定履行投资并购审批义务的申报企业，可能受到中国政府的多种处罚，包括行政甚至是刑事处罚。例如，国家发改委《企业境外投资管理办法》第五十三条规定，未取得核准文件或备案通知书而擅自实施项目，或者应当履行核准、备案变更手续但未经核准、备案机关同意而擅自实施变更的，"由核准、备案机关责令投资主体中止或停止实施该项目并限期改正，对投资主体及有关责任人处以警告；构成犯罪的，依法追究刑事责任"。

中国企业在应对此种风险的问题上，应正确履行法定的审批程序。在海外投资并购中最关键的资金出境和融资安排问题上，国家发改委《企业境外投资管理办法》对企业境外投资的审批流程作出了整体性安排并与《关于完善银行内保外贷外汇管理的通知》等文件相协调，境内主体需要根据不同的融资模式履行不同的手续。企业在此过程中，应正确履行投资项目报批、境外公司注册报批、跨境担保登记、外汇资金登记等国内法定程序，以确保投资立项及资金出海合规。例如，在企业海外投资并购法律实践中使用较多的"内保外贷"问题上，由于境内企业在交易中提供了担保，其境外投资项目应属于境内企业直接开展的境外投资项目，相关核准和备案手续应当与境内企业境外投资保持一致。而对于境内企业通过其控制的境外企业开展的境外直接融资，境内企业也需办理相关的境外投资核准和备案手续。对涉及国有资产或上市公司的境外投资项目，还需要特别履行国有资产报批的程序和上市公司信息披露、重大资产重组审核的程序。

（三）违反中国经济制裁与制裁阻断监管的处罚风险及其应对

随着中国面临的外部国际环境进一步复杂化，从2020年开始中国加速推进对外经济制裁和反制外国经济制裁的立法工作，相关立法已逐步完善。一方面，中国企业在海外投资并购过程中不得违反关于出口管制和对外制裁的法律法规，否则会受到中国政府的处罚，措施包括警告、责令限期改正，并可以根据情节轻重处以罚款，甚至会承担刑事责任。另一方面，《阻断办法》第九条和《反外国制裁法》第十二条专门设计了一种新的诉讼制度，中国企业在海外投资并购过程中如果违反这些规定，还会面临在中国法院被起诉的风险。

中国企业在应对此种风险的问题时，要完成如下具体工作：首先，应及时了解投资目标国和目标公司所涉制裁情况，确保自己的交易对象不在被中国制裁的"反制清单""管控名单"和"不可靠实体清单"等实体清单之列。其次，要及时关注自己的交易对象被美西方国家制裁的情况，就该制裁对本企业投资并购活动产生的影响及时向中国国务院商务主管部门汇报，并跟进商务部"禁令"的颁布情况，原则上不得遵守被列入"禁令"的外国制裁政策，并且在必要情况下向商务部申请"禁令"遵守的豁免。最后，在其他中国企业被美西方国家制裁的问题上，要按照《反外国制裁法》第十二条的规定，不得不当拒绝同这些中国企业进行交易，不得在商事合同中接受对这些中国企业的歧视性条款。上述这些具体工作对中国企业的海外投资并购提出了较高的、系统性合规管理的要求，包括：企业要建立完善且实时更新的制裁与反制裁监测信息库，确保相关交易不至于触犯中国关于经济制裁和制裁阻断监管的相关规定；建立高效的尽职调查团队，对于交易对手的基本情况和被制裁的敏感性进行评估；由专门的团队负责履行在中国法就经济制裁问题所负有的报告义务；在必要的情况下，就经济制裁和制裁阻断问题向中国商务部门申请"豁免"；在交易合同文本中纳入对自己有利的制裁和反制裁条款；由企业内部的法律团队，对企业海外投资并购的全流程进行监管，就其中可能出现的风险及时提示并予以整改。

（四）由于遵守中国政府监管要求而被外国制裁的风险及其应对

中国企业在海外投资并购活动中应当遵守中国的经济制裁与制裁阻断监管要求，但这在一些情况下却会导致中国企业被美西方国家处罚，中国企业会处于选择遵守外国制裁规则还是中国反制裁规则的"两难困境"之中。一方面，中国对美西方国家实施的经济制裁，在未来有可能被美西方国家的阻断法和反经济胁迫法所阻断；另一方面，美西方国家对他国和中国企业的制裁由于会被中国法律所阻断，因此如果中国企业遵守中国相关法律的要求、继续同被制裁的中国企业和第三国企业从事商业往来，那么也有可能会被美西方国家制裁。这种冲突不但存在于经济制裁和反制裁领域，还存在于投资完成后的跨境信息传输、财务信息审计等方面，是目前中国企业从事海外投资并购必须予以高度重视的一个合规问题。

中国企业对于此种"两难困境"的风险必须要予以系统性应对。在投资并购前，要对中国法和投资目标国的法律有充分研究，对此类法律冲突的情况及其敏感性予以充分了解和评估。在投资并购中，一旦出现潜在的法律冲突，应积极同两国政府进行沟通，通过向两国政府申请"豁免"的方式，避免受到处罚。一旦被美西方国家制裁，可以通过在美西方国家法院提起诉讼的方式，比如利用美国法下的"外国主权强制"等法律规定，请求美国法院撤销美国政府对自己的处罚。

典型案例

【案例5-2】2017年，美国司法部指控三家中国大型银行，为朝鲜外贸银行洗钱超过1亿美元，而朝鲜外贸银行正是美国制裁的对象。2019年，美国法院披露的信息显示，美国法院随后向这三家银行发出了有关违反朝鲜制裁调查的传票。涉案的三家中国大型银行都发布了声明，表示美国法院无权直接调取中资银行的相关客户信息，而需要按照中美两国间关于跨境司法协助的约定进行。与此同时，中国法律也规定"任何组织、个人或其他实体均不得在未经许可的情况下向境外提供相关客户信息资料"，因此无法直接向美国法院披露客户的资料。美国法院因此裁定这三家中国大型银行蔑视法庭，并处以每天 5 万美元的罚款。

对此案，中国外交部表示"中国政府一向以严肃认真的态度，全面落实联合国安理会通过的各项决议。我们不但要求金融机构企业和个人，严格遵守联合国的制裁决议，也一贯要求中资金融机构在海外的分支机构，要严格遵守当地的监管法律法规，依法合规经营，同时配合好当地的司法，执法部门的监管行动。与此同时，我们也一贯反对美方对中国企业进行所谓的长臂管辖，我们希望美方加强同各国在金融监管等领域的双边合作，包括合乎各方国内法的信息交流，通过双方的司法协助和监管合作渠道来解决跨境信息的共享问题"。

（五）中国政府监管的商业风险及其应对

中国政府的上述监管措施可能会对中国企业的海外投资并购产生影响，甚至导致这些中国企业出现合同违约。例如，海外投资并购合同中会设置项目交割的"过渡期"和"先决条件"，中国企业作为海外投资并购的买方也需要在合同的"陈述与保证"条款中对于中国政府的审批情况做出承诺，如果在合同签订后，这些企业未能拿到中国政府的审批，则可能需要缴纳高额的"分手费"，甚至在一些企业违反中国政府的相关监管规定时，可能会同步触发合同中的违约条款，面临巨额索赔。在国际投资并购实践中，经济制裁和反经济制裁条款更是会对项目的融资和未来经营产生颠覆性的重大影响。中国企业在海外投资并购过程中，对于中国政府监管合规可能带来的商业风险要有清醒的认识。

为应对此类风险，中国企业至少需要完成如下几个方面的工作：做好投资项目的流程管理，做好商业安排同中国政府的监管在时间和项目流程管理上的匹配；对项目执行和融资结构在前期就做好相应的顶层设计，要提前预设并考虑经济制裁可能出现后的商业安排；在合同条款设计中，对于项目"分手费""过渡期""陈述与保证"和"经济制裁"等条款中，按照本企业和项目的具体情况尽量做出对自己有利的商业安排，甚至可以将中国政府的经济制裁和反制裁要求作为己方免责的条款列入合同之中。

第三节　海外投资并购的外国经济制裁合规

一、经济制裁概述

当今世界处于"百年未有之大变局"，国际社会在政治和经济层面的"碎片化"趋势正进一步加强，国际社会的共同监管正在被单边主义和霸权主义侵蚀，在这种背景下，经济制裁已经成为中国企业海外投资中需要重点关注的问题。

经济制裁（Economic Sanction）是一国针对其他国家所采取的胁迫性经济手段，以迫使对方改变其政策,[1] 是"为表达对被制裁主体行为的反对或促使被制裁主体改变某些政策或实践甚至其政治结构，所采取的同外交或军事措施相区别的经济措施",[2] 以断绝同被制裁国的经济往来为主要手段。经济制裁由制裁国（制裁发起国）、目标国（受制裁国家）和第三国（制裁国和目标国之外的国家）之间的三边法律关系构成，从学理上被分为初级制裁（Primary Sanction）和次级制裁（Secondary Sanction）。制裁国对目标国进行经济制裁的首要目标是限制本国同目标国之间的经济往来，即为典型的初级制裁。但是这种制裁受制于制裁国本国的经济实力和国际社会主动配合的程度，在很多情况下可能并不会给目标国经济带来重大影响。典型的次级制裁是为了弥补初级制裁这一缺陷而设计的，它在第三国没有主动响应制裁国对目标国的制裁政策时，通过对第三国施加惩罚，迫使第三国同样限制同目标国之间的经济往来。

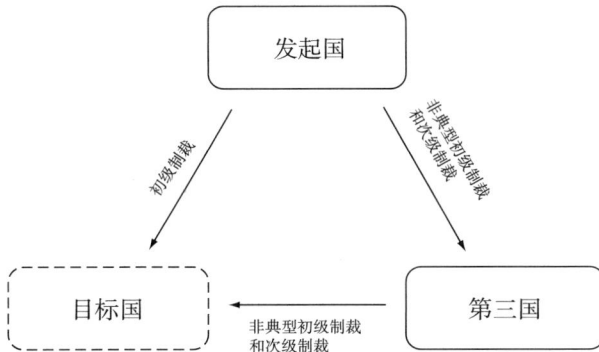

图 5-3　经济制裁的"三边法律关系"

近年来，随着美国对长臂管辖的滥用，经济制裁中开始出现了一种"非典型初级制裁"。"非典型初级制裁"，是指美国在当代国际经济制裁实践中，借助其美元和技术霸权的优势地位，通过对相关案件中与美国的"连接点"的扩张认定，将原本仅适用于美国实体的初级制裁大量适用于第三国。这些"连接点"主要包括：使用美元进行交易，使用美国的技术、产品和服务，公司股权被美国人控制，外国人"导致"美国人违反初级制裁规则，外国人协助美国人违反初级制裁规则，外国人密谋违反美国的制裁规则等。"非典型初级制裁"在本质上是初级制裁，但可同时适用于美国和第三国的实体，区别于传统意义上被认为仅适用于美国实体的典型的初级制裁。"非典型的初级制裁"与美国存在或多或少的连接点，与传统意义上的

----

① Barry E. Carter, International Economic Sanctions: Improving the Haphazard U. S. Legal Regime, Cambridge: Cambridge University Press, 1988: 4。

② Andreas F. Lowenfeld, international Economic Law, Oxford University Press, 2008, p. 850。

次级制裁在判断标准、行为性质、适用对象、制裁规则的性质、处罚方式和救济手段等方面也存在重大差异。遭受"非典型的初级制裁"会使第三国实体面临远超次级制裁政策性惩罚措施的初级制裁中的民事甚至刑事处罚,对第三国实体的威慑力极大,使美国经济制裁的针对性、管辖范围和实际效果都得到了大幅提升。

单边经济制裁被很多国家认为是对联合国宪章宗旨和原则及国际法准则的违反,[1] 次级制裁更是完全超出传统国际法讨论的管辖权范畴,并构成国际法上的干涉。[2] 经济制裁具有天然的不对称性,强国相比弱国更能够承受他国的制裁或有效对他国发起制裁。经济制裁通过将目标国同本国和国际社会隔离,以达到削弱目标国的经济、改变其在相关问题上的政治立场等目的。

二、联合国体系下的经济制裁合规

(一) 概述

联合国是当今世界上最重要的政府间国际组织,其宗旨是维护国际和平与安全,发展国际间以尊重各国人民平等权利及自决原则为基础的友好关系,进行国际合作以解决国际间经济、社会、文化和人道主义性质的问题,并促进对于全体人类的人权和基本自由的尊重。联合国安全理事会(以下简称安理会)是联合国最重要的机构之一,其职责是维护国家之间的和平与安全。联合国的制裁制度源自《联合国宪章》第七章"对于和平之威胁、和平之破坏及侵略行为之应付办法"之规定,即联合国对此类行为可以采取武力以外的办法、断绝经济关系和外交关系以实行制裁,具体体现在《联合国宪章》第39-41条,主要由安全理事会负责实施,分为三个阶段:第一阶段,按照第39条之规定,由安理会"断定任何和平之威胁、和平之破坏或侵略行为之是否存在",并作成建议或抉择以实施经济制裁或军事行动,以维持或恢复国际和平及安全。第二阶段,按照第40条之规定,由安理会为"防止情势之恶化……促请关系当事国遵行安理会所认为必要或合宜之临时办法"。第三阶段,依第41条之规定,由安全理事会"决定所应采武力以外之办法,以实施其决议,并得促请联合国会员国执行此项办法。此项办法得包括经济关系、铁路、海运、航空、邮、电、无线电及其他交通工具之局部或全部停止,以及外交关系之断绝",即经济制裁。在安理会认为第41条所规定之经济制裁办法不足或已被证明不足时,就要根据第42条之规定,"采取必要之空海陆军行为,以维持或恢复国际和平与安全……包括联合国会员国之空陆海军示威、封锁及其他军事举动",也即是由联合国采取军事维和行动。

---

① Ministerial Declaration, Foreign Affairs Ministers, Member States of the Group of 77 and China, 26 September 2013, para 52, available at https: //www. g77. org/doc/Declaration2013. htm。

② Gary Clyde Hufbauer and ect. , Economic Sanctions Reconsidered, 3ed edition, Peterson Institute for international Economics, 2008, pp. 51-52。

（二）制裁措施

安理会对于制裁措施的采取并无统一的规定，实践中往往会综合采取多种手段予以实施，以加强经济制裁的有效性，主要包括：（1）资产冻结。资产冻结即在制裁决议中列明被制裁的个人或实体名单，要求会员国采取措施冻结被制裁个人或实体在其管辖范围内的财产，其作用主要有两方面：一是使被制裁人无法使用自己的资金；二是防止其他人通过银行交易向被制裁人提供资金。（2）金融服务禁令。金融服务禁令是指在制裁决议中要求会员国拒绝向被制裁个人或实体提供金融方面的诸如银行、保险等服务，切断被制裁个人或实体的资金来源。（3）武器和物资禁运。特定武器和物资禁运也是联合国经济制裁的常用手段，通过禁止输入特定武器或物资，限制被制裁对象军事或经济力量的发展。（4）旅行禁令。旅行禁令是指安理会通过决议，要求会员国阻止自然人入境或过境的行为。例如，联合国当前对索马里的制裁由联合国安理会关于索马里青年党的第 2713（2023）号决议委员会来实施，措施如下表，完整包括了上述几种制裁类型。

表 5-4　联合国对索马里的制裁措施①

措施	内容（非正式）	豁免/例外措施
武器禁运	全体会员国均应针对所有向索马里运送武器和军事装备的行动实施武器禁运，包括禁止为一切采购和运送武器和军事装备的活动提供资金，并禁止直接或间接向索马里提供技术咨询、财政和其他援助以及与军事活动有关的训练。	载于第 2607（2021）号决议第 21 和 34 段
武器禁运（定向禁令——针对个人和实体）	所有会员国均应采取必要措施，防止直接或间接地向委员会指认的个人或实体供应、出售或转让武器和军事装备，并防止直接或间接地向其提供与军事活动有关或与供应、出售、转让、制造、保养或使用武器和军事装备有关的技术协助或训练、包括投资在内的资金筹供和其他援助、中介服务或其他金额服务。	无
旅行禁令	全体会员国应采取必要措施，防止委员会指认的个人入境本国或通过本国过境。	载于第 1844（2008）号决议第 2 段
资产冻结	所有会员国均应毫不拖延地冻结其境内由委员会所指认的个人或实体，代表其或按其指示行事的个人或实体，或由其所拥有或控制的实体直接或间接拥有或控制的资金、其他金融资产和经济资源。 所有会员国均应确保本国国民或本国境内任何个人或实体均不向由委员会所指认的个人或实体，或以这些个人或实体为受益方，提供任何资金、金融资产或经济资源。	载于第 1844（2008）号决议第 4 段和第 1916（2010）号决议第 5 段

---

① 来自联合国官方网站，最后访问时间：2024 年 10 月 27 日。

措施	内容（非正式）	豁免/例外措施
木炭禁令	所有会员国均应采取必要措施，防止直接或间接从索马里进口木炭，不论木炭是否原产于索马里。 索马里当局采取必要措施，防止从索马里出口木炭。	无
简易爆炸装置组件禁令	所有会员国均应防止从本国领土或由境外本国国民或使用悬挂本国国旗的船只或飞机直接或间接向索马里出售、供应或转让爆炸材料、与爆炸有关的物品和相关技术（如果有足够证据表明这些物项将用于或非常有可能用于在索马里制造简易爆炸装置）。	无

（三）制裁项目

安理会的经济制裁通过不同制裁项目的形式予以实施，每个制裁项目由一个制裁委员会管理，委员会主席由一个安理会非常任理事国担任。制裁委员会的任务通常包括监督制裁措施的执行情况并每年向安理会报告、指认符合相关决议所载列名标准的个人和实体、审议并决定关于豁免制裁措施的通知和请求、审议除名请求、定期审查名单条目等。安理会的经济制裁最早开始于1966年对南罗德西亚的制裁，"9·11"事件以后打击国际恐怖主义成为联合国经济制裁新的重点目标，联合国经济制裁的对象由国家扩展到国际恐怖组织以及与恐怖组织关联的个人和实体。截至2023年9月，联合国针对南非、卢旺达、伊朗、伊拉克、刚果民主共和国、伊斯兰国和基地组织、朝鲜、利比亚、南苏丹和苏丹等国家和组织共实施过31个制裁项目，仍然有效的有14个，主要关注冲突的政治解决、核不扩散和反恐。每个制裁项目都由一个制裁委员会管理，该委员会由安理会非常任理事国担任主席，联合国制裁项目的情况会在联合国官网[①]更新。

近年来，为避免经济制裁给普通民众带来不必要的伤害，联合国相关制裁措施的使用更加精细化并且有针对性，逐渐减少了对国家全面综合性制裁的使用，开始主要针对特定实体并通过制裁清单的方式进行，这种制裁措施被称为"聪明的制裁"（Smart Sanctions）。为了便于各成员国和公众了解被联合国制裁的实体的情况，安理会制作了"综合制裁清单"，相关企业可以随时登录联合国网站查阅被制裁实体的情况[②]。

---

① 联合国制裁项目网址：https：//main.un.org/securitycouncil/en/sanctions/information。
② 联合国"综合制裁清单"网址：https：//www.un.org/securitycouncil/content/un-sc-consolidated-list。

（四）对中国企业境外投资并购的影响

中国企业需要遵守各国关于执行安理会的经济制裁的规定。根据《联合国宪章》第 25 条和第 103 条，联合国经济制裁决议对所有联合国会员具有普遍法律约束力，所有会员必须执行，并且如果该义务与其他国际法律义务相冲突，该义务处于优先地位。联合国的经济制裁在两种情况下可能会通过其会员国作用于中国企业：一方面，中国作为联合国的会员国及常任理事国，有义务履行联合国的相关制裁决议。目前，我国政府执行联合国经济制裁的主要方式是由外交部发布通知，要求国内相关部门实施相关决议。例如，外交部于 2017 年发布的《关于执行联合国安理会第 2397 号决议的通知》、2018 年发布的《关于执行联合国安理会第 2402 号决议的通知》等，并且在多个场合明确表示中国一直以负责任的态度履行根据《联合国宪章》承担的国际义务，执行安理会决议。中国政府同时也采取了很多具体措施，例如 2017 年 8 月国务院办公厅发布的《关于完善反洗钱、反恐怖融资、反逃税监管体制机制的意见》、2018 年 7 月中国人民银行发布的《关于进一步加强反洗钱和反恐怖融资工作的通知》、2019 年 1 月中国银行保险监督管理委员会公布的《银行业金融机构反洗钱和反恐怖融资管理办法》都明确要求金融监管部门加强对执行联合国反恐制裁决议的监管。因此，中国企业应当遵守中国政府实施的联合国经济制裁规则。另一方面，由于联合国的其他会员国和联合国体系下的相关机构也会执行联合国的经济制裁，因此中国企业在从事同这些国家和机构相关的投资并购活动时，也必须重视或遵守这些国家和机构执行联合国经济制裁规则的相关规定。

此外，中国企业也可能因违反安理会的经济制裁而直接被列入制裁名单。例如，中国的华信船务（香港）有限公司就于 2018 年 3 月 30 日被列入联合国的"综合制裁清单"，原因是其被指控于 2017 年 10 月 19 日指示船舶"亚洲大桥 1 号"遮盖船名和其他标记进入朝鲜南浦港并接收运往越南的 8000 公吨煤炭，这违反了联合国对朝鲜的制裁规则。

综上，中国企业在海外投资并购过程中，需要对联合国项下的经济制裁措施予以高度重视，避免违反联合国体系下的制裁规则。

三、世界银行体系下的经济制裁合规

（一）概述

世界银行是目前世界上最重要的多边开发银行，共有 189 个成员国，总部位于美国华盛顿。自 1944 年成立以来，世界银行以"消除极端贫困"和"促进共享繁荣"为使命，向发展中国家提供资金、技术援助、政策咨询等各种支持。世界银行由五个核心机构组成，分别是：国际复兴开发银行、国际开发协会、国际金融公司、多边投资担保机构以及国际投资争端解决

中心。世界银行设有诸多部门，其中与制裁和合规相关的有廉政局（Integrity Vice Presidency）、暂停与取消资格办公室（Office of Suspension and Debarment，简称办公室）和制裁委员会（Sanctions Board）。

世界银行要求其项目参与者诚实守信，不得从事欺诈和腐败等行为，否则将受到制裁。2016年7月1日修订的《预防和打击欺诈和腐败指南》中明确禁止以下不正当行为：1. 腐败行为。指直接或间接地提供、给予、接受或索取任何有价物以不正当地影响另一方的行为。2. 欺诈行为。指任何故意或不顾后果地误导或试图误导一方，以获得经济或其他利益或避免义务的行为或不作为。3. 强迫行为。指直接或间接损害或伤害，或威胁损害或伤害任何一方或一方的财产，以不正当地影响一方的行为。4. 串通行为。指两方或多方为了达到不正当目的而进行的一种安排，包括对另一方的行为产生不正当的影响。5. 阻碍行为。包括：（a）蓄意破坏、伪造、修改或隐瞒证据材料，或向调查人员作出虚假陈述，以实质性阻碍世界银行对腐败、欺诈、胁迫或串谋行为指控的调查；和/或威胁、骚扰或恐吓任何一方，以阻止其披露其对与调查有关事项的了解或继续进行调查；或（b）旨在实质性阻碍世界银行行使合同规定的检查和审计权利的行为。

这些不当行为不仅适用于世界银行贷款资金的接受者，还适用于使用该贷款资金的个人或实体，包括世界银行项目投标人及其代理，以及其所使用的承包商、供应商、服务商、分包商、各类代理及相关人员等。

（二）制裁程序

世界银行制定了《世界银行制裁程序》和《世界银行制裁指引》两项规则，分别对制裁程序的启动和决定的执行以及制裁的种类、作出制裁决定时的加重、减轻情节作了详细规定。世界银行采取两级审查制度，主要程序如下：

1. 前期的调查与和解程序。调查由廉政局根据举报等线索启动，当廉政局调查并发现有足够的证据证明不当行为的，廉政局将向拟被制裁企业发出质询函，告知拟被制裁企业或其下属公司或员工的不当行为，给予拟被制裁企业向廉政局说明情况的机会。根据沟通及调查结果，廉政局如认为确有不当行为的，会提交"指控声明"给一级审查部门办公室审核。

在提交"指控声明"前，廉政局一般会向拟被制裁企业提出和解协议，以适当降低拟施加的制裁为条件，要求拟被制裁企业认可其被指控事实，并同意建立和实施合规制度等有关合规整改方案。如企业同意则进入和解程序，否则将继续进行世界银行的内部制裁程序。制裁案件的和解可在制裁过程的任何阶段，直至制裁委员会作出决定。如廉政局认为确不存在不当行为或者企业在调查阶段就采取了充分的合规整改且令世界银行满意，则世界银行有可能撤回其指控并终止调查。

2. 一级审查。在廉政局认为确有不当行为且提交了"指控声明"后，办公室负责审核廉政局提交的指控声明。当有充足的证据表明被指控的公司或个人实施了不当行为时，办公室会向被指控对象发出一份包含具体指控、证据和建议等制裁措施的"制裁程序通知"。如果建议的制裁包括了最少六个月的取消资格，办公室将直接暂停被指控对象获得世界银行融资项目的资格。若被指控对象对办公室的指控或建议的制裁措施未提出异议，办公室将对其执行最终制裁措施。

3. 二级审查。如果被指控对象对办公室的制裁决定（包括不当行为认定或建议的制裁措施）提出异议，有关案件会提交到制裁委员会（由三名银行工作人员和四名非银行工作人员组成），对指控不当行为进行完全独立的审查。制裁委员会是世界银行项目中对不当行为案件争议的最终裁决者，一旦制裁委员会作出决定，该决定立即生效且是终局的，任何主体都不能对该决定进行申诉。

（三）制裁措施

根据世界银行《制裁与和解程序》，世界银行可对被制裁实体采取以下五种制裁措施：1. 发出谴责函。对于轻微的违规行为，制裁甚至有条件不制裁可能与不当行为不成比例。在这种情况下，世界银行可以向受制裁方发出谴责函。2. 附条件不除名制裁。只要被制裁方在规定的时间内采取整改措施，建立有效的合规体系，或达成某些规定的条件，则世界银行不禁止被制裁方投标。3. 附解除条件的制裁。世界银行对基本制裁规定了三年的最短制裁期，在此之后，如果受制裁方遵守了某些规定的条件，则可解除对其的制裁。届时被制裁方必须申请解除制裁，并且必须提供证据证明其已经满足解除条件。4. 有固定期限或永久的制裁。如果施加附解除条件的制裁无法达到明显目的，则被制裁方可在规定的时间内被禁止参与投标、成为分包商或从世界银行贷款中有任何受益，之后将自动解除制裁。但如果认为调查对象与预期相去甚远，则可能会对其进行永久性制裁。5. 赔偿。被制裁方必须向世行集团资金的借款人、世行集团或另一方进行赔偿，至少赔偿其获取的非法利润，补救对世行集团资金借款人或其他人造成的损害，或对公共利益造成的损害，或采取其他补救措施。制裁程序包括在确定适当的制裁措施时会考虑的一系列加重和减轻处罚的因素。

（四）制裁项目

被制裁实体以及其被施加的制裁措施，都会在世界银行的官方网站上对公众公布。[①] 此外，2010 年，世界银行与亚洲开发银行、欧洲复兴开发银行、非洲开发银行、美洲开发银行等多边开发银行签订《相互执行制裁的协议》，建立了多边开发银行的"联动制裁"机制，即如果

---

① 参见网址：https://www.worldbank.org/en/projects-operations/procurement/debarred-firms。

上述五家多边开发银行的任何一家对某实体实施取消资格期限 12 个月以上的制裁，在满足协议条件的情况下，则该实体也将被其他多边开发银行同时列入"黑名单"，丧失参与各个多边开发银行融资项目的机会。截至 2024 年 10 月 27 日，世界银行对 555 家实体实施了"联动制裁"。①

（五）对中国企业境外投资并购的影响

为响应国家"一带一路"政策号召，中国企业积极参与了世界银行的项目，然而中国企业作为投标人、承包商，也不乏出现业绩陈述不实及违规分包的情况，这就会导致一些中国企业在海外投资并购过程中被世界银行制裁。数据显示，截至 2024 年 10 月 27 日，有 349 来自于中国的实体被列入制裁名单，②是受世界银行制裁企业数量最多的国家。被世界银行体系制裁的中国企业，在进行对外投资并购的时候，不但无法获得世界银行体系下的贷款，而且在融资、寻找合作伙伴等方面都会遇到重大障碍，企业形象也会随之受到较大影响。中国企业在海外投资过程中，如果涉及世界银行体系下的贷款，一定要对诚信和合规经营的问题予以高度重视。

典型案例

【案例 5-3】2020 年 10 月 28 日，世界银行发布了对中国 A 公司及其子公司中国 B 公司的制裁决定，决定对 A 公司施以自决定发布之日起 18 个月的"附条件不除名"制裁。世界银行认定，B 公司在赞比亚的电力工程项目中，提供了冠以 A 公司名称的资质证明文件以满足投标要求，应被认定为欺诈行为。而被调查企业 A 公司作为 B 公司的母公司，未能及时发现子公司的违规行为，存在失职情况，未尽到相应监管义务，同样被世界银行认定为欺诈行为的实施者。本案中，A 公司最终与世界银行达成了和解协议。世界银行允许 A 公司继续参与世界银行的相关项目。但若未能满足世界银行与 A 公司之间的和解协议条件，则后续可能会被禁止参与项目；而如果 A 公司与 B 公司均实施了有效的企业合规方案，则可能会缩短 18 个月的制裁期限。

四、美国的单边经济制裁合规

（一）概述

美国的对外经济制裁可追溯到其建国伊始，但美国在近代意义上的制裁则大量出现在二战

---

① ② 参见网址：https://www.worldbank.org/en/projects-operations/procurement/debarred-firms。

以后。据统计，美国是二战以后实施对外单边经济制裁最多的国家，目前正在对古巴、伊朗、委内瑞拉和俄罗斯等近 20 个国家和地区实施单边制裁。

美国单边制裁的概括性法律依据主要是 1917 年《与敌国贸易法》（Trading With the Enemy Act，TWE）、1976 年的《国家紧急状态法》（National Emergencies Act，NEA）和 1977 年的《国际紧急经济权力法》（International Emergency Economic Powers Act，IEEPA），这三部法律赋予美国总统在宣布国家"紧急状态"之后广泛的权力，同时要求其在采取措施时通报国会并说明采取行动的具体法律依据。此外，美国国会多年来通过《出口管理法》（Export Administration Act，EAA）、《国防授权法》（National Defense Authorization Act，NDAA）、《以制裁反击美国敌人法》（The Countering America's Adversaries Through Sanctions Act，CAATSA）等概括性的经济制裁法律，以及针对具体国家和事项的专门立法，如《全球马格尼茨基人权问责法》（Global Magnitsky Human Rights Accountability Act）等，形成了一套覆盖广阔的经济制裁体系。近年来的经济制裁实践中，美国总统将"紧急状态"频繁使用于对外经济制裁的情况，通过颁布"总统令"（Executive Order）的形式发布实施经济制裁的具体措施，并由美国财政部下设的海外资产管理办公室（简称 OFAC）、商务部、司法部等其他部门一同实施。

（二）制裁项目和制裁程序

美国的经济制裁从实施范围上，分为国别制裁和特定事项制裁两种。国别制裁包括全面的国别制裁和部分的国别制裁，前者如美国对伊朗、古巴、朝鲜和叙利亚等国的制裁，后者如美国对俄罗斯、委内瑞拉等实施的制裁。[①] 特定事项制裁则是针对一些诸如贩毒、侵害人权、恐怖主义等特定事项实施的制裁。[②] 由于全面的国别制裁不但效果欠佳，而且还会带来人道主义危机等一系列问题，因此美国近年来越来越多采取针对特定目标实施的制裁，以将被制裁目标同本国企业甚至是国际社会隔离为目的，主要通过制裁清单来实施，也即是"聪明的制裁"。美国的经济制裁从实施类别上，分为贸易制裁和金融制裁两种，包括进出口管制、金融管制和资产冻结，伴以对相关主体实施的签证限制。这些不同的制裁方式分属不同的部门负责，但是在一些案件中相关部门会密切进行执法配合，这些部门及其主要的工作程序包括：

1. 美国财政部。美国对外经济制裁的核心是金融制裁，金融制裁主要是由美国财政部下设的海外资产控制办公室（OFAC）负责实施。作为美国金融制裁的执行部门，OFAC 成立于 1950 年，一直在美国对外金融制裁中发挥着核心作用，是最有权力的美国政府部门之一。

---

① 目前美国财政部正在对大约 20 多个国家和地区实施国别制裁，参考美国财政部 OFAC 官方网站：https://ofac.treasury.gov/sanctions-programs-and-country-information，最后访问时间：2024 年 10 月 27 日。

② 目前美国存在 8 种对特定事项的制裁，参考美国财政部 OFAC 官方网站：https://ofac.treasury.gov/sanctions-programs-and-country-information，最后访问时间：2024 年 10 月 27 日。

OFAC 的经济与贸易制裁范围共分成六大部分，分别是：特殊指定国家和个人的制裁（Specially-Designated Nationals Sanctions），反恐怖主义制裁（Anti-terrorism Sanctions），反大规模杀伤性武器制裁（Non-Proliferation Sanctions），反毒品和麻醉品交易制裁（Narcotics Trafficking Sanctions），古巴制裁（Cuba Sanctions）和其他项目制裁（Other OFAC Sanctions Programs）。针对每一个制裁范围，都有相应的美国联邦法律或者行政法规的立法依据予以支持，OFAC 都被授权许可对可疑财产予以扣押或冻结。OFAC 对其管理范围内六大部分的经济制裁会不定期地进行评估和更新，根据评估的结果并结合美国的国家安全和外交政策，会发表一系列的制裁名单，其中影响力最大的是 OFAC 的"特别指定国民和个人清单"（简称 SDN 清单）。美国人被要求不得同被列入 SDN 清单的实体进行交易，并且应当冻结其所能掌控的该实体的所有资产。外国人如果同 SDN 清单的实体进行重大交易，也可能会受到美国的制裁，甚至同样被列入 SDN 清单。被 SDN 清单的实体持有超过 50% 权益的外国子公司同样被视为列入 SDN 清单。因此，某一实体被列入 SDN 清单几乎意味着从世界商业和金融体系中被隔离。

2. 美国商务部。美国对外经济制裁的另一主要部门是商务部，其下属的工业和安全局（Bureau of Industry and Security，BIS）主要负责出口管制的制裁措施。BIS 主要管理着四份制裁清单，分别为：实体清单（Entity List）、拒绝人士清单（Denied Persons List）、未经核实清单（Unverified List）、军事最终用户清单（Military End User List）。其中影响最大的是实体清单，从事让美国政府有理由相信已经、正在或者极有可能涉及"违反美国国家安全和（或）外交政策利益活动"的外国实体可能被列入该清单。根据美国《出口管制条例》第 744.16（a）的规定，如果某一实体被列入实体清单，就必须受到贸易管制清单（Commerce Control List，CCL）的出口监管，需要向 BIS 申请额外的出口审查。在获得审查许可前，任何主体不得向列入清单的主体出口、再出口或转让受美国出口管控的物项。这种审查包括逐案审查（case-by-case）、拒绝推定（presumption of denial）等，实践中获得该许可所需时间较长且难度较大。据统计，截至 2022 年 1 月，被列入实体清单的中国实体数量为 611 家，主要分为三类，分别为：（1）与信息技术、核电、国防军工有关的高校和研究机构；（2）与国防军工及航天科技有关的机构及产业公司；（3）与通信、半导体、人工智能等相关的技术产业实体。

3. 美国国务院。美国国务院主要负责执行制裁的部门是经济制裁政策与实施办公室（Office of Economic Sanctions Policy and Implementation，SPI）和国际安全和不扩散局（Bureau of International Security and Nonproliferation，ISN）。SPI 负责研发和实施以国家安全保护为目的的制裁政策，给予美国财政部和商务部制裁指导意见并与国会共同起草相关法律法规，评估制裁效果。ISN 负责执行有关核不扩散的制裁机制，管理有关不扩散方面的个人和实体名单。

4. 美国司法部。美国司法部国家安全司专门负责出口管制相关的刑事起诉，美国检察官办公室也有相关权限，违反相关规定将面临刑事起诉风险，处罚形式除最高 100 万美元的罚金和没收财产外，对个人还可以处以不超过 20 年的有期徒刑。

5. 其他部门。美国联邦调查局、能源部、国防部、纽约金融管理局、联邦金融监管局等也会按照各部门的工作职能和依据不同的法律，对不同的方面进行经济制裁和出口管制的执法。

（三）制裁措施

美国目前拥有全球最大规模的经济制裁体系，不同的制裁项目会按照制裁对象的不同设计对其效果最佳的制裁措施，主要包括如下几种：

1. 进出口管制。进出口管制包括进口管制和出口管制，前者指的是禁止被制裁对象的所有产品、服务、技术直接或间接进入美国，后者指的是美国人不能将美国境内的任何产品、服务、技术直接或间接地出口或再出口给被制裁对象。进出口管制主要针对武器、特定技术和特定物资，其重点是通过进出口管制限制被制裁国家获取相关产品、技术和资源的能力。美国目前凭借其技术和经济优势，通过美国技术建立"连接点"，通过全球的产品供应链系统，对全球使用美国技术的产品进行限制，使美国经济制裁的长臂管辖效果进一步得到了提升。

2. 资产冻结。资产冻结措施是指美国政府冻结一切位于美国境内的或由美国人掌管的财产及财产性利益，禁止对其进行任何形式的处置，旨在防止个人或实体获得其可能在美国管辖范围内持有的财产或其他资产。这里的"美国人"既包括自然人，也包括公司、各种非政府实体、组织或者团体。"美国人"概念被美国执法机关进行了极大扩张，成为美国长臂管辖扩充其管辖"连接点"的最重要依据，因此美国实体在外国分支机构持有的财产也要受到该制裁规则的约束。而且在金融实践中，由于使用美元进行的结算最终都必须要通过美国公司进行，因此美国初级制裁可以被扩展适用于一切使用美元进行的交易活动，构成了美国"非典型初级制裁"的主要适用场景。

3. 资产没收。经济制裁一般采取资产冻结而非没收的方法，但是在特殊情况下，美国政府也会采取资产没收的措施。美国《爱国者法》就规定，总统对于其认定从事了策划、批准、帮助、参与实施针对美国的武装敌对或者攻击行为的外国人、组织或者国家，有权直接没收其在美国管辖范围内的财产。历史上美国政府就没收过伊拉克政府、伊拉克中央银行等金融机构存放在美国金融机构中的资金。

4. 交易禁止。在金融领域，会禁止或限制美国境内的人和美国境外的美国人与被指定实体进行金融交易或投资，或代表他们或按照他们的指示进行金融交易。在其他领域，会全面禁止美国人与被制裁对象进行任何形式的交易。

5. 关闭交通。对于全面制裁，制裁国往往会对被制裁国采取关闭交通的方式，包括禁止被制裁国的飞机进入本国领空、对其关闭港口航运、关闭陆上货运通道等，2022 年美西方国家对俄罗斯的制裁就广泛采取了此种制裁手段。

6. 旅行限制。被制裁的个人实体及直系亲属可能被拒绝授予美国签证，已有的美国签证也可能会被撤销。

（四）违反制裁措施的后果

对于直接违反上述制裁措施的行为，美国相关部门会进行联合或单独的执法处罚，根据《国际紧急经济权力法》，美国人或者因与美国产生管辖因素的主体违反经济制裁法规的要承担相应的法律后果，包括：民事上，最高赔偿金额是 25 万美元或违法行为涉及交易额的两倍，取更高值；刑事上，故意违反经济制裁法规的，判处最高 100 万美元的罚金，自然人还可能面临不超过 20 年的刑期。

对于次级制裁而言，美国关于次级制裁的相关制裁规则中一般都会规定，美国国会授权美国总统可以在多项制裁措施中选择几项，将其适用于次级制裁。以《伊朗制裁法》为例，外国企业如果对伊朗石油行业从事特定的投资，则美国总统被授权从 12 项制裁措施中选择 5 项对其进行制裁，包括：禁止为其出口提供进出口银行贷款、信贷或信贷担保；禁止为其颁发军用物项和军用科技的出口许可；禁止美国银行向其一年内提供超过 1000 万美元的贷款；如果受制裁企业是金融机构，则禁止其作为美国政府债券的主要销售商和/或禁止其作为美国政府基金的储存库；禁止其从事政府采购；禁止其从事外汇交易；禁止美国金融机构为其提供任何信贷或支付；禁止其收购、持有、使用或交易任何其享有经济利益的位于美国的财产；根据《国际紧急状态经济权力法》限制从其进口的权利；禁止美国人向其投资或购买大额资产及债券；禁止其高管和控股股东入境美国；对其主要办公室实施《伊朗制裁法》中的任何制裁项目。

典型案例

【案例 5-4】中兴通讯被美国制裁案

2017 年 3 月 7 日，中兴通讯被控违反了美国《国际紧急经济权力法》，美国司法部、财政部外国资产控制办公室和美国商务部工业和安全局在内的美国政府共同对中兴通讯实施了有史以来最高额的出口和制裁处罚。中兴通讯就其将含有美国技术的通信设备非法出口到伊朗，并对联邦调查员作不实陈述和妨碍美国司法公正等罪名认罪受罚，同意达成和解，和解内容主要包括：支付高达 12 亿美元的罚金（含 8.9 亿美元罚金和 3 亿美元保证金）；美国司法部对其设置三年观察期，至 2020 年 3 月 22 日观察期内，中兴通讯必须接受美国政府任命的独立合规监察官团队的监督，遵循美国出口管制法律及履行和解协议义务；出具年度报告同步其合规情况。

2018年4月16日，美国政府认定中兴通讯违反了上述和解协议，对中兴通讯实施出口禁令，后迫使中兴通讯签下新的和解协议，其中包括：另外支付新一笔罚金14亿美元（含10亿美元罚金和4亿美元保证金）；要求中兴通讯在30天内更换董事会和管理层；要求中兴通讯聘请美国商务部挑选的合规团队，对企业进行为期10年的监督；中兴通讯要受到美国司法部派遣的监察官入驻监察，期限从3年延长到5年（即从上述2020年3月22日延长至2022年3月22日）；未来10年内，美国随时有权利重新激活禁令。

目前，中兴通讯所受的来自美国司法部的监察已在2022年3月22日届满，来自美国商务部为期10年的监察仍在有效期内。

（五）对中国企业的影响

一方面，美国加大了对中国友好国家的制裁力度，这给中国对外经济交往造成了直接影响。目前很多被美国制裁的国家（如伊朗、俄罗斯、委内瑞拉等）都与中国有着密切的政治和经济联系，美国对这些国家的制裁给中国带来的负面影响比其他西方国家大得多。这种场景下经济制裁对中国的影响，主要通过次级制裁和"非典型初级制裁"限制中国实体与被美国制裁的其他国家实体之间的经济往来。前者如美国对伊朗的次级制裁就要求中国实体不得与伊朗实体之间从事油气领域的相关交易，[①] 2019年9月中远海运下属子公司与其他几十家中国公司就因为与伊朗之间的交易违反了美国制裁伊朗的第13846号行政令而被列入SDN清单，[②] 中国的昆仑银行也因为被指违反了美国颁布的《伊朗全面制裁、问责和撤资法》而遭到被禁止使用美元金融系统的制裁。[③] 后者诸如中国实体与伊朗之间进行的使用美元的交易行为，将直接导致该中国实体触犯美国的初级制裁并受到刑事或民事处罚。此外，中国实体在此场景二中如果被直接纳入SDN清单，就等同于在场景一中将中国实体直接作为制裁目标，例如上述中远海运等中国公司被列入SDN清单，美国和其他国家实体同这些公司的重大交易也可能被制裁；[④] 昆仑银行在被列入"561清单"后，其他外国金融机构同昆仑银行之间进行交易也可能会被美国制裁，[⑤] 也即经济制裁有着"扩散"效应。

----

① Kenneth K., "Iran Sanctions", Congressional Research Service, RS20871, November 18, 2020, https://crsreports.congress.gov/ ［2021-08-06］.

② OFAC, "Iran-related Designations; Issuance of Iran-related Frequently Asked Question", September 25, 2019, https://home.treasury.gov/policy-issues/financial-sanctions/recent-actions/20190925 ［2021-08-06］.

③ OFAC, "Frequently Asked Questions 207", May 17, 2013, https://home.treasury.gov/policy-issues/financial-sanctions/faqs/207 ［2021-08-06］.

④ OFAC, "FAQ 805", November 27, 2019, https://home.treasury.gov/policy-issues/financial-sanctions/faqs/805 ［2021-08-06］.

⑤ OFAC, "FAQ 211", May 17, 2013, https://home.treasury.gov/policy-issues/financial-sanctions/faqs/211 ［2021-08-06］.

另一方面，美国启动了对中国在普通经济领域的直接制裁。历史上，朝鲜战争的爆发导致美国于 1950-1980 年间启动了对中国的全面制裁，中国政府和私人所有在美资产在此期间都被冻结。[①] 从 1971 年美国前总统尼克松访问中国并且全面取消对中国的贸易和旅行限制开始，美国除 20 世纪 90 年代初对中国实施短暂的严厉制裁外，在经济领域则与中国处于相对平稳的合作状态。[②] 近年来美国单边主义兴起，中美在经济制裁问题上的摩擦不断加剧。目前美国颁布了"中国军工企业制裁"和"香港相关制裁"两个针对中国的专项制裁，并且将大量中国实体列入"实体清单"和 SDN 清单。统计显示，自 2018 年 3 月 22 日至 2021 年 12 月 22 日，美国政府共把 611 家中国公司、机构及个人纳入制裁"实体清单"中。随着拜登政府联合盟友制裁中国策略的推进，这些制裁不但存在进一步被强化的趋势，而且未来也不排除美国联合其他西方国家对中国启动联合制裁甚至全面制裁的可能性。这种场景下美国经济制裁对中国的影响分为三种情况：第一，通过初级制裁直接限制美国实体与中国实体之间的经济往来。第二，通过次级制裁和"非典型初级制裁"限制其他国家实体与中国实体之间的经济往来。"非典型初级制裁"如《香港自治法》第 9（b）条规定，"违反、企图违反、共谋违反或导致违反第 6 条或第 7 条或为执行该条而发布的任何法规、许可证或命令的任何人应受到……的处罚和《国际紧急经济权力法》（IEEPA）第 206（b）和（c）的非法行为所受到的处罚相同"，而 IEEPA 的该条正是适用于对美国实体违反初级制裁规则之后的处罚。第三，通过次级制裁和"非典型初级制裁"限制中国实体之间的经济往来。例如中国的金融机构与被美国制裁的实体进行重大交易会被制裁，使用美国技术和服务的中国实体与被美国制裁的中国实体从事相关交易也会被制裁。

经济制裁会给中国企业带来较大影响，具体而言：受制裁企业在美资产或被冻结，无法使用美国金融服务和使用美元结算；中国企业涉美交易和赴美投资会受到阻碍，投资决策会受到严重影响；经济制裁还会影响企业的物流和外汇结算，增加交易成本，给企业带来潜在的经济损失和声誉风险。

五、欧盟的单边经济制裁合规

（一）概述

欧盟经济制裁政策可以追溯到 1957 年《罗马条约》第 57 条（现 296 条）及《建立欧洲共

---

① Henry S. R., China Under the Four Modernizations: Selected Papers Submitted to the international Economic Committee, U. S. Government Printing Office, 1982, pp. 317-318。

② Hossein A., Case Studies of U. S. Economic Sanctions: The Chinese, Cuban, and Iranian Experience, Westport: Praeger Publishers, 2003, pp. 13-111; Dianne E. R., "China: U. S. Economic Sanctions", CRS Report for Congress, Updated October 1, 1997 and Updated February 1, 2006, https://crsreports.congress.gov/ ［2021-08-06］。

同体条约》第 301 条的规定。《欧盟条约》第 21 （2）条规定了欧盟外交政策的目标，其中就包括维护国际安全和巩固民主、法律、人权和国际法原则。2003 年 12 月欧盟通过了《关于在欧盟共同外交与安全政策框架下限制措施（制裁）实施和评估指南》（以下简称《指南》），旨在规定如何提高欧盟对外经济制裁政策的功效。2004 年 6 月 17 日欧盟通过了由理事会秘书长和委员会共同起草的《关于限制措施（制裁）实施的基本原则》（以下简称《制裁原则》），界定了经济制裁政策实施的基本原则及决策程序，肯定了对外经济制裁在履行《联合国宪章》义务以及维护国际和平与安全方面的重要作用，重申了欧盟在自主实施国际社会认可的对外经济制裁的同时会严格配合并执行安理会确定的制裁措施。这两个文件为欧盟对外经济制裁这一外交工具的有效实施制定了一个政策框架。

作为一种重要的外交工具，欧盟对外经济制裁政策旨在追求《欧盟条约》第 11 条所规定的共同外交与安全政策特定目标，并认为"按照《联合国宪章》和欧盟共同外交与安全政策，制裁作为维持和恢复国际和平与安全的重要方式的有效实施，欧洲理事会将根据这个原则继续支持联合国，并履行《联合国宪章》所规定的义务"。该文件还规定在实施安理会决议时，欧盟除了坚持贯彻联合国决议条款之外，也可以"决定采取进一步的限制措施。"欧盟对外经济制裁的基本原则包括：（1）制裁措施的实施尽可能地减少对非目标国家、实体和个人的不利影响，尊重人权民主与法治；（2）制裁措施的实施有明确的范围，武器禁运、签证禁令和冻结资产可作为实现制裁目标的方式；（3）重申了将履行安理会制裁决议的承诺，保证按照国际法原则实施自主制裁。总体而言，《制裁原则》界定了经济制裁政策实施的基本原则，清晰表明了欧盟对外经济制裁政策的重要立场。

根据欧盟关于直接效力的一般法律原则，执行制裁措施的条例在整个欧盟具有约束力并直接适用。此外，这些欧盟法规优先于任何有冲突的国内立法。在这方面，与欧盟有联系的个人和实体必须遵守欧盟条例实施的限制性措施。就司法管辖权而言，欧盟条例所施加的限制性措施涵盖欧盟领土、成员国的飞机或船只、成员国的国民、根据任何成员国的法律注册或成立或全部或部分在欧盟境内开展任何业务的公司和其他实体。然而，与美国的一些制裁不同，欧盟的制裁措施原则上不适用于域外。

（二）制裁程序和制裁项目

目前，欧盟理事会基于各种原因对中东、亚洲、非洲和南美洲的一些目标国实施了制裁，包括欧盟执行安理会制裁决议而实施的制裁，以及在安理会没有采取行动或者无法达成制裁合意的情况下，欧盟自主发起的制裁。对于欧盟的自主制裁，制裁措施的提案由个别成员国或欧盟高级代表提出，随后在欧盟外交事务委员会上公布，欧盟政治和安全委员会将参与讨论，并将由负责目标国家所属地理区域的理事会工作组进行审查。一旦代表们就即将实施的"一揽子"措施达成共识,该提案将升级到外交关系顾问工作组。该工作组是欧盟共同外交与安全政策在体制、法律、后勤和财政方面的一个特设工作组,负责审查理事会决定的总体准备和执行情况。该工作组于 2004 年设立了一个"制裁机构",专门处理与制裁有关的问题,包括监测限制性措施和收集信息,以制定该领域的最佳做法。在此阶段,成员国代表将就每项限制性措施的具体条款进行协商,限制性措施的条件一旦商定,将提交"第二常驻代表委员会"批准。该委员会负责筹备欧盟理事会的工作,对安理会议程上的档案进行初步审查,如代表们在这阶段达成一致意见,提案将提交理事会批准。共同外交与安全政策的决定必须由理事会一致通过,如果任何理事会成员(任何欧盟成员国)不同意提议的措施,该决定将不会通过。欧盟执行联合国制裁措施的程序与欧盟自主制裁措施的程序类似。

截至 2024 年 10 月 27 日,欧盟一共对 34 个国家和地区采取了 55 个制裁项目,涵盖人权、网络攻击、化学武器和反恐等方面。在制裁对象上,欧盟目前同样采取了"聪明的制裁"的方式,被列入欧盟制裁清单的实体名单会随时更新,上述信息均可从欧盟官方网站获取。[①] 此外,为帮助欧洲的中小企业在商业交往中更便捷地知悉自己是否会违反欧盟的相关制裁规定,欧盟发布了名为"欧盟制裁工具"的在线智能识别系统,企业可以通过在线填写问卷的形式,自动获悉自己的商业交易是否存在违规现象以及可以采取的改进措施。[②]

(三) 制裁措施

欧盟对外经济制裁政策不仅涉及制裁目标,也明确地确定了欧盟及成员国可能实施的制裁措施类型。欧盟对外国采取的制裁措施包括暂停与第三国的合作、抵制运动或文化活动、贸易制裁(全面的或特定的贸易制裁、军火禁运)以及金融制裁(冻结基金或经济资源、禁止金融交易、限制出口信贷或投资)等,其中最重要的贸易制裁和金融制裁就是针对这些被列入制裁清单的欧盟实体进行的。

1. 贸易制裁。欧盟常使用的贸易制裁措施包括武器禁运和进出口限制,武器禁运是欧盟最常用的贸易制裁手段,对于主要的制裁对象还会实施从欧盟出口高科技产品的限制,或者是从被制裁国家进口相关产品的限制,如 2022 年由于俄乌战争问题对俄罗斯实施的制裁,就包括禁止欧盟企业从俄罗斯进口煤炭的相关规定。

2. 金融制裁。欧盟的金融制裁与所有金融制裁一样,是按照"聪明的制裁"方式进行的,要求冻结属于这些人、由其拥有、持有或控制的所有资金或经济资源,并不得直接或间接向这些人或为其利益提供资金或经济资源。

---

① 见 https：//sanctionsmap. eu/#/main？checked＝。
② 见 https：//sanctions-tool. ec. europa. eu/。

3. 旅行禁令。受到资产冻结的个人往往也会受到旅行或签证禁令的限制。旅行禁令禁止第三国国民进入欧盟，欧盟成员国应采取一切必要措施（包括拒绝发放签证），以防止被列入制裁清单的个人入/过境其领土。

4. 其他经济措施。欧盟的制裁还可以针对特定区域或某一国家的特定行业实施制裁。例如，目前欧盟禁止从顿涅茨克及卢甘斯克地区向欧盟进口货物、限制与该地区相关的贸易与投资、禁止向该地区提供旅游服务，以及禁止向该地区出口某些货物和技术，禁止与白俄罗斯中央银行进行与储备或资产管理有关的交易，以及为与白俄罗斯的贸易和投资提供公共融资等。

（四）对中国企业的影响

商务部统计数据显示，2020 年欧盟是中国第二大贸易伙伴，中国对欧盟出口的主要产品为：电机电气设备、机械器具、家具、玩具，中国自欧盟进口的主要产品为：机械器具、汽车及汽车零配件、电机电气设备。截至 2020 年末，对欧盟投资存量为 830.2 亿美元，欧盟 27 国对华投资存量 1182 亿美元。[1] 经济上的密切合作，决定了欧盟的经济制裁不可避免地会对中国企业的海外投资并购带来影响，其主要包括两个方面：一方面，是欧盟对中国直接制裁的影响。目前，欧盟对中国仍然在实施武器禁运，并且就网络攻击和人权问题，对中国多个实体和政府官员实施了直接制裁。另一方面，是欧盟对第三国经济制裁可能给中国企业造成的影响。尽管欧盟目前对第三国的经济制裁并不具有域外效果，但对于存在欧盟"连接点"的情况却同样会进行管辖。中国企业在对欧洲进行海外投资并购过程中，无论是持有欧盟的子公司还是在欧盟存在产品供应链，都不可避免地会产生欧盟的"连接点"。因此，中国企业在海外投资并购过程中应做好风险隔离和防范，注意同欧盟的"连接点"问题，避免产生被欧盟制裁的风险。

六、外国经济制裁合规的风险识别和应对

中国企业在海外投资并购过程中可能出现的外国经济制裁合规风险，主要是指中国企业违反相关国家的经济制裁规则，可能会面临的被制裁或处罚的风险，主要包括：（1）可能会被外国政府直接制裁。违反外国政府的制裁规则，在一些情况下会导致中国企业同样被列入外国政府的制裁清单，进而引发资产被冻结、交易受到限制等一系列风险。（2）可能被外国政府采取歧视性待遇，这里主要指美国的次级制裁规则。例如，中国企业同伊朗进行交易，就可能面临无法获得美国金融机构信贷服务的风险。（3）可能被外国政府处罚。根据制裁规则的不

---

[1] 中华人民共和国商务部：《国别指南－欧盟》，访问地址：http：//www.mofcom.gov.cn/dl/gbdqzn/upload/ou-meng.pdf。

同和"连接点"适用情况的不同，中国企业在海外投资并购过程中如果违反相关国家的经济制裁规则，就可能面临不同程度的民事和刑事处罚。上述风险进而可能会导致中国企业出现商业投资无法回收、交易被迫中止、合同出现违约等一列商业风险。因此，中国企业在海外投资并购过程中应当对上述风险予以系统性应对，可以采取如下措施：

（一）制定经济制裁风险的内控体系

美国财政部于 2019 年发布了《OFAC 合规承诺框架》，其中建议制裁合规体系应包括 5 个基本组成部分：（1）管理层承诺；（2）风险评估；（3）内部控制；（4）测试和审计；（5）培训。中国企业的经济制裁合规应当与企业的其他合规有机结合，成为企业合规风险体系的重要一部分。企业领导应当对合规工作予以充分重视，将合规管理工作融入日常业务流程，对经济制裁合规进行全方位的风险控制。在合规制度执行中也要注意留痕，保存审批、签字的表格和记录，以便在应对可能的制裁中，体现公司层面已达到勤勉尽责之标准，有利于免除公司责任。在业务流程上尤其应当注意做好合规风险和商业利益之间的平衡。

（二）对涉敏业务做好尽职调查

企业可以结合东道国的相关制裁规则的要求，制定一份适合企业情况的合规指引或合规政策，根据自身业务情况，梳理自身业务是否涉及敏感国家、敏感地区、敏感产业、敏感物项等，并且要对自己产业链上下游情况进行梳理，在开展具体业务时全面控制与各类清单实体或个人的交易。企业可以自建或借助外部力量，建立自己的合规管理系统，考虑通过现有的合同审查系统进行筛查，控制与敏感国家的交易，监测与不特定国家的再出口交易，尽量以最小合规成本产出最高效率。

（三）合同中增加制裁合规条款

在交易合同中增设合规条款是制裁风险的间接管控方式。由于经济制裁范围广泛，制裁风险可以发生在交易的任意环节，直接管控具有相当难度。因此，通过合同条款设计，可以在一定程度上转嫁风险，不失为比较现实的补充管理手段。建议在企业重大合同及重要的合规承诺、合同解除、陈述与保证、通知、不可抗力、尽职调查等条款中，规范相关业务因出口管制与经济制裁相关法律法规、风险清单的变化而被迫调整或终止的合规条款等，例如：要求交易相对方保证不违反特定制裁措施的规定；要求交易相对方如果违反相关规定，法律责任由其承担；我方在对方违反规定时，有权随时解除合同，不承担违约责任等。

（四）对企业员工进行专业培训

根据经济制裁合规指引开发专门的培训课件，将合规培训嵌入法律风险的日常培训中，企业法务部门可以作为培训的主管部门，各部门设立兼职合规员，培训对象应包括法务和合同审查人员、海外销售主管和平台管理人员、企业 IT 开发人员等。

（五）尽可能化解制裁风险

经济制裁的风险一旦发生，企业需要立即采取措施，消除该经济制裁带来的不利影响，可以采取的方式包括：主动承认错误，积极正面沟通，配合相关机构的调查；开展自查自纠和内部整改，形成减轻情节申请减轻处罚；尽可能选择以和解方式解决。

1. 尽早组建专业团队接管制裁的应对工作。由于制裁应对工作对于成员的专业化能力要求很高，应对不妥甚至会进一步加大被制裁的风险，因此该专业团队的成员需具备层级高、专业能力强和成员稳定的特点。在这一时期，应该尽快聘请专业的外部团队介入，启动制裁的应对工作。

2. 对企业工作进行内部整体评估。在出现可能被制裁或已被制裁的情况时，企业应在第一时间开展内部调查，寻找到问题所在，并对问题的严重性、对企业经营的影响、能够申诉的可行性等进行全面评估。

3. 充分行使正当的申诉权利。各制裁机构一般都规定有申诉程序，如果企业认为自己被制裁的理由不合理或确有错误，可以提交相关证明材料并向各制裁机构提起申诉。但申诉一定要建立在内部充分评估和对外国经济制裁措施充分了解的基础上，否则企业在申诉过程中提供的信息，反而有可能成为加重对企业进行制裁的证据。

4. 对于相关机构的经济制裁措施确有不当的，可利用该国的司法程序提起诉讼，维护自己的合法权益。联合国和欧盟法律框架下，都提供了通过司法程序对经济制裁诉讼的渠道。尽管美国法院推翻美国政府制裁措施的案例很少，但企业原则上可以就美国政府的制裁剔除异议、申请初步禁令或基于案情，依据美国实体法或宪法规定向法院提出永久禁令。

5. 积极配合调查并进行整改。对于内部评估后确有违反外国经济制裁要求的企业，在合法的范围内，应当积极配合相关机构的制裁调查，发现问题，并积极提出和落实整改方案和措施。在商业可行的范围内，可以同外国制裁机构积极达成和解协议并严格执行，争取减轻制裁或尽快被移出制裁清单。

6. 优化企业合规流程，避免今后再发生类似风险。

第四节　海外投资并购的外国国家安全审查合规

一、国家安全审查概述

国家安全审查是东道国对外国企业的投资行为所采取的审查制度，并对一些恶意并购行为采取限制措施。自"二战"结束以来，经济全球化推动跨境投资蓬勃发展。然而，2008 年的国际金融危机打破了这一进程，此后长期作为跨境投资主要推动者的美欧等发达国家，不断加大对外国投资的国家安全审查力度，部分西方政客散布逆全球化言论，更是助长了某些孤立主义、单边主义、民族主义、保护主义思潮，原本应该正常运转的外资国家安全审查机制有"政治扩大化"倾向，并向世界各地蔓延，不少国家开始将其视为维护本国经济与非经济重大安全利益的最后"防线"。2019 年底暴发的新冠肺炎疫情给全球经济环境带来深刻变化，各国保护主义和民粹主义思潮兴起，西方国家更加注重对本国相关产业和领域的保护。美国和欧洲国家如德国、法国、意大利、西班牙、英国、澳大利亚、加拿大等近年来也都收紧了对外资的国家安全审查。国家安全审查在审查领域更宽、审查门槛更低、审查重点更为突出与审查机制安排更灵活四个方面呈现出新的特征。

1. 国家安全审查领域更宽。各国的国家安全审查都重点防止外国资本对本国重点行业、重点技术、重要基础设施"过度"渗透和扩张。在内容上，除美国较为详细地规定了 27 个主要限制行业外，大多数西方国家过去的关注焦点主要集中在传统国防安全领域。新冠肺炎疫情之下，主要国家为更好保护国家安全利益，倾向于严格控制外国资本对本国的投资，外资安全审查的范围和领域比过去更为宽泛。例如，加拿大准备将审查交易的标准从军事领域扩大到更广泛的整体工业领域，德国过去只对"实际"存在的公共秩序或安全威胁进行审查，而现在变为"可能构成损害"情况下进行审查。[①]

2. 触发安全审查的门槛条件进一步降低。如何审查外资的问题上，各国过去重在对外国投资的股权数量和投资金额进行考察。新冠肺炎疫情之下，不少国家已经开始降低外资国家安全审查的股权或资金门槛。如作为欧洲最大经济体的德国，已经许诺保护企业估值暴跌后汽车、航空等重点产业，并将强制性股权审查门槛从之前的 25% 降低到 10%；法国表示"战略公司"市值下降后，不排除将其直接国有化的可能，以防止落入其他国家手中；意大利更是准备将米兰证券交易所上市的全部企业纳入"战略性资产"范畴，并接受审查等。[②]

---

①　项松林、田容至：《发达国家外资国家安全审查政策的影响》，载《开放导报》2020 年第 5 期。
②②③　项松林、田容至：《发达国家外资国家安全审查政策的影响》，载《开放导报》2020 年第 5 期。

3. 公共卫生领域成为外资国家安全审查的最前沿。以往外资安全审查主要是应对经济全球化威胁国家安全的可能风险，重点在于网络安全、武器制造和人工智能等。新冠肺炎疫情发生后，各国对卫生防护需求更加敏感，并进行了重点监管。例如，欧盟就直接表示疫情紧急状态下，必须限制外资收购当地医疗相关企业或产业，确保不会对欧盟医疗保护能力产生有害影响，尤其是生产医疗或防护设备以及疫苗研发机构，典型的例子是美国试图收购一家德国企业以获得疫苗研发的独家权利，被德国以国家安全加以否决。[②]

4. 审查机制安排更灵活，尤其是紧急出台指导文件实施"临时性"外资安全审查安排，这就给中国企业海外投资并购增加了风险和不确定性。例如，为应对新冠肺炎疫情可能发生的外国资本对欧盟战略性资产收购，欧盟就紧急出台《外商直接投资和资本自由流动、保护欧盟战略性资产收购指南》，指出在特定情形下，欧盟有权介入具体的外资审查，包括专利药品许可证发放等。[③]

二、美国国家安全审查合规

（一）概述

美国国会于 1974 年通过了《1974 年外国投资研究法案》，福特总统基于该法案于 1975 年发布第 11858 号行政命令建立了美国外国投资委员会（CFIUS）。CFIUS 是美国主管外国在美投资国家安全审查的机构。这个机构由 9 位内阁成员、2 名当然成员和其他由总统委任的成员组成，由财政部主导并由财政部部长担任主席。其主要职责是审查可能导致美国企业被外国控制的关乎美国国家安全的交易，尤其是涉及关键技术和关键性基础设施的交易。美国成立 CFIUS 的最初目的是安抚国会对当时石油出口国（OPEC）对美投资增长过快、持有大量美国债权资产组合的担忧。20 世纪 80 年代后，CFIUS 主要经历了三次重大变革：第一次是在 1988 年，美国国会通过议案，授予总统可以阻止、暂停任何可能威胁美国国家安全的外资或外国人并购美国企业的权力。1990 年，时任美国总统布什运用了这项权力否决中国航空技术进出口公司收购美国西雅图飞机零部件制造商 MAMCO 公司。第二次是在 1993 年，根据 1992 年《伯德修正案》增加了 CFIUS 的审查标准，凡是属于下列情况必须接受国家安全审查：一是收购方由外国政府控制或代表外国政府行事，二是收购可能导致在美国从事州级贸易的企业受到外国政府控制。新增的两项标准使得外国国有企业或者受外国政府影响的企业进行投资并购活动变得困难。第三次是在 2007 年，美国颁布了《外国投资与国家安全法》及其实施细则，明确了"国家安全""受管辖交易"等重要概念，同时提高了 CFIUS 的透明度，对工作内容进行了公开。

CFIUS 可以审议相关交易，并作出禁止交易或设置条件的决定以减轻交易对美国家安全的影响。最初成立 CFIUS 的目的是进行政治审查，后来逐渐转变为对外国投资进行监管和审查的一个专门机构。CFIUS 的审查对象范围较广，涵盖所有可能威胁美国国家安全的交易，不仅包括外国投资者对美国企业的兼并和收购活动，还包括租赁和其他类似投资，如建筑和其他投资，虽然这些投资未能达到与兼并或收购同等的控制程度，但 CFIUS 担心投资者将这些法律允许的交易转变为其他形式来控制美国企业，因此会从多方面审查投资交易。CFIUS 对于什么构成美国的"国家安全"享有较大的自由裁量权，可以对外国企业通过设立合资企业的投资、涉及"核心基础设施"和"关键技术"的投资等进行任意性审查。CFIUS 的审查重点也不再仅仅局限于军事用品、国防和信息安全等，还包括人工智能、半导体和金融等行业。

（二）近期的监管特点和趋势

2018 年，美国通过《外国投资风险评估现代化法》（FIRRMA）和《出口管制改革法》（ECRA）扩大了 CFIUS 的权限，特别是加强了对外国资本投资美国敏感行业或获取新技术的管控。2020 年 2 月生效的 FIRRMA 实施细则是 FIRRMA 的具体操作指南，在外资审查范围、强制申报、审查时限等方面作出一系列重要调整和详细规定，体现出美国在推动外资国家安全审查"现代化"方面的发展取向，包括：

1. 审查范围更宽泛，首次将非控制性投资纳入。CFIUS 以往仅对可能导致外国人实际控制美国企业业务的交易具有管辖权，而"控制"的重要标准一般是外资持股 10% 以上。FIRRMA 实施细则首次建立了对于特定领域非控制性投资的审查程序，允许 CFIUS 对涉及关键技术、关键基础设施或敏感个人数据业务的美国企业的非控制性外国投资开展审查。

2. 审查对象更明确，详细列示审查的具体领域。FIRRMA 实施细则明确列举了对非控制性投资应纳入审查范围的四类特定领域。一是关键技术，包括被列入《弹药出口清单》《商业管制清单》等法规的关系国家安全的导弹技术、核技术和军民两用技术等，以及《2018 年出口管制改革法案》所规定的新兴和基础技术，FIRRMA 实施细则还详细列举了须审查的 27 个敏感行业。二是关键基础设施，共涉及 28 类设施系统，包括美国企业拥有、运营、制造、供应或服务的重要信息系统和行业支撑控制系统，如卫星系统、电信设施、油气存储和管线系统、金融基础设施、公共供水系统等。三是敏感个人数据，共涉及 11 项，包括企业直接或间接收集维护的可能被外国投资者以威胁国家安全的方式加以利用的美国公民信息，包括金融数据、位置信息、健康数据、基因检测资料、通信数据、政府人员信息等。四是军事等特定设施（枢纽机场、战略海港、军事设施、政府机构等）周边房地产，其附录中分类列出了有关设施的详细清单约 200 处。

3. 申报要求更严格，首次增加"强制申报"要求。一直以来，美国外资安全审查都是企业自愿申报。FIRRMA 实施细则规定了实行强制申报的情形：一是外国政府在交易中直接或间接获得"重大利益"的，即外国投资者在美企业中直接或间接拥有 25% 或以上的表决权，且外国政府直接或间接拥有该外国投资者49%或以上的表决权；二是投资"CFIUS关键技术试点计划"范围内业务的美国企业，包括核能发电、半导体制造和生物技术等敏感领域的设计、研发和制造企业。

4. 审查程序更烦琐，延长审查程序时限、授权收取申报费用及罚款。FIRRMA实施细则保留了CFIUS以往审查程序的核心部分，并给予CFIUS更多用于审查的时间。在审查费用方面，规定CFIUS可收取申报审查的投资项目交易额的1%作为申报费，上限30万美元。在罚款方面，明确CFIUS可以对违反投资审查规定的当事方处以罚款，如在申报材料中发生重大遗漏、作出错误或虚假陈述的，可处以最高25万美元的民事罚款；未能遵守强制性申报程序的，可处以最高25万美元或等同交易额的民事罚款。

5. 审查权限进一步扩充，审查政治化趋势明显。基于FIRRMA实施细则的出台，CFIUS实现有史以来最大规模扩权，包括有权识别属于其管辖范围但没有提交正式通知的交易；拥有中止交易权和豁免权，在审查期或调查期内即可暂停交易，而无须获得总统指令，还可自行决定免除对某些交易的审查；对缓解协议的履行情况持续监督，保证切实消除国家安全风险。同时，引入"白名单"制度，进行国别差异对待，允许对特定国家享受部分审查豁免，并将英国、澳大利亚和加拿大等传统盟友国家列入初始名单。

2022年9月15日，美国总统拜登发布了第14083号行政命令，为CFIUS和交易各方应如何审查与任何特定交易相关的国家安全风险提供了指导。第14083号行政命令并未改变CFIUS的管辖范围，但指示CFIUS将重点放在保护美国供应链弹性、保持美国技术领先地位、在更广泛的行业和投资趋势背景下审查交易、保护网络安全以及保护敏感的个人数据上。强调考虑交易方是否与可能构成国家安全威胁的外国人（即第三方）存在"商业、投资、非经济或其他关系"的重要性。

值得注意的是，近年来美国的国家安全审查持续针对中国的意图非常明显。《2022年芯片与科学法案》（CHIPS and Science Act of 2022）要求，在审查外国实体参与时，严格审查中国公司，专门针对中国作出了禁止性或限制性规定。2023年8月9日美国总统拜登正式签署《关于解决美国在特定国家对某些国家安全技术和产品的投资问题的行政命令》，其中把中国列为唯一受关注国家。根据《2022年度美国外国投资委员会年度报告》，从2020年到2022年的三年期间，CFIUS对中国投资者的审查数量最多，共97起，占13%，比第二名日本和新加坡投资者（各60起，占8.1%）高出了4.9个百分点，其中2021年来自中国投资者的正式申报共44起，在所有国家中最多。①

① 徐金金，王奕欣．美国外资国家安全审查新动向：动因、影响及对策［J］．当代韩国，2024，（02）：19-35.

（三）审查内容

国家安全审查主要是针对"国家安全"的审查，但《外国投资与国家安全法》等并没有给出"国家安全"的清晰定义，这体现了美国国会希望对"国家安全"进行宽泛解释，不局限于特定行业的意愿。没有明确的"国家安全"定义，会加大 CFIUS 自由裁量权，也增大了裁决的随意性。也就是说，是否威胁美国的"国家安全"是审查的标准，但 CFIUS 对这个词的定义非常模糊。CFIUS 重点关注三类潜在的国家安全威胁：一是某些对美国经济至关重要的商品或者服务供应商是否可能存在被外国控制的情况；二是在外商投资时是否可能存在技术或者专业技能泄露的情况；三是防止在海外并购过程中被外国用于渗透、监控和蓄意破坏美国经济安全。在判断相关的交易过程是否存在这三类威胁时，还需要考虑诸如行业集中度、行业垄断以及其他国家在类似行业的开放程度等情况。

2012 年，CFIUS 在年报中给出了对"国家安全"的十二项考虑因素，主要是控制：（1）为美国政府提供产品/服务的企业；（2）对可能造成国家安全隐患，包括潜在网络安全的产品或服务的企业；（3）涉及关键性基础设施的企业；（4）生产某种类型的先进技术的企业；（5）受到美国出口管制的技术、物品、软件、服务的研发、生产或销售企业；（6）可以接触到机密信息或敏感政府合同信息的企业；（7）国防、安全、国家安全相关法律执行部门；（8）从事与武器、军用品生产、航空、卫星、雷达系统相关活动的企业；（9）接近某种类型的美国政府设施的企业。同时，受外国政府控制、来自在防止核武器扩散和其他国家安全相关等事项方面有记录国家，或是以往有记录或有意向损害美国国家安全的外国人获得控制权，也构成对"国家安全"的考虑因素。

按照《外国投资与国家安全法》，CFIUS 对涉及"关键性基础设施"的行业进行安全审查。关键性基础设施的定义是：无论从物理特性还是实际情况来看都对美国至关重要的系统和资产，如果这些系统和资产不能运转，将对安全、国家经济安全、国家公众健康或安全或上述事项之和产生负面影响。"关键性基础设施"概念存在多方面的问题：首先，"关键性基础设施"涉及的行业非常广泛，包括农业和食品、国防工业基础、能源、公共健康和保健、国家纪念碑和图标、银行与金融、饮用水和污水处理系统、化学品、商业设施、水坝、应急服务、商业核反应堆、材料和废品、信息技术、电信、邮政和运输、运输系统、政府设施、关键制造业等行业，几乎涵盖外国对美投资所有行业。其次，CFIUS 宣称不关注相关行业所有并购，但美国财政部发布的《外国人合并、并购、接管条例：最终规定》说明其将考虑"特定"的而不是"某个系列"的系统或资产，CFIUS 对这个"特定"一词仍然没有给出清晰的界定。最后，一笔并购涉及行业被归为"关键性基础设施"后，将在多大程度上影响 CFIUS 的裁定也是不确定的，对此，CFIUS 采用的依然是"一案一议"的方式。2020 年美国财政部发布的《关于外国人在美国进行有关不动产特定交易的规定》，包括不动产购买、租赁、特许等类型，涉及关键港口、军事设施及美国政府的设施或财产，明确表示将对该类交易是否对美国国家安全构成威胁进行重点考察。

（四）审查流程

CFIUS 审查范围内的外国投资交易可能通过三种方式启动：（1）依据交易参与方的通知启动；（2）依据参与交易方的申报启动；（3）CFIUS 依职权启动。除前述"强制申报"要求外，CFIUS 的申报制度主要是自愿的，交易双方通过提交"通知"向 CFIUS 申请审查，并提供有关外国投资者、美国企业和交易的具体信息，包括年度报告，交易文件，外国投资者的董事、高级管理人员和主要股东的某些个人识别信息，以及目标公司的美国政府合同等。

对于使用"通知"申报程序的交易，FIRRMA 将 CFIUS 的初步审查期限从 30 天延长至 45 天，并允许在特殊情况下将调查延长 15 天，包括由美国情报机构进行为期 20 天的情报分析，即"国家安全威胁评估"。随后是进行为期 45 天的国家安全调查，最后是 15 天的总统审查。因此，在 CFIUS 建议总统对交易采取不利行动（例如中止或禁止交易）的情况下，如果没有特殊情况触发延期，完整的审查流程需要 105 天。但实践中，CFIUS 可能要求交易方撤回申报并重新提交申请，进而导致审查期限重新计算，因而，CFIUS 真正审查时间往往会超过上述法定期限。常规 CFIUS 审核包括四个流程：

表 5-5　常规 CFIUS 审核的四个流程

步骤	内容
前期工作	·磋商：包括与 CFIUS 讨论以解释交易相关信息； ·备案：在草案中提交联合自愿通知，供 CFIUS 工作人员审查。
45 天初步审查	CFIUS 审核"受管辖交易"是否会对国家安全造成潜在风险。 ·CFIUS 对交易启动国家安全威胁评估（NSTA）； ·CFIUS 可能会通过交易或启动额外的 15 天调查。
45 天国家安全调查	鉴于交易没有被备案方放弃，调查可能会导致对该交易的批准、禁止或交由总统进一步处理。
15 天总统审查	总统有权决定批准、中止或禁止交易。

此外，对于低风险交易，CFIUS 将使用"基本威胁信息"评估来代替传统的国家安全威胁评估，对于双方提交的"声明"进行简化审查。同时，规定了一类特殊的"例外投资者"可以免受 CFIUS 的审查，目前澳大利亚、加拿大和英国被批准成为首批国家。

典型案例

【案例 5-5】TikTok 国家安全审查案

上海闻学网络科技有限公司由朱俊和阳陆育于 2013 年 8 月联合创办，总部位于中国上海，在美国加利福尼亚州设有办公室，中美两地互设产品和市场运营团队。2014 年 4 月，闻学网络旗下的 Musical.ly 在中美同时上线。字节跳动的抖音在 2016 年 9 月上线，随后于 2017 年 5 月推出国际版应用 TikTok 并挺进海外市场。2017 年 11 月字节跳动收购 Muscial.ly，或许是因为觉得 Musical.ly 是中国公司的产品，字节跳动在收购时并没有向美国海外投资委员会（CFIUS）主动申报。2018 年 8 月 1 日，Musical.ly 与 TikTok 合并，新产品继续使用 TikTok 的名称。

随着 TikTok 的爆红，被美国的监管机构和一些议员推动，要求对 TikTok 进行"国家安全风险评估"。2019 年 11 月 2 日，CFIUS 决定对字节跳动收购 Musical.ly 展开国家安全调查。2020 年 7 月 29 日，美国财政部确认 CFIUS 正在调查 TikTok 的母公司字节跳动先前收购 Musical.ly 涉及的潜在国家安全风险。2020 年 8 月 3 日下午，美国总统特朗普在白宫对记者重申，TikTok 必须在 2020 年 9 月 15 日前卖给美国公司，否则将被强制关闭，并且颁布了相应的总统令。为了阻止禁令生效，TikTok 从公司、用户和员工角度，在哥伦比亚特区法院、加利福尼亚州地区法院等法院分别提起了诉讼，并要求法院叫停该总统令，其中费城联邦法院在 10 月 30 日裁定，要求美国商务部暂缓禁止美国境内企业为 TikTok 提供数据托管服务、内容传输服务和其他技术性交易。

2020 年 9 月，特朗普批准甲骨文与 TikTok 的合作协议，TikTok 将开启一轮 Pre-IPO 融资，甲骨文和沃尔玛将在此轮融资共计投资约 125 亿美元，分别获得 TikTok12.5% 和 7.5% 的股份。11 月 12 日，美国商务部表态不会执行行政命令，暂缓关闭 TikTok。轰动一时的 TikTok 国家安全审查案件就此告一段落。

三、欧盟国家安全审查

（一）概述

欧盟是全球外商直接投资的主要目的地，为了维护在外国投资进入欧盟时的当地安全、公共秩序和战略性利益，2019 年 2 月 14 日欧洲议会批准了《欧洲议会和理事会关于制定欧盟外商直接投资审查条例以建立欧盟外商直接投资审查框架的规定》（以下简称《欧盟外资审查条例》），建立起欧盟内部对外资进行安全审查的合作机制，并于 2020 年 10 月 11 日生效。欧委会于 2020 年 3 月 25 日向成员国发布了一份指南，敦促各成员国"充分利用"现有的外商投资审查机制，在审查时"充分考虑关键卫生基础设施、关键投入供应以及其他关键部门的风险"，并且呼吁那些目前没有建立投资审查机制的成员国建立一个全面的审查机制，在此之前"利用所有其他可用的选择来处理和控制投资对于关键卫生基础设施、关键投入供应和关键技术产生的风险"。由于欧盟每个成员国存在其不同国情和个别利益需求，在外资审查方面欧盟给成员国保留了一定的自主权，即投资审查的最终决定权保留在投资东道国。因此，欧盟单个成员国的外资安全审查制度，是欧盟外资审查体系的重要组成部分。截至 2021 年 7 月，27 个欧盟成员国当中有德国、西班牙、法国等 18 个国家设有本国的外资国家安全审查制度，并且在新冠肺炎疫情期间，欧盟各国纷纷强化了监管，强化或制定本国的外商投资的国家安全监管制度。

随着中国经济持续稳定增长，中资企业"走出去"的趋势越来越明显。2013 年至 2016 年，中资企业在欧盟投资规模的年均增速达到惊人的 180%，2016 年更是达到创历史纪录的 372 亿欧元。[①] 截止到 2020 年末，中国在欧盟投资存量 830.2 亿美元，占中国在发达经济体投资存量的 32.7%。[②] 中资企业相继宣布多个极具历史意义的大型投资项目，包括美的集团斥资 37 亿欧元收购德国工业机器人和智能自动化解决方案供应商库卡（Kuka），腾讯斥资 86 亿美元收购芬兰移动游戏开发商 Supercell 的 84.3% 股权，以及中国化工斥资 430 亿欧元收购瑞士农化高科技公司先正达（Syngenta）等。中国企业近年来不仅在欧盟的投资规模上持续增加，而且其投资领域也越来越得到欧盟的关注，尤其是中国企业越来越多地投资于先进工业机械行业、信息技术行业、交通和基础设施行业以及能源领域，而这些领域往往被视为敏感行业。

（二）近期的监管特点和趋势

欧盟及其成员国外资国家安全审查改革方向基本保持一致，呈现出相似的改革特征，主要分为以下四个方面：

1. 强调欧盟内部对外资审查的合作。欧盟作为全世界区域经济一体化程度最高的组织，特别强调区域间的审查合作。《欧盟外资审查条例》第 6 款和第 7 款详细介绍了欧盟外资安全审查的合作机制，赋予了欧盟委员会以"安全或公共秩序"为由对第三国的直接投资发表咨询性意见的权力，同时合作机制允许成员国间互相评议，并加强成员国的强制性汇报义务，并要求不论投资是否进入东道国的审查机制都会受到欧盟层面的审查监管。欧盟内部的"合作机制"中最重要的是外国投资审查过程中的信息共享与沟通。

----

① 胡子南：《欧盟首次推出 FDI 安全审查机制的影响及其应对》，载《社会科学》2019 年第 10 期。

② 商务部、国家统计局和国家外汇管理局：《2020 年度中国对外直接投资统计公报》，中国商务出版社 2021 年版。

2. 审查范围持续扩大。审查范围的扩大通常包括审查标准的泛化和核心定义的模糊、新增审查部门和降低外国所有权审查阈值。尤其是对于"国家安全""公共秩序""国防"或"公共安全"等概念没有详细的定义，因此执法机关在实践中会对其做出扩大性解释，导致各成员国对外资国家安全审查相当一部分表面上是以威胁"国家安全"的名义进行的，然而实则更多是出于维护本国技术领先地位等多方面考虑而进行的"风险"防范。

3. 加强对投资者背景和目的的考察。欧盟及其成员国审查的目的不仅仅是审查投资对于欧盟产生的"威胁"，更是审查其带来的"风险"。因此，不论是欧盟层面还是成员国层面的审查改革都极其强调对于投资者背景和投资目的的考察，这在外资审查当中体现为多个方面，如对于投资者的国别、投资者与所在国政府及军方的关系，以及投资者在投资活动当中的合规性表现等。

4. 审查关注领域趋同。近年来，欧盟各成员国不断收紧审查，触发审查的产业部门不断增加，审查关注领域出现显著的趋同态势。各国关注点主要集中在关键基础设施、关键技术、数据和敏感信息、以及新冠肺炎疫情期间的公共卫生和技术领域。

（三）审查内容

根据《欧盟外资审查条例》第 2 条的定义，"外国直接投资"是指外国投资者所进行的任何目的在于在该外国投资者与接受其资金的企业家或企业之间建立长期直接联系以便在一成员国内开展经济活动的投资，包括那些使该外国投资者有效参与对开展经济活动之企业的管理或控制的投资，与管理权和控制权无关的纯粹的证券投资不属于其适用范围。对外商投资的"审查"，是指允许对外国直接投资进行评估、调查、许可、设限、禁止、解散的程序。

欧盟在审查外国投资时，以该外国投资是否会影响欧盟的安全和公共秩序为标准，主要从投资的对象和投资的主体两个层面来予以规范。在投资对象上，《欧盟外资审查条例》第 4（1）条规定，欧盟成员国和欧盟委员会可以重点考虑该投资对如下方面的潜在影响：（a）关键基础设施，无论有形或无形，包括能源、交通、水、卫生、通讯、媒体、数据处理或存储、航空航天、国防、选举和金融基础设施，敏感设施，以及用于这类基础设施的土地和不动产；（b）关键技术及军民两用物品，包括人工智能、机器人、半导体、网络安全、航空航天、国防、能源存储、量子及核技术，以及纳米技术和生物技术；（c）关键输入品的供应，包括能源、原材料和食品；（d）获取或控制包括个人数据在内的敏感信息的能力；（e）媒体的自由与多元。在投资的主体认定上，《欧盟外资审查条例》第 4（2）条规定，成员国和欧盟委员会可以特别考虑如下因素：（a）外国投资者是否通过所有权结构或重大资助等方式，直接或间接地受到外国政府（包括政府机构或武装部队）控制；（b）外国投资者是否已经卷入影响某一成员国安全或公共秩序的活动；（c）是否存在该外国投资者从事非法或犯罪活动的严重风险。

《欧盟外资审查条例》强调，上述列举是非穷尽式的。在确定一项外国直接投资有无可能影响安全或公共秩序时，成员国和欧盟委员会应当考虑所有相关因素，包括该投资对那些对于保证安全和维护公共利益不可或缺，其干扰、失灵、损耗或破坏将在某一成员国或欧盟造成重大影响的关键基础设施、关键技术（包括关键使能技术）和关键输入的影响。适当时，成员国和欧盟委员会还可以考虑从经济主体、公民社会组织、工会等处收到的信息。

（四）审查流程

《欧盟外资审查条例》第1条指出，其旨在为成员国基于安全或公共秩序的外资审查建立框架，并在成员国之间以及成员国与欧盟之间建立合作机制。《欧盟外资审查条例》"说明"第26条和第27条规定，所有成员国，无论是否设置有国家层面的安全审查机制，均须设立一个联络点来实施该条例。

取决于外国投资所在成员国是否已有国内安全审查机制，成员国之间以及成员国与欧盟之间合作机制的运作流程略有不同。根据《欧盟外资审查条例》第6条，有外资安全审查机制的成员国在进行任何外资安全审查时，必须尽早向欧盟委员会及其他成员国通报并提供相关信息；通报中可以包括一份其认为安全或公共秩序可能受此影响的成员国的名单，并说明该项外国投资有无可能属于《欧盟合并控制条例》的适用范围。欧盟委员会及其他成员国应当在收到通知后15日内，通知审查国其是否意欲发表意见或评论，并可以要求后者提供额外信息；审查国应尽力提供此类额外信息。其他成员国可以对相关外国投资有无可能影响其安全或公共秩序作出评论，欧盟委员会则可以对相关外国投资有无可能影响多个成员国的安全或公共秩序发表意见。无论其他成员国是否作出评论，欧盟委员会均可发表意见；但若有三分之一以上成员国认为某项外国投资有可能影响其安全或公共秩序，则欧盟委员会应当发表意见。对于欧盟委员会及其他成员国的意见和评论，《欧盟外资审查条例》"说明"第17条指出审查国应予"适当考虑"，但最终决定仍由审查国专属作出，欧盟委员会及其他成员国均无权推翻审查国主管机关作出的审查决定。

典型案例

【案例5-6】2018年8月2日，德国政府通过外资安全审查否决了中国烟台台海集团对德国机械工具制造商莱菲尔德的收购，这是德国新法令生效后的首个否决投资决定，也是多年来德国政府第一次主动运用外资安全审查在交易尚未完成阶段否决外国对德投资。莱菲尔德是位于德国北部一家专门为汽车、航空和民用核工业生产金属产品的企业，2016年营业收入约为3300万欧元，近年来与中国有较密切的商务合作。本案中，收购方烟台台海集团主动向德国联邦经济事务和能源部申请无异议证明，联邦经济事务和能源部启动了跨行业外资安全审查，通过调查认为该交易可能导致向中国转让德国敏感技术秘密并在中国用作军事目的，并据此作出否决交易的决定。

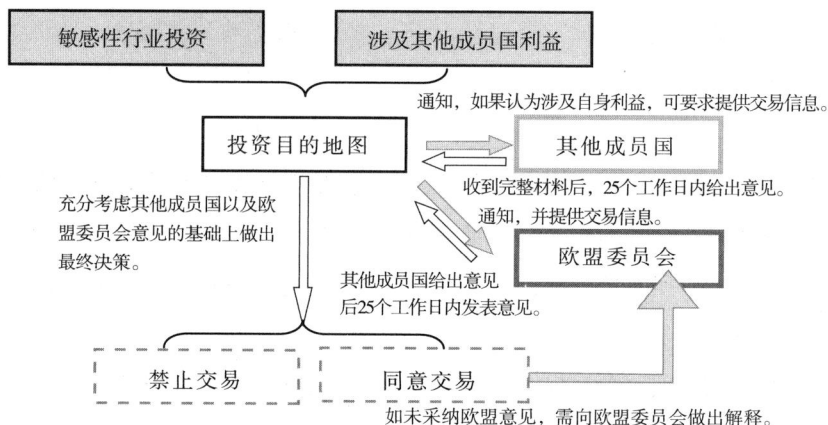

图5-4 欧盟外商投资安全审查流程①

没有国内安全审查机制的成员国则不存在主动通报的问题。根据《欧盟外资审查条例》第7条，对没有外资安全审查机制的成员国，如果其他成员国认为在该国计划进行或已经完成的外国投资可能影响其安全或公共秩序，或者欧盟委员会认为相关外国投资可能影响多个成员国的安全或公共秩序，则欧盟委员会及其他成员国可以就此发表意见或评论，或者要求投资所在国提供额外信息。

此外，根据《欧盟外资审查条例》第8条，如果欧盟委员会认为相关外国投资可能在安全或公共秩序方面对"事关欧盟利益的项目或计划"产生影响，则其可以向投资所在国发表意见。在此情况下，欧盟委员会意见的分量将更重。尽管仍不具有法律约束力，但投资所在国此时不再只是"适当考虑"，而是必须"尽力顾及"欧盟委员会的意见；如果不遵从该意见，还必须向欧盟委员会作出说明。根据《欧盟外资审查条例》，所谓"事关欧盟利益的项目或计划"，是指涉及相当数量或重要份额的欧盟资金，或者在有关对安全或公共秩序至关重要的关键基础设施、关键技术或关键输入的欧盟法律适用范围内的项目或计划。《欧盟外资审查条例》附件明确列举了8个这样的项目和计划，包括欧洲全球卫星导航系统计划、哥白尼计划、"地平线2020"计划、泛欧运输网络项目、泛欧能源网络项目、泛欧电信网络项目、欧洲国防工业发展计划和永久结构性合作计划。《欧盟外资审查条例》第8条和第16条还授权欧盟委员会制定委任立法，对此清单不定期进行修订。

---

① 资料来源：根据《欧盟外资审查条例》内容整理而得。

四、国家安全审查的合规风险识别和应对

近年来，中国企业在海外投资并购由于安全审查等原因正频频遇阻。2016 年 12 月，福建宏芯基金收购德国半导体公司爱思强（Aixtron SE）的交易由于涉及在美资产被 CFIUS 以危害美国国家安全为由叫停；2018 年 1 月，蚂蚁金服正式发表声明，称其由于未能获得 CFIUS 批准，蚂蚁金服和速汇金（Moneygram）正式放弃相关并购事宜，同时蚂蚁金服将向速汇金支付 3000 万美元的收购终止费；2018 年 9 月，有中资背景的凯桥资本以 13 亿美元收购美国来迪思半导体公司的交易经历了多轮审查后被 CFIUS 以危害美国国家安全为由叫停；2019 年 3 月，"由于担忧威胁美国国家安全"，CFIUS 要求中国公司昆仑万维出售其此前全资收购的美国同性恋社交网站 Grindr；2016 年，在美国政府的施压之下，德国政府否决了中国福建宏芯基金对德国半导体设备企业爱思强的收购；2018 年，德国政府否决了中国烟台台海集团对德国机械工具制造商莱菲尔德的收购。

整体来看，一方面，随着中国企业"走出去"步伐的加快，中国企业在美西方国家的投资正在加速，中国企业面临的东道国国家安全审查日益增加；另一方面，中国目前面临着较为严峻的外部国际环境，"中国威胁论"也尘嚣日上，西方国家的国家安全审查正在日益严苛，甚至主要针对中国。面对这种充满不确定因素的国际政治和贸易局势，中国企业在海外进行投资并购时，需要对是否可能引发外国国家安全方面的问题进行更加谨慎的评估，并提前做好应对方案，以避免出现由于国家安全审查的原因导致投资失败，进而出现一系列商业和法律风险，包括并不限于出现投资被否决、被东道国政府处罚、合同违约等。中国企业主要可以从如下六个方面做好应对工作。

（一）对拟投资业务的敏感性进行充分评估

中国企业在进行海外投资并购前，要对自己所投资行业的敏感性进行全面评估。一般来说，信息安全、国防、电信、能源、航天、交通（港口、机场、航运）等领域对应的国家安全敏感度较高，在对这些领域进行投资时，中国企业一定要对国家安全审查问题予以特别关注，尤其是对于中国的国有企业而言，据统计，在 CFIUS 审查的案例中，中国国有企业的投资者占比一半以上。

（二）"吃透"投资审查政策并采取相应的申报策略

中国企业在进行海外投资并购前，要对东道国的外商投资审查政策和偏好进行仔细的研究。搞清楚东道国相关审查由哪些部门负责或有哪些利益相关方，如德国的监管审查主体为经济能源部，而在法国则由经济、产业和信息部审查关键领域交易。提前了解此前类似投资获批的

情况，以便在选择标的资产、设计交易架构时规避风险。在准备申报材料时要制订更有针对性的方案，采用正确的方式阐明交易动机和影响，争取给监管机构留下良好印象。根据不同审查机构、审查部门关注点的差异，制定不同的申报策略。例如，如果相关部门非常关注本国就业，企业就可以适当雇用当地技术人才、为当地创造更多的就业机会并保留相关证据以便证明和提交；若监管机构关注重点在于金融体系的稳定，企业就更要在有关维持金融体系稳定的材料上多下功夫。

（三）同监管机构进行充分和有效沟通

中国企业在进行海外投资并购过程中应尽早计划与监管机构的沟通。可以在交易开始前就与有关当局进行非正式的接触，不仅可以尽早获得有关信息，了解审查重点，也有利于体现对监管当局的尊重，创造好感，为之后的申报审批提供便利。此外，在一些采用自愿申报机制的国家，未达到审查门槛的交易一般无须在交易结束前进行申报。但是为了避免交易后的审查风险，企业最好还是在交易过程中尽早与有关监管部门沟通甚至申报交易。对于国家安全审查过程中经常出现的标准不明确的情况，中国企业要重视在非正式申报阶段与东道国政府的沟通，尽量了解各委员对并购的态度、对国家安全的具体担心、在特定行业中是否有减缓这些担心的方法。例如，作为投资者的中国企业在 CFIUS 主动介入审查时，应表示愿意与 CFIUS 签署特定协议，以打消其"国家安全关注"。对于原本不在"敏感行业"列表上的并购也不抱侥幸心理，对可能涉及国家安全的并购主动进行自愿申报。

（四）高度重视媒体和舆论的影响

媒体和舆论是中国企业在海外投资并购过程中需要核心关注的一个问题，但遗憾的是，绝大多数中国企业对于这一问题的关注度并不够。在中国企业海外投资并购的国家安全审查中，西方国家的媒体、政客和商业对手，往往会寻找和散布对中国企业的不利信息，甚至引发民众对中国企业投资的抗议情绪，而这会直接损害监管机构对投资者的印象，导致投资审查受阻。而良好的媒体和舆论公关，则可以通过讲好自己的故事，维护自己的声誉，塑造积极、正面的公众形象，推动国家安全审查的顺利通过。

（五）对投资架构进行有效设计

对于确受关注的敏感投资项目，为保证投资的顺利进行，中国企业可以采取合理的减缓措施，将敏感技术或资产从并购目标中分离出来，或者在投资方式上，考虑通过并购其他地区的公司间接获得资产或资产的部分权益。对已经有政治敏锐性的能源业和电信业，则需要强调并购的商业利益动机，通过国际银团贷款等模式，引入西方大型金融企业参与项目，明确自身的管理架构，和东道国政府展开密切合作。中国国有企业可以通过与外资企业、民营企业组建合资公司，降低中国国企在合资公司中的股权比重，或借重其他企业作为收购的主导方，提高收购的成功率。

（六）在无法通过审查时诉诸法律程序

中国企业在海外投资并购过程中，如果确实遇到东道国政府对自己采取违法或歧视性待遇，对企业利益带来重大影响的话，可以坚定地运用法律武器来维护自己的合法权益。例如，可以通过美国国内法，从宪法和行政程序法的角度起诉美国政府。也可以尝试利用 WTO 和双边或多边投资保护协定，在国际司法机构维护自己的合法权益，但这种诉讼受"国家安全例外"的限制，一般情况下获胜的难度较大。

典型案例

【案例 5-7】三一重工诉奥巴马案

三一重工是当时中国第一、全球第六大重型机械设备制造商，也是 2011 年度中国排名前 20 的风电设备制造商。该公司的关联公司罗尔斯公司在 2012 年 3 月收购了四个在美国俄勒冈州的风电场，希望通过建设风电场并装备三一重工的风电机，以此为其风电机产品进军美国市场探路。2012 年 9 月 28 日，美国总统奥巴马以威胁美国国家安全为由，签发行政命令要求罗尔斯公司在两周之内从上述场地撤走全部财产和装置，并且在 90 天之内从这个风力发电项目中撤出全部投资。奥巴马在签署的行政命令中宣称，依美国特拉华州法律建立的罗尔斯公司为中国机械设备制造业企业三一重工两位高管共同所有。据报道，这四个风电项目有一处在海军的限飞空域之内，其余的距离军事管制区不足 5 英里。根据公开资料，美国海军在此进行低空轰炸和电子战训练，以及试验无人驾驶飞机。

2012 年 9 月 12 日，罗尔斯公司将 CFIUS 告上法庭，起诉理由是被告的行为"违法且未经授权"。10 月 1 日，罗尔斯公司向美国哥伦比亚特区联邦地方分区法院递交诉状，将奥巴马总统列为被告，理由包括：违反美国行政程序法 702、704 和 706 等相关条款，超越了宪法授予的总统权限，选择性执法侵害了罗尔斯公司在宪法下的平等权，未经合法程序剥夺私有财产违反美国宪法第五修正案。2013 年 10 月 9 日，美国哥伦比亚特区联邦地方分区法院杰克逊法官同意了美国政府撤案动议，罗尔斯公司对奥巴马的所有指控内容都被驳回，罗尔斯公司一审败诉。

2013 年 10 月 16 日，罗尔斯公司向美国哥伦比亚特区上诉法庭提起上诉。2014 年 7 月 15 日，哥伦比亚特区联邦上诉法院裁定，美国总统奥巴马下达的禁止三一重工关联公司罗尔斯公司在俄勒冈州风电项目的总统令，未经适当的程序，剥夺了罗尔斯风电项目受宪法保护的财产权，三一集团起诉奥巴马在美国联邦巡回上诉法院获胜。

第六章

财务合规管理

第一节　财务合规管理概述

一、财务合规管理概述

财务合规风险，是指企业的会计政策和财务管理行为，因存在违反法律法规、国家财务会计制度、应遵守的监管规定、行业准则或者内部规章制度等，引发法律责任、受到相关处罚、造成经济和声誉的损失以及其他负面影响的可能性。

企业通过确保财务会计职能应有的相对独立性，实施严格的财务会计制度，建立内部控制和风险管理体系，从而起到防范管理财务合规风险的作用。

二、财务合规管理的目标

完善的财务合规管理体系除了能够防范财务合规风险，也能起到处置或者规避其他合规风险的作用。财务职能是企业组织内部唯一能统一调度资金且全程记录企业经济活动的，据此，财务合规管理在企业合规管理的其他重要领域也发挥着不可替代的作用。例如，企业可以通过电子技术手段关注财务交易和资金流向，从而识别和评估主要合规风险，包括反商业贿赂、反洗钱、反不正当竞争等。

传统的合规理念是使企业组织远离因不合规行为而造成的损失，而财务合规管理的基本目标除防范风险外，还可以是让企业业务变得更好。

当企业业务处于增长期时，财务合规管理能保证企业的业务增长和披露的财务业绩符合法律法规的要求。而当企业经营出现不确定因素或业绩下滑时，财务合规管理除了能保证企业通过坚持规范性，确保财务业绩真实地反映经营状况，更可以协助企业在发现舞弊风险、成本费用控制等方面起到优化经营情况的作用。

三、财务合规管理主体

企业根据业务需求设立会计机构，会计机构建立稽核制度和内部会计监督制度，同时企业负责人应当保证会计机构和人员依法履行职责。但企业财务合规管理并非仅依靠企业的财务会计职能和财务负责人即可完成。除了财务会计机构，企业合规、法律、风险管理和内部控制等部门都应在财务合规管理职能体系中扮演相应的角色。

而从企业内部控制角度而言，从治理层、管理层到全体员工都是内部控制的关联人，都有义务在各自的工作领域内保证企业财务合规。

四、财务合规管理客体

企业财务管理的客体主要包括企业财务会计机构的职能设置、会计核算、财务报表项目以及经营活动的财务记录。

（一）财务会计机构的职能设置、会计账簿及凭证管理

企业按需设立的财务会计职能机构在日常工作中准备会计凭证和会计账簿，这是企业财务合规管理体系的基础。《会计法》对企业会计机构、人员、会计账簿和凭证管理都有明确的要求。

1. 会计机构

企业应当根据会计业务的需要设置会计机构，或者在有关机构中设置会计人员并指定会计主管人员；不具备设置条件的，应当委托经批准设立从事会计代理记账业务的中介机构代理记账。会计机构内部应当建立稽核制度。会计人员应当具备从事会计工作所需要的专业能力，且遵守职业道德。

2. 会计账簿和凭证管理

会计凭证、会计账簿、财务会计报告和其他会计资料必须符合国家统一的会计制度的规定。使用电子计算机进行会计核算的，其软件及其生成的会计凭证、会计账簿、财务会计报告和其他会计资料，也必须符合国家统一的会计制度的规定。

任何单位和个人不得伪造、变造会计凭证、会计账簿及其他会计资料，不得提供虚假的财务会计报告。根据财政部和国家档案局第 79 号令，自 2016 年起实施的《会计档案管理办法》规定，当年形成的会计档案，在会计年度终了后，可由单位会计管理机构临时保管一年，再移交单位档案管理机构保管。会计档案的保管期限分为永久、定期两类。定期保管期限一般分为 10 年和 30 年。

（二）会计核算、会计政策与会计估计

1. 会计核算

会计核算，是指以货币为主要计量单位，通过确认、计量、记录和报告等环节，对特定主体的经济活动进行记账、算账和报账，为相关会计信息使用者提供决策所需的会计信息。《会计法》第九条规定："各单位必须根据实际发生的经济业务事项进行会计核算，填制会计凭证，登记会计账簿，编制财务会计报告。任何单位不得以虚假的经济业务事项或者资料进行会计核算。"

会计核算贯穿于经济活动的整个过程，是会计最基本和最重要的职能。记账是指对特定主体的经济活动采用一定的记账方法，在账簿中进行登记，以反映在账面上；算账是指在日常记账的基础上，对特定主体一定时期内的收入、费用、利润和某一特定日期的资产、负债、所有者权益进行计算，以算出该时期的经营成果和该日期的财务状况；报账就是在算账的基础上，将特定会计主体的财务状况、经营成果和现金流量情况，以会计报表的形式向有关各方报告。

2. 会计政策

根据《企业会计准则第28号——会计政策、会计估计变更和差错更正》（以下简称《企业会计准则第28号》），会计政策，是指企业在会计确认、计量和报告中所采用的原则、基础和会计处理方法。在针对同一类型的经济业务时，企业可以结合其业务实质、经营管理目标等方面的考虑，选择适当的会计政策对其资产、负债、所有者权益和经营成果进行确认、计量和报告。企业所选择的会计政策是企业会计制度的重要组成部分，它在一定程度上反映出企业管理者的经营策略和经营目标，更重要的是企业会计政策选择得恰当与否，决定了企业产生的财务信息的质量。

《企业会计准则第28号》将会计政策划分为计量基础、原则和处理方法三个维度。重要的会计政策包括但不限于表6-1列示项目：

表6-1　会计政策

会计政策维度	项目	会计政策举例
计量基础	长期股权投资的后续计量	采用成本法，还是采用权益法核算。
	投资性房地产的后续计量	对投资性房地产的后续计量是采用成本模式，还是采用公允价值模式。
	固定资产的初始计量	初始成本是以购买价款，还是以购买价款的现值为基础进行计量。
	非货币性资产交换的计量	非货币性资产交换是以换出资产的公允价值作为确定换入资产成本的基础，还是以换出资产的账面价值作为确定换入资产成本的基础。

会计政策维度	项目	会计政策举例
原则	无形资产的确认	研究开发项目开发阶段的支出是确认为无形资产，还是在发生时计入当期损益。
	生物资产初始成本的确认	为取得生物资产而产生的借款费用是予以资本化，还是计入当期损益。
	收入确认	对于在某一时段内履行的履约义务，企业应当在该段时间内按照履约进度确认收入；对于在某一时点履行的履约义务，企业应当在客户取得相关商品控制权时点确认收入。
	合并政策	母公司与子公司的会计年度不一致的处理原则；合并范围的确定原则等。
处理方法	发出存货成本的计量方法	先进先出法，个别计价法，月末一次加权移动平均法，加权平均法等。
	借款费用的处理方法	资本化，或者费用化。

《企业会计准则第 28 号》对于企业选择会计政策的要求兼有选择性与强制性。选择性在于针对不同的经济业务，企业可以结合实际选择适合本企业发展的会计政策；强制性则在于企业采用的会计政策在每一会计期间和前后各期应当保持一致，不得随意变更。

3. 会计估计

会计估计，是指企业对结果不确定的交易或事项以最近可利用的信息为基础所作的判断。会计估计产生于企业部分经济活动内在的不确定性，需要会计人员基于经验和可以获取的最近的信息做出相对合理的预期，包括对未来交易和事项的影响的考虑，以尽可能准确地反映企业的实际经营状况。常见的会计估计包括但不限于以下事项：

（1）存货可变现净值，以及跌价准备的确定。

（2）固定资产的使用寿命、预计净残值和折旧方法的确定。

（3）使用寿命有限的无形资产的预计使用寿命、净残值、摊销方法。

（4）消耗性生物资产可变现净值的确定、生产性生物资产的使用寿命、预计净残值和折旧方法。

（5）长期待摊费用的摊销期。

（6）与金融工具相关的公允价值的确定、摊余成本的确定、金融减值损失的确定。如应收账款估计发生违约的余额和预期信用损失。

（7）或有损失和或有收益的发生以及发生的数额。

（8）收入金额的确定、提供劳务履约进度的确定。

（9）与政府补助相关的公允价值的确定。

（10）一般借款资本化金额的确定。

（11）应纳税暂时性差异和可抵扣暂时性差异的确定。

考虑到企业的经济业务处于持续发展和变化之中，加之外部环境变化，会计人员也在不断积累经验和获取信息，导致之前形成的会计估计不再适用，这就需要对原先的会计估计进行修订。合理的会计估计是基于合理的假设，结合充分的信息和经验，运用科学的程序和方法制定出来的，是在当下对相关经济业务做出的相对最可靠的判断，有利于向报表使用者更为客观、公允地披露信息，一方面有效地帮助企业管理者了解企业状况并进行决策，另一方面也能更好地保护投资者、债权人以及其他利益相关者的权益。

（三）财务报表项目

财务报表是对企业财务状况、经营成果和现金流量的结构性表述。财务报表至少应当包括下列组成部分：资产负债表、利润表、现金流量表、所有者权益（或股东权益，下同）变动表、附注。

1. 资产负债表

资产和负债应当分按照流动资产和非流动资产、流动负债和非流动负债列示。金融企业的各项资产或负债，按照流动性列示能够提供可靠且更相关信息的，可以按照其流动性顺序列示。

资产负债表中的资产类至少应当单独列示反映下列信息的项目：货币资金、应收及预付款项、交易性投资、存货、持有至到期投资、长期股权投资、投资性房地产、固定资产、生物资产、递延所得税资产、无形资产。资产负债表中的资产类至少应当包括流动资产和非流动资产的合计项目。

资产负债表中的负债类至少应当单独列示反映下列信息的项目：短期借款、应付及预收款项、应交税费、应付职工薪酬、预计负债、长期借款、长期应付款、应付债券、递延所得税负债。资产负债表中的负债类至少应当包括流动负债、非流动负债和负债的合计项目。

资产负债表中的所有者权益类至少应当单独列示反映下列信息的项目：实收资本（或股本）、资本公积、盈余公积、未分配利润。在合并资产负债表中，应当在所有者权益类单独列示少数股东权益。资产负债表中的所有者权益类应当包括所有者权益的合计项目。

资产负债表应当列示资产总计项目，负债和所有者权益总计项目。

2. 利润表

费用应当按照功能分类，分为从事经营业务发生的成本、管理费用、销售费用和财务费用等。

利润表至少应当单独列示反映下列信息的项目：营业收入、营业成本、营业税金、管理费用、销售费用、财务费用、投资收益、公允价值变动损益、资产减值损失、非流动资产处置损益、所得税费用、净利润。金融企业可以根据其特殊性列示利润表项目。在合并利润表中，企业应当在净利润项目之下单独列示归属于母公司的损益和归属于少数股东的损益。

3. 现金流量表

现金流量表，是指反映企业在一定会计期间现金和现金等价物流入和流出的报表。现金，是指企业库存现金以及可以随时用于支付的存款。现金等价物，是指企业持有的期限短、流动性强、易于转换为已知金额现金、价值变动风险很小的投资。

现金流量表应当分经营活动、投资活动和筹资活动列报现金流量。现金流量应当分别按照现金流入和现金流出总额列报。

（1）经营活动

企业应当采用直接法列示经营活动产生的现金流量。经营活动，是指企业投资活动和筹资活动以外的所有交易和事项。直接法，是指通过现金收入和现金支出的主要类别列示经营活动的现金流量。

经营活动产生的现金流量至少应当单独列示反映下列信息的项目：销售商品、提供劳务收到的现金、收到的税费返还、收到其他与经营活动有关的现金、购买商品、接受劳务支付的现金、支付给职工以及为职工支付的现金、支付的各项税费、支付其他与经营活动有关的现金。

（2）投资活动

投资活动，是指企业长期资产的购建和不包括在现金等价物范围的投资及其处置活动。

投资活动产生的现金流量至少应当单独列示反映下列信息的项目：收回投资收到的现金、取得投资收益收到的现金、处置固定资产、无形资产和其他长期资产收回的现金净额、处置子公司及其他营业单位收到的现金净额、收到其他与投资活动有关的现金、购建固定资产、无形资产和其他长期资产支付的现金、投资支付的现金、取得子公司及其他营业单位支付的现金净额、支付其他与投资活动有关的现金。

（3）筹资活动

筹资活动，是指导致企业资本及债务规模和构成发生变化的活动。

筹资活动产生的现金流量至少应当单独列示反映下列信息的项目：吸收投资收到的现金、取得借款收到的现金、收到其他与筹资活动有关的现金、偿还债务支付的现金、分配股利、利润或偿付利息支付的现金、支付其他与筹资活动有关的现金。

4. 所有者权益变动表

所有者权益变动表应当反映构成所有者权益的各组成部分当期的增减变动情况。当期损益、直接计入所有者权益的利得和损失、与所有者（或股东，下同）的资本交易导致的所有者权益的变动，应当分别列示。

所有者权益变动表至少应当单独列示反映下列信息的项目：净利润、直接计入所有者权益的利得和损失项目及其总额、会计政策变更和差错更正的累计影响金额、所有者投入资本和向所有者分配利润、按照规定提取的盈余公积、实收资本（或股本）、资本公积、未分配利润的期初和期末余额及其调节情况。

5. 附注

附注是对在资产负债表、利润表、现金流量表和所有者权益变动表等报表中列示项目的文字描述或明细资料，以及对未能在这些报表中列示项目的说明等。

附注应当披露财务报表的编制基础，相关信息应当与资产负债表、利润表、现金流量表和所有者权益变动表等报表中列示的项目相互参照。

附注一般应当按照下列顺序披露：

（1）财务报表的编制基础。

（2）遵循企业会计准则的声明。

（3）重要会计政策的说明，包括财务报表项目的计量基础和会计政策的确定依据等。

（4）重要会计估计的说明，包括下一会计期间内很可能导致资产、负债账面价值重大调整的会计估计的确定依据等。

（5）会计政策和会计估计变更以及差错更正的说明。

（6）对已在资产负债表、利润表、现金流量表和所有者权益变动表中列示的重要项目的进一步说明，包括终止经营税后利润的金额及其构成情况等。

（7）或有和承诺事项、资产负债表日后非调整事项、关联方关系及其交易等需要说明的事项。

企业应当在附注中披露在资产负债表日后、财务报告批准报出日前提议或宣布发放的股利总额和每股股利金额（或向投资者分配的利润总额）。

（四）经营活动的财务记录

根据《企业会计准则——基本准则》第二章会计信息质量要求的规定，企业应当以实际发生的交易或者事项为依据进行会计确认、计量和报告，如实反映符合确认和计量要求的各项会计要素及其他信息，保证会计信息真实可靠、内容完整。

由此，经营业务的合规风险与企业财务会计机构密切相关。财务会计人员在编制会计凭证、准备会计账簿时除了要保证交易金额正确，同时也要保证其记录的会计信息与实际发生的情况一致。当财务会计人员收到一份费用报销报告时，应当确认费用报销的支持文件是否真实反映了该笔费用，是不是合法支出。

不仅是企业会计准则有此要求，如果企业是境外上市公司，境外监管机构也会对会计记录的真实性完整性有类似的要求。美国的海外反腐败法除反贿赂条款外还有会计条款，其会计条款要求企业对于经营活动中产生的交易要保持记录，制作并保留详细、精确的账簿、记录和账目，清楚地反映企业的交易过程及对资产的处置。

无论是国内还是国外，财务会计人员的角色早已不是简单的簿记，而是要融入企业的经营合规管理中去，作为企业内部控制最重要的参与者。每一笔会计分录除了要保证金额、科目的正确以外，其背后与交易相关的"故事"，也是企业应当关注并了解的。企业的财务账不是只要借贷相平了就对了，财务合规管理也要关注每一笔会计分录所代表的交易详情，支持文档是否真实反映交易，是否合法、恰当和完整。

五、财务合规管理内容

财务合规管理遵循各类法律、法规和政策等，同时，对于特定类型的企业又有其特别的规定，如上市公司须遵守上市公司监管机构或交易所颁布的对财务合规的要求，外资企业在中国的分部亦需遵守其全球总部对于企业内部合规的要求。企业的财务合规义务包括以下几个方面：

（一）中华人民共和国主要与财务合规管理相关的法律

1.《会计法》

《会计法》规范会计行为，保证会计资料的真实、完整。《会计法》规定了国家机关、社会团体、企事业单位及其他组织在会计核算（包括会计凭证、会计账簿和财务会计报告）、会计监督、会计机构的设置等方面的规则及相关法律责任。《会计法》中还设置了专门章节针对公司制企业的会计核算作了规定。全国人大自2016年启动《会计法》修正工作，2024年6月28日，第十四届全国人大常委会第十次会议表决通过关于修改会计法的决定，自2024年7月1日起施行。此次会计法的修改，保持现行基本制度不变，重点解决会计工作中的突出问题，进一步加强财会监督，加大对会计违法行为的处罚力度，切实提高会计信息质量，更好维护社会公共利益。

2.《公司法》

2023年12月29日修订完成并于2024年7月1日施行的现行《公司法》规范在中国境内设立的有限责任公司和股份有限公司的组织和行为。《公司法》的第十章"公司财务、会计"涉及公司在财务、会计制度的建立和财务会计报告的编制和审计方面应遵守的法律规定，包括公司利润分配和资本公积提取的要求。

3.《证券法》

《证券法》第五章"信息披露"中规定了上市公司年度财务会计报告的要求。

（二）国家统一的财务会计制度

1. 《企业财务通则》

于 2007 年 1 月起施行的《企业财务通则》由财政部修订颁布，适用于除金融企业以外的国有及国有控股企业，实行企业化管理的事业单位比照执行，其他企业可参照执行。《企业财务通则》要求国有企业建立符合法人治理结构要求的财务管理体制，从资金筹集、资产营运、成本控制、收益分配、信息管理和财务监督等方面对加强企业财务管理，规范企业财务行为提出要求。2021 年 4 月，财政部发布了《企业财务通则（公开征求意见稿）》，向社会公开征求意见。该意见稿根据《公司法》加入了财务治理结构概念，明确了股东会、董事会和经理层等内部治理结构的财务管理权责利，并根据财务报表结构更新了财务管理的要求。新的《企业财务通则》无疑将更贴近时代和社会发展对财务合规管理的要求，值得期待。

2. 《企业会计准则》

《企业会计准则》由财政部制定，是我国国家统一会计制度的组成部分，自 2007 年 1 月 1 日起在上市公司范围内施行，并鼓励其他企业执行。

企业会计准则体系包括基本准则、具体准则和应用指南：基本准则包括总则、会计信息质量要求、财务会计报表要素和会计计量等内容；具体准则是在基本准则的指导下，处理会计具体业务标准的规范，可分为一般业务准则、特殊行业和特殊业务准则、财务报告准则三大类；应用指南则从不同角度对企业具体准则进行强化，解决实务操作，包括具体准则解释部分、会计科目和财务报表部分。截至目前共有 1 项基本准则，42 项具体准则和 17 个会计准则解释。企业会计准则体系规范企业会计确认、计量和报告行为，保证会计信息质量。

另有《小企业会计准则》规范小企业会计确认、计量和报告行为，促进小企业可持续发展。

3. 《企业内部控制基本规范》和《企业内部控制应用指引》

《企业内部控制基本规范》由财政部、证监会、审计署、银保监会于 2008 年 5 月联合发布，自 2009 年 7 月开始在上市公司范围内施行，并鼓励非上市的其他大中型企业执行。其确立了中国企业建立和实施内部控制的基础框架。

财政部于 2010 年 5 月起开始颁布《企业内部控制应用指引》，共 18 项，用于指导企业按照内部控制原则建立健全本企业的内部控制，涵盖了企业经营管理的各个方面，协助加强内部控制程序，提升治理水平的最佳方法，从而达到提升公司财务信息的质量和可靠性。

（三）监管规定

1.《上海证券交易所上市公司内部控制指引》和《深圳证券交易所上市公司内部控制指引》

上海证券交易所和深圳证券交易所分别在 2006 年 6 月和 9 月颁布了上市公司内部控制指引，列出了重点关注的控制活动也提出了定期自查和披露要求。《企业内部控制应用指引》自 2010 年开始颁布实施后，对上市公司内部控制的要求趋于统一。

2.《中央企业合规管理指引（试行）》

2018 年，国务院国有资产管理委员会颁布了《中央企业合规管理指引（试行）》。该指引规定了中央企业应当加快建立健全合规管理体系，包括健全完善财务内部控制体系，严格执行财务事项操作和审批流程，严守财经纪律的要求。2022 年 4 月 1 日，国务院国资委按照相关工作要求，发布《中央企业合规管理办法（公开征求意见稿）》正式面向全社会征求意见，在《中央企业合规管理指引（试行）》的基础上，将条款总数从 31 条扩充至 44 条，并对绝大多数条款都进行了修改和完善，旨在根据中央企业合规管理体系建设的最新工作经验，为企业巩固强化合规管理体系提供更为有效、明确的指导。经过历时数月的反复讨论修改，《中央企业合规管理办法》最终定稿，国务院国资委于 2022 年 9 月 13 日召开中央企业合规管理工作推进会，强调中央企业要深入贯彻落实《中央企业合规管理办法》，该文件于 2022 年 10 月 1 日起施行。

（四）其他

ISO 37301：2021《合规管理体系要求及使用指南》

国际标准化组织于 2021 年推出了 ISO 37301：2021，提供了在企业内部建立、开发、实施、评估、维护和改进有效的合规管理系统的指南。

第二节　主要财务合规风险

针对不同层面的法律法规规定，企业在财务合规领域所面临的风险各有不同，由此可能会导致的法律责任、经济和声誉的损失以及其他负面影响的情况亦有所不同。以下将分别从财务机构设置和记账管理、会计政策和信息披露、财务报表舞弊和经营合规风险的财务记录四个方面介绍相关财务合规风险。

一、职能设置、财务会计账簿及凭证管理

企业设立的财务会计职能机构在日常工作中准备会计凭证和会计账簿，这是企业财务管理体系的基础。但一些企业的财务管理体系基础未能夯实，存在以下合规风险。

（一）财务会计职能中的职责不分离

企业在其内部设立财务会计职能时未考虑职责分离原则，例如：

1. 同一名会计人员既负责填写会计凭证、准备财务记录，又负责复核凭证；
2. 出纳同时兼任会计记账的职责，或由出纳于月末编制银行余额调节表；
3. 预留银行的公司印鉴由出纳一人保管。

特别是后两种情况直接导致了出纳利用公司财务会计管理漏洞而贪污公款的案件新闻屡见不鲜。《会计法》第三十五条明确规定，"会计机构内部应当建立稽核制度。出纳人员不得兼任稽核、会计档案保管和收入、支出、费用、债权债务账目的登记工作"。在企业的财务会计职能中，出纳主要负责现金与银行存款、银行票据和其他有价证券等的保管和核算工作，需每天盘点库存现金，登记现金和银行日记账。而会计人员负责原始凭证的复核和记账凭证的编制，分类账的登记等。每月末，会计人员应根据银行对账单和银行存款科目财务账编制银行余额调节表，起到复核银行日记账的作用。同样地，预留银行的公司印鉴，包括公司财务章、出纳人员名章和财务负责人名章应分人保管。一旦这些需分离的权责集中在一个人手中，如果这个人贪污公款并利用这个漏洞修改财务账，则企业很难及时通过内部控制发现财务账目出现的问题，由此可能造成非常大的经济损失。

（二）会计原始凭证的不真实、不合法

过去一段时间每当人们出差经过火车站或其他一些人流密集的地方就会看到有人兜售假发票。随着电子发票的推广使用和税收发票系统的持续改进，这种现象也有所减少，但并未完全消失。有很多企业员工因真实发票遗失等原因购买假发票并将其用于向企业报销费用。最后这些不真实、不合法的发票作为会计原始凭证而被以费用的形式记录在企业的财务账上。无论是提交、批准还是将这些费用记录在企业的财务账上，都是不符合财务合规要求的。《会计法》规定会计人员对不真实、不合法的原始凭证有权不予接收，并向单位负责人报告。而当这些费用在企业所得税汇算清缴时被误以真实合法的销售费用而进行税前扣除时，也会给企业带来税务合规风险。

（三）除依法设置的会计账簿私设其他账簿

企业设立两套账簿，俗称"内外账"，一般是为了达到一些特定目的，包括偷漏税，或是为了满足发行股票上市的盈利条件等。设立两套账簿的行为违反了《会计法》和《公司法》：《会计法》第十六条规定企业不得违反本法和国家统一的会计制度的规定私设会计账簿登记、核算；《公司法》第二百一十七条规定，"公司除法定的会计账簿外，不得另立会计账簿。对公司资金，不得以任何个人名义开立账户存储"。

2018年6月，深圳证券交易所上市公司金某科技股份有限公司因涉嫌构成欺诈发行股票、债券罪被启动强制退市。在中国证监会市场禁入决定书中披露了金某科技股份有限公司的管理层和财务机构在会计核算系统设置了两个账套。一套账簿核算的数据用于内部管理，以真实发生的业务为依据进行记账。另一套账簿的数据用于对外披露，伪造的财务数据都记录于该账套。①

二、会计政策、核算及信息披露

企业不遵照《企业会计准则》的规定，在日常财务账的记录和编制财务报表时滥用会计政策，会计估计和会计差错更正，乃至披露虚假财务信息，会给企业带来严重的财务合规风险。

（一）滥用会计政策与会计估计

会计政策存在选择性的特征，《企业会计准则第28号》规定企业适用的会计政策应当保持一致性和连续性，不得随意变更，但在满足下列条件之一时，可以进行变更：法律、行政法规或者国家统一的会计制度等要求变更；会计政策变更能够提供更可靠、更相关的会计信息。加之我国企业涉及的行业众多，经济业务模式多样，难以制定统一的适用性标准，这就为企业提供了灵活的解读和制定空间，也因此会使企业出于利益驱使或错误的理解判断选择了不科学、不合理的会计政策，导致会计信息质量降低，对企业管理层、股东、债权人以及其他报表使用者的决策造成误导。

相较于会计政策，会计估计具有更强的可变性与不确定性，且随着经济的发展和行业创新，经济业务变得越来越多样和复杂，需要进行会计估计的情况越来越多，企业利用操纵、变更会计估计的方式制造虚假财务信息，以致形成会计估计的滥用。

企业常见的会计政策、会计估计相关的合规风险主要来自以下几个方面：

---

① 参见中国证监会市场禁入决定书（2018）3号。

1. 趋利性的机会倾向主义

为了短期的经济利益粉饰业绩，操纵利润，避免处罚或者操纵股票价格等为目的进行选择。

2. 企业财务人员职业素养不足

专业技能方面，对于企业的经济业务实质以及国家相关的法规政策缺乏正确的理解，或者没有敏锐地发现企业经济业务和国家法规政策的变化，未能及时进行相应的调整；职业道德方面，为应付企业内外的监管，对会计政策和会计估计评估选择过程流于表面。

3. 现行会计规范体系的不足

我国现阶段的会计规范体系给予企业会计政策和会计估计的选择性较大，企业还被允许可以根据自身需要变更会计政策和会计估计，但并没有相对固定的标准和方法论指导企业如何进行科学的选择，以尽可能地避免主观判断错误的出现。

4. 相关部门监督力度不足

会计规范体系存在对于会计政策选择方面的缺陷，导致难以制定相对应的惩治依据和监督处罚手段，也致使《企业会计准则第 28 号》中的要求缺乏约束力。

（二）滥用会计差错更正

依据《企业会计准则第 28 号》，"前期差错"是指由于没有运用或错误运用，编报前期财务报表时预期能够取得并加以考虑的可靠信息以及前期财务报告批准报出时能够取得的可靠信息，而对前期财务报表造成省略漏报或错报。前期差错通常包括计算错误、应用会计政策错误、疏忽或曲解事实以及舞弊产生的影响以及存货、固定资产盘盈等。

会计差错产生的原因主要包括会计人员的工作失误（如计算错误、疏忽）、会计人员专业水平不足（如应用会计政策错误、曲解事实、对新发布的政策准则理解存在偏差）、企业存在内部控制缺陷导致管理不善（如存货、固定资产盘盈盘亏）等，企业可以利用更正前期差错，对前期已经发布的财务报告中的错误信息进行更正并体现该错误对于企业财务报表产生的累积影响。而恶意的会计差错更正，则反映出企业发布虚假会计报告，进行虚假陈述的意图，以达到粉饰业绩、操纵利润等目的，属于一种财务舞弊的手段。

由于近年来多项针对《企业会计准则》的修订，以及企业经济业务类型的发展，上市公司公告差错更正的数量也在逐年增加，仅 2020 年一年就有高达 304 份会计差错更正公告，其中又以和收入成本确认相关的差错更正数量最多（数据来源于 WIND）。

由于会计差错更正与恶意的会计差错更正的外在表现都是对于已经公布的财务信息的调整，是否属于舞弊行为的主要区别在于造成会计差错的动因是客观的错误还是主观的捏造扭曲。当企业的会计差错更正出现以下特征时，应当关注是否有舞弊情形发生：

1. 差错更正对营收、利润和资产规模产生较大金额影响。

2. 差错更正项目异常，如对银行存款期末余额进行差错更正。

3. 差错更正频率较高或一次性进行多项会计差错更正。

4. 差错更正时点异常，如在企业财务报告披露当天或者前后相近时间段。

5. 未及时对发现的会计差错进行更正或者滞后披露。

但无论属于舞弊与否，当企业的财务报表出现重大的会计差错需要进行更正时，则已经表明信息披露义务人就有关事实做出了含有不真实成分的公开陈述，未能有效地履行信息披露义务，企业也相应暴露于财务合规风险之中。因此，当会计差错出现时，企业的管理层需要对差错的原因有充分的了解，评估其所暴露出来的内部控制有效性问题，会计差错事项是否涉及违法违规，"更正"后的处理是否完全正确，是否有必要重新出具更正后的前期报表，以及对会计差错进行及时、充分的披露。

（三）信息披露违规

《证券法》第五章第七十八条对上市公司的信息披露做出如下要求："发行人及法律、行政法规和国务院证券监督管理机构规定的其他信息披露义务人，应当及时依法履行信息披露义务。信息披露义务人披露的信息，应当真实、准确、完整，简明清晰，通俗易懂，不得有虚假记载、误导性陈述或者重大遗漏……"《企业会计准则》中亦要求企业所披露的会计信息需要满足真实性、可靠性和谨慎性等质量特征，公允地反映企业真实的财务状况、经营成果和现金流量。但由于企业与其他报表使用者之间存在的信息不对称性，企业可以通过违规的信息披露行为（如捏造信息、隐瞒信息等），以欺骗的形式获得非法的利益，即信息披露违规行为。

当上市公司的公开信息中出现以下情形，都是值得关注的企业已经或意图实施信息披露违规行为信号：

1. 异常的业绩变动，如收入、利润的异常波动，明显异于行业水平的毛利率等。

2. 异常的会计政策变化，如调整应收款项坏账计提比例、固定资产折旧年限等。

3. 关联方交易激增或刻意隐瞒关联方交易。

4. 大股东的异常股票交易，如突然进行股票减持或股权质押。

5. 审计事务所的更换，审计事务所信誉不佳，审计费用的大幅波动。

6. 未能按照规定的时间及时披露财务报告。

三、财务报表舞弊中常见的风险信号和手段

除了滥用会计政策等，另外一种财务合规风险则来自企业财务报表舞弊。与前述的对政策等的滥用不同，企业发生财务报表舞弊是会计记录所涉及的交易实质舞弊行为，主要涉及第三

方相关、财务指标和现金流以及重大非常规交易这三个方面。值得说明的是，并不是存在以下情形时就一定存在财务舞弊行为，需要结合企业的实际业务、所属行业进行具体分析。

（一）第三方相关

企业在经营中会发生大量的采购和销售行为，与关联方相关的交易是需要重点关注的风险点。舞弊者往往会将其关联方包装成第三方公司，这类所谓的第三方公司可称之为据称第三方。基于大量分析，我们认为如果含有以下情况，相关的据称第三方将具有潜在的关联方风险，需要进一步执行延伸程序以确认。

1. 企业与其客户或供应商之间隐蔽的关联关系

舞弊行为往往需要通过其据称的第三方客户或供应商来实现，比如企业员工的联系电话与据称的第三方客户或供应商存在重合；企业员工的邮件地址与据称的第三方客户或供应商存在重合；企业员工与据称的第三方客户或供应商的法人、董事、监事或高管存在重名；企业与据称的第三方之间仅涉及资金往来而不具有商业实质的行为，如向据称的第三方供应商提供无商业实质的预付款，企业从据称的第三方客户处收到无商业实质的预收款；企业存在大金额的长账龄的应收款项等。

2. 主要供应商或客户的频繁更换

在对企业近三年的主要供应商和客户进行分析时，要重点关注是否存在频繁更换的情况。一般来说，业务稳定的企业，其主要的客户和供应商是相对稳定的。如果在对企业近三年前五大客户和供应商进行分析时发现其清单频繁更换，特别是三年来几乎没有同一客户或供应商持续处于该企业前五大客户或供应商之列，则需要特别关注。该点主要涉及客户或供应商主要为企业的情况，如果其客户或供应商主要为个人，则不适用此点分析。

以某甲集团为例，在对其 20×6 年度至 20×8 年度的重大客户进行分析时发现，其贡献了70%销售额的前五大客户 A、B、C、D 和 E，均在该分析期间的前三年内注册成立，且其中的两家重大客户 B 和 D 在 20×8 年和 20×9 年陆续注销。在这种情况下其主要客户的交易将有可能存在虚假交易的舞弊风险，需要引起高度重视。

3. 过于集中的销售或采购

对于主要客户和供应商的分析，除了企业的变动情况，还要考虑主要客户和供应商所涉及的交易量的分析。比如对企业的前三大客户和供应商在过去三年的销售额和采购额占比进行汇总分析，如果其占比一直居高不下，要考虑可能存在虚假交易的可能性。此分析要结合该公司的业务模式和所处行业的特点综合考虑。

（二）财务指标和现金流

分析性复核往往能发现不合理的财务指标，从而据此识别出潜在的舞弊和财务不合规事项。常见的财务指标和现金流分析主要包括但不限于以下情况：资金充足但负债率高，向第三方提供无商业实质的预付款，盈利但经营活动现金流为负数，生产成本与产能不相符，不合理的研发费用资产化，资本性支出与折旧不相符，不合理的高于同行的毛利率，利息收入与银行存款不相符等。我们具体举两个例子来说明。

1. 资金充足但负债率高

某乙公司其资产负债表日的银行存款为人民币 10 亿元，其借款为人民币 8 亿元，应付账款为人民币 2 亿元。考虑到一般情况下，借款利率是高于存款利率的，乙公司持有大量银行存款却不用于借款的归还具有一定的不合理性。在后续执行进一步延伸程序后发现，乙公司拥有的人民币 10 亿元银行存款，大部分都已被质押给银行以作为担保人实现银行对舞弊者持有的一家公司的贷款，而相关的质押担保事项乙公司管理层并不知晓。

2. 异于同行业公司的业绩

某丙公司在过去三年的毛利率分别为 30%、28% 和 29%，单从丙公司自身近三年的趋势看，其毛利率较为稳定，未发现异常情况。但是，在获取了其同行业竞争公司戊公司的毛利率后，发现该戊公司近三年的毛利率为 5%、−5% 和 10%。两家同级别的竞争公司毛利率趋势存在很大差异，这就需要引起重点关注，结合两家公司所处细分行业的行情和公司具体情况进行进一步细化分析，以验证差异的合理性，是否存在舞弊。

在进行收入和月度访问量（从市场数据供应商处获得）分析时，发现某电子商务公司丁公司近三年的收入和月度访问量是比较稳定的，其相关比例也是稳定的，基本上是 5 万访问量对应人民币 7 亿元收入。但另获取了其同行业两家竞争公司的相关数据后，发现分别为 50 万访问量对应人民币 8 亿元收入和 45 万访问量对应人民币 6 亿元收入。对比分析后，可以发现丁公司的单位访问量收入贡献远远大于其竞争公司，且另两家公司的数据比例是相近的。这一比例的重大差异，需要引起重点关注。

（三）重大非常规交易

一些非常规交易对财务报表存在重大影响，重大事件驱动型企业和频繁且存疑的收购和出售都需要仔细评估舞弊和财务合规风险。

B 集团在 20×8 年发生了两笔重大收购，收购价格分别为人民币 1 亿元（实际价值约为人民币 6000 万元）和人民币 9000 万元（实际公允价值约为人民币 4000 万元），相关的收购价款都已全额支付给交易对手方且股权业已完成变更。同年 B 集团的销售金额大增，分析发现该增长主要来源于某第三方客户，且相关的销售款项均已收回。在对收购相关的交易对手方和重大客户进行背景调查和潜在关联关系核查时发现，被收购的两个公司和带来销售大额增长的重大客户，均受同一控股股东控制，需重点关注其财务合规风险。

近年来，企业财务舞弊形式越来越多，财务舞弊的行为更为隐蔽，为了有效地识别、发现和应对财务舞弊风险，各企业也在反舞弊过程中不断地学习和总结经验教训，持续提高识别财务舞弊行为的能力，并建立了专业的财务合规团队。

反舞弊的关键是要制定有针对性的反舞弊程序，这就需要了解舞弊事件发生的要素，以风险为本的角度去理解舞弊事件形成的原因，并结合企业所在行业、企业的业务运营管理模式及财务表现来识别及发现有潜在舞弊风险的重点领域。

可见，通过了解企业财务舞弊可能涉及的手段，有利于设计与执行有效的反舞弊程序。常见的企业财务状况相关的舞弊手段主要包括但不限于：对外披露的财务数据与工商机关登记或其他公开渠道披露的数据不符；利用未披露的关联方扮演客户或供应商、虚构交易、夸大盈利能力；利用空壳公司扮演客户或供应商、虚构交易、夸大盈利能力；在真实交易的基础上伪造部分交易，或在价格、数量等重要交易条款上造假；通过虚构大额固定资产、在建工程等长期资产支出以消耗虚构利润占用的资金；虚构大额研发费用资本化支出，或将应费用化的研发支出资本化；伪造银行单据，虚增银行存款；伪造客户文件及交易单据，将不符合收入确认条件的收款计入收入；存在大额未披露的负债等。

四、经营合规风险的财务体现

会计信息真实可靠、内容完整是财务合规管理中对企业经营业务合规风险控制的重要组成部分。日常工作中企业财务合规管理需关注的经营合规风险主要有以下几个方面：

（一）反腐败与反商业贿赂

《刑法》及《反不正当竞争法》都规定了企业行贿所应承担的法律责任，行贿对象包括国家工作人员以及非国家工作人员。从财务合规管理的角度而言，除了在财务上把好关，对企业或企业员工的行贿行为投反对票，同时还要能识别出那些被"包装"成正常商业交易，但是实际却是潜在的商业贿赂的行为。例如，企业员工报销中存在大额整数发票或者收到发行购物卡或者代金券的公司开具的发票。如果费用报销的发票来自一家专业发行购物卡或者代金券的公司，但发票项目为会务费，而发票开具方的经营范围中并无会议组织且有证据证明其并无能力提供会务相关的服务，则费用报销申请人所提交的发票背后的交易实质存在潜在的商业贿赂风险。其他类似的情况包括员工报销中将购买昂贵奢侈品的发票作为业务招待费来报销，或者购买不合理金额的办公用品等。

（二）贸易合规、反洗钱与反网络诈骗

企业的财务会计机构掌握着企业所有交易对手方的信息，知道企业的原材料来自哪里，企业的货物又卖给了谁，企业资金从何处来又去往何处。因此，财务合规管理有责任也有义务对交易与交易对手方的合规性进行审查。

1. 贸易合规

对于与境外有贸易往来的企业来说，贸易合规是企业合规经营很重要的一部分。中兴通讯于 2016 年 3 月因出口合规问题被美国实施出口限制制裁。美国对中兴通讯的制裁，造成了中兴通讯用了几年的时间才慢慢恢复元气。因此，依赖与境外进行进出口贸易的企业需要管理出口贸易管制的合规风险。贸易合规风险不是一个割裂的流程可以管控的，而是从研发、设计、采购、生产到销售全流程的体系。

财务合规管理应当思考如何保证企业的客户并非出口管制清单上的企业。对于拥有庞大经销体系的企业，也必须了解其经销商所扮演的角色。因为如果企业通过经销商将产品出售给在管制清单上的客户，一样会面临贸易合规的制裁。

2. 反洗钱

由于支付方式的不断创新，反洗钱也不只是传统金融机构所面对的合规问题，许多新兴的支付平台也需要面对。洗钱主要包含因走私、毒品、赌博、贪污受贿及金融诈骗所产生的支付及转账。

3. 反网络诈骗

除了针对个人的网络诈骗，针对企业的网络诈骗也时有发生，如通过网络钓鱼邮件获取企业关键信息，或者冒充企业管理层向企业财务会计人员下达付款指令等。

与贸易合规一样，反洗钱和反网络诈骗合规风险的关键也是了解交易对手方。除了在引入客户或供应商的时候做好背景调查，了解业务，收集银行账号信息，企业财务合规管理在设计收付款流程时也应当注意内部控制是否可以对每一笔高风险交易的真实性、合理性和交易的频率进行检查。

（三）反不正当竞争

在市场营销活动中，企业也会有一定的合规要求。《反不正当竞争法》规定，经营者不得采用财物或者其他手段进行贿赂以销售或者购买商品。在账外暗中给予对方单位或者个人回扣的，以行贿论处；对方单位或者个人在账外暗中收受回扣的，以受贿论处。经营者销售或者购买商品，可以以明示方式给对方折扣，可以给中间人佣金。经营者给对方折扣、给中间人佣金的，必须如实入账。接受折扣、佣金的经营者必须如实入账。

企业需要关注给予对方折扣的方式是否违反法律要求，支付折扣的支持性的文档是否能足够说明交易情况，是否存在以替代性的支持性文档如替代发票、虚假的咨询服务合同等来套取资金去支付回扣但不如实记账的情况。

第三节　财务合规管理体系

为了提升企业经营管理水平，保障持续健康发展，作为企业组织内部统一调度资金且全程记录企业经济活动的机制，建立完善的财务合规管理体系是企业全面合规的基础之一。

一、财务合规风险识别与评估

风险识别与评估是实施合规管理体系以及分配资源和流程以管理已识别合规风险的基础。企业应先确认可能影响其合规管理体系的问题，包括但不限于：

1. 内部，商业模型，包括战略、运营规模、运营复杂性和可持续性，风险偏好。

2. 外部，开展业务的环境，在业务运行中与交易对手方，如客户，供应商及其他第三方之间业务关系的性质和范围。

3. 合规义务，适用的法律法规及其他监管规定。

4. 合规资源，内部人员结构、政策流程、企业文化和技术。

不同地区、不同规模、不同行业的企业在业务运行中应考虑不同的财务风险侧重点。制造业企业显然与零售业企业关注的主要财务合规风险并不相同，制造业企业会更关注其固定资产和在建工程的管理，而零售业企业则会更关注其现金收付款的合规性。企业还可考虑其风险偏好对于风险评估的影响。如同商业模型一样，企业的风险偏好会随着企业的行业属性和发展阶段各不相同，初创型企业大多有更高的风险偏好，而成熟的大型企业则风险偏好相对较低。适用的法律法规和其他监管规定以及企业内部可以利用的合规资源同样会影响合规需求和期望。

由于财务合规管理在一定程度上是企业合规体系的基础，这些内外部问题应反映在风险评估和资源配置的侧重点不同而不应是削弱财务合规管理的理由。

企业应基于对上述这些问题的回答，通过财务合规义务与经营活动、产品和服务运营、与交易对手方的关联来识别财务合规风险。企业应通过考虑违规事件的根本原因及后果来分析合规风险，后果可能是经济损失、声誉损失以及民事及刑事责任。通过分析合规风险事项的发生概率高低和一旦发生所带来的负面影响大小即可对财务合规风险进行评估。

企业应当定期评估财务合规风险，并当经营情况或外部环境发生重大变化时，及时进行更新。例如，当企业完成在公开市场上市以后，其财务合规风险会因其成为公众公司而增加新的监管要求和信息披露要求。在这种情况下，企业需对其财务合规风险重新进行评估。

与其他风险一样，财务合规风险包括固有风险和剩余风险。固有风险是指企业处于无内部控制状态下所面临的所有合规风险。剩余风险则是指企业现有合规管理体系无法有效控制的合规风险。企业财务合规管理体系的目标应是将剩余风险降低到可接受的风险水平。

二、建立财务合规管理体系

企业基于合规风险评估的结果，即可着手建立财务合规管理体系。建立管理体系的第一步是确定财务合规职能。财务合规职能应当由企业内部的法律与合规、财务和风险管理等部门在企业高级管理层的领导下协同组成。该职能应负责框架的建立、运行、改进和监督报告。

财务合规管理体系应包括以下三个主要部分：

1. 风险防范，行为准则、财务合规政策与流程、内部控制、培训。

2. 发现风险事项，"大声说出来"的文化和可信赖的合规举报机制、尽职调查、监督稽核和审计。

3. 应对风险，违规事件管理、内部调查、纠正和补救措施。

财务合规职能应该有足够的资源来支持其执行必要工作，包括获得技术手段的支持以使得合规管理体系能够全面有效地支持企业合规运营。

三、制定政策和设定内部控制

企业应建立财务合规政策，规范财务流程并定义流程中的内部控制。财务合规政策应符合企业的合规义务，并需确定适用范围内所有相关人员的责任，这也是将要开展的有效性评价的标准。

财务合规政策应与企业运营环境的规模和复杂程度有关，也应与其他政策相整合，并具备可执行性。财务合规政策一般应包含以下内容：

1. 目标说明；

2. 政策适用范围，复核周期；

3. 政策负责人；

4. 政策主体，包括职责分工、资源分配、文档要求、特殊审批要求等；

5. 其他，包括附录等。

财务合规政策不应是一个孤立的文件，它需要标准流程和内部控制文件的支持。应根据财务合规政策设计标准流程，使企业员工更直观地了解政策执行的状况。

企业亦应设计相关内部控制以防止、发现及纠正违反财务合规政策的行为。企业应考虑手动控制与自动控制、预防性控制与发现性控制相结合的方式，将风险控制在可承受范围内。内部控制一般包括职责分离、授权审批、财产保护控制、预算控制、绩效考评等。

四、培训与建议

无论是管理层，财务合规人员或普通员工，都应了解企业的合规义务并有能力有效履行合规政策。这种能力可以通过多种形式来获得，包括培训与建议。

合规培训是确保企业员工普遍拥有履行合规政策能力的最好方式。培训除了宣传合规政策和标准流程，同时也可以增强企业员工的合规风险意识，提升风险应对能力。

合规培训应当考虑企业员工知识和能力的差距，应具有足够的灵活性以适应组织和人员的不同需求。培训最好能以交互方式进行而非照本宣科，互动式的培训能更好地激发参与者的兴趣，也更容易体现不合规将造成的严重后果。同时，财务合规职能也应当持续评估培训的有效性，在一定情况下考虑进行培训更新。

除了合规培训以外，企业也应当考虑个别员工就一些特定的财务合规事项寻求建议的情况。常设的咨询热线会帮助企业员工更好地获取对财务合规性问题的解答。

五、持续运行财务合规管理体系

在建立财务合规管理体系后，应确保其持续运行并及时应对管理体系所发现的财务合规风险事项。

企业应通过提供和保存必要的书面文件以确保流程实施过程符合合规政策及标准流程，内部控制措施应正常运转。

如果内部控制措施或者内部审核发现了任何风险事项，如授权审批机制检查发现问题，或者内部举报系统接获对不合规行为的举报，企业应当按照合规管理体系的规定开展调查工作，以评估是否为实际的违规事件。

六、检查与评价

财务合规职能应当持续检查与评价财务合规管理体系的有效性，以确保企业合规义务的履行。检查与评价流程需先确定工作范围、检查方法、检查周期及对检查结果的分析方法，并以此为依据评估合规绩效和财务合规管理体系的有效性。

七、审核、监督与报告

在财务合规体系自身的检查与评价基础上，企业应当考虑制定独立审核制度，明确相关机构的职责权限，规范审核的程序、方法和要求。相关机构可采取定期的独立审核，或者在当企业经营环境发生较大调整或变化的情况下进行有针对性的审核。

审核需按照认定标准，对审核过程中发现的缺陷，分析其产生的根本原因，究竟是设计缺陷还是运行缺陷，做出纠正，提出整改方案，并及时向管理层或治理层书面报告。企业还需要定期对合规管理体系和内部控制的有效性进行自我评价，出具报告。

第四节　财务合规监督

一、对财务合规风险的分类管理

（一）职能设置、财务会计账簿及凭证管理

财务机构职能设置、财务会计账簿及凭证管理中存在的财务合规风险几乎都是由不按照法律法规要求管理所导致的问题。企业在应对这些合规风险时应当严格按照法律法规所规定的制度，系统分析梳理业务流程中的不相容职责，实施职责分离，形成相互制约的工作机制。同时，企业应当严格执行国家统一财务会计制度，加强会计基础工作，明确会计凭证、会计账簿和财务会计报告的处理程序，保证会计资料真实完整。

（二）会计政策、核算及信息披露

1. 会计政策与会计估计的合规风险管理

（1）会计政策与会计估计的选择体系

企业在制定会计政策和会计估计时，应当建立一个科学的、规范的体系以规范制定和评估过程，从而进一步确保制定出合理的会计政策和会计估计。该体系应当包括信息的收集利用，具体的选择方法（测算模型或论证过程），多部门人员（包括企业财务人员、企业管理人员、企业内外部专家等）的评估形成一致意见，整体过程的记录和相关文件的保存。

（2）加强与管理部门的沟通

在开始会计政策和会计估计制定时，可以与管理部门沟通，初步了解管理部门用于确定、计量与控制会计政策、会计估计事项的有关方针政策和工作程序。通过参考管理机构的意见和建议，以规避企业在确定企业采用的会计政策、会计估计时发生违规行为的风险。

2. 会计核算的合规风险

管理企业的会计核算风险，应当从以下四个维度入手进行规范：

（1）完善企业会计核算制度

通过制度进行约束，让企业获得更多发展。会计核算和企业的每个环节都有关，一旦在会计核算的时候产生漏洞，很有可能会使得内部的管控力下降，企业的发展也会遇到很多阻碍。

会计核算还和企业的岗位也有很大的关联。因此，相对健全的核算制度是必要的。

（2）明确会计核算岗位职责

使会计的核算工作更加规范，需要设置比较合理的岗位，要能够始终坚持明确会计核算的相关职责。会计核算类的工作，必须收集及整理很多信息，这些信息可以及时反映企业的实际情况，同时也是企业的相关管理人员制订计划最重要的依据。所以，会计核算小组的自主权必须很高，不会受到别的部门的干预。在成立相关小组的时候，要避免任人唯亲的情况，要挑选职业道德观念较强，具有相应的专业素养的成员来完成相关工作。

（3）提升会计信息核算的准确性

首先，会计人员在成本核算过程中，要结合企业的实际情况，使用适当的核算方式。以日常工作中的成本核算工作为例，企业需保证成本核算的方式与发展目标相吻合。其次，企业管理层不仅要重视原材料采购方面的成本问题，也要对企业运营中的其他环节成本核算加以重视。最后，企业财务部门要更新工作理念，与企业中的其他部门加强沟通与合作，如人力资源部门、销售部门与仓储部门等，全方位地共享信息，并保证信息具有高度准确性，获取企业中其他部门的配合与支持。

企业在会计核算中可以引入信息化技术，当前有很多企业在财务管理中都使用了 ERP 系统来展开财务分析，信息化技术能够提升会计核算工作效率，同时也能保证会计核算结果的准确度。企业的管理层应当充分认识到信息技术在企业会计核算中的有效性与重要性，加强会计核算工作中的信息化建设，提供硬件与软件条件，以保障企业会计核算工作顺利高效开展。

（4）完善企业会计核算内部监管制度

企业会计核算不仅要依靠外部法律的强制监管，同时也要通过内部核算制度从源头上进行规范。企业要依据国家的法律法规以及自身的实际情况，构建具有针对性、适应性的会计核算内部监管制度，以适应市场经济的变化与发展，实现企业的健康与稳定进步。企业可以通过确立会计档案管理方案、会计电算化与资产权益负债的管理方案等，建立明确的会计内部核算制度，提升会计核算的工作效率，保证会计核算结果的准确性与真实性，更加真实地反映出企业资金的流动情况。与此同时，企业要构建与会计核算制度相匹配的监管制度，全程监管企业会计核算工作的各项细节，对会计核算人员的操作行为进行约束与规范。

外部监管对于企业来说同样有着非常重要的作用，外部监管是企业会计核算中的重要组成部分，因此企业要积极地借助外部监管，以提升企业会计核算工作的规范性与标准化，要求会计人员按照相关法律法规进行会计工作，当管理人员发现不规范或不合理的会计操作行为时，要对其进行警告或处理。税务局财政部门要加强指导工作，帮助企业规范化地记账，以强化企业的内部会计核算制度，保证企业会计核算的高效性与真实性。

（三）财务报表项目合规风险

针对财务报表项目合规风险的管理控制应关注以下七个方面：

1. 资金资产活动

（1）资金资产管理

关注不相容岗位的有效分离，资金资产交易真实性，账账、账证、账实一致性等相关合规控制流程和控制措施的有效性。

（2）资金资产活动相关账户及财务报表列报

关注资金归集管理、银行账户管理、票据管理、支付与授权审批管理、资产管理、坏账管理、担保管理等控制措施的有效性。

关注违规占用资金的风险，加强对大股东借款、担保、投融资等活动的审核、追踪、预警和披露的控制。

2. 收入

（1）收入确认政策的合理性及其变更

严格按照企业会计准则规定，评估收入确认政策的合理性，针对不同产品销售与服务提供方式所采用的具体确认方法的合理性，确认时点和确认依据的合理性以及披露的收入确认原则与实际确认方法的一致性。

关注对收入确认会计政策变更程序的控制的有效性以及变更内容的合理性。

（2）收入相关账户及财务报表列报

关注客户资信调查，交易合同商业背景的真实性，资金资产交易的真实性，销售模式的合理性和交易价格的公允性等合规控制流程和控制措施的有效性。

关注客户管理、销售管理、定价管理、合同管理、往来款项管理、坏账计提及核销等合规控制流程和控制措施的有效性。

3. 成本费用

（1）成本费用相关会计政策和会计估计及其变更

严格按照企业会计准则规定，评估成本费用核算相关会计政策和会计估计的合理性，针对不同业务、产品、采购与生产流程所采用的具体核算方法的合理性，核算时点和核算依据基于商业实质的合理性以及披露的成本核算原则与实际核算方法的一致性。

关注对成本费用相关会计政策和会计估计变更程序控制的有效性以及变更内容的合理性。

（2）成本费用相关账户及财务报表列报

关注营业收入与成本的匹配程度、成本费用归集与分配的准确性和完整性等合规控制流程和控制措施的有效性。

关注研发管理、采购管理、资金管理、资产管理、合同管理和会计核算等合规控制流程和控制措施的有效性。

4. 投资活动

（1）投资管理

关注对交易标的真实性、交易价格公允性、交易信息披露真实完整性等合规控制流程和控制措施的有效性。

（2）投资活动相关账户及财务报表列报

关注投资活动的论证与决策控制，包括对投资目标、规模、方式、资金来源、风险与收益等进行评价与控制，在立项与决策、评估与审计、交易价格确定、交易合同管理、股权转让办理和会计核算等重要环节和领域建立并实施有效的合规控制流程和控制措施。

关注投后管理合规控制的有效实施，包括股权变更、债务管理、商誉减值测试及减值计提、担保管理、人员委派与考核、股东事务管理等。

关注对子公司或投资项目的管控，上市公司应要求子公司或投资项目在规定的合理时间内建立并有效实施合规控制，以便追踪监控子公司或投资项目进展，定期评估风险和合规控制缺陷，并强化整改落实和责任追责。

5. 关联交易

（1）关联交易管理

关注交易商业背景的真实性、资金资产交易的真实性、销售模式的合理性和公允性、关联交易金额上限的合规性等合规控制流程和控制措施的有效性。

（2）关联交易列报

关注关联方确认与审批授权、交易类型、资金往来界定、定价管理、合同管理、信用管理和披露等关键环节的合规控制流程和控制措施的有效性。

6. 重要风险业务和重大风险事件

（1）重要风险业务

定期评估重要风险业务可能导致的财务报告错报风险，尤其应关注以复杂交易掩盖业务实质和以表面上合法合规掩盖实质上违法违规行为的风险。

针对重要风险业务建立并持续完善闭环控制流程，强化合规论证、外部咨询、集体决策、定期培训、加强监控预警等控制措施，并定期评估控制效果。

（2）重大风险因素和事件预警及应急处置机制建设与实施

当内外部重大风险因素变化或风险事件发生时，应能够及时识别可能蒙受的资产损失、负面影响以及可能导致的财务报告错报风险。上市公司要制定重大风险事件报告、披露等管理制度，及时准确披露信息，合理预计或有负债和其他财务报告影响，深入剖析原因，及时完善控制措施，避免风险事件再次发生并定期评估控制效果。

7. 财务报告编制

（1）财务报告流程

关注合并报表范围确定、重大会计事项处理、交易确认时点、合并抵销、披露事项等财务报告编制和审批流程，评估财务报告错报风险所对应控制措施的有效性。

关注财务报告在收入和成本确认、关联交易、担保、并购重组、期后重大会计调整、持续经营等方面可能存在漏报、错报、侵占上市公司利益等风险的评估和控制的有效性。

（2）与财务报告编制相关的信息系统

实施有效的信息系统总体控制，确保信息系统操作的可追溯性。

实施有效的信息系统应用控制，包括对重要业务系统建立有效的访问权限管理、禁止不相容岗位用户账号的交叉操作以及建立实施不同信息系统之间的接口配置、系统配置、校验等其他重要的应用控制。

（3）"关键少数"

实施有效措施，确保企业与其控股股东、实际控制人及其关联方不违反法律法规和公司章程干涉企业的运作。

形成有效机制，确保股东（大）会、董事会、监事会、管理层在决策、执行和监督等方面的分工和制衡，完善公司治理。

明确董事会、管理层与相关部门在反舞弊工作中的职责权限，建立舞弊线索的发现、举报、调查、处理、报告和纠正程序，确保举报、投诉渠道通畅。

（4）经营合规风险的财务体现

企业应该对管理经营合规风险有一个全局观，要从传统的"记对账"的观念中走出来，充分理解财务合规管理是企业运营管理和全面合规风险管理中重要的一部分。在面对经营合规风险时，谨记此类风险不单单是法律部或销售部的责任，企业财务会计人员作为企业经济活动的记录者和资金的管理者，在收付款前有责任把好"最后一道关"。企业应建立和完善流程机制，使财务人员了解每笔交易背后的"故事"，对于支持文档的真实性、合理性始终保持专业态度，同时了解各项法律法规的要求。在设计企业内部控制时，根据企业所处行业，考虑企业可能面临的经营合规风险，将财务合规控制作为经营合规风险内部控制的一部分，从而降低风险到可接受水平。

经营合规风险通常是以与资金有关的形式发生，无论是费用报销还是向第三方付款。在防范此类合规风险时，财务合规管理可以利用技术手段进行大数据分析，横向纵向比较资金流动趋势。对于不合理的趋势，充分了解其原因，发掘其中潜在的合规风险。同时对于一些共性的问题，财务合规管理应从流程和内部控制角度进行评估，考虑是否需要补充或者改进优化。

例如，假设企业政策规定对外招待金额单次低于 5 万元人民币的不需要除直线经理以外的额外审批。当财务人员在做数据分析时发现，很多招待费的单笔金额都集中在 4.9 万元或者 4.99 万元。财务合规管理可抽样查看具体文件，评估这种现象是否合理，是否存在为了规避额外审批而出现将整单招待费用拆分为数单从而使得每单报销金额小于需额外审批的限额的现象。

财务合规人员也应定期与企业内部风险管理、法律合规等其他职能部门及时沟通在平时审阅文档中的发现，寻求专业人士的意见。同时对于任何新的业务模式及合作伙伴，企业财务合规人员应当主动了解，获取足够多的信息，帮助财务人员判断是否有潜在的合规风险。

以企业销售推广费用的合规风险管理为例介绍财务合规在企业经营合规风险中的作用。企业销售推广费用的合规风险管理需要保证费用发生的真实性和合规合法性。企业的营销活动所产生的费用往往存在总金额大但单笔金额有限、频次高、种类繁多且性质复杂的特点。

1. 报销费用政策和标准流程

企业应根据自身的业务属性和风险偏好，评估其销售推广费用的合规风险，以此为基础建立企业对于销售推广费用管理的政策和标准流程。除此之外，企业可准备一份费用报销时需提交供审核的支持性文件清单，并将该清单与业务部门沟通，保持信息透明。

例如，企业的政策可规定在发生商务宴请时参加宴请的人员的人均消费上限限额。政策和标准流程亦应明确何种的支持性文件可以看出出席商务宴请的人数，并且计算出人均消费。再如，企业严格禁止报销购买购物卡等现金等价物的费用，那么一张由超市开具的发票是否能证明所报销的费用并非现金等价物，如果不足以证明这一点，那企业就应该要求员工提交其他支持性文件。

2. 销售推广费用发生前

企业可在销售推广费用发生前设置业务直属经理的预审批，使其了解将要发生的费用的用途及预算金额。

3. 销售推广费用发生过程中

员工在费用发生过程中需确保费用的真实性和合法性，尽可能收集政策流程中所规定的支持性文档。

4. 销售推广费用发生后的审批

在费用审批方面，企业财务合规部门应与业务部门协同工作，直线经理应该是费用审批的主要责任人，其应完全掌握审批过的报销费用的真实性，知道每一笔费用的用途；而财务合规管理部门对费用的金额以及支持性文档进行审核，确保其合规性。

5. 销售推广费用数据分析和审核

当企业的销售推广费用在其利润表中比重很高时，企业需要从财务合规管理角度考虑是否需进行额外的数据分析和审核。需要这样做的理由是对个别交易的审核是无法关注到长期趋势的。有的时候单笔报销交易无异常，但是与其他员工在同一时段的费用，或者同一个报销人不同时段的费用比较的话，可能会发现其他问题。企业可以设立对销售推广费用以大数据分析为基础进行额外检查，分析维度可以包括：

（1）时间：同一时间段不同员工的费用，同一员工不同时间段的费用

（2）地点：同一地区不同员工的费用，同一员工在不同地区的费用

（3）供应商（如餐馆、超市等）：不同员工使用同一供应商，或者特定员工反复使用特定供应商

（4）金额：不同员工的同样金额的费用，或者特定员工反复报销同样金额的费用

在对销售推广费用进行长期跟踪分析后，一旦发现异常情况，企业财务合规管理职能则应启动内部调查程序，对发现的异常情况进行更深入的调查，如与相关供应商进行联系，与员工进行合规访谈了解情况等。

总结来说，对于销售推广费用的报销，企业不应当只关注在发票上，更应该关注费用本身以及背后的故事。在管理相关费用时，可由点到面再到点，找出不合理的费用，帮助企业规避合规风险。

二、识别财务合规风险的主要手段

识别财务合规风险的手段主要包括但不限于以下四个方面：文件审阅和财务报表分析，通过外部渠道或获取公开信息进行比对，利用数据工具进行分析和识别，对客户、供应商和重大交易对手方实地走访。

（一）文件审阅和财务报表分析

1. 文件审阅

文件审阅作为传统的风险识别程序，是最为常见和基础的步骤之一，主要涉及获取并审阅相关交易或事项的支持文件，包括但不限于：董事会决议、公司章程、法院判决书、交易合同、存货出入库单据、物流单据、发票、完工证明、竣工验收报告等。通过对这些原始支持文件的检查核对，分析相关交易的真实性和完整性、相关金额确认的合理性，从而识别财务合规风险，确认是否存在舞弊行为。

2. 财务报表分析

财务报表分析以阅读财务报表为起点，以服务决策为目的。具体可以概括为：了解过去，

认识和把握企业生产经营活动的历史规律；评价现在，对企业生产经营活动及其目前管理状态及存在的问题等做出评估；预计未来，对企业未来的发展变化趋势做出预计和推测。财务报表分析的核心是分析和评价企业的偿债能力、获利能力和创造现金流量能力。但财务报表亦在以下方面存在一定的局限性，包括但不限于：企业管理层的意图和对会计信息的人为操纵，企业财务会计人员的业务素质，财务报表的时效性，独立审计的审计意见类型，会计信息披露的完整性，历史成本法、公允价值法，企业会计政策运用的差异等。

目前常用来分析的财务指标主要包括五大类：流动性财务指标、资产管理财务指标、偿债能力财务指标、盈利能力财务指标以及成长能力财务指标。此外，也需要关注银行存款、固定资产、在建工程的结余及变动，其他应收款、其他应付款、预付账款和预收账款余额较大的情况。

表6-2　流动性财务指标

	指标	指标描述	计算公式
1	流动比率	衡量企业支付其短期债务的能力	流动资产/流动负债
2	速动比率	衡量企业支付其短期债务的能力	（流动资产－存货净额）/流动负债
3	经营现金流比率	衡量企业支付其流动负债的能力	经营活动产生的现金流量净额/流动负债

表6-3　资产管理财务指标

	指标	指标描述	计算公式
1	存货周转率	衡量企业存货的管理水平和流动性	营业成本/［（期初存货净额+期末存货净额）/2］
2	应收账款周转率	衡量企业从获得应收账款的权利到收回款项、变成现金所需要的时间	营业收入/［（期初应收账款净额+期末应收账款净额）/2］
3	总资产周转率	衡量使用总资产生成销售的效率	营业收入/［（期初资产总额+期末资产总额）/2］

表6-4　偿债能力财务指标

	指标	指标描述	计算公式
1	资产负债率	衡量企业总资产中有多少是通过负债筹集的，是评价企业偿债能力和经营风险的重要指标	负债总额/资产总额
2	已获利息倍数	衡量企业支付利息的能力	息税前利润/利息费用

表 6-5　盈利能力财务指标

	指标	指标描述	计算公式
1	毛利率	衡量每一元销售收入中毛利所占的百分比	（营业收入-营业成本）/营业收入
2	净利率	衡量每一元销售收入中净利所占的百分比	净利润/营业收入
3	总资产报酬率	衡量企业总体资产生成利润的有效性	息税前利润/［（期初资产总额+期末资产总额）/2］
4	净资产收益率	衡量投资者投入企业的自有资本获取净收益的能力	净利润/平均净资产
5	投入资本回报率	衡量所有者在企业投资的回报率	归属于母公司股东的净利润/［（期初全部投入资本+期末全部投入资本）/2］
6	营业收入现金含量比	衡量销售商品或提供劳务创造现金流的能力	经营活动产生的现金流量净额/营业收入

表 6-6　成长能力财务指标

	指标	指标描述	计算公式
1	营业收入增长率	衡量营业收入的增减变动情况	本期营业收入/上期同期营业收入-1
2	净资产收益率增长率	衡量净资产收益率的增减变动情况	本期摊薄净资产收益率/上年同期摊薄净资产收益率-1

（二）通过外部渠道或获取公开信息进行比对

财务合规风险识别程序中非常重要的一环就是通过外部渠道或获取公开信息与企业财务所提供的信息、资料进行比对和验证。根据所获取信息的来源，可以分为以下三类：

1. 通过政府机构及其他第三方网站查询资料的真实性

此类来源主要包括但不限于以下途径：

（1）通过企业基本户开户行获取企业已开立银行账户清单核实其完整性和存在性；

（2）通过企业所在城市的中国人民银行支行营业网点获取企业征信报告核实企业信用情况；

（3）通过税务局网站及 12366 热线电话，查询企业所提供发票的真实性；

（4）通过海关网站查询报关单的真实性；

（5）通过物流公司网站查询采购及销售发货的真实性等。

2. 将企业的财务报表与网上其所得税及增值税纳税申报的数据进行核对

获取企业的所得税及增值税纳税申报数据与公司财务提供的财务信息进行核对，如有差异，须查找差异原因，并评估其合理性。

3. 将企业的财务报表与其金税系统（增值税）中的数据进行核对

从金税系统中下载可获得的资产负债表日最近一年的开具发票/收到发票的明细记录，将全年销项、进项税额与获取的公司年度增值税申报表上相应金额进行核对，如有差异，须查找差异原因，并评估其合理性。

（三）利用数据工具进行分析和识别

随着现代企业的日常生产经营及管理活动对电子数据的使用和依赖程度不断增加，越来越多的反舞弊程序相关的证据及信息是以电子数据的形式存在。同时，大型企业数以百万计的交易量也增加了有价值信息的保存与提取难度。因此，越来越多的反舞弊程序开始引入数据化的工具进行分析和识别。

1. 电子数据取证

识别与被调查事项有潜在关联关系的电子证据，通过使用适当的工具和方法保存所需的电子证据，在此基础上进行分析，披露与调查事实和情况有关的信息的电子证据，若需要，则通过以法院或其他法律程序可接受的方式呈现该电子证据。值得注意的是，除邮件等常规电子数据外，还可以对音频及聊天记录等非传统数据进行分析。

2. 数据分析

从数据分析的角度理解公司业务流程和相关数据结构；ERP 数据请求与数据验证；风险指标设计和运行测试；对高风险交易和风险指标的异常值进行优先排序，后续再进行全面测试。执行数据分析的目的是识别企业现阶段管理控制或措施尚未涵盖的风险或规避现有管理措施的领域；从交易层面识别潜在问题或不合规的迹象，如销售交易造假，重复提交同一笔费用申请，重复性付款等。

电子数据分析的工作内容决定了其相关的专家团队需要同时掌握计算机相关技术和财务知识。下面以某网络销售公司为例，概述常见的用于数据分析的风险指标，包括但不限于：供应商和客户分析，订单分析和第三方流水分析等。

（1）供应商和客户分析

对供应商和客户执行注册分析，用户信息分析，公司名称和地址的模糊匹配分析，注册时间分析以及用户信息分析（一对多）等。

（2）订单分析

订单分析主要是对头部订单、按客户类型订单分析、订单类型分析、异常时间下单行为分析和采购价与销售价分析，优惠分析，客户和供应商的关联分析，发货和退货分析，产品分析等。

（3）第三方流水分析

第三方流水分析主要是进行用户支付分析和业务订单与支付流水的核对分析。

3. 电子数据分析实例

在识别财务舞弊时，可利用神经网络分析工具对银行流水的资金流入及流出数据进行归纳识别。常用的数据分析工具包括但不限于：交易概况分析工具、筛选器分析工具、交易明细分析工具、动态资金关联网分析工具和摘要信息文字云分析工具等。

交易概况分析工具是根据拟分析的类别对资金分布进行汇总归纳，如按个人类型、客户集团类型、第三方类型和无对方类型总结汇总进账资金和出账资金的分布概况，按交易时间总结汇总各时间段的交易金额分布概况。

筛选器分析工具是通过设置可联动筛选器，将进账方、出账方与交易日期、交易时间以及交易金额等发挥组合作用，使用者可以观察到某一期间公司与某一类公司（如关联方公司）资金往来的具体情况。

交易明细分析工具。交易明细部分可受联动筛选器控制，展示资金流向详细信息，包括但不限于：本方户名、本方账号、身份证号、开户行、交易日期、交易时间、对方户名、对方账号、借方发生额、贷方发生额及摘要等。

动态资金关联网分析工具能够全面展示公司的资金交易集中度，更快聚焦交易风险较高的公司或个人，可结合联动筛选器进一步对高风险公司和个人资金流向进行追踪。

摘要信息文字云分析工具有助于判断公司资金流背后的交易实质，字体越大表明涉及金额越大，可结合联动筛选器进一步对某一类可疑资金的流向进行追踪。

（四）对客户、供应商和重大交易对手方实地走访

通过对文件审阅和财务报表分析、与公开数据的比对以及相关数据的分析，针对有潜在关联关系的客户、供应商和存疑的空壳公司建议进行实地走访。

实地查看存疑公司的注册地点、办公地点和仓库等，通过现场查看分析判断其与公司相关的交易是否相匹配以及经营的实际状况。基于以往实务经验，在实际走访中发现过的舞弊情况包括但不限于：提供的办公地址实际为民宅，且有住户；公司客户的送货地址为一块荒地，无仓库；实地走访到达 A 公司后，发现其客户 B 公司与其共用办公场所或在 A 公司对面或同一层楼等。

以某零售药店的实地走访为例，在对选取出的 10 家存疑零售门店的实地查看中发现，其中 7 家门店均处于营业中，未发现问题，但是另外三家门店存在不同的问题点，其中 A 门店确实存在，但是处于关闭状态，B 门店实际为烟酒店而非药店，C 门店确实是药店，但其是其他

品牌的药店。当发生这些异常情况时，需要获取企业相关部门人员的解释，并需执行，进一步延伸程序以分析判断其提供解释的合理性和真实性。

第五节 上市公司财务合规管理

不同企业的财务合规风险随着其所处的监管环境不同而存在差异。其中，股份公开发行的上市公司因其公众属性则需接受更严格的法律法规、财务会计制度和监管规定的要求。上市公司的财务合规管理与其治理和规范运作紧密相关。以下为 2020 年以来上市公司财务合规管理相关的新发展和新规范。

一、对上市公司董监高的监管及处罚力度不断加大

中国的资本市场经过 30 年的发展，截至 2020 年底，沪深两市上市公司超过 4000 家，香港上市公司超过 2500 家。[①]

董事、监事及高级管理人员，特别是独立董事作为上市公司治理结构中非常重要的一部分，在上市公司治理、维护中小股东权益方面起到了重要且不可替代的作用。据统计，截至 2020 年底，A 股上市公司任职独立董事超过 14000 人，港股上市公司任职独立董事超过8000 人。

《公司法》第一百七十九条及第一百八十条规定，董事、监事、高级管理人员应当遵守法律、行政法规和公司章程；对公司负有忠实义务，应当采取措施避免自身利益与公司利益冲突，不得利用职权牟取不正当利益；对公司负有勤勉义务，执行职务应当为公司的最大利益尽到管理者通常应有的合理注意。上市公司董监高应当依法履职，保证上市公司所披露的信息真实、准确、完整。近年来，在强监管的证券行政执法背景下，董监高因上市公司违法而被要求承担相应法律责任的情形频发。根据 2020 年度行政处罚和市场禁入情况，涉及 35 家公司的 91名监事，18 家上市公司的 53 名独立董事受到行政处罚。涉及独立董事的行政处罚案件共 18件，其中证监会作出处罚 7 件，证监局作出处罚 11 件；沪主板 6 件，深主板 2 件，中小板 9件，创业板 1 件。

2020 年度被行政处罚的 53 名独立董事合计被处以 384 万元罚款，处罚金额较 2019 年度增长 69.16%（2019 年度 57 名独立董事合计被处以 227 万元罚款），处罚力度加大。

----

① 上市公司数量取自《上海证券交易所统计年鉴 2021 卷》、《深圳证券交易所市场统计年鉴 2020》及《香港交易所 2020 年度市场数据》。

2020 年度涉及独立董事被处罚的 18 个案件中，主要涉及的违规类型分为两类：一类是涉及信息披露违法违规，针对违规的公司共计开出罚单 16 起，处罚相关独立董事 51 人；另一类是涉及泄露内幕信息、内幕交易、短线交易，全年开出罚单 2 起，处罚相关独立董事 2 人。

二、上市公司独立董事的履职风险

自 2021 年 11 月 12 日康某药业一审判决公布至今，多家上市公司出现了独立董事离职。虽然相关公告并未透露相关独立董事辞去职务的具体原因，但通过康某药业案件，独立董事已深刻地感受到了强监管环境下的履职风险。独立董事的履职风险源头还是来自上市公司本身的违法行为带来的风险，主要集中在以下几个领域。

（一）财务造假

上文提到的康某药业财务造假行为涉及多个年度（第一次处罚是 2016—2018 年财务造假，2020 年、2021 年接连两次重大会计差错更正公告），覆盖几乎所有重要的财务数据，也触发了证监会史上最严重的一次处罚。通常财务造假涉及的领域都是广泛的，造假的手段也是系统性，为独立董事的有效履职也带来了重大的风险。

（二）关联方资金占用、违规担保以及通过关联方交易进行利益输送

这个风险主要产生于上市公司大股东从自身利益出发，通过隐瞒关联交易、不公平交易等手段侵害中小股东权益的行为。这类事项通常是大股东授意管理层进行的交易，并且会利用大股东的影响力左右独立董事的判断。资本市场上关联方交易相关的违规事项比比皆是，如辅仁药业大股东、实际控制人长期肆意占用上市公司资金；凯迪生态刻意隐瞒实际控制人的重要事实，目的就是隐瞒与实际控制人相关公司间 10 余亿元的关联交易，形成关联方非经营性占用资金 8.8 亿元的事实。

（三）信息披露违法类

违规行为主要涉及虚假陈述、重大遗漏、不正当披露，目的就是误导投资人、中小股东，达到上市公司非法获利的目的。

上述 53 名被处罚的独立董事中，有 21 名提出陈述、申辩或听证申请。申辩意见主要体现在：1. 独立董事不实际参与公司日常经营决策，对于公司的一些事项不知悉；2. 独立董事的判断通常基于董事会议案以及会计师审计报告，对于公司本身刻意隐瞒的事项、违法违规事项等超出其能履职的专业能力范围；3. 独立董事个人不存在主观故意、弄虚作假、严重失职或为自身直接或间接获取不当利益等行为，对违法行为没有过错。

从独立董事的申辩理由来看，困扰独立董事的问题在于"自己应该如何履职方为勤勉尽责"。这些申辩本身也是独立董事履职过程中的客观事实，但证监会及其派出机构对大部分申辩意见不予采纳，证监会认为独立董事在正常履职的情况下，不知情、不了解、未参与恰恰是其未勤勉尽责的证明；独立董事不能仅以其能力不足为由免除信息披露违法行政责任；独立董事一旦在董事会会议记录上签字确认，即应当保证披露的相关定期报告的真实、准确、完整等。通过证监会的这些反馈，我们可以看到独立董事履职需要遵循一套市场和监管机构普遍认可的基本原则，在这些基本原则下，独立董事才具有把控上市公司财务风险、内控风险、并购交易等风险的主要抓手。

三、上市公司治理和规范运作

关于上市公司的公司治理和规范运作，证监会制定发布了《上市公司治理准则》、《上市公司章程指引》以及《上市公司独立董事规则》，对公司治理和规范运作提出了具体要求，交易所制定发布了《股票上市规则》和上市公司的相关自律监管指引，进一步指导落实相关治理规范。上市公司协会，作为上市公司的自律监管组织，进一步制定了《上市公司独立董事履职指引》、《独立董事促进上市公司内部控制工作指引》（已被修改）、《上市公司监事会工作指引》等文件，以促进独立董事、监事会等与公司治理和规范运作有关的关键机构和人员发挥应有的效用。

2023 年 12 月，上海证券交易所修订发布《上海证券交易所上市公司自律监管指引第 1 号——规范运作（2023 年 12 月修订）》，进一步强化了对关键少数及重点领域，如控股股东、实际控制人、董监高、承诺事项的监管，督促审计委员会尽职履责，引导股东合规行使股东权利。

（一）对控股股东、实际控制人的监管

强化公司与控股股东、实际控制人之间股权和控制关系的披露要求，严防股东通过隐瞒关联关系、股权代持、私下协议等方式逃避监管；增加对控制权转让事项的总体要求，明确控股股东及实际控制人应该维护公司控制权稳定，在确有必要转让控制权时应当维护公司和中小股东利益；强化控股股东、实际控制人维护上市公司独立性的要求，明确接受财务公司服务监管要求，增加"担保决策独立"条款，控股股东、实际控制人不得强令、指使公司违规对外提供担保。

（二）对董监高的监管

新增对财务负责人的专门要求，明确财务负责人对财务报告编制、会计政策处理、财务信息披露等财务相关事项负有直接责任；整合了董监高针对特定主体存在涉嫌违反法律法规或其他损害公司利益行为的报告义务；明确了在违规责任认定过程中，对董监高采取有效措施消除违规行为不良影响或在违规行为被发现前积极主动采取纠正措施等予以考虑。

（三）督促专门委员会在公司治理中尽职履责

新增多项条款列举了审计委员会对内部审计、财务报告审阅等事项的具体职责与关注义务，重点对财务会计报告存在虚假记载、误导性陈述或者重大遗漏等特定情形下审计委员会的履职要求做出规范，审计委员会应当督促公司相关责任部门制定整改措施和整改时间，进行后续审查，监督整改措施的落实情况，并及时披露整改完成情况。

（四）明确独立董事应当对上市公司重大事项发表独立意见

重大事项包括：

1. 提名、任免董事；

2. 聘任、解聘高级管理人员；

3. 董事、高级管理人员的薪酬；

4. 聘用、解聘会计师事务所；

5. 因会计准则变更以外的原因作出会计政策、会计估计变更或重大会计差错更正；

6. 公司的财务会计报告、内部控制被会计师事务所出具非标准无保留审计意见；

7. 内部控制评价报告；

8. 相关方变更承诺的方案；

9. 优先股发行对公司各类股东权益的影响；

10. 制定利润分配政策、利润分配方案及现金分红方案；

11. 需要披露的关联交易、提供担保（不含对合并报表范围内子公司提供担保）、委托理财、提供财务资助、募集资金使用、股票及其衍生品种投资等重大事项；

12. 重大资产重组方案、管理层收购、股权激励计划、员工持股计划、回购股份方案、上市公司关联人以资抵债方案；

13. 公司拟决定其股票不再在本所交易；

14. 独立董事认为有可能损害中小股东合法权益的事项；

15. 法律法规、本所相关规定要求的其他事项。

独立董事发表的独立意见类型包括同意、保留意见、反对意见和无法发表意见，所发表的意见应当明确、清楚。发表非无保留意见的，应当明确说明理由、无法发表意见的障碍。

按照规定，独立董事发现上市公司重要事项未按规定履行审议程序，或是未及时履行信息披露义务，信息披露存在虚假记载、误导性陈述或者重大遗漏，以及其他涉嫌违法违规或者损害中小股东合法权益的情形，应当积极主动履行尽职调查义务并及时向交易所报告，必要时应当聘请中介机构进行专项核查。

对于独立董事履职责任，也专门给出了独立董事无过错，免予追责的认定标准：

1. 在签署相关信息披露文件之前，对不属于自身专业领域的相关具体问题，借助会计、法律等专门职业的帮助仍然未能发现问题的；

2. 在揭露日或更正日之前，发现虚假陈述后及时向发行人提出异议并监督整改或者向证券交易场所、监管部门书面报告的；

3. 在独立意见中对虚假陈述事项发表保留意见、反对意见或者无法表示意见并说明具体理由的，但在审议、审核相关文件时投赞成票的除外；

4. 因发行人拒绝、阻碍其履行职责，导致无法对相关信息披露文件是否存在虚假陈述作出判断，并及时向证券交易场所、监管部门书面报告的；

5. 能够证明勤勉尽责的其他情形。

通过上述标准可见，独立董事的风险可以通过其履职行为来有效规避，履职过程非常重要，"勤勉尽责"需要体现在具体工作中，落到实处。

四、对上市公司财务负责人相关要求及其责任

（一）上市公司信息披露真实性义务

年度报告是公司财务和业务情况的综合报告，信息披露是年报工作成果的呈现，信息披露质量直接影响报表使用者对相关财务和业务情况的理解，从而影响相关决策。《证券法》（2019 年修订，2020 年 3 月起施行，下同）第八十二条第一款至第三款规定，发行人的董事、高级管理人员应当对证券发行文件和定期报告签署书面确认意见。发行人的监事会应当对董事会编制的证券发行文件和定期报告进行审核并提出书面审核意见，监事应当签署书面确认意见。发行人的董事、监事、高级管理人员应当保证发行人及时、公平地披露信息，所披露的信息真实、准确、完整。

1. 完整性

关注上市公司是否遗漏重要信息的披露，如减值测试的相关信息、关联方及其交易、对外担保、诉讼、违规处罚、期后事项、股权激励计划、金融风险及公允价值等。

2. 准确性

关注上市公司所披露信息的真实性及用语的准确性。实务中容易出现披露有误的情况，如会计政策不更新、披露的关联交易的定价原则与实际不符、关联方经营性和非经营性往来的区

分不正确、财务数据或文字说明有笔误等。

3. 重要性

年度报告不要求披露所有信息，上市公司在选择相关信息进行披露时，应遵循重要性原则。重要性的判断标准有定性和定量两方面，应综合考虑。同时还应关注信息披露并非越多越好，冗余信息过多反而会妨碍突出重要信息，从而违背重要性原则的初衷。

4. 可理解性

以实现信息披露的目的，是对信息披露质量提出的更高要求，也是大多数上市公司努力的方向。

（二）上市公司财务负责人应重点关注的领域

1. 舞弊

舞弊是对资本市场和投资者造成重大不良影响的行为，也是导致董监高及财务负责人被追责的最主要的风险因素。舞弊风险主要存在于以下四个方面：

（1）收入舞弊，主要体现为：

会计操纵。不当应用会计判断，以提前确认收入或避免冲减收入。

交易操纵。虚构交易、合同等法律文件未反映交易实质。

依据不充分。重要单据缺失、单据缺少关键信息或信息不一致。

未披露的关联方。与客户之间隐蔽的关联联系。

针对此类舞弊现象，应格外关注收入、毛利的变化，应收账款的回收情况、存货的周转情况、客户背景和资金流向。了解重大会计判断和估计是否存在变化等。

（2）成本费用舞弊，主要体现为：

会计操纵。推迟确认成本费用、低估预提费用、摊销期限估计过长。

交易操纵。体外支付。

关键供应商的频繁变更/过于集中的采购。

向供应商提供无商业实质的预付款。

不合理的研发费用资产化。

资本性支出与折旧不相符。

针对此类舞弊现象应关注公司成本结构与业务的匹配情况，毛利变化、主要供应商的情况及变化、资金流向；与费用计提和摊销相关的会计估计是否存在变化，长期挂账且无变动的往来款项的性质等。

（3）资金舞弊，主要体现为：

虚构采购、工程、资金拆借等交易流出资金。

虚假货币资金。

关联方资金占用。

未披露的负债，担保、抵押、贷款等。

针对此类舞弊现象应关注公司的现金流变动情况、重大投资及长期资产购建的必要性、合理性，关注无形资产、在建工程等长期资产的异常增长，关注关联方往来的性质和周转情况。

（4）重大交易舞弊，主要体现为：

重大事件驱动型的企业。

频繁且存疑的收购和出售。

针对此类舞弊现象应关注重大非常规交易的商业目的、交易对手背景、资金流向等情况。

2. 关联交易

关联交易的对手方与上市公司存在特殊关系，因此其交易的真实性和合理性最易受到质疑，可以从如下几方面关注：

（1）对于关联方购销，应关注：

商业合理性。交易是否具有必要性、交易相关的安排和条款是否符合市场规则、交易形式是否与实质相符、交易规模是否有异常变化。

价格的公允性。与第三方交易价格、同行业价格是否具有可比性，如不可比，是否有合理的商业理由。

（2）对于关联方经营性往来，应关注：

性质判断。经营性往来应该系正常的购销业务产生，有实际交易背景，其变动应与购销交易情况相符，清偿周期正常。

计量。关联方应收款项也存在信用风险，公司不应以债务人是关联方为由不计提相关坏账。实务中还存在关联方应收款项长时间逾期的情况，除了考虑坏账之外，还应考虑相关往来是否已超出了正常的经营周期，其性质是否仍然属于经营性往来。

（3）对于与财务公司的关联交易，应关注财务公司的资质；与财务公司之间存款、贷款及利息等安排；金融服务协议的内容、审议和披露；存放资金的风险评估及风险处置等；结合相关中介机构的专项说明，就涉及财务公司的关联交易是否公平、上市公司资金独立性、安全性以及是否存在被关联人占用的风险、是否损害上市公司利益等发表明确意见，并与年度报告同步披露。

（4）对于关联方担保，应关注公司对外提供担保的合规性、担保风险的评估及其在财务中的反映；是否存在未披露的担保事项，如公司的货币资金已用于抵押提供对外担保，但未反映或披露，此类情况往往在财务报表中会出现"存贷双高"的现象。

（5）对于其他特别或偶发的关联交易，例如：

委托购销/委托经营。应关注交易的性质（能否以代理费为标准适用股票上市规则的相关规定）。

重大收购或资产处置。应关注商业合理性、价格的公允性、收购或处置时点的判断；向关联人购买资产，如需股东会批准且溢价超过100%，是否有盈利担保、补偿或回购承诺，或其他相关保障措施。

租赁。应关注租赁类型、租赁期限的判断、续租、购买选择权、价格的公允性等。

与关联方共同投资。应关注关联人单方面向上市公司控股或参股的企业增资或减资，可能涉及上市公司放弃权利，或对上市公司财务和经营构成重大影响，或关联关系变化。

证券投资与衍生品交易/委托理财。应关注决策审批、风险控制措施、持续跟进投资情况并及时披露、与专业投资机构合作的情况。

3. 禁止资金占用

2022年1月，证监会、公安部、国资委和银保监会联合发布《上市公司监管指引第8号——上市公司资金往来、对外担保监管要求》（以下简称《监管要求》），明确上市公司应建立有效的内部控制制度，防范关联方资金占用，防止侵占上市公司利益。《监管要求》规定，上市公司不得以如下方式将资金直接或间接提供给控股股东、实际控制人及其他关联方使用：

（1）为关联方垫支工资、福利、保险、广告等费用，承担成本或其他支出。

（2）有偿或无偿拆借公司资金给关联方（含委托贷款），但上市公司参股公司的其他股东同比例提供资金的除外。"参股公司"不包括由控股股东、实际控制人控制的公司。

（3）委托关联方进行投资活动。

（4）为关联方开具没有真实交易背景的商业承兑汇票，以及在没有对价或明显有悖商业逻辑的情况下以采购款、资产转让款、预付款等方式提供资金。

（5）代关联方偿还债务。

（6）证监会认定的其他方式。

此外，《监管要求》指出，上市公司应该对关联方资金往来进行自查，对于已发生的资金占用情况，应及时整改。控股股东、实际控制人及其他关联方原则上应以现金清偿其占用的资金。如以非现金资产清偿，则抵债资产必须属于上市公司同一业务体系，且有利于上市公司，不得是尚未投入使用或者没有客观明确账面净值的资产；抵债资产应以评估值或经审计账面值为定价基础；独立董事应就上市公司关联方以资抵债方案发表独立意见，或者聘请符合《证券法》规定的中介机构出具独立财务顾问报告；关联方以资抵债方案须经股东大会审议批准，且关联方股东应当回避投票。

4. 担保

上述《监管要求》对于上市公司对外担保的审议程序作出了明确规定，其中须经股东大会批准的情形有：

（1）对外担保总额超过最近一期经审计净资产百分之五十以后提供的任何担保；

（2）为资产负债率超过百分之七十的担保对象提供的担保；

（3）单笔担保额超过最近一期经审计净资产百分之十的担保；

（4）对股东、实际控制人及其关联方提供的担保（相关股东或受实际控制人支配的股东不得参与表决）；

（5）对于其他可由董事会审批的对外担保，必须经出席董事会的三分之二以上董事审议同意并做出决议。

此外，《监管要求》也提出，上市公司在办理贷款担保业务时，应向金融机构提交公司章程、董事会决议或者股东大会决议原件、该担保事项的披露信息等材料，金融机构应完善内部控制制度，控制贷款风险。

5. 资产减值

资产减值通常涉及重大会计估计，而且对绝大多数公司的财务和业绩状况都具有较大影响，对于如下各类资产减值应关注：

（1）金融资产减值。预期信用损失模型和参数的合理性、关联方往来的减值考虑、信用风险组合划分的合理性。

（2）存货减值。在跌价准备的测算中使用的可变现净值的估计是否合理，对于存货滞压、毁损的情况是否已充分考虑。

（3）长期资产减值。减值迹象评估的合理性、减值测试方法、关键假设基础和参数的合理性、前期预测与本期实际情况的偏差、敏感性分析，以及利用专家工作的情况。

（4）此外，有关资产减值的列报和披露，也需要格外关注：

各项资产的减值有专门对应的列报科目，不得任意重分类以粉饰某些经营指标或监管指标；

通常应作为重大会计判断和估计披露；

与减值测试相关的信息应充分适当披露。

6. 内部控制

内部控制是公司治理的重要方面，上市公司财务负责人在履职过程中应适当关注以下方面：

（1）内部控制制度的制定和实施

合规性。应符合《企业内部控制基本规范》《企业内部控制应用指引》《上海证券交易所上市公司内部控制指引》的要求。

适用性。应与企业业务流程对应，并及时更新反映企业业务模式的变化。

（2）内部控制有效性自我评价

全面性。内控自我评价应涵盖集团范围内成员、所有业务和事项。

重要性。内控评价也应遵循重要性原则，即在全面评价的基础上，关注重要单位、重大业务事项和高风险领域。

客观性。内控评价报告应准确揭示风险、如实反映内控的设计和执行情况。

（3）内控监督与审核情况

内控环境。公司治理层对于内部控制的重视程度、管理层稳定性。

对内控执行情况的监督检查是否及时、如实反映存在的瑕疵或缺陷，并及时采取整改措施。

内部审计单位、第三方会计师事务所的检查情况。

外部监管机构的检查意见及反馈情况。

7. 与审计师的沟通

审计师是上市公司年报工作的重要参与方，其工作质量在很大程度上会影响年报工作的成果，也会直接或间接地影响相关财务负责人的履职。在年报工作中与审计师保持沟通，既有利于其对履职范围内的事项发表意见，又有利于及时全面地了解上市公司情况，防范履职风险。

（1）对于与审计师的定期沟通，建议关注：

年度审计计划，应就审计重点关注事项及审计程序应对措施、主要舞弊风险、计划的审计范围等进行沟通；

年度审计结果，应就审计中发现的重大事项、舞弊风险及管理层越权风险审计应对、内部控制缺陷及评价、未调整差错及影响、审计项目组成员的独立性等进行沟通。

（2）财务负责人还应针对下列特定事项，与审计师进行沟通：

出具非标准审计意见。

关联交易、关联方资金占用、违规对外担保。

重大资产重组方案、股权激励计划。

变更募集资金投资项目。

上市公司开展与主营业务行业不同的新业务，或者进行重大的收购或资产处置等交易。

其他与财务、内控有关的重要事项。

（3）为了促进审计质量的提升，独立审计师应及时客观地对审计师作出评价，包括但不限于考察如下方面：

独立性。形式上和实质上均保持独立。

富有洞察力。及时识别重大风险并作出有效应对。

专业。合理提出职业怀疑、合理运用专业判断。

坦诚。及时有效的沟通，如实反馈发现的问题。

可靠。事务所内部质量控制有效。

（三）上市公司财务负责人的直接责任

1. 对上市公司财务报告编制及按时披露的责任

（1）财务报告编制责任

年度报告是上市公司过去一年经营运作、财务状况和公司治理的直接反映，是上市公司信息披露的重要环节和核心内容。按照国务院《企业财务会计报告条例》的规定，企业财务会计报告是指企业对外提供的反映企业某一特定日期财务状况和某一会计期间经营成果、现金流量的文件；企业不得编制和对外提供虚假的或者隐瞒重要事实的财务会计报告。企业负责人对本企业财务会计报告的真实性、完整性负责。任何组织或者个人不得授意、指使、强令企业编制和对外提供虚假的或者隐瞒重要事实的财务会计报告。

（2）财务报告披露责任

上市公司于每年会计年度结束后编制财务报告并披露年报的义务主要由《公司法》、《证券法》、《上市公司信息披露管理办法》、《股票上市规则》以及会计准则、审计准则的相关规定进行界定。同时《会计法》及《企业财务会计报告条例》的相关规定对财务报告的定期披露进行了一定要求。另外，证监会于2021年10月30日发布《公开发行证券的公司信息披露内容与格式准则第53号——北京证券交易所上市公司年度报告》（以下简称《年报准则》），对北京证券交易所上市公司年报编制及披露行为予以规范。

我国《证券法》自颁布实施以来，就对上市公司按时披露定期报告进行了规定，在2007年《上市公司信息披露管理办法》颁布实施前，也对部分公司进行了惩处。但是，总体而言力度较低、覆盖面较小，大部分以对公司的警告、责令改正为主，对于相关负责人惩处较少，且直接负责的主管人员界定并不十分清晰、明确。

根据自2021年5月1日起施行的《上市公司信息披露管理办法》，上市公司董事长、财务总监、总经理为对公司财务会计报告直接负责的主管人员。其中第三十九条规定，上市公司应当制定定期报告的编制、审议、披露程序。经理、财务负责人、董事会秘书等高级管理人员应当及时编制定期报告草案，提请董事会审议。第四十五条规定，财务负责人应当配合董事会秘书在财务信息披露方面的相关工作。第五十八条规定，上市公司董事、监事、高级管理人员应当对公司信息披露的真实性、准确性、完整性、及时性、公平性负责，但有充分证据表明其已经履行勤勉尽责义务的除外。上市公司董事长、经理、财务负责人应当对公司财务会计报告的真实性、准确性、完整性、及时性、公平性承担主要责任。

2. 对会计政策变更和会计差错更正等相关事项的责任

通常情况下，除准则更新的要求之外，企业的会计政策应保持一贯性，如果上市公司出现自愿政策变更，背后通常有特殊考虑。而重大差错更正则意味着上市公司的财务核算可能存在疏漏，这些都是高风险事项，应格外关注。

（1）会计政策变更

应分辨法定变更和自愿变更。对于法定变更，提醒上市公司关注会计准则及相关规范性文件的更新，及时变更会计政策；而对于自愿变更，则应关注管理层变更会计政策的意图，变更的合理性，变更后的政策是否能提供更相关、更可比的财务信息。

财务部门负责人负责提出会计政策及会计估计变更事项，根据相关规定并结合实际情况，拟定会计政策及会计估计变更的原则及具体操作制度，撰写专项报告。

重点关注会计政策和会计估计变更依据是否充分，理由是否合理，内容是否真实，是否有详细的信息资料支持。

财务部门、董事会、审计委员会、独立董事及监事会在对会计政策及会计估计作出变更过程中应当恪尽职守，严格把关，严禁利用会计政策及会计估计变更调节利润的情况发生。

若经核实企业存在滥用会计政策及会计估计变更、违规计提各项损失准备、转回调节利润的情况，有关责任人应承担相应的法律责任。

（2）重大会计差错更正

应了解前期差错的原因，评估对内部控制有效性的影响，同时考虑可能存在的舞弊风险。此外，还应关注会计差错事项是否涉及违法违规，"更正"后的处理是否完全正确，是否有必要重新出具更正后的前期报表。

会计政策变更、会计估计变更和会计差错更正，在很多情况下容易被混淆。要判断上市公司对相关调整事项的定性是否正确，是否存在滥用或误用上述概念的情况，例如：

以政策变更掩盖差错更正，即使都是进行追溯调整，但二者性质截然不同；

为了调节当期利润，以差错更正为由把当期发生的费用或损失调整到前期；

为避免追溯调整，把政策变更当作估计变更；

对于存在会计估计的领域，实际结果与前期估计不符，未必是前期差错。

典型案例

【案例 6-1】上市公司虚增货币资金和利润

2019 年 4 月 30 日，康某药业发布了所谓的"前期会计差错更正"，货币资金由原来的 341.51 亿元调减为 42.07 亿元，"差错"金额高达 299.44 亿元。与这项近 300 亿元银行存款的"会计差错"一并更正的是 5 个资产负债表项目和 6 项利润表项目，仅 2017 年就调减了 88.98 亿元的营业收入，占当年营业收入总额的 50.62%，调减税后利润 19.51 亿元，占当年税后利润总额的 90.99%。2019 年 8 月，中国证监会作出《行政处罚及市场禁入事先告知书》（处罚字〔2019〕119 号），认定康某药业存在虚假记载（包含虚增货币资金、虚增利润）、年度报告存在重大遗漏等；2021年2月18日，中国证监会又针对为康某药业出具年度审计报告的正某珠江会计师事务所，作出行政处罚，认定其审计报告存在虚假记载等情形，并对相关责任人作出了相应的处罚。

【案例6-2】上市公司财务造假及虚假信息披露

基本案情： 2021年9月29日，上海市高级人民法院对上海飞某音响股份有限公司（以下简称飞某音响）证券虚假陈述责任纠纷案作出终审宣判，判处被告飞某音响赔偿原告315名投资者各项损失共计1.23亿余元。该案系2020年7月31日《最高人民法院关于证券纠纷代表人诉讼若干问题的规定》出台后，全国首例证券纠纷普通代表人诉讼案件。

上述判决前，飞某音响已经于2019年6月11日收到上海监管局《关于对上海飞某音响股份有限公司采取出具警示函措施的决定》的行政监管措施决定书，指出其在2017年参与的部分项目中，部分工程施工项目收入确认依据不足、部分工程施工项目完工百分比会计估计存在偏差，虚增营业收入、净利润，导致其2017年半年报及三季报财务信息存在虚假记载，未能真实反映公司的财务状况和经营成果。并且更正后的2017年半年报及三季报业绩变动幅度较2017年度的业绩预告差异明显，业绩预告信息披露不准确。

违规事实： 根据《行政处罚决定书》，飞某音响在2017年参与的"智慧沿河""智慧台江"项目中，项目确认收入不符合条件，导致飞某音响2017年半年度报告合并财务报表虚增营业收入18018万元、虚增利润总额3784万元；导致2017年第三季度报告合并财务报表虚增营业收入72072万元，虚增利润总额15135万元；导致2017年半年度、第三季度业绩预增公告不准确。

案件判决： 飞某音响的上述行为违反了2006年施行的《证券法》第六十三条"发行人、上市公司依法披露的信息，必须真实、准确、完整，不得有虚假记载、误导性陈述或者重大遗漏"的规定，构成了2006年施行的《证券法》第一百九十三条第一款"发行人、上市公司或者其他信息披露义务人未按照规定披露信息，或者所披露的信息有虚假记载、误导性陈述或者重大遗漏"所述情形。

根据当事人违法行为的事实、性质、情节与社会危害程度，依据2006年施行的《证券法》第一百九十三条第一款的规定，上海监管局决定对飞某音响给予警告，并处以60万元罚款；对时任总经理庄某安给予警告，并处以30万元罚款。对时任董事长黄某刚、时任总会计师李某给予警告并分别处以20万元罚款，对时任董事会秘书赵某兰给予警告并处以10万元罚款。

值得注意的是，对比旧《证券法》，自2020年3月1日起开始实施的新《证券法》，关于上市公司财务造假，对上市公司顶格罚金由60万元上升到1000万元；对相关责任人员顶格罚金由30万元上升到500万元。

【飞某音响证券纠纷普通代表人诉讼案件】

自 2020 年 8 月起，飞某音响的股票投资者作为原告向法院提起诉讼，认为被告飞某音响对财务报表的虚假陈述行为造成其重大投资损失，要求被告赔偿。上海金融法院做出民事裁定确定权利人范围，即自 2017 年 8 月 26 日（含）至 2018 年 4 月 12 日（含）期间以公开竞价方式买入、并于 2018 年 4 月 12 日闭市后当日仍持有飞某音响股票，且与本案具有相同种类诉讼请求的投资者，共 315 名投资者成为该案原告。

经审理法院认为，被告飞某音响在发布的财务报表中虚增营业收入、虚增利润总额的行为构成证券虚假陈述侵权，应当承担民事赔偿责任。315 名原告均于涉案虚假陈述实施日至揭露日期间买入飞某音响股票，并在揭露日后因卖出或继续持有产生亏损，应当推定其交易与虚假陈述之间存在因果关系。2021 年 9 月 29 日，上海市高级人民法院对该起证券虚假陈述责任纠纷案作出终审宣判，判处被告赔偿原告各项损失共计 1.23 亿余元，人均获赔 39 万余元。

【案例 6-3】财政部医药企业会计信息质量检查

财政部于 2019 年 6 月至 7 月对 77 家医药企业开展了医药行业会计信息质量检查工作。2021 年 3 月，财政部发布了医药企业会计信息质量检查公告，该检查聚焦医药产品成本费用结构，摸清了药价虚高成因，震慑了医药企业带金销售、哄抬药价等违规行为，保障了药品集中带量采购等重大改革的顺利推进。经查，其中 19 家医药企业存在以下问题：

1. 使用无关人员的机票发票、假发票或者无实质业务往来第三方公司开具的发票报销套取资金；

2. 虚增人员工资，虚增报销费用，虚增其他经营相关费用；

3. 列支的临床费用收据与医疗机构实际使用的收据信息不一致；

4. 学术会议不真实或参会情况不真实，报销费用后附资料不实；

5. 业务推广费支付后通过供应商账户转回公司员工控制的个人银行账户或者代理商银行账户；

6. 未按国家统一会计制度的规定设置会计账簿，会计科目设置未使用中文。

财政部依据《会计法》对其作出了行政处罚。检查发现的其他违法违规问题，移交主管机关处理。

第七章

环境、社会与治理

科学发现、技术创新促进了经济的活力和人类的进步。然而，伴随着商业经济的突飞猛进，环境污染、资源匮乏、性别歧视、生产安全等环境和社会问题也逐渐暴露出来，为全球经济、社会、环境的可持续发展埋下了隐患。2004 年，联合国在《在乎者赢》（Who Cares Wins）的报告中首次提出 ESG 概念，将其作为一个整体的投资理念，并通过案例说明了整合 ESG 要素的企业会有更加出色的财务表现。所谓 ESG，是指一种引导企业管理和金融投资向善的重要理念，反映企业综合考虑环境（Environmental）、社会责任（Social）和公司治理（Governance）三个维度的要求制定投资策略，平衡企业经济效益、社会效益和环境效益，实现股东权益最大化的同时积极承担社会责任。2015 年，联合国发展计划署进一步提出了包括消除贫困、性别平等、气候行动、可持续的消费和生产行为在内的 17 项全球可持续发展目标（Sustainable Development Goals）。作为《2030 年可持续发展议程》的推动者，中国积极将 ESG 理念融入我国的发展理念中，2017 年党的十九大提出"我国经济已由高速增长阶段转向高质量发展阶段"；2020 年党的十九届五中全会通过了《中共中央关于制定国民经济和社会发展第十四个五年规划和二〇三五年远景目标的建议》，重申"十四五"期间要"以推动高质量发展为主题"，贯彻创新、协调、绿色、开放、共享的新发展理念；2022 年召开党的二十大，在环境方面明确提出"必须牢固树立和践行绿水青山就是金山银山的理念，站在人与自然和谐共生的高度谋划发展"，在社会方面明确提出"必须坚持在发展中保障和改善民生，鼓励共同奋斗创造美好生活，不断实现人民对美好生活的向往"，在治理方面明确提出"推进国有企业、金融企业在完善公司治理中加强党的领导"；2024 年召开党的二十届三中全会，对贯彻新发展理念、深化生态文明体制改革、发展新质生产力等重要事项作出了进一步安排。

企业是最为重要的市场经济主体。企业的高质量发展是经济高质量发展的重要抓手。在企业合规管理中推行 ESG 是实现企业高质量发展的重要路径：一方面在理论上为企业在 ESG 的发展提供了指导性原则；另一方面在实践上给出评价、认证企业在 ESG 的行为表现的标准与方法，促进国内企业能够以更高的标准参与到全球化的市场竞争中。

第一节　ESG 概述

ESG 作为一种整体性的投资理念，旨在促进公司发展过程中经济利益与社会利益的共赢发展，其体现了可持续发展的企业价值观。

一、ESG 的理论基础

关于现代公司治理理论的争论源于 1932 年伯利和多德在《哈佛法律评论》中就公司正当目的的辩论。伯利坚守股东至上理论，认为股东是公司唯一的受益人，股东利益优于其他利益相关者利益，公司管理层的尽忠对象为全体股东；多德认同利益相关者理论，认为公司不仅具有经济功能，还具有社会服务功能。因此，公司管理层不能仅考虑股东利益，还应考虑利益相关者利益。在认定谁是利益相关者时，目前学界观点并未形成一致，但一般认为利益相关者除股东外还包括债权人、消费者、雇员、政府、社区、供应商、客户等。在公司治理实践中，股东利益和公司利益时常存在冲突。例如，公司社会捐赠虽有利于利益相关者利益的实现，却可能导致公司可分配利润减少，影响股东经济利益最大化；公司加大研发投入将提升公司的长期利益，却有可能减少本年度的股东利润分配。

近年来，学界提出了可持续企业（sustainable corporate）理论，旨在架起沟通股东至上主义和利益相关者理论间的桥梁。该理论认为，在可持续发展的视角下，股东利益和利益相关者利益间并不存在必然冲突，其目的都是实现企业长期利益的最大化。因此，股东至上理论和利益相关者理论也并非一种非此即彼的对立关系。可持续企业理论认为应将社会、环境等"外部性事项"纳入企业经营决策中，以建立实现自我管理、有效决策、法律合规和满足外部利益相关者需求的公司内部管理机制，实现企业经济利益、环境利益和社会利益的统一。

二、ESG 的概念及内涵

（一）ESG 的概念

ESG 理念的兴起，有助于在传统财务披露之外完善企业非财务信息披露监管制度。截至 2020 年，已有 60 多个国家和地区出台了 ESG 信息披露要求[①]。ESG 理念的前身为 20 世纪 60 年代的社会责任投资理念（Social Responsible Investment，SRI）。目前，关于 ESG 的代表性概念

---

① 李诗鸿：《董事会中心主义：更优的制度选择》，载《董事会》2019 年第 10 期。

包括：（1）负责任投资原则（Principles for Responsible Investment，PRI）是由联合国前秘书长科菲-安南于2006年牵头、联合国环境规划署金融倡议组织和联合国全球契约组织联合发起的投资原则倡议。PRI旨在为投资者提供一个投资原则框架，将ESG因素纳入到公司日常经营中，从而实现降低风险、创造长期价值的目标，最终实现社会的可持续发展。PRI的核心在于其所提出的负责任投资六项原则及实践中可采取的措施。（2）社会责任国际组织（Social Accountability International，SAI）提出："企业除了对股东负责，还必须对全社会承担责任，一般包括遵守商业道德、保护劳工权利、保护环境、发展慈善事业、捐赠公益事业、保护弱势群体等。"SAI在此基础上制定了SA8000企业社会责任认证标准。（3）摩根士丹利资本有限公司（Movgan Stanley Capital International，MSCI）认为企业在进行投资决策时，除了需要考虑目标公司的财务因素外，还需要考虑目标公司的环境、社会、治理等非财务因素。（4）2019年美国商业圆桌会议修改了其此前使用的关于公司目的（the Purpose of a Corporation），强调通过投资公司雇员、保持消费者信任、建立股东价值、支持供应商、成为其经营所在社区的良好成员来构建公司的长期价值。（5）2022年4月中国证监会发布了修订的《上市公司投资者关系管理指引》，将公司的环境、社会和治理信息列为与投资者沟通的主要内容。

（二）ESG的内涵

ESG虽然在具体指标上有所不同，但对于ESG的内涵，各机构现已形成了相对统一的意见，即关注企业在环境、社会和治理等非财务领域的业绩，尤其是在投资过程中，需要与可持续发展密切相关的核心要素。

ESG实践包含三大关键环节，分别是：ESG披露、ESG评价和ESG投资：（1）ESG披露。包括强制披露和自愿披露。例如，欧盟发布的非财务报告指令（2014/95/EU）要求雇员超过500人的大型公共利益实体（上市公司、银行和保险公司）披露特定的非财务信息。与此同时，欧盟议会发布了不具约束力的指引，以帮助公司以一种更稳定和可比的方式对非财务信息进行公示。我国关于ESG披露此前的规定主要以深交所2006年发布的《深圳证券交易所上市公司社会责任指引》（已失效）为代表，自此之后，各交易所陆续出台ESG相关规则，鼓励上市公司自愿披露ESG事项。《公司法》第二十条第二款也明确"国家鼓励公司参与社会公益活动，公布社会责任报告"。由此可见，目前我国对于所有ESG披露仍以自愿型披露为原则。值得注意的是，2024年4月22日，上海、深圳、北京三大交易所发布了《上市公司自律监管指引——可持续发展报告（试行）》，标志着A股ESG信息披露强披露时代的到来。（2）ESG评价。"ESG评价是指衡量公司对行业内长期、重大的环境、社会和治理风险的应变能力。"目前，许多国际机构都提出了自己的ESG评价体系，其中具有代表性的体系包括MSCI、KLD、道琼斯、汤森路透、富时罗素等。（3）ESG投资。ESG投资是指在投资决策过程中考虑环境、社会和智力因素以及财务因素。联合国负责任投资原则（UNPRI）是目前全球 ESG 领域最具影响力的机构投资者联盟，成员单位包括世界各地的养老金、保险、主权/发展基金、投资管理机构和服务商。据 UNPRI 统计，截至 2023 年 7 月 16 日，全球签署机构数量达到 5378 家。

三、ESG 立法规范及标准文件

（一）ESG 立法及标准文件

我国虽未直接在立法中明确 ESG 的概念，但我国却是世界上首个将企业社会责任写入《公司法》的国家。2005 年《公司法》第五条第一款规定："公司从事经营活动，必须遵守法律、行政法规，遵守社会公德、商业道德，诚实守信，接受政府和社会公众的监督，承担社会责任。"2021 年《民法典》第八十六条规定："营利法人从事经营活动，应当遵守商业道德，维护交易安全，接受政府和社会的监督，承担社会责任。"2018 年《上市公司治理准则》第八十七条规定："上市公司在保持公司持续发展、提升经营业绩、保障股东利益的同时，应当在社区福利、救灾助困、公益事业等方面，积极履行社会责任。鼓励上市公司结对帮扶贫困县或者贫困村，主动对接、积极支持贫困地区发展产业、培养人才、促进就业。"上述法律及行政法规均要求企业在遵守法律的同时积极履行社会责任。2024 年《公司法》修订对 ESG 的公司法融入进行了进一步规定，其在第二十条规定："公司从事经营活动，应当充分考虑公司职工、消费者等利益相关者的利益以及生态环境保护等社会公共利益，承担社会责任。国家鼓励公司参与社会公益活动，公布社会责任报告。"

我国关于 ESG 的国家标准主要也以社会责任的名称呈现，包括 GB/T 36000-2015《社会责任指南》、GB/T 36001-2015《社会责任报告编写指南》、GB/T 36002-2015《社会责任绩效分类指引》、GB/T 39604-2020《社会责任管理体系要求及使用指南》、GB/T 39626-2020《第三方电子商务交易平台社会责任实施指南》，上述标准均为推荐性标准，就企业社会责任的核心议题内容及实施步骤进行了指引。

其中，GB/T 36000-2015《社会责任指南》旨在回答"是什么、如何做、做哪些"的问题，其明确了社会责任的核心议题包括组织治理、人权、劳工实践、环境、公平运行实践、消费者问题、社区参与和发展 7 项。此外，其还就将社会责任融入整个组织事项进行了标准制定。GB/T 36000-2015《社会责任指南》的内容框架如图 7-1 所示。

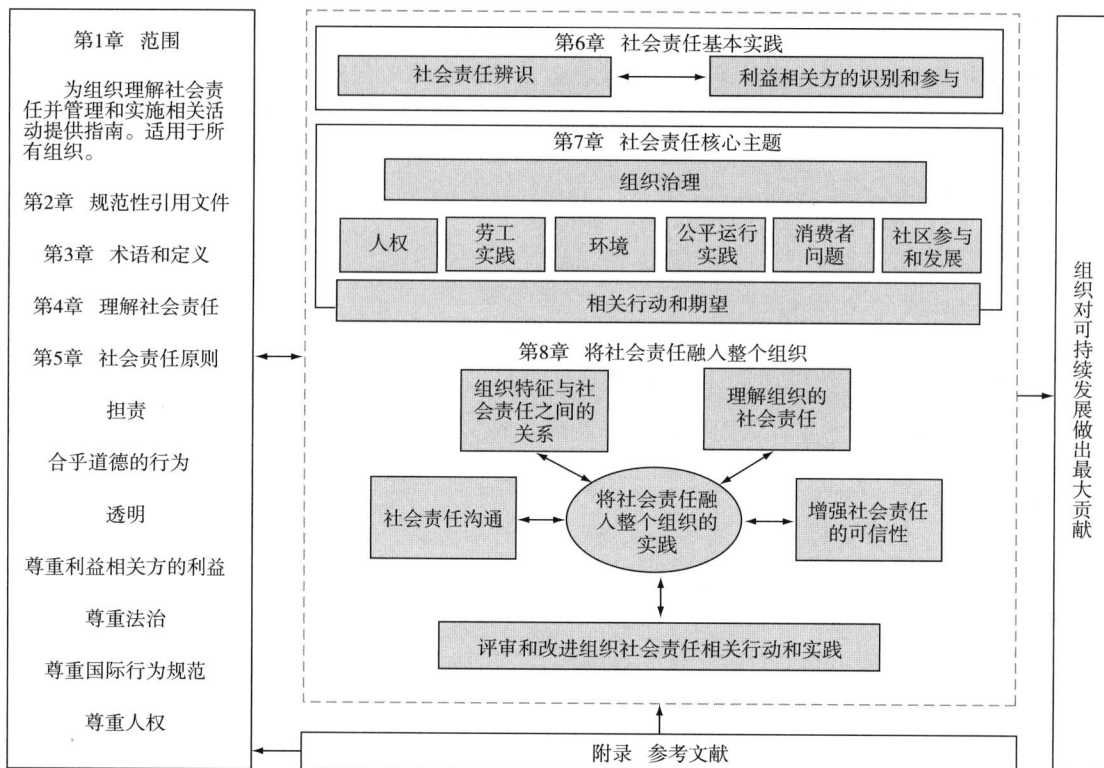

图 7-1 GB/T 36000-2015《社会责任指南》的内容框架

GB/T 36002-2015《社会责任绩效分类指引》旨在回答"做得怎样，结果如何"的问题。其就 GB/T 36000-2015《社会责任指南》中提出的 7 个核心议题进行了指标细化和分类分级，主要反映了与组织社会责任核心主题和议题有关行动的实施进展和期望的实现程度。企业社会责任绩效评价指标分类体系基本框架如图 7-2 所示。

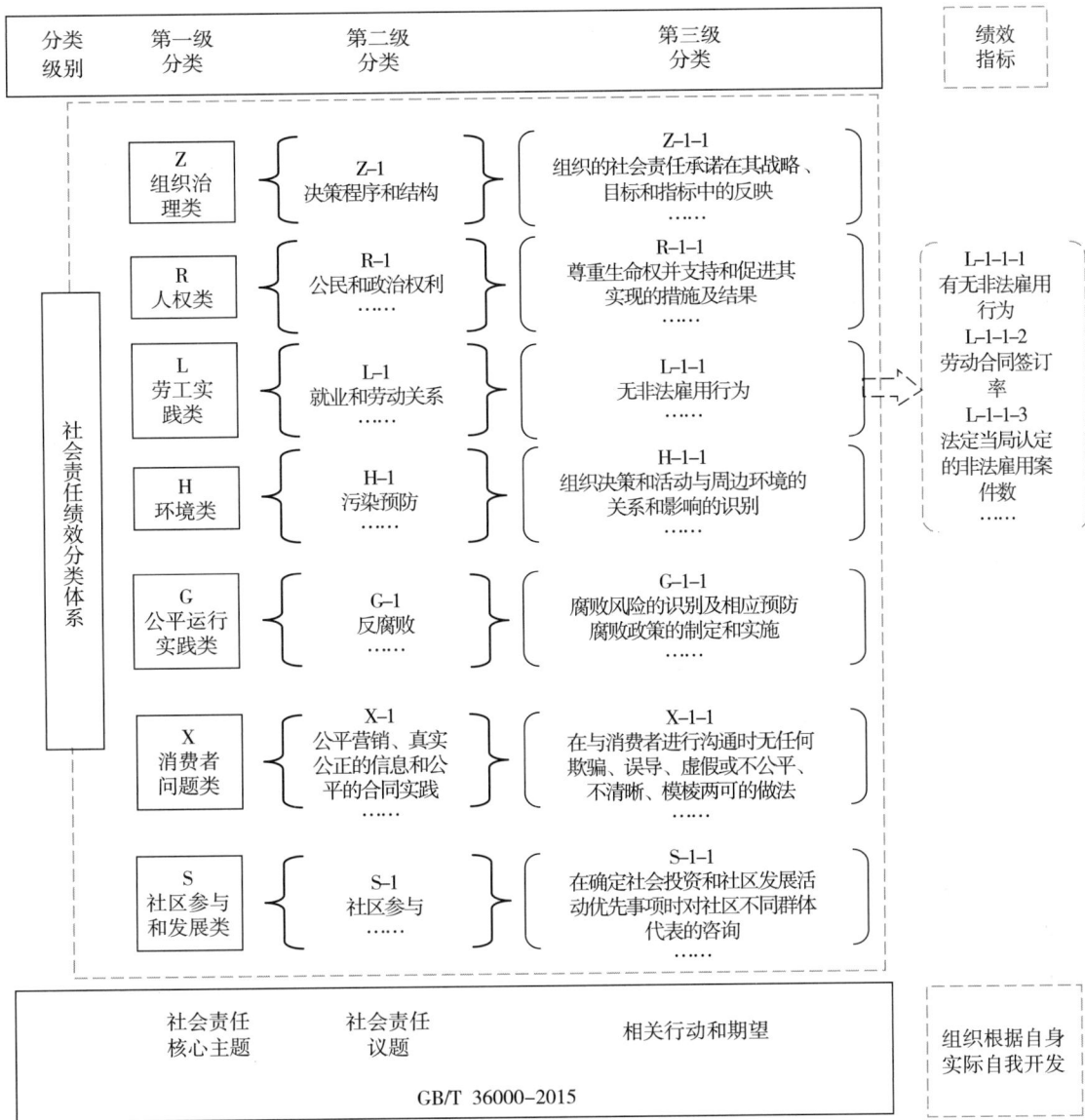

分类级别	第一级分类	第二级分类	第三级分类	绩效指标

社会责任绩效分类体系

Z 组织治理类	Z-1 决策程序和结构	Z-1-1 组织的社会责任承诺在其战略、目标和指标中的反映
R 人权类	R-1 公民和政治权利 ……	R-1-1 尊重生命权并支持和促进其实现的措施及结果
L 劳工实践类	L-1 就业和劳动关系 ……	L-1-1 无非法雇用行为 ……
H 环境类	H-1 污染预防	H-1-1 组织决策和活动与周边环境的关系和影响的识别
G 公平运行实践类	G-1 反腐败	G-1-1 腐败风险的识别及相应预防腐败政策的制定和实施
X 消费者问题类	X-1 公平营销、真实公正的信息和公平的合同实践 ……	X-1-1 在与消费者进行沟通时无任何欺骗、误导、虚假或不公平、不清晰、模棱两可的做法 ……
S 社区参与和发展类	S-1 社区参与 ……	S-1-1 在确定社会投资和社区发展活动优先事项时对社区不同群体代表的咨询 ……

绩效指标：
L-1-1-1 有无非法雇用行为
L-1-1-2 劳动合同签订率
L-1-1-3 法定当局认定的非法雇用案件数
……

社会责任核心主题	社会责任议题	相关行动和期望	组织根据自身实际自我开发

GB/T 36000-2015

图 7-2 企业社会责任绩效评价指标分类体系基本框架

GB/T 36001-2015《社会责任报告编写指南》旨在回答如何通过社会责任报告的形式将活动过程和结果向利益相关者披露出来。其就社会责任报告的基本原则、步骤和方法进行了指引，提出报告的内容应包括基本背景信息和社会责任绩效信息，报告的发布流程包括组建报告编制小组、制订工作计划、策划报告内容、收集整理报告信息、撰写报告并设计排版、发布报告等六项。

GB/T 39604-2020《社会责任管理体系要求及使用指南》是一项"要求"标准，其可用于认证等目的。其旨在促进组织管理体系的融合和一体化。其从顶层治理视野出发，将其他管理体系视为社会责任管理体系内的一个系统化"过程"。其采用"策划—实施—检查—改进"（PDCA）的方法，并将社会责任管理体系与质量管理体系、环境管理体系、职业健康安全管理体系、食品安全管理体系、反腐败管理体系、合规管理体系、知识产权管理体系、信息安全管理体系相整合，以支持企业社会责任绩效的提升。PDCA 和该标准间的关系如图 7-3 所示。

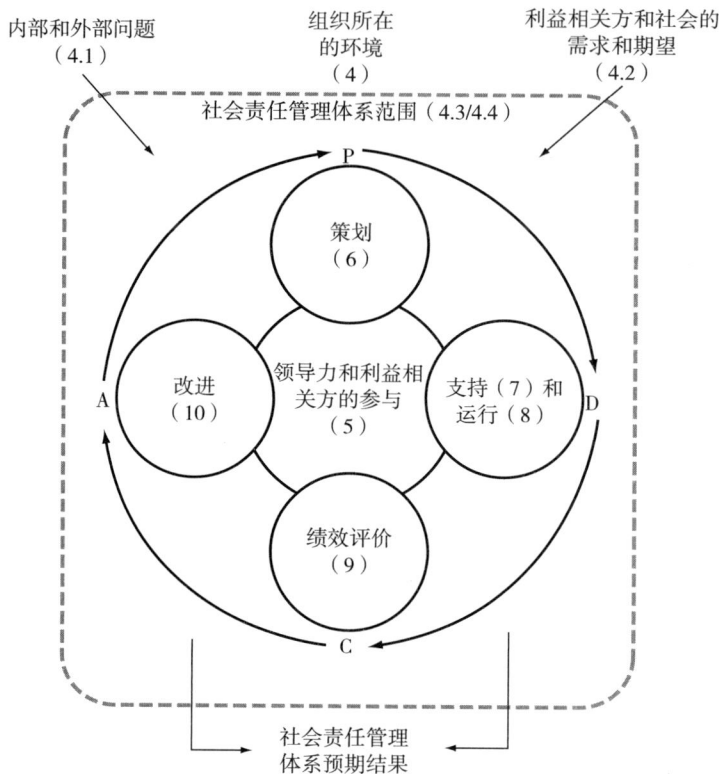

图 7-3 PDCA 和社会责任管理体系要求及使用指南间的关系

此外，经济全球化背景下，我国企业越来越多地参与到国际市场竞争中，因此在国家标准外还应关注企业社会责任国际标准，这些标准包括但不限于 ISO 26000 "社会责任"国际标准化组织指南标准、SA8000 社会责任标准等。

（二）ESG 政策性文件

我国 ESG 政策的起点，可追溯到 2002 年初，证监会在《上市公司治理准则》中对上市公司治理信息的披露范围作出了明确规定。

上海证券交易所和深圳证券交易所制定 ESG 相关政策，鼓励上市公司自愿披露环境、社会和公司治理等方面的社会责任报告。2024 年，在证监会的统一部署下，上海证券交易所、深圳证券交易所和北京证券交易所发布了《上市公司自律监管指引——可持续发展报告（试行）（征求意见稿）》，对上市公司 ESG 报告信息披露作出系统性规范，标志着 A 股 ESG 强披露时代即将来临。根据上述规定，报告期内持续被纳入上证 180、科创 50、深证 100、创业板指数的样本公司以及境内外同时上市的公司，必须披露 ESG 报告，其余上市公司自愿披露。

证监会方面，证监会于 2018 年 9 月发布了修订后的《上市公司治理准则》，其第八十六条规定：上市公司应当将生态环保要求融入发展战略与公司治理过程，在污染防治、资源节约、生态保护等方面发挥示范引领作用；第八十七条规定：上市公司在保持公司持续发展、保障股东利益的同时，应当在社区福利、救灾助困、公益事业等方面积极履行社会责任。2022 年 4 月证监会发布了修订的《上市公司投资者关系管理指引》，并将公司的环境、社会和治理信息列为与投资者沟通的主要内容。2023 年 8 月，证监会发布《上市公司独立董事管理办法》，明确独立董事职责，规范独立董事行为，促进上市公司质量，保护中小股东合法权益，从而助力提升公司治理水平。

国资委则认为 ESG 理念契合我国绿色发展、碳达峰碳中和、现代化治理、共建人类命运共同体等一系列发展要求，中央企业应率先行动，推进 ESG 理念的本土化。2023 年 7 月，国务院国资委办公厅发布《关于转发〈央企控股上市公司 ESG 专项报告编制研究〉的通知》，同时公布项目成果，包括《央企控股上市公司 ESG 专项报告参考指标体系》和《央企控股上市公司 ESG 专项报告参考模板》，上述指标体系设定了"基础披露"和"建议披露"两个披露级别，进一步规范央企控股上市公司 ESG 信息披露工作，为央企控股上市公司编制 ESG 报告提供了建议与参考。

第二节　ESG 风险识别

合规风险识别是合规管理体系实施的基础。根据 GB/T 35770-2017《合规管理体系指南》第 3.6 条对合规风险识别的要求，"宜把合规义务和它的活动、产品、服务和运行的相关方面联系起来，以识别可能发生不合规的场景"。ESG 风险识别，既涉及环境、社会、治理三方面的实体性合规风险，又涉及程序性合规风险。

一、ESG 风险识别

ESG 合规风险几乎涉及所有企业。尤其是对于规模企业而言，一旦发生社会责任合规风险，或将面临声誉风险，或可能因为不符合社会责任相关标准而难以进入国际市场竞争。目前，国际国外、国内已通过原则、标准、指南等方式对企业社会责任涉及的核心议题进行了提示，上述核心议题均可作为企业社会责任合规风险的识别项目。以下就目前国际国外以及国内制定的主要社会责任标准、政策性文件的典型例证进行介绍，并梳理其中涉及合规风险的主要议题。

（一）国内标准中的 ESG 合规风险项目

1. GB/T 36000-2015《社会责任指南》

我国采用了 ISO、IEC 等国际国外组织的标准，制定了 GB/T 36000-2015《社会责任指南》。该指南在主体部分提出了组织治理、人权、劳工实践、环境、公平运行实践、消费者问题、社区参与和发展七大整体考虑、相互依赖的核心主题。其中，组织治理议题的内容为决策程序和结构；人权议题的内容包括公民和政治权利，经济、社会和文化权利，工作中的基本原则和权利；劳工实践议题的内容包括就业和劳动关系，工作条件和社会保护，民主管理和集体协商，职业健康安全，工作场所中人的发展与培训；环境议题的内容包括污染预防，资源可持续利用，减缓并适应气候变化，环境保护、生物多样性与自然栖息地恢复；公平运行实践议题的内容包括反腐败，公平竞争，在价值链中促进社会责任、尊重产权；消费者问题议题的内容包括公平营销，真实公正的信息和公平的合同实践，保护消费者健康安全，可持续消费，消费者服务，支持投诉和争议处理，消费者信息的保护和隐私，基本服务获取，教育和意识；社区参与和发展议题的内容包括社区参与，教育和文化，就业创造和技能开发，技术开发和获取，财富和收入创造，健康，社会组织。

2.《关于中央企业履行社会责任的指导意见》（已失效）

国有资产管理委员会于 2007 年颁布了《关于中央企业履行社会责任的指导意见》，以促进中央企业的社会责任承担水平。该意见包含八个核心议题，其就企业在诚信经营、盈利能力、产品和服务水平、资源与环境保护、创新和技术、安全生产、职工权益、公益事业等方面的实践提出了要求。

3.《企业可持续披露准则——基本准则（征求意见稿）》

2024 年 5 月 27 日，财政部发布了《企业可持续披露准则——基本准则（征求意见稿）》（以下简称《基本准则》），标志着我国统一的可持续披露准则体系正在逐步建成。该准则包含基本准则、具体准则和应用指南三个部分。其中具体准则部分对企业环境、社会和治理方面的可持续主题的信息披露提出了具体要求。环境方面包括气候、污染、水与海洋资源、生物多样性与生态系统、资源利用与循环经济等；社会方面包括员工、消费者和终端用户权益保护、社区资源和关系管理、客户关系管理、供应商关系管理、乡村振兴、社会贡献等；治理方面包括商业行为。

（二）国际标准的 ESG 合规风险项目

1. 联合国全球契约

2000 年，联合国构建了"联合国全球契约（UN Global Compact）"，要求全球企业将人权、劳工、环境、反腐败领域的十项全球性共识原则融入其经营和战略。这十项全球性原则及其涉及的合规风险具体如表 7-1 所示。

表 7-1　联合国全球契约十项原则

领域	原则
人权	原则一：企业应当支持并尊重国际公认的人权； 原则二：企业应当确保其未参与任何践踏人权的活动；
劳工	原则三：企业应当支持结社自由并承认集体谈判权的有效性； 原则四：企业应消除一切形式的强制劳动和强迫劳动； 原则五：企业应禁止使用童工； 原则六：企业应消除就业和职业中的歧视；
环境	原则七：企业应当支持环境破坏的预防性措施； 原则八：企业应当提升环境责任； 原则九：企业应当鼓励环境友好型技术的发展和推广；
反腐败	原则十：企业应当致力于反对一切形式的腐败，包括敲诈勒索和贿赂。

2. 经济合作与发展组织《跨国公司指南》

2000 年，经济合作与发展组织颁布了《跨国公司指南》，并于 2011 年对该指南进行了更新。《跨国公司指南》由一系列负责任的企业行为的推荐标准构成，由经济合作与发展组织的成员国起草，并在经济合作与发展组织的成员国适用。《跨国公司指南》以各国立法和国际公认标准认可的负责任的商业行为为内容，认为企业社会责任领域涵盖了信息披露，人权，雇员和劳资关系，环境，打击行贿、索贿和敲诈勒索，消费者权益，科学和技术，竞争和税收八个领域。公司应在除科学和技术、竞争和税收两个领域以外的全部六个领域内开展尽职调查。在 2011 年的修改中，《跨国公司指南》以"加强企业责任"为主题，着重强调了供应链与商业的关系、雇员的基本工资水平、加强申诉机制等几个方面，进一步强化其对企业社会责任的软约束。

3. ISO 26000《社会责任指南》

国际标准化组织于 2010 年颁布了 ISO 26000《社会责任指南》，以为世界各国的企业提供社会责任最佳行为指南。ISO 26000《社会责任指南》旨在规范所有类型、所有规模、所有地区的企业，其涵盖了社会责任的定义、背景、原则和七项核心主题等内容。其中，七项核心主题包括：机构治理、人权、劳工时间、环境、公平经营时间、消费者事项和社区融入与发展。

七项核心主题之下又包含了37项具体议题。ISO 26000《社会责任指南》就企业或组织如何及应该如何开展利益相关者参与、尽职调查和沟通其企业社会责任表现提供了指引。

4. 国际国外组织标准合规风险识别项目的差异与对比

上述三项国际国外组织标准主要针对人权、劳动力、环境、经济和商业、消费者、社区发展六方面的内容进行了规制，但不同例证之下，其具体内容具有偏向性。具体如表7-2所示。

表7-2　国际国外组织标准合规风险识别项目对比

《跨国公司指南》	ISO 26000	全球契约
人权		
· 保护与尊重 · 政治参与 · 政策 · 尽职调查 · 补救	· 保护与尊重 · 政治参与 · 政策 · 行政补救 · 人权风险情形 · 申诉机制 · 歧视弱势群体 · 工作中的基本权利	· 保护与尊重 · 政治参与 · 政策 · 尽职调查 · 补救
劳动力		
· 雇佣关系 · 劳动者权利，包括参与工会与集体谈判权 · 强制劳动 · 童工 · 平等对待/就业歧视与岗位歧视 · 岗位健康与安全 · 雇用本地劳动者与职业培训 · 创造就业机会，加强培训机会 · 促进雇佣双方的协商与合作	· 雇佣关系 · 劳动者权利，包括参与工会与集体谈判权 · 工作环境和社会保护 · 强制劳动 · 童工 · 就业歧视与岗位歧视 · 每周工作时间限制 · 工作健康与安全 · 工作晋升机会 · 本地工作创造和技能提升 · 社会对话	· 雇佣关系 · 劳动者权利，包括参与工会与集体谈判权 · 强制劳动 · 童工 · 就业歧视与岗位歧视
环境		
· 预防措施 · 环境行为 · 环境友好技术 · 环境管理系统 · 雇员教育和培训 · 紧急计划	· 预防措施 · 环境行为 · 环境友好技术 · 环境管理系统 · 雇员教育和培训 · 紧急计划 · 防止污染 · 可持续能源应用 · 气候变化的减缓和适应 · 保护和恢复自然栖息地	· 预防措施 · 环境行为 · 环境友好技术

《跨国公司指南》	ISO 26000	全球契约
经济与商业		
·打击贿赂与勒索 ·参与本地政治活动 ·竞争 ·税收 ·信息公示	·公平经营 ·反腐败 ·负责任的政治参与 ·组织治理 ·公平竞争 ·透明度 ·尊重财产权 ·在价值链中提升社会责任	·反腐败 ·间接透明度和信息公示，要求企业进行年度报告
消费者		
·消费者利益 ·公平市场 ·消费者健康和安全 ·消费者投诉及争端解决 ·个人数据及隐私保护	·消费者利益 ·公平市场 ·消费者健康和安全 ·消费者支持、投资及争端解决 ·个人数据及隐私保护 ·有效服务 ·可持续消费 ·教育和警示	无
社区发展		
·本地能力建设 ·就业机会 ·雇员培训 ·雇佣本地员工 ·提供教育和培训 ·科学和技术	·参与交流与发展 ·教育和文化 ·岗位创造和技能提升 ·技术发展和获得 ·福利和收入创造 ·健康 ·社区投资	无

（三）境外政策的 ESG 合规风险项目

1. 美国证券交易委员会（SEC）气候披露新规

作为全球最有影响力的资本市场之一，美国证券交易委员会（以下简称SEC）于2024年3月通过了《面向投资者的气候相关信息披露的提升和标准化》的最终规则（以下简称新规）。新规对不同规模的申报人适用分阶段申报要求，并提供了相应的过渡期。新规中范围1和范围2的强制披露要求仅适用于大型申报公司，并且范围1和范围2报告的披露时间推迟到了2026年，公司可以根据气候信息对投资者是否具有实质性影响来确定是否披露。同时，新规不再要求上市公司披露范围3的排放。新规还强调企业需要将气候因素纳入长期业务和财务规划。这将促使企业更全面地评估气候风险，并在战略决策过程中更加注重气候因素。预计这一规则将推动企业采取更有力的气候相关政策，展示对可持续发展的承诺，并在应对气候风险方面加强问责制。

2. 欧洲可持续发展报告标准（ESRS）

2023 年，欧盟确定了 ESRS 框架，为在欧盟范围内运营的公司提供了一套全面、标准化的报告要求。ESRS 旨在提高可持续发展相关信息披露的透明度和可比性。通过详细说明报告 ESG 因素的具体准则和衡量标准，ESRS 将在重塑欧盟企业可持续发展报告格局方面发挥关键作用。根据 ESRS 的要求，所有受 2021 年《企业可持续发展报告指令》（CSRD）约束的公司都必须遵守更严格、更统一的报告标准。这意味着这些公司将有义务披露广泛的 ESG 信息，包括碳排放、多样性和包容性指标、供应链可持续性和其他指标。欧盟约有 11700 家大型公司和集团受此规定约束。然而，对于某些类型的公司和某些披露要求，ESRS 允许在成为强制性报告之前存在阶段性的过渡期。此外，还有几项披露要求是自愿性的。

二、ESG 合规风险识别的方法

GB/T 36000-2015《社会责任指南》就企业如何识别其经营活动中的社会责任风险进行了指引，其指出识别过程开始时，只要可行，企业就宜：（1）列出其活动全部范围；（2）识别利益相关方；（3）识别自身活动和影响范围内其他组织（如供应商和承包方等）的活动；（4）当组织与其影响范围和（或）价值链上的其他组织开展活动时，通过考虑所有使用的法律法规确定由此将涉及哪些核心主题和议题；（5）检查组织的决策活动和活动对利益相关方和可持续发展可能产生影响的方式；（6）检查利益相关方和社会责任议题影响组织决策、活动和计划的方式；（7）不但识别所有与日常活动有关的社会责任议题，而且还识别所有与特定情境下偶然出现的活动有关的社会责任议题。此外，该指南特别之处在于，要求企业对社会责任核心主题及议题中的合规风险进行识别时，不宜仅仅停留于简单的遵守法规，而应关注"超越法律"的社会责任，以进行最佳实践。

在社会责任合规风险评价方面，GB/T 36000-2015《社会责任指南》提出可从以下四个方面考虑合规风险项目的影响范围：（1）议题对利益相关方和可持续发展的影响程度；（2）对议题采取或未采取行动而造成的潜在影响；（3）议题相关方对议题的关切程度；（4）负责任地处理这些影响的社会期望的识别。根据该指南，违反法律法规、违背道德、侵犯人权、危及生命或健康、严重危害环境等行为应被视为企业社会责任重大合规风险。

三、ESG 合规风险案例

ESG 合规风险案例包括负面案例和正面案例，负面案例主要表现为"洗绿"行为引发的利益相关者信任危机以及由此可能导致的诉讼风险，正面案例主要表现为通过良好的 ESG 披露获得利益相关者的支持。

（一）S公司深陷"洗绿"指控风波

"洗绿"一词，意指企业通过夸大或虚假的环保宣传来掩盖其实际的环境影响，从而误导消费者。2024年，意大利反垄断机构对知名快速时尚品牌S公司的网站运营商I公司展开了深入调查。该调查基于的理由为S公司网站涉嫌"通过泛泛而谈、模糊不清、混淆视听和/或具有误导性的环保声明，来塑造其服装生产和商业活动的可持续性形象"。针对S公司的具体指控包括："S公司开展的项目"系列中所谓的"绿色"纤维信息被指具有误导性；品牌忽略了服装不可回收的重要细节；以及S公司虽然强调了去碳化的承诺，但其可持续发展报告却显示排放量仍在增加。这些指控无疑给S公司的品牌形象带来了严峻考验。此次调查凸显出时尚行业在环保声明方面正面临着日益严格的审查，尤其是像S公司这样的快速时尚零售商。此外，这一事件也引发了人们对消费者如何验证时尚品牌可持续发展声明真实性的思考。

（二）E公司被起诉"塑料回收"造假

2024年9月22日，美国加州司法部部长罗伯·邦塔（Rob Bonta）宣布对E公司提起诉讼，指控其涉嫌参与长达数十年的欺骗活动，导致并加剧了全球塑料污染危机。美国加州司法部指控，半个世纪以来，E公司一直通过误导性的公开声明和巧妙的营销使得加州人相信，通过回收利用可以解决该公司产生的日益增多的塑料垃圾以及由此导致的污染危机。事实上，无论是在技术上还是在经济上，绝大多数塑料产品都不能甚至很可能无法回收。据其数据显示，美国只有大约5%的塑料垃圾被回收利用，回收率从未超过9%。美国加州司法部称，E公司生产的一次性塑料垃圾数量最多。自1985年以来，从加州海滩和水道收集的垃圾超过2600万磅（约合1.18万吨），其中约81%是塑料垃圾。在一年一度的加州海岸清理日上收集到的大多数塑料物品，都可以追溯到E公司的聚合物树脂。由于E公司误导性的公开声明和广告，导致消费者购买和使用了更多的一次性塑料。美国加州司法部要求法院追究E公司在制造和加剧塑料污染过程中承担的责任，并要求对该公司进行民事处罚和相应的资金没收，迫使该公司交出其非法获得的利润。美国加州司法部指控，E公司长达数十年的欺骗行为违反了国家安全、自然资源、水污染、虚假广告和不正当竞争等法律法规。

（三）宁德时代做好ESG"必答题"

欧盟于2023年发布新电池法规，加速了动力电池行业的ESG转型。受此外部压力影响，根据宁德时代2023年ESG报告，作为新能源领域的领军企业，宁德时代积极响应国家的号召，提出了SDGs 13气候行动。在环境方面，宁德时代展现了其对环境保护的承诺，建立环境管理体系，并设立安全生产委员会作为环境管理方面的最高决策机构。截至 2023 年末，稳定运营且具备认证资格的电池生产基地的环境管理体系已经 100%审核符合 ISO 14001：2015 要求并取得相应认证证书，其他在建或新建成基地亦积极按照 ISO 14001：2015 要求开展环境管理体系的建设。此外，宁德时代严格遵守相关法律法规，对废水、废气、固体废弃物和噪声进行严格控制和管理，确保排放达标。宁德时代实施节能减排措施、推广可再生能源使用等行动，积极应对气候变化。在社会方面，宁德时代在社会责任方面表现出色，包括提供平等的就业机会、保障员工权益、开展员工培训与发展计划。在公司治理方面，宁德时代建立了健全的公司治理架构，包括股东大会、董事会和管理层，确保公司规范运作和决策的公正性与科学性。报告中宁德时代尤其重视对内部控制和风险管理，持续推进风险管理工作，建立了风险管理政策和内部控制系统，展示了其在维护公司治理和透明度方面的努力。宁德时代坚守合规经营，建立了反贪污与反贿赂管理体系，并通过廉洁文化建设和监督机制，维护公司的诚信和透明度。宁德时代强调信息安全与隐私保护，在委托供应商处理数据时，公司要求供应商签订《数据委托处理协议》，明确双方承担的个人信息保护义务、个人信息跨境传输特别约定等内容。

第三节 ESG 合规信息披露机制

ESG 合规信息披露，是指根据政府、非政府组织或者行业协会的监管要求或企业自身的实际需要披露企业 ESG 方面的合规性信息。其主要披露的是非财务信息，包括强制性披露和自愿性披露两类。

一、ESG 合规信息披露的原则

根据《证券法》（2019 年修订）第七十八条第二款和第八十二条第三款规定，信息披露义务人披露的信息，应当真实、准确、完整、简明清晰、通俗易懂、及时、公平。上述原则既适用于财务信息的披露，也适用于 ESG 合规这一非财务信息的披露。

在此信息披露的整体原则下，GB/T 36001-2015《社会责任报告编写指南》进一步提出了社会责任信息披露"完整全面、客观准确、明确回应、及时可比、易读易懂、获取方便"六项基本原则，该六项原则同样可作为 ESG 合规信息披露的原则。

（一）完整全面

完整全面，是指信息披露宜覆盖披露范围内企业的重要相关决策和活动，并全面、系统、完整地披露 ESG 目标，将 ESG 合规融入组织的实践及其绩效信息。其既意指信息覆盖范围的完整性，又意指信息内容的全面性。指南特别指出，ESG 信息披露不宜进行选择性披露，如"报喜不报忧"的现象。

（二）客观准确

客观准确，是指 ESG 合规所披露信息宜客观、真实和准确。"客观"意指信息是对实际状况和事实的客观描述，未带任何偏见或主观臆断。"准确"意指信息与实际状况和事实完全相符，或者是基于实际状况和事实经严密的科学推断而得到的结论。ESG 合规披露的信息来源宜真实、可靠，信息收集和处理方法宜科学、合理，所披露信息宜避免人为加工或臆造，例如，不故意淡化消极影响或夸大积极影响，不捏造数据或事实等。

（三）明确回应

明确回应，是指 ESG 合规信息披露应详尽回应利益相关方的相关关切，并注意披露利益相关方关于上一次 ESG 合规信息披露的反馈意见的处理情况。为此，ESG 合规信息披露宜详尽披露在本披露期企业各类回应的情况及其结果。关于回应信息披露的详尽程度，报告宜以满足利益相关方及社会的知情需求为基础，视具体情况而定。基于沟通的需要，本披露期的报告还宜承担起对利益相关方关于上期披露反馈意见的回应任务，积极且明确地报告相关处置意见及理由。

（四）及时可比

及时可比，是指 ESG 合规信息披露宜具有较强的时效性和可比性，不仅及时反映最新时段 ESG 合规活动及其绩效，而且还反映与以往披露时段和本行业或类似企业的绩效比较结果以及发展趋势，以便于利益相关方进行综合比较判断。

（五）易读易懂

易读易懂，是指 ESG 合规信息披露宜考虑利益相关方的文化、社会、教育和经济的不同背景，具有易读性并易于利益相关方理解。ESG 合规信息披露的形式宜适合利益相关方的文化、社会、教育和经济的不同背景；ESG 合规信息披露的内容应通俗易懂、言简意赅，尽可能采用大众化语言进行阐述。

（六）获取方便

获取方便，是指不论以何种形式（如纸质文件、电子文件或基于互联网的交互式网页）

发布，ESG 合规信息披露应便于利益相关方获取。ESG 合规信息披露应明确标明可获取的途径和方式，以便于利益相关方在需要时能容易且及时地获取所需的报告。

二、ESG 合规信息披露的主体

ESG 合规信息披露的主体包括所有企业，但一般宜对规模企业（上市公司、大型企业）、国有企业等组织形式的 ESG 合规进行强制性或引导性规定。实践中，现有国内外立法和监管规则大多要求大型企业或上市公司就其社会责任或环境、社会、治理事项进行信息披露。

国外立法及监管规则中，欧盟要求雇员人数达到 500 人的上市公司、银行、保险公司及其他被公权力部门认为承担社会公共利益的大型企业/公众公司就其经营和管理中的社会、环境事项中的特定信息进行公示。自 2018 年起，欧盟 6000 余家所涉大型企业/公众公司必须在其年度报告中包含非金融事项陈述。挪威于 2013 年通过了具有强制性效力的可持续性报告规则，要求大型企业就其如何在其经营战略中融入社会责任的信息进行公示。

在国内立法及监管规则中，我国此前仅有"上证公司治理板块""深 10 指数"样本股必须披露社会责任报告，对其他企业的 ESG 合规信息披露均采用了鼓励性的规定方式。例如国资委《关于中央企业履行社会责任的指导意见》第十八条规定，"有条件的企业要定期发布社会责任报告或可持续发展报告，公布企业履行社会责任的现状、规划和措施"；《深圳证券交易所上市公司社会责任指引》第五条规定，上市公司应"自愿披露公司社会责任报告"；《上海证券交易所上市公司环境信息披露指引》第三条规定，鼓励上市公司"及时披露公司在承担社会责任方面的特色做法及取得的成绩，并在披露公司年度报告的同时在本所网站上披露公司的年度社会责任报告"。此外，我国还就 ESG 合规中的一些专门领域制定了强制性信息披露的要求。例如，2014 年全国人大常委会通过的《环境保护法》修订中，将环境治理信息披露的主体规定为重点排污单位；2014 年公布的《企业事业单位环境信息公开办法》规定，企业有义务如实向社会公开环境信息；2015 年中共中央、国务院颁发的《生态文明体制改革总体方案》要求资本市场建立上市公司环保信息强制性披露机制等。2024 年 5 月 27 日，财政部发布了《企业可持续披露准则——基本准则（征求意见稿）》，标志着中国统一的可持续披露准则体系正在逐步建成。该准则将 ESG 信息披露要求的覆盖范围从上市公司扩展到非上市公司，从大型企业扩展到中小企业。2024 年上海证券交易所、深圳证券交易所、北京证券交易所发布的《上市公司自律监管指引——可持续发展报告（试行）（征求意见稿）》明确：上交所要求报告期内持续被纳入上证 180、科创 50 指数样本公司；深交所要求报告期内持续被纳入深证 100、创业板指数样本公司；沪、深交易所都要求，境内外同时上市的公司应当披露《可持续发展报告》，并鼓励其他上市公司自愿披露。北京证券交易所规则考虑到北交所创新型中小企业的阶段特点，不对企业进行强制性披露规定，鼓励企业"量力而行"。

需要指出的是，在企业内部的治理结构中，ESG 合规信息披露应由企业合规人员起草，由董事会审议后向社会公开发布。

三、ESG 合规信息披露的内容

ESG 合规信息披露的内容应涉及环境、社会、公司治理全部领域。企业可依据目前国际、国外、国内关于健康、安全、环境、社会责任及公司治理等事项的披露要求构建本企业的信息披露内容指标。

（一）国内立法规范、标准及理论对于 ESG 合规信息披露内容的要求

我国目前信息披露多以社会责任报告或 ESG 报告的形式展开。具体而言，我国就企业社会责任报告的具体范围的规定可分为两个类型：一是证券交易所关于社会责任报告内容的可操作性规定，如深交所指引第七章中规定了企业社会责任报告至少应当包括职工保护、环境污染、商品质量、社区关系等方面的社会责任制度建设和执行情况，遵守或解释规则，改进措施和计划。又如，上交所指引第五条规定了公司可根据自身特点决定企业社会责任报告的具体内容，但报告至少应当包括公司在促进社会可持续、环境及生态可持续、经济可持续方面的工作。2024 年 2 月 8 日上交所、深交所、北交所三大交易所同时发布《上市公司自律监管指引——可持续发展报告（试行）（征求意见稿）》。该指引的内容包括四个方面：1. 明确了强制披露和自愿披露相结合的披露方式。上交所要求报告期内持续被纳入上证 180、科创 50 指数样本公司，深交所要求报告期内持续被纳入深证 100、创业板指数样本公司，而沪、深交易所都要求，境内外同时上市的公司应当披露《可持续发展报告》，并鼓励其他上市公司自愿披露。北京证券交易所则鼓励企业"量力而行"，未对强制性披露进行规定。2. 建立可持续发展信息披露框架。要求公司在双重重要性（同时具备财务重要性和影响重要性）披露原则下，上市公司应当围绕治理，战略，影响、风险和机遇管理，指标与目标四个核心内容对拟披露的议题进行分析和披露。3. 强化碳排放相关披露要求。对气候适应性、转型计划、温室气体排放总量、减排措施、碳排放相关机遇等披露提出要求。4. 明确了环境、社会披露议题。设置了具有中国特色的披露内容，环境信息披露章节设置了生态系统与生物多样性、循环经济等重要议题。社会信息披露章节设置了乡村振兴、创新驱动、科技伦理、供应链安全、平等对待中小企业等多个重要议题。

二是国家质监局和国家标准委联合发布的 GB/T 36001-2015《社会责任报告编写指南》，其对企业社会责任报告提出了"完整全面、客观准确、明确回应、及时可比、易读易懂、获取方便"的基本要求，并认为企业社会责任报告应当包括组织概括、组织核心价值观与发展理念、组织最高管理者的社会责任承诺、社会责任战略、社会责任识别与沟通以及 GB/T 36000-

2015《社会责任指南》标准下各主题及下属议题的绩效信息。相对于证券交易所对于企业社会责任报告的规定，GB/T 36001-2015《社会责任报告编写指南》对企业社会责任报告的一般性要求、编制流程、具体内容等方面给予了更为系统、具体的指导。

此外，我国还制定了ESG专门领域的合规信息披露规范。在环境领域，如环保部2010年9月发布的《上市公司环境信息披露指南（征求意见稿）》强制要求16类重污染行业上市公司披露环境信息，环保部2011年发布的《2011年全国污染防治工作要点》要求建立重点行业上市公司环境报告书发布制度，生态环境部2021年发布的《环境信息依法披露制度改革方案》中提出，到2025年要基本形成强制性环境信息披露制度，将环境信息强制性要求加入到上市企业申报规则中，2022年生态环境部制定《企业环境信息依法披露格式准则》，进一步细化企业环境信息依法披露内容，规范环境信息依法披露格式，全面反映企业遵守生态环境法律法规和环境治理情况；又如，2014年全国人大常委会通过的《环境保护法》修订中要求重点排污单位向社会公开其主要污染物的名称、排放方式、排放浓度和总量、超标排放情况，以及防治污染设施的建设和运行情况；2013年深交所颁布的《深圳证券交易所主板上市公司规范运作指引》规定上市公司在出现重大环境污染问题时，应及时披露环境污染产生的原因、对公司业绩的影响、环境污染的影响情况以及采取的整改措施等。

此外，首都经济贸易大学中国ESG研究院提出了ESG合规信息披露的内容指标，该指标同样可成为我国ESG合规信息披露内容设计的参考与指引。表7-3展示了首都经济贸易大学中国ESG研究院关于ESG报告内容指标选取的详细情况。

表7-3　首都经济贸易大学中国ESG研究院ESG信息披露指标选取

一级指标	二级指标	三级指标
环境	资源消耗	资源的使用管理
	防治行为	废弃物处理与再循环
		节能减排
		污染管理
	废物排放	温室气体排放
		污染物排放

一级指标	二级指标	三级指标
社会	劳工权益	性别平等
		人权政策
		就业机会
		员工发展
	产品责任	产品安全与质量
		生产规范与危险管理标准
		供应链效应
	社区响应	合规发展
		商业道德
		社区关系管理
		公众利益与公民责任
		慈善行为
	时代使命	扶贫与区域发展贡献
		重大事件应急能力
		高质量发展贡献
治理	治理结构	股份设置
		所有权结构
		控制权结构
		治理多元化
		党建结构
	治理机制	表决机制
		问责机制
		高管激励
		党建机制
	治理效能	信息公开透明
		风险管理与治理异常

（二）国际、国外立法规范、标准及理论对于 ESG 合规信息披露内容的要求

一些国际或区域性组织同样就 ESG 合规信息披露内容进行了要求。在立法及政策规范上，欧盟委员会 2012 年发布的《欧盟公司法及公司治理行动计划》要求规模企业就非金融事项进

行说明，并指出非金融事项包括环境保护、社会责任和雇员待遇、人权保护、反贪污反腐败、董事会构成的多样性（包括年龄、性别、教育背景和专业背景等事项）。但在公示方法上，欧盟委员会采取了一种非常灵活的态度，认为企业能够选择其认为最有效的公示方式，即企业可采用国际、欧盟或本国准则来对其非金融事项进行公示。法国《新环保法》（Grenelle II Act）要求社会、环境、可持续发展领域的42项议题应当在报告中被提及；挪威审计法案1—5条规定大型企业具有非金融性事项报告的义务，非金融事项应当包括企业如何将人权、社会、雇员事项、环境和反腐败政策融入其经营战略、日常经营和利益相关者关系中，承诺其将进一步报告如何将这些政策转化为行动，政策取得的成果以及对未来的期望。此外，欧盟在2022年11月通过了《企业可持续发展报告指令》（CSRD），又在2023年7月通过了CSRD的配套规则《欧洲可持续发展报告标准》（ESRS）。CSRD要求企业强制披露ESG信息，并明确提出企业在信息披露时按照ESRS标准来披露非财务信息报告，对企业环境保护、社会责任和公司治理等议题提出了更高的要求。除此之外，CSRD设置了独立鉴证机制，要求企业聘请第三方机构对非财务信息披露报告进行鉴证，这一举措有效提升了ESG报告的可靠性。

此外，国际标准中GRI标准、SASB标准、ISO 26000标准、TCFD标准、CDP标准等标准均就ESG合规信息披露的内容指标进行了规定，下文将具体介绍。

四、ESG合规信息披露的规范及标准

2020年，党的十九届五中全会通过的《中共中央关于制定国民经济和社会发展第十四个五年规划和二〇三五年远景目标的建议》中指出"十四五"期间我国应加快构建以国内大循环为主体、国内国际双循环相互促进的新发展格局。ESG合规信息披露不仅是国内市场中企业的合规行为准则，也是企业迈入国际及海外市场中应遵守的国际准则。因此，尤其需要对GRI标准、SASB标准、ISO 26000标准、TCFD标准、CDP标准等国际标准中的ESG合规信息披露指引进行重视。

（一）全球倡议组织GRI标准

GRI标准是目前美国、日本发布可持续报告主要采用的标准。其由通用标准和议题专项标准两个部分组成。其中通用标准包括GRI 101基础、GRI 102一般披露、GRI 103管理方法三项。GRI 101基础说明了界定报告内容和质量的原则以及报告编制的具体要求，GRI 102一般披露要求披露企业的组织概况、战略、道德和诚信、管治、利益相关方参与以及报告实践6个方面的背景信息，GRI 103管理方法要求企业对议题为何具有实质性、影响范围以及组织如何管理影响进行叙述性说明。议题专项标准按照ESG划分为GRI 200经济、GRI 300环境、GRI 400社会三类。以下将对三类指标下的一级指标及二级、三级指标进行介绍。

表 7-4　GRI 标准的披露内容

一级指标	二级指标	三级指标
经济	经济绩效	组织产生和分配的经济价值
		气候变化带来的财务影响以及其他风险和机遇
		义务性固定福利计划和其他退休计划
		政府给予的财政补贴
	市场表现	按性别的标准起薪水平工资与当地最低工资之比
		从当地社区雇用高管的比例
	间接经济影响	基础设施投资和支持性服务
		重大间接经济影响
	采购实践	向当地供应商采购支出的比例
	反腐败	已进行腐败风险评估的运营点
		反腐败政策和程序的传达及培训
		经确认的腐败事件和采取的行动
	不当竞争行为	针对不当竞争行为、反托拉斯和反垄断实践的法律诉讼
	税务	税务管理方法
		税务治理、管控及风险管理
		利益相关方的参与以及涉税问题管理
		国别报告
环境	物料	所用物料的重量或体积
		所使用的回收进料
		回收产品及其包装材料
	能源	组织内部的能源消耗量
		组织外部的能源消耗量
		能源强度
		减少能源消耗量
		降低产品和服务的能源需求
	水资源与污水	组织与污水的相互影响
		管理与排水相关的影响
		取水
		排水
		耗水

一级指标	二级指标	三级指标
环境	生物多样性	组织所拥有、租赁、在位于或邻近保护区和保护区外生物多样性丰富区域管理的运营点
		活动、产品和服务对生物多样性的重大影响
		受保护或经修复的栖息地
		受运营影响区域的栖息地中已被列入 IUCN 红色名录及国家保护名册的物种
	排放	温室气体排放
		能源间接温室气体排放
		其他间接温室气体排放
		温室气体排放强度
		温室气体减排量
		臭氧消耗物质的排放
		氮氧化物、硫氧化物和其他重大气体排放
	污水和废弃物	按水质及排放目的地分类的排水总量
		按类别及处理方法分类的废弃物总量
		重大泄漏
		危险废弃物运输
		受排水和/或径流影响的水体
	环境合规	违反环境法律法规
	供应商环境评估	使用环境标准筛选的新供应商
		供应链对环境的负面影响以及采取的行动
社会	雇佣	新进员工和员工流动率
		提供给全职员工的福利
		育儿假
	劳资关系	有关运营变更的最短通知期
	职业健康与安全	职业健康安全管理体系
		危害识别、风险评估和事件调查
		职业健康服务
		职业健康安全事务；工作者的参与、协商和沟通
		工作者职业健康安全培训
		促进工作者健康

一级指标	二级指标	三级指标
社会		预防和减轻与商业关系直接相关的职业健康安全影响
		职业健康安全管理体系适用的工作者
		工伤
		工作相关的健康问题
	培训与教育	每名员工每年接受培训的平均小时数
		员工技能提升方案和过渡协助方案
		定期接受绩效和职业发展考核的员工百分比
	多元化与平等机会	管治机构与员工的多样化
		男女基本工资和报酬的比例
	反歧视	歧视事件及采取的纠正行动
	结社自由与集体谈判	结社自由与集体谈判权利可能面临风险的运营点和供应商
	童工	具有重大童工事件风险的运营点和供应商
	强迫或强制劳动	并有强迫或强制劳动事件重大风险的运营点和供应商
	安保实践	接受过人权政策或程序的培训的安保人员
	原住民权利	涉及侵犯原住民权利的事件
	人权评估	接受人权审查或影响评估的运营点
		人权政策或程序方面的员工培训
		包含人权条款或已进行人权审查的重要投资协议和合约
	当地社区	由当地社区参与、影响评估和发展计划的运营点
		对当地社区有实际或潜在重大负面影响的运营点
	供应商社会评估	使用社会标准筛选的新供应商
		供应链对社会的负面影响以及采取的行动
	公共政策	政治捐赠
	客户健康与安全	对产品和服务类别的健康与安全影响的评估
		涉及产品和服务的健康与安全影响的违规事件
	营销与标识	对产品和服务信息与标识的要求
		涉及产品和服务信息与标识的违规事件
		涉及市场营销的违规事件
	保护隐私	与侵犯客户隐私和丢失客户资料有关的经证实的投诉
	社会经济合规	违反社会与经济领域的法律和法规

（二）可持续性会计准则委员会 SASB 标准

SASB 是一家成立于 2011 年的美国非营利性组织。SASB 标准在美国和亚太地区的使用较为广泛。其选取了环境、社会资本、人力资本、商业模式与创新、领导与治理 5 个可持续发展维度下的 30 个议题作为其信息披露的内容指标。表 7-5 将对其选取的可持续发展维度以及不同维度下的具体指标进行梳理。

表 7-5　SASB 标准的披露内容

环境	温室气体排放
	空气质量
	能源管理
	燃油管理
	水和废水管理
	废物和有害物质管理
	生物多样性影响
社会资本	人权与社区关系
	访问和负担能力
	客户福利
	数据安全和客户隐私
	公平披露和标签
	公平营销和广告
人力资本	劳动关系
	公平劳动惯例
	多元化和包容性
	员工的健康、安全和福祉
	薪酬与福利
	招聘、发展和保留
商业模式与创新	产品和服务的生命周期影响
	对资产运营的环境和社会影响
	产品包装
	产品质量安全

领导与治理	系统风险管理
	事故与安管
	商业道德和付款透明度
	竞争行为
	监管俘获和政治影响
	材料采购
	供应链管理

（三）国际标准化组织 ISO 26000 标准

国际标准化组织于 2010 年正式颁布了 ISO 26000 标准，为全球各行业社会责任的履行进行了指引。截至 2021 年，已有 88 个国家将 ISO 26000 标准转化为国内标准。我国 GB/T 36000-2015 在很大程度上也是在 ISO 26000 标准的基础上进行制定的。ISO 26000 标准将社会责任信息披露的指标分为组织治理、人权、劳工、环境、公平运营、消费者问题、对社会发展做贡献七项核心主题，并在每个核心主题下设计了子议题。表 7-6 就 ISO 26000 标准的内容体系进行具体介绍。

表 7-6　ISO 26000 标准的指标体系

核心主题	子议题
组织治理	
人权	尽职调查
	人权风险状况
	避免同谋
	处理申诉
	歧视弱势群体
	公民权利和政治权利
	经济、社会和文化权利
	工作中的基本原则和权利
劳工	就业和雇佣关系
	工作条件和社会保障
	社会对话
	工作中的健康和安全
	工作场所中人的发展与培训

核心主题	子议题
环境	防治污染
	资源可持续利用
	减缓并适应气候变化
	环境保护、生物多样性和自然栖息地恢复
公平运营	反腐败
	负责任的政治参与
	公平竞争
	在价值链中促进社会责任
	尊重产权
消费者问题	公平营销、真实公正的信息和公平的合同实践
	保护消费者健康与安全
	可持续消费
	消费者服务、支持和投诉及争议处理
	消费者信息保护与隐私
	基于服务获取
	教育与意识
对社会发展做贡献	社区参与
	教育和文化
	就业创造和技能开发
	技术开发和获取
	财富与收入创造
	健康
	社会投资

（四）金融稳定委员会气候相关财务信息披露工作组 TCFD 标准

TCFD 标准是 2011 年由金融稳定委员会成立的气候相关财务信息披露工作组，旨在应对气候变化和环境污染。截至 2020 年，已有全球 110 多个监管机构和政府实体支持 TCFD 标准。TCFD 标准以治理、策略、风险管理、指标和目标为核心，并在此基础上提出了所有行业通用的具体建议披露事项。其具体披露指标如表 7-7 所示。

表 7-7 TCFD 标准中的披露内容

因素	建议披露事项
治理	描述董事会对气候相关风险与机会的监督情况
	描述管理团队在评估和管理气候相关风险与机会的角色
策略	描述组织面临的短、中、长期气候相关风险与机会
	描述气候相关风险和机遇对组织机构的业务、策略和财务规划的影响
	描述组织在策略上的韧性,并考虑不同气候相关情境
风险管理	描述组织在气候相关风险的识别与评估流程
	描述组织在气候相关风险的管理流程
	描述气候相关风险的识别、评估和管理流程如何整合在组织的整个风险管理制度
指标和目标	披露组织依靠策略和风险管理流程进行评估气候相关风险与机会所使用的指标
	披露温室气体排放和相关风险
	描述组织在管理气候相关风险与机会所使用的目标以及落实该项目的表现

(五)碳信息披露项目 CDP 标准

碳信息披露项目 CDP 标准的宗旨在于推动企业和政府减少温室气体排放,其通过发放问卷的方式收集全球企业的碳信息,并发布碳报告。CDP 标准包含气候变化、水安全、森林三项议题,每一议题下大致包括简介、公司治理及政策、风险及基于管理、战略及情景分析、目标及行动、沟通合作、绩效指标及第三方核证几个部分。

(六)国际可持续标准委员会 ISSB 标准

国际财务报告准则基金会(IFRS)是一个于 2001 年成立的非营利组织。在 2021 年 11 月第 26 届联合国气候大会上,IFRS 基金会宣布成立国际可持续标准委员会(ISSB)。该委员会的目的在于提供可持续性相关披露标准的全面全球基准,为投资者和其他资本市场参与者提供有关公司可持续性相关风险和机会的信息。2021 年,可持续发展会计准则委员会(SASB)与国际综合报告理事会(IIRC)合并成立了价值报告基金会(VRF),该基金会与碳排放信息披露项目(CDP)的分支机构——气候披露准则委员会(CDSB),在 2022 年 6 月并入 ISSB,通过将 CDP、CDSB、VRF(SASB + IIRC)进行整合,该准则被认为是气候信息披露的"集大成者",有助于为形成今后全球统一的气候信息披露标准提供帮助。2024 年 5 月,我国财政部也提出以 ISSB 准则为基础,并在此基础上发布了体现国际准则有益经验、符合中国国情且能彰显中国特色的国家统一的可持续披露准则。

SASB 旨在在企业的财务报告中纳入环境、社会和经济因素，以评估企业的可持续性表现和贡献。一是具有较高的通用适用性，可以基本满足大多数投资者对企业在环境和社会责任方面披露需求，并且能够展示企业之间经营绩效的横向对比以及企业自身发展的纵向对比。二是每个行业都有一套独特的可持续性会计标准。在制定标准时，SASB 标准定义了 26 个可持续发展议题，归纳为五个维度：环境、社会资本、人力资本、商业模型与创新、领导力与治理。其中，环境维度包括：温室气体排放、空气质量、能源管理、水和废弃物管理、废物和有害物质管理、生物多样性影响、气候影响等内容；社会资本维度包括：社区关系、人权、可获得性和可负担性，客户福利，数据隐私与安全，营销行为和产品标识；人力资本维度包括：劳工关系，劳动行为和薪酬，员工的健康、安全和福祉，员工的招聘、参与和多样性等；商业模型与创新维度包括：产品设计和生命周期管理，产品包装及分销，产品质量和安全，供应链管理，原材料采购、投资、信贷和担保，税率结构及定价，商业模式弹性等；领导力与治理维度包括：商业道德、竞争行为、法律法规管理、危机事物风险管理、系统性风险管理等。

五、ESG 合规信息披露中的"遵守或解释"规则

"遵守或解释"规则是 ESG 合规信息披露中的一项常见规则。其杜绝了传统"命令—控制"监管模式下"一刀切"的规范方法，而是通过"市场制裁"的方式对企业社会行为进行约束，是一种介于强制性披露和半强制性披露的监管手段。除了我国香港地区在其第二版《ESG 指引》中引入了"遵守或解释"规则，将 ESG 关键事项的披露从完全的自愿性披露变更为半强制性披露，我国域内其他地区立法目前尚未引入"遵守或解释"规则，但域外立法对"遵守或解释"规则的理解和适用可成为我国未来 ESG 合规信息披露的关注重点。

域外立法中，欧盟各成员国结合欧盟 2006/46/EC 指令在企业社会责任领域还发展出以"遵守或解释"为原则的公司治理办法，并将其作为欧盟公司治理的核心要素之一。如西班牙证券市场委员会于 2014 年发布了《西班牙上市公司良好治理准则》。在准则制定过程中，专家委员会指出，"应当区分强制部分和自愿部分，其中，强制部分由西班牙公司法规定，自愿部分应遵循'遵守或解释'原则"。该法允许企业自主决定是否执行治理准则推荐的行为，但如果其选择不执行，那么其应当作出解释，使利益相关者能够充分了解企业行为。瑞典公司治理委员会于 2016 年颁布的《瑞典公司治理准则》中也指出："相较公司法和其他法律法规的最低标准，本规则以一种更为自主的方式界定了良好公司治理的标准。这一界定的关键是'遵守或解释'机制。这意味着企业不需要在任何时候都遵守本规则的任何条款，允许其根据自身的实际情况自主地选择替代路径。只要他们对其未遵守的行为进行公示，描述他们的替代路径，并解释他们如此做的原因。"英国金融报告委员会制定的《英国公司治理准则》更是将"遵守或解释"原则作为其首要原则，并着重强调："'遵守或解释'原则是英国公司治理的奠基石。

其从本准则确立之初就扮演着重要角色，也是本准则灵活性的基础。该原则被企业、股东广泛接受，也得到了国际社会的一致认可……该原则是本规则的核心内容，以何种路径对其进行适用应是董事会讨论的核心内容，因为这一问题与他们如何根据本规则进行经营行为休戚相关……"法国《新环保法》中同样认可了"遵守或解释"规则的应用。而在欧盟成员国之外，韩国《公司治理最佳实践准则》第2.3条规定，"在年度报告中，公众企业应该解释其公司治理和本准则之间的区别、造成这种区别的原因以及未来转变的计划"；在实施强制性企业社会责任的印度，"遵守或解释"规则也得到了立法的肯定。

第四节　ESG 合规评价机制

ESG 合规评价机制是构建 ESG 合规生态体系的重要组成部分。ESG 合规评价机制，是指从环境、社会、公司治理等层面，利用科学合理的指标体系、权重体系和评价模型进行评级或认证，全面系统地评价企业的发展绩效和长期潜力，为企业管理、政府监管和投资者投资提供参考。目前，国内外尚无对于 ESG 合规的官方评价机制，现有评价大多是由评级机构、科研单位或社会媒体进行的。

一、ESG 评价的主体

从广义上看，ESG 合规评价包括认证和评级两种类型。ESG 合规认证的主体一般为国际组织，其中较具典型意义的是联合国全球契约组织。其认证的方法为要求企业承诺将联合国全球契约的内容融入自身的经营管理、企业战略和企业文化中。例如，我国最早加入联合国全球契约的企业为溢达集团。其是一家生产个人物品的私营企业，加入时间为 2000 年 7 月 26 日。

此外，新加入的企业大多会在加入时由其法定代表人签署承诺书。例如 2022 年 2 月 21 日加入联合国全球契约的中国民营中小企业上海海庆物流有限公司在其承诺书中写道："尊敬的秘书长：我非常高兴承诺上海海庆物流有限公司支持联合国全球契约关于人权、劳动、环境和反腐败方面的十项原则。在此通报中，我们表达了我们执行上述原则的想法。我们承诺将联合国全球契约以及其原则作为我们公司战略、文化和日常经营的一部分，并将参与联合国旨在推进更广泛的发展目标的合作项目，尤其是可持续发展目标。上海海庆物流有限公司将会就此承诺向我们的利益相关者和社会公众进行清晰陈述。我们认识到加入联合国全球契约的一个关键要求是提交年度进展通报，描述我们公司就执行十项原则作出的努力。我们支持公共监督和（信息）透明，因此承诺在加入全球契约的一年内报告进展，并且此后每年根据联合国全球契约进展通报政策要求进行通报。其将包括：（1）一份由首席执行官签署的声明。声明中将表示继续支持联合国全球契约，并更新我们对其因素和原则的持续承诺。这区别于我们加入全球契约的首次承诺。（2）描述公司执行（或计划实施的）联合国十项契约四个方面（人权、劳动、环境和反腐败）的实践活动（如公示相关政策、流程和行动）。（3）效果评估（如符合目标/业绩指数的程度，或者其他数量或质量的评估结果）。"

若企业根据承诺完成并更新进度通报，则可获得联合国全球契约认证。需要说明的是，尽管 ISO 26000 标准也是社会责任领域的重要国际标准，但国际标准化组织一再声称，其在性质上属于指导性文件，不是管理体系，不用于第三方认证。国际认证协会业也发表声明，表示不从事也不认可基于 ISO 26000 标准的认证。

ESG 合规评价主体较多，主要是第三方评价机构。主要的国际评价机构包括 KLD、MSCI、汤森路透、富时罗素、标普道琼斯等，国内评级机构包括商道融绿、社会价值投资联盟、嘉实基金、中央财经大学绿色金融国际研究院、中国证券投资基金业协会、润灵等。

二、ESG 合规评价的指标体系

（一）KLD 评价指标体系

KLD 是一家总部位于美国波士顿的投资研究公司。KLD 公司最初采用的是企业社会责任评估体系，这一体系从八个维度进行评估，分别是社区关系、员工关系、环境、产品、对妇女和少数民族的待遇、军事合同、核电和关于南非问题的态度及行为。2006 年开始将指标体系变更为 ESG 框架。其具体指标体系如表 7-8 所示。

表 7-8 KLD ESG 评价指标体系

一级指标	二级指标	三级指标
环境	气候变化	清洁能源、气候变化
	产品和服务	利他性服务、致使臭氧层破坏的化学试剂、高危废弃物、农作物化学试剂
	经营与管理	污染防治、循环利用、管理机制、监管问题、相关排放
社会	社区	慈善捐赠、创新性捐赠、非本土捐赠、教育支持、住房改善支持、志愿者项目投资纠纷、消极经济影响、纳税争端
	多样性	董事会、首席执行官、残疾人就业、同性恋政策、推动与女性或少数裔的合作、工作福利、纠纷、代表缺失
	员工关系	健康与安全、退休、福利、工会关系、分工、员工参与、劳动力流失
	人权	员工权益，与当地人关系，尊重所在地主权、领土权、文化、人权及知识产权等
	产品	对低收入人群的福利、广泛认可、研发创新、反垄断、市场/协议纠纷、安全

一级指标	二级指标	三级指标
治理	报告	政治责任、透明度、结构性、津贴、财务、企业文化
	结构性	津贴、所有权、财务

此外，KLD ESG 评价指标体系还对流产、成人娱乐业、酒精类饮料等争议性产业的 ESG 评价体系指标进行了规定。

（二）MSCI 评价指标体系

MSCI ESG 评价体系建立于 2010 年，其是由摩根士丹利资本国际公司收购了 Risk Metrics 后成立的 ESG 评估体系。我国 A 股于 2018 年正式纳入 MSCI 新兴市场指数和 MSCI 全球指数。MSCI 在全球适用非常广泛，截至 2020 年 6 月，已覆盖了全球大约 8500 家企业。表 7-9 为 MS-CI 评价的指标体系。

表 7-9 MSCI 评价指标体系

一级指标	二级指标	三级指标
环境	气候变化	碳排放、金融环境因素、产品碳足迹、气候变化脆弱性
	自然资源	水资源稀缺、生物多样性及土地使用、原材料采购
	污染和浪费	有毒物质排放及废弃物、电子废弃物、包装材料及废弃物
	环境机遇	清洁技术的机遇、绿色建筑的机遇、可再生能源的机遇
社会	人力资源	人力资源管理、人力资本开发、健康与安全、供应链员工标准
	产品责任	产品安全与质量、化学品安全、金融产品安全、隐私与数据安全、负责任投资、健康与人口风险
	利益相关方否决权	争议处理
	社会机遇	社会沟通的途径、获得医疗服务的途径、融资途径、营养与健康的机遇
治理	公司治理	董事会、薪酬福利、控制权、会计与审计
	商业行为	商业道德、反竞争举措、税务透明度、腐败与不稳定、金融体系不稳定性

（三）汤森路透评价指标体系

汤森路透评价指标体系是汤森路透公司于 2009 年收购 ASSET4 后发布的 ESG 评估体系。目前汤森路透 ESG 评价体系已成为业内最具认可度的评价体系之一，数据涵盖在全球范围内超过 7000 家上市公司。表 7-10 是对汤森路透评价指标体系的具体介绍。

表 7-10　汤森路透评价指标体系

一级指标	二级指标	三级指标
环境	资源利用	公司在减少材料、能源或水资源使用方面的能力
	低碳减排	公司在生产运营过程中降低环境排放物的能力
	创新性	公司降低环境成本和负担的能力
社会	雇佣员工	员工对工作的满意性、能否保持多样性与机会平等性、能否为员工创造有效的发展机会
	人权问题	公司在尊重基本人权公约方面的有效性
	社区关系	公司是否致力于成为一个好公民
	产品责任	公司生产优质产品及提供服务方面的能力
治理	管理能力	公司是否较好地实践了公司治理原则
	股东/所有权	公司在平等对待股东和反对收购股权方面的有效性
	CSR 策略	公司能否将经济、社会、环境三项指标要求整合到其日常决策过程中

（四）中央财经大学绿色金融国际研究院 ESG 评价指标体系

中央财经大学绿色金融国际研究院与财政部、住建部、人民银行、中国证券业协会绿色证券委员会等部门密切合作，为政府部门开展 ESG 研究提供助力。中央财经大学绿色金融国际研究院同样采取了 ESG 的评价框架。其设计了二级指标，并将指标分为定性指标和定量指标两类。表 7-11 就中央财经大学绿色金融国际研究院 ESG 评价指标进行具体介绍。

表 7-11　中央财经大学绿色金融国际研究院 ESG 评价指标

一级指标	二级指标
环境	节能减排措施、污染处理措施、绿色环保宣传、主要环境量化数据、环境成本核算、绿色设计、绿色技术、绿色供应、绿色生产、绿色办公、绿色收入
社会	综合、扶贫及其他慈善、社区、员工、消费者、供应商、社会责任风险、社会责任量化信息
治理	组织结构、投资者关系信息透明度、技术创新、风险管理、商业道德、财报品质、盈余质量、高管薪酬

（五）中国证券投资基金业协会评价指标体系

中国证券投资基金业协会的评价体系结合了国内外现有的研究成果和指标框架，较为符合我国国情。其注重研究结果的政策导向，指标设计全面、深入、系统，表达简洁且具有可操作性。表 7-12 就中国证券投资基金业协会 ESG 评价指标体系进行具体介绍。

表 7-12　中国证券投资基金业协会 ESG 评价指标体系

一级指标	二级指标	三级指标
环境	整体环境风险暴露程度	行业环境风险暴露、企业环境风险暴露
	环境信息披露水平和质量	可及性、可用性、可靠性
	企业环境风险管理绩效——负面情况	污染物排放、能耗指标、碳排放强度
	企业环境风险管理绩效——正面情况	节能增效情况、绿色业务发展状况、绿色研发和投资情况
社会	股东	股东回报、中小股东回报
	员工	员工待遇、员工发展、员工安全、雇佣关系
	客户和消费者	产品和服务质量
		隐私保护
	上下游关系、债权人和同业	债务和合同违约、企业信用关系、公平竞争供应商
	宏观经济和金融市场	经济和金融风险、经济发展和转型、金融行业特定指标
	政府和公众	税收、就业、公益支出和扶贫、公共安全、企业信用、法律和合规、金融行业特定指标
治理	公共战略管理	ESG 战略理念、ESG 战略管理、商业战略影响、风险管理战略
	董事会治理	董事会结构、非执行董事占比、独立董事占比、独立董事作用、董事会作用
	公司治理结果	资本回报率、利息保障倍数
	公司治理异常	大股东变现、高管变现、高管离职率、非经常性损益比例、关联交易、控制权变更
	公司治理监督	监事会作用、违规情况、年报审计意见
	公司治理透明度	信息披露机制、强制披露、自愿披露、信息披露质量

三、ESG 合规评价的模型及方法

现有评级方法大多根据企业的自愿性披露，采用指标量化的方式对企业的 ESG 合规性进行评价。其中 KLD 采用的是基于叙事的评分方法，其最具特色的是"先筛后评"，即在公司完成评级后，评级机构根据新闻、财报信息和年报信息，对公司进行检测并更新评级；MSCI 采用的是对关键事项赋分的评价方式，其在每一风险点考察风险暴露和风险管理两个部分的内容，并通过加权得出不同风险点的评分细则；汤森路透评价体系同样采用了打分的方式，但其

最后得分体现的是企业在所有评价公司中的位置，其最终得分=（得分低于标的公司的公司数量+得分与标的公司相同的公司数量/2）/得分有效的公司数量。在具体赋分上，汤森路透评价体系将 ESG 评分与 ESG 争议评分相加，对公司的可持续影响和行为进行综合评估；中央财经大学绿色金融国际研究院采用定性和定量相结合的评价方式，同时强调企业的负面行为与风险。

从评价结果上来看，现有评价体系均通过评级的方式将企业 ESG 事项的合规情况从好到坏分为 ABCD 四个大类。

第五节　ESG 合规的监管路径

ESG 合规的监管路径旨在解决政府如何通过监管规定促进企业 ESG 合规水平的提升。该问题的难点在于，利益相关者利益的平衡应属于董事会的商业判断范畴，政府作为一个公权力机构应如何以及在何种程度上介入公司的经营决策。目前，国际上主要形成了四条 ESG 合规的监管路径。

一、强制性社会责任（MCSR）路径

对新兴市场国家而言，企业社会责任是一个国际标准和本土政策的"混合物"。其产生源于国际市场和国内舆论的双重施压，其发展则经历了一个从自愿责任到强制性责任的过程。印度强制性企业社会责任是"全球首次有一个国家认为应当在税收和企业自身意愿之外规定企业对于社会公共利益的强制支出水平"。印度 2013 年公司法案第 135 条被称为企业社会责任条款，其规定："（1）任何一家在任意财政年度净资产达到 500 亿以上印度卢比、营业额达到 1000 亿以上印度卢比、净利润达到 5 亿印度卢比的企业应当在董事会中组建企业社会责任委员会。该委员会包括 3 名以上董事，其中至少一名应为独立董事。（2）基于第 134 条第 3 款的董事会报告应披露企业社会责任委员会的构成信息。（3）企业社会责任委员会应当：（a）制定并向董事会提议企业社会责任政策，表明企业按照附表 VII 开展的活动；（b）提议根据（a）条款开展的活动需花费的金额；（c）定期监督企业社会责任政策。（4）本条第 1 款规定的企业的董事会应当：（a）在考量企业社会责任委员会的提议后，批准企业的社会责任政策，在其报告中披露该政策的内容，并依法将其在公司网站中公开；（b）保证公司开展企业社会责任政策中的活动。（5）本条第 1 款规定的企业的董事会应当保证每个财政年度企业将其前三个财政年度净利润的 2% 以上用于落实企业社会责任政策；当企业进行社会责任支出时，应优先考虑其所在地区及其周边地区；若企业无法达到上述要求，则董事会应当依据 134 条第 3 款第

（o）项解释未达到最低支出标准的原因。"

在印度之后，毛里求斯也构建了强制性企业社会责任制度。毛里求斯 2016 年金融法案第 50L 条规定了企业社会责任基金（CSR fund）："（1）所有企业每年均应将其上一年应得收入的 2% 作为企业社会责任基金。（2）（a）除第 9 款另有规定外，如下所示的企业社会责任基金百分比数额应当交由税务总长（Director-General）：2017 年 1 月 1 日至 2017 年 12 月 31 日设立的企业社会责任基金应提交 50% 以上，2018 年 1 月 1 日以后设立的企业社会责任基金应提交 75%。（b）剩余的部分应交由企业使用：（i）对于 2019 年 1 月 1 日前成立的企业社会责任基金，按照自身的企业社会责任框架实施企业社会责任计划；（ii）对于 2019 年 1 月 1 日后成立的企业社会责任基金，应实施企业社会责任计划或资助实施企业社会责任计划的非政府组织优先介入附表 10 A 部分规定的范围。（3）企业不得将企业社会责任基金用于附表 10 B 部分规定的范围。（4）除第 9 款另有规定外，第 2 款第（a）项所涉的基金应当以以下方式汇由税务总长：（a）如果企业需要依据子条款 AA 提交毛里求斯税务局声明（APS statement），则（i）前三个季度每个季度提交 25%，并应根据 50B 提交毛里求斯税务局声明；（ii）第四季度的 25% 在企业提交年度收益（annual return）时提交；（b）若企业无须提交毛里求斯税务局声明，则依据 116 条和 119 条，在提交年度收益时提交。（5）任何第 2 款第（b）项下未用完的款项，应当依据 116 条和 119 条与年入收益一起提交给税务总长。（6）税务局应当尽快地将第 2 款（b）项和第 6 款所涉的款项汇由审计总长，并最终交由国家企业社会责任基金会。（7）本条适用于持有金融服务法案下全球营业执照的组织以外的组织，其适用于企业。其净收入为应纳税所得，而其收入的分配应视为股息。"第 9 款规定了例外条款。

但从实施效果来看，MCSR 路径的实施虽让企业社会责任整体水平有所提升，但也造成了企业间的社会责任支出水平差距减小、企业及股东价值减损等问题。

二、反身法规制路径

反身法（reflexive law）路径是目前 ESG 合规领域应用最为广泛的一种立法路径。随着社会的复杂化和发展的多变性，以结果导向（outcome-oriented）的监管模式越来越无法满足社会的需要，而以过程导向（process-oriented）的监管模式逐渐成为发达国家的主流监管路径。而 ESG 合规作为反身法适用的最主要领域之一，也经历了从"责任"到"回应"的过程。反身法路径的本质在于通过信息披露机制，保障企业与利益相关者的沟通机制，在此基础上通过利益相关者的选择机制，促进企业社会责任的整体提升。对于反身法的实践效果，中国人民银行首席经济学家马骏表示："一旦企业开始公布其环境信息，人们就会发现资金流向的改变。某些曾经投资于污染行业的资金将会转向投资绿色企业。而这不花费政府一分一毫。其唯一的要求是企业公示其环境信息。"由于反身法路径能够以监管成本最低化的方式提高企业社会责任的整体水平，因此，尤其为监管部门所青睐和推崇。

尽管通过市场声誉机制和企业回应机制，反身法路径取得了一定的效果，促进了企业社会责任的自主提升。然而，由于反身法路径赋予了企业高度的自主性，其规制难以避免地存在着巨大的漏洞，甚至在某些情况下阻碍了 ESG 合规的发展。

三、软法规制路径

当成文法的立法规则逐渐遇到复杂化社会的挑战，难以应对灵活、多变的市场现象，而反身法的立法路径因其强制性的缺乏而有效性不足时，世界各国的政府与非政府组织都寄希望于一种新的金融监管工具，以期在强制性的公共监管和灵活性的自由促进间寻找一种平衡。由此，以软约束为主旨、以最佳行为准则为表现形式的软法（soft law）规制路径便产生了。软法的概念是相对于具有强制约束力的硬法（hard law）而言的。在软法规制路径下，规则并不规定企业"必须做什么"，而是告知企业"最好做什么"；规则并不以国家强制执行力为保障，而是以不具有强制执行力的政策优惠或声誉罚作为激励或惩戒手段。软法规制路径的出现填补了硬法规制路径和反身法规制路径之间的空白。

迄今为止，国际国内已颁布了多个旨在提升 ESG 合规有效性的软法，其典型例证包括：联合国全球契约、经济合作与发展组织《跨国公司指南》、ISO 26000《社会责任指南》、联合国《商业与人权原则指南》。软法规制路径体现了国际社会对于负责任企业行为的期待，获得了绝大多数大中型企业的认可。

四、可持续公司法路径

随着反身法路径下以社会回应机制促进企业社会责任发展的弊端逐渐暴露，欧盟提出了"可持续商业"的概念，并于 2012 年颁布了名为"欧洲公司法和公司治理——促进股东积极参与和公司可持续发展"的行动计划。在该行动计划中，欧盟委员会、欧盟议会和欧盟经济、社会事务委员会均认为，企业应关注长期利益，"公司法和公司治理框架均应有利于明智地、可持续地、包容性地经济增长"。在此基础上，来自奥斯陆大学法学院的比埃塔·斯约菲尔教授（Beate Sjåfjell）主持了欧盟"可持续公司法"项目，并认为"一切照旧模式注定通往不确定的未来"，其反对将环境、社会等企业社会责任事项视为企业的外部事项或其他事项，认为应通过"外部责任内部化（Internalizing Externalties）"的方式将经济、社会、环境事项融入企业决策，以促进企业长期利益和社会利益的"双赢"发展。

比埃塔·斯约菲尔教授尤其关注公司法在促进可持续目标实现中的作用，并提出了企业社会责任的可持续公司法路径。她认为，"企业在经济发展中扮演着重要角色，如果欧盟想要实现可持续发展目标，则欧洲企业必须在其中发挥重要作用"。然而，在目前的讨论框架下，企业社会责任的问题在公司法领域内往往被视为一项"其他问题"而少有人问津，反而在环境法、人权法领域被予以了更多关注。甚至在公司法和公司治理的讨论中，企业社会责任的议题被强大的"股东至上"主义和如何保障股东权利最大化的讨论所阻碍。因此，应通过加强法律介入的方式树立企业可持续发展的观点，重新界定公司法的目标和公司治理体系中股东、董事及管理层和职工的角色，通过公司治理改革增强企业社会责任承担的内部动力。

第八章

知识产权合规

第一节　知识产权合规概述

近年来，尤其是新冠疫情暴发以来，随着疫情的冲击、国际局势的变幻莫测，以及国内外法律监管方式的日趋严格，企业自身的经营难度和法律风险不断上升，企业对依法维护自身合法权益的需求与合规化管理的需求也变得日益迫切。企业的合规经营与管理已成为社会与企业面临的重大现实问题。

进入 21 世纪以来，知识产权越来越成为企业与国家发展的核心竞争力，各国都把知识产权保护上升为国家战略。保护企业知识产权必然要求企业知识产权合规，《知识产权强国建设纲要和"十四五"规划实施年度推进计划》提出研究制定新兴领域的知识产权合规标准。知识产权合规是企业合规的重要组成部分，是建设公平竞争营商环境的需要，是适应我国进入新发展阶段的新要求，是实现经济由数量向高质量转型发展的需要，也是企业权益保护的必由之路。企业应当在全面掌握知识产权合规的基础上，增强知识产权合规意识和合规风险意识，提高知识产权合规管理水平。

一、知识产权合规的政策制度历史沿革

知识产权（intellectual property），也称为智力成果权、智慧财产权或智力财产权，是指权利人对其智力劳动所创作的成果和经营活动中的标记、信誉所依法享有的专有权利。最主要的三种知识产权是专利权、著作权与商标权。

（一）知识产权合规政策导向

2008 年 6 月 5 日，国务院印发《国家知识产权战略纲要》，指出"到 2020 年，把我国建设

成为知识产权创造、运用、保护和管理水平较高的国家"。将知识产权上升为国家战略，开启了我国知识产权事业发展的新篇章，如今《国家知识产权战略纲要》中的任务目标已经基本实现。

2019 年 11 月 24 日，中共中央办公厅、国务院办公厅印发《关于强化知识产权保护的意见》，确立知识产权严保护政策导向，构建知识产权大保护工作格局。

2020 年 6 月，国资委和国家知识产权局印发《关于推进中央企业知识产权工作高质量发展的指导意见》，总体目标为到 2025 年基本建立适应高质量发展需要的中央企业知识产权工作体系。

2020 年 11 月 30 日，中共中央政治局就加强我国知识产权保护工作举行第二十五次集体学习。中共中央总书记习近平主持学习并发表重要讲话，强调"创新是引领发展的第一动力，保护知识产权就是保护创新。知识产权保护工作关系国家治理体系和治理能力现代化，关系高质量发展，关系人民生活幸福，关系国家对外开放大局，关系国家安全。全面建设社会主义现代化国家，必须从国家战略高度和进入新发展阶段要求出发，全面加强知识产权保护工作"。习近平总书记关于"从国家战略高度出发，全面加强知识产权保护工作"的讲话，将知识产权保护上升为国家战略。[1]

2021 年 9 月 22 日，中共中央、国务院印发《知识产权强国建设纲要（2021-2035 年）》，提出，到 2025 年，知识产权强国建设取得明显成效；到 2035 年，我国知识产权综合竞争力跻身世界前列，中国特色、世界水平的知识产权强国基本建成。

2021 年 10 月 28 日，国务院印发《"十四五"国家知识产权保护和运用规划》，提出，到 2025 年，知识产权强国建设阶段性目标任务如期完成，知识产权领域治理能力和治理水平显著提高，知识产权事业实现高质量发展，有效支撑创新驱动发展和高标准市场体系建设。

2022 年 1 月 4 日，国务院知识产权战略实施工作部际联席会议办公室印发《知识产权强国建设纲要和"十四五"规划实施年度推进计划》，明确 2021 年至 2022 年度贯彻落实《知识产权强国建设纲要（2021-2035 年）》和《"十四五"国家知识产权保护和运用规划》，提出了研究制定新兴领域的知识产权合规标准。

（二）知识产权合规相关规章制度

2018 年 11 月 2 日，国资委印发《中央企业合规管理指引（试行）》，第三章第十三条规定："加强对以下重点领域的合规管理：……（六）知识产权。及时申请注册知识产权成果，规范实施许可和转让，加强对商业秘密和商标的保护，依法规范使用他人知识产权，防止侵权行为……"

2018 年 12 月 26 日，发展改革委、外交部、商务部、人民银行、国资委、外汇局、全国工商联共同制定印发《企业境外经营合规管理指引》，规定了对外贸易与境外日常经营中的合规要求，明确要掌握知识产权保护的具体要求。

---

① 参见郭嘉豪：《国际法视野下的企业知识产权合规文化建设》，载《东方企业文化》2020 年第 S2 期。

另外，地方政府也出台了相关指引并提到知识产权保护，例如《广东省省属企业合规管理指引（试行）》《广州市市属企业合规管理指引（试行）》《四川省省属企业合规管理指引（试行）》《江苏省省属企业合规管理指引（试行）》和深圳市《关于推进城市合规体系建设的指导意见（征求意见稿）》等。

2021 年 12 月 15 日，司法部办公厅发布《关于加强公司律师参与企业合规管理工作的通知》，明确着力做好知识产权合规管理。加强知识产权保护和运用，对激发企业创新创造活力、推进产业转型升级、强化国家战略科技力量具有重要作用。公司律师应当密切关注新技术、新产品、新业态的立法执法司法动态，帮助企业做好专利、商标、著作权等各类知识产权的申请、取得、维护等工作，强化商业秘密、个人信息和数据安全保护，规范科技创新成果许可和转让，防范应对知识产权侵权行为，为推动企业创新发展、实现科技自立自强提供有力法治支撑。

（三）知识产权合规专门规章制度

2013 年 3 月 1 日，由国家知识产权局制定，国家质量监督检验检疫总局、国家标准化管理委员会批准颁布的《企业知识产权管理规范（试行）》开始实施，这是我国首部企业知识产权管理国家标准，规定了企业策划、实施、检查、改进知识产权管理体系的要求。

2021 年 12 月，上海市浦东新区人民检察院与中国信息通信研究院知识产权与创新发展中心联合发布《企业知识产权合规标准指引（试行）》，意在加强企业的知识产权合规工作管理，有效防范和化解知识产权合规风险，引导企业依法合规经营、健康发展。

可见，国家层面政策导向上对企业知识产权合规的要求逐渐清晰。由中央企业带头做先行示范，逐步实现民营企业等其他市场主体对知识产权合规建设完善的要求。同时，整体布局中对知识产权合规的规定与专门针对知识产权领域合规的规定并行实施，更好地完善知识产权合规的体系性建设。虽然我国的企业合规管理体系建设开展较晚，但发展迅速。不仅中央、各地正紧密出台细致、严格的合规管理指导性制度，监管机构也加强了对违法违规行为的执法力度，以及对守法合规行为的奖励机制。越来越多的企业开始积极主动地开展合规体系建设，确保企业经营依法、合规，实现高质量、可持续发展。

二、知识产权合规的含义

知识产权合规，不仅要关注具体法律法规的遵守和适用，更要从合规体系的完整构建角度，全面识别知识产权合规要求，健全合规管理架构，完善合规管理制度、合规运行机制，并逐步形成企业合规文化。[①] 企业知识产权合规，是指企业及其员工的经营管理行为应当符合有

---

① 参见赵晋：《老字号知识产权合规指引》，载《上海国资》2022 年第 1 期。

关知识产权的法律法规、国际条约、监管规定等强制性规范，以避免受到被处罚、被起诉或丧失某些法定权利和利益的不利后果。[①]

三、知识产权合规的必要性

知识产权合规是企业从成立迈向成熟的系统性、建设性的工程，是企业自身的修行与发展。在复杂多变的国际、国内环境下，企业要掌握与知识产权相关的国内法、国际法，建立健全企业内部规章制度，提升自我保护意识与能力，重视知识产权合规管理经营。[②]

（一）知识产权合规是企业发展的必要要求

知识产权合规管理是企业合规管理体系不可或缺的组成部分，知识产权合规管理体现出企业重视专利、商标、著作权等知识产权与商业秘密的全方位保护，不仅要重视知识产权确权与维权工作，合法合规实施知识产权许可转让等，还要重视知识产权使用管理工作，防范知识产权侵权风险。将知识产权合规管理工作做到实处，更好地促进企业的生产经营发展。一是知识产权合规管理对提升企业核心竞争力有重要作用。知识产权合规管理不仅有利于企业获得民法典、知识产权专门法等相关法律的保护，还有利于提升企业知识产权的商业运作能力、市场开发能力、技术利用能力和保值增值能力，为企业竞争发展提供重要保障。二是知识产权合规管理对促进企业的经营活动有重要作用。企业所拥有的知识产权代表着企业自身发展、参与市场竞争的软实力，提升企业知识产权合规管理能力是激励保护创新、防范经营风险的重要保障。三是知识产权合规管理对提升企业员工知识产权保护意识有重要作用。有效的知识产权合规管理，一方面能够促使企业相关岗位员工提升知识产权保护意识，使员工意识到企业自身所创造的知识产权有着重要的价值，企业必须积极寻求对自身的研发成果、产品设计、所提供产品和服务的商标、生产技术和生产工艺等通过知识产权相关法律实施保护；另一方面能够推动企业知识产权侵权防范工作落到实处，创新完善企业知识产权风险防范制度与机制，做好知识产权风险应对策略，提升预防企业知识产权侵权风险的水平。[③]

（二）知识产权合规是企业社会责任的重要组织部分

合规是一种公司治理方式，是企业为实现自身利益的最大化，在进行业务管理和财务管理的同时所进行的一种治理体系。[④] 开展企业合规建设，有利于促进企业公平公开竞争，防止

[①] 参见郭嘉豪：《国际法视野下的企业知识产权合规文化建设》，载《东方企业文化》2020年第S2期。
[②] 参见郑军、汤玮：《论中国企业的合规经营问题》，载《现代商贸工业》2019年第19期。
[③] 参见吕嘉慧、郑昕等：《公司知识产权合规管理工作思考与实践》，载《中国电力企业管理创新实践（2020年）》会议论文集，中国质量标准出版传媒有限公司、中国标准出版社2021年版。
[④] 参见陈瑞华：《企业合规基本理论（第二版）》，法律出版社2021年版，第3-30页。

"劣币驱逐良币"，形成遵纪守法、风清气正的社会风气。

企业从事生产经营活动，一方面承担着为企业自身和社会创造经济效益的社会责任，另一方面也承担着维护公平的市场竞争秩序的社会责任。虽然我国在发展社会主义市场经济的过程中，国家宏观调控在规范企业活动方面发挥着不可代替的作用，但企业自身加强完善有效的、常态化的合规管理建设，能更加有力地维护市场的公平竞争秩序。如果企业并未真正意识到知识产权合规管理的必要性与重要性，采取不当手段侵犯其他企业的知识产权，而不是注重尊重其他企业知识产权以及自身企业的创新发展，虽然这种短视行为在一定时间内可能会获得某种经济利益，但长远看会导致企业官司不断以及自身企业创新不及时，如果越来越多的企业从事这种短视行为，势必影响我国经济的发展。企业进行常态化知识产权合规经营管理，保护企业自身的知识产权，同时尊重与维护其他企业的知识产权，才能达到市场主体间良性互动的效果。当企业通过合规建设、保护创新等实现自身价值与社会价值统一，整个市场才会形成良性循环，最终形成企业与社会共赢的局面。

（三）知识产权合规是面临国际挑战的必然结果

知识产权是企业竞争的利器，知识产权的竞争已上升为国家之间的竞争。早在 2004 年，原国家总理温家宝就指出，世界未来的竞争，就是知识产权的竞争。近年来，个别西方国家常以中国企业"盗窃知识产权"为借口对我国高科技企业进行制裁和打压。伴随着"走出去"战略的实施，越来越多的国内企业开拓境外市场、发展境外经营业务。[①] 同时，由于当前全球经济低迷，贸易保护主义上升，有些企业缺乏合规经营意识及合规风险防控能力，导致企业法律风险急剧增加，甚至面临行政、刑事等处罚。在对外贸易中，我国部分企业由于涉嫌知识产权侵权，导致其在深度参与全球化竞争、提升国际化发展水平中受到制约和阻碍。

2021 年 9 月 16 日，我国正式提出申请加入《全面与进步跨太平洋伙伴关系协定》（CPTPP），该协定非常重视知识产权的保护，其保护知识产权的力度和范围代表着未来的方向。2020 年 1 月 15 日，我国与美国签署了中美第一阶段经贸协议，该协议高度重视知识产权问题，开篇第一章即作出了相关规定。2020 年 11 月 15 日，东盟 10 国及中国、日本、韩国、澳大利亚、新西兰 15 个国家正式签署《区域全面经济伙伴关系协定》（RCEP），标志着全球规模最大的自由贸易协定正式达成。2021 年 3 月 22 日，中国完成 RCEP 核准，成为率先批准协定的国家。2022 年 1 月 1 日，RCEP 正式生效。RCEP 第十一章是关于知识产权的规定，包括版权、专利、商标、反不正当竞争等多方面的问题，是 RCEP 内容最多、篇幅最长的章节，也是我国至今已签署的自贸协定中所纳入的内容最全面的知识产权章节。RCEP 加大了知识产权保护力度。这

---

① 参见郭嘉豪：《国际法视野下的企业知识产权合规文化建设》，载《东方企业文化》2020 年第 S2 期。

些知识产权保护的国际规则代表着未来知识产权的国际保护的方向，将知识产权保护作为企业合规管理和企业合规文化建设的重要内容，有利于更好地服务于企业开展境内外经营，推动企业持续提升合规管理水平。①

四、知识产权合规的现状

权利保护是知识产权工作的核心之一，法律则是知识产权保护最有力的武器。随着中国创新驱动发展战略目标的实施，知识产权领域创新能力不断提高，知识产权合规管理越来越受到重视。但是，随着数字时代的发展，与知识产权创造相关的主体、成果形式与收益方式纷繁复杂，切实落实知识产权合规工作，提高合规建设水平，仍然任重而道远。②

（一）理念方面

虽然在理念上已经认识到知识产权合规管理和保护的重要性，但仍未从战略高度上对知识产权管理进行规划，企业知识产权战略并未真正落地。③

（二）合规管理方面

目前，由于知识产权质量不稳定的情况、无形性的特点以及未充分意识到知识产权价值的重要性，导致企业知识产权的合规管理表现之一为了解学习知识产权相关法律条文并符合相关法律规定，但未深刻理解其立法宗旨、基本原则等内涵，对于法律及相关政策在保护已有创造成果和鼓励持续创新的平衡性上缺乏重视。④

（三）技术转换方面

由于社会大环境的影响以及企业自身发展的需要，企业越来越注重知识产权的创新和保护，逐渐注重建立相应的合规管理制度与机制。但我们仍要看到，企业科技成果推广利用率低，产业化、商品化程度不高。在合规基础上，需要注重提升知识产权向现实生产力转化、落地运用的能力与水平。⑤

（四）人才建设方面

知识产权合规管理需要相关人才建设作为保障。良好的组织建设和制度保障，有利于打通

---

① 参见郭嘉豪：《国际法视野下的企业知识产权合规文化建设》，载《东方企业文化》2020 年第 S2 期。

②⑤ 参见房恒东、薛辰达等：《电网企业新兴产业领域知识产权合规保障研究》，载《企业改革与管理》2021 年第 8 期。

③④ 参见吕嘉慧、郑昕等：《公司知识产权合规管理工作思考与实践》，载《中国电力企业管理创新实践（2020年）》会议论文集，中国质量标准出版传媒有限公司、中国标准出版社 2021 年版。

知识产权创造、运用、保护、服务合规管理全链条。企业可以对知识产权管理研发人员开展系统化、常态化培训，打造企业知识产权合规管理专业团队。[1]

此外，跨国企业受到国内和国际知识产权法律法规的双重监管，国际上的知识产权合规执法力度越来越大，贸易战背景下的知识产权合规问题也越来越突出。[2] 当然，制度的本土化需要一定的发展历程，知识产权合规建设需要国家治理、社会治理和企业内部治理有机衔接。目前，知识产权合规正成为对违法违规企业进行行政监管处罚、刑事追究以及国际组织制裁的重要手段。在知识产权领域，越来越多的企业重视合规管理体系建设，积极组建合规专业团队，设立企业合规岗位等。

五、知识产权合规的依据和标准

知识产权合规的依据与标准，是指有关知识产权的国际条约、法律法规、监管规定、行业准则、商业惯例、道德规范和企业依法制定的章程及规章制度等。

（一）国际公约

表 8-1

类别	名称	我国加入日期
综合性知识产权国际条约	《保护工业产权巴黎公约》	1985 年 3 月 19 日
	《成立世界知识产权组织（WIPO）公约》	1980 年 6 月 3 日
	《与贸易有关的知识产权协议（TRIPS）》	2001 年 12 月 11 日
与著作权有关的国际条约	《保护文学艺术作品伯尔尼公约》	1992 年 7 月 1 日
	《保护表演者、录音制品制作者和广播组织罗马公约》	
	《保护录音制品制作者防止未经许可复制其录音制品公约》	1992 年 11 月 7 日
	《世界版权公约》（《日内瓦公约》）	1992 年 7 月 1 日
与专利权有关的国际条约	《专利合作条约》	1993 年 9 月 15 日
与商标有关的国际条约	《商标国际注册马德里协定》	1989 年 5 月 25 日
	《商标注册用商品和服务国际分类尼斯协定》	1994 年 8 月 9 日

---

[1] 参见吕嘉慧、郑昕等：《公司知识产权合规管理工作思考与实践》，载《中国电力企业管理创新实践（2020年）》会议论文集，中国质量标准出版传媒有限公司、中国标准出版社 2021 年版。

[2] 参见郑军、汤玮：《论中国企业的合规经营问题》，载《现代商贸工业》2019 年第 19 期。

（二）国内法律法规规章、司法解释及政策

表 8-2

类别	名称	发布/施行日期
主要的综合性国内法律法规规章、司法解释及政策	《中华人民共和国民法典》	2020 年 5 月 28 日公布 自 2021 年 1 月 1 日起施行
	《中华人民共和国科学技术进步法》	2021 年 12 月 24 日公布 自 2022 年 1 月 1 日起施行
	《中华人民共和国促进科技成果转化法》	2015 年 8 月 29 日修正
	《最高人民法院关于加强新时代知识产权审判工作为知识产权强国建设提供有力司法服务和保障的意见》	2021 年 9 月 24 日公布
	《最高人民法院关于审理侵害知识产权民事案件适用惩罚性赔偿的解释》	2021 年 3 月 2 日公布
	《最高人民法院关于专利、商标等授权确权类知识产权行政案件审理分工的规定》	2009 年 6 月 26 日公布
	《知识产权强国建设纲要（2021-2035 年）》	2021 年 9 月 22 日公布
	《人民法院知识产权司法保护规划（2021-2025 年）》	2021 年 4 月 22 日公布
	《关于强化知识产权保护的意见》	2019 年 11 月 24 日公布
	《"十四五"国家知识产权保护和运用规划》	2021 年 10 月 28 日公布
	《知识产权强国建设纲要和"十四五"规划实施年度推进计划》	2022 年 1 月 4 日公布
	《关于推进中央企业知识产权工作高质量发展的指导意见》	2020 年 6 月公布
	《中央企业合规管理指引（试行）》	2018 年 11 月 2 日公布
	《企业境外经营合规管理指引》	2018 年 12 月 26 日公布
	《企业知识产权管理规范（试行）》	2013 年 3 月 1 日实施
	《中央企业合规管理办法》	自 2022 年 10 月 1 日实施
主要的著作权相关的国内法律法规规章、司法解释及政策	《中华人民共和国著作权法》	2020 年 11 月 11 日修正
	《中华人民共和国网络安全法》	2016 年 11 月 7 日公布 自 2017 年 6 月 1 日起施行
	《中华人民共和国数据安全法》	2021 年 6 月 10 日公布 自 2021 年 9 月 1 日起施行
	《中华人民共和国著作权法实施条例》	2013 年 1 月 30 日修订
	《实施国际著作权条约的规定》	2020 年 11 月 29 日修订
	《著作权集体管理条例》	2013 年 12 月 7 日修订

类别	名称	发布/施行日期
主要的著作权相关的国内法律法规规章、司法解释及政策	《著作权质权登记办法》	2010 年 11 月 25 日公布 自 2011 年 1 月 1 日起施行
	《著作权行政处罚实施办法》	2009 年 5 月 7 日公布 自 2009 年 6 月 15 日起施行
	《最高人民法院关于审理著作权民事纠纷案件适用法律若干问题的解释》	2020 年 12 月 29 日公布 2021 年 1 月 1 日起施行
	《最高人民法院关于加强著作权和与著作权有关的权利保护的意见》	2020 年 11 月 16 日公布
	《全国人民代表大会常务委员会关于维护互联网安全的决定》	2009 年 8 月 27 日修正
	《信息网络传播权保护条例》	2013 年 1 月 30 日修订
	《计算机软件保护条例》	2013 年 1 月 30 日修订
	《网络出版服务管理规定》	2016 年 2 月 4 日公布 自 2016 年 3 月 10 日起施行
	《互联网著作权行政保护办法》	2005 年 4 月 29 日公布 自 2005 年 5 月 30 日起施行
	《计算机软件著作权登记办法》	2002 年 2 月 20 日公布 自公布之日起施行
	《最高人民法院关于审理侵害信息网络传播权民事纠纷案件适用法律若干问题的规定》	2020 年 12 月 29 日公布 自 2021 年 1 月 1 日起施行
	《最高人民法院关于做好涉及网吧著作权纠纷案件审判工作的通知》	2010 年 11 月 25 日公布
	《使用文字作品支付报酬办法》	2014 年 9 月 23 日公布 自 2014 年 11 月 1 日起施行
	《关于使用音乐作品进行表演的著作权许可使用费标准的公告》	2011 年 10 月 27 日公布
	《广播电台电视台播放录音制品支付报酬暂行办法》	2011 年 1 月 8 日修订
	《国家版权局关于出版美术作品适用版税问题的意见》	2003 年 3 月 14 日公布
	《国家版权局关于复制发行境外录音制品向著作权人付酬有关问题的通知》	2000 年 9 月 13 日公布
	《录音法定许可付酬标准暂行规定》	1993 年 8 月 1 日公布

类别	名称	发布/施行日期
主要的著作权相关的国内法律法规规章、司法解释及政策	《国家版权局关于〈录音法定许可付酬标准暂行规定〉的补充通知》	1994 年 10 月 7 日公布
	《出版管理条例》	2020 年 11 月 29 日修订
	《音像制品管理条例》	2020 年 11 月 29 日修订
	《印刷业管理条例》	2020 年 11 月 29 日修订
	《图书、期刊、音像制品、电子出版物重大选题备案办法》	2019 年 10 月 25 日公布
	《出版物市场管理规定》	2016 年 5 月 31 日公布 自 2016 年 6 月 1 日起施行
	《最高人民法院、最高人民检察院关于办理侵犯著作权刑事案件中涉及录音录像制品有关问题的批复》	2005 年 10 月 13 日公布 自 2005 年 10 月 18 日起施行
	《最高人民法院关于审理非法出版物刑事案件具体应用法律若干问题的解释》	1998 年 12 月 17 日公布 自 1998 年 12 月 23 日起施行
主要的专利权相关的国内法律法规规章、司法解释及政策	《中华人民共和国专利法》	2020 年 10 月 17 日修正
	《中华人民共和国专利法实施细则》	2010 年 1 月 9 日修订
	《国防专利条例》	2004 年 9 月 17 日公布 自 2004 年 11 月 1 日起施行
	《专利权质押登记办法》	2021 年 11 月 15 日公布 自发布之日起施行
	《关于施行修改后专利法的相关审查办法》	2021 年 5 月 24 日公布 自 2021 年 6 月 1 日起施行
	《专利优先审查管理办法》	2017 年 6 月 27 日公布 自 2017 年 8 月 1 日起施行
	《专利收费减缴办法》	2016 年 7 月 27 日公布
	《专利标识标注办法》	2012 年 3 月 8 日公布 自 2012 年 5 月 1 日起施行
	《最高人民法院关于审理技术合同纠纷案件适用法律若干问题的解释》	2020 年 12 月 29 日公布 自 2021 年 1 月 1 日起施行
	《专利代理条例》	2018 年 11 月 6 日公布 自 2019 年 3 月 1 日起施行

类别	名称	发布/施行日期
主要的专利权相关的国内法律法规规章、司法解释及政策	《专利代理管理办法》	2019 年 4 月 4 日公布 自 2019 年 5 月 1 日起施行
	《关于规范申请专利行为的办法》	2021 年 3 月 11 日公布 自公布之日起施行
	《专利申请集中审查管理办法（试行）》	2019 年 8 月 30 日公布
	《专利代理师资格考试办法》	2019 年 4 月 23 日公布 自 2019 年 6 月 1 日起施行
	《国家知识产权局关于规范专利申请行为的若干规定》	2017 年 2 月 28 日修订
	《用于专利程序的生物材料保藏办法》	2015 年 1 月 16 日公布 自 2015 年 3 月 1 日起施行
	《国家知识产权局关于专利电子申请的规定》	2010 年 8 月 26 日公布 自 2010 年 10 月 1 日起施行
	《专利实施强制许可办法》	2012 年 3 月 15 日公布 自 2012 年 5 月 1 日起施行
	《专利实施许可合同备案办法》	2011 年 6 月 27 日公布 自 2011 年 8 月 1 日起施行
	《重大专利侵权纠纷行政裁决办法》	2021 年 5 月 26 日公布
	《药品专利纠纷早期解决机制行政裁决办法》	2021 年 7 月 5 日公布
	《药品专利纠纷早期解决机制实施办法（试行）》	2021 年 7 月 4 日公布
	《最高人民法院关于审理申请注册的药品相关的专利权纠纷民事案件适用法律若干问题的规定》	2021 年 7 月 4 日公布 自 2021 年 7 月 5 日起施行
	《最高人民法院关于审理侵犯专利权纠纷案件应用法律若干问题的解释》	2009 年 12 月 28 日公布 自 2010 年 1 月 1 日起施行
	《最高人民法院关于审理侵犯专利权纠纷案件应用法律若干问题的解释（二）》	2020 年 12 月 29 日公布 自 2021 年 1 月 1 日起施行
	《最高人民法院关于审理专利纠纷案件适用法律问题的若干规定》	2020 年 12 月 29 日公布 自 2021 年 1 月 1 日起施行
	《专利行政执法办法》	2015 年 5 月 29 日修正
	《专利领域严重失信联合惩戒对象名单管理办法（试行）》	2019 年 10 月 16 日公布
	《国家知识产权局关于印发〈专利纠纷行政调解办案指南〉〈查处假冒专利行为和办理专利标识标注不规范案件指南〉〈专利行政保护复议与应诉指引〉的通知》	2020 年 7 月 13 日公布

类别	名称	发布/施行日期
主要的商标相关的国内法律法规规章、司法解释及政策	《中华人民共和国商标法》	2019 年 4 月 23 日修正
	《中华人民共和国商标法实施条例》	2014 年 4 月 29 日公布 自 2014 年 5 月 1 日起施行
	《注册商标专用权质押登记程序规定》	2020 年 4 月 22 日公布 自 2020 年 5 月 1 日起施行
	《最高人民法院关于产品侵权案件的受害人能否以产品的商标所有人为被告提起民事诉讼的批复》	2020 年 12 月 29 日公布 自 2021 年 1 月 1 日起施行
	《委托地方工商和市场监管部门受理商标注册申请暂行规定》	2016 年 8 月 31 日公布
	《国家工商行政管理总局商标局关于在第 16 类"报纸、期刊、杂志（期刊）、新闻刊物"四种商品上申请注册商标注意事项的通知》	2009 年 2 月 17 日公布
	《商标评审规则》	2014 年 5 月 28 日修订
	《商标评审案件口头审理办法》	2017 年 5 月 4 日公布
	《律师事务所从事商标代理业务管理办法》	2012 年 11 月 6 日公布
	《规范商标申请注册行为若干规定》	2019 年 10 月 11 日公布 自 2019 年 12 月 1 日起施行
	《商标注册档案管理办法》	2020 年 8 月 20 日公布 自公布之日起施行
	《商标印制管理办法》	2020 年 10 月 23 日修订
	《集体商标、证明商标注册和管理办法》	2003 年 4 月 17 日公布 自 2003 年 6 月 1 日起施行
	《商标使用许可合同备案办法》	1997 年 8 月 1 日公布
	《驰名商标认定和保护规定》	2014 年 7 月 3 日修订
	《国家知识产权局关于加强查处商标违法案件中驰名商标保护相关工作的通知》	2019 年 11 月 15 日公布
	《最高人民法院关于审理涉及驰名商标保护的民事纠纷案件应用法律若干问题的解释》	2020 年 12 月 29 日公布 自 2021 年 1 月 1 日起施行
	《特殊标志管理条例》	1996 年 7 月 13 日公布 自公布之日起施行
	《奥林匹克标志保护条例》	2018 年 6 月 28 日修订
	《世界博览会标志保护条例》	2004 年 10 月 20 日公布 自 2004 年 12 月 1 日起施行

类别	名称	发布/施行日期
主要的商标相关的国内法律法规规章、司法解释及政策	《最高人民法院关于审理注册商标、企业名称与在先权利冲突的民事纠纷案件若干问题的规定》	2020 年 12 月 29 日公布 自 2021 年 1 月 1 日起施行
	《最高人民法院关于审理商标民事纠纷案件适用法律若干问题的解释》	2020 年 12 月 29 日公布 自 2021 年 1 月 1 日起施行
	《最高人民法院关于审理商标案件有关管辖和法律适用范围问题的解释》	2020 年 12 月 29 日公布 自 2021 年 1 月 1 日起施行
	《最高人民法院关于审理商标授权确权行政案件若干问题的规定》	2020 年 12 月 29 日公布 自 2021 年 1 月 1 日起施行
	《最高人民法院关于人民法院对注册商标权进行财产保全的解释》	2020 年 12 月 29 日公布 自 2021 年 1 月 1 日起施行
	《国家知识产权局关于印发〈商标侵权判断标准〉的通知》	2020 年 6 月 15 日公布
主要的植物新品种相关的国内法律法规规章、司法解释及政策	《中华人民共和国种子法》	2021 年 12 月 24 日修正
	《中华人民共和国植物新品种保护条例》	2014 年 7 月 29 日修订
	《中华人民共和国植物新品种保护条例实施细则（农业部分）》	2014 年 4 月 25 日修订
	《中华人民共和国植物新品种保护条例实施细则（林业部分）》	2011 年 1 月 25 日修正
	《林业植物新品种保护行政执法办法》	2015 年 12 月 30 日公布
	《农业植物新品种权侵权案件处理规定》	2002 年 12 月 30 日公布 自 2003 年 2 月 1 日起施行
	《最高人民法院关于审理植物新品种纠纷案件若干问题的解释》	2020 年 12 月 29 日公布 自 2021 年 1 月 1 日起施行
	《最高人民法院关于审理侵害植物新品种权纠纷案件具体应用法律问题的若干规定》	2020 年 12 月 29 日公布 自 2021 年 1 月 1 日起施行
	《最高人民法院关于审理侵害植物新品种权纠纷案件具体应用法律问题的若干规定（二）》	2021 年 7 月 5 日公布 自 2021 年 7 月 7 日起施行

第二节　知识产权合规风险

知识产权是企业的核心竞争力，企业的知识产权涵盖著作权、商标权、专利权、商业秘密等各个领域，这些权利形成、取得、维护、运用、许可使用、转让、保护等的过程中，企业或其员工违反法律、法规、行业习惯、国际公约等的行为都可能会给企业带来相应的法律责任、监管处罚、财务或声誉损失等直接损害，避免这些损害正是知识产权合规建设的目标，因此研究、识别知识产权合规风险，则是实现知识产权合规治理的关键。

一、知识产权合规风险的概念

知识产权合规风险，是指企业及其员工知识产权不合规行为给企业引发法律责任、使企业受到相关处罚、造成经济或声誉损失以及其他负面影响的可能性。《企业知识产权合规标准指引（试行）》第三条规定，本指引所指的知识产权合规风险，是指企业及其员工因知识产权不合规行为，引发法律责任，造成刑事追责、经济或声誉损失以及其他负面影响。[①]

对企业而言，合规要求一般来自企业外部，合规承诺来自企业内部，相当于是企业内部的要求。因此，知识产权合规也包括遵守外部规则要求和内部规则要求两个层次。由于企业须遵守的知识产权外部规则主要是法律法规与行业规则和惯例，因此违反这些规则可能遭受的风险，包括民事法律责任风险也应属于企业知识产权合规风险的一部分。

二、知识产权合规风险的分类

根据风险产生的领域，可以将知识产权合规风险分为著作权合规风险、商标权合规风险、专利权合规风险、商业秘密合规风险、植物新品种权合规风险等。知识产权合规风险贯穿企业知识产权形成、运用、流转、保护等的全过程，按照这一过程可以将其分为知识产权产生阶段的合规风险、知识产权运用阶段的合规风险和知识产权保护阶段的合规风险。根据知识产权合规风险的概念，可以分为给企业带来相应法律责任的风险、可能使企业受到相关处罚的风险以及可能使企业遭受经济或声誉损失或其他负面影响的风险。对于出海企业，则还会有海外知识产权合规风险，具体包括知识产权刑事责任风险、海外参展中知识产权调查风险、"337调查"风险、国际知识产权诉讼风险等。以下从不同的领域（商业秘密合规风险另由专章研讨），结合企业知识产权合规风险产生的阶段和类别分别进行研讨。

---

① 上海市浦东新区人民检察院、上海市浦东新区人民检察院：《企业知识产权合规标准指引（试行）》第三条【合规风险】本指引所指的知识产权合规风险，是指企业及其员工因知识产权不合规行为，引发法律责任，造成刑事追责、经济或声誉损失以及其他负面影响。涉知识产权的法律风险包括但不限于：（一）专利权法律风险：1. 专利许可权滥用风险、专利申请权争议风险、被侵犯专利的风险、被提起专利侵权诉讼的风险、专利转让纠纷风险等；2. 未能有效开发和实施专利的风险、管理不善导致专利失效的风险等。（二）商标权法律风险：1. 商标申请风险，商标未注册或被他人抢先注册、申请类别不全、重点类别保护力度不够、申请的标识不全面；2. 商标使用风险，申请地域不全、未对目标市场全面布局、对商品或服务类别越权使用或许可他人使用、侵犯他人在先权利、商标使用不规范使用等。（三）著作权法律风险：1. 职务作品、委外创作、版权商的权属确定风险；2. 作品素材侵权风险；3. 互联网信息网络传播权侵权；4. 许可使用和转让中的法律风险等。（四）商业秘密风险：1. 被他人盗窃、以间谍或黑客手段窃取；2. 内部员工被收买；3. 对外宣传、合作过程中泄露；4. 员工离职泄密等。

（一）著作权合规风险

在著作权领域，可能引发的合规风险主要表现为违反《著作权法》《数据安全法》《著作权法实施条例》《信息网络传播权保护条例》《计算机软件保护条例》等的相关规定，侵犯著作权可能遭受的法律责任、行政处罚和重大财务损失或声誉损失的风险。

1. 违反《著作权法》等法律法规和司法解释引发刑事法律责任的风险

这种风险主要是指因侵犯著作权或销售侵权复制品构成犯罪而应受到刑事制裁的风险。当前，以"网络爬虫抓取电子书并通过互联网传播"已成为互联网平台的重要经营模式，互联网平台企业在这种经营活动中，要注意取得权利人的许可，避免因非法抓取、传播行为导致侵犯著作权而被追究刑事责任。

【相关法条】《刑法》第 217-218 条及相关司法解释、行政法规的规定。

【风险提示】企业不得未经许可复制发行作品、出版他人享有专有出版权的图书、复制发行录音录像制品，不得制作、出售假冒他人署名的美术作品。否则，侵犯权利人上述权利，违法所得数额巨大或者有其他特别严重情节的，会因构成犯罪而受到刑事制裁。

典型案例

【案例 8-1】"网络爬虫非法抓取电子书"侵犯著作权罪案①

【裁判要旨】以营利为目的，未经著作权人许可，复制发行他人享有著作权的文字作品，情节特别严重的行为构成侵犯著作权罪，应予惩处。被告企业及个人均犯侵犯著作权罪，判处企业罚金若干万元，判处个人相应有期徒刑。

此外，自 2010 年起，国家版权局会同国家互联网信息办公室、工业和信息化部、公安部联合启动了打击网络侵权盗版"剑网"专项行动，以网络侵权多发领域为重点目标，以查办案件为重要抓手，通过集中整治和引导规范，有效运用分类监管、约谈整改、行政处罚、刑事打击等多种措施，删除侵权盗版链接，关闭侵权盗版网站（App），查办网络侵权盗版案件，集中整治网络转载、短视频、动漫等领域侵权盗版多发态势，重点规范网络直播、知识分享、有声读物等平台版权传播秩序。

2. 违反《著作权法》和相关行政法规引发的行政处罚风险

这种风险主要是指因违反《著作权法》《海关法》和《信息网络传播权保护条例》《计算机软件保护条例》等法律法规的相关规定而受到行政监管部门处罚的风险。

---

① 北京市海淀区人民法院（2020）京 0108 刑初 237 号，为 2020 年度北京法院知识产权司法保护十大案例之一。

【相关法条】《著作权法》第 53 条,《计算机软件保护条例》第 23-24 条,《信息网络传播权保护条例》第 18-19 条、第 25 条,《海关法》第 91 条等。

【风险提示】企业在对作品、录音录像制品、图书等进行经营的过程中,要注意取得权利人的许可授权,不能侵犯他人著作权和与著作权有关的权利,不得扰乱文化市场秩序,不得损害公共利益。否则,不仅会引发民事法律责任,还可能受到行政处罚。

典型案例

【案例 8-2】绍兴浒某贸易有限公司出口侵犯他人著作权货物被海关罚款案①

【裁判要旨】当事人事先未经著作权人许可,在其出口的化妆刷上使用了涉案作品形象,构成出口侵犯他人著作权货物的行为,违反了《海关法》第四十四条、《知识产权海关保护条例》第三条的规定,决定没收侵权货物,并对当事人处以相应罚款。

3. 违反《著作权法》等法律法规和司法解释引发民事法律责任的风险

在著作权领域,其他可能使企业遭受经济或声誉损失或其他负面影响的知识产权合规风险,主要是指违反《著作权法》等法律法规和司法解释引发民事法律责任的风险。

(1)侵犯著作权引发民事法律责任的风险

【相关法条】《著作权法》第 49-52 条等。

【风险提示】企业在对作品、录音录像制品、图书等进行经营的过程中,要注意取得权利人的许可授权,不能侵犯他人著作权和与著作权有关的权利。否则,会引发民事法律责任。

典型案例

【案例 8-3】深圳市腾讯计算机系统有限公司诉上海千杉网络技术发展有限公司侵害作品信息网络传播权纠纷案②

【裁判要旨】视频聚合软件通过破坏权利人的技术措施获取涉案作品,并在其视频软件上进行播放,违反了"故意避开或者破坏权利人为其作品、录音录像制品等采取的保护著作权或者与著作权有关的权利的技术措施"的规定,因此构成侵权。且其主观上具有在其软件上直接为用户呈现涉案作品的意图,客观上使用户在其软件上获得涉案作品,同时使得涉案作品的传播超出了权利人的控制范围,构成未经许可的作品再提供,使得公众可以在其个人选定的时间和地点获得上述作品,因此也侵害了权利人的信息网络传播权,应当承担相应的侵权责任。

---

① 中华人民共和国绍兴海关行政处罚决定书(杭绍关)知字〔2021〕0006 号。
② 广东省深圳市南山区人民法院(2016)粤 0305 民初 3636 号、深圳市中级人民法院(2018)粤 03 民终 8807 号。本案为 2018 年度深圳法院十大知识产权典型案例之六。

（2）违反《著作权法》关于著作权权属规定的风险

【相关法条】《著作权法》第13-15条、第18-19条等。

【风险提示】 我国《著作权法》对作品归属规定了多元标准：一是创作标准。根据我国《著作权法》第十一条规定，谁创作谁享有著作权，这是确立作品著作权归属的一般标准。企业取得著作权，需要作品由企业主持，代表企业的意志创作。二是责任标准。谁最终承担责任，谁享有著作权，企业要对作品承担责任。三是投资标准。谁投资谁享有著作权，如依据《著作权法》第十七条规定，电影作品的著作权归制片人所有。企业著作权的取得必须遵守上述标准，即由企业主持，代表企业的意志创作，且对作品最终承担责任；或者作为电影作品的投资人。否则，难以取得著作权，或者面临著作权权属风险，从而可能引发企业的经济或声誉损失或其他负面影响。

典型案例

【案例8-4】丁某春诉南通市教育局、江苏美术出版社侵犯著作权纠纷案

【裁判要旨】 根据《著作权法》第十一条第三款的规定，由法人或者其他组织主持，代表法人或者其他组织意志创作，并由法人或者其他组织承担责任的作品，法人或者其他组织视为作者。涉案作品系由原告在假日期间利用自己的摄影器材拍摄完成，该创作行为并不代表法人或者其他组织的意志。因此，该作品的作者是原告个人。原告系《××日报》社摄影记者，涉案作品的拍摄行为虽然系其个人行为，但其同意《××日报》迎春特刊使用该幅作品，并同意在其署名前冠以"本报记者"的身份，据此可以认定该作品是原告为完成《××日报》社组办迎春特刊的工作任务而拍摄，属于《著作权法》第十六条第一款①规定的职务作品。但该作品并非主要是利用《××日报》社的物质技术条件创作并由该社承担责任，也没有相关法律、行政法规规定或者合同约定该作品的著作权由《××日报》社享有，不属于《著作权法》第十六条第二款②规定的"作者享有署名权，著作权的其他权利由法人或者其他组织享有"的情形。因此，涉案的著作权仍应归原告享有。

（3）违反《著作权法》关于著作权限制规定的风险

【相关法条】《著作权法》第24-25条。

【风险提示】 企业未经许可、不付报酬对他人作品进行合理使用，必须满足《著作权法》第二十四条规定的条件，并且要指明作者姓名或者名称、作品名称，不得影响作品的正常使

---

① 《著作权法》（2020年修正）第十八条第一款。
② 《著作权法》（2020年修正）第十八条第二款规定："……作者享有署名权，著作权的其他权利由法人或者非法人组织享有……"

用，不得不合理地损害著作权人的合法权益，否则将面临侵权风险。企业通过法定许可使用他人作品，必须满足《著作权法》第二十五条规定的条件，并且应当按照规定向著作权人支付报酬，注明作者姓名或者名称、作品名称，不得侵犯著作权人依法享有的其他权利，否则将面临侵权风险。

典型案例

【案例 8-5】毕某敏与淮北市××高级中学侵犯著作权纠纷上诉案①

【裁判要旨】《著作权法》第二十二条②第一款第六项规定，为学校课堂教学或者科学研究，翻译或者少量复制已经发表的作品，供教学或者科研人员使用，构成合理使用。该规定限定了合理使用的范围，即学校的课堂教学或者科学研究，这种课堂教学应限定于教师与学生在教室、实验室等处所进行现场教学，并且是为上述目的少量复制，这样的复制不应超过课堂教学的需要，也不应对作者作品的市场传播带来损失。本案中，××中学将毕某敏的涉案作品登载在网络上，不构成用于课堂教学的合理使用行为。

（4）违反《著作权法》关于著作权许可使用及转让、质押等规定的风险

【相关法条】《民法典》第 427 条、第 440 条，《著作权法》第 10 条、第 26-29 条、第 31 条等。

【风险提示】企业使用、受让他人作品的著作权，或者许可他人使用、转让自己作品的著作权，以著作权设定质押，使用、转让、设定质押的客体均限于《著作权法》第十条第一款第五项至第十七项规定的财产性权利，不包括《著作权法》第十条第一款第一项至第四项规定的人身权。企业拟使用或者受让的权利，应当在许可使用合同、转让合同中明确；著作权人未明确许可、转让的权利，未经著作权人同意，企业不得行使。企业行使获得许可使用或转让的著作权，不得侵犯作者的署名权、修改权、保护作品完整权和获得报酬权，否则将面临侵权风险。以著作权设定质押，订立质押合同后，质权并不当然设立，需办理出质登记方能设立。

典型案例

【案例 8-6】上海晋某影视发展有限公司与北京金某里程文化艺术有限公司、李某军等著作权权属、侵权纠纷案③

【裁判要旨】对于合作创作的作品，一方权利人未经合作作者许可，擅自将双方共有的

---

① 安徽省淮北市中级人民法院（2008）淮民三初字第 2 号、安徽省高级人民法院（2009）皖民三终字第 0014 号。
② 《著作权法》（2020 年修正）第二十四条。
③ 江苏省无锡市中级人民法院（2013）锡知民初字第 0309 号、江苏省高级人民法院（2014）苏知民终字第 0170 号。

（二）商标权合规风险

在商标权领域，可能引发企业商标权合规风险主要表现为违反《商标法》《商标法实施条例》《商标评审规则》等相关规定可能引发企业法律责任的风险、可能使企业受到相关处罚的风险，以及可能使企业遭受经济或声誉损失或其他负面影响的风险。

1. 商标犯罪引发刑事法律责任的风险

【相关法条】《刑法》第 213-215 条。

【风险提示】企业不得未经许可在同类商品上使用与他人注册商标相同的商标，否则，情节严重的构成假冒注册商标犯罪，使企业受到刑事追究。企业不得销售明知是假冒注册商标的商品，否则情节严重的构成销售假冒注册商标的商品罪，使企业受到刑事追究。企业不得伪造、擅自制造他人注册商标标识或者销售伪造、擅自制造的注册商标标识，否则情节严重的构成伪造、擅自制造他人注册商标标识或者销售伪造、擅自制造的注册商标标识罪，使企业受到刑事追究。

典型案例

【案例 8-7】张某甲、芜湖市迪某电气贸易有限公司销售假冒注册商标的商品案①
【裁判要旨】迪某公司明知是假冒注册商标的商品仍予以销售，销售金额数额巨大，侵犯了 A××公司合法的注册商标专用权和国家商标管理秩序，构成销售假冒注册商标的商品罪。张某甲作为迪某公司的直接负责人，应以销售假冒注册商标的商品罪定罪。

2. 违反《商标法》《商标法实施条例》等法律法规引发商标撤销、无效等行政法律责任的风险

（1）违反商标注册管理规定引发商标无效行政法律责任的风险

【相关法条】《商标法》第 4 条、第 10-13 条、第 15-16 条、第 19 条、第 30-32 条等。

【风险提示】企业申请注册商标，不得违反《商标法》第四条、第十条至第十三条、第十五条至第十六条、第十九条、第三十条至第三十二条的规定，否则，即使已经注册，也会引发

----

① 安徽省芜湖经济技术开发区人民法院（2019）皖 0291 刑初 97 号、安徽省芜湖市中级人民法院（2020）皖 02 刑终 62 号。

被宣告无效的后果，被宣告无效的注册商标专用权视为自始即不存在。

典型案例

【案例8-8】漳州片仔癀药业股份有限公司等与国家工商行政管理总局商标评审委员会商标不予注册复审行政纠纷案①

【裁判要旨】适用《商标法》第三十二条判断诉争商标是否"损害他人现有的在先权利"，一般以诉争商标申请日为准，"在先权利"应当是指至诉争商标申请日时仍然存在的在先权利，如果在先权利在诉争商标核准注册时已不存在，则不影响诉争商标的注册。同理，对于该条后段"已经使用并有一定影响的商标"，也要求在诉争商标申请日前持续使用并产生可保护利益，如果在诉争商标申请日或者核准注册日前已经停止使用导致不存在可保护利益的，应当准许诉争商标注册。②

（2）违反商标使用管理规定引发商标被撤销行政法律责任的风险

【相关法条】《商标法》第49条等。

【风险提示】注册商标所有人承担注册商标的合理使用义务，应当按照法律规定的要求使用注册商标，注册商标所有人违反其合理使用注册商标的义务且情节严重的，会引发注册商标被撤销的后果。被撤销的注册商标，由商标局予以公告，该注册商标专用权自公告之日起终止。

典型案例

【案例8-9】盐城陈某食品有限公司诉王某及国家知识产权局商标权撤销复审行政纠纷案③

【裁判要旨】注册商标成为其核定使用的商品的通用名称或者没有正当理由连续三年不使用的，任何单位或者个人可以向商标局申请撤销该注册商标。该规定的立法目的在于促使商标注册人将其注册商标进行积极使用，发挥其商标功能，避免商标资源的闲置及浪费。因此，只要于指定期间将诉争商标用作商品的标志，发挥其识别商品来源的作用，在商标权利人的控制下对商标进行公开、合法、真实的使用，即可认定该商标已经使用。反之，若无直接证据显示诉争商标于指定期间已经实际进入了商品流通领域，进而实际发挥区分商品来源的作用，则不宜认定该商标实际进行了使用。

----

① 最高人民法院（2019）最高法行申2811号。
② 参见丁文严主编：《知识产权案件裁判规则（二）》，法律出版社2021年版，第291页。
③ 北京知识产权法院（2020）京73行初2619号行政判决、北京市高级人民法院（2021）京行终6900号行政判决。

（3）其他违反商标管理规定引发行政法律责任的风险

【相关法条】《商标法》第 6 条、第 51-53 条、第 57 条等。

【风险提示】企业应当依法使用注册商标，不得违反《商标法》第六条、第五十一条至第五十三条、第五十七条的规定，否则将会引发相应的行政法律责任。

典型案例

【案例 8-10】马鞍山上某食品有限公司与安徽省马鞍山市市场监督管理局等商标行政处罚及行政复议纠纷案[①]

【裁判要旨】当事人在同一种商品上使用与米某尼有限公司注册商标近似的商标，容易导致混淆，构成《商标法》第五十七条第二项规定的侵权行为，根据《商标法》第六十条第二款，责令当事人立即停止侵权行为，作出没收侵权商品和主要用于制造侵权商品的未使用包装、罚款 150.40 万元的行政处罚。

3. 违反《商标法》《商标法实施条例》等法律法规和司法解释引发民事法律责任的风险

（1）侵犯商标权引发的民事法律责任风险

【相关法条】《商标法》第 57 条等。

【风险提示】未经商标注册人的许可，在同一种商品上使用与其注册商标相同的商标的，未经商标注册人的许可，在同一种商品上使用与其注册商标近似的商标，或者在类似商品上使用与其注册商标相同或者近似的商标，容易导致混淆的；销售侵犯注册商标专用权的商品的；伪造、擅自制造他人注册商标标识或者销售伪造、擅自制造的注册商标标识的；未经商标注册人同意，更换其注册商标并将该更换商标的商品又投入市场的；故意为侵犯他人商标专用权行为提供便利条件，帮助他人实施侵犯商标专用权行为的；或者给他人的注册商标专用权造成其他损害的，都属于侵犯注册商标专用权的行为，将会引发相应的民事法律责任。企业应该避免上述行为。

典型案例

【案例 8-11】樱某卫厨（中国）股份有限公司与江都区丁沟镇文某百货商店侵害商标权纠纷案[②]

【裁判要旨】根据《商标法》第五十七条规定，"有下列行为之一的，均属侵犯注册商

---

① 马鞍山市雨山区人民法院（2019）皖 0504 行初 40 号、马鞍山市中级人民法院（2020）皖 05 行终 108 号、安徽省高级人民法院（2020）皖行申 190 号。本案为国家知识产权局发布 2020 年度商标行政保护十大典型案例之一。

② 江苏省扬州市中级人民法院（2020）苏 10 民初 188 号。

标专用权：（一）未经商标注册人的许可，在同一种商品上使用与其注册商标相同的商标的；（二）未经商标注册人的许可，在同一种商品上使用与其注册商标近似的商标，或者在类似商品上使用与其注册商标相同或者近似的商标，容易导致混淆的；（三）销售侵犯注册商标专用权的商品的；……（七）给他人的注册商标专用权造成其他损害的"。经整体比对，被诉侵权标识与原告注册商标总体观感相似，构成近似标识，易导致相关消费者对产品来源产生混淆或误认。被告销售的被诉侵权产品在与原告注册商标核定使用的商品类别相同的产品上使用了与原告案涉注册商标近似的标识，侵害了原告注册商标专用权。被告销售被诉侵权产品的行为构成商标侵权，原告主张被告立即停止侵权、销毁侵权产品库存并赔偿损失，于法有据，被告亦自认其留有侵权产品尚未出售，故对原告上述主张应予支持。关于损失赔偿数额的认定，因原、被告双方均未提交证据证明原告因侵权行为遭受的经济损失或被告因侵权行为获得的利益，根据原告商标的知名度、被告经营的地点和规模、侵权行为的性质、侵权产品的种类及价格、被告主观恶意程度、侵权行为可能给原告造成的影响以及原告为制止侵权行为必然发生律师费、公证费、差旅费之类合理开支等因素，酌定被告赔偿原告经济损失及维权合理开支。

（2）违反商标续展、变更、转让、许可使用等规定引发民事法律责任的风险

【相关法条】《商标法》第40-43条等。

【风险提示】商标许可使用、转让应当签订合同。企业受让商标，应当要求商标注册人对其在同一种商品上注册的近似的商标，或者在类似商品上注册的相同或者近似的商标，一并转让，以保护对受让商标的权利，同时应当保证使用该注册商标的商品质量。企业经许可使用他人注册商标的，必须在使用该注册商标的商品上标明企业的名称和商品产地。企业许可他人使用其注册商标的，许可人应当将其商标使用许可报商标局备案，由商标局公告，商标使用许可未经备案不得对抗善意第三人。

典型案例

【案例8-12】红某维他命饮料有限公司与天某医药保健有限公司商标权属纠纷案[①]

【裁判要旨】商标授权许可制度下关于商标专用权的归属，若各方主体对合同条款的理解有争议时，应当基于合同相关的有效解释原则，采取文义解释、体系解释、目的解释、习惯解释和诚信解释等方法，对合同条款的真实本意进行分析、认定。商标作为无形资产，除

---

① 北京市高级人民法院（2018）京民初166号、最高人民法院（2020）最高法民终394号。本案为最高人民法院发布的2020年中国法院十大知识产权案件之三。

了具有指示商品来源的作用，会因实际的使用、宣传而发挥广告、表彰等其他功能，其中形成的商品声誉、商业信誉则是依附于商标存在。原始取得与继受取得是获得注册商标专用权的两种方式。判断是否构成继受取得，应当审查当事人之间是否就权属变更、使用期限、使用性质等做出了明确约定，并根据当事人的真实意思表示及实际履行情况综合判断。在许可使用关系中，被许可人使用并宣传商标，或维护被许可使用商标声誉的行为，均不能当然地成为获得商标权的事实基础。

（3）违反《商标法》《商标专用权质押登记程序》关于注册商标专用权质押等规定的风险

【相关法条】《民法典》第 427 条、第 440 条，《商标专用权质押登记程序》等相关规定。

【风险提示】以依法可以转让的商标专用权出质的，出质人与质权人应当订立书面合同，并向管理部门即国家工商行政管理局办理出质登记。企业以注册商标专用权设定质押，应当知晓可以依法转让是商标专用权出质的前提。依照《商标法》第四十二条第二款的规定，转让注册商标的，商标注册人对其在同一种或者类似商品上注册的相同或者近似商标，应当一并转让。因此，在办理质押登记时，同一注册人在与质押商标相同或类似商品/服务上注册的相同或者近似商标应一并办理质押登记，以保证质押商标可以依法转让，从而保证质权人在债务人不履行债务时可以将质押物变现以优先受偿。

典型案例

【案例 8-13】江苏高某农村商业银行股份有限公司甸垛支行与高邮市三某蛋品有限公司、高××等金融借款担保合同纠纷案[①]

【裁判要旨】原、被告各方签订的合同系当事人之间的真实意思表示，合法有效，各方当事人应当按照合同约定享受权利承担义务。被告以其所有的三某系列商标专用权对借款本金提供担保并办理了质权登记手续，故原告有权对上述商标专用权拍卖、变卖所得价款在借款范围内享有优先受偿权。

（三）专利权合规风险

在专利领域，可能引发企业专利权合规风险的行为主要表现为违反《专利法》相关规定以及《中华人民共和国专利法实施细则》《专利实施强制许可办法》《专利权质押登记办法》等相关规定可能遭受的风险。

[①] 江苏省高邮市人民法院（2020）苏 1084 民初 1307 号。

1. 假冒专利犯罪引发刑事法律责任的风险

【相关法条】《刑法》第 216 条、第 220 条等。

【风险提示】企业不能在自己的产品上加上他人的专利标记和专利号，使其与他人专利产品相类似，使公众认为该产品是他人的专利产品，以假乱真，侵害他人专利权。否则，情节严重的构成假冒专利罪，将会被追究刑事责任。

典型案例

【案例 8-14】杭州耐某制冷电器厂假冒专利案①

【裁判要旨】根据《最高人民法院、最高人民检察院关于办理侵犯知识产权刑事案件具体应用法律若干问题的解释》第十条的解释，《刑法》第二百一十六条规定的"假冒他人专利"的行为主要是指未经许可，在制造、销售、广告宣传、合同中使用或标注他人专利号情节严重的行为。根据《刑事诉讼法》第二百零四条第二项、《最高人民法院关于适用〈中华人民共和国刑事诉讼法〉的解释》第二百五十九条之规定，假冒他人专利案件中提起刑事自诉的适格自诉人应当是假冒专利的适格被害人。

2. 违反《专利法》等引发专利行政责任的风险

（1）专利被宣告无效的风险

【相关法条】《专利法》第 22-25 条、第 47 条等。

【风险提示】企业被授予专利权的发明和实用新型，不具有创造性、新颖性和实用性，被授予专利权的外观设计同申请日以前已公开发表或公开使用过的外观设计相同或相近似；被授予专利的发明违法、违背社会公德或妨害社会公共利益的；等等，都会面临被宣告无效的风险。

典型案例

【案例 8-15】艾某森电话股份有限公司与国家知识产权局专利复审委员会、第三人华某技术有限公司发明专利权无效行政纠纷案②

【裁判要旨】《专利法》第二十二条第三款规定："创造性，是指与现有技术相比，该发明具有突出的实质性特点和显著的进步，该实用新型具有实质性特点和进步。"所谓实质性特点是指对本领域技术人员来说，该发明或者实用新型相对于现有技术是非显而易见的，所谓

---

① 上海市闵行区人民法院（2016）沪 0112 刑初 284 号、上海市第三中级人民法院（2016）沪 03 刑终 5 号判决。
② 北京知识产权法院（2015）京知行初字第 5351 号判决、北京市高级人民法院（2014）知行字第 56 号判决。

进步是指该发明或者实用新型与现有技术相比能够产生有益的技术效果。确定涉案发明相对于最接近现有技术所具备的区别特征是适用"三步法"判断一项发明是否具备创造性的必要步骤。区别特征来源于涉案发明所请求保护的技术方案与最接近的现有技术所包含的技术方案之间的比较。涉案发明请求保护的技术方案一般应当以涉案发明权利要求中记载的内容为准,未记载在权利要求中的技术特征不能作为对比的基础,也不能构成区别特征。而最接近的现有技术的认定应当以对比文件公开的技术内容为准,该技术内容不仅包括明确记载在对比文件中的内容,且包括对于所属技术领域的技术人员来说,隐含的且可直接地、毫无疑义地确定的技术内容。需要注意的是,认定权利要求中的技术特征被对比文件公开,不仅要求该对比文件中包含有相应的技术特征,还要求该相应的技术特征在对比文件中所起的作用和该技术特征在权利要求中所起的作用实质相同。

（2）假冒专利、冒充专利引发行政处罚的风险

【相关法条】《专利法》第 68 条,《专利法实施细则》第 84 条第 1 款。

【风险提示】将他人专利的专利号印制在非专利产品包装上销售产品,或者以非专利产品冒充专利产品、以非专利方法冒充专利方法,都会引发行政处罚的法律风险。

典型案例

【案例 8-16】江苏省盐城市大丰区市场监督管理局查处建某金茂医药有限公司销售假冒专利医疗器械案

【裁判要旨】将专利的专利号印制在产品包装上销售产品的行为,违反了《专利法实施细则》第八十四条第一款第二项的规定,属于假冒专利行为。

（3）侵犯专利权引发行政处罚的风险

【相关法条】《专利法》第 11 条、第 65 条,《专利法实施细则》第 84 条第 1 款等。

【风险提示】依照《专利法》第十一条的规定,发明和实用新型专利权被授予后,除《专利法》另有规定外,企业未经专利权人许可,都不得实施其专利,即不得为生产经营目的制造、使用、许诺销售、销售、进口其专利产品,或者使用其专利方法以及使用、许诺销售、销售、进口依照该专利方法直接获得的产品。外观设计专利权被授予后,企业未经专利权人许可,也不得实施其专利,即不得为生产经营目的制造、许诺销售、销售、进口其外观设计专利产品。对发明的使用涉及产品和方法两个方面,对实用新型的适用仅涉及产品。企业以上述方法使用发明、实用新型和外观设计,将引发侵权的民事法律责任风险。其中尤其要注意以许诺销售使用专利的情况,企业未经专利权人许可,制造侵权产品后,即使

只在媒体上做广告宣传，或在展览、展会上展出等，也构成侵犯专利权，将引发侵权法律责任。

【案例 8-17】中国-某拉伯化肥有限公司与泾川县丰台乡林某农资经销部侵害外观设计专利权纠纷案①

【裁判要旨】 未经专利权人许可，为生产经营的目的销售与外观设计专利相同的产品，该行为侵害了中某化肥公司外观设计专利权，依法没收侵权产品并处以罚款。

（4）其他可能引发行政处罚的风险

例如，依照《专利法》第十九条、第七十八条，企业将在中国完成的发明或实用新型向外国申请专利，应当事先报经国务院专利行政部门进行保密审查，否则将会引发泄露国家秘密的法律风险，其在中国申请专利的，将不被授予专利权。构成犯罪的将会被追究刑事责任。

3. 专利权权属、侵权引发民事法律责任的风险

（1）专利权权属民事法律风险

【相关法条】《专利法》第 6、8、10 条，《专利法实施细则》第 12 条等。

【风险提示】 企业的专利授权中，职务发明通常在数量、质量上都占据主导地位。由于发明创造的周期一般较长，其中又涉及各种因素，职务发明与非职务发明的认定往往有赖于纷繁复杂的证据，从而导致了企业与员工之间对专利申请权和专利权权属纠纷的频发。因此，如果企业在一项发明研发立项之初，与员工对职务发明专利的权属约定不明，常常会使企业的专利申请权和专利权陷于风险。

【案例 8-18】深圳市卫某科技有限公司诉李某毅、深圳市远某智能设备有限公司专利权权属纠纷案②

【裁判要旨】 判断是否属于《专利法实施细则》第十二条第一款第三项规定的与在原单位承担的本职工作或者原单位分配的任务"有关的发明创造"时，应注重维护原单位、离职员工以及离职员工新任职单位之间的利益平衡，综合考虑以下因素作出认定：一是离职员

---

① 甘肃省平凉市泾川县工商行政管理局泾工商处（2019）05 号行政处罚决定。
② 指导性案例 158 号，广东省高级人民法院二审判决（2018）粤民终 2262 号、最高人民法院再审裁定（2019）最高法民申 6342 号。

工在原单位承担的本职工作或原单位分配的任务的具体内容；二是涉案专利的具体情况及其与本职工作或原单位分配的任务的相互关系；三是原单位是否开展了与涉案专利有关的技术研发活动，或者有关的技术是否具有其他合法来源；四是涉案专利（申请）的权利人、发明人能否对专利技术的研发过程或者来源作出合理解释。

（2）侵犯专利权引发民事法律责任的风险

【相关法条】《专利法》第 11 条等。

【风险提示】依照《专利法》第十一条的规定，发明和实用新型专利权被授予后，除《专利法》另有规定外，企业未经专利权人许可，都不得实施其专利，即不得为生产经营目的制造、使用、许诺销售、销售、进口其专利产品，或者使用其专利方法以及使用、许诺销售、销售、进口依照该专利方法直接获得的产品。外观设计专利权被授予后，企业未经专利权人许可，也不得实施其专利，即不得为生产经营目的制造、许诺销售、销售、进口其外观设计专利产品。对发明的使用设计产品和方法两个方面，对实用新型的适用仅涉及产品。企业以上述方法使用发明、实用新型和外观设计，将引发侵权的民事法律责任风险。

典型案例

【案例 8-19】中山市横栏镇森某美光电子厂、中山市古镇森某照明门市部侵害外观设计专利权纠纷案①

【裁判要旨】以一般消费者的知识水平和认知能力进行整体观察、综合判断，被诉侵权产品与涉案专利构成近似，被诉侵权产品设计落入涉案专利权保护范围。被诉外观设计专利的申请日早于本案专利的申请日，但授权公告日晚于本案专利的申请日，故其不构成现有设计，但依法构成抵触申请。由于抵触申请能够破坏专利的新颖性，故被诉侵权人主张其使用的是属于抵触申请的专利的，可以参照现有设计抗辩的审查判断标准予以评判。以一般消费者的知识水平和认知能力进行整体观察、综合判断，被诉侵权产品与抵触申请抗辩援引专利存在实质性差异，二者不构成相同或近似，故被诉侵权人的不侵权抗辩不能成立。

（3）违反专利强制许可规定引发民事法律责任的风险

【相关法条】《专利法》第 49 条、第 53-59 条、第 61-62 条等。

【风险提示】企业通过强制许可实施他人专利，应当符合法律规定的条件，否则将面临侵权风险引起民事或行政法律责任的风险。企业申请对他人专利强制许可实施，必须向国务院专

---

① 广州知识产权法院（2020）粤 73 民初 1654 号民事判决、广东省高级人民法院（2021）粤民终 1 号民事判决。

利行政部门提供证据，证明其未能以合理条件与专利权人签订许可使用合同。企业取得专利强制许可后，只能在强制许可决定规定的时间和范围内行使专利，不享有独占使用权，也不得许可他人使用，还应当向专利权人支付合理使用费。否则，会引发侵犯专利权的法律责任。

典型案例

> **【案例8-20】武汉科某金利建材有限公司、韩某姬与武汉浩某建设工程有限公司、武汉某资源发展投资有限公司侵害发明专利权纠纷**[①]
>
> **【裁判要旨】**我国《专利法》只是规定为公共利益目的可以给予实施发明专利或实用新型专利的强制许可，同时将不视为侵犯专利权的情形限定于专为科学研究和实验而使用有关专利等五种特定情形，而并未将为公共利益需要实施专利的行为全部纳入不侵权范畴。同时，从我国《专利法》保护专利权人合法权益、鼓励发明创造的立法目的来分析，如果将为公共利益需要而实施专利的行为均视为非侵权行为，将使专利权获得保护的领域范围不当收窄，也不利于保护有关公共利益领域发明人从事发明创造的积极性。

（四）海外知识产权合规风险

1. 企业海外参展中的知识产权风险

展会是产业信息和同类产品在时间与空间上的聚集，是近年来国际通行的迅速发展的商业形式。由于专业买家和商品的高度集中，展会能够迅速发现和传递诸如产品、技术、价格、市场等方面的信息，具有集中、便利、高效等特点，因此成为许多中国企业拓展海外市场的优选平台。由于参展产品一般都融合了企业最前沿的设计理念和最先进的技术成果，因此许多国家都有专门针对展会知识产权进行规制的措施。中国企业参加展会，一旦因为知识产权问题被查处，不仅会使企业商誉和利益受到伤害，还会影响其他中国企业拓展国际市场，损害国家的知识产权保护形象。因此，中国企业参加海外会展，应当深入了解参展地的知识产权保护规则，做好企业产品知识产权合规风险的分析预测，制订好应急预案，有效避免展会知识产权合规风险。

2. 美国"337调查"的风险

"337调查"是美国国际贸易委员会（ITC）根据申请人（原告）的请求调查被告是否存在违反美国《1930年关税法》第337节的行为，主要是针对进口产品侵犯美国知识产权和进口贸易中的其他不公平竞争行为开展的调查，具有程序快捷、适用门槛低、措施严厉、反诉权

[①]　湖北省武汉市中级人民法院（2013）鄂武汉中知初字第00320号、湖北省高级人民法院（2017）鄂民终3149号。

受限制等特点。近年来，随着国内企业不断"走出去"，涉及我国企业的"337调查"案件屡见不鲜，"337调查"已经成为我国出海企业面临的主要知识产权风险。例如，2018年，我国84家企业成为"337调查"被告，涉及中国企业案件数为19件，占2018年美国"337调查"的38%，专利侵权成为中国企业涉案的唯一案由；2019年，美国ITC立案了5起涉及LED领域的"337调查"，其中4起涉及我国企业。[①]

3. 知识产权跨境诉讼风险

随着我国企业国际地位、市场份额、专利数量的不断上升，中国企业遭遇的跨国专利诉讼越来越频繁。近年来，我国的华为、中兴、小米、海信等高科技企业在美国、德国、英国等国不断作为被告遭遇诉讼，动辄被判永久禁令和高额罚款，不仅使这些企业海外市场拓展受挫，也极大影响了这些企业的科技创新。因此，企业开拓海外市场过程中，务必做好知识产权合规风险预测和预案。

4. 知识产权刑事责任风险

我国企业出海中，不仅面临着知识产权的行政调查和国际民事诉讼的风险，企业的主要负责人有时甚至会面临刑事制裁的风险。例如2007年的湖南神力公司法定代表人事件。

总之，能够走出国门的企业基本上都是我国的高科技企业，国家之间、企业之间残酷的高科技竞争，使这些企业往往成为外国企业和政府围堵和打击的对象。因此，为了尽可能避免可能遭遇的国际知识产权合规风险，我国企业应当充分了解目的国和目的地的知识产权法律法规和规则，做好知识产权合规风险识别和预测，保障国家和企业的知识产权安全。

第三节 知识产权合规建设

一、知识产权合规理念

合规管理决定一个企业未来的发展，也对社会经济起到重要的支持作用。尤其是数字经济时代的到来，创新型企业发展迅速，同时企业也面临着知识产权侵权风险、数据安全风险等，更加彰显了合规的重要性。知识产权合规建设，首先要树立先进的知识产权合规理念。

（一）坚持知识产权安全理念

知识产权安全是国家安全的主战场、前沿阵地，知识产权保护是国家安全的战略屏障。[②]

---

① 参见张鹏：《加强海外知识产权维权援助高效解决海外纠纷》，载《中国知识产权报》2020年6月17日。
② 参见马一德：《知识产权安全是国家安全的主战场》，载《光明日报》2021年9月6日。

在知识产权强国建设的同时要注重安全保障，要以知识产权安全理念为前提，更好把握知识产权合规建设的方向。由于知识产权安全风险的传递性，知识产权安全的治理不能仅顾及知识产权领域的国家安全风险，其治理过程应考虑知识产权风险的演化与传递对国家经济、科技、粮食等其他领域国家安全造成的影响。另外，在知识产权安全理念的指导下，坚持平衡发展、坚持人类命运共同体也应当是知识产权合规建设的应有之义。坚持平衡发展，避免在知识产权合规问题上"一刀切"。坚持人类命运共同体，安全、合作、共赢、可持续的理念，知识产权合规建设应秉持大局观念，促进企业健康、安全、长远发展。①

（二）强化责任主体意识

知识产权合规的责任主体应当是企业。企业作为市场主体，要解放思想、转变观念，转变知识产权合规为外界监管的观念，强化责任主体意识。知识产权合规应当是企业内在的需求，是企业所追求的目标，实现企业本身价值的内生动力。对于政府而言，在严格执法的同时，应当以服务的理念推进企业知识产权合规，帮助、引导企业建立科学的、完善的内部合规管理制度，以严格执法、科学指导和高质量服务，推动企业知识产权合规。

对中小科创企业等更加迫切地需要知识产权合规服务的，可以通过政府的政策支持、专业机构的专业服务、企业积极的责任主体意识三方面形成合力，共同推进知识产权合规。②

（三）明确社会责任价值

企业知识产权合规的动机往往是避免企业及其员工因知识产权不合规行为，引发法律责任，造成刑事追责、经济或声誉损失以及其他负面影响。在知识产权合规的过程中，企业逐渐承担了尊重知识产权、保护个人隐私、保护数据安全等的社会责任，长此以往，企业可以获得监管部门和执法机关的大幅奖励，避免严厉的监管处罚和刑事追究，最大限度地减少商业损失，提高企业声誉，实现可持续发展。③此外，强制性和指导性，而非纯粹道德性的企业社会责任范畴逐步走向合规化，已越来越多地成为世界共识。

二、知识产权合规管理的基本原则

（一）坚持全面性、系统性原则

知识产权合规管理是企业合规管理的重要内容和支撑力量，应当掌握知识产权相关法律法

---

① 参见朱雪忠、代志在：《总体国家安全观下的知识产权安全治理体系研究》，载《知识产权》2021年第8期。
② 参见刘英、经晓莘等：《聚焦企业合规与权益保护 加快推进中国企业合规建设》，载《中国工业报》2021年12月31日，第2版。
③ 参见陈瑞华：《企业合规基本理论（第二版）》，法律出版社2021年版，第114-115页。

规的立法宗旨以及相关政策的制定目标、基本原则，强化知识产权事前防范、事中控制和事后救济相结合的全流程保护。坚持事前以风险评估为基础、风险防范为核心；坚持事中以监测评价为手段、风险控制为抓手；坚持事后以救济维权为保障，促进知识产权合规管理规范化、系统化、常态化，保持提升企业知识产权战略竞争优势。[①] 同时，知识产权合规应当全面覆盖企业和各级子公司的股东层、治理层、管理层、经营层及全体员工，也应当贯穿于企业经营管理各个环节的决策、执行、监督、反馈等工作流程。另外，知识产权合规管理牵头部门既要协调本单位各部门落实本级合规工作，也要对下级单位进行有效的指导、协调、监督。[②]

（二）坚持适用性、针对性原则

要充分认识到知识产权合规的重要性以及知识产权无形性的基本特性，应当重视知识产权无形资产合规管理工作，加强对专利系统性的管理和保护工作，包括选项、专利查新立项、专利申请、专利保护和研发成果的产业化总体的规划，对商标、著作权研究制定系统性的保护方案，做到从战略高度对知识产权合规管理进行规划。要充分认识到知识产权的价值，有效运用研发成果，并使之转化为生产力，促进成果推广利用，提高成果产业化、商品化程度，创造保护与运用并重，经济效益与社会效益并重。[③]知识产权合规管理应当从企业自身的实际情况出发，考虑企业业务规模以及在兼顾成本与效率情况下合规管理的可操作性，提高知识产权合规管理的有效性。同时，在创造、运用、保护知识产权的过程中，注意内外因素的变化，及时调整和改进知识产权合规管理体系。[④]

（三）坚持独立性、及时性原则

要充分认识到知识产权合规管理独立性的作用，应当从制度设计、组织体系、管理程序、职责分配等方面保证独立性，不应当有利益等相关冲突。合规是动态的而非一成不变的，应该根据实践效果持续不断地对已有的合规管理体系进行修订、更新，使其更加符合企业管理、运营的现状。知识产权合规管理牵头部门及相关部门应当及时识别、评估与处理合规风险，及时按照规定如实汇报，将企业合规管理工作落实到位。[⑤]

三、知识产权合规体系

知识产权合规体系的建立，以有效防控合规风险为目的，以相适应的国际条约规则、法律法规、监管规定、行业准则、商业惯例和企业章程、规章制度为依据，开展制度制订、风险识

[①③] 参见吕嘉慧、郑昕等：《公司知识产权合规管理工作思考与实践》，载《中国电力企业管理创新实践（2020年）》会议论文集，中国质量标准出版传媒有限公司、中国标准出版社2021年版。

[②④⑤] 参见周峰、蒋玄斌：《探讨国有施工企业合规管理办法》，载《财经界》2021年第33期。

别、合规审查、风险应对、责任追究、考核评价、合规培训等程序，有组织、有计划地规范企业及其员工的活动，以及制定完善知识产权合规保障机制。①

（一）知识产权合规组织体系

企业可根据自身行业性质、经营规模等合理选择和设置知识产权合规部门或合规人员，确定各自职责，明确管理和工作关系，组织、协调和监督合规管理工作，在直接负责各项合规管理工作的同时为其他部门提供合规管理支持，并确保其对涉及重大合规风险事项的一票否决权。② 企业通过对知识产权管理的组织机构、人员分配、职责划分、工作流程等作出系统化、规范化的制度规定，保证制度的完整性、可操作性和严密性，将知识产权管理真正落实到位。企业还可以成立知识产权战略管理委员会，统筹管理知识产权战略的制定、年度（季度）分步目标计划和知识产权重要或紧急事项决策，从战略高度支撑知识产权创新、运用、保护。将知识产权管理贯穿研发、生产、经营、市场开发以及知识产权申请、运用、转化和价值管理的全过程，形成协调联动的工作机制，确保知识产权战略的有效执行。③

（二）知识产权合规管理体系

1. 构建全链条智能化知识产权合规管理平台

构建知识产权合规管理体系的过程中，企业要注重将自主创新与培育发展战略性新兴产业相结合，抢占未来技术和产业制高点，依靠自主知识产权掌握话语权。积极推进网络智能化、业务生态化和运营智慧化，实现管理制度化、流程化、规范化和信息化。在数字经济时代，企业要积极探索推进各环节的信息流程化转型，运用数据化、智能化思维创新企业知识产权运营和管理模式，对企业经营活动中的知识产权进行合规评估、监督、检查和论证，充分利用大数据检索、统计、分析等工具对可能出现的知识产权合规风险进行识别，制定应对预案，保障知识产权依法合规有效投入与产出。④

2. 组建产业知识产权联盟

一方面，构建知识产权综合运营服务体系、知识产权运营合规服务平台，集中提供知识产权申请、维护、运用、许可、转让、质押、融资、保护和维权等全流程服务，确保运营服务规范化、专业化、便利化，促进企业依法合规开展知识产权运营，形成合规产业链和成果转化的群体优势。另一方面，协调政府行政管理部门、高校、律所、知识产权公益组织等，利用大数

---

① 参见周峰、蒋玄斌：《探讨国有施工企业合规管理办法》，载《财经界》2021年第33期。

② 参见上海市浦东新区人民检察院与中国信息通信研究院知识产权与创新发展中心联合发布的《企业知识产权合规标准指引（试行）》第六条。

③④ 参见鞠娜：《国企知识产权合规创新管理平台的设计与构建》，载《企业改革与管理》2020年第15期。

据智能化平台，探索建立行业性组织、知识产权服务机构与企业共同参与的知识产权合规综合管理体系，为企业提供信息发布、检索查询、专利转让、质押融资等服务，实现知识产权合规专业化、智能化、便利化建设。①

3. 注重知识产权资产合规管理

《企业国有资产法》规定了相关的程序和标准加强对国有资产的保护，促进市场经济发展。企业可以参照国家对国有资产保护的法律规定，建立和完善知识产权资产管理机制、知识产权资产价值评估体系和知识产权创新、运用、保护制度；通过融资担保、质押、入股、对外合作等现代金融管理形式盘活知识产权内在价值的资本运营；促进企业现有知识产权的转让、许可、研发，通过知识产权无形资产溢价入股等方式实现知识产权价值；重视创新产品研发初期的知识产权保护，立足知识产权资产保值增值要求，注重实效，提升企业知识产权核心价值，提高企业核心竞争力。②

4. 注重知识产权创新成果的合规运用

企业在投入大量人力、物力、财力进行开发研究，注重成果研发，提高研发成果质量的同时，也要注重成果的运用、转化，加强与优质专利代理机构、服务机构合作，重视企业知识产权各阶段的成果挖掘、利用和保护，形成知识产权综合管理战略布局。还要加强与核心技术相关的高质量专利申请，建立知识产权系统管理数据库，并及时更新、常态化运行数据库，提高企业自主创新能力，注重知识产权海外战略布局，实现企业品牌价值。③

5. 注重知识产权合规风险识别与评估

知识产权合规风险识别与评估是知识产权合规管理必不可少的基础性、关键性环节。企业要注重建立完善知识产权合规风险识别与评估管理办法，根据管理办法和业务流程开展知识产权合规义务识别、知识产权合规风险识别与知识产权合规风险评估，形成知识产权各层级不同类别的合规义务清单、合规风险清单、合规风险评估清单，为知识产权合规风险防控工作提供基础性支撑。

知识产权合规义务的范围是由企业根据知识产权合规管理目标而确定的。知识产权合规义务识别基于不同环节流程进行识别，以每个流程环节为知识产权合规义务识别点，根据相应环节分类识别出应当遵循的知识产权合规义务文件名称和条款等。

知识产权合规风险识别是根据各环节知识产权合规义务的要求，以流程的各环节为识别点，逐个环节分析评估该环节管理是否存在违反知识产权合规义务的风险。④

知识产权合规风险评估是指根据识别出的知识产权合规风险，按照风险发生的可能性、发

---

①②③　参见鞠娜：《国企知识产权合规创新管理平台的设计与构建》，载《企业改革与管理》2020 年第 15 期。

④　参见陈伟龙、郑洁沁等：《构建合规管理体系》，载《企业管理》2019 年第 11 期。

生后的后果严重程度等因素进行评估，确认知识产权合规风险等级，如可分为重大知识产权风险、中等知识产权风险、一般知识产权风险[①]。在实际开展知识产权合规风险评估工作时，可成立评估工作小组，了解和掌握知识产权合规义务识别、知识产权合规风险识别工作开展的全过程和结果，在此基础上进行知识产权合规风险的模拟评估工作，再根据知识产权合规风险识别结果开展知识产权合规风险评估工作。[②]

6. 注重知识产权合规风险管控与预警

知识产权合规管理的关键是根据知识产权风险识别和评估结果，制定风险管控措施，应对存在的各项知识产权合规风险，并将该措施应用于知识产权管理和业务流程当中，预防违规情况发生。

制定知识产权合规风险管控体系，应坚持全面防控与重点防控相统一。在落实全面防控方面，应根据存在的各项知识产权合规风险、实际管理需求以及具体业务需要，由知识产权合规牵头部门、其他业务部门配合，制定全流程知识产权风险防控措施，不断完善流程各个环节和相关岗位的工作职责、工作记录、工作标准等，确保流程各环节相关和岗位能够有效地避免知识产权合规风险发生。在落实重点防控方面，针对重点业务领域、重点环节、重点岗位和重大风险，制定知识产权合规风险防控措施，并加强实施效果的实效性。[③]

要对风险源、风险类别、风险形成因素、可能发生的后果及发生的概率等展开系统分析，对有典型意义、普遍存在的以及可能造成严重后果的风险应及时发布预警。[④] 制定知识产权合规风险预警响应措施与方案，即确定在发生风险预警情况时，防止合规风险发生的组织措施、管理措施、技术措施以及人员、设备、物资、舆情、服务等方面的准备和工作方案。[⑤]

7. 注重知识产权合规应对与问责

企业应根据不同的合规风险类型制订和选择知识产权风险应对方案，应对方案应包括总体方案和专项方案。对重大风险事项，企业合规管理部门和各部门应共同研究出台具体整改方案，明确整改主体、具体责任人、整改时间节点等具体要求，合规管理部门以月为时间节点统计整改完成情况，并及时向企业决策层领导汇报。企业根据自身情况制订合规风险问责方案，对知识产权合规绩效目标、绩效奖金和其他激励措施进行定期评审，以验证防范措施是否适当；对违反企业知识产权合规义务、目标、制度和要求的人员，进行适当的纪律处分，必要时

[①] 参见上海市浦东新区人民检察院与中国信息通信研究院知识产权与创新发展中心联合发布《企业知识产权合规标准指引（试行）》第二十五条。

[②][③][⑤] 参见陈伟龙、郑洁沁等：《构建合规管理体系》，载《企业管理》2019 年第 11 期。

[④] 参见上海市浦东新区人民检察院与中国信息通信研究院知识产权与创新发展中心联合发布《企业知识产权合规标准指引（试行）》第二十三条。

追究相关责任。[①]

8. 注重知识产权合规审查与合规报告制度

知识产权合规审查是企业知识产权合规管理的重要内容，从源头上发现在制度制订、重大决策、合同签订、运行方案等方面存在的违规倾向和行为，在执行环节中有效预防违规风险发生。

充分重视知识产权合规报告制度，发生合规风险事件，知识产权合规部门和相关职能部门要立即向负责人和分管领导报告，并向上级合规管理办公室和职能部门汇报。在知识产权合规事件处置过程中，要将处置方案、处置过程、进度及效果及时向上级合规管理办公室和职能部门报告。事件处置完毕应将事件发生原因、经过、处置情况、应吸取的教训及采取的改进措施向上级合规管理办公室和职能部门提交完整报告。[②]

9. 注重知识产权合规举报与合规调查

充分重视知识产权合规举报与合规调查管理办法，企业纪检监察部门应当设立专门的举报电话、信箱等，畅通举报渠道，接受合规相关举报信息，保障举报人合法权益，鼓励全体员工、客户及第三方对企业知识产权违规行为进行举报。具备启动条件并经审核批准启动知识产权合规调查工作的，应以调查所掌握的事实和证据为基础编制知识产权合规调查报告。通过知识产权合规举报与合规调查，达到有规必遵、违规必究的管理要求，将依法合规、诚信经营作为企业安身立命之本。[②]

10. 注重知识产权合规文化建设

企业合规文化建设是企业文化建设的重要组成部分，也是企业合规管理的重要内容。企业知识产权合规文化建设，是指企业应将知识产权合规文化作为企业文化建设的重要内容。企业应确立企业知识产权合规理念、基本原则等，建立健全知识产权合规管理体系，提高企业知识产权保护意识，降低企业知识产权侵权风险，践行在合法合规前提下创新、运用、转化、保护知识产权的价值观；企业员工应将知识产权合规意识变成行为自觉，注重增强知识产权风险意识，树立和营造尊重知识产权、保护知识产权的企业形象和文化氛围。[④]

知识产权合规文化是企业经过长期实践、传承和沉淀下来的以规则为导向的行为规范、思维方式和价值观的总和。要将知识产权合规文化融入企业文化建设中，促进企业文化内容的丰富和升华，营造行动自觉的氛围。[⑤]

---

① 参见上海市浦东新区人民检察院与中国信息通信研究院知识产权与创新发展中心联合发布《企业知识产权合规标准指引（试行）》第二十六条、第二十七条。

②③⑤ 参见陈伟龙、郑洁沁等：《构建合规管理体系》，载《企业管理》2019 年第 11 期。

④ 参见郭嘉豪：《国际法视野下的企业知识产权合规文化建设》，载《东方企业文化》2020 年第 S2 期。

11. 注重知识产权合规培训

制订知识产权合规培训管理办法，将知识产权合规培训纳入企业教育重点培训内容，形成常态化、制度化全员合规培训机制。

（1）推进知识产权合规意识和合规风险意识教育

合规是企业可持续发展的基石，是企业境内外经营行稳致远的前提，合规管理能力是企业国际竞争力的重要方面。知识产权保护已上升为国家的基本战略，企业应通过知识产权文化建设，全面提升企业及员工的知识产权合规意识和合规风险意识。随着近年来涉知识产权案件数量的增长、典型案例的频发和案件赔偿额的激增，保护知识产权、避免知识产权侵权风险的知识产权合规管理越来越受到企业的重视，也逐渐成为企业合规文化建设的重要内容。避免知识产权合规风险的发生正是对企业员工进行知识产权合规意识和合规风险意识教育的目的。[①]

（2）推进专利权、商标权、著作权保护及商业秘密保护等方面的教育

为了落实我国加入的知识产权国际条约以及相关贸易协定中的知识产权保护要求，我国加大了知识产权保护力度，提高了侵权违法成本，例如新修改的《商标法》《专利法》《反不正当竞争法》以及《著作权法》明确增加了知识产权侵权惩罚性赔偿制度；《民法典》也规定了知识产权惩罚性赔偿；最高院出台惩罚性赔偿司法解释，促进惩罚性赔偿真正落地，平衡社会、企业、公众的利益。这些新的变化，需要及时、准确向企业及员工进行宣传。对于跨国企业来说，不仅要关注我国加入的《与贸易有关的知识产权协议》（TRIPS）等知识产权保护国际条约，还应当重点关注美国及其他发达国家的《专利法》《商标法》《版权法》等法律，预防海外侵权风险，由此应当常态化进行知识产权合规培训，提升知识产权侵权风险意识。[②]

此外，根据《与贸易有关的知识产权协议》（TRIPS）的规定，"未公开的信息（商业秘密）"也是知识产权的重要内容。商业秘密往往构成企业的核心竞争力，一旦泄露，将给企业造成难以弥补的损失。《最高人民法院关于审理侵犯商业秘密民事案件适用法律若干问题的规定》为企业提供了保密措施方面的实操指引。企业应当在合规文化建设中做好保守商业秘密和不侵犯商业秘密的宣传和教育工作。[③]

（3）多元化、多角度开展知识产权合规培训

要根据不同部门员工的知识产权合规需求制定不同的合规培训课程，确保知识产权合规培训的有效性、实用性、针对性。例如，根据决策层、管理层、执行层、操作层等不同的知识产权合规知识需求开展不同类型的知识产权合规培训或合规教育。另外，要创新培训形式，用法律法规和典型案例相结合的方式进行知识产权合规培训，以达到高质量、高实效的培训

---

①②③　参见郭嘉豪：《国际法视野下的企业知识产权合规文化建设》，载《东方企业文化》2020年第S2期。

效果。[①]

12. 注重知识产权合规评价与改进

制订知识产权合规评价与改进管理办法，定期开展知识产权合规评价工作。通过知识产权合规评价对合规管理及时进行总结，提炼工作亮点，找出短板和问题。根据知识产权合规方针、目标与知识产权合规评价结果，动态制定、调整与落实改进措施，实现知识产权合规管理的持续改进，保障知识产权合规管理的有效性与及时性。[②]

（三）知识产权合规监督保障措施

1. 推进企业合规的第三方监管

定期对知识产权合规体系进行合规监察并形成合规监察报告，重点评价知识产权合规体系运行的有效性，以确保知识产权合规目标的实现。推进企业合规的第三方监管需要各方协同聚力，行政司法部门依法依规办事，其他有关部门完善机制，企业自身加强自治，社会各界践行德治。[③]

2. 建立有效的科技创新激励和保障机制

设置科学的奖励制度，为企业创造知识产权成果、实现知识产权价值和在知识产权保护与合规管理中取得成绩的员工提供物质和精神奖励，提高员工创造的积极性，提高企业知识产权的数量和质量，提升企业自身的创新能力和竞争能力，实现员工和企业协同共赢的局面。[④]

3. 加大人才保障力度

任何一项制度工作要取得长远发展，专业人才都是必不可少的要素。2021年3月18日，中国贸促会商法中心申请了企业合规师新职业，由人力资源保障部、市场监管总局和国家统计局三部门联合发布。企业合规师作为专业技术的新职业，正式进入了中华人民共和国职业分类大典。对于国内、国际市场环境而言，企业合规师队伍的建设是大势所趋。[⑤]

---

①② 参见刘相文、王德昌等：《中央企业如何开展"2022合规管理强化年"工作？》，访问地址：http://www.zhonglun.com/Content/2021/12-15/1552341244.html。

③ 参见刘英、经晓萃等：《聚焦企业合规与权益保护 加快推进中国企业合规建设》，载《中国工业报》2021年12月31日，第2版。

④ 参见鞠娜：《国企知识产权合规创新管理平台的设计与构建》，载《企业改革与管理》2020年第15期。

⑤ 参见左宗鑫：《合规是企业高质量发展的必由之路》，载《中国工业报》2021年12月30日，第1版。

第九章

出口管制合规

出口管制，是指为了国家安全、防扩散、外交政策等目的对货物、技术、软件和服务（统称物项）的出口、再出口以及某些境内转让采取禁止或限制措施。出口管制的核心着眼点是"物"，即物项的敏感性（如可用于大规模杀伤性武器），同时考虑目的地、最终用户、最终用途，从这四个维度对出口、再出口、境内转让等活动进行管控。与物项的出口、再出口、境内转让有关的各类主体，包括制造商、贸易公司、科研机构以及代理、货运、报关、电子商务平台、银行、保险等服务提供者都是出口管制的合规义务人。

出口管制与经济制裁之间存在紧密联系。出口管制的核心关注是"物"，但也会关注"人"，如某些国家、某些最终用户受到更严厉的管制；经济制裁的核心关注是"人"，但其中的贸易制裁是通过禁止或限制"物"的出口、进口来实现制裁目的。更重要的是，一些国家存在滥用出口管制的趋势，将出口管制作为实施制裁的手段，如以所谓人权问题将中国的某些实体加入"实体清单"。因此，多数企业会将出口管制合规和经济制裁合规统筹考虑，搭建统一的出口管制和制裁合规体系。当然，制造业企业和科研机构相对来说更侧重出口管制，而银行保险等金融业会重点关注经济制裁。

本章第一节将介绍中国的出口管制法律和实践，以及对中国企业开展国际化经营具有较大影响的美国出口管制法律和实践，以此梳理企业面临的出口管制合规要求。第二节将论述如何搭建和实施出口管制合规体系，以及如何应对出口管制突发事件。第三节将通过真实的执法案例具体说明出口管制合规不足的严重后果，以及企业可从中得到的合规启示。

第一节　出口管制合规要求

一、我国的出口管制合规要求

在我国现行的出口管制法律框架下，两用物项与军品、核以及其他与维护国家安全和利益、履行防扩散等国际义务相关的货物、技术、服务等物项被统称为"管制物项"，受《出口管制法》及配套条例、清单等构成的出口管制法律制度的规制。本小节将从法律体系和主管部门、受管制的物项、受管制的环节、出口许可证申请、违法后果和处罚案例几个方面，对中国的出口管制合规要求进行介绍。

（一）法律体系和主管部门

1. 法律体系

在《出口管制法》颁布以前，我国法律体系中并不存在一部出口管制领域的统领性法律。虽然《对外贸易法》《海关法》《刑法》的部分规定为禁止或限制出口提供了一定法律依据，我国出口管制制度主要还是由《监控化学品管理条例》（1995年）、《军品出口管理条例》（2002年）、《生物两用品及相关设备和技术出口管制条例》（2002年）、《导弹及相关物项和技术出口管制条例》（2002年）、《核出口管制条例》（2006年）、《核两用品及相关技术出口管制条例》（2007年）六部行政法规及配套部门规章搭建而成。上述出口管制相关法规形成了覆盖核、生物、化学、导弹（即通常所称的"核生化导"）以及军品等物项的出口管制法律制度体系。[①]

《出口管制法》（2020年）颁布后，中国出口管制形成了以《出口管制法》为统领，辅以《监控化学品管理条例》《军品出口管理条例》《生物两用品及相关设备和技术出口管制条例》《导弹及相关物项和技术出口管制条例》《核出口管制条例》《核两用品及相关技术出口管制条例》六部行政法规及配套部门规章的法律体系。

就出口管制法律体系而言，根据征求意见稿第二条和第五十九条规定的《两用物项出口管制条例》适用范围，条例生效后，《核两用品及相关技术出口管制条例》《导弹及相关物项和技术出口管制条例》《生物两用品及相关设备和技术出口管制条例》三部行政法规以及经国务院批准发布的规章《有关化学品及相关设备和技术出口管制办法》将废止，《监控化学品管理条例》《核出口管制条例》《军品出口管理条例》将继续有效。

2. 主管部门

中国的出口管制管理体系涉及国务院、中央军事委员会的多个部门，各出口管制管理部门的分工如下：

[①] 此外，中国还加入了国际上防扩散的主要条约，包括《不扩散核武器条约》《关于禁止发展、生产、储存和使用化学武器及销毁此种武器的公约》《禁止细菌（生物）及毒素武器的发展、生产及储存以及销毁这类武器的公约》等。

表 9-1　出口管制管理部门分工

物项	出口管制管理部门
核两用物项	商务部会同国家原子能机构进行管理
生物类两用物项	商务部根据需要会同农业农村部、国家卫生健康委员会等部门进行管理
有关化学品类两用物项	商务部
导弹类两用物项	商务部根据需要会同国家国防科技工业局、中央军委装备发展部等部门进行管理
商用密码	商务部会同国家密码管理局进行管理
监控化学品	工业和信息化部会同商务部进行出口经营者资质管理，工业和信息化部负责具体出口审查
军品	国家国防科技工业局与中央军委装备发展部根据分工进行管理
核	国家原子能机构、商务部会同其他部门进行管理

此外，海关总署依法对管制物项的出口实施监管，参与相关违法出口案件的调查处理，开展风险防控、监督执法等相关工作。

《出口管制法》第五条还建立了出口管制工作协调机制，统筹协调出口管制工作重大事项。国家出口管制管理部门和国务院有关部门应当密切配合，加强信息共享。同时，国家出口管制管理部门会同有关部门建立出口管制专家咨询机制，为出口管制工作提供咨询意见。

（二）受管制的物项

《出口管制法》第九条第一款规定，国家出口管制管理部门会同有关部门制定、调整管制物项出口管制清单，并及时公布。自《出口管制法》通过至今，除《商用密码出口管制清单》外，尚未有国家出口管制管理部门调整现行的管制清单，或发布其他新的管制清单。因此，《出口管制法》颁布前有效的出口管制清单和临时管制依然有效。目前，所有的两用物项管制清单和于 2021 年 12 月 31 日前生效的临时管制物项均被整合在商务部和海关总署发布的《两用物项和技术进出口许可证管理目录》（最新版为 2021 年 12 月 31 日发布，以下简称《两用物项目录》），军品出口管制清单则为 2002 年 11 月 15 日起施行的《军品出口管理清单》。

《出口管制法》第九条第二款规定，根据维护国家安全和利益、履行防扩散等国际义务的需要，国家出口管制管理部门可以对出口管制清单以外的货物、技术和服务实施临时管制，并予以公告。临时管制在现行关于核两用品和相关技术、导弹及相关物项和技术、生物两用品及相关设备和技术、有关化学品及相关设备和技术的行政法规中已有类似规定，[①] 也有相关实践

---

① 参见《核两用品及相关技术出口管制条例》第 20 条、《导弹及相关物项和技术出口管制条例》第 17 条、《生物两用品及相关设备和技术出口管制条例》第 17 条、《有关化学品及相关设备和技术出口管制办法》第 17 条。

（如对部分无人机、① 挖泥船②出口的临时管制）。现行《两用物项目录》中已纳入了先前公告实施临时管制的物项。此外，2021 年 12 月 29 日，商务部、海关总署发布公告，对高氯酸钾（海关商品编号 2829900020）实施出口管制。③ 出口经营者须经商务部登记，并申请两用物项和技术出口许可证件，方可出口高氯酸钾。该公告自 2022 年 4 月 1 日起正式实施。

表 9-2　2021 年 12 月 31 日发布的《两用物项目录》中列出的管制物项类型和数量

编号	类型	数量
1	核出口管制清单所列物项和技术	159
2	核两用品及相关技术出口管制清单所列物项和技术	204
3	生物两用品及相关设备和技术出口管制清单所列物项和技术	144
4	监控化学品管理条例名录所列物项	74
5	有关化学品及相关设备和技术出口管制清单所列物项和技术	37
6	导弹及相关物项和技术出口管制清单所列物项和技术	186
7	易制毒化学品（一）	54
8	易制毒化学品（二）	17
9	部分两用物项和技术	6
10	特殊民用物项和技术	5
11	商用密码出口管制清单所列设备、软件和技术	11
合计		897

此外，《出口管制法》第十条规定，根据维护国家安全和利益、履行防扩散等国际义务的需要，经国务院批准，或经国务院、中央军事委员会批准，国家出口管制管理部门会同有关部门可以：（1）不区分出口目的国和地区也不区分进口商和最终用户，一律禁止相关管制物项的出口；（2）禁止相关管制物项向特定目的国家和地区、特定组织和个人出口。此处的"管制物项"可能并不局限于管制清单和受临时管制的物项，还包括"其他与维护国家安全和利益、履行防扩散等国际义务相关的"物项及相关的技术资料等数据。例如，为了执行联合国安理会决议，中国曾禁止（或限制）对朝鲜出口两用物项、航空燃油、液化天然气、石油精炼产品。④

除被禁止出口的管制物项外，出口管制清单所列管制物项、临时管制物项时，出口经营者

---

① 参见商务部 2015 年第 31 号公告。
② 参见商务部 2017 年第 28 号公告。
③ 参见商务部、海关总署 2021 年第 46 号公告。
④ 参见商务部 2013 年第 59 号、2016 年第 11 号、2016 年第 22 号、2017 年第 9 号、2017 年第 52 号公告。

应向国家出口管制管理部门申请许可。对于管制清单所列物项以及临时管制物项之外的货物、技术和服务，如果出口经营者知道或者应当知道，或者得到国家出口管制管理部门通知，相关物项可能存在三种风险的，也应向国家出口管制管理部门申请许可（这被称为"全面管制"原则）。这三种风险为：（1）危害国家安全和利益；（2）被用于设计、开发、生产或者使用大规模杀伤性武器及其运载工具；（3）被用于恐怖主义目的。[①]

（三）受管制的环节

《出口管制法》所管制的"出口"包括两种行为方式，其一是从中国境内向境外转移管制物项，可称为"跨境转移"；其二是中国公民、法人和非法人组织（以下简称中国人士）向外国组织和个人（以下简称外国人士）提供管制物项，其中可能包括"视同出口"（deemed export）。[②]

参考现行出口管制法律法规，"跨境转移"不限于贸易性出口，还包括对外投资、对外赠送、境外展览、科技合作、对外援助、服务等涉及的跨境转移；[③] 除了物理上跨越边境，对于技术和数据而言可能还包括发送电子邮件、上传到境外网站、即时通信等转移方式。

而对于"中国人士向外国人士提供管制物项"，《出口管制法》及现行出口管制法律法规中并没有具体定义。从字面上看，只要是中国人士向外国人士提供管制物项，不论行为发生的地点位于中国境内还是境外，也不论所涉及的管制物项是货物、技术还是服务，均受《出口管制法》的规制，因此其外延似乎大于其他国家法律下的"视同出口"。[④] 未来制定的配套法规可能会明确"中国人士向外国人士提供管制物项"的含义。[⑤]

此外，《出口管制法》还规制管制物项的过境、转运、通运、再出口或者从保税区、出口加工区等海关特殊监管区域和出口监管仓库、保税物流中心等保税监管场所向境外出口。[⑥] 除再出口外，其他受管制行为在现行出口管制法律法规中已有类似规定。[⑦] 过境、转运和通运货物，是指由境外启运、通过中国境内继续运往境外的货物。其中，通过境内陆路运输的，称过境货物；在境内设立海关的地点换装运输工具，而不通过境内陆路运输的，称转运货物；由船

---

① 《出口管制法》第 12 条。其中，《出口管制法》并未对"国家安全和利益"作出定义。《国家安全法》第 2 条将"国家安全"定义为"国家政权、主权、统一和领土完整、人民福祉、经济社会可持续发展和国家其他重大利益相对处于没有危险和不受内外威胁的状态，以及保障持续安全状态的能力"。

② 《出口管制法》第 2 条。

③ 如《核两用品及相关技术出口管制条例》第 2 条、《导弹及相关物项和技术出口管制条例》第 2 条。

④ 例如，在美国法下，"视同出口"是指在美国境内向外国人出示相关技术（详见第二节第一（三）小节）。

⑤ 2022 年 4 月 22 日发布的《两用物项出口管制条例（征求意见稿）》暂未对"中国人士向外国人士提供管制物项"作出更具体的定义。

⑥ 《出口管制法》第 45 条。

⑦ 如《核出口管制条例》第 23 条、《核两用品及相关技术出口管制条例》第 28 条。

舶、航空器载运进境并由原装运输工具载运出境的，称通运货物。① 而对于"再出口"的定义，《出口管制法》未予明确。结合《出口管制法》第二条对"出口"的定义，"再出口"既包括从一个外国向另一个外国转移中国管制物项，也包括在一个外国境内向另一个外国的组织或个人提供中国管制物项。

（四）管制措施

《出口管制法》规定的管制措施包括经营资格管理、出口许可证、最终用户和最终用途管理以及管控名单。

《出口管制法》第十一条规定，出口经营者应依法取得相关管制物项出口经营资格。根据现行出口管制法规，中国对核出口实行国务院指定单位专营制度，② 对监控化学品出口实行指定公司制度（有例外），③ 而其他两用物项的出口经营者应向商务部申请登记。④

《出口管制法》第十二条规定，国家对管制物项的出口实行许可制度。除被禁止出口的管制物项外，凡是出口受管制的物项，均应经过国家出口管制管理部门的事先许可。第二十二条规定，国家两用物项出口管制管理部门受理两用物项出口申请，单独或会同有关部门依法审查。在审查申请、决定是否准予许可时，国家出口管制管理部门将综合考虑以下八项因素：国家安全和利益、国际义务和对外承诺、出口类型、管制物项敏感程度、出口目的国家或者地区、最终用户和最终用途、出口经营者的相关信用记录以及法律和行政法规规定的其他因素。

为加强对最终用户和最终用途的管控，《出口管制法》第十五条至第十七条规定，国家出口管制管理部门将建立管制物项最终用户和最终用途风险管理制度，对管制物项的最终用户和最终用途进行评估、核查；出口经营者除了应当向国家出口管制管理部门提交管制物项的最终用户和最终用途证明文件之外，如果发现最终用户或者最终用途有可能改变，还应当按照规定立即报告国家出口管制管理部门。

在此基础上，国家出口管制管理部门建立"管控名单"制度，进一步加强对进口商和最终用户的管理。根据《出口管制法》第十八条的规定，符合以下情形之一的进口商和最终用

---

① 《海关法》第100条。
② 《核出口管制条例》第6条。
③ 参见《监控化学品管理条例》第6条、第7条、第8条。
④ 参见《核两用品及相关技术出口管制条例》第7条、《导弹及相关物项和技术出口管制条例》第7条、《生物两用品及相关设备和技术出口管制条例》第6条、《有关化学品及相关设备和技术出口管制办法》第7条等规定。商务部在对征求意见稿的起草说明中表示"取消两用物项出口经营登记制度"，因此，《两用物项出口管制条例》生效后，出口核两用物项、生物两用物项、监控化学品以外的化学品及相关物项、导弹及有关物项等的经营者不再需要申请登记。

户将被列入管控名单：（1）违反最终用户或者最终用途管理要求；（2）可能危害国家安全和利益；（3）将管制物项用于恐怖主义目的。对于被列入管控名单的进口商和最终用户，国家出口管制管理部门可以禁止或限制"有关管制物项"交易，对于正在进行中的"有关管制物项"出口可以责令中止出口。

（五）出口许可证申请

就两用物项和技术的出口而言，《两用物项和技术进出口许可证管理办法》《两用物项和技术出口通用许可管理办法》等规章和规范性文件就出口许可证的申请和颁发作出了具体规定。

两用物项出口许可分为逐单许可和通用许可。逐单许可是指每一笔出口交易均须申请出口许可，申办程序如下：

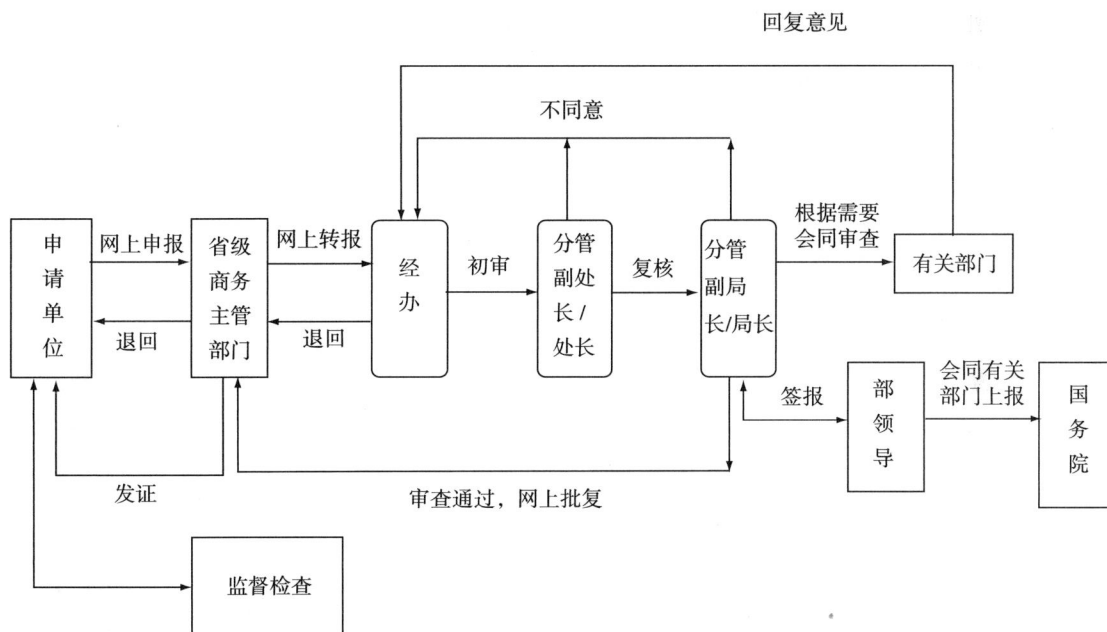

图9-1 逐单许可申办程序①

1. 具有经营资格的出口经营者在"两用物项和技术进出口管制政务平台"② 填报《敏感物项和技术出口许可申请表》，将申请表和如下材料报送省级商务主管部门。

· 申请人的法定代表人、主要经营管理人以及经办人的身份证明；

----

① 图片来源：商务部网站，访问地址：http://egov.mofcom.gov.cn/xzxksx/18017/。

② 访问地址：http://egov.mofcom.gov.cn/xzxksx/18017/，申报程序和所需材料请以有关部门最新公布的要求为准。

- 合同或者协议的副本；

- 出口的敏感物项及相关技术的技术说明或者检测报告；

- 最终用户和最终用途说明（原件及中文译件）；

- 要求提交的与最终用户及最终用途相关的保证文书；

- 最终用户情况说明（含中文译件）；

- 商务部要求提交的其他文件。

2. 省级商务主管部门将申请材料转报商务部。

3. 商务部在收到许可申请后进行审查，或者会同有关部门审查。必要时，报国务院批准。经审查许可的两用物项和技术出口申请，批复数据转送省级商务主管部门，由省级商务主管部门发放两用物和技术出口批复单。

4. 企业凭批复单在所在地领取《两用物项和技术出口许可证》，凭证报关。

通用许可是指在商务部批准的有效期和范围内可以向发证机构多次申领出口许可证的出口许可，分为甲类通用许可（不限出口目的国和最终用户、不限出口物项）和乙类通用许可（向同一最终用户出口同类物项）。与逐单许可相比，申请通用许可的经营者需要满足更多条件，尤其是：

- 建立企业两用物项和技术内部控制机制；

- 从事两用物项和技术出口业务两年以上（含两年）；

- 申请甲类通用许可的，应当连续两年以上（含两年）年申领两用物项和技术出口许可数量超过 40 份（含 40 份），申请乙类通用许可的，应当连续两年以上（含两年）年申领同种类两用物项和技术出口许可数量超过 30 份（含 30 份）；

- 近 3 年内未受过刑事处罚或受过有关部门行政处罚；

- 有相对固定的两用物项和技术销售渠道及最终用户。

通用许可的申请流程与逐单许可相似，也是向省级商务主管部门提交申请材料，由后者转报商务部；商务部自行审查或会同相关部门进行审查，作出是否许可的决定。获得通用许可批复的出口经营者仍需逐单申领出口许可证。[①]

2021 年 6 月，商务部办公厅发布《关于做好两用物项和技术进出口许可无纸化工作的通知》，自 2021 年 7 月 1 日起对两用物项和技术进出口许可施行无纸化管理。出口经营者可以通过商务部业务系统统一平台[②]提交电子申请材料，原则上不再报送纸质材料。无纸化管理将实现从业务申请、业务审核、许可证签发、货物通关全流程电子化，有效降低企业成本。企业即

---

① 详见《两用物项和技术出口通用许可管理办法》的相关规定。

② 访问地址：https://ecomp.mofcom.gov.cn。

提交即审核，可以缩短办证时间 5-7 天，可以随时上网查询办理的进度。

（六）违法后果

《出口管制法》第三十三条至第三十八条根据九种违法行为的性质和情节轻重，分别规定了警告、责令停止违法行为、没收违法所得、罚款、责令停业整顿、撤销许可、吊销相关管制物项出口经营资格七种行政处罚中的若干种措施。

这七种违法行为的责任主体为出口经营者，另一种违法行为（伪造、变造、买卖管制物项出口许可证件）既可能包括出口经营者，也包括其他组织或个人，还有一种违法行为的主体是为出口管制违法行为"提供代理、货运、寄递、报关、第三方电子商务交易平台和金融等服务"的组织或个人。

罚款适用于上述全部九种违法行为，且规定的罚款金额相对较高。例如，未经许可擅自出口管制物项，违法经营额在五十万元以上的，将被处以违法经营额五倍以上十倍以下罚款（《出口管制法》第三十四条）；违反《出口管制法》规定与列入管控名单的进口商、最终用户进行交易，违法经营额在五十万元以上的，罚款甚至可能高达违法经营额的二十倍（《出口管制法》第三十七条）。此外，没收违法所得适用于八种违法行为，停业整顿直至吊销相关管制物项出口经营资格适用于五种违法行为。

除行政处罚外，因从事出口违法行为还可能面临出口经营受限等不利后果。《出口管制法》第三十九条第一款规定，违反本法规定受到处罚的出口经营者，自处罚决定生效之日起，国家出口管制管理部门可以在五年内不受理其提出的出口许可申请；对其直接负责的主管人员和其他直接责任人员，可以禁止其在五年内从事有关出口经营活动，因出口管制违法行为受到刑事处罚的，终身不得从事有关出口经营活动。这与美国《出口管理条例》（EAR）下的"拒绝出口特权"有一定程度的相似性。

此外，《出口管制法》第四十三条规定，违反本法有关出口管制管理规定，危害国家安全和利益的，除依照本法规定处罚外，还应当依照有关法律、行政法规的规定进行处理和处罚。违反本法规定，出口国家禁止出口的管制物项或者未经许可出口管制物项的，依法追究刑事责任。此处所指的"有关法律、行政法规"包括《国家安全法》《对外贸易法》《海关法》等，"刑事责任"一般理解所指的是《刑法》规定的走私罪、非法经营罪、故意、过失泄露国家秘密罪等罪名。

以走私罪为例，《刑法》第一百五十一条适用于与违法出口管制物项有关的走私犯罪行为。第一百五十一条第一款规定，走私武器、弹药、核材料或者伪造的货币的，处七年以上有期徒刑，并处罚金或者没收财产；情节特别严重的，处无期徒刑，并处没收财产；情节较轻的，处三年以上七年以下有期徒刑，并处罚金。第一百五十一条第三款中的"等国家禁止进出口的其他货物、物品"涵盖了国家实施出口管制的两用物项,对于走私两用物项的行为,处五年以下有期徒刑或者拘役,并处或者单处罚金;情节严重的,处五年以上有期徒刑,并处罚金。此外,走私两用物项也可能适用《刑法》第一百五十三条作为走私普通货物、物品罪予以定罪处罚。[①]《刑法》第一百五十一条第四款、第一百五十三条第二款对单位犯罪作出了规定,对单位判处罚金,并对其直接负责的主管人员和其他直接责任人员予以处罚。第一百五十六条进一步规定,与走私罪犯通谋,为其提供贷款、资金、帐号、发票、证明,或者为其提供运输、保管、邮寄或者其他方便的,以走私罪的共犯论处。

二、我国的技术出口合规要求

对于技术,我国存在两套出口管制/管理制度:一是如第一小节所述,由《出口管制法》及配套条例、清单等构成的出口管制法律制度;二是本小节将要介绍的,以《对外贸易法》、《技术进出口管理条例》(以下简称《条例》)以及《禁止出口限制出口技术管理办法》(以下简称《办法》)、《中国禁止出口限制出口技术目录》(以下简称《禁限技术目录》)等法律法规组成的技术出口法律制度。

(一)法律体系和主管部门

为了规范技术进出口管理,维护技术进出口秩序,促进国民经济和社会发展,根据《对外贸易法》等,我国于2001年12月10日颁布、2002年1月1日起施行《条例》并配套制定了相关部门规章,构成我国技术贸易管理的重要制度基础。[②]《条例》在2011年、2019年和2020年先后三次修订。

根据《条例》第六条的规定,中国商务部依照《对外贸易法》和《条例》的规定,负责全国的技术进出口管理工作。省、自治区、直辖市人民政府外经贸主管部门(以下简称省级商务主管部门)根据商务部授权,负责本行政区域内的技术进出口管理工作。国务院有关部门按照国务院的规定,履行技术进出口项目的有关管理职责。2007年起,商务部已将限制类技术出口许可权限下放至各省级商务主管部门。商务主管部门收到技术出口申请后,会同科技主管部门进行审查。

对于自由出口技术的管理,根据《技术进出口合同登记管理办法》第五条的规定,省级

---

① 参见《最高人民法院、最高人民检察院关于办理走私刑事案件适用法律若干问题的解释》(法释〔2014〕10号)第21条。该条第1款规定:"未经许可进出口国家限制进出口的货物、物品,构成犯罪的,应当依照刑法第一百五十一条、第一百五十二条的规定,以走私国家禁止进出口的货物、物品罪等罪名定罪处罚;偷逃应缴税额,同时又构成走私普通货物、物品罪的,依照处罚较重的规定定罪处罚。"第2款规定:"取得许可,但超过许可数量进出口国家限制进出口的货物、物品,构成犯罪的,依照刑法第一百五十三条的规定,以走私普通货物、物品罪定罪处罚。"
② 商务部服贸司《技术进出口工作指引》(2021年6月),第7页。

商务主管部门负责对自由出口合同进行登记管理，省级商务部门可以授权下一级商务主管部门对自由出口技术合同进行登记管理。

（二）禁止出口、限制出口技术目录

《条例》将拟出口技术分为禁止类、限制类和自由类三类。属于禁止出口的技术，不得出口；属于限制出口的技术实行许可证管理，未经许可，不得出口；对属于自由出口的技术，实行合同登记管理。[①] 而具体哪些技术属于限制类或禁止类技术，由国务院外经贸主管部门会同国务院有关部门，通过制定、调整并公布《禁限技术目录》的方式予以明确。[②]《禁限技术目录》按照国民经济行业分类，列出了若干禁止或限制出口的技术条目；每个条目由编号、技术名称（某一类技术的总称）、控制要点（该类技术中需要控制的技术内容、特征及范围）组成。现行有效的目录为商务部、科技部于 2023 年 12 月 21 日在 2020 年版本基础上调整后的《禁限技术目录》。

目前，在《禁限技术目录》之外并不存在对于技术条目及其涵盖范围的更为详细的说明。相关企业需对照技术名称和控制要点，基于相关表述的通常含义及行业知识，自行判断本企业所涉的技术是否属于《禁限技术目录》中某个技术条目下的技术。在必要时，企业可以向所在地的省级商务主管部门或商务部进行咨询。

某一技术被列入《禁限技术目录》作为禁止或限制出口的技术，并不意味着应用该技术所设计、开发的软件产品或者应用该技术研发、制造的硬件产品也被禁止或限制出口。不过，《禁限技术目录》直接将某些"软件"或"系统"列入作为限制出口或禁止出口的"技术"。对于这些软件或系统，国家禁止出口或者须经许可才能出口。

（三）技术出口许可证申请

根据《条例》第二条的规定，"技术出口"是指从中国境内向中国境外，通过贸易、投资或者经济技术合作的方式转移技术的行为，其主要方式包括专利权转让、专利申请权转让、专利实施许可、技术秘密转让、技术服务和其他方式的技术转移。技术贸易管理信息系统进一步将技术出口方式划分为：专利技术的许可和转让（包括专利申请权的转让）、专有技术的许可和转让、计算机软件的许可和转让，技术咨询和技术服务、合资生产和合作生产、与技术转移相关的商标许可、与技术转移相关的成套设备、关键设备、生产线等。[③]

----

① 《条例》第 3、30、31、37 条。
② 《条例》第 29 条。
③ 参见《技术进出口工作指引》第 7-8 页。

凡出口国家限制出口技术的，均应履行出口许可手续。[1] 申请《中华人民共和国技术出口许可证》（以下简称《许可证》）的基本流程如图9-2所示。

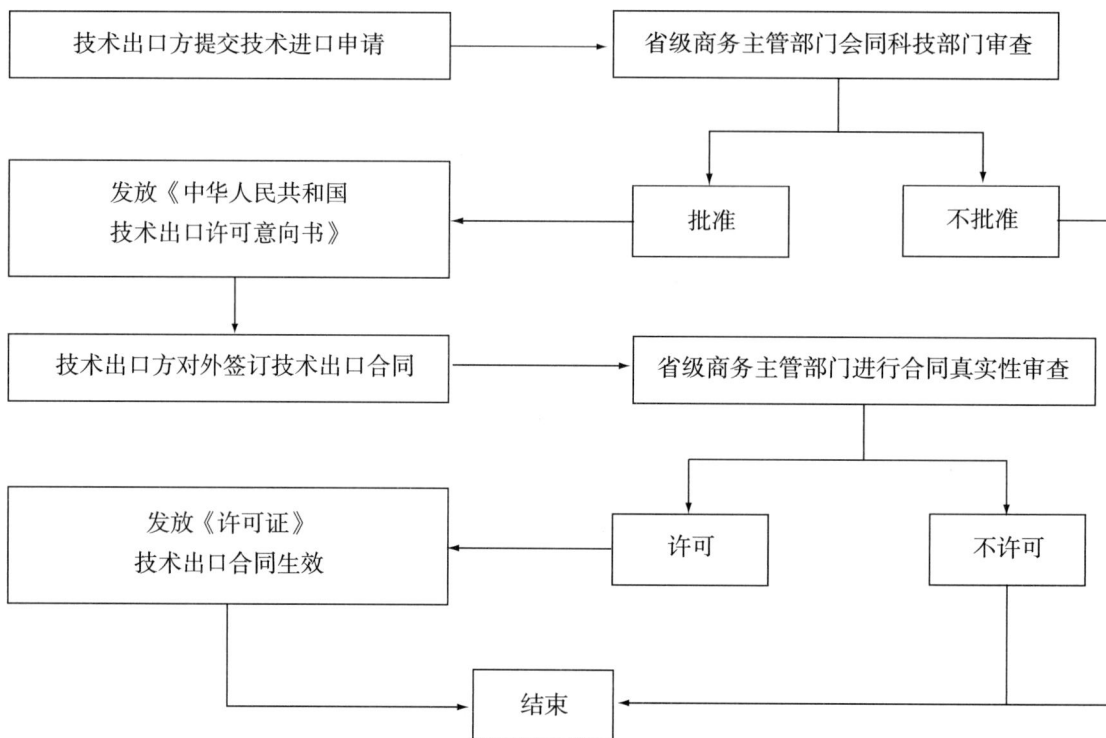

图9-2　《许可证》申请流程[2]

具体操作流程如下：

1. 技术出口经营者出口限制出口技术前，应填写《中国限制出口技术申请书》（以下简称《申请书》），报送省级商务主管部门履行出口许可手续。

2. 申请人登录商务部业务系统统一平台[3]，通过"技术进出口管理信息应用"提交申请，并向所在地省级商务主管部门提交《申请书》以及相关技术资料和说明材料、拟签约双方法律地位的证明文件等文件材料；审查所需要的技术资料及说明材料可能包括：

　·技术委托开发协议；

　·技术合作研发协议；

　·申请出口技术的完整使用说明书；

---

① 《办法》第3条。
② 图片来源：商务部网站，访问地址：http：//egov.mofcom.gov.cn/new140923/table/D18002zhinan.pdf。
③ 访问地址：https：//ecomp.mofcom.gov.cn。

·知识产权证明文件；

·主要技术指标图表；

·单位信息（注册、出口资质等）；

·保密审查批准书（属于国家秘密技术的限制出口技术，应提交《国际秘密技术出口保密审查批准书》办理出口申请）；

·若技术出口涉及相关资源出口的资源出口许可文件；

·完成技术审查所需的其他材料。

3. 商务主管部门收到技术出口申请后，会同科技主管部门进行审查，自收到申请之日起30个工作日内作出批准或者不批准的决定，对批准的发给《中华人民共和国技术出口许可意向书》（有效期为3年，以下简称《意向书》）。

4. 申请人取得《意向书》后，方可对外进行实质性谈判，签订技术出口合同。

5. 申请人签订技术出口合同后，应向省级商务主管部门提交下列文件申请办理《许可证》：

·技术出口合同副本及其附件（包括中文译本）；

·技术资料出口清单；

·签约双方法律地位的证明文件等。

6. 商务主管部门对技术出口合同的真实性进行审查，自收到相关文件之日起15个工作日内，对技术出口作出许可或者不许可的决定，如果准予许可，颁发《许可证》。

7. 技术出口合同自技术出口许可证颁发之日起生效。

（四）技术出口合同登记

我国对自由类技术实行事后合同登记管理。自由进出口技术合同自依法成立时生效，不以登记为合同生效的条件。技术进出口合同登记是技术进出口经营者依法应当履行的义务，申请人凭技术进出口合同登记证，办理外汇、银行、税务、海关等相关手续。①

除支付方式为提成的合同外，技术出口经营者应在合同生效后60日内办理合同登记手续。对于支付方式为提成的合同，技术出口经营者应在首次提成基准金额形成后60日内，履行合同登记手续，并在以后每次提成基准金额形成后，办理合同变更手续。

技术出口合同登记程序流程如下：②

1. 技术进出口经营者登录商务部业务系统统一平台，注册用户并添加"技术贸易管理信息应用"，选择新增合同进行合同登记信息填写。

---

① 《技术进出口工作指引》第11-12页。

② 不同地方商务主管部门的登记程序及材料要求可能有细微差异。此处参考《技术进出口工作指引》提供的操作流程。

2. 技术进出口经营者持下列文件到商务主管部门履行登记手续，或者通过在线提交有关电子版材料：

· 技术出口合同登记申请书；

· 技术出口合同副本（包括中文译本）；

· 签约双方法律地位的证明文件。

3. 申请文件不符合《条例》第三十七条规定要求或登记记录与合同内容不一致的，商务主管部门应当在收到申请文件的3个工作日内通知技术出口经营者补正、修改。

4. 商务主管部门在收到上述文件起3个工作日内，对合同登记内容进行核对，并向技术进出口经营者颁发《技术出口合同登记证》。

三、美国的出口管制合规要求

美国的出口管制主要包括对军品的出口管制和对两用物项的出口管制，二者分属不同的法律体系并且由不同的主管部门负责。由于美国实施对华武器禁运，对于中国主体而言，美国两用物项的出口管制制度更值得重视。本小节将主要介绍这方面的法律和实践。

（一）法律体系和主管部门

两用物项出口管制的法律依据主要包括《出口管制改革法》（ECRA）、《国际紧急状态经济权力法》（IEEPA）、《出口管理条例》（EAR）以及根据上述法律规定发布的命令、许可等，主管部门是美国商务部产业安全局（BIS）。

（二）受管辖的物项

美国出口管制法规所称的物项包括商品、技术和软件。从物项性质看，EAR 管辖除由美国国务院等其他部门管辖出口活动的物项或者被 EAR 第 734.3（b）节排除的物项之外的物项。据此，EAR 管辖的物项包括：完全民用物项、"两用物项"①，以及军用但不受《武器国际运输条例》管辖的物项。②

从物项来源看，受 EAR 管辖的物项可分为以下类型：③

（1）所有在美国境内的物项，包括经过美国转运的物项；

（2）所有美国原产物项（无论位于何地，已出口到外国的也不例外）；

（3）外国商品（如原产于中国或德国的商品，下同）集成了受管制的美国原产商品和/或

---

① 虽然"两用物项"一词常被用作 EAR 管辖物的简称，但实际上，EAR 管辖物项的范围不仅限于两用物项。

② EAR 第 734.3 节。

③ EAR 第 734.3 节。

"捆绑"（bundle）了受管制的美国原产软件，外国软件"掺和"（commingled）了受管制的美国原产软件，或者外国技术"掺和"了受管制的美国原产技术，且受管制美国成分（即假设该成分系从美国向前述外国商品/软件/技术的目的国出口，该出口须经美国商务部许可）的价值占比①超过了"微量比例"（具体比例依照 EAR 第 734.4 节而定）；

（4）利用美国原产技术或软件直接生产而来的某些外国商品（具体范围依照 EAR 第 734.9 节而定）；

（5）由利用美国原产技术或软件建设的、美国境外的工厂或其主要设备生产的某些外国商品（具体范围依照第 734.9 节而定）。

第（4）、（5）项统称"外国直接产品规则"。

就受管制的程度而言，受 EAR 管辖的物项可分为两大类：一是被列入《商务管制清单》的物项，二是没有被列入该清单的物项（这些物项被统称为 EAR99）。

（三）受管制的行为

受管制的行为包括受 EAR 管辖物项的出口、再出口、转让（境内）、视同出口和视同再出口活动，相关概念的定义如下：②

（1）出口：以任何方式将物项实际运输或转移到美国境外，包括通过任何方式将物项寄送或携带离开美国国境。

（2）再出口：以任何方式将物项从一个外国 A（如日本）实际转移到另一个外国 B（如中国）。

（3）转让（境内）：在同一外国（如中国）境内改变物项的最终用途或最终用户。

（4）视同出口：将技术或源代码"出示"或以其他方式转让给在美国境内的外国人，即在美国境内向同样位于美国境内的外籍人士（美国公民、拥有美国居留权或受保护的主体除外）传输、提供无形资产，包括技术、源代码、系统或任何其他受到 EAR 管辖的知识产权等。"提供"形式包括当面、通过电子形式传输、下载、上传，以及大学、科研机构、研发中心等组织进行的培训、教学等。

（5）视同再出口：在一个外国 A 境内将技术或源代码出示或以其他方式转让给另一外国 B 的国民，即美国管制物项从海外转移给第三国人士。

----

① 价值占比的计算方法：分子是指受管制的美国成分（如就零部件而言，指假如从美国直接出口到外国产品的出口目的国则需要申请出口许可的那些美国零部件）的公平市场价值（在非关联交易中，通常为外国产品制造商的实际采购价格）；分母是指外国产品的公平市场价值（在非关联交易中，通常是将外国产品销售给买方的实际价格）。

② EAR 第 734.13、734.14 和 734.16 节。

（四）管制清单和国别列表

1.《商务管制清单》（CCL）[①]

部分受 EAR 管辖的物项被列入 CCL，并被分配出口管制分类代码（ECCN）；受 EAR 管辖但没有被列入《商务管制清单》的物项，被统一归为 EAR99。

CCL 将物项分为 0 至 9 十类（Category），每类又分为 A 至 E 五组（Product Group），然后每类每组下再分为若干 ECCN 条目（Specific Entries）。其中，0 至 9 十类分别是：

⓪核材料设施与设备及杂项（即 600 系列）；

①特殊材料及其他设备、化学品、微生物、有毒物质；

②材料加工；

③电子；

④计算机；

⑤电信和信息安全；

⑥感应器和激光；

⑦导航和航空电子；

⑧海洋；

⑨航空和推进系统。

五个组别分别是：A 为设备、组件、零件，B 为测试、检查和生产设备，C 为材料，D 为软件，E 为技术。

具体条目是关于出口管控原因的编码，其中 000-009 为国家安全、100-199 为导弹技术、200-299 为核不扩散、300-399 为生化武器、500-599 为原属 ITAR 管制的卫星相关物项、600-699 为原 ITAR 管制的物项、900-999 为反恐、犯罪控制、地区稳定、短缺、联合国制裁等。

每个 ECCN 均由五位字节组成。以"3A002"为例，"3"是物项所属的类别即电子，"A"是物项所属的组别即设备、组件、零件，"002"则是具体条目，即该类该组下因国家安全原因而受管制的第二个 ECCN。

每个 ECCN 条目的内容分为四节，分别是：物项名称（Heading），许可证要求（License Requirements，其中含有具体管制原因，需要结合《商务国家列表》判断具体的一项出口活动是否需要申请许可），许可证例外（License Exceptions），以及对于该物项的进一步说明（List of Items Controlled，其中可能会将某一 ECCN 条目再细分为 a、b 等项）。

[①] EAR 第 744 部分补编 1。

1A001 "Parts" and "components" made from fluorinated compounds, as follows (see List of Items Controlled).

License Requirements

Reason for Control:　NS, AT

Control(s)	Country Chart (See Supp. No. 1 to part 738)
NS applies to entire entry	NS Column 2
AT applies to entire entry	AT Column 1

List Based License Exceptions (See Part 740 for a description of all license exceptions)

LVS:　$5000
GBS:　N/A

List of Items Controlled

Related Controls: (1) Items "specially designed" or modified for missiles or for items on the U.S. Munitions List are "subject to the ITAR" (see 22 CFR parts 120 through 130, including USML Category XXI). (2) See also 1C009.
Related Definitions: N/A
Items:

a.　Seals, gaskets, sealants or fuel bladders, "specially designed" for "aircraft" or aerospace use, made from more than 50% by weight of any of the materials controlled by 1C009.b or 1C009.c;

b. [Reserved]

图 9-3　《商务管制清单》节选（ECCN 1A001）

2. 《商务国家列表》①

《商务国家列表》的纵轴按照字母顺序列出所有国家或地区，横轴则列出管制原因（如国家安全 NS 包括 Column 1 和 Column 2 两类）。如果在纵轴和横轴交叉的单元格中出现"×"，则说明向该国或该地出口该物项需要向美国商务部申请出口许可（除非适用许可例外）。

------

① EAR 第 738 部分补编 1。

Commerce Country Chart

Reason for Control

Countries	Chemical & Biological Weapons			Nuclear Nonproliferation		National Security		Missile Tech	Regional Stability		Firearms Convention	Crime Control			Anti-Terrorism	
	CB 1	CB 2	CB 3	NP 1	NP 2	NS 1	NS 2	MT 1	RS 1	RS 2	FC 1	CC 1	CC 2	CC 3	AT 1	AT 2
Brunei	X	X		X		X	X	X	X	X		X		X		
Bulgaria³	X			X				X	X							
Burkina Faso	X	X		X		X	X	X	X	X		X				
Burma	X	X	X	X		X	X	X	X	X		X		X		
Burundi	X	X		X		X	X	X	X	X		X		X		
Cambodia	X	X		X		X	X	X	X	X		X	X			
Cameroon	X	X		X		X	X	X	X	X		X		X		
Canada	X										X					
Cape Verde	X	X		X		X	X	X	X	X		X				
Central African Republic	X	X		X		X	X	X	X	X		X		X		
Chad	X	X		X		X	X	X	X	X		X		X		
Chile	X	X		X		X	X	X	X	X	X	X		X		
China	X	X	X	X		X	X	X	X	X		X		X		

图 9-4　《商务国家列表》（节选）

（五）出口管制"黑名单"

1. 实体清单①

实体清单所列的是美国认为涉嫌参与违反美国国家安全或外交政策利益的活动或者构成正在参与或可能参与的重大风险的实体或个人。实体清单的列名决定和除名决定均由"最终用户审查委员会"（美国商务部为主席单位，美国国务院、国防部、能源部和财政部为成员单位）作出，对于列名决定须经过半数通过，对于除名决定则需全体一致通过。

各实体被列入实体清单的法律后果并非完全相同，就特定实体而言应当查阅将该实体列入实体清单的决定及实体清单内关于该实体的条目。多数情况下，向列入实体清单内的实体和个人出口、再出口或者转让（境内）所有受 EAR 管辖的物项（对于某些实体，仅针对部分受 EAR 管辖的物项）均需经过 BIS 事先许可，并采取"推定拒绝"的许可审查政策（对于某些实体，采取"逐案审查"的许可审查政策），且不享受许可例外（除非另有专门规定）。未经许可向该实体出口、再出口或转让（境内）受 EAR 管辖物项的，包括引诱、共谋或促成前述活动的，构成对 EAR 的违反，面临罚款甚至承担刑事责任等严重后果。

---

① EAR 第 744 部分补编 4。

2. 军事最终用户清单①

军事最终用户清单是 EAR 第 744.21 节所指的军事最终用户的非穷尽名单。军事最终用户，是指国家武装部队（陆军、海军、海军陆战队、空军或海岸警卫队），以及国民警卫队和国家警察、政府情报或侦察组织，或其行动或职能旨在支持"军事最终用途"②的任何人士或实体。

若出口经营者、再出口经营者或转让人"知道" EAR 第 744 部分补编 2（其中包括部分与电子产品、计算机、电信有关的产品）中的某一物项将被用于"军事最终用途"或"军事最终用户"，则其向中国及 EAR 第 44.21 节列明的其他国家出口、再出口或转让（境内）该物项必须获得许可，许可审查政策为推定拒绝。因此"军事最终用户"事实上难以采购第 744 部分补编 2 中的物项。

需要注意的是，军事最终用户清单并非穷尽式列举，未被列入该清单的人士如果符合前述对"军事最终用户"的定义，也将受到上段中所说的限制。不过，被加入该清单的实体失去了向供应商证明自己不属于"军事最终用户"的机会。

3. 拒绝人士清单③

拒绝人士即美国商务部对其颁布拒绝令（Denial Order）取消其全部或部分出口特权（Export Privileges）的实体或个人。被取消的出口特权范围应查阅相关拒绝令。对于被取消全部出口特权的实体或个人，其不得以任何方式参与受 EAR 管辖、从美国出口或拟出口的商品、软件和技术的任何交易。

4. 未核实清单④

被列入该名单的是美国商务部在此前的交易中无法完成最终用途核查的最终用户。被列入该名单的后果包括：向其出口或再出口不能适用许可例外，以及对于不需要出口许可证的物项也需要提交最终用户和最终用途声明等。

（六）十个"一般性禁止"

EAR 规定了以下十个"一般性禁止"（General Prohibitions）：⑤

1. 对于需要出口许可的物项（包括原产于他国的物项），除非获得许可或符合许可例外，

---

① EAR 第 744 部分补编 7。
② "军事最终用途"是指被集成入《美国军品清单》列举的军品；被集成入 ECCN 代码以"A018"结尾或 ECCN 代码为"600 系列"的物项；或者任何支持或有助于操作、安装、保养、维修、翻修、翻新、"开发"或者"生产"《美国军品清单》列出的军品、ECCN 代码以"A018"结尾或 ECCN 代码为"600 系列"的物项。
③ 见 BIS 网站，访问地址：https://www.bis.doc.gov/index.php/the-denied-persons-list，最后访问时间：2022 年 3 月 24 日。
④ EAR 第 744 部分补编 6。
⑤ EAR 第 736.2（b）节。

不得从美国出口；对于需要出口许可的美国原产物项，除非获得许可或符合许可例外，不得从其他国家转出口到第三国。

2. 对于含美国受管制成分超过规定比例的外国商品，如果该商品系美国原产商品则出口到最终目的国需要出口许可，则除非获得许可或符合许可例外，不得向该最终目的国出口该外国商品。

3. 用美国技术或软件直接生产而来的外国产品，或者由利用美国原产技术或软件直接建设的美国境外工厂或其主要设备生产的外国商品，如果符合后述条件，则除非获得许可或符合许可例外，不得出口到 D1、E1 或 E2 类国家：假如该外国商品原产于美国，其出口到前述国家因为国家安全原因需要申请出口许可；且从美国出口前述技术或软件需要出口许可且需要收货人提交"承诺函"才能出口。

4. 除非获得许可，不得从事违反美国商务部"拒绝令"的任何行为。

5. 除非获得许可，不得向被 EAR 第 744 部分禁止的最终用户（包括列入商务部实体名单的人士，依据第 12947 号、第 13224 号等行政令被指定的恐怖分子和外国恐怖组织、依据第 13382 号行政令被指定的大规模杀伤性武器扩散者及其支持者等）或最终用途（涉及核、导弹、生化武器等最终用途）出口或转出口任何物项。

6. 除非获得许可或者符合许可例外，不得向 EAR 第 746 部分下的禁运国或管制国出口或转出口美国原产物项。

7. 除非获得许可，美国人士不得为 EAR 第 744 部分所述的大规模杀伤性武器扩散活动提供融资、承包、服务、支持、运输、货运代理等协助。

8. 除非获得许可或符合许可例外，不得经由 EAR 第 736.2（b）（8）节列明的国家（包括朝鲜、俄罗斯、古巴等；不包括中国）转运物项。

9. 不得违反美国商务部的许可证、许可例外中规定的条件，不得违反美国商务部的命令。

10. 不得在知道某交易已经或将要违反美国出口管制的情况下从事或参与该交易，即不得在知道涉及某物项的交易已经、将要或意图违反 EAR、EAA[①] 或 EAR 和 EAA 下的命令、许可、许可例外的情况下，销售、转让、出口、再出口、提供融资、订购、购买、移动、隐藏、存储、使用、出借、处置、运输、转运该物项或对该物项提供其他服务。

（七）许可要求的确定

美国对两用物项出口实行以许可制度为基础的管制措施，以《商务管制清单》和《商务国家列表》、最终用户、最终用途和出口目的地为框架。其中，ECCN 物项需要经过《商务管

---

① 《出口管制法》，已失效。

制清单》和《商务国家列表》、最终用户、最终用途和出口目的地筛查才能确认适用的许可要求，而 EAR99 物项则只需要完成最终用户、最终用途和出口目的地筛查，而最终用户筛查的重要途径就是前述出口管制"黑名单"。许可要求的确定过程可以用图 9-5 的决策树来说明：

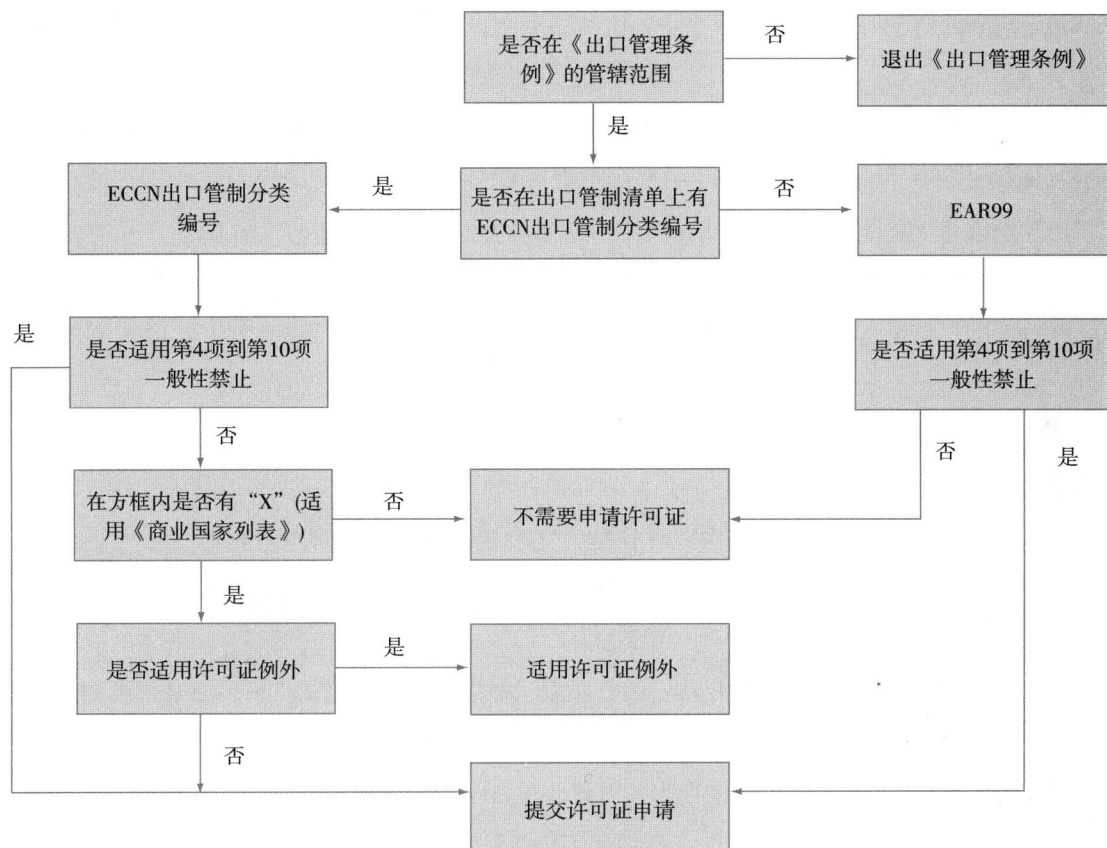

图 9-5　确定许可要求的决策树

更完整地来说，为遵守 EAR，企业应完成共计 29 个步骤。

遵守美国 EAR 的 29 个步骤

1. 确定是否受 EAR 管辖（第 1 至 6 个步骤）①

·第 1 步：确定美国政府的另一个部门是否对该物项（如国务院对防务产品或防务服务）拥有"专属管辖权"。如果其他部门拥有专属管辖权，则 EAR 以及 BIS 对该物项没有管辖权。

---

① EAR 第 732.2 节。

・第2步：确定该物项是否属于"公开可获得"① 的技术或软件。除某些加密软件外，公开可获得的技术或软件不属于 EAR 管辖。

・第3步：确定转出口的物项是否完全原产于美国。如果该物项完全原产于美国，则受到 EAR 管辖，无须进行下述第4至6步。如果该物项并非完全原产于美国，则进入第4至6步。

・第4步和第5步：确定外国产品中含有的受管制美国成分（原产于美国的零部件、软件或技术）是否超过了"微量比例"。

・第6步：确定外国产品是否落入"外国直接产品规则"的涵盖范围。

2. 确定是否适用"一般性禁止"（第7至19个步骤)②

如果经过第1至6步，确定某物项或某交易受 EAR 管辖，则需通过第7至19步判断其是否适用十个"一般性禁止"。

・第7至9步：基于 CCL 所列 ECCN 和《商务国家列表》判断该物项或交易是否需要申请许可。

・第10至11步：对含有美国成分且超过"微量比例"的外国产品或者符合"外国直接产品规则"的外国产品（见上述第4至6步），按照第7至10步进行 CCL 和《商务国家列表》筛查。

・第12步（对应一般性禁止4）：筛查买方、最终用户或其他交易相关方是否被 BIS 下达了"拒绝令"（被下达拒绝令的人士被统一列入"拒绝人士清单"）。禁止从事违反"拒绝令"的出口、转出口或其他行为，而且此项禁止不存在例外。

・第13步（对应一般性禁止5）：筛查交易是否涉及被禁止的最终用户和最终用途。

・第14步（对应一般性禁止6）：筛查出口目的国是否为禁运国。

・第15步（对应一般性禁止7）：筛查相关交易是否属于"美国人士"从事 EAR 第744部分下的与大规模杀伤性武器扩散相关的活动。"美国人士"包括美国公民、拥有美国永久居留权的人、依据美国法律组建的法人（及其外国分支机构）以及在美国境内的人。

・第16步（对应一般性禁止8）：筛查相关交易是否涉及经由被列明的国家转运物项。

・第17步（对应一般性禁止9）：筛查该交易是否涉及对美国商务部的许可证、许可例外中规定的条件或者商务部的命令的违反。

---

① "公开可获得"包括：（1）已经出版的信息，包括通过印刷或电子媒体发表或向公众提供，可以在公共或大学图书馆获得，在公开的会议上发表等；（2）从基础研究中产生的信息，但某些受美国政府资助的研究除外；（3）教材中的信息；及（4）已公开的专利申请中的信息。

② EAR 第732.3节。

·第 18 步（对应一般性禁止 10）："了解你的客户"，即审查该客户进行的交易是否可能违反 EAR。商务部就此发布了指引和若干"危险信号"（red flags）。在存在危险信号的情况下，应当对客户进行询问，以确保不存在违法或者规避法律的行为。如果不存在"危险信号"，则可以信赖客户的保证而与之进行交易；但不得故意"蒙着眼睛"（self-blinding），即故意地不向客户询问有可能产生"危险信号"的问题。客户出现在"未核实清单"属于"危险信号"之一。

·第 19 步：再次审查该交易是否违反十个一般性禁止。如果不涉及，则不需要进一步核实该交易是否适用许可例外即可确定该交易无须申请 BIS 的许可（但也需要遵守下述的存档要求）。

3. 确定该交易是否适用许可例外（第 20 至 26 个步骤）①

EAR 共规定了约 20 个例外，部分许可例外如下：

·小批量发货（LVS）例外：指对于某个 ECCN 对应的物项，如果一份订单上的该物项的实际销售价款或者该物项的美国国内售价（以二者中较高者为准）小于特定金额（如 5000 美元），则无须申请许可。为防止滥用该例外，同一收货人在同一个日历年度内就同一个 ECCN 的收货不得超过前述特定金额的 12 倍。例如，前文所举的 ECCN 1A001 物项就适用 LVS 例外。

·B 组②国家（GBS）例外：指对 B 组国家出口该物项无须申请许可。

·政府和国际组织（GOV）例外：该例外允许对国际原子能机构、欧洲原子能共同体的出口，对美国政府机构和人员的出口以及美国国防部的某些出口，对 A:1 组国家（北约国家）的出口等。

4. 遵守文书、存档等要求（第 27 至 29 个步骤）③

·第 27 步：提交出口申报文件（Shipper's Export Declaration）。该文件必须如实填写，包括最终客户、最终用途、是否符合许可例外的条件等，否则将承担违反 EAR 或关于虚假陈述的其他规定的法律责任。

·第 28 步：对于具有 ECCN 代码的物项，在提单、商业发票等文件上应当附上"出口管制声明"（Export Control Statement）。

·第 29 步：参与受 EAR 管辖的出口、转出口、转移的人士应当保存相关文件（包括交易文件、出口管制文件等）至少五年。

---

① EAR 第 732.4 节。
② 各国家（及部分地区）所在分组见 EAR 第 740 部分补编 1《国家分组列表》，目前中国（包括内地及港澳地区）被列入 D:1、D:3、D:4、D:5 组。
③ EAR 第 732.5 节。

（八）违法后果

违反美国出口管制的法律责任包括民事处罚和刑事处罚。

就民事处罚而言，EAR 实行严格责任，即使在非明知的情况下违反 EAR 本身或者商务部的命令、许可条件等也将承担法律责任。民事处罚措施包括：

1. 罚款：对每一次违反，处以不超过 30 万美元①和交易金额两倍的罚款（以二者中较高者为准）；

2. "拒绝出口特权"（即"拒绝令"），即禁止被列名的人士从事出口或转出口活动，或者禁止被列名的人士获得受 EAR 管辖的物项；

3. 禁止律师、会计师、顾问、货运代理或者其他协助企业向 BIS 办理许可申请或其他事务的人继续在 BIS 办理许可申请或其他事务；

4. 扣押和罚没正在或意图从美国违法出口的物项等。

就刑事处罚而言，IEEPA 第 5（c）节规定，故意实施、故意试图实施、故意共谋实施或者帮助或教唆实施违法行为的，将被处以不超过 100 万美元的罚金，如果是自然人的话将被处以不超过 20 年的监禁，或者二者并处。② 此外，还可依据关于走私、虚假陈述、共谋、邮件和电汇欺诈、洗钱的刑事法律追究相应的刑事责任。

第二节　出口管制合规措施③

一、出口管制合规体系的建立和实施

为遵守出口管制法律法规，并防控与出口管制有关的风险，企业需要建立并实施出口管制合规体系。有效的出口管制合规体系可以在很大程度上防止违法违规行为的发生从而避免处罚，有利于在发生违法违规行为后及时采取补救措施并争取有关主管部门或执法机构的从轻、减轻处罚，有利于企业取得享受通用许可等便利措施的资格，也有助于满足上游供应商、下游客户和其他商业伙伴的要求、提升企业的合规信誉。

以下企事业单位均有必要结合实际情况建立出口管制合规体系：（1）两用物项的出口经营者；（2）在商务部申办《最终用户和最终用途说明》的经营者；（3）从事商用密码产品、易制毒化学品进出口的经营者；（4）为两用物项出口提供代理、货运、寄递、报关、第三方电子商务交易平台和金融等服务的经营者；（5）从事两用物项研发、生产等业务的企业、科研院所。

下文将首先介绍出口管制合规体系的基本要素，随后介绍两项重要的合规措施即物项归类

----

① 每年按照通货膨胀率进行调整。
② 罚金的具体数额将根据美国法典第 18 U.S.C.3571 节确定。
③ 本节部分措施涉及经济制裁，有关中国、美国经济制裁制度的介绍见本书第五章"海外投资并购合规"相关内容。

和黑名单筛查，最后介绍在销售等交易活动中如何开展与出口管制有关的尽职调查以及在交易文件中拟订相关的合规条款。

（一）出口管制合规体系的基本要素

《出口管制法》中有两个条款涉及出口管制合规体系。第五条规定，国家出口管制管理部门"引导出口经营者建立健全出口管制内部合规制度，规范经营"；第十四条规定，对于"建立出口管制内部合规制度，且运行情况良好的"出口经营者，国家出口管制管理部门可以对其出口有关管制物项给予通用许可等便利措施。有关行政法规和规章中也对建立出口管制"内部控制机制"作出了规定。① 根据这些规定，中国商务部于2021年4月28日发布了《关于两用物项出口经营者建立出口管制内部合规机制的指导意见》（以下简称《指导意见》），就企业建立两用物项出口管制内部合规机制的指导思想、基本原则、基本要素、促进措施等提出了意见，并以附件形式发布了长达37页的《两用物项出口管制内部合规指南》（以下简称《指南》），对出口管制内部合规机制的九个基本要素逐一提供详细指引。《指导意见》提出，建立出口管制内部机制应当遵循合法性、独立性和实效性三项基本原则，而良好的出口管制内部合规制度包括九个基本要素：一是拟定政策声明，二是建立组织机构，三是全面风险评估，四是确立审查程序，五是制定应急措施，六是开展教育培训，七是完善合规审计，八是保留档案资料，九是编制管理手册。

美国商务部产业安全局也发布了《出口合规指南》，提出良好的出口管制合规计划应当包括八个要素，分别是：管理层承诺、风险评估、出口授权、保存档案、培训、审计、违规处理和补救、编制合规手册。除了没有将建立组织机构单列为一个要素外，美国《出口合规指南》提出的基本要素与《指导意见》提出的基本要素是一致的。

相关企业应当基于自身业务情况和风险状况，统筹考虑主管部门对于出口管制合规机制的要求，建立本企业的出口管制合规体系。下文主要以《指导意见》和《指南》的要求为例，对出口管制合规体系的基本要素予以说明。

1. 拟定政策声明

企业拟定并发布由最高管理者或主要负责人签署的承诺性书面声明，申明经营者将严格执行国家出口管制法律法规以及高级管理层对内部合规机制的支持态度，以体现合法性原则。政策声明对内应做到全员知晓，对外起到宣传作用。此外，这份声明还可以体现企业为此构建的工作原则、规则体系、组织权限、覆盖范围等内容。

政策声明一般应包括如下内容：

· 阐明出口管制合规的基本目的和重要意义；

---

① 《核两用品及相关技术出口管制条例》第18条规定："出口经营者应当建立、健全核两用品及相关技术出口的内部控制机制，并妥善保存有关合同、发票、单据、业务函电等资料，保存期限不少于5年。商务部可以查阅、复制相关资料。"《两用物项和技术出口通用许可管理办法》第7、8、14、18条对通用许可经营者建立和执行内部控制机制作出了规定。

·承诺遵守出口管制相关法律法规；

·承诺任何情况下都不会从事违反出口管制相关法律法规的商业活动；

·明确表示对出口管制合规的支持；

·承诺在商业活动前，对出口管制风险进行评估审查；

·强调员工熟悉出口管制相关规定并认真遵守的重要性，并要求员工遵守出口管制相关法律法规，任何情况下不得违规出口；

·列明违反出口管制相关法律法规的风险和可能受到的处罚；

·提供企业出口管制合规联系人及联系方式。

2. 建立组织机构

设立出口管制内部合规机制的组织机构，明确主管部门和人员职责。建立组织机构应考虑：组织体系的设置、机构的职能、出口管制专（兼）职人员岗位职责、权限及联系方式等。建立组织机构应体现独立性原则，授权专责人员对任何有异议的出口相关行为发出禁令或征询政府主管部门的意见。同时应避免仅由单人负责审查和判断某些复杂交易是否合规，以确保经营者对所有出口相关行为的有效监控。

建议企业按照"强化责任、客观独立、充分授权、合规优先"的原则，建立由决策层支持、出口管制合规部门牵头负责、各业务单位具体落实合规工作相结合的，全方位、多层次合规管理组织构架，示例如下：

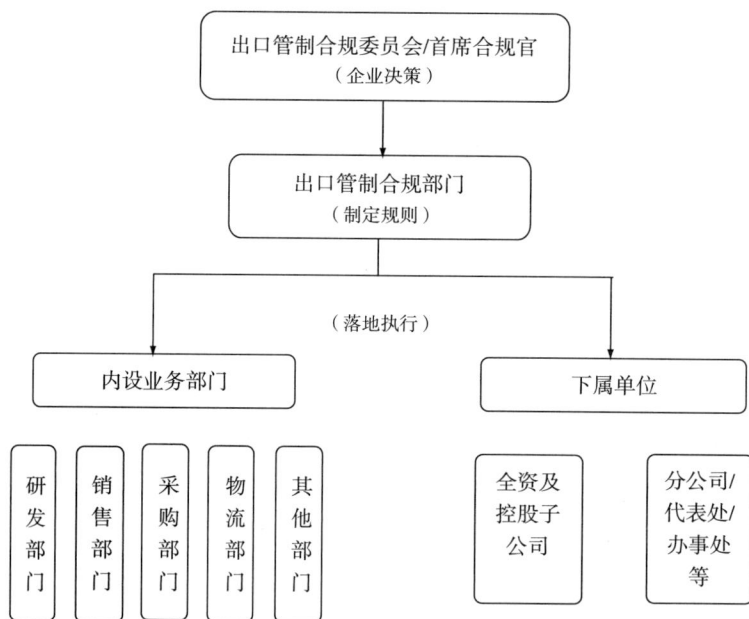

图 9-6　出口管制合规管理组织构架①

---

① 来源：《指南》。

3. 全面风险评估

企业根据自身组织规模、所处行业、经营方式等情况，对可能面临的出口管制合规风险进行全面评估，识别易发生违规风险的业务环节，根据风险等级匹配合规资源和审查内容，力求严谨缜密。评估内容主要包括：经营物项情况、客户情况、技术与研发情况、出口国家和地区情况、内部运作情况、第三方合作伙伴情况、风险防范措施等各方面。经营者可根据风险评估的结果有针对性地建立和更新适合自身特点的出口管制内部合规机制和相关组织管理体系，梳理分析可采取的风险防范措施。在风险评估中若有疑问，应及时向国家出口管制管理部门或外部专业机构咨询。

表 9-3　可能识别出的风险及可采取的风险防控措施示例①

评估内容	可能存在的风险点示例	可采取的措施
经营物项情况	经营物项情况不明	建立本单位管制物项数据库。
	难以确定是否需申请出口许可证	及时向国家出口管制管理部门咨询。
	出口产品可能含有管制物项或技术	申请许可证。在某些情况下，可修改设计以避免使用敏感物项。
客户情况	未知最终用户	搭建订单自动筛查系统，购买相关数据库。
	未知最终用途	向客户了解最终用途，要求客户签署最终用途声明。
技术与研发情况	受管制的技术较多，存在"视同出口"风险	建立相关技术管理制度。
内部运作情况	合规部门与业务部门合作不畅	强化决策层对合规部门的支持。
第三方合作伙伴情况	相关交易方（供货商、客户等）、第三方合作伙伴合规意识薄弱	适当向对方传达本单位出口管制内部合规管理制度，明确相关合规要求。

4. 确立审查程序

审查程序应当覆盖可能存在风险的各个环节和各种类型交易，在出口/销售、采购、研发、物流、承包工程、投资并购、财务、人力资源等各环节和各部门实行合规控制，通过制度、程序和流程，杜绝出口管制违规行为的发生。

以出口/销售为例，应在以下四个环节进行审查：

（1）签约前审查环节。该环节开始于接触交易之初，即客户提出交易需求时。企业需对物项、最终用户、最终用途、运输路径等进行综合评估。审查要点主要包括：经营的物项是否

---

① 基于《指南》中提供的示例制作。

为国家出口管制清单控制物项；经营行为是否符合国家出口管制法律法规；最终用户所在国是否为受联合国制裁国家或其他敏感国家；最终用户和最终用途是否存在风险；最终用途是否具备合理性；客户的支付方式是否符合一般的商务习惯；出口运输路线是否合理等。审查人员应在能力范围内尽可能获取上述信息，并综合分析以上审查结果，审慎提出"批准交易"、"取消交易"或"暂停交易"的意见；如交易情况过于复杂，可逐级上报至出口管制合规部门或出口管制合规委员会做出相关决定。

（2）签订合同环节。在合同中设置出口管制合规相关条款，约束交易方遵守出口管制相关法律法规，以减少或排除出口管制相关风险。

（3）申请许可证环节。企业签订合同后，如交易涉及管制物项，或企业知道相关物项可能存在《出口管制法》第十二条所规定风险的，需要按法律法规相关规定向国家出口管制管理部门提交相应材料，并申请出口许可证；获得相应的出口许可证前，不能出口发货。

（4）履行合同环节。在履行合同环节，需要再次筛查该交易各参与方相关情况，防止因禁止或限制交易名单变动引发的违规风险。发货前需确认之前各审查环节是否完备、审查货运人情况、核对许可证以及装运文件是否与交付货物一致等。在收付款以及提供售后服务、维修、保养等过程中，一旦发现出口管制物项的最终用户、最终用途、安装地点等可能发生变动，应按照《出口管制法》第十六条要求，立即报告国家出口管制管理部门。

为便于落地实施，企业可起草符合本企业情况的书面出口审查流程图，建立"批准交易"、"取消交易"和"暂停交易"的标准，并就已经暂停并等待深入调查的交易是否可以"继续推进"设置条件。有条件的企业可通过搭建信息系统、购买相关数据库等信息手段便利风险筛查，并定期/不定期进行人工抽查及复核。

5. 制定应急措施（违规处理和补救）

企业应当鼓励员工提高风险意识，设置内部举报途径和可疑事项调查流程，要求员工在发现可疑订单、可疑客户或可疑行为后及时向出口管制内部合规部门举报，由其开展调查并作出最后决定。

企业应当为员工、客户、第三方等举报人提供安全的、不受限制的举报途径，也可利用现有举报途径，如举报箱、电话、电子邮件、信访等。允许举报人匿名举报，并保证举报完全保密。对举报人的身份和举报事项严格保密，不得擅自对外泄露。

发现出口物项应申请出口许可但未申请等行为的，或最终用户和最终用途发生改变或与合同不符等情形的，应采取紧急补救措施，包括但不限于中止合同、停止发货、追回在途货物、完善内部合规制度等，并及时向政府部门报告。

企业可结合内部规章，要求从事相关业务的员工承担出口管制的责任，对积极参与合规管理工作的员工给予奖励，并对违反合规规定和管理政策的员工按照公司员工守则等内部规定给予严厉惩戒，必要时可辞退。

6. 开展教育培训

企业结合实际制订定期或不定期培训计划，采取多种培训形式，实现全员培训，将出口管制培训列为员工绩效考核的指标。

培训应当区分一般员工、重点业务部门和岗位员工、合规管理部门员工，设计不同的培训内容。例如，对于生产研发、采购、销售等与出口管制密切相关的业务部门，除针对一般员工的培训内容外，增加出口管制合规审查流程、最终用户和最终用途审查重点、相关信息系统/筛查工具操作方法、发现违规问题后的报告与处理程序等培训内容。

企业可通过不定期抽查或现场考试等形式加大培训督查力度，并考虑是否将参加过出口管制合规培训以及相关抽查、考试成绩纳入员工年度考核内容，避免培训流于形式。

7. 完善合规审计

企业定期对出口管制内部合规机制的合理性、可行性、有效性等进行审计，评估具体业务流程合规操作的规范性。审计报告应反映内部合规机制运行状况以及整改方向。合规审计可以由企业内部专人进行，也可以聘请外部第三方机构进行。审计内容主要包括各项两用物项交易过程中是否遵循了审查流程、组织机构运行是否顺畅、可疑事项调查是否有效以及合规事务是否出现需要改进的地方等。

审计包括整体审计和针对特定部门或特定环节的专项审计。审计流程一般分为以下步骤：(1) 确定要接受审计的业务部门和人员；(2) 准备审计模板，如访谈问题、交易审计核对表等；(3) 收集各业务部门的书面材料；(4) 与业务部门各级人员访谈；(5) 仔细研究书面材料、访谈情况和实际业务开展情况，查找违规问题；(6) 撰写审计报告，报告中需体现实际执行情况与相关要求的偏离度，深入分析问题产生的原因，提出整改建议；(7) 向被审计的业务部门反馈审计结果和整改建议；(8) 向管理层汇报审计结果和建议；(9) 组织落实整改，并持续跟踪。

8. 保留资料档案

企业需要完整、准确保留与出口管制相关的文件，明确各部门的存档职责，采用适当存档方式（纸质文件或电子文件），并规定存档期限（一般为五年以上）。

需要归档的文件通常包括：

·出口产品规格；

·商业交易相关文件（如询盘相关记录、订货表格、合同、发票、提单、货运单、转账记录等）；

·与相关政府部门沟通情况；

·客户筛查记录及往来记录；

·最终用户和最终用途证明文件；

·许可申请文件；

·许可审批文件；

·出口项目执行情况；

·涉及出口管制的规章制度、会议纪要、会议决议、管理文件；

·曾发现的违规问题及处理措施；

·培训记录和材料；

·审计报告书；

·国外分包商、客户等来访的记录等。

9. 编制管理手册

管理手册应涵盖前述八项基本要素的内容，普及国家出口管制法律法规和合规制度，使员工能够通过手册及时了解并有效执行。管理手册宜由各相关部门派员共同参与编写，以增强手册的实操性；可采用纸质或电子版本，确保所有员工或者与出口管制有关的员工均可容易获得；并应根据出口管制法律法规、外部形势和企业面临的出口管制合规要求的变化，及时进行更新。

管理手册涵盖的内容包括但不限于：

·主要负责人签署的政策声明；

·出口管制法律法规概要；

·企业的出口管制合规政策和制度；

·出口管制合规组织机构及相关职责；

·企业出口管制合规专（兼）职人员名单及联系方式；

·本企业经营或可能经营的管制物项的识别和筛查制度，包括虽不属于管制物项，但可能存在《出口管制法》第十二条所列风险的相关物项；

·全面风险评估的主要内容及风险评估结果；

·出口审查流程及审查重点；

·违规行为的报告和处理程序；

·相关培训资料；

·国家出口管制管理部门、省级负责出口管制有关工作的部门联系方式等。

（二）出口管制合规措施一：物项归类

物项归类是出口管制合规的基础性工作。只有明确了企业经营中涉及的商品、技术和软件是否受到出口管制以及受到何种程度的出口管制，企业才能采取相应的内部控制措施。

1. 中国法下的物项归类

就中国出口管制和技术出口管理而言，物项归类主要依据相关出口管制清单、《两用物项目录》以及适用于技术出口的《禁限技术目录》进行。

对于核和两用物项，企业可以根据所涉商品、技术和软件的不同类型，分别查阅核、核两用品、生物两用品、监控化学品、有关化学品、导弹及相关物项等出口管制清单，也可以直接查阅将出口管制清单和临时管制物项整合在一起的《两用物项目录》。《两用物项目录》给大部分受管制的商品列明了海关税号，为企业确定自身经营所涉及的物项是否受出口管制提供了便利。但需要注意的是：（1）海关税号具有指示性价值但不具有决定性意义，这除了因为软件和技术以及部分商品未列明海关税号，还因为同一海关税号下的部分商品可能并不受到管制，具有决定性的仍然是对管制物项的描述；（2）《两用物项目录》所列物项和技术及其商品名称和描述如果与相关出口管制清单中的名称和描述不一致的，应以后者为准；（3）相关出口管制清单除了列出受管制的物项名称及其描述，还含有对于确定受管制物项的范围具有重要意义的说明性文字，例如《核两用品及相关技术出口管制清单》的第一部分就包括"总说明""技术控制""关于软件的说明""定义""术语解释""单位"等几节内容，应予以留意。因此，企业可以先查阅《两用物项目录》得出初步意见，然后再查阅相关的管制清单进行确认。此外，商务部设立的"中国出口管制信息网"开通了两用物项查询功能，企业可以通过输入关键词进行查询。①

在查阅管制清单和《两用物项目录》中对管制物项描述时，应特别留意其中对用途、技术规格的描述以及反向排除，以确定受管制物项的范围：（1）一部分物项在名称或描述上对用途做了专门限定，即仅限于"专门设计"或"专门制造"的某些物项才受到出口管制，如并非所有的蒸汽发生器都受到出口管制，而仅是"专门设计或制造用于上述核反应堆内生成的热量（一回路侧）输送到进水（二回路侧）以产生蒸汽"的蒸汽发生器受到出口管制。（2）一部分物项在描述中对技术规格进行了限定，如受出口管制的密码机（密码卡）是指"以实现密码运算为主要功能的设备（包括密码卡），且具有以下两种特征：①含有64位以上密钥长度的对称密码算法、768位以上密钥长度的基于整数因子分解的非对称密码算法或128位以上密钥长度基于椭圆曲线的非对称密码算法；②对称密码算法加解密速率10Gbps以上或非对称密码算法签名速率50000次/秒以上"。（3）一部分物项的描述通过"不包括"等表述反向排除了不受管制的范围，如受出口管制的超导螺线电磁体"不包括专门为医用核磁共振成像系统（NMR）设计并作为该系统部件出口的磁体"。

----

① 商务部"中国出口管制信息网"，访问地址：http：//exportcontrol. mofcom. gov. cn/wxcxList. shtml？columnID＝8&num＝1，最后访问时间：2022年3月28日。

对于本企业研发、制造的商品、技术和软件，通常由企业的研发等部门进行物项归类。对于采购的其他企业生产的商品、软件、技术，可以由采购等部门要求生产企业告知物项归类结果。企业合规管理部门应当对物项归类结果进行汇总，供销售等业务部门随时查阅。如企业无法确定有关商品、技术、软件是否属于管制物项，可以向商务部等国家出口管制管理部门提出咨询。[①]

就《禁限技术目录》而言，相关企业需对照技术名称和控制要点，基于相关表述的通常含义及行业知识，自行判断本企业所涉的技术是否属于目录中某个技术条目下的技术。在必要时，企业可以向所在地的省级商务主管部门或商务部进行咨询。

为有效开展归类工作，企业合规管理部门应会同研发、采购等部门制定物项归类流程，拟订相应的物项归类表单，并建立和维护物项归类数据库。

2. 美国法下的物项归类

对于美国出口管制，中国境内企业既要确定经营活动涉及的物项是否受 EAR 管辖，也要确定该等物项的 ECCN。

对于从外部采购的商品、软件和技术，建议由采购等部门要求供应商确认该物项是否受 EAR 管辖并告知该物项的 ECCN。其中，对于从美国进口的物项，均受 EAR 管辖，且美国供应商通常能够提供 ECCN 归类信息；而对于从第三国进口以及在中国境内采购的物项，如果直接供应商无法提供前述信息的，应要求其向更上游的供应商索取有关信息。

对于本企业研发、制造的商品、软件和技术，由合规管理、研发、采购等部门共同确认是否受 EAR 管辖并确定 ECCN。在确定是否受 EAR 管辖时，应分别根据"微量比例规则"和"外国直接产品规则"进行判断，合规管理部门应就此制定判定流程和方法。就"微量比例规则"而言，需要由采购等部门向供应商收集本企业生产商品中集成的美国原产零部件和软件的 ECCN，本企业开发软件中集成的美国原产软件的 ECCN，本企业开发技术中集成的美国原产技术的 ECCN，以及前述美国原产零部件、软件和技术的采购价格等信息。需要注意的是，当本企业产品的出口目的国发生变化时，"微量比例规则"下作为分子的美国受管制成分也可能发生变化，因此就同一产品而言，需要针对不同的出口目的国分别计算微量比例。为避免由此产生的烦琐，有的企业在确定分子时将本企业产品中含有的全部美国成分均计算在内。就"外国直接产品规则"而言，需要由采购等部门向供应商收集本企业商品、软件生产、开发过程中使用的美国原产技术或软件的 ECCN 等信息。

确定本企业商品、软件和技术的 ECCN 应对照美国《商务管制清单》进行，通常同时采取

---

① 《出口管制法》第 12 条第 4 款："出口经营者无法确定拟出口的货物、技术和服务是否属于本法规定的管制物项，向国家出口管制管理部门提出咨询的，国家出口管制管理部门应当及时答复。"

两种归类方法：一是先判断物项所属的类别和组别，然后逐一审阅美国《商务管制清单》内该组别的所有 ECCN，以确定物项是否属于某个 ECCN；二是基于物项的具体情况确定若干关键词，在美国《商务管制清单》或其索引（CCL index）中进行检索。在企业自身无法完成归类或归类不明时，应寻求专业机构的帮助，或者向 BIS 提出"归类申请"（classification request），请 BIS 做出正式的归类裁定。

为有效开展归类工作，企业合规管理部门应会同研发、采购等部门制定物项归类流程，拟订相应的物项归类表单，并建立和维护物项归类数据库。

（三）出口管制合规措施二：黑名单筛查

1. 筛查方式

如前所述，《出口管制法》《反外国制裁法》等法律法规设立了管控名单、反制清单、不可靠实体清单等限制性清单。企业在开展交易活动之前需要筛查交易相对方及其他参与方是否被列入前述清单。截至 2022 年 2 月底，管控名单和不可靠实体清单尚未公布，反制清单尚未以清单形式公布但已经有外国个人、企业和其他组织被采取反制措施。企业应当密切关注外交部、商务部等政府部门的官方网站，收集、汇总相关信息。

美国商务部目前设立了四份出口管制黑名单，美国财政部目前设立了七份经济制裁黑名单，美国国务院还设立了"防扩散制裁名单"等制裁名单。企业可以通过美国商务部 BIS、财政部 OFAC 等官方网站查询前述名单，还可以通过美国商务部国际贸易署（ITA）建立的综合筛查工具①进行筛查。

有一些中介机构提供各类制裁名单的查询服务。相比政府官方网站，这些中介机构的制裁名单数据库的一个优势是将联合国和主要国家和地区的制裁名单整合到一起，可以一次性查询；另一个突出优势是既能查询企业本身是否受到管制和制裁，还能查询企业的母公司和实际控制人是否受到管制和制裁。鉴于美国对 SDN 名单等制裁名单实行"50%规则"（欧盟、英国也有类似规则），我国《反外国制裁法》也有相关规定，有条件的企业可以考虑购买此类查询服务。

官方筛查工具和购买查询服务通常一次只能支持对单个实体的筛查（某些中介机构的数据库可以一次查询数个实体），而不能实现批量的、自动化筛查。大型企业（尤其是银行）的合作方（包括客户、供应商、服务商等）可能成千上万，如果只依靠合规人员逐一查询，不仅耗费大量时间和成本，而且难以适应制裁名单的频繁更新。因此，银行等大型企业已陆续搭建

---

① 综合筛查名单，载美国商务部国际贸易署网站，访问地址：https://www.trade.gov/data-visualization/csl-search，最后访问时间：2022 年 3 月 28 日。

自动化的黑名单筛查系统，将制裁名单数据（不论是从官方网站下载还是从中介机构购买）进行本地化部署，并接入企业的销售、供应商管理、财务管理等业务系统。搭建自动化筛查系统后，业务人员在业务系统上办理有关业务的同时即完成制裁名单的筛查，而且可以定期对全部存量合作方进行筛查。

2. 筛查流程

有效的筛查包括三个步骤：一是输入完整和准确的信息；二是确定何种情况属于命中的逻辑；三是如何评估潜在的制裁违规。

无论采取何种筛查方式，有效的筛查均以录入完整和准确的信息为前提，因此离不开充分的尽职调查。在导入新客户、供应商或其他合作伙伴时，应当获得、核实和录入名称、别名、地址、出生日期、护照号码、商业登记号码、注册国家、邮箱、网站、IP 地址等信息。此外，为最大限度地避免违规，可能还需要了解客户的客户、供应商的供应商。

对合作伙伴进行名称筛查后可能出现"错误的命中"和"错误的未命中"。对于前者，即合作方与制裁名单中的某一主体名称相同或相似时，可以通过核对出生日期、地址、护照号码等方式进行确认或排除。相对而言，后者更为危险，因为其可能仅仅是因为制裁名单中的部分信息不准确或者企业收集、录入的信息不准确，从而导致违规行为发生。例如，在亚马逊公司案中，亚马逊公司的筛查系统未能筛查出 Krimea（Crimea 的变体），导致亚马逊公司向 OFAC 认缴 13.5 万美元罚款；[①] 在苹果公司案中，苹果公司的筛查软件未能识别一个 AAP 开发者 SIS DOO 为 SDN（SDN 名单上为 SIS d. o. o.），导致苹果公司向 OFAC 认缴了 46.7 万美元罚款。[②] 为此，应引入模糊匹配功能。不过，模糊查询应当适度，即设定适当的匹配规则和匹配率，否则"错误的命中"过多，将给人工复核带来过重的负担。

最后是人工复核。复核后确实属于"错误的命中"的，可以加入白名单，但只要制裁名单发生变化，白名单就需要复核。复核后确实命中的，应当依照有关出口管制和制裁法律要求、基于交易具体情况决定取消交易、暂停交易或继续交易。

3. 对筛查机制的测试和审计

判断筛查机制是否有效，可以从以下几个方面着手：（1）筛查机制是否符合公司的风险评估结果。例如，如果公司的出口管制合规风险较低，则利用官方搜索引擎进行筛查可能就已足够。（2）对筛查过程中的尽调情况进行审查，即用于筛查的特定数据或字段是否完整和准确。（3）测试筛查软件配置（如模糊匹配）和筛查结果的有效性，如用相同的关键词同时在

---

① 亚马逊公司案，载 OFAC 网站，访问地址：https://home.treasury.gov/system/files/126/20200708_amazon_0.pdf，最后访问时间：2022 年 3 月 28 日。

② 苹果公司案，载 OFAC 网站，访问地址：https://home.treasury.gov/system/files/126/20191125_apple.pdf，最后访问时间：2022 年 3 月 28 日。

筛查软件以及官方搜索引擎上检索，将检索结果进行比较分析。（4）在有外包的情况下，如由第三方提供支持名单库或者由第三方进行筛查等，检查外包工作成果的可靠性。

（四）合规条款

为防控出口管制合规风险，越来越多的企业在各类交易文件中加入了与出口管制有关的条款，或者要求相对方签署单独的出口管制合规承诺。

根据交易的风险状况以及各方的谈判地位，交易文件中可以纳入以下条款以防控出口管制合规风险：

·一般性的陈述和承诺条款，大意为：无过往违规行为以及至今未被列入出口管制名单或不处于受制裁国家（经常加上"尽其所知"等限定词），未来将持续遵守适用的出口管制规定，以及与出口管制有关的情况发生变化后的通知义务；

·增强的陈述和承诺条款，大意为：母公司和实际控制人、下属企业、员工至今未被列入出口管制名单或不处于受制裁国家，以及与出口管制有关的情况发生变化后的通知义务；

·合规审计条款，大意为：一方有权对另一方遵守出口管制的情况进行审计，另一方应予以配合；

·采取补救措施条款，大意为：如果有关国家的出口管制措施阻碍合同履行，有关当事人应尽力采取申请出口许可证、通用许可或者采取其他可行措施履行合同；

·解约条款，大意为：如对方被列入出口管制名单、违反出口管制规定，或者与对方交易将导致本方违法或受制裁，则本方可以解除合同或者中止履行，且不承担任何责任；

·赔偿损失条款，大意为：如对方被列入出口管制名单、违反出口管制规定而给本方造成损失的，对方应负赔偿责任。

某些行业还形成了较为成熟的制裁合规条款。例如，保险公司往往会在保单中加入制裁排除条款，大意是：如果提供某一保险、支付某一索赔或提供某一利益将违反联合国或有关国家的任何制裁或者使（再）保险人遭受任何制裁，则（再）保险人不应被视为提供该保险，也没有责任支付本保单下的任何索赔或提供任何利益。

需要注意的是，出口管制合规条款不能取代应当进行的尽职调查。例如，在签约前已知的制裁风险，一般不能被制裁排除条款所排除。此外，合规条款应当遵守《反外国制裁法》等法律法规的规定，要求当事人执行或配合执行《反外国制裁法》下的外国单边制裁的条款可能被认定无效。

二、出口管制突发事件应对

近年来，中国企业及其高级管理人员被美国商务部、财政部加入出口管制和经济制裁名单的事件屡屡发生，给相关企业的经营乃至生存造成严重影响。还有一些中国企业被美国当局处以巨额罚款，企业高管或员工被逮捕或要求引渡。本节将依次介绍中国企业如何应对美国出口管制黑名单、经济制裁黑名单以及美国当局的执法调查。

需要说明的是，中国境内企业采取任何应对措施均应遵守中国法律法规。例如，向境外执法机构提供数据和信息应当遵守《出口管制法》第三十二条、《数据安全法》第三十六条、《国际刑事司法协助法》第四条的要求；针对被列入"实体清单"、SDN 名单等黑名单的企业采取风险控制措施时不得违反《反外国制裁法》《阻断办法》等法律法规的要求等。

（一）美国出口管制黑名单应对

美国商务部的出口管制黑名单包括实体清单、拒绝人士清单、军事最终用户清单和未核实清单。被列入这四种清单的后果不尽相同。下文以法律后果较严重（仅次于拒绝人士清单）同时又被美国商务部频繁加诸于中国企业的实体清单内为例，从被列入美国"实体清单"的企业、该企业的关联企业以及与该企业开展合作的其他企业三个角度探讨应对措施。

1. 被列入美国"实体清单"的企业

已经被列入美国"实体清单"的企业，如果其依赖美国的设备、零部件、软件或技术，则其将面临供应链断裂风险，以及由于无法履行已签订的协议而对下游客户承担违约责任的风险。某些金融机构甚至会拒绝为该企业提供金融服务，导致企业支付和收款路径以及获得贷款等受阻。

被列入美国"实体清单"的企业可以采取以下应对措施：

（1）向客户、美国以外的供应商以及其他合作伙伴（如银行）准确解释本实体被列入美国"实体清单"的法律后果。如系上市公司，应及时、准确地发布公告。可在必要时出具关于交易合规性的声明或承诺，以争取不受被列入美国"实体清单"影响的其他合作继续顺利开展。确有必要时，依据相关合同中的条款通过诉讼、仲裁等方式处理与客户、供应商及其他合作伙伴之间可能因被列入美国"实体清单"而产生的商业纠纷。

（2）对本实体的现有产品进行物料分析，并梳理生产经营所用到的软件、技术，以筛查有哪些元器件、软件或技术为美国原产物项或者因为"微量比例规则"或"外国直接产品规则"而属于受 EAR 管辖的物项，在此基础上从国内或第三国寻找替代供应；而在研发新产品时应当尽量采用不受 EAR 管辖的物项作为元器件。

（3）与 BIS 及"最终用户审查委员会"的其他成员单位进行沟通，申请从美国"实体清单"移出①，寻求"临时性通用许可"（Temporary General License）、修改许可要求适用的物项范围

---

① 移出实体清单的程序介绍见后文。

（如将 EAR99 排除在外）、修改许可审查政策（如将"推定拒绝"改为"逐案审查"）等其他救济，或者推动和配合美国供应商积极申请出口许可，以尽力恢复受 EAR 管辖物项的供应。

（4）建立全面、有效的出口合规体系，并在研发、设计、采购、生产、销售、物流等全流程贯彻执行，以防控出口管制违规风险，并有助于从美国"实体清单"移出或寻求其他救济。

移出实体清单的程序

移出或修改实体名单的决定由最终用户审查委员会（ERC）作出。移出决定则经全体一致同意。程序如下：

向 ERC 的主席提出移出实体名单的申请及支持性材料（即应移出实体名单的理由和事实依据，包括：列入实体名单所基于的事实有误，申请人已经或者承诺采取相关补救措施等）。邮寄地址为：Room 3886, U.S. Department of Commerce, 14th Street and Pennsylvania Avenue, NW, Washington, DC 20230。

ERC 主席收到后，会将申请及支持性材料分发给 ERC 的成员单位。

ERC 的成员单位对申请进行审查，并进行投票。投票应当在主席分发材料后 30 天内举行，但所有成员单位一致同意推迟投票的除外。

ERC 的任一成员单位对投票结果（如商务部、国防部、能源部、财政部均同意移出，而国务院反对）不满的，可以将投票事项提交给出口政策顾问委员会（Advisory Committee on Export Policy，ACEP）；如果对 ACEP 的决定仍不满的，可以提交给出口管理审查委员会（Export Administration Review Board，EARB）；对 EARB 的决定仍然不满的，可以提交给总统作出最终决定。

随后，ERC 的主席将 ERC（或者 ACEP/EARB/总统）的决定通知申请人。

---

2. 被列入美国"实体清单"企业的关联企业

被列入美国"实体清单"企业的关联企业可能因为合作伙伴的误解或所谓"过度合规"而业务受阻，也可能因为自身未能建立与"实体清单"内企业的隔离机制而导致违规。为此，建议这些关联企业：

（1）积极回复合作伙伴的相关问询，或主动发函澄清其并不受关联企业被列入美国"实体清单"的影响。

（2）对于"过度合规"的合作伙伴，可以考虑出具声明，告知相关业务并非为了美国"实体清单"内实体的利益而进行，在合作中获取的相关美国物项（如有）以及相关合作交易产生的利益也不会流向美国"实体清单"内实体。

（3）与美国"实体清单"内实体之间在采购、研发、生产、仓储、销售、人事、财务等方面建立"防火墙",避免"无意"地将受 EAR 管辖的商品、软件或技术转让给美国"实体清单"内实体,以及向供应商证明相互独立性以便能够继续顺利地获得受 EAR 管辖的物项。

3. 与美国"实体清单"内实体有业务往来的其他企业

在不涉及将受 EAR 管辖的物项出口、再出口或转让(境内)给美国"实体清单"内实体的情况下,其他企业可以与美国"实体清单"内企业进行正常的商业合作,包括供应、采购、提供金融服务等。为防控风险,其他企业可以采取以下措施:

(1)在向美国"实体清单"内实体销售或以其他方式转让商品、软件或技术之前,确定该商品、软件或技术是否为美国原产物项或者因为"微量比例规则"或"外国直接产品规则"而属于受 EAR 管辖的物项;如是,则很可能需要向美国商务部申请许可。

(2)在向美国"实体清单"内企业的具有独立法人资格的关联企业销售或以其他方式转让受 EAR 管辖的商品、软件或技术之前,进行额外的尽职调查,以确定该关联企业与美国"实体清单"企业确实是相互独立的,而且相关物项不会流向美国"实体清单"内企业。

(3)从美国"实体清单"内企业购买商品、软件或技术之前,进行额外的尽职调查,以确定所购买的物项是否为美国原产物项或者因为"微量比例规则"或"外国直接产品规则"而属于受 EAR 管辖的物项;如是,则需确定美国"实体清单"内企业此前获得该物项是否经过许可。

(4)要求开展合作的美国"实体清单"内企业或其关联企业签署出口管制合规承诺或者在合作协议中纳入出口管制合规条款。

(二)美国经济制裁黑名单应对

如前所述,美国财政部目前共设立了 SDN 名单、CAPTA 名单、NS-CMIC 名单等七份制裁名单。下文以后果最为严重的 SDN 名单为例探讨应对措施。

企业或个人被加入 SDN 名单后,可以采取的应对措施包括但不限于:

1. 首先判断美国对自身的制裁措施是否附加了二级制裁。若附加了二级制裁,则本企业与非美国人士的合作也将受到影响;若没有附加二级制裁,则与非美国人士在没有美国"连结点"情况下的合作一般不受影响。

2. 及时与商业伙伴沟通,做好解释说明工作,特别是澄清哪些业务不受制裁影响;如系上市公司,应及时、准确地发布公告,避免在制裁范围之外的业务受到波及。

3. 考虑向 OFAC 证明其被列入制裁名单理由不充分或导致其被列入制裁名单的情况已不再适用,申请从 SDN 名单中移出。[①]

4. 推动美国合作伙伴向美国财政部申请单项许可证和通用许可证,争取在一定范围或一

---

① 移出 SDN 名单的相关事项介绍见后文。

定期限内继续交易。

5. 通过股权结构调整，将自身对子公司的持股比例降低到50%以下（不含本数），将子公司排除在制裁范围之外，减轻制裁带来的影响。

6. 寻求法律救济，包括向美国法院起诉 OFAC，以及在交易伙伴因制裁原因拒绝与本公司交易时，利用《反外国制裁法》第十二条维护正当权益等。

移出 SDN 名单的相关事项

1. 提交除名申请，可以通过邮寄或电子邮件的方式向 OFAC 提交。申请应包括如下内容：

被列入 SDN 名单的实体名称或个人姓名，以及联系人的姓名和邮寄地址（包括电子邮件地址）；

OFAC 将相关实体或个人列入 SDN 名单的日期；

要求 OFAC 重新考虑其决定的申请，包括申请 OFAC 将被制裁人士除名的详细理由，如 OFAC 将相关个人或实体列入 SDN 名单的理由不充分，或证明列入名单的相关事实基础已经不再适用的论述或证据。

2. 确认收到除名申请：对于通过电子邮件收到的申请，OFAC 通常会在 7 个工作日内发送收件确认函；对于通过邮寄方式递交的申请，OFAC 通常会在 15 个工作日内做出回复；如果申请人提供了电子邮件地址，OFAC 将通过电子邮件进行回复。

3. OFAC 审查除名申请：如果 OFAC 要求申请人提供额外信息，将发送调查问卷（通常在收到申请之日起 90 日内）。OFAC 可能会发送一份或多份后续调查问卷，并进行更多的研究，以核实申请人的申请和主张。

4. 审查需要多长时间，取决于很多因素，包括：OFAC 是否需要额外信息，申请人是否及时地回应 OFAC 的信息要求，以及案件的具体事实等。对问卷的回答不完整或提交的文件不全将导致审查时间延长。

5. 如何了解审查进度：申请人可以给 OFAC 发送电子邮件。OFAC 会尽力在 2 个工作日内回复邮件。

6. OFAC 作出书面的审查决定：可获得除名的一些情形包括：行为的积极变化，被指定为 SDN 的个人去世，指定的基础不再存在，或者指定出现身份错误等。

（三）外部执法调查的应对

企业如果收到美国执法机构要求配合调查的"行政传票"（Administrative Subpoena）、"警告函"（Cautionary Letter）、"处罚预先通知书"（Pre-penalty notice）或其他文件（以下统称"通知"），可以采取以下应对措施：

1. 统一归口，搭建应对团队

企业任何部门或分支机构收到"通知"，均应立即转交总部法律合规部门，由合规部门在企业负责人的领导下统一开展应对工作。建议建立由法律合规部门牵头、相关业务部门和分支机构参与的人员相对固定的应对团队，并尽快选聘外部律师团队提供法律服务。

2. 了解权限，把握流程

详细审阅"通知"，准确理解"通知"是由哪个机构依据哪部法律、行政令或规章发出，了解被调查的是何种事项、要求企业如何配合、提交何种证据、违反之后会产生何种法律后果等。在此基础上，调研被调查交易、事项可能适用的法律法规，并收集调查机关过往的执法案例，了解其执法尺度和整个调查、执法流程。

以 OFAC 依照《报告、程序和处罚规则》第 501.602 节签发的"行政传票"（又称为"602 信函"）为例，OFAC 可以通过签发该传票要求"任何人"（every person）提交与受调查事项有关的任何账册、合同、信件、电子邮件、表格或其他纸质或电子的文档。OFAC 发出"602 信函"，很多时候是已经掌握了涉嫌制裁违规行为的部分信息，要求受调查对象提供更多的信息。收到"602 信函"后不提供信息或者未在规定期限内提供信息，将被处以 25000 美元或 50000 美元罚款（后者适用于交易金额高于 50 万美元的情况）；持续不提供信息的，可以每个月处以前述罚款。此外，OFAC 可以向法院提出申请，强制提供信息。从第 501.602 节的规定来看，OFAC 可以向包括非美国企业在内的任何人发出"602 信函"，但从执法管辖权的角度来看，OFAC 是否有权向非美国企业发出"602 信函"以及非美国企业是否必须回复该信函，尚存疑问。但一般认为，一旦非美国企业决定回复该信函，则不能提供虚假信息。

3. 暂停涉嫌违规行为

在收到"通知"后，如果发现其中涉及的交易行为尚在进行中，合规部门应当通知相关部门或分支机构立即暂停该交易，并暂停类似的交易。待查明事实和评估责任之后，决定终止该交易或恢复该交易。

如交易对方对暂停交易或终止交易提出异议的，相关部门或分支机构应向合规部门报告，按照合规部门拟定的意见向交易对方做出说明。合规部门和业务部门应当查阅与交易对方签订的合同条款和准据法，并综合考虑个案各方面情况，妥善处理与交易对方的分歧或纠纷。

4. 内部调查和责任评估

在收到"通知"后，无论最终是否回复执法机构的要求，建议企业都要对照"通知"，开展适当的内部调查，评估潜在的责任。

首先，合规部门应当根据"通知"中提供的线索，迅速识别可能涉及调查事项的业务部门与子公司，确定相关员工，为之后收集调查文件、确定调查文件的保管人、进行员工访谈等做好准备。

其次，合规部门可以进行初步的情况梳理，包括：调查可能涉及的范围，涉嫌违规的是孤立的一次交易还是构成系统性问题，涉嫌违规行为是如何发生的，是故意还是疏忽，合规体系为何没起作用等。在此基础上，决定是否需要进行更为全面、深入的内部调查。无论是否决定进行更深入的内部调查，都应向相关部门及员工发送书面通知，要求不得销毁、删除、损坏纸质和电子证据。

就深入调查而言，如果涉嫌违规行为涉及的范围很宽和/或潜在的法律责任很重，建议由外部律师来进行调查，好处在于：第一，可以援引"律师-当事人特权"，以确保调查过程中产生的新文件可以免予披露；第二，可以展示调查的独立性和客观性；第三，外部律师可以尽早熟悉情况，有利于后续应对工作。

5. 向国内主管部门汇报

在初步查明事实和评估潜在责任之后，建议企业向国内主管部门汇报情况，寻求主管部门对应对工作的指导意见（包括是否可以配合境外执法机构的调查并向其提供文件资料），并争取主管部门在政府层面为应对工作提供支持。

6. 制定整体应对策略

在完成内部调查和责任风险评估的基础上，着手制定应对调查的整体策略，包括是否及在多大程度上配合调查，有哪些抗辩理由，可以向执法机构提供哪些文件材料等。

在决定是否配合调查时，通常考虑以下因素：（1）如果不配合调查，可能面临的后果，包括是否会被处以罚款等处罚，是否会加深执法机构的怀疑，引发更大范围、更强力度、更多手段的调查和执法；（2）现有证据是否表明不存在违规事实，是否可以通过配合调查自证清白，抑或配合调查是否会暴露企业的违规行为以及将面临何种处罚；（3）是否存在抗辩理由；（4）如果配合调查，是否可以获得减轻或免除处罚；（5）我国法律法规和有关主管部门是否禁止或限制企业配合调查。

就抗辩理由而言，可以考虑：（1）执法机构是否有权对被调查事项和对象展开调查和执法；（2）执法机构在调查过程中是否越权、调查手段是否适当、要求提交的证据是否适用"律师-当事人特权"等保密规则等；（3）主张企业已经建立完善的合规体系，要求减轻或免除处罚；（4）必要时区分企业单位责任和员工个人责任等。

7. 是否及如何配合调查

在制定整体应对策略之后，企业可以在不违反国内法规定的前提下执行策略、配合调查。若国内法不允许企业配合调查，企业可考虑回复执法机构，说明不能按照其要求提交材料的理由。如果决定配合调查，则除了如第6点所述阐述抗辩理由外，最主要的是向执法机构提交其要求的文件资料，以及按照执法机构要求安排员工接受询问。

对"通知"中要求提交的文件应进行研究，视情况提出异议：要求提供的文件描述不明确、与案件无关或对案件无实质性影响；提供文件将对企业构成不合理的负担；企业没有控制、保管相关证据材料；"律师-当事人特权"允许企业不提供某些证据材料；证据材料涉及国家秘密、商业机密、重要数据、个人隐私等。在对外提交任何文件之前，应交由中国律师依照中国法律规定进行审查，并由律师评估该文件对案件走向可能产生的影响。所有对外提交的文件资料，均应留存副本。

在有关员工接受询问之前，可以由律师向员工展示现场询问的实际流程，告知相关注意事项。在可能的情况下，尽量安排思维清晰、举止稳重、背景清白且了解案情的员工接受询问。

8. 和解谈判

谈判达成和解是可以考虑的选项之一，有时甚至是最优选项。[1] 在经过内部调查、责任评估，并配合执法机构调查一段时间后，企业通常会对自身可能承担的法律责任后果形成更加全面的认识。同时，境外执法机构也可能根据现有证据认定企业行为违规，并告知企业其拟采取相应处罚或制裁措施。此时，企业应当考虑开启与执法机构的和解谈判，通过接受处罚（通常为缴纳罚款和完善合规体系）实现尽快结案，恢复正常运营。

在收到《处罚预先通知书》后，企业可以向执法机构要求进行谈判以达成和解。谈判可能会进行多轮，可能通过现场会议（企业可以由律师代表）进行，也可能通过其他方式进行。如果相关行为同时被美国多个执法机构（如商务部、财政部、司法部、美联储、纽约州金融服务局）调查的，需要分别与多个部门进行和解谈判。外部律师可以协调与各个部门之间的谈判，争取达成单一的和解协议，以及争取不同部门的罚款金额的抵销。

就与OFAC谈判罚款金额而言，应依照OFAC《经济制裁执法指南》中规定的因素争取减少罚款额。此外，在有的案例中，企业可以通过说明财务上的困境争取到暂缓缴纳罚款，或者申请将罚款金额的部分用于提升合规体系。

9. 针对处罚决定在法院起诉

如果未能达成和解协议而执法机构下达最终的处罚通知书，企业对结果不服的，可以向执法机构申请复议，也可以向法院起诉。如果不存在超越权限或者程序不当等情况，美国法院往往会尊重美国商务部、财政部的出口管制和经济制裁处罚决定，因此企业取得胜诉的难度较大。E公司起诉美国财政部取得胜诉是近年来少有的胜诉案例。[2]

----

[1] 渣打银行、汇丰银行、法国巴黎银行、法国兴业银行、德意志银行、东京三菱银行等均选择与OFAC达成和解协议、认缴罚款。

[2] Exxon Mobil Corp. v. Mnuchin, No. 3：17-CV-1930-B, 2019 WL 7370430 (N. D. Tex. Dec. 31, 2019).

10. 其他应对

企业应适时向客户、供应商和其他商业合作伙伴说明情况，如因暂停交易或者不能履行合同而产生纠纷，应当依照合同约定和准据法妥善处理。如系上市公司，应及时发布公告。对于媒体的关注，企业可以在适当时候发表新闻稿，并由指定部门统一接待采访。企业还应做好文件保存，在应对工作结束后及时总结经验教训。

第三节　出口管制执法案例[①]

一、国内执法案例

（一）行政执法案例

1. 商务部执法案例

商务部等国家出口管制管理部门有权对出口管制违法行为进行调查和处罚。2004 年，商务部曾经针对江苏一家从事外经贸业务的公司和山东一家从事化工业的公司违反《导弹及相关物项和技术出口管制条例》的行为，分别对两家公司处以数百万元的罚款。[②]

2. 海关执法案例

海关可以依据《出口管制法》和海关法律法规对出口管制违法行为予以处罚。例如，2021年，上海海关和深圳海关均依据《海关行政处罚实施条例》查处了出口管制违法行为。部分案件情况如下：

典型案例

【案例 9-1】2021 年 6 月，上海浦东国际机场海关对一家深圳贸易公司作出行政处罚。该公司以一般贸易方式向海关申报出口货物六票，申报品名均为"日用化香精"。经海关核查发现，其出口商品均含有苯乙酸成分（苯乙酸属于"易制毒化学品"，受出口管制），但未提供《两用物项和技术出口许可证》。上海海关根据《海关行政处罚实施条例》第十四条第一款对该公司处以人民币 4400 元的罚款。[③]

----

① 本节部分案例涉及经济制裁，有关中国、美国经济制裁制度的介绍见本书第五章"海外投资并购合规"相关内容。
② 参见"两公司因违反出口管制的有关规定遭行政处罚"，载商务部网站，访问地址：http://www.mofcom.gov.cn/aarticle/ae/ai/200405/20040500225170.html，最后访问时间：2022 年 3 月 24 日。
③ 上海浦东国际机场海关行政处罚决定书（沪浦机关缉违字〔2021〕0122 号）。

【案例9-2】2021年9月，深圳大鹏海关对一家化工公司作出行政处罚。该公司以一般贸易方式向海关申报出口电器清洁器等四项货物。经海关查验，其中第四项货物清洁剂需要提供《两用物项和技术出口许可证》，但该公司并未提供。大鹏海关根据《海关行政处罚实施条例》第十四条对该公司处以人民币3200元的罚款。①

2021年以来天津新港海关依据《出口管制法》作出了多份行政处罚决定书，其中两起案件如下：

典型案例

【案例9-3】2021年3月5日，江西省的A公司向天津新港海关申报出口200吨石墨化石油焦（商品编号2713121000），FOB总价为146000美元。经查验，实货为人造石墨，应归入商品编号3801100090（需两用物项和技术出口许可证）。当事人未经许可擅自出口管制物项，涉案货物价值为940108元人民币。天津新港海关根据《出口管制法》第三十四条和《行政处罚法》第三十二条，对A公司处以11万元人民币的罚款。②

【案例9-4】2021年5月24日，河北省的C公司向天津新港海关申报出口490个背包（商品编号4202920000）、3030件男士马甲（商品编号6211339000）和6250个工具包（商品编号420212900），申报总价为90360美元。经查验，实货为迷彩色的背包、男士马甲和工具包，应凭军品出口许可证出口。当事人未经许可擅自出口军品。天津新港海关根据《出口管制法》第三十四条和《行政处罚法》第三十二条第五项，对C公司处以7万元人民币的罚款。③

与依据《海关行政处罚实施条例》第十四条进行处罚（罚款上限为货物价值的30%，没有规定下限）相比，依据《出口管制法》第三十四条的处罚力度明显加大（罚款下限为50万元，上限为违法经营额的10倍，且要求没收违法所得）。不过，在上述案件中，海关依照《行政处罚法》第三十二条予以了减轻处罚，即在法定的罚款幅度之下确定罚款金额。依照该条款，违法行为人采取改正措施消除违法行为的危害后果、主动供述、配合调查的，应当从轻、减轻处罚。其他企业可以借鉴。

此外，上述案件均说明了出口经营者正确识别出口产品是否属于管制物项的重要性。作为出口管制内部合规机制的组成部分，对企业经营涉及的货物、技术、软件进行正确归类、确定

① 大鹏海关行政处罚决定书（鹏关缉违字〔2021〕0078号）。
② 天津新港海关行政处罚决定书（津新港关缉查/违字〔2021〕1127号）。
③ 天津新港海关行政处罚决定书（津新港关缉查/违字〔2021〕1162号）。

是否属于管制物项是一项长期的基础性工作。企业的合规部门需要会同研发部门、采购部门等开展物项归类并保持更新，必要时应聘请专业机构提供归类意见或者向国家出口管制管理部门申请咨询。企业应当妥善保存与归类有关的材料，以便在需要时证明自身对于归类错误（如发生）不存在过错，从而争取依照《行政处罚法》第三十三条"不予处罚"。

（二）刑事执法案例

违法出口管制物项以及违反安理会制裁可能构成走私罪、非法经营罪等罪名。下文介绍两起涉及两用物项出口管制的刑事案件和一起违反安理会对朝鲜制裁的刑事案件：

典型案例

【案例9-5】J公司走私国家禁止进出口的货物、物品案①

2011年，外籍人士金某设立J公司，并任命王某、李某为日常经营的负责人。2014年2月，J公司的负责人金某、王某、李某至C公司铆七车间承包人费某处商谈购买废酸处理设备，并以J公司的名义与C公司签订承揽合同，合同金额为人民币2650万元。2014年3月，费某与季某签订分包协议，将废酸处理设备交由季某的车间生产，分包价格为人民币1900万元。

为履行出口约定，费某委托N公司代为办理出口事项，并与季某、N公司业务员张某商定，将废酸处理设备以污水处理装置的名义申报出口，季某负责制作虚假的技术说明等资料，张某负责制作虚假的报关单证等申报材料。2014年9月30日，N公司将上述废酸处理设备和其他设备，一并以污水处理装置的品名向常州海关申报出口至叙利亚，申报价格为168万美元。

常州海关查验发现，上述货物整体结构、功能及部分货物使用材料，疑似与申报的品名不符，遂将此线索移交南京海关缉私局立案侦查。经检验，上述废酸处理设备中有41项物件属于《有关化学品及相关设备和技术出口管制清单》中列明的物件。

2014年12月，南京市人民检察院开始案件调查，并于2015年1月以走私国家禁止进出口的货物、物品罪对金某等6人批准逮捕。2015年，南京市中级人民法院以走私国家禁止进出口的货物、物品罪，判处J公司罚金500万元，判处金某有期徒刑三年，并处罚金40万元，驱逐出境。其余5名被告人均被判刑，且各并处罚金。

---

① 参见江苏省高级人民法院（2016）苏刑申261号驳回申诉通知书。另见曹蓓蓓：《7天，攻克一起外国人走私案》，载《检察日报》，访问地址：http://newspaper.jcrb.com/2017/20170820/20170820_001/20170820_001_1.htm，最后访问时间：2022年3月24日。

J公司后提出申诉称，不知所订购的废酸处理设备是以污水处理设备伪报出口。江苏省高院认为，J公司直接负责的主管人员金某、直接负责人员王某、李某明知所购的物品系我国限制进出口的物品，在商谈将该套废酸处理设备出口至叙利亚的事项中，作为订购方未提交用于最终用户和最终用途证明、保证书，且明知费某将通过伪报品名的方式报关出口，这些事实有各被告人的在卷供述、有关书证等证据相互印证，事实清楚，足以认定，因此驳回申诉。

本案有以下几点启示：

（1）走私两用物项将依照走私国家禁止进出口的货物罪定罪处罚，即：处五年以下有期徒刑或者拘役，并处或者单处罚金；情节严重的，处五年以上有期徒刑，并处罚金。

（2）类似案件可能构成单位犯罪，对单位判处罚金，并对其直接负责的主管人员和其他直接责任人员判处罚金和/或有期徒刑。

（3）在类似案件中，走私两用物项的各参与方，包括定作人（出口方）、承揽人、货运代理人等均将被追究刑事责任。

（4）对于通过伪报品名的方式逃避海关监管的行为，海关拥有足够的查验手段，并与海关缉私局（受海关总署和公安部双重领导）、人民检察院等建立了顺畅的走私案件移送机制。

【案例9-6】胡某等走私国家禁止进出口的货物、物品案①

2019年1月至2021年5月，胡某在明知将轻质纯碱（碳酸钠）出口至缅甸需办理《两用物项和技术出口许可证》的情况下，与方某合谋，采用伪报出口目的国的方式逃避两用物项和技术出口许可证，出口轻质纯碱至缅甸仰光共计三票，走私出口货物总计361余吨。

2021年6月，侦查机关先后赴胡某、方某的办公地点找到二人，二人对上述事实供认不讳并提供相关材料。胡某主动供述第三票出口轻质纯碱已完成出口申报但尚在运输中，根据其供述，侦查机关在上海外港海关将该票货物截留，涉案轻质纯碱现依法扣押于上海海关缉私局。

上海市第三中级人民法院经审理认为，胡某、方某的行为均已构成走私国家禁止进出口的货物、物品罪。同时，二人犯罪以后自动投案、如实供述自己的罪行，系自首；且自愿认罪认罚、预缴罚金，依法可以减轻处罚并宣告缓刑。最后，上海市第三中级人民法院对主犯胡某判处有期徒刑二年，缓刑二年，并处罚金人民币10万元；对从犯方某判处有期徒刑一年六个月，缓刑一年六个月，并处罚金人民币5万元；同时没收扣押的走私货物及供犯罪所用的本人财物等。

本案表明，主动自首并认罪认罚将可以获得减轻处罚。

---

① 参见上海市第三中级人民法院（2021）沪03刑初127号刑事判决书。

【案例 9-7】李某等犯走私国家禁止进出口的货物、物品案①

2016 年末，联合国决定对朝鲜进行制裁，中国将朝鲜的铜矿、锌矿、铅矿等列为国家禁止进口的货物物品。2017 年 4 月至 2018 年 1 月，被告人李某担任延边 T 公司法定代表人、被告人张某担任 T 公司监事期间，明知国家禁止从朝鲜进口金、银、铜、铅、锌等矿砂及其精矿的情况下，采取伪报报关品名、夹藏等手段，先后 37 次从朝鲜走私进境金、银、铜、锌、铅矿砂及其精矿共 6945.86 吨，经鉴定其价值为 4114.33 万元。被告人陈某明知 T 公司走私国家禁止进出口货物，按照被告人张某的指使将 T 公司从朝鲜走私进境的矿砂及其精矿利用铁路货运代理运输到指定的收货点。

吉林省延边朝鲜族自治州中级人民法院经审理认为，被告人李某作为 T 公司法定代表人、被告人张某作为 T 公司监事，采取伪报报关品名和夹藏等手段，走私进境国家禁止进出口的货物，情节严重；被告人陈某受张某指使，将 T 公司走私进境的货物进行运输，情节严重，被告单位 T 公司和被告人李某、张某、陈某的行为均已构成走私国家禁止进出口的货物、物品罪。在共同犯罪中，李某系主犯，张某和陈某系从犯。法院判决：处以 T 公司罚金人民币 1000 万元；李某有期徒刑五年六个月，并处罚金人民币 6 万元；张某有期徒刑三年，缓刑五年，并处罚金人民币 3 万元；陈某有期徒刑二年，缓刑三年，并处罚金人民币 2 万元。

本案表明了我国对执行安理会制裁的严肃态度。本案也说明，违反经济制裁的行为可能构成单位犯罪，对单位处以罚金，并对直接主管人员和直接责任人员处以有期徒刑和罚金。此外，协助运输等行为也会被追究刑事责任。

二、美国执法案例

（一）美国商务部执法案例

典型案例

【案例 9-8】中国 J 公司向美国商务部和财政部认缴罚款②

2018 年 12 月，中国 J 上市公司同意向 BIS 支付 60 万美元，同时向 OFAC 支付 277 万美元，

---

① 参见吉林省延边朝鲜族自治州中级人民法院（2019）吉 24 刑初 9 号刑事判决书。
② 载 BIS 官方网站，访问地址：https://efoia.bis.doc.gov/index.php/documents/export-violations/export-violations-2018/1207-e2574/file，最后访问时间：2022 年 3 月 26 日。载 OFAC 官方网站，访问地址：https://home.treasury.gov/system/files/126/20181212_jereh_settlement.pdf，最后访问时间：2022 年 3 月 26 日。

以和解该公司因违反 EAR 和《伊朗交易和制裁条例》而可能承担的民事责任。

据和解协议披露，从 2014 年 10 月到 2016 年 3 月，J 公司在知道或有理由知道本公司生产的含有美国原产物料的产品将被供应、转运或再出口给伊朗最终用户的情况下，出口了 11 批油田设备产品，如备件、连续油管管柱和泵套等。

除罚款外，美国商务部于 2016 年 3 月将 J 公司加入了美国"实体清单"，后于 2019 年 8 月移出。

本案中，J 公司的油田设备产品系在中国境内生产，但因为"微量比例规则"而受美国 EAR 管辖。J 公司并未直接与伊朗客户进行交易，而是通过了不止一层的中间商，但仍被认定为违反美国的出口管制和经济制裁。此外，美国当局经常在调查过程中将外国企业加入美国"实体清单"，通过限制出口迫使外国企业认缴罚款。这三点均值得其他企业留意。

【案例 9-9】新加坡公司就其向中国及伊朗的违法出口与美国商务部签订和解协议[①]

2021 年 1 月，BIS 与新加坡公司 Avnet Asia Pte. , Ltd. （以下简称 Avnet Asia）达成和解协议。BIS 称，2007 年 10 月至 2014 年 1 月，Avnet Asia 在明知或应知其行为可能违反 EAR 的情况下，累计 53 次向中国或伊朗出口了各种受 EAR 或《伊朗交易条例》管控的电子元件。这些物项大部分属于 ECCN 3A001 物项，因国家安全和反恐原因受管制，且禁止未经许可向伊朗和中国出口。此外，Avnet Asia 还未经许可向美国"实体清单"内的一个中国香港实体出口了受 EAR 管辖的电子元件。

根据和解协议，Avnet Asia 同意就其违法行为缴纳 3229000 美元的罚款，其中 1721000 美元在命令作出后 30 日内缴纳，另外 1508000 美元暂缓两年缴纳且在 Avnet Asia 不违反 ECRA、EAR 等出口管制法律法规、遵守不起诉协议等条件满足的情况下可以免除。如 Avnet Asia 不能如期缴纳罚款或违反不起诉协议、ECRA 或 EAR 等出口管制法律法规，BIS 将对其签发有效期为 2 年的拒绝令。

本案中，BIS 的处罚所针对的交易均发生在五年之前，有的甚至发生在十多年前。这提醒企业发现历史上的交易存在违规情形的，仍应认真对待，包括评估是否主动披露以争取减轻处罚。

【案例 9-10】美国公司就其向中国的违法出口与美国商务部达成和解协议[②]

2021 年 6 月，总部位于纽约州的 Photonics Industries International , Inc. （以下简称 Photonics）

---

① 载 BIS 官方网站，访问地址：https：//efoia. bis. doc. gov/index. php/documents/export-violations/export-violations-2021/1285-e2641/file，最后访问时间：2022 年 3 月 24 日。

② 载 BIS 官方网站，访问地址：https：//efoia. bis. doc. gov/index. php/documents/export-violations/export-violations-2021/1314-e2667/file，最后访问时间：2022 年 3 月 24 日。

与 BIS 达成和解协议，同意就其对 EAR 的违反支付 350000 美元罚款。

BIS 对 Photonics 作出了多项指控，包括：

（1）违反 EAR 第 764.2（a）节：2014 年 12 月 13 日、17 日和 20 日，Photonics 在未取得 BIS 许可的情况下，向中国先后出口了数个 RGH-1064-30 皮秒激光仪系统（ECCN 编码为 6A005.b.6.b）。由于该系统的管制原因包括"国家安全"，根据 EAR 第 742.4 节，向中国出口该系统应当取得许可。Photonics 没有向 BIS 寻求上述物项的 ECCN 分类，而是自行将其归为 EAR99 物项并认为无须许可。此外，Photonics 根据客户要求，在电子出口信息中填写上述物项的出口目的地为中国香港，最终收货人是中国香港的货运代理，事实上该物项的最终收货人位于中国深圳。

（2）违反 EAR 第 764.2（c）节：2014 年 12 月 30 日，Photonics 试图向中国出口上述 RGH-1064-30 皮秒激光仪系统。

（3）违反 EAR 第 764.2（a）节：2016 年 5 月 25 日，Photonics 在没有申请许可的情况下，向"实体清单"中的实体四川大学出口 EAR99 物项 DCH-355-3 激光系统。

对于上述违法行为，Photonics 需要交纳 350000 美元民事罚款，其中 50000 美元直接向美国商务部交纳；另外的 300000 美元暂无须交纳，如果在收到处罚通知之日起两年内不违反美国 ECRA、EAR 以及其他根据 ECRA 或 EAR 发布的行政令、许可证等规定，则免除该 300000 美元的罚款。

本案表明了物项归类对于出口管制合规的重要性。根据 EAR 相关规定，出口、再出口、转让（境内）受 EAR 管辖的物项是否需要申请许可，主要基于《商务管制清单》项下的 ECCN 代码和《商务国家列表》作出（此外还需要考虑最终用户和最终用途等因素）。在每个 ECCN 代码下，均说明了该物项的名称、适用于该代码对应物项的许可证要求及具体管制原因。通过在《商务国家列表》对应查找管制原因，则可以判断是否需要申请许可。因此，准确地对出口产品进行 ECCN "归类"对于判断 EAR 项下的出口义务至关重要。出口企业可以自行根据物项的物理、化学、技术等特征，判断物项所属的 ECCN，但在出现归类错误的时候（如本案情形），企业需要承担相应的法律责任。因此，在物项归类出现困难时，相关企业可以聘请包括律师在内的第三方专业人士协助进行归类，也可以向 BIS 提出申请，请 BIS 作出正式的归类裁定。

【案例 9-11】阿联酋进口商就虚假陈述与美国商务部达成和解协议[①]

2021 年 6 月，阿联酋企业 Alsima Middle East General Trading LLC（以下简称 Alsima）与 BIS

---

① 访问地址：https://efoia.bis.doc.gov/index.php/documents/export-violations/export-violations-2021/1313-e2666/file。

达成和解协议，同意就其对 EAR 的违反支付 25000 美元罚款。

BIS 对 Alsima 作出 2 项指控，包括违反 EAR 第 764.2 （g） 节 （虚假陈述） 和违反 EAR 第 764.2 （a） 节 （从事 EAR 禁止的行为）。具体而言，2015 年，Alsima 需要从美国进口 ECCN 编码为 1C240 的镍粉 （管制原因为 "防扩散" 和 "反恐"，向阿联酋出口需要申请许可）。Alsima 的美国供应商向 BIS 申请许可时，Alsima 作为买方，向 BIS 表示其购买的镍粉将被用于制造自润滑密封环并在阿联酋销售。2016 年，BIS 对 Alsima 进行发货后核查，发现上述镍粉的制成品将计划再出口到阿塞拜疆，且 Alsima 还考虑由南非和印度的公司负责使用 Alsima 提供的镍粉为阿塞拜疆客户制造密封环。因此，Alsima 的行为构成对 EAR 的违反。

对于上述违法行为，Alsima 需要交纳 25000 美元民事罚款，其中 12500 美元直接向美国商务部交纳；另外的 12500 美元暂无须交纳，如果在收到处罚通知之日起两年内不违反美国 ECRA、EAR 以及其他根据 ECRA 或 EAR 发布的行政令、许可证等规定，则免除该 12500 美元的罚款。

本案是关于进口商虚假陈述的典型案例。本案当事人 Alsima 作为进口一方，需要填写许可证申请材料中的 BIS-711 "最终收货人和买方声明" （Statement by Ultimate Consignee and Purchaser），说明物项的最终用户和用途。为保证各方提供的信息真实准确，EAR 第 734.11 节规定，BIS 有权在美国境外开展许可前检查和发货后核查。因此，依照美国法的规定，进口商 （以及其他交易方） 应当按照美国商务部的要求提供真实、准确、完整的信息，避免受到处罚。（注：中国企业在提供有关信息时应遵守中国法律的规定。）

（二） 美国财政部执法案例

典型案例

【案例 9-12】 中资银行因为制裁问题被美国 OFAC 罚款第一案[①]

2021 年 8 月，中国某银行的境外子行 （以下简称 C 银行） 与 OFAC 达成和解协议，就其 "表面违反" 美国《苏丹制裁条例》的行为认缴 2329991 美元的罚款。

根据 OFAC 披露，2014 年至 2016 年，C 银行通过美国金融系统处理了 114 笔涉及苏丹的商业交易，总金额约 4060 万美元。C 银行在一次内部自查中发现其为两个与苏丹有关的客户处理了上述交易。其中一个客户是苏丹境外的一家公司，该公司在苏丹有分支机构。该分支机构自 2014 年起成为代表该客户向 C 银行发送指令和签字的主体。C 银行从该客户收到

----

① 载 OFAC 官方网站，访问地址：https://home.treasury.gov/policy-issues/financial-sanctions/recent-actions/20210826，最后访问时间：2022 年 3 月 24 日。

的文件中载有其分支机构在苏丹的地址。C银行还处理了收款人看起来位于苏丹的其他一些交易。另一个客户是苏丹境外的一家公司的苏丹子公司。该子公司在"了解你的客户"（KYC）过程中向C银行提供的信息显示该子公司注册于苏丹。

对于这两个客户，C银行的内部客户数据库在名称或地址栏没有注明与苏丹的关联。因此，C银行为这两个客户发出的SWIFT信息（经过了美国代理行）没有提及苏丹。这些合规缺陷产生的原因在于，C银行的工作人员没有对显示出与苏丹有关联的账户和交易文件进行适当的评估和上报。

OFAC认定，上述行为违反《苏丹制裁条例》，C银行自愿披露违规情况，且属于非恶性案件，在考虑从重和从轻因素后，确定了前述罚款金额。

本案中，OFAC系以美国金融系统（美元结算）作为其行使制裁管辖权的连结点。美国境外的银行（包括中国境内的银行或者其在境外的子行、分行）处理美元交易通常需要经过美国代理行，如果交易中涉及受美国全面制裁国家或者受美国制裁的个人或实体，将被视为导致美国代理行向制裁对象再出口了美国的金融服务，从而被认为违反美国的制裁规定。除了银行外，其他企业（如隐瞒交易对方的真实身份）也可能因为导致美国代理行违反美国制裁规定，而被认定为违反美国的制裁规定。中国企业对此应予以充分重视。

此外，本案也表明了客户尽职调查的重要性以及将客户尽职调查所获得的信息完整、准确地录入企业内部数据库的重要性。

【案例9-13】美国安联保险案①

2019年12月，美国安联公司与OFAC达成和解协议，就其对美国《古巴资产管制条例》的"表面违反"认缴70535美元的罚款。

根据OFAC披露，美国安联公司的加拿大办公室在2010年8月到2015年1月期间为加拿大居民提供了两套旅行险服务：（1）有效期30天针对单次旅行的保险；（2）有效期1年覆盖期间全部旅行的保险。具体涵盖项目包括：海外的紧急医疗费用，以及由于特定类型事件导致的行程取消、延迟、中断的不可退还款项。在出售保险时，加拿大办公室和承销商均未主动收集行程目的地信息。承销商仅在投保人寻求紧急医疗帮助、索赔或询问保险覆盖范围的时候获知旅行的目的地。而加拿大办公室收到的季度报告中也不含所售保险旅行目的地的信息。在获知至少有一份售出的保险与古巴旅行相关之后，美国安联公司及其加拿大办公室均未采取任何行动修改保险政策。加拿大办公室从前述保单中收取的保费共计23289美元，理赔864起、金额共计518092美元。

---

① 载OFAC官方网站，访问地址：https://home.treasury.gov/policy-issues/financial-sanctions/recent-actions/20191209_33，最后访问时间：2022年3月24日。

OFAC 认定，上述行为违反《古巴资产管制条例》，安联公司自愿披露违规情况，且属于非恶性案件，在考虑从重和从轻因素后，确定罚款额为 70535 美元。

本案表明了保险公司在设计保险产品时进行制裁风险评估的重要性，以及建立及时发现和阻止潜在违规行为的内控机制的重要性。首先，保险公司应考虑在保险合同中纳入制裁排除条款，明确保险范围不覆盖受制裁国家、实体或个人或者受制裁的活动。制裁排除条款的具体内容可根据保险公司是否属于受美国管辖的人士、所涉制裁项目是否为古巴或伊朗制裁项目、保费收取和理赔付款是否会经过美国金融系统以及险种等进行设计。其次，母公司应当加强对子公司、分公司的制裁合规指导、监督和检查，实现整个集团的合规全覆盖。当发现疑似或涉嫌违规行为时，应立即开展内部调查、评估，并采取补救措施。

【案例 9-14】印度尼西亚 BMJ 公司案①

2021 年 1 月，印度尼西亚造纸企业 PT Bukit Muria Jaya（BMJ）与 OFAC 达成和解协议，就其对涉朝鲜制裁项目的 28 项表面违反，认缴 1016000 美元罚款。

根据 OFAC 披露，BMJ 向位于朝鲜的实体以及代表朝鲜政府从事商业活动的实体（包括 SDN 名单内的实体）出口烟纸，交易金额约为 959111 美元。起初，BMJ 在其交易文件中直接提及朝鲜实体的名称，随后在客户的要求下，BMJ 改用中间商名称指代朝鲜实体。2016 年 3 月到 2018 年 5 月，客户根据 BMJ 要求向 BMJ 在非美国银行开设的美元账户支付了 28 笔货款。由于 BMJ 的行为导致美国银行处理了 SDN 人士的财产或财产权益并直接或间接地向朝鲜出口金融服务，BMJ 的行为构成对《朝鲜制裁条例》第 510.212 条的"表面违反"。

这一案例中，OFAC 系以美国金融系统（美元交易）这一连结点对银行业之外的企业行使管辖权并作出处罚，具有警示意义。中国企业与受美国制裁的国家或实体开展交易的，应当谨慎选择付款币种和付款路径，从交易中排除美国金融系统以及其他美国连结点。

---

① 载 OFAC 官方网站，访问地址：https：//home. treasury. gov/policy - issues/financial - sanctions/recent - actions/20210114_33，最后访问时间：2022 年 3 月 24 日。

428

参编人员简介

（按章节顺序）

主　任：蔡晨风

副主任：陈正荣　张　顺

主　编：王志乐

副主编：张　顺　胡国辉　樊光中

王志乐，任北京新世纪跨国公司研究所所长，联合国全球契约组织第十项原则专家组成员。获国务院颁发国家有突出贡献专家证书和享受政府特殊津贴。

1992年以来，先后完成了德国、日本、韩国、美国和新加坡跨国公司在华投资研究。在此基础上于2007年建立了全球型公司和全球型产业理论框架，并且据此论证了如何在对外开放中发挥全球公司的作用以及如何促进源于中国的全球公司发展。这一研究成果得到了政府高层领导的重视并且引起国内外企业的关注。

2001年中国入世以来，先后调查了国内外60余家大型跨国公司强化合规管理（包括强化社会责任、环境责任和反商业腐败）提升软竞争力的经验与教训，撰写和主编了一系列关于合规管理的论著。2018年就强化中国企业合规管理提出的政策建议得到国务院领导的肯定。近年来协助数十家中国企业建立和完善合规管理体系，从而提升企业合规竞争力。

编写人员（按章节顺序）

中　册

第一章　周　磊、李阿吉、李嘉杰、王克友、陈筝妮、吴剑雄

周磊，环球律师事务所合规及生命科学业务牵头人，担任中国化药协会合规专委会委员、ACCP合规专业人士副理事长、创奇健康发展研究院监事长和行业专家委员、中欧校友医疗健康协会医药专委会秘书长等职务。曾多次应邀参与行业标准制定、教材编撰和课题研

究工作。曾长期担任某跨国制药公司大中华地区总法律顾问。

李阿吉，中国和纽约州执业律师，曾担任美国上市公司大中华区法律顾问，德国五百强医疗行业企业大中华区法务及合规总监，营运总监。在华东政法大学和美国宾夕法尼亚大学获得硕士学位，在中国法律及合规领域拥有超过二十年的工作经验。现为 ACCP 合规专业人士协会会长。

李嘉杰，中国和美国加州执业律师，环球律师事务所常驻上海合伙人。美国注册舞弊审查师、英国法律评论认证专家，并担任上海市律协法律合规委员会委员等职务。

王克友，环球律师事务所深圳办公室合伙人。曾在中兴通讯股份有限公司工作近十三年，总体负责该公司全球法律及合规事务，其牵头搭建了中兴通讯的全球合规管理体系。

陈筝妮，中国和美国加州执业律师，环球律师事务所上海办公室的顾问律师，美国注册舞弊审查师，英国法律评论认证专家，并通过中国注册会计师职业资格考试。

吴剑雄，环球律师事务所上海办公室律师。毕业于复旦大学，主要执业领域为合规风控，曾深度参与多家知名企业的内外部合规调查及合规体系建设项目，涉及腐败与商业贿赂、诈骗、职务侵占、利益冲突、侵犯商业秘密、垄断等不同合规风险领域。

第二章　孙南翔

孙南翔，中国社会科学院国际法研究所副研究员、科研处副处长，主要从事国际经济法、网络法研究。在《法学研究》《中外法学》《人民日报》等发表论文和评论 60 多篇，获得中国社会科学院优秀信息对策奖特等奖。

第三章　王　伟、杨　峰、张恩典、姜　川、张夕夜、萧　鑫、胡　晗、欧阳捷、王天蔚、李文宇

王伟，男，中央党校（国家行政学院）政法部民商经济法室主任，教授、博导。从事民商事审判工作九年，曾挂职最高法院民一庭副庭长、浙江绍兴市柯桥区人民政府副区长。主要研究领域为经济法学，研究方向为：金融与保险法、企业公司法、社会信用法等。

杨峰，民商法学博士，现为南昌大学法学院院长、教授（二级）、博士生导师；中国商法学研究会常务理事、江西省法学会民法学研究会会长；江西省"双千计划"哲学社会科学领军人才、"井冈学者"特聘教授、宝钢优秀教师奖获得者。

张恩典，法学博士，南昌大学法学院副教授，南昌大学立法研究中心研究员，法治江西建设研究中心研究员，硕士研究生导师，研究方向：行政法学、数据法学。近年来，在

《法学论坛》《行政法学研究》《行政法论丛》《私法》等刊物上发表学术论文 30 余篇，多篇论文被《人大复印资料》《中国社会科学文摘》《高等学校文科学术文摘》等刊物转载。主持国家社科基金青年项目、司法部项目等省部级以上课题多项。

姜川，南昌大学赣江青年学者、立法研究中心研究员。北京大学理学学士，中国政法大学法学硕士、法学博士，美国天普大学普通法硕士，曾于丹麦哥本哈根大学访问交流。已发表各类论文近 30 篇，主编专著 1 本。主持司法部、江西省社科等各类基金项目 8 项。获部级征文奖励 3 项。指导学生获得部级征文奖励 3 项，获评优秀指导老师。

张夕夜，中国信息通信研究院知识产权与创新发展中心研究员，中级工程师，法学硕士。主要从事企业合规治理及个人信息保护、网络安全、数据合规等研究工作。近年来主持平台数据使用管理办法、信息共享研究等部级课题，支撑完成多部部门规章、规范性文件的制修订工作，参与《信息安全技术 网络数据分类分级要求》编制工作和 2022 年司法研究重大课题《个人信息保护司法路径研究》研究工作，起草全国移动电话卡"一证通查"《隐私声明》，发表学术论文数篇。

萧鑫，中国社会科学院法学研究所助理研究员、法学博士，中国政法大学、德国波恩大学联合培养博士，美国加州大学洛杉矶分校法学硕士，中国政法大学本科，在《法学研究》《比较法研究》《政治与法律》等核心期刊发表数篇法学专业论文。

胡晗，本科硕士均毕业于北京大学法学院，曾在外国律师事务所工作十年，现任职于亚信科技控股有限公司，担任法务部负责人。

欧阳捷，中共中央党校（国家行政学院）政治和法律教研部经济法学专业博士研究生，主要研究领域为数字法治、信用监管等。

王天蔚，中共中央党校（国家行政学院）政治和法律教研部经济法学专业博士研究生，主要研究领域为数字法治、土地信托等。

李文宇，中国信息通信研究院知识产权与创新发展中心主任，企业合规研究中心主任，教授级高工，工学博士。主要研究方向为知识产权法律研究，通信核心技术和标准研究，企业合规治理研究。在企业合规领域，深度参与 ISO 37301《合规管理体系 要求及使用指南》、GB/T 35770《合规管理体系 要求及使用指南》等合规管理标准的制定、修订和应用落地，与上海浦东检察院联合编写并发布《企业知识产权合规标准指引（试行）》，牵头制定《信息通信及互联网行业企业合规管理体系指南》《信息通信及互联网行业企业合规师职业技术技能要求》团体标准，组织阿里、腾讯等 33 家互联网企业签署《互联网平台经营者反垄断自律公约》，助力互联网企业树立诚实守信的企业形象，防范重大经营风险，推动互联网行业诚信、公平、创新、持续合规经营。

第四章　李　艳、王　伟、郜　庆、王　彧、杨慧鑫

李艳，女，申万宏源集团股份有限公司监事会办公室主任，法学博士，历任申万宏源证券有限公司法律合规部总经理助理、合规与风险管理中心副主任及申万宏源西部证券有限公司合规总监、申万宏源证券承销保荐有限责任公司合规总监等职。主要研究方向为金融与证券法、企业公司法等。

王伟，男，中央党校（国家行政学院）政法部民商经济法室主任，教授、博导。从事民商事审判工作九年，曾挂职最高法院民一庭副庭长、浙江绍兴市柯桥区人民政府副区长。主要研究领域为经济法学，研究方向为：金融与保险法、企业公司法、社会信用法等。

郜庆，民商法博士、经济法博士后，中国政法大学法律硕士学院副教授、经济法专业硕士研究生导师，竞争法研究中心研究员，兼任中国法学会商法学研究会理事、北京市场监管局反垄断专家库专家。

王彧，毕业于中国政法大学，先后在中国政法大学、中国法制出版社工作，中国社会科学院法学研究所私法研究中心兼职研究员，主持、参与了多个国家级法治数字化平台的建设，及多个省部级课题。

杨慧鑫，中共中央党校宪法学与行政法博士，研究方向为经济法、社会信用体系建设等领域，参与多个国家级、省部级信用监管与竞争合规等相关课题。

第五章　叶　研

叶研，北京大学法学博士，高级经济师，仲裁员，中国石油国际勘探开发有限责任公司二级专家，西南政法大学国际法学院兼职教授，中国贸促会联合国贸法会第三工作组观察员专家，工作实务和理论研究方向为：政策与策略研究、经济制裁及其反制、国际投资和国际争端解决。

第六章　单蔼然、张　俊、李善嘉、孙　瑜

单蔼然，安永法证及诚信合规服务大中华区主管合伙人。拥有逾25年的财务合规及舞弊调查专业服务经验，所服务的客户涉及私募基金、医药、消费品、汽车、工业品、地产开发与建设等行业。

张俊，安永中国法证及诚信合规业务北方区主管合伙人，中国注册会计师。拥有超过20年的企业合规、内部调查及审计服务从业经验。目前专职为企业提供合规咨询、舞弊尽职

调查、法务会计及美国反腐败法下企业合规审查等服务。

李善嘉，安永法证及诚信合规服务合伙人，拥有18年的专业服务经验，包括财务报表审计、内部审计、财务尽职调查，合规框架建设及舞弊调查等，所服务的客户涉及医药、医疗器械、消费品及工业制造等行业；曾经在跨国企业担任内部审计和调查工作，负责内部审计项目，风险管理，内部调查舞弊及商业贿赂等的违规事件，管理集团内部举报热线等。

孙瑜，安永法证及诚信合规服务总监，中国注册会计师，北京注册会计师协会"会计专家"，中国人民大学商学院职业导师。拥有超过17年的财务报表审计、内部审计、合规咨询、合规尽职调查、舞弊调查、法务会计等从业经验。

第七章　华忆昕

华忆昕，民商法博士，中国政法大学商学院法商管理系教师，发表多篇以企业社会责任、公司治理为主题的CSSCI核心期刊论文，出版专著《企业社会责任法律化路径研究》，主持1项国家自然科学基金青年项目，参与2项国家社科基金重大项目。

第八章　金克胜、丁文严、张蕾蕾

金克胜，中国知识产权法学研究会副会长，最高人民法院知识产权司法保护研究中心研究员，外交学院法学教授，中国国际经济贸易仲裁委员会、北京仲裁委员会、深圳国际仲裁院仲裁员，最高人民检察院民事行政诉讼监督案件专家委员会委员，中国工业经济联合会企业权益保护智库秘书长、企业合规促进中心主任，中国互联网协会知识产权工作委员会主任，国务院政府特殊津贴专家等。曾任外交学院国际法研究所所长、法律系主任，中国国际法学会副会长兼秘书长，最高人民法院知识产权审判庭（民事审判第三庭）正局级副庭长、一级高级法官等。

丁文严，中国应用法学研究所民商事审判研究部负责人、研究员，《人民法院案例选》《最高人民法院案例选》编辑部主任，《中国应用法学》杂志知识产权栏目兼职编辑，兼任中国审判理论研究会知识产权审判专业委员会副秘书长和商事审判专业委员会副秘书长。主要研究领域有知识产权法学、民商法学、法学方法论。独著《新技术时代新类型客体的可著作权性研究》，合著《知识产权案件裁判规则（一）》《人民法院知识产权案例裁判要旨通纂》《中国专利案例精读》《中国著作权案例精读》等，合译《世界知识产权组织知识产权保护——案例研究》《知识产权指南——政策、法律及应用》等数部著作。

张蕾蕾，中国信息通信研究院研究人员，中国政法大学法学博士，中国应用法学研究所博士后，主要研究领域：知识产权法、数据法、国际法，曾在核心期刊发表数篇论文。

第九章 任 清、霍凝馨、程 爽

任清，环球律师事务所北京办公室合伙人，连续多年被《钱伯斯杂志》等推荐为领先的国际贸易法律师，并被《亚洲法律杂志》提名为2021年"年度最佳国际贸易法律师"，为诸多行业的国内外领军企业提供出口管制和经济制裁合规服务。担任多家仲裁机构的仲裁员。

霍凝馨，环球律师事务所北京办公室律师，在国际贸易、出口管制和经济制裁领域为银行、保险、互联网、航空航天等诸多行业的知名企业提供合规服务。

程爽，环球律师事务所北京办公室律师，在国际贸易、出口管制和经济制裁领域为半导体、互联网、人工智能、军工等诸多行业的知名企业提供合规服务。

图书在版编目（CIP）数据

企业合规分论 / 中国国际贸易促进委员会商事法律

服务中心编著. -- 北京 ：中国法治出版社，2024. 11.

ISBN 978-7-5216-4825-6

Ⅰ. D922.291.914

中国国家版本馆 CIP 数据核字第 2024R18844 号

策划编辑：王彧　　　　　　　　　责任编辑：王悦　　　　　　　　　封面设计：李宁

企业合规分论

QIYE HEGUI FENLUN

编著 / 中国国际贸易促进委员会商事法律服务中心

经销 / 新华书店

印刷 / 保定市中画美凯印刷有限公司

开本 / 787 毫米×1092 毫米　16 开　　　　　　　　　印张 / 28　字数 / 446 千

版次 / 2024 年 11 月第 1 版　　　　　　　　　　　　2024 年 11 月第 1 次印刷

中国法治出版社出版

书号 ISBN 978-7-5216-4825-6　　　　　　　　　　　　　定价：108.00 元

北京市西城区西便门西里甲 16 号西便门办公区

邮政编码：100053　　　　　　　　　　　　　　　　传真：010-63141600

网址：http：//www.zgfzs.com　　　　　　　　　　　编辑部电话：010-63141830

市场营销部电话：010-63141612　　　　　　　　　印务部电话：010-63141606

（如有印装质量问题，请与本社印务部联系。）